**RESEARCH REPORT
ON SCIENTIFIC SOCIALISM IN CHINA**

中国科学社会主义研究报告

中共中央党校（国家行政学院）科学社会主义教研部　编写

曹　普　主编

2022

人民出版社

编写说明

为了全面反映我国科学社会主义理论和实践的研究状况，中国科学社会主义学会和中央党校（国家行政学院）科学社会主义教研部自 2021 年起组织编写《中国科学社会主义研究报告》系列蓝皮书。

《中国科学社会主义研究报告》（2022）是该系列蓝皮书的第二本，主要反映的是 2021 年我国科学社会主义理论和实践研究的最新进展。本书主要包括两个部分：一是关于中国共产党的百年奋斗与科学社会主义在中国的百年发展的主报告；二是关于 2021 年度科学社会主义重大理论和实践问题研究的 16 个分报告。

我们希望通过系列蓝皮书的编写，每年围绕一个重大主题，及时跟踪反映我国科学社会主义理论研究的总体状况，推动科学社会主义学科发展和相关研究不断深入。我们也希望有更多的科学社会主义学界同仁关注、支持、参与本系列蓝皮书，共同努力不断提高蓝皮书的编写编辑质量，不断扩大蓝皮书的学术影响力、学界公信力。

中国科学社会主义学会

中共中央党校（国家行政学院）科学社会主义教研部

2022 年 7 月

目　录

1

第一部分

主报告

中国共产党的百年奋斗与科学社会主义在中国的百年历程

2022

中国共产党的百年奋斗与科学社会主义
在中国的百年历程

2021 年是中国共产党成立 100 周年，习近平总书记在庆祝中国共产党成立 100 周年大会上发表了重要讲话，党的十九届六中全会通过了《中共中央关于党的百年奋斗重大成就和历史经验的决议》，在我们党成立一百年之际，党领导人民实现第一个百年奋斗目标、向着实现第二个百年奋斗目标迈进的重大历史关头，全面总结党的百年奋斗重大成就和历史经验。中国共产党建党一百周年的一系列学术活动和党的十九届六中全会的全新总结，推动科学社会主义学科和专家学者们回顾和总结了科学社会主义在中国的百年发展历程和经验启示，对中国共产党对科学社会主义的理论贡献做了深入研究，并针对中国式现代化、人类文明新形态等重大创新性概念进行及时研究和阐释，使 2021 年成为科学社会主义研究又一个"大年"。

一、2021 年科学社会主义研究的基本情况

2021 年习近平总书记的"七一"讲话和党的十九届六中全会"历史决议"提出了一系列的新思想、新观点、新概念和新论断，是两篇重要的马克思主义的纲领性文献，极大地推动了科学社会主义研究。学界以建党百年为契机，系统梳理了科学社会主义在中国百年的发展历史，对习近平总书记和党中央提出的这些新思想新观点等进行了及时的、深入的研究和阐释，有三个鲜明的特点。

第一个特点是全面、系统阐释了科学社会主义在中国百年发展的历史进程。中国共产党成立百年，中国共产党对科学社会主义的坚持、运用和发

展，不仅在实践中开辟了中国特色社会主义道路，使中华民族伟大复兴走上了康庄大道，而且在理论上不断推进了马克思主义中国化，形成了21世纪科学社会主义的最新成果。有的学者发表文章，梳理了百年来科学社会主义在中国的历史，代表性成果包括《建党百年科学社会主义在中国谱写辉煌篇章》《中国共产党100年来对科学社会主义理论的原创性贡献》《论中国共产党百年来对科学社会主义的追求、坚持与发展》等。有的刊物专门针对科学社会主义百年历史设置主题栏目，发表了一系列重要成果。比如《人民论坛·学术前沿》以"科学社会主义的中国实践与世界意义"为主题栏目，发表了6篇高质量文章：《科学社会主义在中国的创新发展及其深远影响》《新时代发展马克思主义的原创性贡献》《科学社会主义的"新版本"：伟大成就与世界意义》《论新时代中国共产党人的科学社会主义观》《马克思关于后发国家向社会主义过渡的观点及其现实意义》《当代世界社会主义的基本特点》，产生了较大影响。此外，由辽宁人民出版社出版的百卷本《马克思主义经典文献传播通考》（以下简称"马通考"）在建党百年之际面世。"马通考"丛书通过收集、整理、考证1949年以前马克思主义在中国传播的主要经典文本，用扎实的文献史料充分展示了自五四运动到新中国成立30年间马克思主义在中国传播的关键历程及其对新民主主义革命胜利的深刻影响。其中包括《共产党宣言》《社会主义从空想到科学的发展》《法兰西内战》《路易·波拿巴的雾月十八日》《马克思恩格斯论中国》等科学社会主义经典著作的多个译本及其研究，深化了科学社会主义中国化的理解和研究，同时为推进当代中国马克思主义、21世纪马克思主义和科学社会主义史研究提供了坚实的文本支撑。

第二个特点是及时，特别是对重大创新性概念或主题进行了深入研究。2021年科学社会主义学界特别关注"中国式现代化""人类文明新形态"以及习近平总书记的"原创性贡献"。针对这些创新概念，学界及时研究并出版了一批代表性成果，比如《中国式现代化》（东方出版社）、《现代化：世纪的追逐与思想》（上海人民出版社）、《世俗化与中国的现代化》（人民出版社）、《变革与复兴：百年中国现代化新征程》（东方出版社）、《中华传统文化弘扬与现代化发展研究》（中国社会科学出版社）、《现代化起源：用复杂性科学解密西方世界的兴起》（人民出版社）、《现代化的历史进程》（中国社会科学出版社）等。针对中国式现代化，学界就其历程、特征、逻辑、意义、经验、启示等也发表了不少高质量成果，其中《人类文明形态变革与中国式现代化道路》（韩喜平等）、《论中国式现代化新道路与人类文明新形态》（孙代尧）、《中国式现代化：理论基础、思想演进与实践逻辑》（张占斌等）、《从"现代化在中国"到"中国式现代化"》（杨学功）等文章已有较高的引用率和下载率，受到学界的广泛关注。与现代化问题研究兴起较早不同，人类文明新形态是我们党提出的新概念，虽然还没有专著出版，但学者们已经发表了一些有较大影响力的文章，如《历史大变局中的人类文明新形态》（于沛）、《中国共产党与人类文明新形态》（杨光斌）、《创造人类文明新形态》（陶文昭）、《试论人类文明新形态》（田鹏颖等）、《中国特色社会主义和人类文明新形态》（田心铭）、《人类文明新形态的基本特征》（陈金龙）等。2021年是研究习近平新时代中国特色社会主义思想原创性贡献的"大年"，发表了一批关于习近平总书记对经济、马克思主义哲学、科学社会主义、法治、民族团结、中国特色社会主义话语体系、马克思主义党建理论、人民至上论、实践观、教育观等方面的原创性贡献的文章。

第三个特点是既有数量又有质量，形成了一批高质量成果。根据中国知网检索情况，2021年以"科学社会主义"直接为题（即题名中包含"科学社会主义"一词），共发表了60余篇文章，其中北大核心和CSSCI期刊共27篇，略高于过去10年的平均水平。相同限制条件下，范围为北大核心和CSSCI期刊，以"现代化"为题，共发表1100余篇文章，而十年前的2011年只有600余篇；以"中国式现代化"为题发表文章70余篇，以"人类文明新形态"为题发表文章30余篇。在出版著作方面，2021年出版了《中国科学社会主义研究报告2021》（人民出版社）、《科学社会主义前史导论》（中共中央党校出版社）、《科学社会主义的入门》（国家行政学院出版社）、《〈社会主义从空想到科学的发展〉研读》（研究出版社）等代表性著作。此外，2021年还出版了若干有特色的高质量著作，比如人民出版社出版的《社会主义发展史十二讲》，根据习近平总书记关于社会主义发展史的重要讲话精神，详细阐述了科学社会主义发展 500 年的历程，从空想社会主义产生、科学社会主义的创立、十月革命、苏联模式的形成、社会主义阵营的形成和分裂、苏联东欧社会主义国家改革及其剧变，再到新中国成立后对社会主义的探索和实践，实行改革开放、开创和发展中国特色社会主义，再到中国特色社会主义进入新时代，生动体现社会主义发展的总体脉络和趋势，以及中国特色社会主义伟大事业的传承、创新和发展，科学分析当代世界社会主义发展的态势，是"四史"研究中的重点成果。又比如天津人民出版社推出两套有分量的丛书，第一套是"今日马克思主义研究丛书"，其中有多本著作对社会主义的具体问题进行了深入研究。《市场与社会主义》致力于探索市场与社会主义的关系问题，这是改革开放以来科学社会主义学界一直关注的重点问题，这本著作用理论联系实际的研究方法，尝试对西方市场社会主义及中国社会主义市场经济的相关理论进行梳理、比较，希望使更多学者聚焦于市场与社会主义两者关系的研究，从而为解决重大现实问题提供理论思路与解决方案。《工会理论与实践前沿报告（2019—2020）》作为工会理论与实践研究的前沿读本，由上海市总工会与复旦大学合作共建的马克思主义工人运动理论研究基地，组织复旦大学和上海工会管理职业学院的专门力量选编出版，该书在内容上主要涉及三大研究领域：一是马克思主义工人阶级理论与工会学说，二是劳动法、劳动社会学与劳动经济学，三是工会工作与职工队伍。第二套是"全面建设社会主义现代化国家研究丛书（第 1 辑）"，是天津大学出版社与天津大学马克思主义学院、天津大学社会主义现代化研究中心为庆祝中国共产党建党一百周年联合倾力打造的重点出版项目。该套丛书共 11 册，从现代化经济体系、国家治理体系和治理能力现代化、社会治理现代化、教育现代化、人与自然和谐共生的现代化、国防和军队现代化、人的现代化等方面，阐释全面建设社会主义现代化国家的重要意义，是"全面建设社会主义现代化国家"这一主题研究的权威作品。这些成果都属于科学社会主义研究中既"具体"又"专业"的高质量著作。

二、科学社会主义在中国百年发展的历史进程

十月革命一声炮响，给中国送来了马克思列宁主义，中国共产党应运而生。中国产生了共产党，深刻改变了近代以后中华民族发展的方向和进程，深刻改变了中国人民和中华民族的前途和命运，深刻改变了世界发展的趋势和格局。中国共产党自诞生那一刻起，就坚定地选择了社会主义和共产主义作为自己的崇高理想。无论我国革命、建设和改革是低潮还是高潮，都始终矢志不渝追求社会主义和共产主义，从未动摇或放弃，并把科学社会主义作为改造旧中国和建设新中国的强大思想武器。一百年来，中国共产党始终坚持科学社会主义基本原则，并不断地与中国革命、建设和改革的实际结合起来，丰富和发展了科学社会主义，不断推动科学社会主义在中国的具体化进程，开辟了科学社会主义在中国的新境界。

（一）深入阐述社会主义是中国历史发展的必然选择

所谓社会主义的历史选择，一是指历史造就、促成了社会主义，二是指历史更新、改造了社会主义。2021年新华社播发署名"宣言"的文章《社会主义没有辜负中国》和《中国没有辜负社会主义》，正是从这两个方面来叙述了社会主义是中国历史发展的必然选择。社会主义的历史必然性问题是科学社会主义的基本理论问题，一直受到学界的广泛关注。

第一，从中国近代思想史和社会主义传播史等新角度阐释中国选择社会主义的历史必然性。中国选择了社会主义而超越了资本主义发展阶段，是我们党对人类社会历史规律及民族特点的准确把握。从总体上看，中国选择社会主义的历史必然性体现在只有社会主义才能救中国、发展中国、富强中国和振兴中国，这是对历史必然性问题的传统论述方式。在建党百年之际，从中国近代思想史或社会主义传播史来考察中国选择社会主义的历史原因，是比较新颖的角度。有学者重新考察了五四运动与马克思主义的传播关系，认为五四运动与马克思主义传播、中国共产党崛起之间，确实具有因果必然性

关联，但这种必然性不是物理因果关系或决定论意义上的，而是一种"回顾必然性"。在更广阔的视野中，五四运动与马克思主义传播、中国共产党崛起之间的关系是中国近现代社会历史特殊境况与历史主体选择奋斗综合作用形成的结果，既与马克思主义、共产主义思想本身的说服力、合理性相关，也与中国近现代社会历史处境和各种思想观念意识互动、震荡密切联系。因此，通过分析考察可以看出，早在戊戌变法时期，西方各种社会主义理论及共产主义思想就传到中国，但在 1915 年前，这些思想在中国并没有太大的影响，社会主义、共产主义作为一种普遍思潮出现是在新文化运动后期。实际上，马克思主义在 1919 年以后的中国迅速传播这一历史事实，既可以说是前期新文化运动及中国近代以来寻求现代化的延续和结果，又可以说是新文化运动的转向或转折点，因而与新文化运动之间具有历史和逻辑的因果关联。[1] 还有的学者基于国外史料，以《纽约时报》《基督教科学箴言报》《华盛顿邮报》《洛杉矶时报》等当时美国媒体对中国的报道为中心，观察 20 世纪 20 年代社会主义在中国的兴起和影响。社会主义思想在中国的早期传播，是由一系列因素造成的。美国媒体在 20 世纪 20 年代关于社会主义在中国传播的报道和评论，把社会主义的扩张放到中国学生运动和工人运动蓬勃发展的大环境中进行分析。当时西方许多观察者认为，布尔什维主义不适合中国社会，也不相信布尔什维主义能得到大多数知识分子的青睐。他们错误地判断社会主义在中国的传播只是青年学生的心血来潮，或者是受到外力鼓动的结果，却没有清楚看到当时中国政治、经济、社会矛盾正酝酿着深层次的变革，没有充分意识到中国民族主义的兴起和反对帝国主义的运动，为社会主义思潮的传播创造了绝佳的条件。[2]

第二，进一步阐释新中国进行社会主义改造的历史必然性。新中国成立

---

[1] 李晔：《五四运动与马克思主义传播关系再认识：历史因果、思想逻辑及必然性问题》，《中共党史研究》2021 年第 1 期。

[2] 王笛：《道路的选择：美国媒体视野中的社会主义在华早期传播》，《探索与争鸣》2021 年第 11 期。

后，在新民主主义社会的条件下，党领导人民迅速恢复和发展了国民经济，推动了社会生产力的发展，因此有人提出了新民主主义社会应长期保持或者"社会主义改造过早""改革开放回归新民主主义"等观点和看法。针对这一问题，有学者提出，1953年到1956年我国进行的社会主义改造，其历史必然性、必要性和伟大历史意义是不容诋毁的，原因包括五个方面：进行社会主义改造，是落实中国共产党早在抗日战争时期就确定并一直坚持的通过新民主主义革命走向社会主义的"两步走"战略构想的具体举措；是在新中国成立后新民主主义革命遗留任务已经完成、国民经济迅速恢复以及国民经济成分中社会主义因素显著增加等改造所需要的基本条件，已经具备和达到的情况下开始的；是应对和解决我国国民经济中积累和出现的新的矛盾和问题，为实现工业化开辟正确道路的必然要求；是深刻把握和正确运用马克思主义关于生产力与生产关系、经济基础与上层建筑辩证统一关系原理，解决中国具体问题、推动中国历史发展的必然选择。通过社会主义改造而确立起来的社会主义基本制度，为当代中国一切发展进步奠定了根本政治前提和制度基础。①

第三，从总体和具体问题两个层面来解释中国特色社会主义的历史必然性。从总体上看，将社会主义置于中国的现实基础上，是社会主义发展的规律要求，中国特色社会主义道路开创了社会主义运动的民族化进程，是符合历史发展规律的新道路。有学者提出，20世纪"苏联模式"下的世界社会主义运动，因其脱离了各国具体的历史环境和文化传统，结果直接否定了社会主义在不同民族国家建设的可能性，最终导致了20世纪社会主义阵营的解体。马克思、恩格斯及列宁虽然否认一国可以建成社会主义，但并不否认社会主义的政治革命可以在民族国家独立取得胜利的现实可能性。与过往国际共产主义运动相比，或与新中国早期探索社会主义的实践相比，改革开放以来中国共产党人开辟的中国道路，其特点是实践，而不是效仿。实践的根

---

① 高长武：《论我国社会主义改造的必然性和历史意义》，《观察与思考》2020年第8期。

据是新中国早期社会主义建设的经验教训，是中国经济社会落后而人口数量庞大的发展现状，是党和国家领导人对科学社会主义基本原则的创造性运用。中国特色社会主义是在科学社会主义与中国发展实际相结合中的开创性道路，具有中国历史特点、民族特点和文化特点。[①] 从具体问题上来看，社会主义市场经济是学者关注的重点主题。有学者专门阐释了中国选择社会主义市场经济的历史必然性。中国选择市场经济，是因为迄今为止的历史证明市场经济是可以富其国裕其民的。然而，我们所要的富裕，不是少数人的富裕，而是人民群众的共同富裕。不仅要富裕，而且必须是共同富裕的市场经济。因此，我们必须对市场经济进行改造，创造出我们自己的市场经济，这就是有中国特色的社会主义市场经济。中国共产党遵循实事求是的思想路线，坚持实践是检验真理的唯一标准，反对本本主义、教条主义，坚持从我国经济社会的实践出发，坚持改革开放，在坚持社会主义的前提下，借鉴世界上一切有利于发展经济的措施，摸着石头过河，逐渐认识到商品经济不可逾越，先后经历了计划经济为主，市场调节为辅；有计划的商品经济；社会主义市场经济。这是一个遵循实事求是的思想路线，不断探索的过程，是一个实践、认识、再实践、再认识的过程。中国的社会主义理论创新逐渐认识到，市场经济并非社会制度，市场经济并非资本主义所专有，市场在资源配置中起决定性作用，等等。社会主义市场经济用市场解决效率问题，用社会主义解决社会公正问题，我国经济的快速的，高质量的发展证明这种选择是成功的。[②]

（二）揭示科学社会主义在中国百年发展的内在逻辑

以往的研究中，对中国特色社会主义形成和发展的内在逻辑有不少关注，产生了不少研究成果，但总体上看，从科学社会主义理论与实践发展的

---

① 乌兰哈斯：《论坚持和完善中国特色社会主义制度的历史必然性》，《内蒙古大学学报（哲学社会科学版）》2021 年第 3 期。

② 李义平：《我们为什么选择了社会主义市场经济》，《南方经济》2021 年第 8 期。

角度探究中国特色社会主义的内在逻辑，特别是从整体历史观的角度探讨科学社会主义在中国百年发展历史的内在逻辑研究成果还较少。建党百年之际，学界从深化科学社会主义理论研究的任务出发，重点揭示了建党百年科学社会主义在中国发展的内在逻辑，主要包括四种看法：

第一，实现中华民族伟大复兴，是科学社会主义在中国百年发展的历史主题。以民族复兴为主题主线回顾和总结党的历史，把百年奋斗放在 5000 多年中华文明的历史长河中，放在近代中国 180 多年的历史探索中进行审视和评价，这体现着大历史观的视角。习近平总书记在庆祝中国共产党成立 100 周年大会上的讲话首次提出中国共产党百年奋斗的历史主题是"实现中华民族伟大复兴"，因此，民族复兴自然成为科学社会主义在中国百年历史的主题。有学者提出，实现中华民族伟大复兴作为中国近代以来全部历史的主题，不是凭空掉下来的，更不是外国"教师爷"赐予的，而是从中华民族发展的历史逻辑中产生的。从中国近代以来社会矛盾发展变化的内在需要中，孕育出了中华民族伟大复兴的历史主题；又从实现中华民族伟大复兴的探求与抗争中，萌发了对马克思主义指导和中国工人阶级及其政党——中国共产党领导的客观需要。中国共产党的诞生，是中国近代以来两种历史运动相互激荡、相互融合的结果。一种历史运动，是近代以来中华民族和中国人民对列强侵略和封建压迫的不断抗争，最终形成了中国人民和中华民族的伟大觉醒，推动着中华民族伟大复兴成为近代以来最伟大的民族梦想、人民期盼。另一种历史运动，是近代以来对救国救民真理的苦苦求索，各派力量都在政治舞台上努力过了，各种救国方案都尝试过了，都未能成功，最终找到了实现中华民族伟大复兴的真理——马克思列宁主义，找到了可以领导伟大复兴的政治力量——中国工人阶级和中国共产党。① 还有学者梳理了百年党史的分期问题，这也是科学社会主义发展的分期。2016 年，在庆祝中国共

---

① 李捷：《实现中华民族伟大复兴：中国近代以来全部历史的主题》，《近代史研究》2021 年第 4 期。

产党成立 95 周年大会上的讲话中，习近平总书记总结了党为中华民族作出的三个方面"伟大历史贡献"，简言之，即完成新民主主义革命，建立了中华人民共和国；确立社会主义基本制度，推进社会主义建设，完成了中华民族有史以来最为广泛而深刻的社会变革；进行改革开放，创立和发展了中国特色社会主义，"实现了中国人民从站起来到富起来、强起来的伟大飞跃"。以往讲党史一般是分为三个时期，即新民主主义革命时期、社会主义革命和建设时期、改革开放时期或称中国特色社会主义形成和发展时期，第三个时期的时间一直在延续。党的十九大宣布中国特色社会主义进入新时代，理论界开始尝试将党的十八大以来的历史作为一个相对独立的时期看待，同时有理论工作者开始用革命、建设、改革、复兴描绘百年党史。①

第二，坚持科学社会主义基本原则贯穿党的各个历史时期，是科学社会主义在中国百年发展的首要要求。有学者梳理了中国共产党在各个时期，特别是改革开放以来坚持科学社会主义基本原则、不断推进马克思主义中国化创新的历史过程。在中国革命、建设和改革的实践过程中，中国共产党人在坚持科学社会主义基本原则的基础上，根据时代发展和中国实际，不断推动理论创新与实践探索。改革开放之初，我国与发达国家的经济发展水平差距较大，要在落后中实现追赶，首先就是要从思想上解决"什么是社会主义、怎样建设社会主义"这一问题。邓小平坚持科学社会主义基本原则，从中国基本国情与实际出发，对社会主义现代化建设进行了全面思考与探索，开创了中国特色社会主义道路，推动对科学社会主义的认识上升到了新高度。20世纪80年代末至90年代初，东欧剧变、苏联解体，世界社会主义运动面临严峻挑战，"共产主义失败论""历史终结论"甚嚣尘上。1989年春夏之交的政治风波，使我国社会主义事业面临空前的困难与压力，一些人认为科学社会主义在中国行不通，中国应该走西化之路。以江泽民同志为主要代表的

---

① 杨凤城：《以实现民族复兴为主题深刻认识党的历史与成就》，《马克思主义理论学科研究》2021 年第 7 期。

中国共产党人准确把握国内外复杂形势，始终坚持科学社会主义基本原则，并在实践中不断深入探索社会主义建设规律，开辟科学社会主义理论新境界。21世纪初，中国进入了发展的关键期，经济社会协调发展等诸多问题亟待破解。中国特色社会主义事业向何处发展，怎样发展，成为中国共产党面临的重大课题。为解决这一问题，以胡锦涛同志为主要代表的中国共产党人创造性地提出科学发展观等重大战略思想，进一步坚持和体现了科学社会主义基本原则。党的十八大以来，我国外部环境更趋严峻复杂，国内外有些舆论试图抹黑中国特色社会主义，认为中国特色社会主义是以资本逻辑为中心的"资本社会主义"，是以国家管制为主体的"国家资本主义"，以特权官僚集团为基础的"新官僚资本主义"等。尤其是新冠肺炎疫情暴发以来，百年变局与世纪疫情交织叠加，世界不稳定不确定性因素逐渐上升。针对这些问题，以习近平同志为核心的党中央立足于新时代的历史方位，始终坚持科学社会主义中无产阶级政党领导、要合乎自然规律地改造和利用自然、要大力发展社会生产力、发展社会主义先进文化等基本原则，在守正基础上不断创新，使科学社会主义在当代中国焕发出强大生机活力。[1]

第三，中国共产党的领导地位和作用，是贯穿科学社会主义百年发展的逻辑主线。在中华民族伟大复兴的历史进程中，中国共产党兴则国家兴、中国共产党强则国家强。有学者强调，中国共产党的领导是实现民族独立、人民解放的政治保证，是中华民族伟大复兴的坚强领导核心。[2]有学者认为，中国共产党人把科学社会主义运用到中国革命、建设和改革实践中，相继开辟了新民主主义革命道路、社会主义革命道路、社会主义建设道路、中国特色社会主义道路，实现了科学社会主义在中国的创新发展。这样的伟大实践，不仅改变了中国，也影响了世界。其形成和积累的经验，不仅具有中国

---

[1] 段妍：《中国共产党对科学社会主义基本原则的坚持与发展》，《江西社会科学》2021年第9期。

[2] 李正华：《十八大以来中国共产党对历史经验的科学总结》，《世界社会主义研究》2021年第9期。

特色、时代特征，也具有超越地域性的意义。① 有学者还提出，中国共产党人注重对科学社会主义历史经验和逻辑线索进行总结。这是中国共产党的光荣传统，也是取得胜利的秘诀之一。重视对历史的学习和对历史经验的总结与运用，善于从不断认识和把握历史规律中找到前进的正确方向和正确道路，是中国共产党能够领导中国革命、建设、改革不断取得胜利，历经磨难却始终显示出旺盛的生命力、巨大凝聚力和鲜明的先进性的重要原因。②

从比较视野来阐述中国共产党的领导地位和作用，是传统的一种考察方式。有学者提出，将中国共产党同世界其他政党组织，特别是西方发达资本主义国家政党相比照，我们能充分认识到中国共产党的先进性特质。从政党的阶级性来看，一个政党所代表的社会阶级的利益，就是其存在的政治意义和奋斗目标。西方式的政党通过所谓民主选举实现执政，"纸牌屋"式的暗箱操作，利益争夺、党派对立现象屡见不鲜，政治的动荡和政策的不稳定性也就成为常态。中国共产党是中国工人阶级的先锋队，同时是中国人民和中华民族的先锋队，是中国特色社会主义事业的领导核心，代表中国先进生产力的发展要求，代表中国先进文化的前进方向，代表中国最广大人民的根本利益。从政党的领导力来看，当今世界各国政党中，因组织领导力弱化而丧失执政地位的并不鲜见，有的组织体系软弱涣散，有的政治领袖权威弱化，有的组织体系过于僵化。中国共产党始终高度重视组织建设，通过严明组织纪律、严密组织体系、严格组织作风等方式强化组织力量，确保我们党始终成为新民主主义革命、社会主义革命和建设、改革开放和社会主义现代化建设、新时代中国特色社会主义各个历史时期的坚强领导核心，确保中华民族伟大复兴事业行稳致远。③ 有学者从"经济幸福"的角度梳理了中国共

① 秦刚：《科学社会主义在中国的创新发展及其深远影响》，《人民论坛·学术前沿》2021年第22期。
② 李正华：《十八大以来中国共产党对历史经验的科学总结》，《世界社会主义研究》2021年第9期。
③ 刘海春：《以大历史观把握党的领导核心地位》，《红旗文稿》2021年第18期。

产党百年来如何通过社会主义的建立、探索和发展实现了中国的经济崛起。近代以来求富求强成为中国摆脱落后挨打、走向现代化的主基调。1925 年，毛泽东在《政治周报》发刊词中写道："为什么要革命？为了使中华民族得到解放，为了实现人民的统治，为了使人民得到经济的幸福。"因积贫积弱而求富求强充分显示出，"经济的幸福"——从经济发展和财富积累的视角来认识国家强盛、社会进步与人民福祉提升的重要，这也是把脉中国大趋势、理解中国百年巨变至为关键的维度。中国共产党领导的新民主主义革命为追求富强创造了根本社会条件。成立新中国和确立社会主义基本制度，奠定了求富求强的政治前提和制度基础。改革开放以来，"贫穷不是社会主义"打破了束缚人们追求财富的观念枷锁，建立和完善社会主义市场经济体制激发了全社会创造财富的巨大热情，国民财富获得了前所未有的增长。中国特色社会主义进入新时代，以经济总量与财富存量衡量的综合国力大幅提升；消除绝对贫困，实现全面小康，为通向共同富裕迈向现代化强国奠定了坚实基础。中国共产党团结领导全国人民追求国家繁荣富强、人民共同富裕的基本经验大体可归纳为四个方面：第一，独立自主的探索是求得后发赶超和国强民富的关键要诀；第二，以人民为中心的发展思想体现求富求强的价值旨归；第三，不断解放和发展生产力，让一切创造社会财富的源泉充分涌流；第四，中国特色社会主义道路为实现中华民族伟大复兴指明了正确的前进方向。[1] 有的学者系统阐释了中国共产党领导社会主义工业化的历史性贡献。在中国这样一个人口多、底子薄的农业大国推进社会主义工业化，无疑是一项长期、复杂、艰巨的伟大任务。在中国共产党领导下，中国人民经过艰苦卓绝的积极探索和努力奋斗，成功走出了一条适合自己国情的社会主义工业化道路。中国共产党领导的中国工业化建设取得了辉煌的历史性成就，用几十年时间走完了发达国家几百年走过的工业化历程，建立了世界最完整的现代工业体系，使中国成为世界第二大经济体，制造业第一大国，这具有伟大

---

[1]　张晓晶：《中国共产党领导中国走向富强的百年探索》，《中国社会科学》2021 年第 11 期。

的历史意义和世界意义。中国共产党的百年历史中，新民主主义革命时期完成了反帝反封建历史任务，为社会主义国家工业化创造了根本政治条件；社会主义革命和建设时期领导建立了独立的比较完整的工业体系和国民经济体系；改革开放和社会主义现代化建设时期则领导实现了工业化水平大幅提升和中国经济的快速赶超；中国特色社会主义新时代全面建成了小康社会，持续深化高质量工业化进程，基本上实现了工业化。中国共产党领导中国工业化建设的成功，其最为基本的历史经验可以归结为以下三个方面：一是中国共产党坚强领导、不忘初心，矢志不渝地坚定推进社会主义工业化建设；二是将马克思主义普遍原理同中国具体实际相结合，走出一条符合中国国情的社会主义工业化道路；三是积极探索和遵循大国工业化规律，与时俱进、全面协同地推进工业化进程。① 还有的学者分析了中国共产党（"党"）和中国特色社会主义制度（"制"）之间的内在统一性。此内在统一性可概括为"党"是"制"的来源、前提和基础，在"制"的确立、发展和完善中起着决定性的作用。基于历史分析视角，中国共产党是以"党"建国，以"党"建"制"；基于结构分析视角，中国共产党是"党"在"制"中，以"党"行"制"；基于因果分析视角，中国共产党则以"党"之力塑"制"之优势。②

第四，在科学社会主义百年发展的历史进程中，党的领袖核心作出了历史性贡献。有学者认为，塑造和维护一个坚强有力的领袖核心，是中国共产党作为一个以马克思主义建党学说和民主集中制原则建立起来的无产阶级政党的优良历史传统和独特政治优势。在中国共产党百年党史中，领袖核心地位的塑造及其权威的生成经历了革命孕育领袖、权威趋向魅力，权威塑造核心、核心嵌入制度，核心衍生魅力、制度形塑权威的历史过程，包含了合法性建构、认同性生成两个方面，体现着领袖与群众、权威与真理、制度与纪

---

① 黄群慧：《中国共产党领导社会主义工业化建设及其历史经验》，《中国社会科学》2021 年第 7 期。

② 张亮亮：《论中国特色社会主义制度的最大优势是中国共产党领导：基于三个分析视角的解读》，《中央民族大学学报（哲学社会科学版）》2021 年第 1 期。

律的辩证统一，发挥着整合、导向、凝聚的作用。这是历史选择、时代呼唤、人民期盼、实践锻造的必然结果，为全党全国各族人民统一意志、统一行动、步调一致向前进，夺取新时代中国特色社会主义伟大胜利奠定了坚实基础。[1] 有的学者认为，领导核心的出场是后发社会主义国家发展的现实制度安排。从社会主义中国的发展逻辑来看，中华人民共和国成立后，作为社会主义中国的执政党，中国共产党面临着带领中国这个后发外生型现代化国家实现赶超式发展、建成社会主义现代化并向共产主义不断迈进的艰巨任务。面对政治领导与执政的双重任务，集中统一领导意味着从国家与社会现实的发展角度而言，必须有一群能够切实有效推动国家与社会不断发展进步的领导者与决策者；而就党自身来说，必须以一个理想信念最为坚定、才能学识最为卓越、实践经验最为丰富、政治水平最为高超的领袖集体来引领整个党始终坚守正确的政治方向、保证国家与社会的正确发展方向。核心领导作用的充分发挥可以有效避免集体领导和决策中出现的"议而不决、重大问题无人敢于担当""借口集体领导而无人负责""突发状况难以快速形成一致决策"等状况的出现，使党和国家能够更好把握历史进程中的每一次宝贵发展机遇；同时，党的领导核心作为政党的人格化代表，其本身的崇高人格、领袖风范、卓越才能与领导效果，使党员、群众对领导核心个体的喜爱、信任一定程度上移植到对整个党组织的信任中去，在领导核心的统合功能由党内延展至整个社会的过程中，使党获得一种更强的凝聚力，更好地推动全党、全国、全社会在思想上行动上保持充分的一致性，推动国家与社会沿着正确方向更好更快地发展进步。[2] 还有学者从具体某个历史时期的特点来讨论党的领袖和核心的贡献。比如，有学者认为民主革命时期中国共产党领导核心的形成是社会历史条件、领袖特质以及群体意志等多种因素合力作用的结果。第一代领导核心的确立，是实现民族独立和人民解放这一伟大使命的

---

[1]　何虎生、雷引杰：《政治权威视阈下中国共产党领袖核心的塑造》，《江苏行政学院学报》2021 年第 4 期。

[2]　王健睿：《百年大党领导核心制度的建构逻辑与运行机制》，《云南社会科学》2021 年第 6 期。

一大关键，主要体现在：维系党的团结统一，有力加强了党的内部凝聚力、向心力与对外发展的张力；凝聚起全国人民与全民族磅礴的革命力量，为实现共同的革命目标而共同奋斗；在中国革命生死关头多次力挽狂澜、化险为夷；在关系中国两种前途、两种命运的大决战中，对旧的统治体系起到了摧枯拉朽的作用。①

（三）着力阐释中国共产党坚持和发展科学社会主义的四个历史阶段

社会主义是一个渐进发展的过程，也是一个世界性的历史进程。在不同的历史时期、不同的发展阶段，社会主义实践具有不同的内容，并呈现不同的特点。在不同的历史时期，中国共产党始终坚持和追求科学社会主义，在不同的阶段取得了不同的创新性成果。党的十八大以来，中国共产党对中华民族伟大复兴的历史进程和阶段性特征进行过多次论述，习近平总书记在庆祝中国共产党成立 100 周年的讲话中，更是明确地将党为实现中华民族伟大复兴的历史分为前后相连、各具特点的四个发展阶段。把党的奋斗和创造的使命、目标始终放在中华民族的伟大复兴上，这是马克思主义中国化的最重要的体现。国内学者就历史阶段的基本线索问题展开了研究。有学者指出，中国共产党"在新民主主义革命艰苦卓绝的革命斗争中坚定共产主义理想信念"，"在社会主义革命和建设实践中坚持科学社会主义原则不动摇"，"在改革开放和社会主义现代化建设中高举科学社会主义伟大旗帜"，"在开创中国特色社会主义新时代中展示了科学社会主义强大生机活力"②。

第一个阶段，中国共产党以科学社会主义为理论指导探索适合中国国情的革命道路，建立了新中国。中国共产党的先驱们在创建中国共产党的过程中始终把共产主义作为崇高理想来追求，也正是由于有了对崇高理想信仰的

---

① 陆卫明、孙泽海：《民主革命时期中国共产党领导核心形成的深层原因、作用机理与历史镜鉴》，《北京工业大学学报（社会科学版）》2021 年第 3 期。

② 曾令辉：《论中国共产党百年来对科学社会主义的追求、坚持与发展》，《马克思主义研究》2021 年第 11 期。

追求，中国共产党在新民主主义革命时期才能始终团结带领人民克服前进道路上的重重困难，坚定地朝着社会主义、共产主义目标前进。在大革命时期，广大共产党员胸怀共产主义理想，有力地推动工人运动、农民运动和北伐战争的蓬勃发展。有学者指出，在这一时期，中国共产党在革命斗争中始终保持政治上、思想上和组织上的独立性，始终坚持独立自主地领导工人运动和农民运动。土地革命战争时期，中国共产党在革命根据地开始尝试体现科学社会主义基本原则的社会主义制度实践探索。在全民族抗战时期和解放战争时期，中国共产党更加自信自觉地坚定社会主义和共产主义理想信念：一是在全民族抗日战争时期的任何情况下都始终坚持党的领导；二是在严酷的革命斗争中始终不放弃社会主义和共产主义理想；三是用马克思主义指导延安整风运动；四是坚持以科学社会主义原则指导抗日根据地建设，争取一切抗日力量，高举抗日民族统一战线旗帜。[1] 还有学者提出，全部的世界社会主义运动史是逐步由西向东的转移。由于时代和各国国情的差别，革命运动的任务就有所区别。从人类解放的视角，则是一脉相承的。新民主主义革命的胜利，中华人民共和国的成立，"为实现中华民族伟大复兴创造了根本社会条件"。这在中国历史上是改天换地的，用毛泽东同志的话说是"开辟了一个新的时代"。旧中国的四分五裂、一盘散沙，外国侵略者在中国享有种种特权、可以胡作非为的历史彻底结束了，中华民族任人宰割、民众饱受欺凌的时代一去不复返了。抗美援朝一战，告诉那些霸气十足的外国侵略者，想在中国家门口撒野，无所顾忌地耀武扬威的时代也永远结束了。没有自己的政权，没有国家的真正独立和主权，就谈不上中华民族的伟大复兴、人民的解放。[2]

第二个阶段，中国共产党立足新中国的社会现实积极探索中国式的社会

---

[1]　曾令辉：《论中国共产党百年来对科学社会主义的追求、坚持与发展》，《马克思主义研究》2021年第11期。

[2]　黄宗良：《实现中华民族伟大复兴是党百年奋斗的主题》，《人民论坛·学术前沿》2021年第24期。

主义建设道路。新中国成立后，人民建设社会主义国家的热情高涨，但如何将这种热烈的情绪转化为推动事业顺利前进的现实性力量，则需要系统的理论和方法加以指导，尤其不能离开毛泽东主体意识的总体关照。在社会主义建设时期，毛泽东循着马克思主义认识论所指明的方向，在实践、认识、再实践、再认识的过程中充分发挥人民的主体性，为探索符合本国国情的社会主义现代化道路积累了宝贵经验。虽然毛泽东晚年对主体能动性的过度强调给社会主义事业带来了严重损失，但是他鲜明的主体意识以及发挥人民主体性过程中的经验教训仍值得总结。在探索社会主义建设过程中，毛泽东研判了以经济建设为中心的历史方位，尝试独立自主地探索一条自己国家的建设道路，充分发挥了人民建设社会主义国家的主体创造力，并总结在中国推动社会主义现代化进程的思想理论，进而为中国式现代化新道路的真正出场奠定了重要基础。[1]"什么是社会主义、怎样建设社会主义"等一系列重大理论和现实问题，是新中国成立后必须尽快探索和回答的科学社会主义之问。学者们认为，中国共产党并没有完全照搬照抄苏联的社会主义建设经验，而是从中国的具体实际出发，坚持科学社会主义基本原则不动摇，积极探索中国式的社会主义革命和社会主义建设。第一，坚持中国共产党的领导，建立和巩固了以工农联盟为基础的人民民主政权。第二，立足中国社会主义革命具体实际，确立了社会主义基本制度。第三，立足中国社会主义建设具体实际，进一步探索社会主义具体制度。[2]

第三个阶段，在改革开放和社会主义现代化建设新时期，中国共产党探索出一条实现中国富强的科学社会主义道路。中国共产党在总结社会主义革命和建设伟大成就的基础上，继续探索建设社会主义的正确道路，开创、捍卫、发展了中国特色社会主义。有学者提出，国际共产主义运动史上的一个

---

①　贺银垠、尚庆飞：《毛泽东探索社会主义建设的主体意识及其当代启示》，《江海学刊》2021年第6期。

②　曾令辉：《论中国共产党百年来对科学社会主义的追求、坚持与发展》，《马克思主义研究》2021年第11期。

重大事件是苏联解体、东欧剧变，而在世界社会主义发展史上，第一个对苏东剧变做出理论分析的是中国共产党。早在 1990 年，当时苏联尚未解体，戈尔巴乔夫还在位，世界上几乎没有任何一个政党或学者预见到苏联解体，中国共产党却在密切关注苏联东欧国家悄然发生的剧变。在党中央高度关注下，当时在中央政治局研究室设立了研究苏东局势变化的小组，他们经常组织学者讨论苏东国家发展前景，深刻分析苏东国家变化的思想根源和理论根源。党中央及时研究苏联东欧社会主义国家的变化，最终目的还是在于保持中国的稳定和发展。党中央明确指出，要认识苏联演变的教训，划清马列主义与反马列主义的界限、社会主义与资本主义的界限、科学社会主义与民主社会主义的界限。要坚持党的领导，决不能搞多党制；坚持人民民主专政，决不能搞议会民主政治；坚持党对军队的绝对领导，决不能搞军队的非政治化、非党化；坚持公有制的主体地位，决不能搞私有化；坚持马克思列宁主义的指导地位，决不能搞指导思想的多元化。① 不管国际国内形势如何变化发展，中国共产党始终高举科学社会主义伟大旗帜，一是在改革开放中毫不动摇地坚持科学社会主义；二是在推进社会主义现代化建设中毫不动摇地坚持党的领导和加强党的建设；三是在改革开放中推进马克思主义中国化时代化，巩固马克思主义的指导地位。其中，学者们尤为关注邓小平的历史性贡献。有学者提出，邓小平对中国特色社会主义理论与实践作出了开创性、奠基性贡献。他重新确立实事求是的思想路线，开解放思想的一代新风，为开创并坚持和发展中国特色社会主义创造了思想条件；创立邓小平理论，开创中国特色社会主义理论体系，为坚持和发展中国特色社会主义奠定了理论基础；对改革开放和社会主义现代化建设作出基本设计，开创中国特色社会主义的伟大实践，为坚持和发展中国特色社会主义奠定了实践基础。40 多年来，中国特色社会主义已经成为全党和全国十几亿人民广泛而深刻的社会实

① 吴恩远：《论世界社会主义发展史与党史、新中国史、改革开放史理论和实践的相互联系》，《毛泽东邓小平理论研究》2021 年第 9 期。

践，累积起了越来越深厚的实践基础。在这个基础上，中国特色社会主义进入新时代，获得了新的蓬勃生机和旺盛活力。[①]

第四个阶段，在中国特色社会主义新时代，中国共产党开启全面建设社会主义现代化国家新征程，开辟科学社会主义在 21 世纪中国的新境界。面对百年未有之大变局，以习近平同志为核心的党中央统筹中华民族伟大复兴战略全局，把握我国社会主要矛盾已经转化为人民日益增长的美好生活需要和不平衡不充分的发展之间的矛盾，推动党和国家事业发生历史性变革、取得历史性成就，开创了中国特色社会主义新时代，确立习近平新时代中国特色社会主义思想为党的指导思想，科学社会主义在 21 世纪的中国焕发出强大生机活力：一是在全面深化改革中彰显社会主义制度的显著优势，深化了对中国特色社会主义建设规律的认识；二是在开创中国特色社会主义新时代中巩固了马克思主义政党的执政地位和执政基础，深化对共产党执政规律的认识；三是在开创中国特色社会主义新时代中推进理论创新，实现了马克思主义中国化新的飞跃。[②] 党的十九大报告对十八大以来党和国家事业发展做了全面总结，集中概括为"取得历史性成就""发生历史性变革"。这一概括提出后，历史性成就究竟指什么，历史性变革又包括哪些内容，其背后的深层逻辑是什么等重大课题受到学界的高度关注。有学者认为，历史性成就应该是指那些巨大而非凡的业绩，是指那些难以被后人忘记的、不可磨灭的，能载入中华民族发展史册、人类文明发展史册的成绩。同理，只有那些影响十分广泛深远的能载入史册的巨大变化，才叫历史性变革。党的十八大以来，以习近平同志为核心的党中央，坚持和加强党的全面领导，统筹推进"五位一体"总体布局、协调推进"四个全面"战略布局，坚持和完善中国特色社会主义制度、推进国家治理体系和治理能力现代化，坚持依规治党、

---

① 杨胜群：《邓小平对中国特色社会主义理论与实践的开创性贡献》，《党的文献》2021 年第 4 期。

② 曾令辉：《论中国共产党百年来对科学社会主义的追求、坚持与发展》，《马克思主义研究》2021 年第 11 期。

形成比较完善的党内法规体系，战胜一系列重大风险挑战，实现第一个百年奋斗目标，明确实现第二个百年奋斗目标的战略安排，这些就是党和国家事业取得的历史性成就和发生历史性变革，这些成就和变革为实现中华民族伟大复兴提供了更为完善的制度保证、更为坚实的物质基础、更为主动的精神力量。① 还有学者认为，在 21 世纪这一新的历史时期，中国共产党在全面建成小康社会之后，开启了全面建设社会主义现代化国家的新征程，并对建成社会主义现代化强国，实现中华民族伟大复兴作出了新的战略部署。这些新的战略部署，包含着对科学社会主义的坚持和发展，也体现着对当今时代潮流和世界发展必然趋势的科学判断。②

三、中国共产党百年对科学社会主义的理论贡献

中国共产党人历史地选择了社会主义，同时在把马克思主义基本原理同中国具体实际相结合的过程中，科学回答了"什么是社会主义、怎样建设社会主义"这一根本问题，成功开创了中国特色社会主义，丰富和发展了科学社会主义的理论与实践。中国特色社会主义是科学社会主义理论逻辑和中国社会发展历史逻辑的辩证统一，是根植于中国大地、反映中国人民意愿、适应中国和时代发展进步要求的科学社会主义。在百年实践中，中国共产党丰富和发展了科学社会主义的理论。建党百年之际，国内学者系统全面地梳理和阐释了中国共产党百年对科学社会主义的理论贡献。

（一）习近平新时代中国特色社会主义思想对科学社会主义的原创性贡献成为研究重点

党的十八大以来，以习近平同志为核心的党中央立足新的伟大实践，坚

---

① 沈传亮：《党的十八大以来的历史性成就和历史性变革研究》，《理论视野》2021 年第 7 期。
② 秦刚：《科学社会主义在中国的创新发展及其深远影响》，《人民论坛·学术前沿》2021 年第 22 期。

持理论和实践相结合，创立了习近平新时代中国特色社会主义思想。这不仅对实现中华民族伟大复兴具有极其重大而深远的意义，在马克思主义发展史和世界社会主义发展史上也是具有标志性的重大事件。党的十九大确立了习近平新时代中国特色社会主义思想在全党的指导地位，党的十九届六中全会公报指出："习近平新时代中国特色社会主义思想是当代中国马克思主义、二十一世纪马克思主义，是中华文化和中国精神的时代精华，实现了马克思主义中国化新的飞跃。"围绕习近平新时代中国特色社会主义思想对科学社会主义的原创性贡献这一主题，学者们展开了研究，取得了较为丰硕的成果。

第一，习近平新时代中国特色社会主义思想全方位、系统性拓展了对中国特色社会主义的新认识，提出了一系列原创性的论断。有学者提出，习近平总书记立足新的时代境况，从发生论、结构论、特征论、发展论和价值论等层面对中国特色社会主义进行多维度的科学考察，以一系列新思想、新观点和新论断极大"丰富拓展了中国特色社会主义的内涵和外延"，开辟了对中国特色社会主义认知的新境界，作出了原创性贡献。一是习近平总书记以大历史观的宏阔视野阐明了中国特色社会主义的生成理路。二是习近平总书记从结构论的层面对中国特色社会主义进行科学考察，对其逻辑体系进行了开拓性的构建和创造性的阐发。三是习近平总书记从特征论的层面对中国特色社会主义进行科学考察而得出的极为重要的结论，以鲜明坚定的政治清醒宣誓中国特色社会主义最本质的特征。四是习近平总书记从发展论的层面考察中国特色社会主义走过的发展历程，研判其所处的发展方位，谋划和部署其未来发展趋向，作出一系列重大论断，深刻回答了中国特色社会主义"从哪里出发""走过了怎样的发展历程""现在处于什么样的发展方位""未来发展要走向哪里"等一系列重大问题。五是习近平总书记主要从三个维度对中国特色社会主义进行价值论层面的科学考察，进而形成了对中国特色社会主义价值意蕴的深刻论述和独到见解。习近平总书记对中国特色社会主义认知的五个维度，在一定意义上为我们很好地诠释了中国特色社会主义为什么"好"的时代命题。其中，"发生论"讲的是中国特色社会主义的生成理路，反映出中国特色社会主义既符合科学社会主义所揭示的人类社会发展的普遍规律，又能够在丰盈厚重的中华文化滋养下，在强大的发展成就的有力支撑下永葆经久不衰的旺盛生命力；"结构论"讲的是中国特色社会主义的逻辑体系，反映出中国特色社会主义能够在"道路""理论体系""制度""文化"四大柱石的协同稳固支撑下"顶天立地"、迸发活力；"特征论"讲的是中国特色社会主义最本质的特征，揭示出中国特色社会主义的坚强领导力量和实践主体，反映出中国特色社会主义蓬勃壮大的最坚强政治保证；"发展论"讲的是中国特色社会主义的发展历程、发展方位和发展进路，反映出中国特色社会主义具有一往无前的坚强恒定力；"价值论"讲的是中国特色社会主义的价值意蕴，反映出中国特色社会主义具有改造世界、塑造世界的磅礴伟力。"五论"集成，环环相扣，共同深刻诠释了中国特色社会主义为什么"好"的时代命题。[1]

还有学者认为，科学社会主义在中国的成功实践，赋予马克思主义新的鲜活力量，写出了科学社会主义的"新版本"。中国特色社会主义成功回答了"什么是社会主义、怎样建设社会主义"的历史之问，使科学社会主义在21世纪的中国焕发出强大生机活力；成功探索出一条中国式现代化道路，创造了人类文明新形态，拓展了发展中国家走向现代化的途径；成功构建起中国特色社会主义制度体系，彰显出社会主义国家的优越性和制度优势，扭转了社会主义在同资本主义竞争中处于被动的局面；成功加强了马克思主义政党建设，丰富了马克思主义政党建设的理论和实践。[2]

第二，基于回答如何坚持和发展科学社会主义以及阐释中国特色社会主义与科学社会主义的关系等问题，习近平总书记提出了一系列原创性思想。

---

[1]　周向军、武文豪：《论习近平对中国特色社会主义认知的五个维度：兼论中国特色社会主义为什么好》，《科学社会主义》2021年第2期。

[2]　任洁：《科学社会主义的"新版本"：伟大成就与世界意义》，《人民论坛·学术前沿》2021年第22期。

有学者认为，关于科学社会主义基本原则的具体内容是什么、有何具体实现形态等方面，习近平总书记的重要贡献主要体现在以下两个方面：一是廓清了科学社会主义基本原则的基本要义、基本要旨；二是厘清了科学社会主义基本原则内容的同一性与实现形式的多样态之间的界限。习近平总书记对发展科学社会主义的原创性贡献是多方面的，主要包括：首次清晰定位中国社会主义发展新的历史阶段，实现了对社会主义发展阶段理论的创新和发展；首次擘画了社会主义国家治理的体系结构与建设路径，实现了对科学社会主义国家理论的丰富和发展；首次强调党的领导之于社会主义的首要本质特征以及凸显政治建设在政党自身建设中的首要地位，实现了对科学社会主义无产阶级政党建设理论的创新和发展；首次提出构建"人类命运共同体"理念，丰富了科学社会主义共同体思想。

此外，习近平总书记关于科学社会主义重要论述的原创性贡献还有诸多方面。比如提出"绿水青山就是金山银山"理念，创造性践行了马克思恩格斯倡导的人与自然和谐共生的思想，把生态文明建设纳入中国特色社会主义事业总体布局之中，进一步优化了社会主义的建设路径。又如明晰并丰富了协商民主的基本意涵，深刻把握协商民主与选举民主的逻辑关系，发掘了协商民主在中国的多维建构路径，实现了对马克思恩格斯民主政治学说的创新性发展。再如提出"摆脱贫困"的构想，实施精准扶贫脱贫的方略，扎实践行共同富裕这一社会主义的本质要求，实现了对马克思主义贫困治理理论的创造性发展，等等。实践表明，习近平总书记关于科学社会主义的重要论述的原创性贡献，既推动了科学社会主义的中国化、时代化，也彰显了科学社会主义的旺盛生命力，是中国共产党坚定科学社会主义理论自信的重要来源，为在新时代坚持和发展中国特色社会主义提供了科学指引。① 还有学者认为，作为习近平新时代中国特色社会主义思想的主要创立者，习近平总书记坚持

---

① 康晓强：《习近平关于科学社会主义重要论述的原创性贡献》，《马克思主义研究》2021 年第 1 期。

马克思主义立场观点方法，着眼于科学社会主义基本原则与中国实际相结合，围绕坚定共产主义理想信念、坚持党对一切工作的领导、解放和发展社会生产力、坚持以人民为中心、坚持和完善中国特色社会主义制度、推进党的自我革命等新时代中国特色社会主义理论和实践重大问题，发表一系列重要论述，提出一系列新理念新思想新战略，对科学社会主义作出了原创性贡献。①

第三，习近平新时代中国特色社会主义思想把对社会主义规律的认识提高到新境界，为新时代坚持和发展中国特色社会主义注入了崭新内涵，为社会主义在 21 世纪的发展作出了原创性贡献。有学者提出，中国特色社会主义是科学社会主义理论逻辑和中国社会发展历史逻辑的辩证统一，是植根于中国大地、反映中国人民意愿、适应中国和时代发展进步要求的科学社会主义，是世界社会主义五百年历史发展过程中最灿烂的篇章。中国特色社会主义进入新时代，使科学社会主义在 21 世纪的中国焕发出强大生机活力。习近平新时代中国特色社会主义思想把坚持马克思主义与发展马克思主义有机统一起来，既旗帜鲜明地把马克思主义作为理论起点、逻辑起点、价值起点，又以我们正在做的事情和将要做的事情为中心，推进了马克思主义基本原理与中国具体实际相结合、与中华优秀传统文化相结合，从而使新时代中国特色社会主义彰显出中国特色、中国风格、中国气派，体现出鲜明的时代特征，实现了马克思主义中国化新的飞跃。它坚持科学社会主义基本原则，紧密结合新的时代条件和实践要求，提出了一系列具有原创性的新思想新观点新论断，深刻揭示了社会主义在中国建设和发展的历史必然性和内在连续性，阐明了中国特色社会主义的历史源流、民族基因和实践基础，强调了中国共产党的领导是中国特色社会主义最本质特征和最大制度优势，将中国特色社会主义的"三个自信"扩展为"四个自信"，明确了中国特色社会主义发展的新的历史方位、战略目标和战略步骤等方面的基本问题，以全新视野

---

① 李海星：《习近平新时代中国特色社会主义思想对科学社会主义的原创性贡献》，《中共福建省委党校（福建行政学院）学报》2021 年第 2 期。

深化了对共产党执政规律、社会主义建设规律、人类社会发展规律的认识。这一思想丰富和发展了中国特色社会主义的实践特色、理论特色、民族特色、时代特色，为新时代坚持和发展中国特色社会主义注入了崭新内涵，是对中国特色社会主义规律性认识的深化、拓展和升华，开辟了科学社会主义的新境界。习近平新时代中国特色社会主义思想推动中国特色社会主义成为21世纪科学社会主义的发展旗帜、成为世界社会主义振兴的中流砥柱，在世界社会主义发展史上具有重大里程碑意义。①

第四，从实现现代化、自我革命、制度自信等具体方面考察了习近平新时代中国特色社会主义思想的原创性贡献。比如关于基本实现现代化，习近平总书记展开了一系列全新论述和前瞻布局，具体涵括对基本实现现代化战略目标的新安排、对基本实现现代化科学内涵的新丰富、对基本实现现代化价值旨归的新阐扬、对基本实现现代化风险挑战的新研判、对基本实现现代化对策举措的新阐述等方面。②又如关于党的自我革命，习近平总书记对马克思主义政党学说的创新性贡献主要体现在：一是从党的自身建设、党的领导、使命型政党三个角度系统阐述了加强党的自我革命的必要性，并从党的性质和宗旨的角度分析了党为什么"能"进行自我革命。二是从实践活动、自我革命精神、自我革命智慧等三个方面丰富了党的自我革命的时代内涵。三是从战略上提出了党的自我革命的原则、路径和方法：坚持系统观念，做到"四个统一"，增强"四个自我"能力；坚持培元固本，以党的政治建设为统领全面推进党的自我革命；坚持自我净化，持续高压反腐与权力制约监督问责相结合；坚持自我改革，完善党的领导制度体系和全面从严治党制度；创新方法，综合采用"问题导向"、抓"关键少数"等方法。习近平总书记关于党的自我革命的重要论述创造性地回答了马克思主义政党长期执政条件下永葆先进性和纯洁性的重大问题，为新时代深入推进全面从严治党、加强党

---

① 杨晓慧：《习近平新时代中国特色社会主义思想的原创性贡献》，《思想理论教育导刊》2021年第12期。

② 蒋红群：《习近平关于基本实现现代化重要论述的新贡献》，《科学社会主义》2021年第3期。

的全面领导提供理论指导；中国共产党自我革命的实践成功破解了执政党"如何自我监督"这一世界性难题，为 21 世纪世界各国政党兴党强党提供了自我革命、自我监督的"中国智慧"和"中国方案"。① 再如关于制度自信，以习近平同志为核心的党中央对新时代坚定什么样的制度自信、怎样坚定制度自信这一基本问题作出了系统回答和原创性贡献，这集中体现在把中国特色社会主义制度的显著优势系统概括为 13 个方面，丰富了对社会主义制度优越性的认识；把全面深化改革作为完善制度、彰显优势的根本途径，拓展了对改革与社会主义制度关系的认识；把推进国家治理现代化作为制度建设的重要内容，创新了对社会主义社会治理的认识；把中国特色社会主义制度体系分为根本制度、基本制度和重要制度三个层面，深化了对制度体系内在结构和基本要素的认识。②

学者们从不同维度分析了习近平新时代中国特色社会主义思想对科学社会主义的创新性和原创性贡献，对我们更加深入理解习近平新时代中国特色主义思想在世界社会主义发展史上的历史地位提供了精辟见解。科学社会主义在中国的具体实践永无止境，如何更加系统化、学理化地阐释习近平总书记的原创性贡献，仍将是今后研究中的热点难点问题之一。

（二）马克思主义中国化新成果不断开辟科学社会主义新境界

与时俱进是马克思主义的理论品格，马克思主义在中国具有强大生命力归结于中国共产党百年来不断推进马克思主义中国化进程，不断实现马克思主义中国化的新飞跃，从而不断开辟了科学社会主义的新境界。有学者认为，科学社会主义与中国化马克思主义理论有着深刻的思想渊源，科学社会主义就是"本"和"源"，中国化马克思主义就是"支"和"流"，中国化马

---

① 严宗泽、王春玺：《习近平关于党的自我革命重要论述的创新性贡献》，《广西社会科学》2021 年第 5 期。

② 阎树群：《习近平关于制度自信重要论述的基本内容与理论贡献》，《马克思主义研究》2021 年第 2 期。

克思主义就是科学社会主义在中国的丰富和发展。[①] 建党百年来，中国共产党在领导中国革命、建设、改革的长期实践中，坚持、运用和发展了科学社会主义，形成了毛泽东思想和中国特色社会主义理论体系两大理论成果，推动马克思主义中国化实现两次历史性飞跃。习近平新时代中国特色社会主义思想是马克思主义中国化最新成果，以一系列原创性理论丰富和发展了科学社会主义，开辟了21世纪马克思主义的新境界。

第一，进一步总结毛泽东思想实现马克思主义中国化第一次历史性飞跃的经验以及探讨科学评价毛泽东及其思想的方法和角度。毛泽东成功地在理论和实践上解决了资产阶级性质的民主革命与社会主义相连接的问题，提出进行马列主义同中国实际的第二次结合的历史性任务，毛泽东思想是马克思列宁主义在中国的创造性运用和发展，是被实践证明了的关于中国革命和建设的正确的理论原则和经验总结，是马克思主义中国化的第一次历史性飞跃。

有学者认为，系统梳理马克思主义中国化第一次历史性飞跃的基本经验，使我们再一次深刻地认识到任何科学理论和制度，必须本土化才能真正起到作用。马克思主义中国化的前提和基础是有一个坚强的党的领导核心和卓越领导人来独立自主地坚持和发展马克思主义；重要途径是对中国国情进行深入调查研究，把马克思主义基本原理与中国特殊国情紧密结合；实践基础是在实践过程中及时总结经验修正错误；指导原则是发扬理论联系实际的马克思主义的学风；主要历史特点是反对教条主义；最高境界是走自己的路。[②] 基于人民的立场，完整、准确、科学地评价毛泽东和毛泽东思想，是中国共产党在历史进程中始终需要予以重视的重大课题，学者们从不同角度继续阐释毛泽东及毛泽东思想的历史性贡献。有学者梳理了中国共产党对毛泽东和毛泽东思想评价的历史进程，认为党对毛泽东功绩的历史定位，不

---

① 张士海：《论新时代中国共产党人的科学社会主义观》，《人民论坛·学术前沿》2021年第22期。

② 王占仁：《马克思主义中国化第一次历史性飞跃的基本经验》，《人民论坛·学术前沿》2021年第12期。

仅着重分析了毛泽东的功过是非，而且系统刻画了毛泽东在党史、共和国史、近现代史、中华民族发展史中的重要地位。在不同时期的评价中，对毛泽东历史地位的界定得以充实，毛泽东被评价为"中国共产党、中国人民解放军、中华人民共和国的主要缔造者"，"伟大的马克思主义者，无产阶级革命家、战略家和理论家，是近代以来中国伟大的爱国者和民族英雄"，"领导中国人民彻底改变自己命运和国家面貌的一代伟人"，"马克思主义中国化的伟大开拓者"和"党的第一代领导集体的核心"。这些日益完善的表述，越来越全面而客观地呈现了毛泽东在政治、理论、军事等多个领域的建树。在党的十五大上，毛泽东与孙中山、邓小平一起被称为20世纪中国的三位站在时代前列的伟大人物。在纪念毛泽东诞辰100、110、120周年大会上，时任党和国家的领导人都强调毛泽东毕生最伟大的贡献是在推动马克思主义中国化中，领导党和人民找到新民主主义革命的正确道路、建立新中国、确立社会主义制度、探索社会主义建设道路，后两次纪念大会还提到他对于中华民族赶上时代发展潮流的重要影响。[①]

还有学者提出，中国共产党百年历史上先后作出三个"历史决议"，对确立、坚持和发展毛泽东思想作出了重要的贡献。在全党整风基础上作出的第一个"历史决议"，在实际上形成了党对毛泽东思想科学体系基本框架的初步概括，为全党学习、宣传、理解和掌握毛泽东思想提供了基本的遵循；在改革开放之初作出的第二个"历史决议"，正确评价了毛泽东和毛泽东思想的历史地位，对毛泽东思想科学概念及其主要内容作出了系统阐述和概括；在建党百年历史节点上作出的第三个"历史决议"，紧紧围绕马克思主义中国化科学命题，对毛泽东思想作出了新认识和新概括。三个"历史决议"都对党的指导思想作出了相应的分析和概括，进而对统一全党思想、意志和行动，推进党和国家各项事业的发展产生了极为重要的

---

① 欧阳奇：《中国共产党对毛泽东和毛泽东思想评价的历史进程及方法启示》，《思想理论教育导刊》2021年第10期。

影响。① 还有学者认为，毛泽东强调调查研究的重要性，强调应从实践出发认识问题，强调破除对"洋教条"的迷信，强调党的建设离不开群众路线，不但有效解决了理论如何与实际相结合的问题，还借由对中国历史与现实的深入分析，让马克思主义真正在中国大地上扎根成长，让广大人民翻身解放，建立新中国，使中国共产党在思想与理论上走向成熟。②

第二，进一步阐释中国特色社会主义是对马克思主义经典作家科学社会主义理论的坚守和发展。中国特色社会主义理论体系的形成，实现了马克思主义中国化新的飞跃，深化了我们党对共产党执政规律、社会主义建设规律、人类社会发展规律的认识，丰富和发展了科学社会主义。中国特色社会主义是科学社会主义理论逻辑和中国社会发展历史逻辑的辩证统一。中国特色社会主义之所以是社会主义而不是别的什么主义，在于中国特色社会主义对马克思恩格斯科学社会主义理论的坚守和践行。有学者认为，历史唯物主义基本原理是科学社会主义的理论基石，也是中国特色社会主义的理论基石与实践指南。两者都坚持把"基本原理"作为立论之基，坚持把"解放和发展生产力"作为根本要求与根本任务，坚持以人民为中心的思想。与此同时，马克思恩格斯的科学社会主义理论作为一种为无产阶级和劳苦大众谋求解放的理论学说，作为一种批判和否定旧社会制度特别是批判和否定资本主义社会制度、谋求建立美好的新社会制度的理论学说，其理论品质必然有强烈的人民性、斗争性、实践性，因而也必然有明确的价值指向和制度指向。从价值指向角度看，马克思恩格斯科学社会主义理论的核心价值理念和价值诉求主要表现在追求人的自由全面发展、追求共同富裕、追求公平正义三大方面，这三大核心价值理念都在中国特色社会主义中得到坚守和践行。③

---

① 田克勤：《中国共产党三个"历史决议"对毛泽东思想的认识和概括》，《马克思主义理论学科研究》2021 年第 12 期。

② 王锐：《毛泽东思想与中国共产党的理论成熟》，《江海学刊》2021 年第 2 期。

③ 李太淼、肖遥：《中国特色社会主义对马克思恩格斯科学社会主义理论的坚守和践行》，《科学社会主义》2021 年第 2 期。

还有学者认为，中国特色社会主义理论逻辑是实现科学社会主义理论逻辑与中国社会发展历史逻辑辩证统一的思想进程、基本环节及其内在联系，主要包括纵向理论逻辑、横向理论逻辑和理论整合逻辑。其一，中国特色社会主义纵向理论逻辑或逻辑进程就是中国特色社会主义形成发展过程，特别是其理论突破过程及其关键环节的逻辑关系，实质上是中国共产党人使科学社会主义理论逻辑根植于中国大地、反映中国人民意愿、适应中国和时代发展进步要求、切合中国社会发展历史逻辑的思想进程，就是科学社会主义理论逻辑的中国化进程。其二，中国特色社会主义的横向理论逻辑则旨在呈现切合中国实际和中国社会发展历史逻辑的科学社会主义理论逻辑或科学社会主义理论逻辑中国化的主要内容，是由中国特色社会主义的各个环节、各个层面、各个领域的相互关系和内在联系构成的一个有机整体，集中反映了中国特色社会主义理论逻辑的内在结构。其三，中国特色社会主义理论逻辑不是某种一成不变的先验逻辑或抽象逻辑，而是在中国特色社会主义伟大实践中逐步形成和发展起来的，既是对中国社会主义实践以及世界社会主义运动历史经验的理论总结，更是对中国特色社会主义实践的集中反映和系统筹划，是几代中国共产党人共同谱写的。①

第三，习近平新时代中国特色社会主义思想实现了马克思主义中国化新的飞跃，开辟了科学社会主义新境界。党的十九届六中全会通过的《中共中央关于党的百年奋斗重大成就和历史经验的决议》（以下简称《决议》）提出："习近平新时代中国特色社会主义思想是当代中国马克思主义、二十一世纪马克思主义，是中华文化和中国精神的时代精华，实现了马克思主义中国化新的飞跃。"

有学者阐释了"新的飞跃"主要体现在以下几个方面。一是思想的形成基础有新内涵。《决议》在阐释习近平新时代中国特色社会主义思想时明确

---

① 荆世群、王文兵：《中国特色社会主义的理论逻辑》，《中南民族大学学报（人文社会科学版）》2021年第9期。

提出"两个结合",即"坚持把马克思主义基本原理同中国具体实际相结合、同中华优秀传统文化相结合"。中华优秀传统文化是中华民族的根和魂,有唯物论的基因、有辩证思维、有民本思想、有大同的社会理想,与马克思主义的许多重大观点具有内在契合性。二是思想主题有新发展。关于习近平新时代中国特色社会主义思想的主题,《决议》强调了三个方面,即"新时代坚持和发展什么样的中国特色社会主义、怎样坚持和发展中国特色社会主义,建设什么样的社会主义现代化强国、怎样建设社会主义现代化强国,建设什么样的长期执政的马克思主义政党、怎样建设长期执政的马克思主义政党"。习近平新时代中国特色社会主义思想指明了中国式现代化道路的新图景。三是思想内容有了新概括。《决议》在党的十九大报告"八个明确"的基础上,用"十个明确"对习近平新时代中国特色社会主义思想的核心内容作了进一步概括,突出了明确社会主义基本经济制度和全面从严治党战略方针的内容。四是理论定位有新高度。在重申习近平新时代中国特色社会主义思想是当代中国马克思主义、二十一世纪马克思主义的同时,增加了"中华文化和中国精神的时代精华"的新评价。五是指导实践有新突破。理论的意义在于指导实践取得成功。党的十八大以来,党和国家事业取得历史性成就、发生历史性变革,根本在于有以习近平同志为核心的党中央领航掌舵,有习近平新时代中国特色社会主义思想指引航向。①

还有学者全面论述了新时代中国共产党人的科学社会主义观,强调了科学社会主义的价值意义、精神实质、内涵发展以及实践路径。在领导新时代中国特色社会主义建设的伟大实践中,以习近平同志为主要代表的中国共产党人坚持科学社会主义基本原则,在科学社会主义的价值意义、精神实质、内涵发展、创新路径等方面提出了一系列新认识新观点新论断,形成了系统的新时代中国共产党人的科学社会主义观。新时代中国共产党人的科学社会主义观在坚持和发展科学社会主义中作出了大量原创性贡献,把对科学社会

---

① 王炳林:《深刻领会马克思主义中国化新的飞跃》,《思想理论教育导刊》2021年第12期。

主义的认识推进到一个新的科学水平。①

（三）中国共产党百年来对科学社会主义的主要原创性理论研究

中国共产党百年来始终在坚持科学社会主义基本原则的基础上，从中国不同历史时期的实际出发，在苦难中顽强奋斗寻找中国革命道路，在筚路蓝缕中发奋图强探索社会主义革命和建设道路，在改革开放中开创、捍卫和发展中国特色社会主义，"创造了中国式现代化新道路，创造了人类文明新形态"。针对中国共产党对科学社会主义的理论贡献，学者们进行了不同的总结或概括。有学者把中国共产党对科学社会主义的理论贡献总结为四点：一是在探寻中国革命道路中丰富和发展了无产阶级革命理论；二是在社会主义革命和建设探索中丰富和发展了马克思主义过渡理论和无产阶级专政理论；三是在改革开放和社会主义现代化建设中丰富和发展了社会主义本质理论和社会主义发展阶段理论；四是在开创中国特色社会主义新时代伟大实践中对科学社会主义作出了原创性贡献。② 有的学者则认为，中国共产党百年来的原创性贡献在于：在革命道路问题上提出从"城市暴动"到"农村包围城市"；在阶级斗争问题上提出从"无产阶级"到"工农联盟"；在国家政权问题上提出从"无产阶级国家"到"新民主主义国家"；在国体设计问题上提出从"无产阶级专政"到"人民民主专政"；在经济基础问题上提出从"消灭私有制"到"社会主义改造"；在建设道路问题上提出从"单一模式"到"具体国情"；在发展阶段问题上提出从"新民主主义"到"社会主义初级阶段"；在改革路径问题上提出从"计划经济"到"市场经济"；在奋斗目标问题上提出从"自由人联合体"到"人类命运共同体"。③ 还有学者认为，中国共产党百年以来

---

① 张士海：《论新时代中国共产党人的科学社会主义观》，《人民论坛·学术前沿》2021 年第 22 期。

② 曾令辉：《论中国共产党百年来对科学社会主义的追求、坚持与发展》，《马克思主义研究》2021 年第 11 期。

③ 孙应帅：《中国共产党 100 年来对科学社会主义理论的原创性贡献》，《人民论坛·学术前沿》2021 年第 10 期。

奋斗、创造、积累的根本成就，就是开创并不断拓展了中国特色社会主义。中国特色社会主义，就其功能来说，是中国共产党经过百年艰辛探索为中国发展进步选定的根本方向和正确道路；就其内涵来说，是中国共产党为实现初心使命在推进社会主义现代化问题上形成的系统思路；就其要求来说，就是在中国共产党领导下根据时代的变化与时俱进推动中国发展进步。深刻理解这一根本成就所蕴含的内在逻辑，对于在新的发展阶段上夺取新时代中国特色社会主义事业的更大胜利具有重要意义。[①] 总之，中国共产党百年来对科学社会主义的贡献是全方位的，涉及政治、经济、社会、文化、生态、外交等各个领域，总体上包括新民主主义革命理论、社会主义初级阶段理论、社会主义本质理论等主要原创性理论，学者们对此一直进行持续性研究。

第一，关于中国革命的道路和理论。学者们继续强调中国共产党开辟中国革命道路的历史过程和主要理论创新。有学者认为，以毛泽东同志为主要代表的中国共产党人所开辟的农村包围城市、武装夺取政权的道路，以及为坚持这条道路所确定的农村环境中建设无产阶级革命政党和新型军队的指导思想和具体措施、所制定的人民战争的战略战术原则、所实行的土地革命政策，不仅不是来自共产国际的指示，而且在许多方面是直接违反共产国际那些脱离中国实际的错误指示的。这表明，中国共产党人已经逐步地学会独立思考中国革命的问题，并在一系列根本性的问题上开始把马克思主义的理论和中国革命的具体实践正确地结合起来了。正因为如此，这条道路的开辟，成为毛泽东思想形成的重要标志。[②] 还有学者探讨了中国革命过程中"党领导一切"的原则。"党领导一切"这个命题是在中国革命的实践中逐步形成和发展起来的。1925 年 1 月召开的党的四大，第一次明确提出了革命领导权的问题。但是，提出领导权问题并不等于已经取得国民革命的领导权。第

---

① 宋福范：《百年大党与中国特色社会主义》，《济南大学学报（社会科学版）》2021 年第 3 期。

② 李元鹏：《毛泽东与中国革命新道路的开辟：与沙健孙教授的对谈》，《思想理论教育导刊》2021 年第 5 期。

一次国共合作中，中国共产党实际上放弃了对国民革命的领导权特别是对军队和政权的掌握。经过大革命的失败，共产党人懂得了掌握革命领导权的重要性，下决心建立自己领导的军队与政权，并且开始明确军队与政权必须无条件地接受党的领导。古田会议的重要意义之一，就是成功地解决了党与军队的关系，明确了人民军队必须处于党的绝对领导下，这在确立"党领导一切"原则方面迈出了极为重要的一步。在以武装斗争为主要形式的革命时期，确立党对军队的领导是保证党对其他工作领导的前提与基础。因此，各个革命根据地建立后，事实上确立了党对根据地一切工作的领导。抗日战争时期，由于国共合作的特殊背景，加之各根据地处于被日伪分割包围的状态，因而一段时间抗日根据地在某些地区，还存在着一些不协调的现象。根据中共中央关于根据地实行一元化领导的精神，各抗日根据地进一步厘清了党、政、军、群等各种组织之间的关系，加强了党对各项工作的领导，"党领导一切"成为共识。正因为在革命根据地坚持了党对一切工作的领导，保证了党领导核心作用的发挥，将革命力量有力地汇聚在一起，我们才取得了新民主主义革命的伟大胜利，建立了新中国。①

第二，关于社会主义发展阶段学说。科学社会主义的创始人马克思、恩格斯曾经指出：社会主义社会不是一成不变的，而是经常发展变化的。他们还预测到，依据其经济成熟程度，共产主义社会可以区分为第一阶段和高级阶段。至于未来社会究竟要经历几个发展阶段并没有论及。列宁在俄国十月革命后，丰富和发展了马克思、恩格斯的共产主义社会发展阶段思想，明确地将共产主义的第一阶段称为社会主义阶段，将共产主义的高级阶段称为共产主义阶段。至于社会主义社会在其发展过程中将经历几个发展阶段，列宁没有明确论述。中国共产党对中国社会主义初级阶段的认识，丰富和发展了科学社会主义的社会主义发展阶段学说。有学者指出，在社会主义建设初

---

① 罗平汉、楚向红：《从中国革命和建设实践看"党领导一切"原则》，《中国党政干部论坛》2020 年第 12 期。

期，以毛泽东同志为主要代表的中国共产党人对社会主义发展阶段问题进行了初步探讨，提出了三个重要观点：一是社会主义基本制度确立之后，中国社会主义的发展，还将经历一个长期的社会主义建设阶段。二是明确提出同其他制度一样，社会主义制度也有一个从不完善到比较完善的发展过程。社会主义在其发展过程中，将经历两个发展阶段，即"不发达社会主义阶段"和"发达社会主义阶段"。三是提出要把一个经济文化落后的中国，建设成为一个繁荣昌盛的社会主义强国，至少需要上百年时间。党的十一届三中全会后，中国共产党从当时的中国实际出发，深入总结社会主义建设的历史经验，认真研究国际共产主义运动的发展历程，对社会主义发展阶段问题获得了新的认识。因此，中国社会主义初级阶段，就是一个逐步摆脱贫穷落后的阶段，是一个贫穷落后的农业国逐步变为一个先进的现代化的工业国阶段，是在社会主义条件下实现国家的工业化、社会化和现代化阶段。① 也有学者认为，中国共产党自建党以来，在带领中国人民革命建设的过程中对社会主义发展阶段特征的认识不断深化，在明确社会主义"建立"不等于"建成"的基础上，对社会主义建设的长期性认识由社会主义建设阶段深化到社会主义初级阶段，在社会主义现代化建设过程中强化了对社会主义发展的阶段性特征认识，继而肯定了社会主义建设的新发展方位，从而对科学社会主义发展阶段理论作出了创新性贡献。经过新中国成立以来特别是改革开放四十多年的不懈奋斗，我国在经济建设的多方面都处于世界前列。我们已经拥有实现社会主义现代化目标的物质基础，当实现现代化目标之际，意味着我国迈向了社会主义建设的全新阶段。因此新发展阶段作为实现社会主义现代化目标，向着更高阶段的社会主义征程迈进的建设阶段，"新"在新发展阶段的发展结果——社会主义更高阶段，即社会主义全新发展阶段的到来。②

　　针对我国发展当前阶段的性质和特点，有学者提出，党的十八大以来，

---

① 王怀超、张瑞：《中国共产党对科学社会主义的理论贡献》，《前线》2021年第4期。
② 朱厚敏：《中国共产党对社会主义发展阶段的认识深化》，《科学社会主义》2021年第1期。

以习近平同志为核心的党中央统揽"四个伟大",统筹推进"五位一体"总体布局、协调推进"四个全面"战略布局,立足中华民族伟大复兴战略全局、世界百年未有之大变局和我国社会主要矛盾转化,进一步丰富和发展了社会主义初级阶段理论。其中,习近平总书记深刻洞察社会主义初级阶段不断变化的特点,作出中国特色社会主义进入新时代、我国进入新发展阶段的重大判断。进行辩证分析,准确把握我国不同发展阶段的新变化新特点,使主观世界更好符合客观实际,按照客观实际决定工作方针,是我们党始终坚持的重要工作方法和领导方法。党的十八大以来,我们党把这样的方法运用于对21 世纪中国社会主义初级阶段的观察:2014 年,从我国经济出现"三期叠加"的长期趋势出发,党中央作出了我国经济发展进入新常态的重大判断;2017年党的十九大基于"我国社会主要矛盾已经转化为人民日益增长的美好生活需要和不平衡不充分的发展之间的矛盾"的认知,作出了中国特色社会主义进入新时代的重大判断;2020 年党的十九届五中全会在全面小康社会即将如期建成的背景下,作出了我国进入全面建设社会主义现代化国家向第二个百年奋斗目标进军的新发展阶段的重大判断。①

第三,关于社会主义本质理论。马克思、恩格斯没有明确使用"社会主义本质"的概念,也没有明确论述社会主义本质问题。中国共产党认真总结社会主义建设的历史经验,逐渐深化了对社会主义本质的认识,取得了一系列成果。有学者认为我们党的百年历程里,对于中国社会主义本质的认识先后经历了经济制度论、现实功能论、党的领导论三个阶段。经济制度论的社会主义本质观,即以马克思主义为指导建立的社会主义国家,在一个相当长的时期内都将纯粹公有制与计划经济的制度结构理解为社会主义本质。现实功能论的社会主义本质观,即探讨社会主义应该具有的功能,应该实现的价值,邓小平在社会主义本质观上实际秉持的是一种"现

---

① 曹普:《1978—2021:社会主义初级阶段理论的提出、深化和新发展》,《科学社会主义》2021 年第 5 期。

实功能论"思维。此后江泽民提出的"三个代表"重要思想,胡锦涛提出的"以人为本""社会和谐",习近平总书记提出的"国家富强""民族振兴""人民幸福"的中国梦,所指向的都是中国特色社会主义应该具有的功能。领导力量论的社会主义本质观,即强调党的领导是中国特色社会主义最本质特征,认为作为中国最高政治领导力量和唯一执政党的中国共产党的领导水平和执政能力如何,特别是把方向、谋大局、定政策、促改革、扩开放、防风险、保安全的能力如何,决定性地关系到中国特色社会主义伟大事业能否顺利推进。这三个阶段的认知并非截然断开、毫无关联,而是存在一个继承扬弃的关系,正是在这样一个扬弃的过程中,中国特色社会主义伟大事业得以开创并持续推进。这样一个认识逐步演进的过程就是马克思主义与中国具体实际结合越来越深入的过程,就是我们对什么是社会主义的认识越来越接中国地气的过程,就是社会主义与中国现代化以及中华民族伟大复兴越来越成功结合的过程,就是中国共产党的领导水平和执政能力不断提升的过程,就是社会主义在整个世界历史进程中逐步证明自己的优越性从而进一步展示必然性的过程。①

还有学者认为,"中国共产党领导是中国特色社会主义最本质的特征"这一重大论断,是习近平总书记对中国特色社会主义最本质特征问题的深刻把握和精辟表达。概括来看,国内理论界聚焦提出这一论断的主要依据,从这一论断具有的客观历史依据和历史必然性、基于中国共产党的根本性质和优秀特质、符合科学社会主义基本原则、依据马克思主义社会基本矛盾学说、基于与其他政党的比较优势等维度,进行了详尽分析;聚焦这一论断提出的重大意义,从这一论断对中国特色社会主义最本质特征的深刻揭示和独特优势的有力确证、对社会主义本质理解的拓宽、对共产党执政规律和社会主义建设规律的科学把握、对社会主义发展历史经验的深刻提炼等维度,进

---

① 李海青:《经济制度·现实功能·党的领导:百年大党对中国社会主义本质认识的演进逻辑》,《人文杂志》2021 年第 6 期。

行了深入阐释，取得新的研究进展。① 有的学者还讨论了共享理念和社会主义本质的关系。共享发展理念的精神内核蕴含于科学社会主义基本原则中，充分体现出社会主义的本质，并在发展过程中凸显出越来越鲜明的社会主义性质。共享发展与社会主义各发展阶段相适应，真正的共享发展只有在社会主义社会、共产主义社会才能实现。新时代的中国式现代化新道路成为实现世界公平可持续发展与超越西方现代化道路的新方案，必将引领更多国家走向社会主义和实现世界社会主义运动的伟大复兴。②

第四，关于人类命运共同体。人类命运共同体理念站在人类整体发展的历史高度思考人类的前途命运，是对建设一个什么样的世界、如何建设这个世界等重大问题的理性思考，体现了对马克思世界历史理论的创造性发展。有学者提出，习近平总书记在继承、发展马克思世界历史理论的基础上，提出了构建人类命运共同体的重要思想，这既是当今世界历史进程步入总体性阶段的理论反映，又是坚持和发展马克思世界历史理论的必然结果。从马克思世界历史理论的核心观点出发，探索人类命运共同体提出的世界历史方位，探讨人类命运共同体所具有的世界历史价值，从而揭示了人类命运共同体构建的深层思想依据，为人类命运共同体的现实生成提供了思想动力，推动马克思主义哲学的中国化时代化发展。③ 还有学者认为，命运共同体世界将推动人类社会形成新的发展范式：一是相互尊重、平等协商为主导的政治范式；二是对话谈判、求同存异为主导的安全范式；三是合作互补、开放共赢为主导的经济范式；四是互学互鉴、多样共存为主导的文化范式；五是保护优先、绿色低碳为主导的生态范式。但是，命运共同体世界的形成应遵循双边命运共同体、多边命运共同体、区域命运共同体、人类命运共同体以多

①　康晓强：《国内学界关于"中国特色社会主义最本质的特征"重大论断的依据和意义研究综述》，《党的文献》2021 年第 6 期。
②　朱继东、刘爱彤：《共享发展理念与社会主义本质的关系探析》，《理论探讨》2021 年第 5 期。
③　边飞飞：《马克思世界历史理论视野下人类命运共同体意义阐释》，《学习与探索》2021 年第 7 期。

层联动、循序推进的方式为发展路径，并要把握好虚拟共同体转型和命运共同体创建的辩证历史过程。① 因此，构建人类命运共同体，推动中国发展和世界各国发展有机结合，既着眼于当今时代人类社会的长远发展和前途命运，又致力于解决人类社会面临的许多共同问题；既坚定不移地走自己的发展道路，又把握历史大势，遵循人类社会发展规律，同时向人类社会提供推动改变世界范围内发展不平衡不充分，解决发展赤字、和平赤字、治理赤字、信任赤字的丰盈鲜活的中国智慧和中国方案，以中国道路和发展理念引领塑造人类社会发展的新未来，为促进人类社会共同发展提供新思路、作出新贡献。②

四、科学社会主义研究在新阶段的重点热点问题

从全面建成小康社会到基本实现现代化，再到全面建成社会主义现代化强国，是新时代中国特色社会主义发展的战略安排。习近平总书记在庆祝中国共产党成立 100 周年大会上宣告："经过全党全国各族人民持续奋斗，我们实现了第一个百年奋斗目标，在中华大地上全面建成了小康社会，历史性地解决了绝对贫困问题。"③ 当前，我们正向着全面建成社会主义现代化强国的第二个百年奋斗目标迈进，科学社会主义在中国的发展进入新的历史阶段，新的实践产生新的理论，这是 21 世纪科学社会主义研究的中心课题。在全面建设社会主义现代化国家的新征程上，中国共产党将不断推进理论创新、进行理论创造，不断开辟科学社会主义新境界。学者们普遍认为，当前和今后一段时期内，科学社会主义研究将重点关注百年经验总结、中国式现代化、共同富裕、人类文明新形态等主题。

---

① 梁昊光、郭艳军：《人类命运共同体的世界历史价值与实践路径》，《国际观察》2021 年第 5 期。
② 姜辉：《构建人类命运共同体：百年大党的中国方案和世界期待》，《党建》2021 年第 7 期。
③ 《习近平谈治国理政》第四卷，外文出版社 2022 年版，第 3 页。

（一）继续总结党百年奋斗的历史经验

善于总结历史经验是中国共产党的优良传统。党的十九届六中全会通过的《中共中央关于党的百年奋斗重大成就和历史经验的决议》，把中国共产党百年奋斗的历史经验系统表述为"十个坚持"，具有突出特点和显著优势。"十个坚持"是一个内涵丰富的有机经验系统，揭示了中国共产党过去成功的秘诀，昭示了未来前进的方向。继续阐释和研究第三个"历史决议"，推进对党的百年奋斗史和科学社会主义在中国的百年发展史的经验总结，仍是学界关注的热点和重点问题。

比如有学者全面总结了建党百年科学社会主义在中国发展的经验启示，提出坚持中国共产党领导是我们党百年坚持和发展科学社会主义的最根本启示，是接续推进新时代中国特色社会主义和 21 世纪科学社会主义发展的政治保证；坚持科学社会主义基本原则不动摇是中国共产党百年坚持和发展科学社会主义的根本启示，是接续推进新时代中国特色社会主义和 21 世纪科学社会主义发展的前提和基础；坚定马克思主义和共产主义信仰是中国共产党百年坚持和发展科学社会主义的主要启示，是确保接续推进新时代中国特色社会主义和 21 世纪科学社会主义发展的精神动力之源；坚持以人民为中心的发展思想是中国共产党百年坚持和发展科学社会主义的重要启示，是接续坚持和发展新时代中国特色社会主义和 21 世纪科学社会主义的根本力量。[1]

除了从整体上总结党百年奋斗的历史经验，针对专门领域、特定对象的百年发展进行更加系统深入的经验总结，是今后一段时期内的研究特点。在建党一百周年之际，学界系统总结了经济建设、政治建设、社会建设、文化建设、生态文明建设等"五大建设"领域的历史经验，还梳理和探讨了维护

---

[1] 曾令辉：《论中国共产党百年来对科学社会主义的追求、坚持与发展》，《马克思主义研究》2021 年第 11 期。

中央权威、土地制度改革、灾害防治、理论创新、党内监督、消除贫困、对外工作、思想理论教育、应对风险挑战等具体工作的历史经验。

有的学者还从更宽阔的历史视野来总结百年经验，比如基于国际共产主义运动的视角来总结我们党永葆先进性的历史经验。中国共产党在百年发展历程中，之所以能够成为中国革命、建设、改革事业的领导核心，并在复杂变化的国内外环境中立于不败之地，根本原因就在于高度重视并不断保持和发展党的先进性。先进政党有马克思主义科学理论为指导、有共产主义理想信念为支撑、有人民群众的支持拥护为基础、有民主集中制的组织原则为保障，这些既是马克思主义政党先进性的基本特征和集中体现，是中国共产党百年来永葆先进性的根本原因和历史经验，也是中国共产党立足百年历史新起点、更好肩负起全面建设社会主义现代化国家历史重任的现实路径。①

有的学者立足当前党和国家的重点工作以及人民群众比较关心的热点问题，总结相关主题的百年经验，从而为推动现实工作提供启示和参考。比如关于共同富裕问题，有学者认为，中国共产党百年共同富裕探索的经验告诉我们，必须始终独立自主地走中国特色全体人民共同富裕的发展道路，必须把促进全体人民共同富裕作为为中国人民谋幸福、为中华民族谋复兴的着力点，必须不断完善共同富裕道路的制度基础与产业基础，必须不断完善共同富裕的激励系统和保障系统，必须通过"放管服"改革大力发展市场主体，不断促进生产资料的大众化和普及化。②

（二）聚焦全面建设社会主义现代化强国研究

以习近平同志为核心的党中央坚持和发展中国特色社会主义，在新的历史条件下全面建成小康社会、进而全面建设社会主义现代化国家，不断创造人民美好生活、逐步实现全体人民共同富裕，开创中国特色社会主义新时

---

① 吕薇洲：《百年中国共产党永葆先进性的历史经验：基于国际共产主义运动的视角》，《当代世界与社会主义》2021年第3期。

② 李军鹏：《共同富裕：概念辨析、百年探索与现代化目标》，《改革》2021年第10期。

代。从全面建成小康社会到基本实现现代化，再到全面建成社会主义现代化强国，是新时代中国特色社会主义发展的战略安排。国内学者围绕建设社会主义现代化强国的理论前提、历史逻辑、实践方案、光明前景以及深刻意义展开了一些讨论，这也将是今后继续研究的重点问题。

一是从总体上初步探讨全面建设社会主义现代化强国应遵循的路径和要求。比如有学者认为，中国的社会主义现代化建设的特点是，在实践中将马克思主义与具体国情相结合，不断推动马克思主义中国化。马克思和恩格斯的现代化思想为建设社会主义现代化强国提供了方向指引，列宁和毛泽东的现代化思想为建设社会主义现代化强国提供了参考借鉴，中国特色社会主义为建设社会主义现代化强国提供了实践范式。此外，中国的社会主义现代化道路既不同于西方欧美国家的资本主义道路，也不同于苏联和部分东欧国家的高度集权化道路，而是具有中国特色的、符合中国国情的道路，在全面建设社会主义现代化强国的实践中应坚持如下要求：必须坚持党的领导，必须坚持以人民为中心，必须贯彻新发展理念。①

二是探讨全面建设社会主义现代化强国应完成的"抓手性质"的问题。比如学者们特别关注的共同富裕问题就是"抓手性质"的热门话题。有学者提出，展望未来，共同富裕构成中国特色社会主义"质的飞跃"和"更高阶段"的基本内核。从解决温饱到全面小康再到共同富裕是一个历史性跨越。这一历史性跨越，与新发展阶段要求、第二个百年奋斗目标高度契合；在"日益接近质的飞跃的量的积累和发展变化的过程"中，共同富裕将是"质的飞跃"的一个最显著标志。全面建设社会主义现代化国家、基本实现社会主义现代化，既是社会主义初级阶段我国发展的要求，也是我国社会主义从初级阶段向更高阶段迈进的要求。在这个"更高阶段"的内涵中，对于社会主义的规定性应有更加明确的要求，共同富裕必将处于更加重要的位置。推进共同富裕需要立足四方面：（1）立足基本经济制度。坚持公有制为主体、多种所有

---

① 罗哲：《建设社会主义现代化强国的深刻意涵》，《人民论坛》2021年第24期。

制经济共同发展，始终坚持"两个毫不动摇"，激发各类市场主体活力；坚持按劳分配为主体、多种分配方式并存，承认按生产要素对国民收入贡献大小进行分配，促进效率和公平的有机统一；坚持和完善社会主义市场经济制度，使市场在资源配置中发挥决定性作用，更好发挥政府作用。（2）立足社会主义初级阶段，不断解放和发展生产力，解决发展不平衡、不充分问题。（3）立足高质量发展。高质量发展是要体现新发展阶段、新发展理念和新发展格局的发展。高质量发展蕴含着共同富裕的内容。"富裕"在先，"共同"在后，以高质量发展促进共同富裕，这是中国未来发展的基本逻辑。（4）立足循序渐进。促进全体人民共同富裕是一个长期的历史过程，要坚持循序渐进，尽力而为，量力而行，对共同富裕的长期性、艰巨性、复杂性有充分估计。[①]

　　三是深入探讨中国共产党和建设社会主义现代化强国的关系。有学者认为，实现现代化、实现民族复兴，是近代以来中华民族的伟大梦想。然而，对中国人来说，不论是现代化还是社会主义，都是西方资本主义历史进程的产物，其理论逻辑和历史逻辑不过是对西方社会的描述和抽象，如何将其运用于中国并与中国实际和历史传统结合起来，如何处理现代化"一般"与"特殊"的关系，对中国共产党人来说是都需要解决的课题。社会主义是无产阶级的解放事业，要通过共产党的领导加以推进。按照马克思恩格斯的设想，一旦这个任务得以完成则意味着共产党历史使命的终结，这是科学社会主义的理论逻辑。但是，在现实的社会主义建设中，尤其在经济文化相对落后的国家建设社会主义的进程中，这种领导作用仍将延续。一般说来，传统农业社会和现代社会都具有相对稳定的特征，但从前者到后者的转变则容易引发非稳定性因素。因此，需要有一个实行集中统一领导的政党在这一过程中发挥领导核心作用。从世界历史进程来看，无产阶级作为"世界历史"存在。当今世界处于资本主义的历史进程之中，社会主义还处于初始阶段，因此共产党的历史使命并没有完成，这是共产党继续存在并作为无产阶级利益代表的历

[①]　张晓晶：《中国共产党领导中国走向富强的百年探索》，《中国社会科学》2021年第11期。

史根源。中国的社会主义现代化进程需要中国共产党长期执政，而中国共产党也只有不断根据客观实际的变化加强自身建设才能巩固长期执政地位。①

（三）重点研究"中国式现代化"与"人类文明新形态"

2021年，"中国式现代化"和"人类文明新形态"是科学社会主义理论研究中的两个热门主题词，同时这两个概念也受到学术界不同学科的广泛关注，成为各领域学者集中讨论的重要问题，取得了丰硕的研究成果。针对这两个主题的研究还将继续深化，总体趋势是朝着构建具有中国特色的理论体系的方向发展，这也是未来研究的目标和任务。

第一，构建中国式现代化理论体系。当前学界发表的成果，已经构建了一个初步的关于中国式现代化的理论体系，涉及中国式现代化的基本内涵、生成逻辑、特征特色、百年实践、经验启示、世界意义、哲学基础、时代价值、文明意义等，许多学术期刊都开设了中国式现代化的主题栏目或常设栏目，成为今后一段时间内将持续研究的重点问题。从总体上讲，学界对中国式现代化的研究已经基本构建了分析框架和阐释目标，比如有的学者提出，中国式现代化坚持人民主体、实现共同富裕；坚持独立自主、适合中国国情；坚持开放合作、维护世界和平；坚持绿色发展、保护生态环境，具有欧美资本主义现代化无可比拟的本质特征和显著优势。中国式现代化创造的奇迹充分证明了国家发展模式和现代化道路是多种多样的。中国特色社会主义制度和社会主义现代化，不仅使处于低潮的世界社会主义运动充满了新的动力，而且为广大发展中国家走向现代化开辟了新路。② 又如，有的学者还提出了现代化在中国的世界历史背景，规定了中国式现代化的发生原因。由于中国所面临的现代化课题从一开始就是与全球化即西方资本主义的全球性扩张联系在一起的，所以如何处理现代化与西方化的关系，始终是一个充满着

---

① 刘海涛：《百年大党与建设社会主义现代化强国》，《人民论坛·学术前沿》2021年第6期。

② 李龙强、罗文东：《中国式现代化新道路：历程、特征和意义》，《马克思主义与现实》2021年第5期。

矛盾的复杂问题。经过一百多年为现代化而持续探索和奋斗的过程，中国已经走过了"西天取经"（"向西方学习"）的阶段，开启了独立探索"中国式现代化"的新阶段，即从"现代化在中国"发展到"中国式现代化"，这无论对中国和世界的未来发展都具有重大意义。[①] 虽然已经取得了许多丰硕成果，但当前的理论体系仍然是初步的、"不稳固的"，特别是真正构建具有世界性说服力的现代化话语体系，仍然任重道远，今后学界仍需要进一步加强研究，构建一个科学的、完整的，既有深厚学理性，又具有中国特色的现代化理论体系，为人类的现代化事业做出中国的贡献。

第二，构建人类文明新形态的阐释体系。"人类文明新形态"是习近平总书记在庆祝中国共产党成立100周年大会上的重要讲话中所提出的新概念。党的十九届六中全会审议通过的《中共中央关于党的百年奋斗重大成就和历史经验的决议》也强调："党领导人民成功走出中国式现代化道路，创造了人类文明新形态。"因此，人类文明新形态是2021年学界研究的另一个热门概念，取得了不少成果，但相对于中国式现代化来说，有分量的成果要少一些。现代化是在第二次世界大战之后兴起的学科概念，并且形成了不同的思想流派，产生了不同的研究范式，这些"西方式的理论体系"对构建中国式现代化理论体系提供了经验启示、借鉴意义、批判和反思路径等方面的助益，而人类文明新形态现有的研究基础是关于文明概念、具体文明形态、文明史的成果，从人类文明的高度来看待中华文明，而且是"新形态"，如何更好更准确地阐释好这一新概念，是学界今后应着重加强研究的重点课题。有学者提出，中国"创造了人类文明新形态"，这大而言之是制度文明新形态、现代化新形态、世界文化新形态、国际关系新形态，小而言之是物质文明、政治文明、精神文明、社会文明、生态文明协调发展的新形态。社会主义是迄今为止人类最先进的社会形态，中国特色社会主义对人类文明发

---

① 杨学功：《从"现代化在中国"到"中国式现代化"：重思全球化背景下的中国现代化道路》，《中国文化研究》2021年第3期。

展具有深远的意义。现代化新形态、世界文化新形态、国际关系新形态，既是中国特色社会主义在这些领域的体现，同时又具有相对独立性。把握人类文明新形态这个新命题，要注意分析诸如"信息文明论""生态文明论""国家文明论"等观点，在坚定中国特色社会主义自信中，继续在理论上进行研究，在实践上进行探索。

此外，对于创造人类文明新形态的主体，学界目前有两种理解，一种是中国式现代化道路创造了人类文明新形态，比如有学者提出，在"历史终结论"的提出者福山看来，中国道路、中国模式成为西方模式的替代性挑战者。或者说，有着中华文明基因而非奉行自由主义的中国模式，给新世界秩序带来了新价值元素。在世界政治史上，中国是第一次不以战争掠夺而以和平发展跻身于发达系列的国家，根本地改变了西方国家崛起道路和影响世界的方式。在西方兴起后的 300 年里，世界政治被认为是"无政府状态"，或者说国家之间是"准战争状态"。中国以改变自己的方式而改变了世界，深刻地影响了世界历史进程，中国式现代化道路改写了人类历史，人类未来的世界秩序因中国的崛起而富有中国色彩——创造人类文明新形态。[1] 另一种观点是中国特色社会主义创造了人类文明新形态。有学者提出，从马克思主义唯物史观、人类追求现代化的视野、社会主义的内在逻辑、中华民族和中国共产党领导人民为人类发展进步作出的伟大贡献等方面，可以全面理解中国特色社会主义创造的人类文明新形态。[2] 总而言之，关于人类文明新形态的理论由来、基本内涵、生成逻辑、核心要义、基本特征、世界意义等"基本理论研究"，以及人类文明新形态与人类文明、西方文明、中华文明、社会主义或中国特色社会主义、中国式现代化道路、中国共产党等"关系研究"，是学界研究的侧重点，也是构建中国话语体系的必然要求。

第三，重点阐释好中国式现代化道路与人类文明新形态之间的逻辑关

---

① 杨光斌：《中国共产党与人类文明新形态》，《中国人民大学学报》2021 年第 6 期。

② 高正礼：《中国特色社会主义创造了人类文明新形态》，《人民论坛·学术前沿》2021 年第 13 期。

系。如前所述，人类文明新形态研究中需要加大若干"关系研究"，其中当前最需要做出学理性阐释的是关于中国式现代化和人类文明新形态的关系。有学者认为，中国式现代化新道路的目标是创造人类文明新形态，人类文明新形态是中国式现代化新道路开出的文明之花、结出的文明之果，中国式现代化新道路规定了人类文明新形态的特点，从中国式现代化新道路入手才能理解人类文明新形态的形成。中华民族历史上的辉煌是创造了灿烂的中华文明，实现中华民族伟大复兴的关键是中华文明的复兴，创造人类文明新形态是实现中华民族伟大复兴的目标和追求。人类文明新形态既是超越西方资本主义的文明形态，也是超越传统社会主义的文明形态，是中国特色社会主义的文明创造，为人类文明发展提供了新样态、新模式。人类文明新形态蕴含构建人类命运共同体需要的核心价值理念、世界交往规则和文明交流互鉴原则，人类文明新形态是构建人类命运共同体的文明基础。[1] 还有学者提出，习近平总书记"七一"讲话提出的"两个创造"重大论断，是对中国特色社会主义的世界历史性意义的新概括。中国式现代化新道路是中国共产党思想解放所形成的精神传统的逻辑结果，赋予了现代化的新内涵、新的结构功能和新的精神境界。中国特色社会主义创造了人类文明新形态，是一种总体性历史叙述，需要从总体上把握才能深刻理解。[2]

（四）深入研究新时代中国特色社会主义对世界社会主义的贡献

党的十九届六中全会通过的《中共中央关于党的百年奋斗重大成就和历史经验的决议》指出："马克思主义中国化时代化不断取得成功"，"使世界范围内社会主义和资本主义两种意识形态、两种社会制度的历史演进及其较量发生了有利于社会主义的重大转变"。习近平新时代中国特色社会主义思想是当代中国马克思主义、二十一世纪马克思主义，是中华文化和中国精神

---

[1]　陈金龙：《人类文明新形态的四重意蕴》，《广东社会科学》2021 年第 6 期。

[2]　孙代尧：《论中国式现代化新道路与人类文明新形态》，《北京大学学报（哲学社会科学版）》2021 年第 5 期。

的时代精华，实现了马克思主义中国化新的飞跃。可以说，新时代中国特色社会主义，是 21 世纪世界社会主义最为重要、最有作为的建设者和引领者，是 21 世纪世界社会主义的中流砥柱。有学者认为，新时代中国特色社会主义必将创造让世界刮目相看的新的更大奇迹，必将进一步展现出社会主义的显著优势，极大地增强人们向往社会主义的信念，有力地促进世界社会主义事业的大发展。随着中国全面建成社会主义现代化强国，中华民族伟大复兴梦想成真，21 世纪的世界社会主义也将迎来更加光明的未来。中国特色社会主义为世界和平与发展贡献了中国力量，为探索现代化发展道路创造了中国经验，为解决世界共同难题提供了中国方案。① 因此，对于科学社会主义研究来说，需要持续关注中国对世界社会主义、全球资本主义以及国际共产主义运动的变化发展。

比如关于习近平新时代中国特色社会主义思想的世界意义研究，虽然已经取得了一些成果，但面对"世界百年未有之大变局"，资本主义世界体系和世界社会主义运动都在变化发展中，需要紧密跟踪研判分析世界变局，以此为基础来探讨习近平总书记对"世界之问"的回答。有学者提出，习近平新时代中国特色社会主义思想科学分析了世界"百年未有之大变局"中存在的复杂问题，特别是找出了其中的核心症结，具有 21 世纪马克思主义的世界历史性意义。当今世界困境的核心症结是治理体系和治理能力的问题，而中国特色社会主义昭示着解决这一难题的出路所在。习近平总书记将中国与世界的进步事业紧密关联在一起，积极向世界展示着中国特色社会主义制度图景。中国特色社会主义制度样式是 21 世纪对马克思主义的最大原创性贡献，习近平新时代中国特色社会主义思想据此开拓了在当代世界推进科学社会主义的新型路径。②

又如关于世界社会主义和国际共产主义运动的新态势研究，是需要继续

---

① 祝黄河：《建党百年科学社会主义在中国谱写辉煌篇章》，《马克思主义研究》2021 年第 4 期。

② 姜国敏：《习近平新时代中国特色社会主义思想的世界意义》，《马克思主义研究》2021 年第 1 期。

深入跟踪的重要课题。有学者指出，党的十八大以来，世界处于百年未有之大变局，中国特色社会主义进入新时代，世界社会主义、国际共产主义运动研究迎来新的发展机遇，呈现出新局面。从问题域与方法论相结合的角度来看，现有研究大致呈现三种范式：一是承继国际共运史传统研究风格，围绕重大历史事件周年纪念总结经验教训以把握世界社会主义运动的规律性进程；二是按照思潮、流派和地域等视角，对各类运动主体进行具体化研究以凸显世界社会主义运动的多样性存在；三是整体性考察 21 世纪世界社会主义运动新变化，把握其阶段性特征与趋势性走向。尽管这三种范式在问题设置与研究方法的选择上有所不同，但是其立足点却基本一致，即在世界社会主义研究中进一步明确中国特色社会主义的源流、历史方位与历史使命。这一立足点既决定了本学科的独特价值，也对学科发展提出了更高的要求与挑战。①

（执笔人：何海根）

---

① 轩传树、于明：《党的十八大以来世界社会主义与国际共产主义运动研究现状：问题域、方法论与立足点》，《当代世界与社会主义》2021 年第 3 期。

第二部分

分报告

2022

分报告一：关于习近平新时代中国特色社会主义思想的研究

在 2021 年，国内学术界关于习近平新时代中国特色社会主义思想的相关研究持续深入。总体上看，习近平新时代中国特色社会主义思想作为马克思主义中国化时代化的最新理论成果，其在 2021 年的创新发展主要体现在两个方面：一是习近平总书记在新时代中国特色社会主义实践创新基础上，对这一思想的多个领域做出了很多重要理论阐述，实现了多方面的理论创新。如关于习近平经济思想、习近平法治思想、习近平生态文明思想、习近平外交思想和习近平强军思想等，在理论上都有新发展；另外，在关于全面深化改革、以人民为中心、全过程人民民主等方面也都有许多重要的创新阐述。二是作为习近平新时代中国特色社会主义思想的重要组成部分，我们党和国家颁布和出台了一些重要文件，如《中共中央关于党的百年奋斗重大成就和历史经验的决议》等。

学术界高度关注并不断加强对习近平新时代中国特色社会主义思想的研究。在前期研究的基础上，2021 年学术界关于习近平新时代中国特色社会主义思想的研究更加深入。综合分析，目前学术界的相关研究已经走出一般性研究的层面，比如前期研究比较注重创新概念的阐释、创新判断的分析，以及重要论述和重要思想的阐述等。在 2021 年，学术界对这一思想的研究更加关注其科学体系、方法论、历史地位、原创性贡献以及逻辑关系等，关于这些方面的研究进一步展现了这一思想的系统性、原创性和深刻性。学术界的这些研究成果，引领和推动了全国人民全面贯彻习近平新时代中国特色社会主义实现的思想认识和实践行动，具有重要的理论意义和实践价值。

一、关于习近平新时代中国特色社会主义思想的科学体系

随着习近平新时代中国特色社会主义思想的不断丰富和发展，学术界关于习近平新时代中国特色社会主义思想科学体系的研究持续升温。总体上看，学术界普遍认为习近平新时代中国特色社会主义思想坚持马克思主义的立场、观点、方法，从理论和实践结合上系统回答了关系新时代党和国家事业发展的一系列重大理论和实践问题，就新时代坚持和发展什么样的中国特色社会主义、怎样坚持和发展中国特色社会主义，建设什么样的社会主义现代化强国、怎样建设社会主义现代化强国，建设什么样的长期执政的马克思主义政党、怎样建设长期执政的马克思主义政党等重大时代课题，提出了一系列原创性的治国理政新理念新思想新战略，创造性回应了在中国特色社会主义进入了新时代的历史方位，如何把人民对美好生活的向往作为奋斗目标，依靠人民创造历史伟业，建设社会主义现代化强国等实践要求；科学回答了新时代坚持和发展中国特色社会主义的总目标、总任务、总体布局、战略布局和发展方向、发展方式、发展动力、战略步骤、外部条件、政治保证等基本问题，并以"十个明确"和"十四个坚持"为主要内容构成其科学内涵，形成了以重要思想、重要论述、重要判断和创新命题为主要内容的系统严整的科学体系。学术界关于习近平新时代中国特色社会主义思想科学体系的研究成果主要包括以下方面：

第一种观点认为，作出习近平新时代中国特色社会主义思想形成了系统科学理论体系的重大判断，需要以科学的标准与标准体系来认知、侧度和衡量。确立习近平新时代中国特色社会主义思想科学理论体系形成的评价标准，具有很强的思想性、政治性、专业性，必须以马克思主义为指导，把判断标准的思想性、政治性和学理性、专业性有机地结合起来，既明确内涵丰富、相对独立的具体标准，又构建层级分明、相互贯通的标准体系，分别从不同的角度同时又在整体层面上判断习近平新时代中国特色社会主义思想是否形成了系统科学的理论体系。总体上看，其判断标准包括时空标准、政治

标准、科学标准、共识标准、话语标准。这五个标准既相对独立，又相互关联，既从五个具体的维度又从整体上判断习近平新时代中国特色社会主义思想形成了系统科学理论体系。①

第二种观点认为，习近平新时代中国特色社会主义思想内涵丰富，内容全面，论述系统，思想深刻，逻辑缜密，宏观战略完整，具体部署周到，政策方略科学，形成了新时代中国特色社会主义系统的完整的科学的理论体系。以习近平同志为核心的党中央高举新时代伟大旗帜，带领全党全国各族人民，进行理论创新和实践经验总结，最终形成了习近平新时代中国特色社会主义思想。这一科学体系具有严密的内在逻辑关系和结构，主要包括：本质性动机和根本出发点是共产党人的初心和使命；现实性依据和基本立足点是基本国情和社会主要矛盾的转化；主题是坚持和发展中国特色社会主义；逻辑中心是以人民为中心；新时代的发展战略思想体系，包括战略目标和任务、战略步骤和布局、战略保障体系等内容。②

第三种观点认为，指导思想是党和国家首要的战略问题，马克思主义中国化是党和国家首要的战略工程。中国共产党在百年奋斗中，高度重视立党立国的指导思想，始终从战略高度推进指导思想的与时俱进、守正创新。习近平总书记是新时代的马克思主义战略家，习近平新时代中国特色社会主义思想是指导中国阔步前进的战略体系。这一战略体系回答了新时代举什么旗、走什么路、朝着什么目标前进这个首要的战略问题，回答了新时代坚持和发展什么样的中国特色社会主义、怎样坚持和发展中国特色社会主义这个首要的基本问题，明确了新时代中国特色社会主义的战略主线、战略部署、战略保障、政治战略，为新时代治国理政提供了战略指引，从战略高度深化了对共产党执政规律、社会主义建设规律、人类社会发展规律的认识，实现

---

① 周小毛：《习近平新时代中国特色社会主义思想科学体系形成的判断标准》，《科学社会主义》2021 年第 4 期。

② 赵丽华、曹睿华：《习近平新时代中国特色社会主义思想的科学体系研究》，《南华大学学报（社会科学版）》2021 年第 5 期。

了马克思主义基本原理与中国具体实际相结合的又一次历史性飞跃。①

第四种观点认为，习近平新时代中国特色社会主义思想是马克思主义中国化的最新成果，反映了对中国特色社会主义规律性认识的深化拓展，体现了理论与实践相结合、认识论与方法论相统一的鲜明特色，涵盖了根本目标、形势判断、发展动力、方法路径、政治保证等重大战略问题，形成了系统科学的理论逻辑体系。一是根本目标——为中国人民谋幸福为中华民族谋复兴；二是形势判断——世界百年未有之大变局；三是发展动力——构建"双循环"新发展格局；四是方法路径——推进国家治理体系和治理能力现代化；五是政治保证——全面从严治党。②

第五种观点认为，习近平新时代中国特色社会主义思想是对新时代坚持和发展什么样的中国特色社会主义、怎样坚持和发展中国特色社会主义的科学回答。其体系建构可以从历史逻辑、理论逻辑和实践逻辑三个方面进行探究。历史逻辑表现为对世界社会主义 500 年、中国共产党建党 100 年、新中国成立 70 余年、改革开放 40 余年历史规律的深邃把握；理论逻辑表现为与马克思列宁主义、毛泽东思想、中国特色社会主义理论体系一脉相承又与时俱进；实践逻辑表现为面对世界百年未有之大变局，立足新时代解决新矛盾，实现中华民族伟大复兴的生动实践。③

二、关于习近平新时代中国特色社会主义思想的方法论

学术界关于习近平新时代中国特色社会主义思想方法论的研究，最具权威性的要数中共中央宣传部编写的《习近平总书记系列重要讲话读本（2016

① 陈曙光：《习近平新时代中国特色社会主义思想是指导中国阔步前进的战略体系》，《教学与研究》2021 年第 6 期。
② 孟慧敏：《深刻理解和把握习近平新时代中国特色社会主义思想逻辑体系》，《实践（理论版）》2021 年第 4 期。
③ 肖贵清：《习近平新时代中国特色社会主义思想体系的构逻辑》，《求索》2021 年第 1 期。

年版)》《习近平新时代中国特色社会主义思想三十讲》《习近平新时代中国特色社会主义思想学习纲要》和《习近平新时代中国特色社会主义思想学习问答》这四本书，但是它们对于习近平新时代中国特色社会主义思想方法论的概括仍然存在一定的差异和不同。

《习近平总书记系列重要讲话读本（2016年版)》主要从"学习和掌握马克思主义哲学""保持战略定力""提高战略思维、历史思维、辩证思维、创新思维、底线思维能力""调查研究是一项基本功""发扬钉钉子精神"和"依靠学习走向未来"这六个方面进行概括。

《习近平新时代中国特色社会主义思想学习纲要》在坚持以上概括的基础上增加了第二条"坚持实事求是"和第五条"坚持问题导向"，并且在思维能力这一条中增加了"法治思维能力"的内容，从总体上更加全面地展现了习近平新时代中国特色社会主义思想方法论的核心内容，并且在逻辑架构上也逐渐体现"从马克思主义哲学方法论到科学思维能力进而指导具体工作方法"的思路和轮廓。

《习近平新时代中国特色社会主义思想三十讲》用"八个坚持"进行概括，包括坚持实事求是、坚持战略定力、坚持问题导向、坚持全面协调、坚持底线思维、坚持调查研究、坚持抓铁有痕、坚持历史担当。其中的"坚持抓铁有痕"与以上两本书中的"发扬钉钉子精神"文字表述上略有不同，再一个比较大的差异是删除了"马克思主义哲学"这一条，增加了"坚持全面协调"和"坚持历史担当"这两条，并且对全面协调和历史担当精神进行了阐释。

《习近平新时代中国特色社会主义思想学习问答》，从"秉持人民至上"方面阐述了"为了人民和依靠人民的辩证统一"，从"彰显历史自觉"阐述了"客观规律性和主观能动性的辩证统一"，从"坚持实事求是"阐述了"认识和实践的辩证统一"，从"突出问题导向"阐述了"矛盾普遍性和特殊性的辩证统一"，从"强化战略思维"阐述了"全局和局部的辩证统一"，从"发扬斗争精神"阐述了"矛盾同一性和斗争性的辩证统一"，揭示了习近平新时代中国特色社会主义思想所蕴含的方法论。

由此可见，当前学术界对习近平新时代中国特色社会主义思想方法论的认识和概括虽然不存在原则性差别，但也各有侧重、各有特点，总体看来是走向越来越凝练和成熟。2021 年，理论界对这一思想方法论的提炼、总结和概括仍在不断发展和完善进程中。

党的十九大以来，习近平新时代中国特色社会主义思想的方法论一直是学术界关注和研究的重大课题，有从马克思主义关于世界物质统一性原理进行阐释者，也有从实践第一的观点进行解读者，还有从以人民为中心的立场进行把握者。总体上，大都从马克思主义世界观的视角展开论析。学术界普遍认为，习近平新时代中国特色社会主义思想不仅为我们提供了中国化马克思主义的科学世界观，还提供了中国化马克思主义的科学方法论。它始终坚持解放思想与实事求是、问题导向与目标导向、矛盾分析与历史分析、战略谋划与调查研究、系统推进与精准施策相结合的方法论。习近平新时代中国特色社会主义的科学方法论，在马克思主义发展史、中华民族复兴史、人类文明进步史中，具有十分重要的理论和现实意义。它是中国化马克思主义方法论的最新成果，进一步丰富和完善中国特色社会主义方法论体系，能够给我们党治国理政提供科学的方法依据，并为全球解决人类共同问题提供可借鉴的方法路径。

归纳起来，关于习近平新时代中国特色社会主义思想方法论这个问题的认识，目前学术界大致有以下几种代表性观点：

第一种观点：习近平新时代中国特色社会主义思想作为马克思主义中国化的最新理论成果，既是科学的世界观，又是科学的方法论。习近平总书记在治国理政过程中多次强调思想方法和工作方法的重要价值和作用。科学的思想方法和工作方法是习近平新时代中国特色社会主义思想的重要内容，高度重视并善于运用科学思想方法和工作方法是习近平新时代中国特色社会主义思想的鲜明特色。习近平新时代中国特色社会主义思想的方法论体系包括思想方法和工作方法两个方面。习近平新时代中国特色社会主义思想的方法论是党和国家各项方针政策得以顺利贯彻执行和落到实处的重要保证。①

第二种观点：习近平新时代中国特色社会主义思想方法论从"普遍—特殊—个别"三个层次为马克思主义中国化方法论的创新发展作出了历史性贡献。从"普遍"层次看，习近平新时代中国特色社会主义思想在阐发马克思主义哲学基本方法论的基础上，从尊重"历史文化传统"、强调"知行合一"、倡导"精准思维"等方面，赋予了"实事求是"这一马克思主义的精髓与根本方法论新的时代内涵；从"特殊"层次看，习近平新时代中国特色社会主义思想从历史与现实相贯通、理论与实际相结合、中国与世界相关联这三个方面，创造性运用与发展了马克思主义历史辩证法、实践辩证法与战略辩证法，擘画了新时代中国特色社会主义建设方法论；从"个别"层次看，习近平新时代中国特色社会主义思想在实践创新与理论创新交融互动过程中，形成了以系统观念为统摄，包括战略思维、辩证思维、历史思维、法治思维、底线思维、创新思维在内的科学思维方法群，拓展了马克思主义思维方法的内涵。②

第三种观点：习近平总书记在总结中国革命、建设与改革实践经验的基础上，继承与发展了马克思主义哲学，系统阐述了贯穿习近平新时代中国特色社会主义思想的本体论、认识论与方法论，为习近平新时代中国特色社会主义思想奠定了哲学基础。习近平新时代中国特色社会主义思想的本体论，是关于中国特色社会主义发展基础、主体立场和社会关系的根本看法和基本观点，包括物质生产基础论、以人民为中心论与社会关系本质论。习近平新时代中国特色社会主义思想的认识论，是关于中国特色社会主义实践逻辑、发展路径及其规律的科学理论，包括人类社会发展规律论、社会主义建设规律论和共产党执政规律论。习近平新时代中国特色社会主义思想的方法论，

---

① 韩文乾：《习近平新时代中国特色社会主义思想的方法论探析》，《马克思主义研究》2021年第7期。

② 袁久红、许丽：《论习近平新时代中国特色社会主义思想的方法论体系》，《南京社会科学》2021年第5期。

是关于推进中国特色社会主义建设的哲学方法、思想方法和思维方式的基本理论，包括哲学方法论、思想方法论和思维方式论。①

第四种观点：习近平新时代中国特色社会主义思想不仅为我们提供了中国化马克思主义的科学世界观，还提供了中国化马克思主义的科学方法论。它始终坚持解放思想与实事求是、问题导向与目标导向、矛盾分析与历史分析、战略谋划与调查研究、系统推进与精准施策相结合的方法论。习近平新时代中国化马克思主义的科学方法论，在马克思主义发展史、中华民族复兴史、人类文明进步史中，具有十分重要的理论和现实意义。它是中国化马克思主义方法论的最新成果，进一步丰富和完善中国特色社会主义方法论体系，能够给我们党治国理政提供科学的方法依据，并为全球解决人类共同问题提供可借鉴的方法路径。

一方面，应从方法论视角解读习近平新时代中国特色社会主义思想。第一，这一思想生动展现了马克思主义的世界物质统一性原理；第二，这一思想生动展现了马克思主义实践第一的观点；第三，这一思想生动展现了马克思主义人民中心的立场。另一方面，应深刻把握习近平新时代中国特色社会主义思想方法论的科学内涵。这一思想是坚持、运用、发展辩证唯物主义和历史唯物主义的典范，不断丰富和发展了马克思主义方法论。主要体现在：第一，坚持解放思想与实事求是相结合的方法；第二，坚持问题导向与目标导向相结合的方法；第三，坚持矛盾分析与历史分析相结合的方法；第四，坚持战略谋划与调查研究相结合的方法；第五，坚持系统推进与精准施策相结合的方法。习近平新时代中国特色社会主义思想将新时代中国特色社会主义所关注的问题和化解问题的思路方法，科学地融入中国特色社会主义方法论体系，使其进一步丰富和完善，给我们党治国理政提供科学的方法依据。②

---

① 陈胜云：《习近平新时代中国特色社会主义思想的本体论、认识论与方法论》，《广西社会科学》2021 年第 1 期。

② 王桂全、贺长余：《习近平新时代中国特色社会主义思想的方法论探究》，《党政干部学刊》2021 年第 8 期。

第五种观点：习近平新时代中国特色社会主义思想在认识和解决新时代中国特色社会主义的一系列重大理论和实践问题的过程中，不仅坚持与运用了马克思主义方法论，而且极大地丰富和发展了马克思主义方法论，在坚持历史与逻辑统一的基础上创新性地提出了"摸着石头过河"与"加强顶层设计"相统一的方法；在坚持认识与实践统一的基础上创新性地提出了"坚持实践第一"与"在推进实践基础上的理论创新"相统一的方法；在坚持矛盾普遍性与特殊性统一的基础上创新性地提出了"积极面对矛盾"与"注意把握好矛盾关系"相统一的方法，开辟了马克思主义方法论的新境界。

习近平新时代中国特色社会主义思想是马克思主义中国化的最新成果，是当代中国的马克思主义。这一思想既系统回答了新时代坚持和发展什么样的中国特色社会主义，又回答了怎样坚持和发展中国特色社会主义的重大时代课题；既部署了"过河"的任务，又指导了如何解决"桥"或"船"的方法；既创造性地运用了马克思主义方法论，又创新性地发展了马克思主义方法论，为中国共产党人观察和解决一切问题提供了"望远镜"和"显微镜"，是我们党解决当前和今后一个时期关系党和国家工作全局的一系列重大理论和现实问题的"钥匙"。

一是坚持历史与逻辑相统一的方法，既要"摸着石头过河"，又要加强顶层设计。习近平新时代中国特色社会主义思想坚持历史与逻辑相统一的方法，立足于我国正处于并将长期处于社会主义初级阶段的最大实际，创新性地提出了"摸着石头过河"与"加强顶层设计"相统一的方法，既深刻把握了我国发展的阶段性的时代特征，不断深化对中国特色社会主义事业建设规律的认识，又能在遵循历史客观规律的基础上加强顶层设计，积极应对世情、国情带来的新变化、新挑战、新机遇。二是坚持认识与实践相统一的方法，既要"坚持实践第一"，又要坚持"在推进实践基础上的理论创新"。习近平新时代中国特色社会主义思想植根于坚持和发展中国特色社会主义新的伟大实践，坚持理论和实践相统一，在指导实践、推动实践发展的过程中展现出强大的力量和独特的魅力。三是坚持矛盾普遍性与特殊性相统一的方法论，既要"积极面对矛盾"，又要"注意把握好矛盾关系"。习近平新时代中国特色社会主义思想继承并发展了马克思主义的唯物辩证法，在坚持矛盾普遍性与特殊性相统一的基础上，提出既要积极面对矛盾，又要注意把握好矛盾关系，不断开拓马克思主义矛盾分析方法的新高度。习近平新时代中国特色社会主义思想是"由一整块钢铸成"的科学的世界观和方法论体系，它提供的不是现成的教条，而是进一步研究的出发点和供这种研究使用的方法。学懂弄通做实习近平新时代中国特色社会主义思想，最根本的就是要认真学习、深刻领会、牢固把握、灵活运用蕴含其中的马克思主义方法论，切实提升分析解决实际问题的思想水平和工作能力。[①]

三、关于习近平新时代中国特色社会主义思想的历史地位

党的十九届六中全会通过的《中共中央关于党的百年奋斗重大成就和历史经验的决议》指出："习近平新时代中国特色社会主义思想是当代中国马克思主义、二十一世纪马克思主义，是中华文化和中国精神的时代精华，实现了马克思主义中国化新的飞跃。"这一判断科学阐明了习近平新时代中国特色社会主义思想的理论内涵和重大意义，深刻阐释了这一重要思想在马克思主义发展史、中华文明发展史和人类思想史上的重要地位和深远影响。这一重要判断，推动了学术界对关于习近平新时代中国特色社会主义思想历史地位的研究不断深入。

截至目前，关于习近平新时代中国特色社会主义思想历史地位这个问题的认识，学术界主要有以下几种代表性观点：

第一种观点：习近平新时代中国特色社会主义思想实现了马克思主义中

---

① 张本刚、牟岱、张岩：《习近平新时代中国特色社会主义思想的马克思主义方法论探析》，《社会科学辑刊》2021年第4期。

国化新的飞跃，是中国共产党对习近平新时代中国特色社会主义思想作出的最新定位。这一思想坚持了马克思主义中国化发展原则，开创了具有里程碑意义的马克思主义中国化新的重大理论成果；它深刻融入中华优秀传统文化，体现了中华文化和中国精神的时代精华；它立足于新时代的历史方位，回答了新的时代之问；它已经形成为博大精深的科学理论体系；它是被实践证明了的正确理论，指导中国取得历史性成就、发生历史性变革；它成为指导中国走向现代化强国的强大理论武器。深入剖析这次马克思主义中国化新的飞跃的内在逻辑对于深刻理解习近平新时代中国特色社会主义思想在马克思主义中国化进程中的重要地位、在马克思主义发展史上的重要地位具有重要意义。①

第二种观点：十九届六中全会的《决议》用"马克思主义中国化新的飞跃"来评价习近平新时代中国特色社会主义思想是一个新的科学判断。"新的飞跃"主要体现在以下几个方面。一是思想的形成基础有新内涵。《决议》在阐释习近平新时代中国特色社会主义思想时明确提出"两个结合"，即"坚持把马克思主义基本原理同中国具体实际相结合、同中华优秀传统文化相结合"。中华优秀传统文化是中华民族的根和魂，有唯物论的基因、有辩证思维、有民本思想、有大同的社会理想，与马克思主义的许多重大观点具有内在契合性。这是中国人接受和信仰马克思主义的深厚文化基础和心理基础。二是思想主题有新发展。关于习近平新时代中国特色社会主义思想的主题，《决议》强调了三个方面，即"新时代坚持和发展什么样的中国特色社会主义、怎样坚持和发展中国特色社会主义，建设什么样的社会主义现代化强国、怎样建设社会主义现代化强国，建设什么样的长期执政的马克思主义政党、怎样建设长期执政的马克思主义政党"。三是思想内容有了新概括。《决议》在党的十九大报告"八个明确"的基础上，用"十个明确"对习近平新时代中

---

① 韩喜平、刘一帆：《新时代马克思主义中国化新的飞跃的内在逻辑》，《学术研究》2022年第1期

国特色社会主义思想的核心内容作了进一步概括，突出了明确社会主义基本经济制度和全面从严治党战略方针的内容。四是理论定位有新高度。在重申习近平新时代中国特色社会主义思想是当代中国马克思主义、二十一世纪马克思主义的同时，增加了"中华文化和中国精神的时代精华"的新评价。五是指导实践有新突破。理论的意义在于指导实践取得成功。党的十八大以来，党和国家事业取得历史性成就、发生历史性变革，根本在于有以习近平同志为核心的党中央领航掌舵，有习近平新时代中国特色社会主义思想指引航向。①

第三种观点：十九届六中全会的《决议》科学阐明了确立习近平新时代中国特色社会主义思想指导地位的重大意义，标明了这一重要思想在马克思主义发展史、中华文化发展史上的重要地位，是党中央对习近平新时代中国特色社会主义思想的时代主题、历史地位、理论价值的最新概括，实现了党的指导思想的与时俱进，体现了党在政治上理论上的高度成熟、高度自信，为进一步增强全面贯彻习近平新时代中国特色社会主义思想的政治自觉、理论自觉、行动自觉提供了重要指引。习近平新时代中国特色社会主义思想深刻回答了重大时代课题；提出了一系列原创性的治国理政新理念新思想新战略；是中华文化和中国精神的时代精华；总之，作为党和国家必须长期坚持的指导思想，习近平新时代中国特色社会主义思想为新时代坚持和发展中国特色社会主义高高举起了精神旗帜，为世界和平和人类进步提供了中国智慧，必将在中华民族复兴史上、马克思主义发展史上和人类社会进步史上绽放出更为灿烂的真理光芒。②

第四种观点：十九届六中全会的《决议》作出的"习近平新时代中国特色社会主义思想实现了马克思主义把中国化新的飞跃"这一重大论断科学阐明了这一思想的理论内涵和重大意义，标明了它在马克思主义发展史、中华

---

① 王炳林：《深刻领会马克思主义中国化新的飞跃》《思想理论教育导刊》2021 年第 12 期。

② 曲青山：《习近平新时代中国特色社会主义思想实现了马克思主义中国化新的飞跃》，《旗帜》2021 年第 12 期。

文明发展史上的重要地位。一是习近平新时代中国特色社会主义思想坚持把马克思主义基本原理同中国具体实际相结合、同中华优秀传统文化相结合，以原创性理论贡献标注了马克思主义发展的新高度。二是这一思想深刻回答了新时代坚持和发展什么样的中国特色社会主义、怎样坚持和发展中国特色社会主义的重大时代课题，实现了对中国特色社会主义建设规律认识的新跃升。三是这一思想深刻回答了建设什么样的社会主义现代化强国、怎样建设社会主义现代化强国的重大时代课题，进一步指明了中国式现代化道路的新图景。四是这一思想深刻回答了建设什么样的长期执政的马克思主义政党、怎样建设长期执政的马克思主义政党的重大时代课题，指引开辟了管党治党、兴党强党的新境界。①

第五种观点：习近平新时代中国特色社会主义思想作为当代最现实最鲜活的马克思主义，实现了马克思主义中国化的伟大新飞跃，开启了中华民族复兴史上从富起来到强起来的社会主义现代化建设的伟大新时代，以新时代中国特色社会主义的成功实践谱写了科学社会主义在21世纪的宏伟新篇章，以推动构建人类命运共同体的大国担当和使命推进了人类社会发展的全新阶段，是21世纪的伟大新飞跃，具有极其重要的历史地位。以习近平同志为核心的党中央把马克思主义基本原理与当代中国实际紧密结合，以全新的视野不断深化对共产党执政规律、社会主义建设规律、人类社会发展规律的认识，进行艰辛的理论探索与创新，形成了21世纪马克思主义——习近平新时代中国特色社会主义思想。这一重要思想在马克思主义发展史上、中华民族伟大复兴史上、世界社会主义发展史上、人类社会发展史上都有着重大的理论和实践意义，具有重要的历史地位。②

---

① 黄坤明：《习近平新时代中国特色社会主义思想实现了马克思主义中国化新的飞跃》，《人民日报》2021年11月22日。

② 刘从德、谭春霞：《论习近平新时代中国特色社会主义思想的伟大历史地位》，《科学社会主义》2021年第5期。

四、关于习近平新时代中国特色社会主义思想的原创性贡献

任何一种具有重要时代价值的思想理论，都必然要洞察、反思和回答时代的重大现实问题，提出一系列具有主体性、原创性和前瞻性的重要思想，并在指导实践、推动实践中彰显其卓越的理论洞察力、思想穿透力、实践引领力和文化自信力。党的十八大以来，以习近平同志为核心的党中央坚持把马克思主义基本原理同中国具体实际相结合、同中华优秀传统文化相结合，不断推进习近平新时代中国特色社会主义思想的创新发展。习近平新时代中国特色社会主义思想以其原创性的贡献，把马克思主义中国化、时代化推向新境界，是当代中国马克思主义、二十一世纪马克思主义，是中华文化和中国精神的时代精华，实现了马克思主义中国化新的飞跃。2021 年，学术界关于习近平新时代中国特色社会主义思想原创性贡献的研究不断深入。学者们普遍认为，习近平新时代中国特色社会主义思想的创立为发展马克思主义作出了原创性贡献。这种原创性贡献是多方面的，尤其是在哲学、政治经济学和科学社会主义等领域成果明显。

第一种观点：习近平新时代中国特色社会主义思想原创性贡献主要体现在以下几方面：

一是习近平新时代中国特色社会主义思想，创造性地提出并系统论述了民族复兴的基本内涵和新的历史方位，科学规划了民族复兴的实现路径和战略步骤，为实现中华民族伟大复兴提供了科学行动指南和强大精神力量，在推进中华民族复兴历史进程中彰显其重大意义和思想地位。二是习近平新时代中国特色社会主义思想把对社会主义规律的认识提高到新境界，为新时代坚持和发展中国特色社会主义注入了崭新内涵，为社会主义在 21 世纪的发展作出了原创性贡献，谱写了科学社会主义的新篇章，在社会主义发展史上具有里程碑意义和历史性地位。三是习近平新时代中国特色社会主义思想饱含着对人类发展重大问题的睿智思考和独特创见，提出了一系列反映时代特征和人类文明发展趋势的原创性理念，为创造现代化新道路和人类文明新形

态贡献了中国智慧和中国方案，对于人类文明未来发展具有重大的引领性价值。①

第二种观点：习近平新时代中国特色社会主义思想是马克思主义中国化的最新成果，在坚守科学社会主义基本原则的同时，又在许多方面对科学社会主义作出了原创性的理论贡献，是科学社会主义理论逻辑和中国社会发展历史逻辑在新的时代条件下的辩证统一。作为习近平新时代中国特色社会主义思想的主要创立者，习近平总书记围绕科学社会主义重大理论和实践问题，发表了一系列重要论述，不断将这项创举推向深入。

一是关于坚定共产主义理想信念。习近平总书记指出，坚定的共产主义理想信念，始终是共产党人思想上的"总开关"，是安身立命的根本。共产党之所以叫共产党，根本而言，就是因为其最高理想就是争得人类解放，实现共产主义。只要这个根本任务没有最终完成，共产党人就要牢记初心使命，不断将伟大社会革命和自我革命继续推向前进。二是关于坚持党对一切工作的领导。习近平总书记指出，中国特色社会主义最本质的特征是中国共产党领导，中国特色社会主义制度的最大优势是中国共产党领导，党是最高政治领导力量，必须坚持党对一切工作的领导。三是关于坚持以人民为中心。习近平总书记指出，坚持以人民为中心，就要不忘初心、牢记使命，永远把人民对美好生活的向往作为奋斗目标，社会主义就是让人民过上幸福美好的生活。坚持以人民为中心，不断满足人民日益增长的美好生活需要，既要抓住人民群众最关心最直接最现实的利益问题，又要充分关注人民群众日益增长的民主、法治、公平、正义、安全、环境等方面的美好生活要求。四是关于解放和发展社会生产力。习近平总书记指出，当前我国社会主要矛盾的变化，没有改变我们对我国社会主义所处历史阶段的判断，特别是针对发展中的不平衡不充分的问题，必须坚定不移把发展作为党执政兴国的第一要

务，坚持解放和发展社会生产力。但同时也必须认识到，我国社会主要矛盾的变化是关系全局的历史性变化，对解放和发展社会生产力提出了许多新要求。五是关于坚持和完善中国特色社会主义制度。习近平总书记指出，中国特色社会主义制度和国家治理体系具有深厚的历史底蕴和多方面的显著优势，要在毫不动摇坚持和巩固中国特色社会主义制度的前提下，与时俱进完善和发展中国特色社会主义制度和国家治理体系，把我国制度优势更好转化为国家治理效能。①

第三种观点：习近平新时代中国特色社会主义经济思想内涵极其丰富，深刻回答了新时代条件下一系列重大理论和实践问题，有力指导和推动了我国经济社会发展，开拓了当代马克思主义政治经济学新境界，书写了中国特色社会主义政治经济学新篇章，彰显了习近平新时代中国特色社会主义思想的理论高度。习近平新时代中国特色社会主义经济思想的原创性贡献主要包括新发展理念、资源配置论、发展主线论、保护生产力论、根本目的论等方面。

一是提出"创新、协调、绿色、开放、共享"的新发展理念。新发展理念的价值和意义主要体现在：第一，是习近平新时代中国特色社会主义经济思想的理论精髓；第二，是引领高质量发展的指挥棒；第三，是一个重大理论突破。坚持新发展理念，是关系发展全局、发展导向的一场革命。二是提出"使市场起决定性作用、更好发挥政府作用"的资源配置论。主要观点包括：第一，确立"使市场在资源配置中起决定性作用"意义重大；第二，"坚持社会主义市场经济改革方向"；第三，发展社会主义市场经济要遵循市场经济一般规律；第四，既要充分发挥市场作用，也要更好发挥政府作用；第五，必须坚持和完善我国社会主义基本经济制度。三是提出"推进供给侧结构性改革"的发展主线论。供给侧结构性改革理论的创新点在于：第一，拓宽了传

---

① 李海星：《习近平新时代中国特色社会主义思想对科学社会主义的原创性贡献》，《中共福建省委党校（福建行政学院）学报》2021年第2期。

统经济学宏观经济理论研究视野。首次把供给管理纳入宏观经济管理和调控体系，从而超越了西方经济学中一直侧重于需求管理和短期调控的宏观经济理论。第二，突破了社会主义宏观经济调控理论。这一理论开创了社会主义市场经济制度下从供给侧入手调节经济运行的先河，是对社会主义宏观经济调控理论的重大发展，创新推进了中国特色社会主义政治经济学。第三，创新了社会主义市场经济的宏观调节方式。把推进供给侧结构性改革作为我国经济发展和经济工作的主线，意味着供给侧管理成为中国特色社会主义进入新时代后的一种常态化调节方式。四是提出"保护生态环境就是保护生产力"的保护生产力论。主要理论贡献有：其一，拓展了生产要素范畴。第一次明确大自然的社会属性和资本属性，从而将生态要素纳入生产要素范畴，为"坚持人与自然和谐共生"基本方略提出准备了思想基础。其二，创新发展了马克思主义生产力理论。首次提出并初步回答了保护生产力的重大命题，极大丰富了马克思主义关于解放和发展生产力的思想，形成了马克思主义关于解放、保护和发展生产力的完整理论体系，是对马克思主义生产力理论的独创性贡献。其三，拓展深化了中国特色社会主义政治经济学的研究对象和内容。这必将推动中国特色社会主义政治经济学研究对象和框架内容发生重大变革，有利于提升中国特色社会主义政治经济学的理论高度。五是提出"实现全体人民共同富裕"的根本目的论。关于共同富裕的论述，坚持科学社会主义原理，立足中国特色社会主义实践，进一步回答了什么是共同富裕、怎样实现共同富裕、何时基本实现共同富裕的重大理论和实践问题，深刻揭示了实现共同富裕与发展生产力之间的关系，集中体现了以人民为中心的根本立场，丰富发展了马克思主义科学社会主义理论，深化拓展了中国特色社会主义政治经济学的研究内容，为我国坚定不移地继续解放和发展社会生产力，推进先富带动和帮助后富实践、逐步实现共同富裕提供了科学指南和行动方案。①

---

① 肖玉明：《习近平新时代中国特色社会主义经济思想的原创性贡献》，《党政干部论坛》2021年第 10 期。

第四种观点：习近平新时代中国特色社会主义思想在唯物论、认识论、唯物辩证法、历史唯物主义等方面作出了原创性贡献。

一是唯物论贡献。党的十八大以来，中国经济社会状况发生了多方面的显著变化，我们党依据这些新变化、新情况，提出了一系列治国理政的新思想、新理念，体现出对唯物论的创造性运用。第一，创造性运用世界物质统一性原理，提出新观点新论断新战略；第二，高度重视理想信念和思想文化，丰富和发展了物质与意识辩证关系的原理。二是认识论贡献。第一，坚持实践第一，丰富和发展了马克思主义实践观；第二，准确认识党情、国情、世情，丰富和发展了马克思主义认识论。三是唯物辩证法贡献。第一，以战略眼光和国际视野治国理政，丰富和发展了唯物辩证法关于联系和发展的观点；第二，辩证分析中国国情，丰富和发展了马克思主义关于矛盾的观点；第三，坚持全面深化改革和党的自我革命，丰富和发展了辩证否定的观点。四是历史唯物主义贡献。第一，坚持以人民为中心，丰富和发展了群众史观；第二，培育社会主义核心价值观，丰富和发展了马克思主义价值观；第三，推进经济体制改革，丰富和发展了生产力和生产关系辩证关系的原理；第四，提出社会主要矛盾发生了转化，丰富和发展了马克思主义社会矛盾理论；第五，打造共商、共建、共享的世界秩序，丰富和发展了马克思主义社会形态理论。

习近平新时代中国特色社会主义思想对马克思主义哲学的原创性贡献不是孤立的，而是与对马克思主义政治经济学以及在科学社会主义等方面的原创性贡献有着紧密联系的。习近平新时代中国特色社会主义思想对马克思主义哲学的原创性贡献与对马克思主义其他方面原创性贡献之间的联系就是前一个方面为后一个方面提供了科学指引，因而各方面原创性贡献不是彼此孤立，而是一个统一的整体。①

---

① 刘凯、朱宗友：《习近平新时代中国特色社会主义思想对马克思主义哲学的原创性贡献探析》，《唐山师范学院学报》2021年第1期。

五、关于习近平新时代中国特色社会主义思想的内在逻辑

逻辑是对事物发展规律的认识和把握。逻辑不仅表现出不同事物之间的逻辑继承、逻辑脉络和逻辑发展，而且也表现出相关事物之间所呈现出的复杂的逻辑关系。厘清一种思想的逻辑需从三方面入手：一是搞清楚理论本身从何而来，体现理论形成和发展是合理的和必然的；二是搞清楚理论本身内在要素之间的客观必然性以及内在规定性，即构成理论本身的内在要素之间通过怎样的相互作用、相互依存、相互配合，确保理论的根本属性不变质；三是搞清楚理论的最终价值指向，即理论最终指向何方，达成怎样的效果。

科学理论的科学性有着双重含义：一是指通过实践检验证明其与客观一致的真理性；二是指理论自身严密自洽的逻辑性。这两个方面互为表里，缺一不可。我们知道，任何一个体系化的理论都是由丰富的范畴、命题（观点）、原理（理论）等思维要素有机构成的理论整体，这些要素的排列次序、结合方式形成了理论体系的基本层次框架或者逻辑结构。科学理论的逻辑性就是通过理论的逻辑结构形成过程和结构样态的展示而得到彰显。但是，理论的逻辑结构不可能自动呈现，是依据科学的思维方法主动建构的结果。深入分析习近平新时代中国特色社会主义思想的内在逻辑，有助于深入把握这一思想的逻辑继承和发展关系，深入挖掘理论内部各要素之间的逻辑结构，并探求出这一理论的最终价值指向。

2021年，学术界不断推进习近平新时代中国特色社会主义思想的内在逻辑问题的研究，形成了较为丰富的研究成果。

第一种观点：习近平新时代中国特色社会主义思想是按照逻辑起点、逻辑继承、逻辑结构、逻辑归宿的脉络呈现其逻辑理路的。新时代的世情国情党情以及我国社会主要矛盾的变化，是习近平新时代中国特色社会主义思想的逻辑起点。习近平新时代中国特色社会主义思想的逻辑继承体现在对马克思主义的坚持继承，对中国优秀文化的充分汲取，对科学社会主义发展经验的传承总结，以及中国特色社会主义理论体系的一脉相承。习近平新时代中

国特色社会主义思想的逻辑结构是理论要素、理论主题和科学方法内在逻辑的统一。为中国人民谋幸福、为中华民族谋复兴，为世界人民谋进步、为世界各国谋和平，是习近平新时代中国特色社会主义思想的逻辑归宿。①

第二种观点：应在习近平新时代中国特色社会主义思想科学体系阐释中运用范畴研究的方法，以范畴为连接点和以现实性为旨归，可以体现这一思想的有机性、现实性和整体性。

习近平新时代中国特色社会主义思想可以界定为一个完整的科学理论体系，但这并不是说这个科学理论体系是绝对化、封闭化的，而应说这个科学理论体系既是发展性的，也是开放性的，这是这一思想的本质特点之一，这也是符合马克思主义精神实质的，因为，马克思本身就是始终反对那种绝对化的理论体系。实际上，习近平新时代中国特色社会主义思想的范畴是深植于现实和实践的，它不仅联结着丰富的新时代中国特色社会主义实践活动，而且联结着生动的人类社会发展实践活动。这样使得习近平新时代中国特色社会主义思想的范畴及其体系本身的有机性、整体性和现实性，深刻反映出习近平新时代中国特色社会主义思想科学体系的有机性、整体性和现实性。因此，研究习近平新时代中国特色社会主义思想必然需要注重范畴研究方法。

首先，在习近平新时代中国特色社会主义思想的范畴研究中，要把握范畴的马克思主义性质和理论底色。习近平新时代中国特色社会主义思想的范畴实质上是马克思主义范畴中国化的产物，其必然是具有马克思主义根本性质的。然而，这一思想的范畴并非是简单照搬马克思主义范畴，而是充分授予马克思主义范畴丰富的中国特色底蕴，同时，还充分反映人类文明发展成果和智慧。其次，在习近平新时代中国特色社会主义思想范畴研究中，要把握范畴的多维含义和丰富意义，精准范畴的复杂性。我们对习近平新时代中

---

① 张海波：《习近平新时代中国特色社会主义思想的逻辑分析》，《大连干部学刊》2021 年第 10 期。

国特色社会主义思想范畴的理解，不仅要从范畴的复杂性来把握，并且要联系其他范畴来把握，不能从单一维度来把握范畴，而应该把范畴置于习近平新时代中国特色社会主义思想的整个科学体系中去把握，特别要反对"就此范畴论此范畴"的倾向和现象。最后，在习近平新时代中国特色社会主义思想范畴研究中，要把握范畴自身矛盾发展所生成的体系。习近平新时代中国特色社会主义思想作为一个科学理论体系，同样也是由一个个范畴的内在矛盾辩证发展而来。我们既要把握单个范畴自身的理论内涵和实践意义，又要把范畴置于其生成的整个体系中去考量，还要深刻把握范畴及其体系与习近平新时代中国特色社会主义思想的哲学基础、基本原理、实践纲领等其他诸要素之间的内在关系。[1]

第三种观点：习近平新时代中国特色社会主义经济思想具有丰富的理论内涵和内在的逻辑关联，对此进行学理性研究，就是要剖析其逻辑基础以及由此形成的整个逻辑框架。唯物史观是马克思主义政治经济学的方法论基础，也是习近平新时代中国特色社会主义经济思想的方法论基础。以唯物史观为方法论基础，进一步探索习近平新时代中国特色社会主义经济思想的逻辑起点为"中国特色的经济利益关系"，并导出这一思想体系的全部逻辑要素，包括以人民为中心的逻辑主线、实现人民美好生活的逻辑终点、基本经济制度的逻辑保障、坚持党的领导的逻辑引领等，从而勾勒出习近平新时代中国特色社会主义经济思想的基本逻辑线索和整体逻辑框架。[2]

第四种观点：习近平新时代中国特色社会主义思想蕴含三个层次的内在逻辑。这其中，"八个明确"的每一个"明确"都是具有原创性的新思想新观点，其生成与确立体现了历史逻辑、理论逻辑和实践逻辑的统一，从而使每一个"明确"都成为一个有着丰富内涵和完整结构的逻辑体系。全面把握

---

[1] 左乐平：《习近平新时代中国特色社会主义思想范畴研究新范式》，《观察与思考》2021年第3期。

[2] 严金强：《论习近平新时代中国特色社会主义经济思想的方法论基础》，《马克思主义研究》2021年第3期。

好"八个明确"具体内容的内在生成逻辑，有助于我们深刻认识习近平新时代中国特色社会主义思想的来龙去脉及其精神实质。

严密的逻辑性是科学理论体系的共性特征。习近平新时代中国特色社会主义思想是一个"内容丰富、系统完整、逻辑严密的科学理论体系"，其中必然蕴含着深刻的内在逻辑。第一，"八个明确"和"十四个坚持"之间有内在逻辑，二者"相互融合、有机统一"，共同构成了一个完整的理论体系；第二，"八个明确"之间有内在逻辑，它们分别明确了奋斗目标（总任务）、根本立场、科学布局、内部条件、外部条件和政治保证这六个层次相互联系的内容，组成了一个严密的逻辑体系；第三，"八个明确"具体内容的生成与确立体现了历史逻辑、理论逻辑和实践逻辑的统一，从而使每一个"明确"都成为一个有着丰富内涵和完整结构的逻辑体系。"八个明确"是习近平新时代中国特色社会主义思想的核心内容，是支撑整个思想体系的"四梁八柱"因此，全面把握好"八个明确"具体内容的内在生成逻辑，有助于我们更好地把握这一新思想的来龙去脉及其精神实质。①

第五种观点：习近平新时代中国特色社会主义思想理论逻辑的三个特征。作为当代中国马克思主义的理论本色，习近平新时代中国特色社会主义思想所蕴含的理论逻辑是一个既有理论权威性，又有逻辑周延性，既有体系完备性，又有结构开放性的基本框架。总体而言，习近平新时代中国特色社会主义思想的理论逻辑主要呈现出以下三个特征。

一是整体性。习近平新时代中国特色社会主义思想具有鲜明主题目标，从历史与现实、理论与实践、国内与国际等结合上对一系列重要问题作出了全方位、立体化回答。党的十八大以来，习近平总书记系列讲话在各领域、各方面形成系统化的思想观点，是一个内涵丰富、系统完备、相互贯通、逻辑严密的思想体系。习近平新时代中国特色社会主义思想的理论逻辑首先体

---

① 王存福：《论习近平新时代中国特色社会主义思想的内生逻辑》，《中共青岛市委党校学报》2021 年第 2 期。

现为整体性。具体而言，这一思想既具有统领地位的核心理论问题，又可以分解为一系列涵盖周延、理论严谨和结构开放的基本问题，形成纲举目张的框架结构。

二是创造性。新时代需要完整、准确、全面贯彻新发展理念，坚持问题导向，实现高质量发展，扎实推进中国特色社会主义在道路、理论、制度、文化上的真正成熟。习近平新时代中国特色社会主义思想正是中国特色社会主义在走向发展完善和日臻成熟的阶段而形成的理论。结合 21 世纪的时代主题以及中国的历史传统、现代历程和当代实践，习近平新时代中国特色社会主义思想在解答"中国成功之谜"的基础上对相关基本问题进行了创造性阐发，成为具有时代和历史高度的中国特色社会主义理论的重要组成部分。

三是体系性。作为当代中国的马克思主义，习近平新时代中国特色社会主义思想在理论上呈现的体系性特征主要可以概括为包含科学社会主义、政治经济学和马克思主义哲学等领域的新成果，涵盖改革发展稳定、内政外交国防、治党治国治军等领域，贯通 21 世纪的中国与世界，对新时代坚持和发展中国特色社会主义的总目标、总任务、总体布局、战略布局和发展方向、发展方式、发展动力、战略步骤、外部条件、政治保证等基本问题作出全面深入阐述，也对经济、政治、法治、科技、文化、教育、民生、民族、宗教、社会、生态文明、国家安全、国防和军队、"一国两制"和祖国统一、统一战线、外交、党的建设等各领域作出理论分析和政策指导。①

六、研究趋势展望

在 2021 年，学术界关于习近平新时代中国特色社会主义思想的研究在诸多方面都有了较大进展，各个方向的研究都在不断深入。尤其是在这一思

---

① 上海社会科学院中国马克思主义研究所：《习近平新时代中国特色社会主义思想的理论逻辑探析》，《毛泽东邓小平理论研究》2021 年第 3 期。

想的科学体系、方法论、历史地位、原创性贡献以及逻辑关系等方面的研究进展较为突出，成果较为明显。但是，目前的成果仍然是阶段性的。总体上看，各方面的研究还需要继续深入推进。这些有助于夯实学科基础，展现学科价值的重要研究领域，蕴含着很多事关新时代中国特色社会主义事业发展前景的关键问题，为此，科学社会主义学科还需加大对这些问题的研究力度。

第一，关于习近平新时代中国特色社会主义思想科学体系的研究有待深入。

习近平新时代中国特色社会主义思想内涵丰富，内容全面，论述系统，思想深刻，逻辑缜密，形成了系统的完整的科学的理论体系。但是，目前学术界的研究只是概括地分析了习近平新时代中国特色社会主义思想的基本体系架构，未能对其进行具体详细的考察。随着时代的变化和中国特色社会主义实践的发展，习近平新时代中国特色社会主义思想的体系和内容也在不断地丰富和发展，我们只有不断加强研究和深入掌握习近平新时代中国特色社会主义思想的科学体系，才能够推动新时代中国特色社会主义理论不断发展，推动中国特色社会主义建设事业不断取得新的胜利。其中，比较紧迫的工作是确立习近平新时代中国特色社会主义思想科学理论体系形成的评价标准。这项工作具有很强的思想性、政治性、专业性，必须以马克思主义为指导，把判断标准的思想性、政治性和学理性、专业性有机地结合起来，既明确内涵丰富、相对独立的具体标准，又构建层级分明、相互贯通的标准体系，还要分别从不同的角度同时又在整体层面上判断习近平新时代中国特色社会主义思想形成了系统科学的理论体系。

第二，关于习近平新时代中国特色社会主义思想方法论的研究有待推进。

哲学方法论的科学凝练和本质凸显是思想理论不断走向体系化、成熟定型的重要标志。当前学界主要从重要地位与现实意义、理论底蕴与实践基础、丰富内涵与科学体系、基本特征等方面，初步构建了习近平新时代中国特色社会主义思想方法论的研究图景，但在研究的学理性、思想性、创新性方面有待突破。为进一步推进这一研究，应在深入探究方法论对于理论体系重要地位的基础上，加强对习近平新时代中国特色社会主义思想方法论的专门系统研究，全面揭示习近平新时代中国特色社会主义思想方法论对马克思主义方法论的原创性贡献，及其对中华文化思想资源、思维逻辑的传承升华。

第三，关于习近平新时代中国特色社会主义思想历史地位的研究有待深化。

学术界已经从不同角度研究了习近平新时代中国特色社会主义思想创立的历史地位，包括其重大的政治意义、历史意义、理论意义、实践意义和世界意义等。党的十九届六中全会指出："习近平新时代中国特色社会主义思想是当代中国马克思主义、二十一世纪马克思主义，是中华文化和中国精神的时代精华，实现了马克思主义中国化新的飞跃。党确立习近平同志党中央的核心、全党的核心地位，确立习近平新时代中国特色社会主义思想的指导地位，反映了全党全军全国各族人民共同心愿，对新时代党和国家事业发展、对推进中华民族伟大复兴历史进程具有决定性意义。"这一重大判断，向学术界提出了进一步加强研究习近平新时代中国特色社会主义思想历史地位和重大意义的要求。其中包括，如何深刻理解这一思想是当代中国马克思主义、二十一世纪马克思主义？如何深刻理解这一思想是中华文化和中国精神的时代精华？如何深刻理解这一思想在坚持"两个确立"中的重大意义和深刻影响？同时，对于这一思想所具有的鲜明的中国特色，以及其所具有的超越地域性的世界意义的研究也有待推进；还有，关于这一思想对中国发展的重要指导作用，对世界发展所产生着积极深远影响的研究也有待推进，等等。

第四，关于习近平新时代中国特色社会主义思想原创性贡献研究尚待突破。

习近平新时代中国特色社会主义思想守正创新，在新的历史方位与时代条件下有效回答了新的时代课题，大大深化了对共产党执政规律、社会主义建设规律与人类社会发展规律的认识，对马克思主义的发展作出了卓越的原创性贡献。目前学术界对这些原创性贡献的研究已经有了较大进展。但是，如何系统地分析和提炼在新的历史方位与时代条件下，以习近平同志为主要代表的中国共产党人将马克思主义不仅运用于指导新时代的中国，同时运用于指导21世纪的人类社会发展的原创性成果有待进一步推进。

其中，还包括关于习近平新时代中国特色社会主义思想如何在坚持马克思主义基本的立场、观点、方法基础上，又实质性地丰富、发展了马克思主义基本的立场、观点、方法的研究：在守正创新中大大深化与提升了对共产党执政规律、社会主义建设规律与人类社会发展规律的研究；如何将马克思主义发展到了一个新的时代高度与历史阶段，开辟了马克思主义新境界，实现了马克思主义中国化的新的飞跃研究；其对于共产党执政规律认识的深化，丰富和发展了马克思主义建党学说的深化研究；其对于社会主义建设规律认识的深化研究；其对五大建设的规律性认识的深化研究；推动成功走出中国式现代化道路，创造人类文明新形态的研究；其对于人类社会发展规律认识的深化研究等，均有待继续推进。

第五，关于习近平新时代中国特色社会主义思想内在逻辑的研究有待深入。

当前对习近平新时代中国特色社会主义思想逻辑结构的研究尚处于起步阶段，研究观点多元化的根本原因在于对理论体系逻辑结构之"逻辑"理解的不同和建构逻辑结构的思维方法的差异性。从抽象到具体的方法是研究理论体系自身内在逻辑的根本方法。习近平新时代中国特色社会主义思想逻辑结构研究对于彰显理论体系的科学性，推动新时代中国特色社会主义理论创新和实践创新具有重要的指导意义和价值。目前的研究现状，从某种程度上体现出关于习近平新时代中国特色社会主义思想的研究存在着明显的同质化和碎片化现象，而关于其逻辑结构、体系结构、逻辑特征等方面的基础性、学理性研究严重欠缺。

如何进一步推进习近平新时代中国特色社会主义思想逻辑结构研究，对于彰显理论体系的科学性，推动新时代中国特色社会主义理论创新和实践创新具有重要的意义和价值。因此，逻辑结构研究可以为新时代中国特色社会主义实践提供系统的视域和全局性的战略眼光，明确新时代中国特色社会主义实践发展的趋势和历史定位，帮助人们正确判断具体领域的实践和建设面临的形势和任务，推动新时代中国特色社会主义实践的科学发展。

（执笔人：孟鑫）

分报告二：关于中国特色社会主义理论体系的研究

2007 年，党的十七大首次提出"中国特色社会主义理论体系"这一科学命题，并对此进行了科学概括和精辟阐释，指出："改革开放以来我们取得一切成绩和进步的根本原因，归结起来就是：开辟了中国特色社会主义道路，形成了中国特色社会主义理论体系。高举中国特色社会主义伟大旗帜，最根本的就是要坚持这条道路和这个理论体系。……中国特色社会主义理论体系，就是包括邓小平理论、'三个代表'重要思想以及科学发展观等重大战略思想在内的科学理论体系。"① 十七大以后，理论界从不同学科领域、不同角度、不同层次对中国特色社会主义理论体系进行了深入探讨和研究，研究成果达到了较高水平和理论深度，推动了中国特色社会主义理论的不断丰富和发展。

一、关于中国特色社会主义理论体系的研究内容和视角

围绕中国特色社会主义理论体系这一科学命题，学者们的研究广泛而具体，不仅研究内容十分丰富，而且研究视角也非常全面。

（一）关于研究内容

在研究内容方面，有学者概括出九个方面的内容。如徐健认为，目前对中国特色社会主义理论体系的研究，主要包括：（1）关于中国特色社会主义

---

① 胡锦涛：《高举中国特色社会主义伟大旗帜　为夺取建设小康社会新胜利而奋斗——在中国共产党第十七次全国代表大会上的报告》，人民出版社 2007 年版，第 11 页。

理论体系的形成；（2）关于中国特色社会主义理论体系的科学内涵；（3）关于中国特色社会主义理论体系的结构体系；（4）关于中国特色社会主义理论体系的理论特点；（5）关于中国特色社会主义理论体系与毛泽东思想的关系；（6）中国特色社会主义理论体系几个重要理论成果的关系；（7）关于中国特色社会主义理论体系的历史地位和意义；（8）中国特色社会主义理论体系研究的深化；（9）对不同时期党和国家主要领导人对中国特色社会主义的阐述进行研究。① 也有学者进一步概括总结出十个方面的内容，如在李贵忠等著的《中国特色社会主义理论体系研究》中，以十大篇章的形式列出关于中国特色社会主义理论体系研究的十大主题：（1）"中国特色社会主义理论体系"科学命题的基本内涵研究；（2）"中国特色社会主义理论体系"与毛泽东思想的关系研究；（3）"中国特色社会主义理论体系"产生的条件研究；（4）"中国特色社会主义理论体系"的发展历程研究；（5）"中国特色社会主义理论体系"的主要思想观点研究；（6）"中国特色社会主义理论体系"的逻辑结构研究；（7）"中国特色社会主义理论体系"的基本特征研究；（8）"中国特色社会主义理论体系"与中国特色社会主义道路的关系研究；（9）"中国特色社会主义理论体系"的重大意义研究；（10）"中国特色社会主义理论体系"的创新研究。②

应该说，上述内容基本涵盖了当前关于中国特色社会主义理论体系研究的主要方面。

（二）关于研究视角

学者们对于中国特色社会主义理论体系的研究，不仅研究内容广泛，而且研究视角多样。有学者概括出 16 个研究视角：（1）和谐社会视角；（2）全球化视角；（3）人本思想视角；（4）发展的视角；（5）整体化建设视

---

① 徐健：《中国特色社会主义理论体系研究视角综述》，《山东工会论坛》2015 年第 6 期。

② 参阅李贵忠等：《中国特色社会主义理论体系研究》，光明日报出版社 2009 年版。

角；（6）开放性视角；（7）国民幸福的视角；（8）创新视角；（9）软实力视角；（10）马克思等经典作家著作的时代性解读视角；（11）结构功能视角；（12）民生视角；（13）实践视角；（14）哲学视角；（15）马克思主义大众化视角；（16）国家治理视角。① 这种多视角的研究方式，使得中国特色社会主义理论体系的研究不仅全面而且深刻。

以上述内容和视角为参照，择其要者，学者们的研究大多集中在如下几个方面，例如关于中国特色社会主义理论体系的历史演进与思想渊源、形成条件及科学内涵、理论形态与逻辑建构、主题及其主线、主要特征及其理论品格等。此外，必须指出的是，"中国特色社会主义理论体系与毛泽东思想的关系"问题在一段时间内是学者们特别关注的重点问题。由于篇幅所限，本文以"研究概要"的命题形式仅就上述问题进行综述。

二、关于中国特色社会主义理论体系研究概要

党的十七大以来，思想理论界对十七大提出"中国特色社会主义理论体系"这个科学概念和科学命题反响热烈，并对此进行了卓有成效的研究，发表了大量理论文章，形成了一大批有价值的研究成果。

（一）关于历史演进与思想渊源研究

认清中国特色社会主义理论体系的演进过程，厘清其思想渊源，是深入理解这一理论体系的基本前提。

1. 历史演进

关于中国特色社会主义理论体系的历史演进，有学者以时间为节点将其演进历程划分为若干阶段，典型的如王怀超的"四阶段"划分：（1）20世纪70年代末到80年代初，是中国特色社会主义理论的孕育期。这一时期是以

---

① 徐健：《中国特色社会主义理论体系研究视角综述》，《山东工会论坛》2015年第6期。

邓小平同志为主要代表的中国共产党人集中反思中国社会主义建设的历史经验时期，在反思过程中逐步提出了一系列新的理论观点。（2）20世纪80年代中期，是中国特色社会主义理论的形成时期。这一时期，以邓小平同志为主要代表的中国共产党人在总结中国社会主义建设历史经验的基础上，又初步总结了改革开放和现代化建设的新鲜经验，深化和提出了一系列新的理论观点。（3）20世纪90年代初，是中国特色社会主义理论的系统阐发时期。其标志是1992年初邓小平的南方谈话和同年秋的中共十四大。1992年初，邓小平在视察南方时，把自己对社会主义建设经验的理论总结和对中国特色社会主义基本问题的思考，以及对深化改革、扩大开放、加快发展的建议，集中进行了阐发。（4）从1992年10月中共十四大召开至今，是中国特色社会主义理论在实践中进一步丰富和发展的时期。[1] 而同样持"四阶段划分说"的闫志民认为，应作如下划分：（1）从十一届三中全会到党的十二大，是拨乱反正和酝酿产生时期；（2）党的十二大到十五大，是中国特色社会主义理论体系的奠基时期；（3）从党的十五大到十六届三中全会，是在建设什么样的党、怎样建设党的问题上取得重大进展的时期；（4）从党的十六届三中全会到2008年，是在实现什么样的发展和怎样发展的问题上取得重大进展的时期。[2]

也有学者将中国特色社会主义理论体系的演进历程划分为五个阶段，如李贵忠等以十一届三中全会作为理论体系形成的历史起点，划分如下：（1）从1978年党的十一届三中全会到1982年党的十二大，这是中国特色社会主义理论的"主题"形成时期；（2）从1982年党的十二大到1987年党的十三大，这是中国特色社会主义理论"基本轮廓"形成时期；（3）从1987年党的十三大到1992年邓小平南方谈话和党的十四大，这是中国特色社会主义理论"体系"初步形成时期；（4）从1992年党的十四大到2002年党的十六大，这是中国特色社会主义理论"主题"升华和展开时期；（5）党的十六大以来

---

① 王怀超：《中国特色社会主义理论研究》，《中共云南省委党校学报》2013年第1期。

② 闫志民：《中国特色社会主义理论体系研究的三个重要问题》，《理论学刊》2008年第10期。

是中国特色社会主义理论体系成熟时期。①

此外，有学者从理论自身演进特征的视角解读了其演进历程。马启民认为，中国特色社会主义理论体系的形成过程有着非常明显的演进特征，主要表现为：（1）从理论演进和运动的过程来看，中国特色社会主义理论体系的发展是一个接一个的波浪式演进序列，按照一定的实践关联、序列规则、逻辑联系，围绕着同一理论主题不断展开和丰富，逐步汇入到一个整体的、统一的理论体系之中。（2）从理论递进演化的内容来看，理论的升级递进与理论赖以存在的客观事物的发展变化、升级运动密切联系，体现了中国特色社会主义实践从一个阶段进入到一个新的阶段的过程，反映了社会阶段不断提升进入新的阶段层次的状态；反映了世界的变化以及中国与世界的关系在发展中互动层次的深化。（3）从理论演进之间的相互关系看，体现了理论整体性与阶段性的统一。党的三大理论成果所揭示的基本问题、基本命题是整个中国特色社会主义理论和中国特色社会主义实践过程中的基本问题、基本命题，显示了三大理论成果长远的指导意义和它在理论体系中的位置，体现了这一理论体系之间内在的有机的整体性、全面性、系统性特征。（4）从理论演进的主体特征来看，理论演进由理论创新主体一代一代人接替完成。这也反映了中国特色社会主义理论体系创新主体具有群体性、代际性特征。（5）从中国特色社会主义初级阶段这一客观事物发展变化的特点与创新主体的关系看，当代中国社会每十年会进入一个新的发展阶段，而中国共产党领导集体，每十年是一次大的接替，这两者之间有着内在联系。每一届中央领导集体在此阶段任期内都会遇到、提出和力求解决某些重大问题，这就为提出具有影响全局性的重要理论提供了可能性。（6）从中国共产党执政的历史、规律和特点看，理论是凝聚全党、团结全国人民的旗帜，也是领导的一种基本方式。②

---

① 参阅李贵忠等：《中国特色社会主义理论体系研究》，光明日报出版社 2009 年版，绪论。

② 马启民：《中国特色社会主义理论体系的历史演进、理论形态与逻辑建构》，《当代世界与社会主义》2013 年第 3 期。

综上所述，尽管学者们对中国特色社会主义理论体系历史演进的分析视角不同，在阶段划分上也不尽相同，但其中始终贯穿着一些基本共识，即中国特色社会主义理论体系体现了科学社会主义理论逻辑与中国社会发展历史逻辑的辩证统一，实现了科学社会主义在中国的新发展，是中国共产党人对科学社会主义做出的重大贡献。

2. 思想渊源

为准确理解和科学把握中国特色社会主义理论体系，学者们对中国特色社会主义理论体系产生和发展的思想渊源进行了深入研究，不仅强调理论上的一脉相承，也注重研究优秀传统文化在理论形成中的重要作用。如刘勇认为，从理论生成的结构来看，马克思主义是其理论主源，中国优秀传统文化是其民族灵魂，改革开放实践是其现实根基，人类文明成果是其思想积淀。具体而言：（1）关于马克思主义是其理论主源，刘勇认为，总体来说，中国特色社会主义理论体系对马克思列宁主义、毛泽东思想的创新和发展，核心在于继承和坚持了这些理论的实践观点、阶级立场和民族特色。这些核心观点和主要特征贯穿于这一科学体系生成的始终，构成中国特色社会主义理论体系与马克思列宁主义、毛泽东思想一脉相承的主线。（2）关于中国优秀传统文化是其民族灵魂，刘勇认为，这一科学体系与中国传统文化在思维方式、价值理念、语言风格等方面具有内在一致性，中国特色社会主义理论体系在自身发展过程中继承、吸收和运用了中国优秀传统文化，中国传统文化也在积极融于这一科学体系过程中进行内容更新，并实现了现代性的转换。（3）关于改革开放实践是其现实根基，刘勇提出，从一定意义上说，改革开放实践经验是中国特色社会主义理论体系的现实基础，中国特色社会主义理论体系是改革开放伟大实践的理论自觉。（4）关于人类文明成果是其思想积淀，刘勇认为，中国特色社会主义本身就是置身于世界发展潮流之中的事业，它不仅把历史中国和现实中国紧密结合起来，而且把中华民族的伟大复兴与世界的繁荣发展紧密结合起来。这就决定了这一科学体系必须积极吸纳已经创造出来的各种文明成果，尤其是在发展过程中所积累的有益的、优秀的经验理念。①

秦刚认为，中国特色社会主义理论体系对马克思主义的坚持和发展，集中体现在它对当代中国及世界相关问题的解答中，反映在它所提出的一系列基本理论观点上。主要表现为七个方面：（1）中国特色社会主义理论体系对当代中国及世界问题的解答，始终贯穿着对马克思主义世界观、方法论的运用。（2）中国特色社会主义理论体系中贯穿的以人为本的理念和要求，坚持了马克思主义的价值追求，也体现着马克思主义的鲜明立场。（3）中国特色社会主义理论体系把发展作为当代中国的主题，明确发展是党执政兴国的第一要务，坚持了马克思主义关于人类社会发展的基本观点，深化了马克思主义关于无产阶级政党历史使命的思想。（4）中国特色社会主义理论体系提出的社会主义初级阶段理论，体现了对马克思主义关于社会主义社会发展阶段理论的运用和发展。（5）中国特色社会主义理论体系对当今时代主题及世界发展趋势做出的判断与分析，进一步发展了马克思主义的时代观，拓展了马克思主义的新视野。（6）中国特色社会主义理论体系提出的改革开放是社会主义社会发展动力的思想，为马克思主义的社会发展动力理论增添了新的内容。（7）中国特色社会主义理论体系包含的一系列加强和改进党的建设的理论观点，深化和丰富了对共产党执政规律的认识，坚持和发展了马克思主义的政党建设理论。中国特色社会主义理论体系在解答当代中国及世界相关问题的同时，也赋予马克思主义以新的生机和活力，是坚持和发展马克思主义的新典范。②

宋福范认为，中国特色社会主义理论体系是当代中国的马克思主义。主要表现在：（1）立论基础方面，它坚持一切从实际出发这一马克思主义认知问题的根本方法，对当代中国面对的世情、国情进行科学分析，使这一理论体系建立在科学的基础之上。（2）理论主题方面，它坚持人的自由全面发展

---

① 刘勇：《中国特色社会主义理论体系的历史渊源》，《中国特色社会主义研究》2014年第4期。

② 秦刚：《中国特色社会主义理论体系是当代中国的马克思主义》，《中国延安干部学院学报》2011年第5期。

这一马克思主义的根本立场和价值追求，把社会主义初级阶段的中国如何实现现代化作为自己所要解决的中心课题，使这一理论体系有着明确的目标指向。（3）理论演进方面，它坚持解放思想、实事求是、与时俱进这一马克思主义的精髓，不断丰富和拓展我国现代化的目标和路径，使这一理论体系成为一个系统完整的科学理论体系。[①]

应该说，上述学者的观点，既全面又具有代表性。

（二）关于形成条件及科学内涵研究

中国特色社会主义理论体系是在马克思主义与当代中国实际和时代特点相结合的过程中形成和发展的。而这个结合究竟如何具体进行，其形成条件是什么，这是深入研究理论体系的一个基础性问题。

1.形成条件

关于中国特色社会主义理论体系的形成条件，学者们的研究视角也是多样的。如王怀超以历史依据为视角提出，历史地看，毛泽东最早发现，苏联模式照搬到中国有点"水土不服"，中国的社会主义建设必须从中国国情出发，走自己的工业化道路，并形成了初步思路。这说明一个问题，即中国特色社会主义理论的成因，源于对苏联模式的反思和对苏联模式的"扬弃"。就国内情况看，1978年之前，中国社会主义建设的沉痛教训则成为中国特色社会主义形成的历史依据。而1978年之后，中国改革开放和现代化建设的新鲜经验则是中国特色社会主义理论形成和发展的现实依据。他还强调，中国特色社会主义的形成，不仅有着深厚的历史基础，而且有着宽广的世界眼光和鲜明的时代特色。总体上，中国特色社会主义理论的形成，主要有三个方面的原因：（1）对苏联模式的反思；（2）对中国社会主义建设经验教训的总结；（3）对时代主题和世界发展潮流的积极回应。[②]

---

① 宋福范：《中国特色社会主义理论体系是当代中国的马克思主义》，《中共中央党校学报》2012年第3期。

② 王怀超：《中国特色社会主义理论研究》，《中共云南省委党校学报》2013年第1期。

另有学者从经典理论与实践相结合的角度进行分析。如闫志民认为，中国特色社会主义理论体系是在马克思主义与当代中国实际和时代特点相结合的过程中形成和发展的，其中最为重要的是正确处理了四个基本关系：（1）与苏联模式社会主义的关系；（2）与毛泽东时期艰辛探索过程的关系；（3）与资本主义和人类文明成果的关系；（4）中国特色社会主义理论体系内部三大成果之间的关系。具体地讲，中国特色社会主义理论体系不仅完成了对苏联模式的改革与超越，实现了对毛泽东艰辛探索的继承和发展，也做到了对资本主义文明的开放和利用；最终，成功实现了中国特色社会主义理论成果的一脉相承且与时俱进。[①]

此外，秦刚认为，社会主义制度的确立，是中国特色社会主义理论体系形成的一个重要前提和基础。[②] 应该说，这一点是不能被忽略的。

2.科学内涵

任何理论体系的研究，"科学内涵"都是一个非常重要的问题。围绕中国特色社会主义理论体系的科学内涵，学者们进行了深入研究，形成了众多结论。概括起来，主要有以下几方面的内容：基本原理、基本理论、主要观点以及关于理论基石的分析。

何谓体系？李贵忠认为："体系是指相互关联或相互作用的一组要素。理论体系就是指由一系列相互关联或相互作用的理论、观点、思想、概念等构成的有机整体。"[③] 据此，他认为，中国特色社会主义理论体系的科学内涵包括：（1）它是关于中国特色社会主义建设和发展的理论体系。这一理论体系现有的科学内容都是关于在中国这样的国情条件下，如何建设和发展社会主义的理论原则和经验总结，反映了中国特色社会主义的基本实践和基本经验。（2）它是马克思主义基本原理同中国社会主义建设实际和时

---

① 闫志民：《关于中国特色社会主义理论体系形成和发展的思考》，《当代马克思主义研究》2008 年第 5 期。

② 秦刚：《中国特色社会主义理论体系的形成》，《中共贵州省委党校学报》2007 年第 6 期。

③ 李贵忠等：《中国特色社会主义理论体系研究》，光明日报出版社 2009 年版，第 101 页。

代特征相结合的产物。"中国特色社会主义理论体系"是中国化的马克思主义中以邓小平理论为本原的独立的理论体系，是当代中国的科学社会主义理论体系，是具有鲜明中国风格和中国气派的科学社会主义。它从根本上回答了在中国建设什么样的社会主义、怎样建设社会主义这个最重大也是最根本的问题。正是在深入回答这个重大问题的过程中，邓小平理论、"三个代表"重要思想以及科学发展观等重大战略思想构成了马克思主义与中国实际第二次结合的完整的飞跃过程。（3）它是中国共产党和中国人民集体智慧的结晶，凝结了几代中国共产党人带领广大人民群众不懈探索实践的智慧和心血。（4）它是科学而完整的理论体系。"中国特色社会主义理论体系"不是一般的感性认识，而是系统的经过加工提炼的理论自觉；不是零乱的概念观点的机械叠加，而是由理论精髓贯穿的严密的逻辑系统；不是漫无目的的毫无针对性的文字杜撰，而是面对现实问题，不断解释主题的理论构建。①

　　就基本原理而言，刘建武认为，理论体系是科学理论的存在方式和表达方式，任何恢宏的科学建树和思想成果，都是以体系的形式展现的；而支撑科学体系这座理论大厦的主体支柱则是它的基本原理。中国特色社会主义理论体系是由一系列相互联系的基本原理构成的科学体系，是马克思主义基本原理在当代中国的创造性运用和发展。据此，他认为，中国特色社会主义理论体系包含十大原理：（1）不同国家社会主义建设的道路必然各具特色；（2）经济文化落后国家进入社会主义之后必然要经历一个相当长的初级阶段；（3）解放和发展生产力是中国特色社会主义的根本任务；（4）改革开放是发展中国特色社会主义的必由之路；（5）社会主义基本制度与市场经济相结合；（6）共产党的领导、人民当家作主与依法治国的有机统一是中国特色社会主义民主政治的根本特征；（7）科学发展、社会和谐、共同富裕的统一是中国特色社会主义的本质属性；（8）以人为本，不断促进人的全面发

---

① 李贵忠等：《中国特色社会主义理论体系研究》，光明日报出版社 2009 年版，第 121—125 页。

展；（9）中国特色社会主义是和平发展的社会主义；（10）在坚持马克思主义的实践中不断发展马克思主义。① 闫志民认为，中国特色社会主义理论体系作为一门科学有其基本原理，且内容十分丰富。比如，社会主义的本质是解放生产力，发展生产力，消灭剥削，消除两极分化，最终达到共同富裕；社会主义的根本任务是解放和发展生产力；现代化建设必须以经济建设为中心，坚持改革开放、坚持四项基本原则；实行以人为本、全面协调可持续的发展；坚持共产党领导、人民当家作主、依法治国的有机统一；物质文明建设与精神文明建设要两手抓、两手都要硬；实行依法治国、建设社会主义法治国家等，都是属于基本原理层次的内容。②

就基本理论来说，赵曜认为，中国特色社会主义理论体系中有一系列基本理论，其中有的是对科学社会主义的继承和发展，有的是在实践基础上的创新和突破。主要包括：社会主义本质理论、社会主义初级阶段理论、社会主义改革开放理论、社会主义市场经济理论、社会主义民主政治建设理论、社会主义文化建设理论、社会主义和谐社会理论、社会主义对外关系理论、国防和军队建设理论、"一国两制"和祖国和平统一的理论、社会主义的领导力量和依靠力量理论、马克思主义执政党建设理论。这十二条，就是中国特色社会主义的基本理论。它系统、科学地回答了在中国这个经济文化比较落后的国家在建立社会主义制度以后，怎样建设、巩固和发展社会主义等一系列重大问题。③

就主要观点而言，闫志民认为，中国特色社会主义理论体系是由一系列的理论观点和科学论断组成的。这些观点和论断犹如构成一盘棋的棋子，是中国特色社会主义理论体系的理论支撑点。如在发展方面，有"发展是硬道理""发展是执政兴国的第一要务""经济建设是党和国家工作的中心"；在

---

① 刘建武：《中国特色社会主义理论体系基本原理论纲》，《当代世界与社会主义》2012年第3期。

② 闫志民：《中国特色社会主义理论体系研究的三个重要问题》，《理论学刊》2008年第10期。

③ 赵曜：《论中国特色社会主义理论体系》，《中国特色社会主义研究》2008年第2期。

改革开放方面，有"改革开放是强国之路""改革是发展的重要动力""改革是社会主义的自我发展和完善""改革是中国的第二次革命""社会主义也可以搞市场经济""计划和市场都是调节方法"；在政治方面，有"四项基本原则是立国之本、是改革发展的政治保证""稳定压倒一切""社会主义民主的本质是人民当家作主""和平与发展是时代主题""当今世界是开放的世界"等等。①

就理论基石来说，何公德认为，所谓理论基石，是指某一理论体系赖以产生和发展的基础，在整个理论体系中起着基础性的决定作用。它是这一理论体系赖以建立的最基本和最本质的依据。从逻辑结构来说，理论基石既区别于理论核心，也区别于理论精髓，它是理论体系的重要组成部分。据此，他强调，中国特色社会主义理论体系的基石主要有四个，即"三论"和"四个坚持"。其中，"三论"是指社会主义本质论、社会主义初级阶段论和社会主义市场经济论，而"四个坚持"则是指"四项基本原则"。② 王怀超认为，中国特色社会主义理论体系奠基于两块基石：一是社会主义初级阶段理论。即我国目前正处于并将长期处于社会主义初级阶段。这是对我国基本国情的科学判断，是中国特色社会主义理论立论的国情依据。二是时代主题理论。即当今时代的主题，一是和平；二是发展。这是中国特色社会主义理论立论的世情依据。简言之，社会主义初级阶段论和时代主题论是中国特色社会主义理论立论的两块理论基石和基本依据。③ 闫志民则概括出中国特色社会主义理论体系的五大理论基石：（1）时代主题论。它明确提出当今时代的主题是和平与发展，从而为建设和发展中国特色社会主义提供了最宏观的理论依据，即时代依据。（2）社会主义本质论。它为澄清关于社会主义的各种扭曲认识、正确认识和建设社会主义提供了最直接的理论依据。（3）社会主义初级阶段论。它为建设和发展中国特色社会主义指明了基本国情依据，使

① 闫志民：《中国特色社会主义理论体系研究的三个重要问题》，《理论学刊》2008 年第 10 期。

② 何公德：《再论中国特色社会主义理论体系的理论基石》，《甘肃高师学报》2012 年第 1 期。

③ 王怀超：《中国特色社会主义理论研究》，《中共云南省委党校学报》2013 年第 1 期。

得社会主义建设能够真正做到从本国实际出发和真正做到实事求是。（4）改革开放论。它为我们解决了社会主义发展的动力问题，找到了发展马克思主义和社会主义的必由之路。（5）社会主义市场经济论。它回答了社会主义能不能搞市场经济的问题，使我国的经济发展和社会主义的未来充满了生机与活力。①

关于中国特色社会主义理论体系的科学内涵，学者们还通过对三大理论形态的详细解析来进行解读，这里就不一一赘述。

（三）关于理论形态与逻辑建构研究

所谓形态，是指事物在一定条件下的表现样式和状况。理论形态就是指理论在一定条件下的表现样式和状况。中国特色社会主义理论体系是包括邓小平理论、"三个代表"重要思想和科学发展观等重大战略思想在内的科学理论体系。十七大之后，学术界就这三大理论形态在中国特色社会主义理论体系中的地位和作用以及相互关系问题展开了积极研究。

1.理论形态

在理论形态研究方面，马启民认为，中国特色社会主义理论体系有两种存在形态：一种是作为中国特色社会主义理论体系的一般逻辑形态，即对由多个理论创立者各自创立的理论在逻辑上整合为统一的理论形态。正如有的学者所指出的："作为一个科学完整的理论体系，它不是三个理论成果基本内容的简单叠加，而是理论观点的有机整合。这就需要在理论上对三个理论成果形态的主要理论观点、重要论断进行系统梳理，使之成为一个逻辑严谨、结构合理的理论体系。"②另一种是中国特色社会主义理论体系的现实具体形态，它是由一个一个理论来具体体现的。即邓小平理论、"三个代表"

---

① 闫志民：《中国特色社会主义理论体系研究的三个重要问题》，《理论学刊》2008 年第 10 期。
② 张琳：《深化中国特色社会主义理论体系研究的几点思考》，《马克思主义研究》2012 年第 2 期。

重要思想和科学发展观等重大战略思想。① 前者讲的是中国特色社会主义理论体系本身，后者则是具体指三大理论形态。

关于三大理论形态及其相互关系，早在 2008 年，习近平总书记在《关于中国特色社会主义理论体系的几点学习体会和认识》中就明确指出，它们之间的关系是"既一脉相承，又与时俱进"。其中，"一脉相承"体现在：一是它们都坚持以马克思列宁主义、毛泽东思想为指导，在理论渊源上一脉相承；二是它们都坚持为建设和发展中国特色社会主义、实现中华民族伟大复兴而奋斗，在理论主题上一脉相承；三是它们都坚持解放思想、实事求是、与时俱进，在理论品质上一脉相承；四是它们都以社会主义初级阶段这一基本国情为立论基础，在理论基点上一脉相承；五是它们都坚持以人为本，把实现好、维护好、发展好最广大人民的根本利益作为全部理论的出发点和落脚点，在理论目标上一脉相承。"与时俱进"则体现在三大理论形态都坚持从实际出发，注重总结改革开放不同时期、不同阶段的新鲜经验，注重探索和回答不同时期、不同阶段遇到的新矛盾、新问题，在理论创新和理论发展上都做出了各自的独特贡献。"它们既相互贯通又层层递进，体现了新时期以来我们党理论创新成果的科学性体系、阶段性成果和发展性要求的内在统一。"②

严书翰提出，三大理论形态中，邓小平理论奠基中国特色社会主义理论体系；"三个代表"重要思想丰富和发展中国特色社会主义理论体系；科学发展观充实和创新中国特色社会主义理论体系。具体来看，首先，邓小平理论第一次比较系统地初步回答了中国社会主义的发展道路、发展阶段、根本任务、发展动力、外部条件、政治保证、战略步骤、党的领导和依靠力量，以及祖国统一等基本问题。在改革开放的起步阶段和现代化建设的发展过程中提出并形成的邓小平理论，为中国特色社会主义理论体系提供了最初的框架

---

① 马启民：《中国特色社会主义理论体系的历史演进、理论形成与逻辑建构》，《当代世界与社会主义》2013 年第 3 期。

② 习近平：《关于中国特色社会主义理论体系的几点学习体会和认识》，《求是》2008 年第 7 期。

和最基本的内容。其次，"三个代表"重要思想进一步回答了什么是社会主义、怎样建设社会主义，创造性地回答了建设什么样的党、怎样建设党的问题。它反映当代世界和当前中国的发展变化对于我们党和国家的工作提出的根本要求，是加强和改进执政的中国共产党的自身建设，推进我国的社会主义制度自我完善和社会主义事业不断发展的强大理论武器。最后，党的十六大以来，以胡锦涛同志为主要代表的中国共产党人根据国内外形势的发展变化，研究新情况、解决新问题，提出并形成了科学发展观等重大战略思想。

那么，应如何准确把握三大理论形态之间的关系？严书翰认为，一是把三大理论成果贯通起来。原因在于：首先，它们具有共同的世界观和方法论的基础，即实事求是的思想路线。其次，它们具有共同的理论主题，即中国走上社会主义道路以后，如何巩固、建设和发展社会主义。最后，它们具有共同的理论品质，即一脉相承、与时俱进。二是把三大基本问题结合起来。三大理论成果系统地回答了什么是社会主义、怎样建设社会主义，建设什么样的党、怎样建设党，实现什么样的发展、怎样发展（以下简称"三大基本问题"）。因此，在研究中国特色社会主义理论体系的时候，也需要把三大基本问题结合起来，进行系统化探讨。三是把党的十一届三中全会以来的理论和实践联系起来。从正确的理论与成功的实践密切联系成为一体的高度把握中国特色社会主义理论体系，才能理解在改革开放和社会主义现代化建设的过程中形成和发展起来的三大理论成果，体现了马克思主义中国化的第二次历史性飞跃。①

林怀艺认为，邓小平理论是中国特色社会主义理论体系的基础性部分，多数概念、范畴、思想、观点、论断等，在邓小平理论中已得到比较明确或至少是初步的阐述；在开创性部分中，"三个代表"重要思想以对党在长期执政下的地位、环境、任务、自身状况的深刻反思而丰富和发展了邓小平理论；科学发展观又以对发展的世界观和方法论的深度把握而丰富和发展了

---

① 严书翰：《中国特色社会主义理论体系的几个问题》，《中共中央党校学报》2009 年第 1 期。

邓小平理论和"三个代表"重要思想。[①]

秦刚则认为，邓小平理论、"三个代表"重要思想和科学发展观，都是针对建设和发展中国特色社会主义事业而展开，都是为了开辟和拓展中国特色社会主义道路而产生。它们具有共同的理论渊源和立论基础，面临共同的历史任务和时代课题。在维护和实现人民根本利益的基础上，它们的基本观点、重要论断，虽然各有侧重，但又紧密联系、相互贯通，带有思想交汇、理论相融、不断深化和具体化的特点。三者形成和发展为一脉相承、与时俱进的科学体系。一是它们都以马克思主义为指导，运用马克思主义的立场、观点和方法，结合中国国情、时代变化、人民实践，推动马克思主义在不同的时间和空间得到新发展；二是它们都立足于中国社会主义初级阶段这个基本国情，并以此作为建设和发展中国特色社会主义的基本依据；三是它们都以实现中国的社会主义现代化和中华民族的伟大复兴为目标；四是它们都直接体现为人民群众谋利益的价值取向。[②]

总之，邓小平理论、"三个代表"重要思想和科学发展观，都坚持解放思想、从实际出发，不固守已有的理论，注重总结改革开放不同时期、不同阶段的新经验，注重探索不同时期、不同阶段的新问题，不断用新思想、新观点、新判断创新中国特色社会主义理论。其中，"三个代表"重要思想主要是以邓小平理论为基础形成和发展起来；科学发展观主要是以邓小平理论和"三个代表"重要思想为基础形成和发展起来。三者在思想理论上相互贯通、层层递进，是继往与开来的结合，是坚持与发展的统一。[③]

2. 逻辑建构

所谓逻辑建构，是指中国特色社会主义的一般逻辑形态的逻辑构建。关于逻辑建构，学界从多方面、多角度、多层次对其展开了深入研究。

从建构原则上讲，贾绘泽认为，既要彰显其逻辑整体性，又要注重其发

---

① 林怀艺：《中国特色社会主义理论体系的逻辑建构》，《社会科学研究》2016 年第 4 期。

② 秦刚：《中国特色社会主义理论体系的源流》，《中共中央党校学报》2009 年第 1 期。

③ 秦刚：《中国特色社会主义理论体系的源流》，《中共中央党校学报》2009 年第 1 期。

展的阶段性特征，努力建构结构完整、内在统一的理论体系。① 陈步伟认为，除整体性原则外，还要遵循现实性原则、真实性原则、人民性原则以及本土性原则。② 马启民则认为，中国特色社会主义理论体系一般逻辑形态的构建应遵循以下原则和方法：一是基本命题原则。所谓基本命题原则，是指在中国特色社会主义理论体系中具有长远指导意义的理论命题。二是基本命题发展原则。也就是这一命题提出之后，又在以后不断产生的党的理论成果中进一步丰富和发展。三是突出当前政策原则。当前政策是指对当下具有十分突出的现实针对性的理论观点和政策措施。③

从建构方法上讲，韩庆祥等人认为，一种理论体系在逻辑结构上至少由两个圈层组成：一是"外层圈"，由一系列概念、论断、观点、政策和措施组成，具有易变性、具体性和较强的直接现实性；二是"内层圈"或核心圈，由基本原理、核心观点组成，具有根本性、稳定性、普遍性和高度的抽象性。因此，必须运用抽象概括法、理论与实际相结合的方法以及历史和逻辑相统一的研究方法，来弄清该理论体系所包含的基本原理及其之间的内在逻辑关系和完整框架。④

从建构思路上看，张雷声认为，要从该理论体系的三大理论成果形成过程的角度来把握它们之间的内在规定性，对其主体内容进行科学综合；并从其理论成果发展创新的角度把握它们的精神实质，对其内在逻辑做出科学阐述。⑤

---

① 贾绘泽：《论丰富和发展中国特色社会主义理论体系的基本原则》，《探索》2010 年第 2 期。

② 陈步伟：《构建中国特色社会主义理论体系的视角、路径和原则》，《中共天津市委党校学报》2012 年第 2 期。

③ 马启民：《中国特色社会主义理论体系的历史演进、理论形态与逻辑建构》，《当代世界与社会主义》2013 年第 3 期。

④ 韩庆祥、邱耕田：《加强对中国特色社会主义理论体系基本原理的研究》，《理论视野》2011 年第 11 期。

⑤ 张雷声：《关于中国特色社会主义理论体系构建思路和起点问题》，《理论学刊》2009 年第 8 期。

此外，学者们较多关注的是中国特色社会主义理论体系的逻辑构建框架。有学者对此作了全面总结①，主要有以下几种观点：一是"板块说"。其中以"三大板块说"为主要观点，认为宏观指导层面的基本原理，包括社会主义本质论、初级阶段论、改革开放论、科学发展观；战略布局层面的基本原理，包括市场经济论、民主政治论、先进文化论、和谐社会论；条件保障层面的基本原理，包括社会主义依靠力量论、执政党建设论、"一国两制"论、和平发展论。这三大板块共同构成该理论体系的基本框架。② 二是逻辑式构建说。如郑又贤认为，以中国社会主义制度的建立和党的第一代领导集体对于社会主义建设的初步探索为逻辑前提，以解放思想、实事求是思想路线的确立为逻辑起点，奠基于对马克思主义中国化的艰辛探索，创立于对社会主义本质的正确诠释，发展于对执政党建设的深刻思考，完善于对社会主义发展规律的科学揭示这一逻辑行程，最终得出要高举中国特色社会主义旗帜的逻辑结论，这几方面共同构成了其特定的逻辑结构。③ 三是基本问题建构说。主张这种观点的学者认为，中国特色社会主义理论体系的内容逻辑是围绕着探索和回答相关四大基本问题建立起来的，因而从逻辑上将其概括和表述为四个层次的内容④ 等等。可见，学者们对这一问题的研究是极其深入的。

（四）关于主题与主线研究

关于中国特色社会主义理论体系的主题研究较多，主线研究虽然不多，但同样重要。

---

① 任琳：《中国特色社会主义理论体系逻辑构建研究综述》，《河海大学学报（哲学社会科学版）》2013 年第 3 期。

② 赵丽华：《中国特色社会主义理论的逻辑结构和体系构建》，《社会主义研究》2008 年第 4 期。

③ 郑又贤：《关于中国特色社会主义理论体系主要特征的辩证思考》，《马克思主义研究》2008 年第 12 期。

④ 陈步伟：《构建中国特色社会主义理论体系的视角、路径和原则》，《中共天津市委党校学报》2012 年第 2 期。

1. 主题研究

所谓"主题",就是理论探索的核心问题,也是理论研究的对象。关于中国特色社会主义理论体系的主题是什么,对这一问题的认识,学界存在着分歧。比如有的学者将中国特色社会主义作为理论体系的主题,而有的学者就认为,这是一种同义反复。2013 年 9 月,学者魏爽、张健丽在《关于"中国特色社会主义理论体系共同主题"的研究综述》一文中,比较全面地总结了关于中国特色社会主义理论主题的研究概况。

(1)以"发展"为主题。秦刚认为,"中国特色社会主义理论体系,实际上是解决中国发展问题的理论。发展是中国特色社会主义理论体系的主题。"① 何毅亭指出,发展是中国特色社会主义的主题,也是中国特色社会主义理论体系的主题。②

(2)以"中国特色社会主义"为主题。郑必坚认为,在邓小平理论、"三个代表"重要思想以及科学发展观等重大战略思想的发展过程中,"中国特色社会主义主题反复出现,内容不断展开、思想不断深化、体系日趋完善"。③

(3)以"建设和发展中国特色社会主义"为主题。肖贵清认为,邓小平理论、"三个代表"重要思想和科学发展观等重大战略思想都是对建设和发展中国特色社会主义一系列重大理论问题和实践问题的回答。④ 赵曜则提出,"中国特色社会主义理论有一个鲜明的主题,就是建设有中国特色的社会主义。这个主题要求我们既要坚持科学社会主义的基本原则,又要将其同中国的具体实践和时代特征相结合,体现鲜明的中国特色。"⑤

(4)以"什么是社会主义、怎样建设社会主义,建设什么样的党、怎样建设党,实现什么样的发展、怎样发展"为主题。徐鸿武认为,"所谓主题,

---

① 秦刚:《中国特色社会主义理论体系的内涵》,《中共石家庄市委党校学报》2008 年第 5 期。
② 何毅亭:《论中国特色社会主义理论体系》,《光明日报》2007 年 11 月 15 日。
③ 郑必坚:《高举中国特色社会主义伟大旗帜》,《人民日报》2007 年 10 月 31 日。
④ 肖贵清:《中国特色社会主义理论体系的整体性》,《思想理论教育导刊》2008 年第 7 期。
⑤ 赵曜:《论中国特色社会主义理论体系》,《中国特色社会主义研究》2008 年第 2 期。

就是中心思想、核心内容，也就是回答'做什么'和'怎么做'的问题。在中国特色社会主义理论体系中，就是要解决'什么是社会主义'和'怎样建设社会主义'的问题。"① 侯远长指出："中国特色社会主义理论是建立在解放思想、实事求是、与时俱进、以人为本这一马克思主义哲学基础之上的科学体系，它以什么是社会主义、怎样建设社会主义为主题，并围绕这一主题形成了一整套崭新的相互联系的社会主义理论形态。"②

（5）以"经济文化较落后的中国如何建设和发展社会主义"为主题。叶庆丰认为，经济文化较落后的中国如何建设和发展社会主义，是中国特色社会主义理论体系所要研究和回答的主要问题，是中国特色社会主义理论体系的主题。③

目前看，持第五种观点的学者相对较多。比如秦宣认为，中国特色社会主义理论体系的主题，是在像中国这样经济文化比较落后的国家如何建设、巩固和发展社会主义。这一理论体系之中的邓小平理论、"三个代表"重要思想和科学发展观均是围绕这一核心问题展开的，中国共产党面向未来的理论创新也将继续围绕这一主题。主要原因在于：（1）这一理论主题是与科学社会主义的理论主题一脉相承的，反映了中国特色社会主义与科学社会主义的继承发展关系；（2）这一理论主题是与毛泽东思想的理论主题紧密联系的；（3）确立这一理论主题符合十一届三中全会以来我们党所有理论创新和实践创新的客观实际；（4）这一主题体现在改革开放新时期马克思主义中国化的理论成果之中，也反映在党的重要文献之中；（5）这一主题体现了中国共产党和全国各族人民的共同理想。④

---

① 魏爽、张健丽：《关于"中国特色社会主义理论体系共同主题"的研究综述》，《社科纵横》2013 年第 9 期。

② 魏爽、张健丽：《关于"中国特色社会主义理论体系共同主题"的研究综述》，《社科纵横》2013 年第 9 期。

③ 任琳：《中国特色社会主义理论体系逻辑构建研究综述》，《河海大学学报》（哲学社会科学版）2013 年第 3 期。

④ 秦宣：《论中国特色社会主义理论体系的主题》，《中国特色社会主义研究》2015 年第 1 期。

综上所述，尽管学界对此分歧较大，但学者们普遍认为，中国特色社会主义理论体系有着鲜明的主题。这是其重要特征之一。

2. 主线研究

除了主题，中国特色社会主义理论体系还有一条清晰的主线，即基本线索贯穿始终。关于主线，赵曜认为，中国特色社会主义理论是以"什么是社会主义、怎样建设社会主义"为主线，在发展过程中不断延伸和展开，体现为社会主义、党和发展三大问题的辩证统一，也可以把它称之为中国特色社会主义的三个基本问题。具体地讲，以邓小平同志为主要代表的中国共产党人坚持以"什么是社会主义、怎样建设社会主义"为主线，并以社会主义本质论和党在社会主义初级阶段的基本路线，科学地回答了这个问题。以江泽民同志为主要代表的中国共产党人在新的实践基础上的不断探索中，提出"建设什么样的党、怎样建设党"的问题，并以创立"三个代表"重要思想为标志，从始终代表中国先进生产力的发展要求、中国先进文化的前进方向和中国最广大人民的根本利益，创造性地回答了这个问题。进入新世纪新阶段，以胡锦涛同志为主要代表的中国共产党人从我国经济社会发展的阶段性特征出发，提出"实现什么样的发展、怎样发展"的问题，并在继承党的三代中央领导集体关于发展的重要思想的基础上，提出科学发展观，深刻地回答了这个问题。总的来说，中国特色社会主义理论是以"什么是社会主义、怎样建设社会主义"为主线，在发展过程中不断延伸和展开，体现为社会主义、党和发展三大问题的辩证统一。中国特色社会主义的所有理论问题，都是围绕这个主题和贯穿这条主线的。这是中国特色社会主义理论的一个很重要的特点。①

王怀超认为，中国特色社会主义理论的研究对象，是经济文化落后的中国建设社会主义现代化强国的规律性。这既是中国特色社会主义理论的研究对象，又是贯穿中国特色社会主义理论始终的基本线索，或称之为主线。无论是邓小平理论，还是"三个代表"重要思想，乃至科学发展观和构建和谐

① 赵曜：《论中国特色社会主义理论体系》，《中国特色社会主义研究》2008 年第 2 期。

社会，都是从不同角度对这一问题的回答。无论是对"什么是社会主义、如何建设社会主义""建设什么样的党、怎样建设党"的回答，还是对"实现什么样的发展、怎样发展"的认识，也都是围绕着经济文化落后的中国如何建设社会主义现代化这一核心问题展开的。①

也有学者从主题与精髓的视角对此进行解读。闫志民认为，主题与精髓是中国特色社会主义理论体系的最高理论层次。中国特色社会主义的主题是建设和发展中国特色社会主义，中国特色社会主义理论体系的精髓是解放思想、实事求是、与时俱进。②而解放思想、实事求是、与时俱进，无疑是贯穿中国特色社会主义理论体系始终的一条主线，也是活的灵魂。

（五）关于主要特征及理论品格研究

改革开放以来，我们党一直在纵深探索和回答的基本问题是：什么是社会主义、怎样建设社会主义，建设什么样的党、怎样建设党，实现什么样的发展、怎样发展。中国特色社会主义理论体系，紧紧围绕这三大基本问题展开，创造性地提出了一系列紧密联系、相互贯通的新思想新观点新论断，体现出鲜明的理论特色和独特的理论品格。

1.主要特征

关于中国特色社会主义理论体系的主要特征，有学者总结出 13 个特征：指导性、科学性、系统性、实践性、创新性、开放性、务实性、时代性、人民性、民族性、整体性、革命性、传承性。当然，学者们在研究中各有侧重。

刘勇认为，中国特色社会主义理论体系是当代中国的马克思主义，它所具有的继承性、创新性、科学性和人民性的基本特征，全面体现着中国特色社会主义理论体系的总体内涵和精神实质。其中，创新性表现为中国特色社

---

① 王怀超：《中国特色社会主义理论研究》，《中共云南省委党校学报》2013 年第 1 期。

② 闫志民：《中国特色社会主义理论体系研究的三个重要问题》，《理论学刊》2008 年第 10 期。

会主义理论体系在理论品格上的与时俱进；科学性表现为中国特色社会主义理论体系在思想方法上的实事求是；人民性表现为中国特色社会主义理论体系在价值取向上的以人为本。[1] 李建勇着重分析了中国特色社会主义理论体系的先进性。他认为，从生产力标准视阈来观察，中国特色社会主义理论体系先进性的物质基础是现代生产力的发展，集中表现是其所具有的一整套根本的、系统的和与时俱进的促进生产力发展的思想主张。[2] 李安增等人则着重分析了理论体系的创新性，认为其创新性主要表现为：一是开创了科学社会主义的中国新模式；二是开拓了执政党建设科学化的崭新视野；三是形成了马克思主义发展观的当代形态；四是开辟了理论创新的独特路径。[3] 袁秉达重点分析了理论体系科学性的时代特征。他认为，中国特色社会主义理论体系的科学性，不仅体现为理论来源、思想渊源的科学性，而且体现为回应时代、解决问题、理论创新、实践突破、认知规律的科学性。[4] 李冉则认为，其科学性主要表现为：一是用马克思主义理论思维构建出来，体现了科学理论应有的思维品质；二是理论体系具有合目的性、合价值性、合规律性，体现了科学理论应有的实践品质；三是理论体系具备与时俱进的开放性，体现了科学理论应有的发展品质。[5]

关于中国特色社会主义理论体系各种特征的意义，韩继荣认为，实践性是理论体系的根本特征；时代性是理论体系的重要特征；创新性是理论体系最显著的特征；人民性是理论体系的本质特征。[6] 也有学者从"特色"的视

[1] 刘勇：《关于中国特色社会主义理论体系基本特征的理论思考》，《扬州大学学报（人文社会科学版）》2012年第6期。

[2] 李建勇：《论中国特色社会主义理论体系的先进性》，《科学社会主义》2012年第6期。

[3] 李安增、王涛：《中国特色社会主义理论体系的创新性探析》，《当代世界与社会主义》2013年第4期。

[4] 袁秉达：《中国特色社会主义理论体系科学性的时代特征》，《科学社会主义》2016年第4期。

[5] 李冉：《如何认识中国特色社会主义理论体系的科学性》，《毛泽东邓小平理论研究》2016年第8期。

[6] 韩继荣：《中国特色社会主义理论体系特征之我见》，《湖北函授大学学报》2015年第13期。

角予以归纳总结。许秋婕认为，中国特色社会主义理论体系具有鲜明的实践特色、时代特色、文本特色以及思维方式的独特性。①

总之，中国特色社会主义理论体系是我们党运用马克思主义解决中国问题而形成的。它以全新的视野深化了对共产党执政规律、社会主义建设规律、人类社会发展规律的认识，写出了科学社会主义的"新版本"，具有鲜明的中国特色。

2. 理论品格

学者们一致认为，中国特色社会主义理论体系具有与时俱进的理论品格。如李忠杰认为，中国特色社会主义理论体系是中国特色社会主义的理论载体，是在与时俱进的实践中破解难题、创立发展的。其与时俱进的理论品格表现为：（1）与时俱进的历史逻辑。理论发展的每一步进程，都透射出与时俱进的鲜明特征，充分体现着当代中国社会发展的历史逻辑。（2）与时俱进的理论逻辑。党在中国特色社会主义理论体系创立发展过程中，既坚持马克思主义基本原理，又从实际出发，破解和回答实践中的一系列重大课题，从而以全新的视野深化了对共产党执政规律、社会主义建设规律、人类社会发展规律的认识，充分体现了与时俱进的理论品质。（3）与时俱进，书写未来。中国特色社会主义理论体系不仅在坚持继承与创新的辩证统一中与时俱进，书写未来，也在实践创造与理论探索的辩证统一中与时俱进，书写未来，还在中国特色与世界眼光的辩证统一中与时俱进、书写未来。②

刘奇葆认为，中国特色社会主义理论体系具有独特的理论品格，表现为：一是开创性，开辟了马克思主义中国化的新境界。二是继承性，始终坚持科学社会主义基本原则。中国特色社会主义理论体系不仅讲出了具有时代

---

① 许秋婕：《中国特色社会主义理论体系的"特色"研究》，中国地质大学（北京）硕士学位论文，2016 年。

② 李忠杰：《永葆与时俱进的理论品质——中国特色社会主义理论体系的发展历程与历史启示》，《求是》2013 年第 6 期。

特点的新话，且并没有丢掉老祖宗。三是实践性，植根于实践又对实践发挥着强大指导作用。四是开放性，随着时代、实践和科学的发展而不断与时俱进。可以肯定，中国特色社会主义理论体系不可能一成不变，必定适应时代、实践和科学的发展，博采众长，不断向前。①

（六）一个重要问题：中国特色社会主义理论体系与毛泽东思想之间的关系研究

自马克思主义中国化形成了两大理论成果——毛泽东思想和中国特色社会主义理论体系以来，关于二者之间关系的研究著述很多。尤其是2013年恰逢毛泽东诞辰120周年，对毛泽东思想及其价值的再研究以及二者之间的关系研究成为热点话题。

对于上述问题，罗平汉等人认为，学术界关于中国特色社会主义理论体系与毛泽东思想关系的研究，主要集中在中国特色社会主义理论体系能不能包括毛泽东思想、二者之间存在什么样的内在关联与区别这两个问题上。关于第一个问题，学术界有不包含说、包含说、具体分析说三种观点；关于第二个问题，学术界认为，中国特色社会主义理论体系与毛泽东思想是继承和发展的关系，但二者在主题与重点、历史任务与需要回答的主要问题、内容结构与历史起点等方面又有明显区别。关于中国特色社会主义理论体系与毛泽东思想的关系，既不能把二者混为一谈，二者毕竟是在马克思主义中国化历史进程中的不同阶段，回答不同时代课题、解决不同历史任务而形成的各自成体系的理论成果，也不能由此割裂二者关系，将之对立起来，甚至相互否定，特别是借中国特色社会主义理论体系来否定毛泽东思想。②

具体而言，关于中国特色社会主义理论体系是否包括毛泽东思想，学术

---

① 刘奇葆：《关于中国特色社会主义理论体系的几点认识》，《理论学习》2013年第8期。
② 罗平汉、周震：《中国特色社会主义理论体系与毛泽东思想的关系研究述评》，《党的文献》2013年第2期。

界主要存在以下几种观点①：（1）不包含说。理由如下：一是中国特色社会主义理论体系是"当代中国"的创新理论；二是毛泽东思想关于社会主义建设理论的"中国特色"和中国特色社会主义理论体系的"中国特色"是有所区别的；三是马克思主义与中国实际相结合的两次历史性飞跃的起点不同；四是关于社会主义建设的思想不是毛泽东思想的主流。

（2）包含说。其中影响较大的便是"始于毛，成于邓"之说，即是指中国特色社会主义理论起始于毛泽东 20 世纪 50 年代中期的探索。他所论述的"十大关系"，一方面是从总结中国经验、研究中国建设发展的问题中提出来的，另一方面也是以苏联经验为镜鉴提出来的。《论十大关系》初步总结了中国社会主义建设的经验，提出了探索适合中国国情的社会主义建设道路的任务。这意味着在中国刚刚进入社会主义社会时，中国共产党和中国人民就开始了对适合本国国情的社会主义建设道路的最初探索，并取得了初步成果。

（3）具体分析说。这种观点认为，中国特色社会主义理论体系和毛泽东思想之间根本就不能笼统说是包含或者不包含的关系，而是应作具体分析。

在总结概括上述学界观点的基础上，罗平汉等还就中国特色社会主义理论体系与毛泽东思想的内在关联与区别做出如下评述：从内在关联上看，学者们普遍认为，中国特色社会主义理论体系对毛泽东思想是继承和发展的关系，只是分析的角度不同。从区别上看，主要体现在如下方面：一是有着不同的主题与重点；二是有着不同的历史时期、历史任务与需要回答的主要问题；三是有着不同的内容结构和历史起点。由此，罗平汉等人的结论是：关于中国特色社会主义理论体系与毛泽东思想关系的问题，应该坚持运用马克思主义的立场、观点和方法，历史地、辩证地、联系地、发展地来看待和研究。

一方面，中国特色社会主义理论体系并不包含毛泽东思想，不能把二者

---

① 罗平汉、周震：《中国特色社会主义理论体系与毛泽东思想的关系研究述评》，《党的文献》2013 年第 2 期。

混为一谈，二者毕竟是在马克思主义中国化历史进程的不同阶段回答不同时代课题、解决不同历史任务而形成的各自成体系的理论成果。另一方面，虽然中国特色社会主义理论体系并不包含毛泽东思想，但也不能由此割裂二者关系，将之对立起来，甚至相互否定，特别是借中国特色社会主义理论体系来否定毛泽东思想。①

2013 年 1 月 5 日，习近平总书记在新进中央委员、候补中央委员学习贯彻十八大精神研讨班开班式上的讲话中也指出：我们党领导人民进行社会主义建设，有改革开放前和改革开放后两个历史时期，这是两个相互联系又有重大区别的时期，但本质上都是我们党领导人民进行社会主义建设的实践探索。虽然这两个历史时期在进行社会主义建设的思想指导、方针政策、实际工作上有很大差别，但两者决不是彼此割裂的，更不是根本对立的。不能用改革开放后的历史时期否定改革开放前的历史时期，也不能用改革开放前的历史时期否定改革开放后的历史时期。② 这段重要论述为我们今后进一步研究毛泽东思想与中国特色社会主义理论体系的关系、研究改革开放前的历史与改革开放后的历史二者之间的关系提供了根本遵循，指明了正确方向。

三、研究前景

经济文化比较落后的国家如何建设社会主义是世界历史性难题，中国特色社会主义理论体系为解决这个难题做出了重大贡献，成为引领当代科学社会主义发展的一面旗帜。其历史担当表现为：它是实现中华民族伟大复兴的科学指南、是中国选择和平发展道路的理论支撑、是世界社会主义运动复兴的希望之光、是发展中国家走向民族振兴的成功范例。③ 有这样历史担当的

---

① 罗平汉、周震：《中国特色社会主义理论体系与毛泽东思想的关系研究述评》，《党的文献》2013 年第 2 期。
② 《习近平谈治国理政》第一卷，外文出版社 2018 年版，第 22—23 页。
③ 陈明凡：《中国特色社会主义理论体系的历史担当》，《探索》2013 年第 3 期。

伟大理论，其重大意义和发展前景无疑成为学术界研究的重点。

1. 重大意义

关于中国特色社会主义理论体系的重大意义，学者们首先充分肯定其历史地位。如赵曜认为，中国特色社会主义理论体系的历史地位主要表现为：它是马克思主义中国化的最新理论成果。在马克思主义发展历程中始终有一条主线，它和世界革命中心、社会主义运动中心紧密地联系在一起，不断从西往东移。这里说的"中心"，不是运动指导中心，而是运动最活跃的地方。在这条主线上形成的列宁主义、毛泽东思想、中国特色社会主义理论体系，是马克思主义发展中的最重要成果，对马克思主义的发展做出了最卓越的贡献。它是社会主义建设理论的一个重大突破。

20世纪，社会主义出现了两大历史难题：一个是发达资本主义国家无产阶级夺取政权的问题。在这个世纪，无论是通过暴力革命，还是试图和平过渡，没有一个国家获得成功；另一个是经济文化落后的国家建设社会主义的问题。在这个世纪，这类国家先后发生了俄国革命、中国革命以及其他一些国家的无产阶级革命并取得胜利。这说明，在这类国家中，无产阶级夺取政权的问题获得了解决。但是，这只是文章的上篇。下篇则是这些国家在建立社会主义制度以后，怎样建设、巩固和发展社会主义。经过几十年的探索，虽然这些国家积累了一些宝贵经验，但是从总体上始终未能很好地解决。中国特色社会主义理论体系的重大意义就在于，它首次比较系统地回答了像中国这样经济文化比较落后的国家在建立社会主义制度以后，怎样建设、巩固和发展社会主义的一系列重大问题，从而在这个难题上取得了历史性突破。它是21世纪中华民族实现伟大复兴的指针。在中国特色社会主义理论体系的指引下，20世纪最后20年中国社会主义事业大发展，21世纪必将在中国特色社会主义道路上实现中华民族的伟大复兴。①

秦刚则从中国特色社会主义理论体系所具有的鲜明的实践特色、民族特

---

① 赵曜：《论中国特色社会主义理论体系》，《中国特色社会主义研究》2008年第2期。

色和时代特色出发，认为中国特色社会主义理论体系的重大意义主要表现为：一是开创了马克思主义在当代中国胜利发展的新阶段；二是为经济文化比较落后的国家坚持和发展社会主义提供了新的经验和启示；三是为马克思主义的发展增添了新特色。①

比较而言，李贵忠的总结较为全面。他认为，从实践价值上看，中国特色社会主义理论体系的重大意义在于：一是为全面推进中国特色社会主义建设事业的发展提供了科学的指导思想；二是为新世纪新阶段全面建设小康社会、发展中国特色社会主义事业指明了前进方向；三是为不断提升党的执政理念、推进党的建设新的伟大工程提供了科学指导，赋予党的执政能力建设以新的内涵。② 从理论价值上看，它第一次初步地、比较系统地回答了像中国这样经济文化比较落后的国家建立社会主义制度以后，怎样建设、巩固和发展社会主义的一系列重大问题。与此同时，深化和丰富了对共产党执政规律、社会主义建设规律、人类社会发展规律的认识。③

此外，从世界意义上看，中国特色社会主义理论体系所具有的重大意义在于：（1）对国际科学社会主义运动产生了重大影响。"我们的改革不仅在中国，而且在国际范围内也是一种试验，我们相信会成功。如果成功了，可以对世界上的社会主义事业和不发达国家的发展提供某些经验。"④（2）开创了落后国家走向现代化的新道路。（3）为世界社会主义运动奠定了新的科学理论基础。（4）为世界社会主义的振兴和发展注入生机，带来了活力。

总之，中国特色社会主义理论体系不仅凝结着近代以来180多年中华民族奋发图强的不懈努力和奋斗历程，还凝结着500多年来人类对社会主义的孜孜追寻和执着探求。它的历史意义是十分深远的。

---

① 秦刚：《中国特色社会主义理论体系的形成》，《中共贵州省委党校学报》2007年第6期。
② 参阅李贵忠等：《中国特色社会主义理论体系研究》，光明日报出版社2009年版。
③ 参阅李贵忠等：《中国特色社会主义理论体系研究》，光明日报出版社2009年版。
④ 《邓小平文选》第三卷，人民出版社1993年版，第135页。

2. 未来展望

中国共产党历来高度重视并善于理论创新。"中国特色社会主义理论体系作为马克思主义中国化的最新理论成果，是一个开放的理论体系。"[1] 党的十八大以来，学术界针对中国特色社会主义理论体系问题的研究取得了新进展。在内容方面，纵向上重在探讨习近平总书记系列重要讲话对中国特色社会主义理论体系的发展，横向上重在厘清理论体系自身的内在逻辑；在历史方面，重在梳理中国特色社会主义理论体系的发展历程并揭示其历史规律；在与现实关系方面，重在研究中国特色社会主义理论体系与改革开放、与中国特色社会主义制度和道路的关系；在比较研究方面，重在探讨中国特色社会主义理论体系与科学社会主义的关系。[2]

2017 年，中国共产党的第十九次代表大会召开。党的十九大一个最为突出、最为明确、最为系统、最具影响的重大理论创新，是提出了"习近平新时代中国特色社会主义思想"这一科学概念。

2021 年，中国迎来了中国共产党成立 100 周年。在纪念这一伟大历史事件的重要时刻，中国共产党召开了十九届六中全会。全会认真回顾党的百年征程，系统总结了百年来取得的历史性成就和历史经验，审议通过了《中共中央关于党的百年奋斗重大成就和历史经验的决议》（以下简称《决议》）。《决议》把中国共产党百年征程在理论上的创新概括为马克思主义中国化的三次飞跃。

第一次飞跃是毛泽东思想的创立。《决议》指出，毛泽东思想是马克思列宁主义在中国的创造性运用和发展，是被实践证明了的关于中国革命和建设的正确的理论原则和经验总结，是马克思主义中国化的第一次历史性飞跃。[3]

---

[1]　张雷声：《马克思主义与中国特色社会主义理论体系》，《马克思主义研究》2009 年第 2 期。

[2]　纪咏梅：《党的十八大以来中国特色社会主义理论体系研究的新进展》，《山西高等学校社会科学学报》2017 年第 9 期。

[3]　《中共中央关于党的百年奋斗重大成就和历史经验的决议》，人民出版社 2021 年版，第 13 页。

第二次飞跃是中国特色社会主义理论体系的形成。《决议》指出，开创改革开放和社会主义现代化建设新局面，必须以理论创新引领事业发展。在改革开放和社会主义现代化建设时期，中国共产党从新的实践和时代特征出发，坚持和发展马克思主义，坚持和发展中国特色社会主义，解放思想、实事求是、开拓创新，科学回答了建设中国特色社会主义等一系列基本问题，形成中国特色社会主义理论体系，实现了马克思主义中国化新的飞跃。①

第三次飞跃是习近平新时代中国特色社会主义思想的创立。《决议》指出，党的十八大以来，以习近平同志为主要代表的中国共产党人，坚持把马克思主义基本原理同中国具体实际相结合、同中华优秀传统文化相结合，坚持毛泽东思想、邓小平理论、"三个代表"重要思想、科学发展观，深刻总结并充分运用党成立以来的历史经验，从新的实际出发，对关于新时代党和国家事业发展的一系列重大理论和实践问题进行了深邃思考和科学判断，提出一系列原创性的治国理政新理念新思想新战略，创立了习近平新时代中国特色社会主义思想。习近平新时代中国特色社会主义思想是当代中国马克思主义、二十一世纪马克思主义，是中华文化和中国精神的时代精华，实现了马克思主义中国化新的飞跃。②

之所以把习近平新时代中国特色社会主义思想称为马克思主义中国化的第三次飞跃，是因为以习近平同志为主要代表的中国共产党人，坚持把马克思主义基本原理同中国具体实际相结合、同中华优秀传统文化相结合，从新的实际出发，科学回答了在新时代坚持和发展什么样的中国特色社会主义、怎样坚持和发展中国特色社会主义，建设什么样的社会主义现代化强国、怎样建设社会主义现代化强国，建设什么样的长期执政的马克思主义政党、怎样建设长期执政的马克思主义政党等重大时代课题，进一步丰富和发

---

① 《中共中央关于党的百年奋斗重大成就和历史经验的决议》，人民出版社 2021 年版，第 14—18 页。

② 《中共中央关于党的百年奋斗重大成就和历史经验的决议》，人民出版社 2021 年版，第 23—26 页。

展了中国特色社会主义，把人们对中国特色社会主义的认识推进到一个新的阶段。[①]

目前，学术界重点围绕习近平新时代中国特色社会主义思想体系形成的主要阶段、基本逻辑、原创贡献、体系建构、重大指导意义等进行深入研究。作为思想体系，已写入党的十九大报告、新修改的《党章》及新修订的《中华人民共和国宪法》等法律文献中。作为理论体系，其建构还在不断演进之中。

总之，习近平新时代中国特色社会主义思想作为当代中国马克思主义、21世纪马克思主义，是实践创新与理论创新的典范。它不仅是被实践证明了的科学理论，又是继续指导实践的强大思想武器。

（执笔人：赵宏　林梅）

---

① 张瑞、王怀超：《从百年奋斗征程中汲取智慧和力量——学习党的十九届六中全会精神体会》，《理论与现代化》2021年第6期。

分报告三：关于中国特色社会主义
"四个自信"的研究

2016 年 7 月 1 日，习近平总书记在庆祝中国共产党成立 95 周年大会上的讲话把"文化自信"与"道路自信""理论自信""制度自信"并称，可谓中国共产党第一次正式明确提出"四个自信"。党的十九大把习近平新时代中国特色社会主义思想确立为党的指导思想，"强调坚定道路自信、理论自信、制度自信、文化自信"被写入"八个明确"的"第三个明确"。党的十九届六中全会通过的《中共中央关于党的百年奋斗重大成就和历史经验的决议》，进一步总结概括了习近平新时代中国特色社会主义思想的核心内容，把"八个明确"发展为"十个明确"，其中"第一个明确"就强调了，全党必须坚定"四个自信"。可见，在中国共产党的理论话语中，在党和国家的总体事业中，"四个自信"愈发重要。

近年来，学界关于中国特色社会主义"四个自信"的研究文章数以百计地大量出现，对这些研究进行扼要梳理，有助于我们深化对"四个自信"的理性认知，更加自觉地坚定"四个自信"。大概言之，学界关于中国特色社会主义"四个自信"的研究主要集中在以下几个方面：一是"四个自信"的形成过程；二是"四个自信"的基本依据；三是"四个自信"的科学内涵；四是"四个自信"的内在逻辑；五是"四个自信"重大意义；六是"四个自信"的重要要求。

一、"四个自信"的形成过程

坚持"四个自信"是推进中国特色社会主义事业的必然要求，但"四个自信"不是既成的，而是历史生成的。"四个自信"何以形成，生成逻辑是什么，是个非常值得关注的问题。

（一）与时俱进的创新过程

王治东提出，在"四个自信"的生成中，有三个向度不可忽略，即时间、空间和主体。首先就是时间向度，即有一个历史发展过程，要符合时间逻辑。从毛泽东思想、邓小平理论、"三个代表"重要思想、科学发展观到习近平新时代中国特色社会主义思想，都根植于时代，都是对时代性的把握。只有坚持理论创新的时代性，马克思主义理论创新才具有科学性，才能产生极强的生命力和影响力，才能反映时代精神，引领社会发展。习近平总书记在党的十九大报告中指出："中国特色社会主义进入新时代，意味着近代以来久经磨难的中华民族迎来了从站起来、富起来到强起来的伟大飞跃。"这个论断蕴含着"四个自信"生成的时间逻辑。[1]

汪青松也认为，中国梦的历史逻辑是民族复兴的近代寻梦、现代筑梦、当代圆梦的接力进程。1840 年开始的民族复兴的寻梦历程，是基于深刻民族危机的由救亡图存到民族振兴的艰辛探索，也显示出爱国主义、自强不息的民族精神。1921 年以来中国共产党率领人民探索中国道路、理论、制度的现代筑梦历程，展现的是要在民族复兴文化自信基础上确立道路自信、理论自信、制度自信的过程。党的十八大以来在中国特色社会主义发展取得伟大成就的基础之上提出"四个自信"，就是要坚持中国特色社会主义道路、理论、制度、文化，实施赶超发达国家战略，实现到新中国成立一百周年时建成社会主义现代化强国的民族复兴圆梦目标。[2]

吴卫卫认为，道路自信、理论自信、制度自信和文化自信不仅是中国共产党的执政信念，更是中国人民和中华民族的一种精神、气魄和姿态。在党

---

① 王治东：《"四个自信"的逻辑生成》，《毛泽东邓小平理论研究》2019 年第 4 期。

② 汪青松：《论中国梦的历史逻辑——兼论"四个自信"与中国梦的实现》，《社会主义研究》2017 年第 3 期。

的十九大报告中，习近平总书记先后三次从历史回顾、基本战略和党的建设等不同角度强调坚持"四个自信"。以中华民族复兴为视角，以中国近现代史演变为线索，以全面深化改革为现实背景，可见"四个自信"拥有深厚的历史积淀。历史积淀来源于历史和人民的选择、对中国近代社会发展规律的认识、对中国社会发展模式的科学设计以及对优秀传统文化的传承。"四个自信"的提出，标志着中国共产党对中国特色社会主义的认识达到了一个新境界。①

荣开明认为，"四个自信"形成发展于我国改革开放新时期，但其实践基础和理论渊源却与党领导下的新民主主义革命、社会主义革命，特别是社会主义建设道路的艰辛探索及其巨大成就密不可分。可以说，中国特色社会主义"四个自信"的形成经历了一个曲折的探索历程。这个历程主要分为两个阶段：一是新中国成立后的前30年，以毛泽东同志为主要代表的中国共产党人对中国社会主义建设道路的艰辛探索；二是党的十一届三中全会以来的30年，以邓小平、江泽民、胡锦涛、习近平同志为主要代表的中国共产党人对中国特色社会主义的开创和发展。②2017年4月，习近平总书记在广西考察工作时指出：改革开放以来的七次党的全国代表大会，逐步绘就了中国特色社会主义发展蓝图，集中彰显了中国特色社会主义道路自信、理论自信、制度自信、文化自信。这表明"四个自信"的提出、形成和发展有一个与时俱进的创新过程。在改革开放时期，我们党关于"四个自信"的认识经历了从"一个自信"，到"两个自信"，到"三个自信"，到"四个自信"的形成和发展历程，这充分表明它是建立在牢固的实践基础、理论基础、制度基础、文化基础之上的，是完全符合实践创新和理论创新相互推动的规律、完全符合民心民意要求的。③

---

① 吴卫卫：《民族复兴视角下中国特色社会主义"四个自信"的多维审视》，《辽宁师范大学学报（社会科学版）》2018年第4期。

② 荣开明：《"四个自信"的形成过程及其辩证关系》，《学习论坛》2017年第11期。

③ 荣开明：《论中国特色社会主义"四个自信"的几个基本问题》，《社会科学动态》2019年第3期。

（二）"四个自信"的提出

李君如强调，"四个自信"作为一个整体提出，是在十八大后。至于这"四个自信"中的每一个"自信"，在概念上，十八大报告中都已提出。其实，只要认真读一读十八大报告，就可以发现，不仅是道路自信、理论自信、制度自信，"文化自信"也是在十八大报告中提出的。只不过在十八大报告中，"文化自信"是在"扎实推进社会主义文化强国建设"这一部分中提出的。十八大后，主要是把"文化自信"和"道路自信、理论自信、制度自信"一起提出来，使得"四个自信"成为一个整体。①

陈晋指出，习近平总书记在庆祝中国共产党成立 95 周年大会上发表重要讲话，强调"全党要坚定道路自信、理论自信、制度自信、文化自信"。之前我们一般讲"三个自信"，即道路自信、理论自信、制度自信，现在又加上一个文化自信，构成了"四个自信"，而且讲文化自信"是更基础、更广泛、更深厚的自信"。之所以强调文化自信，是因为从历史和文化的角度来审视今天，乃是我们自信的一个重要依据。中国道路是一个大概念，全方位地体现中国特色社会主义的理论与实践，中华文化则是其中的一个领域，更多的属于精神层面。因此，讲道路不能不讲文化，讲文化则不能不指向道路。对中华文化的自觉和自信，根本上有助于增强和丰富对中国道路的自觉和自信。②

罗建华认为，文化自信与"三个自信"的并列提出，既是理论逻辑结构的升华与完善，也是基于现实社会的文化发展乃至经济社会整体发展的内在诉求的考察。从"三个自信"到"四个自信"的发展轨迹，充分彰显了新一代中央领导人对社会主义道路、理论、制度与文化的科学把握与深刻思考，体现了习近平总书记对中国特色社会主义文化本质的深刻洞察、内涵的精湛

---

① 李君如：《中国特色社会主义"四个自信"专题研究》，《中国井冈山干部学院学报》2018年第 5 期。

② 陈晋：《从"三个自信"到"四个自信"》，《北京日报》2016 年 7 月 4 日。

阐述与战略意义的科学定位。①

二、"四个自信"的基本依据

确立"四个自信",要认识"四个自信"的科学根据。不理解其科学根据,就不可能真正确立"四个自信"。"四个自信"思想同人的其他正确思想一样,既不是从天上掉下来的,也不是人们头脑中固有的,而是来源于社会实践又经过社会实践反复检验才确立起来的。

(一)"四个自信"的多维根据

荣开明认为,"四个自信"有四个根据。第一,来自实践的成就。广大人民群众的社会实践,是"四个自信"的基础、动力和源泉,也是检验"四个自信"是否具有认识真理性的标准。第二,来自人民的拥护、赞成和获得感。人民是历史的创造者,是决定党和国家前途命运的根本力量。第三,来自真理的证明。真理是经过人民群众实践检验、经过人民价值评判为正确的认识。第四,来自历史的深厚底蕴。一个国家走什么道路、选择什么样的制度、什么样的治理体系,都是由这个国家的历史传承、文化传统、经济社会发展水平决定的,是渐进改变、内生演化的结果。离开历史决定的一定条件,异想天开地寻找包医百病的灵丹妙药,一厢情愿地寻找放之四海而皆准的发展模式,只会走进历史的死胡同。中国独特的文化传统,独特的历史命运,独特的基本国情,注定了中国只有走适合自己特点的中国特色社会主义发展道路。这是历史发展的规律,任何人都不能违反。②

---

① 罗建华:《从"三个自信"到"四个自信":习近平对中国特色社会主义文化的思考与定位》,《求实》2017 年第 5 期。

② 荣开明:《论中国特色社会主义"四个自信"的几个基本问题》,《社会科学动态》2019 年第 3 期。

田心铭认为，"四个自信"的理论根据是马克思主义科学理论。中国特色社会主义是科学社会主义理论逻辑和中国社会发展历史逻辑的辩证统一。中国共产党从诞生之日起，就把马克思主义确立为指导思想，把自己的全部理论和实践建立在马克思主义科学理论的基础之上。中国特色社会主义是社会主义，而不是其他什么主义。马克思主义基本原理、科学社会主义基本原则为中国特色社会主义提供了理论指导和基本遵循。完备而严整的马克思主义思想体系，是"四个自信"最深厚的世界观基础和理论根据。"四个自信"的实践根据是中国共产党领导中国人民革命、建设和改革的伟大实践和辉煌成就。中国特色社会主义是几代中国共产党人把马克思主义基本原理同中国具体实际相结合的产物。坚持把马克思主义基本原理同中国具体实际相结合的原则，是中国共产党人坚持和发展马克思主义的根本历史经验。这一原则是党的事业不断走向胜利的根本保证。按照这一原则，党历来强调马克思主义是"放之四海而皆准"的普遍真理，同时强调马克思主义不是教条而是行动的指南，它没有结束真理，而是在实践中不断开辟认识真理的道路。正是这种对待马克思主义的科学态度，使我们党创立的中国特色社会主义经受住了长期实践的检验，获得了可靠的实践根据。①

张传鹤认为，我们需要从多角度说明坚定中国特色社会主义道路自信、理论自信、制度自信和文化自信的学理依据，以增强广大干部群众的"四个自信"和对西方和平演变图谋的免疫力。大概有以下七个方面：马克思主义揭示的人类社会发展的客观规律给了我们深厚的道路自信；中国特色社会主义理论的科学性、真理性、先进性品质给了我们理论自信；中国特色社会主义制度的独特优势及其强大的自我完善能力给了我们制度自信；中国特色社会主义文化的独特魅力给了我们文化自信；新中国成立以来，特别是改革开放以来取得的巨大成就不断夯实我们自信的现实基础；国际观察和比较让我们在对比中更加自信；正确看待现实存在的问题，是我们保持自信的又一重

---

① 田心铭：《论"四个自信"》，《学习论坛》2017年第9期。

要原因。①

魏宪朝、李东方认为，中国特色社会主义进入新时代，中国共产党的高度自信和战略定力多维度、全方位地呈现出来。"道路自信"源于三次"伟大飞跃"；"理论自信"源于实践检验；"制度自信"源于比较优势；"文化自信"源于古植于今。"四个自信"相互关联、密不可分，不断推动着中国化的马克思主义在21世纪展现出更强大、更具说服力的真理力量。②

（二）"四个自信"的基本依据

洪向华提出，我们为什么能坚定"四个自信"？坚定"四个自信"的依据是什么？党的十九届四中全会集中阐述了我国国家制度和国家治理体系在改革开放以来长期的实践活动中所形成的十三个显著优势，这些显著优势就是我们坚定中国特色社会主义道路自信、理论自信、制度自信、文化自信的基本依据。新时代条件下，我们应进一步巩固和扩大我国国家制度和国家治理体系的显著优势，坚持和完善有利于坚定道路自信、理论自信、制度自信、文化自信的相关制度，以夯实坚定"四个自信"的制度基础。③

颜晓峰指出，坚持和完善中国特色社会主义制度，推进国家治理体系和治理能力现代化，是坚定道路自信、理论自信、制度自信、文化自信的基础建设。我国国家制度和治理体系的显著优势，是坚定"四个自信"的基本依据。多方面的显著优势是系统优势、历史优势、实践优势、中国优势、政党优势。要在弘扬中国特色社会主义制度和国家治理体系优势的实践中不断增强"四个自信"。④

刘刚认为，国家制度和国家治理体系的显著优势体现在其先进性、科学

---

① 张传鹤：《论坚定"四个自信"的学理渊源及发展脉络》，《山东社会科学》2018年第11期。
② 魏宪朝、李东方：《新时代中国共产党"四个自信"的多维探源》，《当代世界与社会主义》2018年第1期。
③ 洪向华、张杨：《坚定"四个自信"的基本依据：我国国家制度和国家治理体系的显著优势》，《治理现代化研究》2020年第4期。
④ 颜晓峰：《"中国之治"与坚定"四个自信"》，《思想理论教育》2020年第1期。

性及人民性。国家制度和国家治理体系的先进性是一种基于比较视野的科学判断，增强了"四个自信"的实践底气；国家制度和国家治理体系的科学性彰显于合规律性、合目的性及不断完善性，筑牢了"四个自信"的理论根基；国家制度和国家治理体系的人民性体现在紧紧依靠人民、始终为了人民及由人民来评判上，厚植了"四个自信"的群众基础。国家制度和国家治理体系的显著优势，使"四个自信"的生成成为可能，并为坚定"四个自信"提供了重要的依据和支持。"四个自信"生成的逻辑前提就在于中国特色社会主义道路、理论、制度、文化具有无比的优越性，也就是说国家制度和国家治理体系要具有一定的显著优势。无疑，显著优势是"自信"的最好依据，也是使"四个自信"最终成为可能并为人民牢牢坚持的基本依据。党的十九届四中全会将我国国家制度和国家治理体系显著优势视为坚定"四个自信"的基本依据，不仅完善了"四个自信"的理论逻辑，而且夯实了"四个自信"的底气，并从此将"四个自信"建构在科学的理论依据之上。①

齐放、刘镛琳也认为，坚持和完善中国特色社会主义制度，有效保障经济社会长期稳定高速发展，这是社会主义制度优势的集中体现与内在要求。发挥中国特色社会主义制度的显著优势，并转化为治理效能，这是中国制度优势的基本要求，也是坚定"四个自信"的基本依据。加深对中国国家制度的显著优势的理解，要在弘扬中国特色社会主义制度优势的实践中不断增强"四个自信"。②

三、"四个自信"的科学内涵

我们对中国特色社会主义的自信，是科学的自信。"四个自信"，不是没

---

① 刘刚：《国家制度和国家治理体系的显著优势：坚定"四个自信"的基本依据》，《理论研究》2021 年第 6 期。

② 齐放、刘镛琳：《论"四个自信"的基本依据：中国特色社会主义制度体系优势解析》，《南方论刊》2021 年第 2 期。

有科学内涵的空洞口号，不是没有科学根据的盲目自信，而是具有丰富内涵和充分依据的科学的自信。

（一）"四个自信"的基本内涵

荣开明认为，从科学内涵看，"四个自信"的内涵、地位、作用、功能各有区分，明显不同。中国特色社会主义道路是实现路径，解决的是实现社会主义现代化、创造人民美好生活的道路问题。中国特色社会主义理论是行动指南，解决的是以什么样的理论作指导思想，武装全党、教育人民，指导党和人民实现中华民族伟大复兴的问题。中国特色社会主义制度是当代中国发展进步的根本保障，解决的是用什么样的制度坚持和发展中国特色社会主义的问题。中国特色社会主义制度体现在经济、政治、文化、社会、生态文明各个方面。中国特色社会主义文化积淀着中华民族最深层的文化传统，代表着中华民族独特的精神追求，解决的是激励全党全国各族人民奋勇前进的强大精神动力问题。[①]

袁睿认为，"中国特色社会主义道路自信"是指对于道路自觉和道路创新的自信，指坚持中国特色社会主义前进方向不动摇并最终实现发展目标的自信心。正确性是中国特色社会主义道路的根本特征，是坚定道路自信的动力之源。自觉坚持科学道路，就要坚决反对走上"老路"与"邪路"。"中国特色社会主义理论自信"是指包括中国共产党人、全体致力于实现中华民族伟大复兴和国家崛起的"中国梦"的社会成员在批判形形色色的错误思潮中，对构建于马克思列宁主义和毛泽东思想基础上的包括邓小平理论、"三个代表"重要思想、科学发展观、习近平新时代中国特色社会主义思想的充分信任与坚定信心。"中国特色社会主义制度自信"是指中国共产党和广大人民群众在对什么是社会主义、怎样建设社会主义的根本问题有了清晰认识

---

① 荣开明：《论中国特色社会主义"四个自信"的几个基本问题》，《社会科学动态》2019 年第 3 期。

的基础上，对于中国特色的社会主义经济制度、政治制度、文化制度、社会制度等制度规定的发展和完善充满信心。中国特色社会主义制度是当代中国发展进步的根本保障，制度自信集中体现为对其科学性和优越性的肯定与信心上。"中国特色社会主义文化自信"是指中国共产党和广大人民群众对源远流长的中华优秀传统文化的传承和弘扬，对社会主义革命文化价值和先进文化价值的充分肯定和积极践行，是对中国特色社会主义文化生命力的坚定信心和执着信念。文化自信是中华民族自信心和自豪感的源泉，是激发中国社会不断开拓进取的强大精神动力。①

（二）"四个自信"的主体

田心铭认为，习近平总书记阐明了"四个自信"的主体。习近平总书记指出："全党要坚定道路自信、理论自信、制度自信、文化自信。当今世界，要说哪个政党、哪个国家、哪个民族能够自信的话，那中国共产党、中华人民共和国、中华民族是最有理由自信的。"② 这就明确告诉我们，"四个自信"的主体是中国共产党、中华人民共和国、中华民族。认识和评价的主体，都是社会群体与个人的统一。作为主体的社会群体，是由每一个现实的个人构成的。党中央提出"四个自信"，就是要求每一个共产党员并倡导中华民族的每一个成员，坚持并不断增强对中国特色社会主义的信念。③

韩刚认为，从主体角度讲，"四个自信"是民族的自信、政党的自信、国家的自信、人民的自信。文化自信本质上是民族自信，其最大的时代价值在于重振中华民族的自信；道路自信和理论自信发轫于党的道路探索和理论创新，自信是党的突出思想和精神优势；新中国成立以来的建设与发展是制度自信的实践来源，国家自信是建构中国大国形象的重要条件；"四个自信"最终必须落实到当代中国人民的自信上，树立和坚定人民自信是党的战略

① 袁睿：《"四个自信"的辩证关系探析》，《中国井冈山干部学院学报》2018 年第 5 期。

② 《习近平谈治国理政》第二卷，外文出版社 2017 年版，第 36 页。

③ 田心铭：《论"四个自信"》，《学习论坛》2017 年第 9 期。

任务。①

（三）"四个自信"的精神实质

田心铭强调，"四个自信"思想的第一个关键词是没有显露在字面上的"中国特色社会主义"。党中央提出坚定"四个自信"，其精神实质是坚定对中国特色社会主义的信念。学习、领会"四个自信"，首先必须抓住这个精神实质。②

段艳兰认为，坚持走具有中国特色的社会主义道路，坚定"四个自信"，是中国特色社会主义伟大事业不断向前推进的动力。坚定"四个自信"，实质是对全党、全国各族人民精神状态的一种政治要求和精神总动员。③

四、"四个自信"的内在逻辑

"四个自信"源于中国共产党团结带领全国各族人民对中国特色社会主义事业的探索和发展，"四个自信"共同构成一个具有内在特定结构和功能的有机整体，构建起了对中国特色社会主义的自信。考察"四个自信"之间的辩证关系与内在逻辑，无疑是一个重要问题。

（一）"四个自信"的辩证统一

刘仓认为，道路自信、理论自信、制度自信、文化自信，是指对中国道路、理论、制度、文化的坚守、肯定和未来的信心。"四个自信"关系，以"道路、理论、制度、文化"的关系为本体，是中国社会历史发展的可然、应然、必然的辩证统一。道路是实践载体和社会形态，理论是核心要义和行动指南，制度是政治保障和建筑框架，文化是思想基础和精神支柱。把成功

---

① 韩刚：《"四个自信"的主体分析》，《中国井冈山干部学院学报》2018 年第 5 期。
② 田心铭：《论"四个自信"》，《学习论坛》2017 年第 9 期。
③ 段艳兰：《坚定"四个自信"的深刻意蕴》，《人民论坛》2017 年第 30 期。

的实践经验提升为理论，以正确的理论指导实践；把实践中行之有效的方针政策规范为党和国家制度；把完善道路、理论和制度过程中的价值理念，凝结为文化；以核心价值观和发展理念引领道路、理论和制度。实现途径、行动指南、根本保障、价值理念四者相互联系、相互制约，相互依存、相互促进，相互印证、相得益彰，共同体现中国社会形态的性质，统一于中国特色社会主义建设的伟大实践。如果把"四个自信"比喻为机体，那么道路自信是躯体，理论自信是大脑和神经系统，制度自信是骨骼，文化自信是血脉。"四个自信"是对中国历史成就的科学总结，是对中国道路、中国理论、中国制度、中国文化的高度肯定，是不忘初心、继续前行的郑重宣言。"四个自信"的完整提出，形成了中国社会形态自信的基本格局，包含对整个社会大厦的蓝图构想、建筑工程、物质材料、设计理念等方面的自信。伴随"两个一百年"奋斗目标进程，中华民族将增强经济、政治、文化、社会、生态、军事等各方面的自信，集中于对伟大政党、伟大民族、伟大国家和伟大人民的自信。[1]

赵丽华、陈媛认为，考察"四个自信"之间的辩证关系，不应只是围绕"四个自信"的概念来考察，也不应将"四个自信"的关系混淆于中国特色社会主义的道路、理论、制度、文化之间的联系。应当从中国特色社会主义的实践出发，从"四个自信"同中国特色社会主义实践之间的关系出发，揭示"四个自信"之间在实质上和功能上的相互关系。"四个自信"在实质上具有内在的统一性，它们都是中国共产党人和中国人民对于中国共产党治国理政的能力的自信，对于"两个一百年"的奋斗目标和中华民族伟大复兴一定能够实现的目标自信。"四个自信"作为中国特色社会主义实践的产物，分别来源于中国特色社会主义的不同方面，且差异明显。道路自信来源于中国特色社会主义路线的唯一性，来自于我们在中国特色社会主义道路上所取得的种种成就。理论自信来源于中国特色社会主义理论的正确性，来自于中

---

① 刘仓：《论"四个自信"的内在逻辑》，《兰州学刊》2018 年第 5 期。

国特色社会主义理论体系的逐步成熟。制度自信来源于中国特色社会主义制度的优越性，来自于中国特色社会主义制度所带来的成就。文化自信来源于中国特色社会主义文化的先进性和深厚的底蕴，来自于中国特色社会主义文化发展的成就。因此，"四个自信"在功能上既有互补性，又有差异性和不可替代性。道路自信的主要功能在于提升对中国特色社会主义道路的高度认同，提高走中国特色社会主义道路的坚决性，避免步入传统计划经济老路。理论自信的主要功能在于提升对中国特色社会主义理论体系的高度认可，提高以中国特色社会主义理论为行动指南的自觉性。制度自信的主要功能在于提升对中国特色社会主义制度的高度认同，提高健全中国特色社会主义制度的自觉性。文化自信的主要功能在于提升对中国特色社会主义文化的高度认同，提高大力发展中国特色社会主义文化的自觉性。[1]

袁睿认为，虽然"四个自信"各有侧重，道路自信是保证、理论自信是基础、制度自信是关键、文化自信是根本，但"四个自信"在内容上是内在统一的，具有相同的指导思想和方法论基础，并且相互依存、相互促进，形成了紧密联系的严整逻辑。树立和坚定"四个自信"，客观上要求我们应着力于始终立足实践、维护好人民群众的根本利益、继承和弘扬中华民族的优良传统以及具备国际化视野和锐意创新的时代精神。[2]

周忠华、黄芳认为，中国特色社会主义"四个自信"话语体系的"总体性"体现在三个方面：一是"四位一体"构成要素的总体性，二是不自卑、不自负、不片面的自信程度上的总体性，三是"主题"与"主体"双向互动中的总体性。立足于对中国特色社会主义自信话语体系"总体性"的判断，可以看到道路自信、理论自信、制度自信、文化自信之间不是简单的辩证关系，而是一幅纷繁复杂的图景：从中国特色社会主义表现形态来讲，"四个自信"之间是一种并行并列关系；从中国共产党带领人民群众建设中国特色社会主

① 赵丽华、陈媛：《"四个自信"之间辩证关系的深层思考》，《山西高等学校社会科学学报》2017 年第 12 期。

② 袁睿：《"四个自信"的辩证关系探析》，《中国井冈山干部学院学报》2018 年第 5 期。

义的实践来讲，"四个自信"之间是一种主从复合关系；从中国共产党和中国人民对"四个自信"的认识过程来讲，它们之间是一种渐次递进关系。①

荣开明认为，从相互关系看，"四个自信"之间相互依存、相互联系、相互贯通、相互转化，构成一个内在统一的逻辑整体。道路是实现路径。理论是行动指南。制度是根本保障。文化是灵魂、软实力。四者之间的这种统一性，从实践上讲，表现为四者统一于中国特色社会主义的伟大实践之中，有着多方面的共同性、契合点。其一，四者有着共同的哲学基础，都坚持运用马克思主义的立场、观点、方法分析和解决问题，都是马克思主义基本原理与中国实际相结合的产物，都具有与时俱进的品格。其二，四者有着共同的总任务、奋斗目标和发展理念与建设布局，都以实现社会主义现代化和中华民族伟大复兴为总任务和奋斗目标，都贯彻执行创新、协调、绿色、共享、开放五大发展新理念，协调推进国家建设总体布局和发展战略。其三，四者有着共同的本质属性、立足点、落脚处，都坚持以人民为中心，以中国特色社会主义进入新时代为历史方位，以实现伟大梦想、进行伟大斗争、建设伟大工程、推进伟大事业为历史使命，都依据国情、世情、党情去制定发展战略、路线和方针，充分调动广大人民发展社会主义的主动性、积极性、创造性，实现新的历史条件下的伟大觉醒，孕育出从实践到理论上的伟大创新。②

陈忠宁、夏晋祥认为，"四个自信"之间的关系受制于理论、道路、制度和文化之间的关系。文化、道路、制度、理论之间存在着递进式的逻辑关系，前者决定后者，后者反作用于前者，由此，文化自信、道路自信、制度自信、理论自信之间呈现出一种递进式的包含关系，没有前者，就不会有后者。"四个自信"既源自实践，是对过往伟大实践成就肯定的结果，又着眼

---

① 周忠华、黄芳：《论中国特色社会主义自信话语体系的"总体性"——兼论"四个自信"的逻辑关系》，《武汉理工大学学报（社会科学版）》2019 年第 1 期。

② 荣开明：《论中国特色社会主义"四个自信"的几个基本问题》，《社会科学动态》2019 年第 3 期。

于未来中国社会发展进步的需要，必将有力推进中华民族伟大复兴的历史进程。在现实生活中，"四个自信"不是一成不变的，其发展进步的方向应该是不断从外在自信上升到内在自信。[①]

王钰鑫认为，进一步揭示"四个自信"的逻辑意蕴，是新时代坚持和发展中国特色社会主义的理论任务。从理论逻辑来看，要在科学真理中揭示"四个自信"的思想基础；从历史逻辑来看，要在时间延展中挖掘"四个自信"的深厚底蕴；从实践逻辑来看，要在比较分析中认识"四个自信"的现实基础；从内在逻辑来看，要在辩证关系中揭示"四个自信"的相互关联；从建构逻辑来看，要在宣传教育中夯实"四个自信"的提升基础。[②]

（二）"文化自信"的特殊地位

李君如认为，提出"三个自信"，强调的是要坚定中国特色社会主义的理想信念；加上"文化自信"，是为了进一步坚定中国特色社会主义的理想信念。因为，文化自信是更基础、更广泛、更深厚的自信，是更基本、更深沉、更持久的力量。[③]

冯鹏志认为，"四个自信"重要论述创造性地拓展了党的十八大提出的中国特色社会主义"三个自信"的谱系，凸显了中国特色社会主义的文化根基、文化本质和文化理想，标志着我们党对中国特色社会主义有了更加明确而开阔的文化建构。其一，"四个自信"重要论述，从历史创造的厚度上彰显了中国特色社会主义的文化依据。其二，"四个自信"重要论述，从意义诠释的深度上阐明了中国特色社会主义的文化本质。其三，"四个自信"重要论述，从理想建构的高度上展现了中国特色社会主义的文化魅力。"四个

---

① 陈忠宁、夏晋祥：《四个自信的本质及其内在关系辨析》，《江西师范大学学报（哲学社会科学版）》2021 年第 2 期。

② 王钰鑫：《中国特色社会主义"四个自信"逻辑意蕴》，《广西社会科学》2017 年第 11 期。

③ 李君如：《中国特色社会主义"四个自信"专题研究》，《中国井冈山干部学院学报》2018 年第 5 期。

自信"把文化自信确立为中国特色社会主义的本质维度和更基础、更广泛、更深厚的力量源泉，实际上也就从理想建构的高度上展现了中国特色社会主义永恒的文化魅力。①

颜晓峰认为，在"四个自信"中，文化自信是更基础、更广泛、更深厚的自信，文化是激励全党全国各族人民奋勇前进的强大精神力量。中国特色社会主义文化与道路、理论体系、制度一道，托起中国特色社会主义宏伟大厦，使中国特色社会主义基本结构更加坚固。②

荣开明指出，从文化自信和"三个自信"的关系看，文化自信的地位和作用尤其特殊。文化自信和道路、理论、制度"三个自信"，是建立在同一社会经济基础之上的上层建筑中的两个不同范畴，都服从并服务于该社会的经济基础。但由于道路、理论、制度自信三者属于政治范畴，文化自信属于意识形态的精神范畴，其地位、作用和发挥作用的范围、条件有较大的不同。道路是实现路径、理论是行动指南（也是文化的核心）、制度是根本保障，其具体指向、适用范围、应用条件都有较为严格的限定。而文化作为国家、民族和个人的灵魂和精神支撑，规定了"三个自信"的精神品质与价值取向。因而文化自信在"四个自信"中的地位和作用尤其特殊。这一特殊的地位和作用，归结起来就是习近平总书记所说的："文化自信，是更基础、更广泛、更深厚的自信。是更基本、更深沉、更持久的力量。"抓住了这句话，就等于把握了文化自信独特地位和作用的本质，也就更容易理解文化自信的意义。③

张君认为，中国道路、中国理论和中国制度根植于中国文化之中，文化自信是更基础、更广泛、更深厚的自信。文化自信为中国道路的开辟、探索

---

① 冯鹏志：《从"三个自信"到"四个自信"——论习近平总书记对中国特色社会主义的文化建构》，《学习时报》2016 年 7 月 7 日。

② 颜晓峰：《从"四个自信"看中国特色社会主义文化》，《前线》2018 年第 5 期。

③ 荣开明：《论中国特色社会主义"四个自信"的几个基本问题》，《社会科学动态》2019 年第 3 期。

和持续前进提供了精神内核；理论随时代的前进而前进，不断汲取中国文化的精髓，不断在谋求中华民族的解放和富强的过程中发展；注重从历史文化和革命传统中获取制度智慧和学习对象，中华民族文化自信精神成为中国制度自信的根源。重视文化安全，为道路自信、理论自信和制度自信提供了安全屏障。[①]

（三）"四个自信"的文明逻辑

李振认为，"四个自信"不是宽泛的称谓，其限定词是"中国特色社会主义"，其内容涵盖"理论和实践"相互贯穿、彼此互动的中国特色社会主义社会文明运动的四个重要方面。应该通过"文明逻辑"这个更具"统合性"的范畴，充分挖掘"四个自信"的内在逻辑统一关系，力图澄清中国特色社会主义"文明运动"的最终指向。针对中国这样一个走向"新时代"、塑造"新时代"、引领"新时代"的大国而言，"四个自信"是我们维护国家独立和民族尊严自觉行动的根本要求。其最重要的内容体现为坚持中国特色社会主义的文明逻辑指向，以"中国实践""中国成就"显示社会主义的优越性，实现中华民族伟大复兴的历史任务，最终促进全人类的解放。该逻辑运行的内在机理，归根结底就是"中国特色＋社会主义＋文明"。中国作为"特别意义"的大国，理应为"人类文明"做出更大的贡献，这也是中国选择"社会主义"而不是"资本主义"的一个内在根据。显然，"社会主义文明"是一个超越资本主义"文明类型"的、更具世界性和普遍性的术语。在欧美"文明发展"模式受到广泛质疑的今天，致力于提一种更具"文明性"或"超越欧美文明"的"文明自信"，无疑具有强大的理论生命力和现实力量。"四个自信"内在的本体依据，就在于其体现了社会主义文明发展的"大道"，反映出面对日趋不确定、多元化的世界格局的"中国立场""中国态度""中国信念"。这

[①] 张君：《论文化自信在四个自信中的地位和作用》，《山西师大学报（社会科学版）》2019年第6期。

是我们选择坚持"文明逻辑"统合"四个自信"的内在根据。从其实践内容、理论形式及其逻辑特征而言，中国特色社会主义"四个自信"本身并非"一般性"的"理论抽象"，更非"狭隘性"的"民族主义实践"，而是有着确切的"所指"，有着鲜明的文明属性和性质判断。当代西方文明发展已经造成资本与社会、资本与自然、资本与人自身之间的巨大对抗，其所谓的"文明合法性"已经越发显示出其历史范围和时代局限，绝非永恒、绝对和普遍之物。只有当全球社会普遍意识到现代西方文明本身所具有的意义局限、"财富局限"时，基于资本神话的"文明合法性"才可能有所消减、退缩。中国特色社会主义"四个自信"背后涵盖着鲜明的"文明内涵"，又是中国特色社会主义文明运行的具体实现领域和展开方式，通过对"四个自信"文明逻辑的探查，可以揭示出"中国特色社会主义理论和实践"的"时代使命"和"历史担当"。或许只有在充分意识到中国特色文明发展的"时代逻辑"和"历史逻辑"的基础上，才可能在理性认知及其实践诉求上深化"四个自信"的逻辑深度、广度，并做出契合"新时代"价值和人类未来发展方向的"综合判断"。①

张三元认为，"四个自信"是一个整体，其实质是中国特色社会主义文明自信，具有强烈而鲜明的理论逻辑、实践逻辑、文明逻辑和价值逻辑。只有把"四个自信"置于中国特色社会主义文明自信的总体性视域中，才能正确把握"四个自信"的逻辑理路及其核心要义。"四个自信"是建立在科学根据基础之上的实践自觉，其真谛与要义在于推动和引领当代中国实践，开辟中国式现代化新道路，创造人类文明新形态。中国特色社会主义是人类文明新形态，属于社会主义文明的范畴，以人民至上为价值坐标，坚持以人民为中心的发展，实现了人本逻辑对资本逻辑的超越。在严格的意义上，"四个自信"就是中国人民对自己的自信：中国道路是中国人民自己走出来的，中国理论是中国人民实践的理论总结，中国制度是用来保障人民当家作主

---

① 李振：《论"四个自信"的"文明逻辑"》，《同济大学学报（社会科学版）》2017年第6期。

的，中国文化是中国人民的精神家园。①

五、"四个自信"的重大意义

对中国特色社会主义道路、理论体系、制度和文化的自信，就是对社会主义和共产主义的信念在道路、理论体系、制度和文化四个方面的展开，也是中国共产党人对马克思主义的信仰在现阶段的集中体现。在这个意义上可以说，"四个自信"是我们的精神支柱。

（一）为民族复兴提供精神动力

全燕黎认为，习近平总书记在中国共产党建党 95 周年的讲话中明确提出"坚持不忘初心、继续前进"，就要坚持中国特色社会主义道路自信、理论自信、制度自信、文化自信。这四个自信是我们摆脱徘徊游移、奋力向前的精神基础和思想前提，是推动我们开创美好未来、实现中华民族伟大复兴的深刻而持久的力量。②

周竞风认为，"四个自信"体现了党治国理政的新理念，面对当前新的发展机遇，要坚守"四个自信"，为早日实现中国梦注入强大精神动力。要在明确"四个自信"与中国梦提出的时代背景的基础上，深入了解"四个自信"的丰富内涵及关系，探索"四个自信"对中国梦的重要意义。③

田心铭指出，马克思主义阐明了走向共产主义是人类社会发展的必然趋势，又指出社会主义是共产主义的第一阶段，所以对马克思主义的信仰、对社会主义和共产主义的信念本质上是同一个东西，是不可分的。这就是我们党的理想信念。中国特色社会主义道路是中国共产党人开辟的在中国建设社会主义并通往共产主义的道路，中国特色社会主义理论体系是我们党回

---

① 张三元：《"四个自信"与人类文明新形态的四重逻辑》，《理论探讨》2022 年第 2 期。
② 全燕黎：《论"四个自信"与中华民族伟大复兴》，《西安政治学院学报》2016 年第 4 期。
③ 周竞风：《"四个自信"为中国梦注入强大动力》，《人民论坛》2017 年第 31 期。

答"什么是社会主义、怎样建设社会主义"的科学理论体系，中国特色社会主义制度是我们从中国国情出发建立的社会主义制度，中国特色社会主义文化是我们建设社会主义、实现共产主义的精神力量。因此，只有坚定"四个自信"，才能用理想信念筑牢我们的精神支柱。只有用"四个自信"筑牢精神支柱，才能坚持独立自主，走自己的路。只有用"四个自信"筑牢精神支柱，才能在意识形态斗争中保持清醒头脑，坚持正确方向。"四个自信"的作用，是精神对物质、理论对实践的反作用。"四个自信"是一种思想，也是一种精神。它来自实践，又反作用于实践，推动实践发展。中国的发展成就是中国人民用自己的双手创造的。中国人民确立了对自己的道路、理论体系、制度和文化的坚定信念，将其汇聚成一股强大的精神力量，又转化为物质力量，把建设中国特色社会主义的伟大事业推向前进，实现中华民族的伟大复兴。①

常锐认为，实现中华民族伟大复兴，是近代以来中华民族最伟大的梦想。在中国共产党领导下，中国人民开辟了中国特色社会主义道路，创立了毛泽东思想，形成了中国特色社会主义理论体系，建立和完善了中国特色社会主义制度，建设和丰富了中国特色社会主义文化。坚定道路自信，强调中国特色社会主义道路是实现中国梦的必由之路；坚定理论自信，强调中国特色社会主义理论体系是实现中国梦的正确理论指引；坚定制度自信，强调中国特色社会主义制度是实现中国梦的根本制度保障；坚定文化自信，强调中国特色社会主义文化是实现中国梦的强大精神力量。只有坚定四个自信，才能够获得正确的行动指南和坚实保障，实现建国一百周年时建成社会主义现代化国家的中华民族伟大复兴圆梦目标。②

荣开明也认为，"四个自信"重振了近代鸦片战争以来中华民族一度失去的自信和自豪，坚定了矢志不移实现中华民族伟大复兴的理想信念。同

---

① 田心铭：《论"四个自信"》，《学习论坛》2017 年第 9 期。

② 常锐：《坚定四个自信是实现中国梦的行动指南和坚实保障》，《学术交流》2018 年第 6 期。

时，"四个自信"也是对传统社会主义"理论、运动、制度"三统一观念和模式的重大突破和原始创新。"四个自信"为中国化马克思主义发展、21世纪马克思主义的开创，提供了广阔的视野和空间。"四个自信"指明了新时代满足人民日益增长的美好生活需要，全面发展社会主义的实践方向。"四个自信"是应对意识形态领域激烈斗争、保证国家安全的必然要求。①

（二）开辟马克思主义新境界

蔡常青认为，把"文化自信"与中国特色社会主义道路自信、理论自信、制度自信并列，并对文化自信的基本构成、重要地位和重大价值做出精辟论断，是重大的理论创新。"四个自信"并列提出，是对科学社会主义基本观点的创新发展，为开辟21世纪马克思主义、发展中国化的马克思主义打开了广阔的空间，将对推进马克思主义时代化、中国化、大众化、提升中国文化软实力产生深远影响。②

季正聚指出，改革开放以来我国社会主义现代化建设取得了令人瞩目的成绩和进步，这一切归功于我们成功地开辟了中国特色社会主义道路、形成了中国特色社会主义理论体系、确立了中国特色社会主义制度、发展了中国特色社会主义文化。中国特色社会主义道路是改革开放的实现途径，中国特色社会主义理论体系是改革开放的行动指南，中国特色社会主义制度是改革开放的根本保障，中国特色社会主义文化是改革开放的精神力量，以上四点也是观察中国改革开放取得成绩和进步的四个维度。③

赵冻生认为，国家治理现代化的正确方向在于坚持中国特色社会主义制度、坚定不移走中国特色社会主义道路。道路自信、理论自信、制度自信、

---

① 荣开明：《论中国特色社会主义"四个自信"的几个基本问题》，《社会科学动态》2019年第3期。

② 蔡常青：《中国特色社会主义"四个自信"并列提出的重大价值》，《红旗文稿》2016年第18期。

③ 季正聚、朱宗友：《从"四个自信"维度观察中国改革开放取得成绩和进步的根本原因》，《马克思主义与现实》2018年第5期。

文化自信分别从不同角度、不同层面为国家治理现代化提供不可或缺的思想保障和行动指导。坚定"四个自信"与全面深化改革是辩证统一的关系，在坚定"四个自信"的同时，实现坚决将改革进行到底和坚持改革正确方向的有机统一。①

董振华认为，在当代中国树立"四个自信"，坚持和发展中国特色社会主义，不断把中国特色社会主义事业推向前进具有十分重大的政治意义、历史意义和世界意义。"四个自信"的政治意义在于，中国特色社会主义是当代中国发展进步的根本方向。"四个自信"的历史意义在于，中国特色社会主义具有深厚的历史渊源和广泛的现实基础。"四个自信"的世界意义在于，中国特色社会主义为解决人类问题提供了中国方案。②

六、"四个自信"的重要要求

坚定道路自信、理论自信、制度自信和文化自信是改革开放 40 多年来的一条重要经验，是建设具有强大凝聚力和引领力的社会主义意识形态的关键。

（一）自觉抵制历史虚无主义

罗建华认为，中华传统文化的丰富性以及因这种文化自身所具有的包容性使异域优秀文明成果积极涌入，是当今中国文化自信的多重保障机制。但是，在新的历史时期，中国文化面临着多重的挑战与危机，其中最为突出的是历史虚无主义借助网络信息技术以全新的方式出场并对中国历史与文化加以否定与虚化。应该深入历史虚无主义的理论内在机理和理论形式背后的政治诉求，对其本质加以揭露并从根本上解构它，以构筑文化自信的

---

① 赵卯生：《"四个自信"开辟"中国之治"新境界》，《人民论坛》2019 年第 31 期。
② 董振华：《树立"四个自信"的重大意义》，《中国党政干部论坛》2017 年第 9 期。

理论基石与政治共识。从"三个自信"到"四个自信"的发展，充分彰显了我们党对社会主义道路、理论、制度与文化的科学把握与深刻思考，体现了习近平总书记对中国特色社会主义文化本质的深刻洞察、内涵的精湛阐述与战略意义的科学定位。①

曲洪波、刘嘉宝认为，历史虚无主义思潮对社会主义道路、理论、制度、文化自信产生了不可忽视的影响。历史虚无主义对意识形态安全构成了严重的威胁，它颠覆了主流历史观认识，对人们正确的历史观和价值观构成了严重冲击，导致了不良社会思潮的泛滥。遏制历史虚无主义思潮的传播，要加强思想文化建设，坚持社会主义核心价值观引导思想，促进先进文艺作品的创作，始终坚持"四个自信"是抵制历史虚无主义的最有效方法。②

杨红柳、钟明华认为，历史虚无主义者企图全方位挑战中国特色社会主义"四个自信"：倡导西化模式，攻击道路自信；高举改良旗号，打击理论自信；切割历史发展，动摇制度自信；宣扬极端个人主义，抹杀文化自信。随着新时代中国特色社会主义"四个自信"深入人心，道路自信已成为解构历史虚无主义的历史依据，理论自信发展为破解历史虚无主义的思想指南，制度自信竖立为瓦解历史虚无主义的根本保障，文化自信生成为消解历史虚无主义的内生动力。③

胡钰、熊雅妮认为，历史虚无主义以"理性思考""重新评价"为名，在某种程度上否定中国特色社会主义道路的必然性、中国特色社会主义理论体系的科学性、中国特色社会主义制度的优越性、中国特色社会主义文化的先进性，解构当代大学生的"四个自信"。落实大学生"四个自信"教育，必须加强对历史虚无主义的研究，进一步分析消除其负面影响的对策，

① 罗建华：《从"三个自信"到"四个自信"：习近平对中国特色社会主义文化的思考与定位》，《求实》2017年第5期。
② 曲洪波、刘嘉宝：《坚持"四个自信"抵制历史虚无主义思潮问题探索》，《辽东学院学报（社会科学版）》2017年第4期。
③ 杨红柳、钟明华：《"四个自信"视阈下历史虚无主义思潮批判》，《思想理论教育导刊》2018年第5期。

形成全方位、多角度抵御历史虚无主义的强大合力，使大学生坚定"四个自信"。①

曲青山指出，党的十八大以来，习近平总书记站在战略和全局的高度，多次引述分析党的历史，反复强调要坚定中国特色社会主义道路自信、理论自信、制度自信、文化自信。"四个自信"源自我们党团结带领人民进行革命、建设、改革的历史实践，坚定"四个自信"就是要坚持和发挥我们党在长期奋斗中形成的独特优势，通过学习用好党的历史为进一步坚定"四个自信"提供史鉴支撑和精神动力。②

陶文昭强调，社会主义发展史是"四史"学习教育的重要内容。要从社会主义源远流长的历史中、博大精深的理论中、波澜壮阔的实践中，涵养情操、汲取经验、把握规律，增强"四个自信"。③

（二）破除"普世价值"误区

张国伟认为，从理论的提出到现实的表现已然证明，"普世价值"在理论和实践方面存在双重误区。在"四个自信"的实践中，"普世价值"的理论误区和实践困局已经清晰显露。要坚持道路自信，用社会主义现代化建设的实践检验"普世价值"的真伪；坚持理论自信，以马克思主义的观点和方法理性地批判"普世价值"；坚持制度自信，在完善政治制度的实践中超越"普世价值"；坚持文化自信，贡献中国智慧和方案，终结"普世价值"。④

董正敏认为，西方倡导的"普世价值"企图全面挑战中国特色社会主义"四个自信"，但随着西方"普世价值"的悖论不断暴露出来，中国特色社会

---

① 胡钰、熊雅妮：《历史虚无主义批判与当代大学生"四个自信"教育》，《社会主义核心价值观研究》2019 年第 3 期。

② 曲青山：《党的历史为"四个自信"提供史鉴支撑》，《人民论坛》2017 年第 2 期。

③ 陶文昭：《社会主义发展史是增强"四个自信"的重要基础》，《中国党政干部论坛》2020年第 8 期。

④ 张国伟：《践行"四个自信"与认清"普世价值"的误区》，《中共云南省委党校学报》2018年第 5 期。

主义"四个自信"却不断深入人心。道路自信已成为解构西方"普世价值"的历史依据，理论自信发展为破解西方"普世价值"的思想指南，制度自信竖立为瓦解西方"普世价值"的根本保障，文化自信生成为消解西方"普世价值"的内生动力。①

王明生提出，建设社会主义意识形态首先是夯实"两个巩固"的根本任务，正确处理和把握坚定"四个自信"与建设社会主义意识形态的内在逻辑关系，充分认识坚定"四个自信"是建设社会主义意识形态的基本要求，是应对各种敌对意识形态挑战，维护社会主义意识形态安全的必然选择。②

林昱君指出，网络意识形态问题是事关"旗帜"和"道路"的重要问题，是习近平总体国家安全观的重要组成部分。网络意识形态问题的本质是意识形态的博弈问题，因此，其话语权建构固然需要互联网技术的支撑，但其根本在于中国特色社会主义意识形态的建设和传播。因此，提高中国特色社会主义意识形态的建设能力、阐释能力、传播能力和回应能力成为网络意识形态话语权构建的工作重心。"四个自信"为网络意识形态话语权构建提供了理论指导和行动指南，我国媒体应将"四个自信"纳入具体实践，以整体合力推动网络意识形态话语权的构建。③

（三）加强青年思想政治教育

王晓丽、巫茜子认为，马克思主义认同就是认可并践行马克思主义，成为马克思主义的坚定信仰者和践行者，这是高校思想政治教育的题中应有之义。改革开放以来，我国意识形态领域多种社会思潮共存，干扰了当代大学生马克思主义认同教育。以习近平同志为核心的党中央提出"四个自信"激

---

① 董正敏：《"四个自信"视域下西方"普世价值"思潮批判》，《广西教育学院学报》2020 年第 6 期。
② 王明生：《论"四个自信"与意识形态安全——坚定"四个自信"与新时代意识形态建设的内在逻辑关系研究》，《学术前沿》2019 年第 2 期。
③ 林昱君：《"四个自信"引领下网络意识形态话语权的构建研究》，《出版发行研究》2018 年第 9 期。

发了当代大学生的民族自信心和自豪感，为高校思想政治理论课进行马克思主义认同教育提供了支撑，开辟了高校思想政治教育的新思路。[1]

张晖认为，"四个自信"赋予思想政治理论课更深刻的内涵。高校思想政治理论课教师肩负着对青年学生进行以理论教育为基础和核心的思想政治教育重任，增强"四个自信"对于高校思想政治理论课教师坚定理想信念、提高教学自信、做到守土有责有重要意义，是思想政治理论课教师应有的基本素质。高校需要从加强理论学习完善知识结构、强化思想政治工作提高政治素养以及注重实践锻炼提升工作能力等方面，切实增强思想政治理论课教师的"四个自信"。[2]

辛向阳、朱大鹏指出，加强青年"四个自信"教育，具有重大现实意义和深远历史意义。加强青年"四个自信"教育，要针对青年的认知特点，做到正视问题、解疑释惑；结合青年的时代境遇，做到立足中国、放眼世界；根据青年的心理素质，做到破立并举、比较鉴别；基于青年的生活环境，做到多方联动、多维呈现。[3]

钟绍峰认为，文化自信是青年在新时代创新创造的精神动力。培育青年的文化自信，要坚持以社会主义核心价值观为引领，以优秀传统文化为根基，以革命文化为动力，以社会主义先进文化为支撑，增强青年对中华文化的内在认同，将青年培养成为有理想、有担当的新时代中国特色社会主义事业建设者和接班人。[4]

（四）抗击疫情彰显"四个自信"

刘西山认为，面对新中国成立以来传播速度最快、感染范围最广、防控

---

[1] 王晓丽、巫茜子：《以"四个自信"培育高校马克思主义认同》，《思想理论教育导刊》2018年第4期。

[2] 张晖：《思想政治理论课教师要增强"四个自信"》，《北京教育·德育》2016年第10期。

[3] 辛向阳、朱大鹏：《坚定"四个自信"，青年不能"缺位"》，《人民论坛》2017年第14期。

[4] 钟绍峰：《增强青年文化自信的四个着力点》，《人民论坛》2018年第26期。

难度最大的一次重大突发公共卫生事件，以习近平同志为核心的党中央坚强领导、科学指挥，全党全军全国各族人民团结奋斗，中国国内疫情防控形势持续向好。而全球疫情防控形势令人担忧，全球新冠肺炎累计确诊病例持续增加。同世界一些国家包括许多发达国家表现不佳不同，2020 年中国战"疫"写下了人类抗击传染病史上最伟大的一页，进一步彰显了"四个自信"。[1]

师英杰认为，2020 年初肆虐的新冠肺炎疫情，既是危机也是考验，通过这场考验，世界看到了中国特色社会主义道路的正确性、中国特色社会主义理论的科学性、中国特色社会主义制度的优越性、中国特色社会主义文化的先进性。面对未来，我们要更加坚定"四个自信"，有勇气、有底气、有信心、有胆识地面对前行路上的任何挑战。[2]

徐曼认为，疫情是一次磨砺，也是对一个民族生命力、凝聚力的强烈激发。在这场大考中，时代是出卷人，我们是答卷人。只有坚定道路自信，才能够夯实抗击疫情的信心和底气；只有坚定理论自信，才能够凝聚起抗击疫情的磅礴力量；只有坚定制度自信，才能够形成全国一盘棋；只有坚定文化自信，才能够凝聚强大的精神力量。迈向民族复兴的征程不可能一路坦途，但只要坚定"四个自信"、发扬斗争精神，我们一定可以闯过一个个新的娄山关、腊子口。[3]

黄蓉生、石海君指出，历史的巨大灾难总是以历史的巨大进步作为补偿的，历史的巨大进步总是在与历史灾难的一次次伟大斗争中取得的。在抗击新冠肺炎疫情的伟大斗争中，以习近平同志为核心的党中央发扬斗争精神，团结带领全党全国各族人民以抗击疫情的斗争实践和取得的重大战略成果，生动诠释了中国"为什么敢"、中国"为什么能"，充分彰显了习近平新时代中国特色社会主义思想的科学性、人民性、世界性品格，集中展现了中国共产党领导、中国制度与中国治理的显著优势，弘扬和践行了社会主义核心价

---

① 刘西山：《中国疫情防控彰显"四个自信"》，《政工学刊》2020 年第 5 期。
② 师英杰：《在疫情大考中坚定"四个自信"》，《人民论坛》2020 年第 16 期。
③ 徐曼：《战"疫"中为何强调坚定"四个自信"》，《人民论坛》2020 年第 15 期。

值观，铸就了伟大抗疫精神，从而彰显了坚定道路自信的实践底气，绘就了坚定理论自信的鲜亮底色，展现了坚定制度自信的显著优势，铸就了坚定文化自信的精神支柱，进一步坚定了中国人民和中华民族的"四个自信"。①

七、简评与展望

总体而言，当前学界对"四个自信"的研究取得了诸多重要研究成果，为我们进一步挖掘"四个自信"的理论意蕴提供了重要基础。但由于"四个自信"主题宏大且关涉多个学科和领域，加之研究时间不长，难免存在一些不足之处。如研究深度不够、研究方法单一、研究视野不宽、研究内容需细化等。今后应着重从四个方面加以改进，以推动"四个自信"研究向纵深发展。

第一，学理研究有待深化。当前关于"四个自信"的研究，政治宣传、政策解读较多，从学理层面做出深刻分析和严密论证较少。存在有热度缺深度、多论断少论证的问题。在今后的研究中，应加大对"四个自信"之理论依据、历史根据、现实理据的学理阐释，真正弄清楚中国特色社会主义道路、理论、制度、文化何以能够自信。具体来说，对"四个自信"理论依据的研究应充分挖掘马克思主义理论、中国特色社会主义理论体系，特别是习近平新时代中国特色社会主义思想的丰富思想资源；对"四个自信"历史根据的研究要充分认清新中国成立以来，特别是改革开放以来中国共产党带领全体中国人民取得的伟大历史成就；对"四个自信"现实理据的研究应充分结合"百年未有之大变局"和"中国特色社会主义进入新时代"的历史背景。

第二，研究方法有待突破。一是要加强实证研究。当前关于"四个自信"的研究基本都是采用定性研究方法，具体呈现为概念厘定、理论推演、逻辑

---

① 黄蓉生、石海君：《在抗击新冠肺炎疫情伟大斗争中坚定"四个自信"》，《社会主义核心价值观研究》2020 年第 6 期。

演绎、思辨探讨。而作为社会科学重要研究方法的实证研究则比较缺乏，这在一定程度上造成了理论研究与实践研究的脱节。在今后的研究中，应积极开展深度访谈、问卷调查、案例分析等，将定性研究与实证研究结合起来，推进"四个自信"研究向纵深发展。二是要加强多学科综合研究。当前关于"四个自信"的研究主要局限于政治学、马克思主义理论等学科领域。"四个自信"问题涉及文化学、历史学、社会心理学、教育学、新闻传播学等。如果仅局限于某一个学科领域，容易造成研究视角的单一化、研究成果的同质化。因而，下一阶段应加强跨学科协同研究，推进相关学科的交流、结合，通过学科贯通，深化"四个自信"的研究。

第三，研究视野有待拓宽。当前关于"四个自信"的研究视野不宽。从时间维度来看，大多数学者仅从改革开放40多年出发来理解"四个自信"，而忽视了新中国成立70多年、中国共产党成立100多年、世界社会主义500多年以及中华文明5000多年等的历史积淀。从空间维度来看，大多数学者仅就中国谈"四个自信"，而没有将理论触角深入到中外比较研究中去，没有将中国特色社会主义与西方资本主义、中华文化与西方文化进行对比。下一阶段的研究应拓宽视野，加强纵向历史对话和横向国际对比，打破"自说自话""孤芳自赏"的研究局面。

第四，研究内容有待细化。当前关于"四个自信"的研究大多着眼于宏观层面，尤其是在"四个自信"实践进路问题的研究上显得比较笼统，具体的、可操作性的措施探讨不多。在今后的研究中，应注意加强微观层面具体措施的研究，只有将宏观研究与微观研究相结合，才能实现理论研究与实践操作的贯通，才能取得理论创新与实践发展相互促进、相得益彰的效果。

（执笔人：刘晨光）

分报告四：关于中国特色社会主义"五位一体"总体布局的研究

2021 年，是中国共产党成立 100 周年，是"十四五"规划开局之年。中国共产党在全党开展党史学习教育，隆重庆祝中国共产党成立一百周年，胜利召开党的十九届六中全会、制定党的第三个历史决议，如期打赢脱贫攻坚战，如期全面建成小康社会、实现第一个百年奋斗目标，开启全面建设社会主义现代化国家、向第二个百年奋斗目标进军新征程。中国特色社会主义"五位一体"总体布局的研究也围绕这些重大事件展开，中国特色社会主义理论研究服务党和国家事业、回答重大现实问题的功能较好发挥。

一、总体研究乏善可陈，百年历史研究成果丰富

（一）总体研究成果较少

2012 年，党的十八大报告作出论断："建设中国特色社会主义，总依据是社会主义初级阶段，总布局是五位一体，总任务是实现社会主义现代化和中华民族伟大复兴"。①"五位一体"总体布局提出已近十年了。一些基本问题的研究，譬如"五位一体"总体布局提出的重大意义、"五位一体"总体布局各领域的内在联系、"五位一体"总体布局和"四个全面"战略布局的关系等，已有大量成果，在这些基本问题上是有共识的。因此，2021 年总

---

① 《习近平谈治国理政》第一卷，外文出版社 2018 年版，第 10 页。

体研究的成果很少，但也有一些研究者发表了零星成果。

方世南、马姗姗从"五位一体"的文明协调发展把握中国式现代化新道路和人类文明新形态，认为中国共产党团结带领人民创造的中国式现代化新道路和人类文明新形态，是我国物质文明、政治文明、精神文明、社会文明、生态文明协调发展的必然结果。在实践中，坚持和发展中国特色社会主义，促进"五位一体"的文明协调发展，以及创造中国式现代化新道路、人类文明新形态之间具有内在的紧密联系。以"五位一体"的文明协调发展创造出中国式现代化新道路和人类文明新形态，体现了中国共产党人在实践中对马克思主义社会发展理论的继承与发展，这是历经千辛万苦、付出巨大代价获得的创新成果。从"五位一体"的文明协调发展把握中国式现代化新道路和人类文明新形态，能够更加明晰社会主义现代化强国建设具有的整体性的价值诉求、价值定位和价值目标。①

孙馨月从马克思需要理论解读"五位一体"总体布局，认为"五位一体"总体布局作为习近平新时代中国特色社会主义思想的重要组成部分，对中国特色社会主义建设事业进行了总体把握和战略部署，不仅创新了社会主义理论体系，而且拓展了社会主义现代化建设视野。从历史唯物主义和辩证唯物主义的角度来看，"五位一体"总体布局可以从立体的、多维的、联系的视角进行解读，深层次地挖掘其深刻的思想意蕴。文章从马克思需要理论的多元性、层次性、需要与生产的辩证关系、个体与社会需要辩证关系等角度对"五位一体"总体布局进行了多维解读，体现出其鲜明的思想性、人民性、生态性、先进性、发展性和科学性，随着"五位一体"总体布局的统筹推进，既满足了人们对美好生活的需要，又能够将社会主义现代化建设事业迈向新境界②。

---

① 方世南、马姗姗：《从"五位一体"的文明协调发展把握中国式　现代化新道路和人类文明新形态》，《思想理论教育》2011 年第 11 期。

② 孙馨月：《马克思需要理论视域下"五位一体"总体布局的多维解读》，《高教学刊》2021 年第 2 期。

此外，还有高露从马克思主义利益观讨论"五位一体"总体布局的条件和意义，郑维林从"五位一体"总体布局出发研究我国发展的外部环境。

（二）历史梳理成果颇丰

庆祝中国共产党成立 100 周年是 2021 年党和国家政治生活的重要内容，党领导人民推动经济建设、政治建设、文化建设、社会建设、生态文明建设的历史回顾成为学界研究热点，出现了不少研究成果。较具代表性的有：

关于经济建设。唐皇凤回顾了百年大党有效领导经济社会发展的历史进程，认为中国的经济社会发展和国家治理现代化具有显著的政党主导特征。中国共产党为适应经济社会变迁而进行的回应性调适和体制机制创新是缔造发展奇迹的根本保证。在伟大的经济发展和社会变革过程中，党积累了丰富宝贵的领导经济社会发展的历史经验。始终发挥党总揽全局、协调各方的领导核心作用，确保理念更新、制度建设、体制调适、机制创新、战略规划的相互促进和良性互动成为党有效领导经济社会发展最重要的经验。持续提升党的全面领导水平和长期执政能力，以高质量党建促进高质量发展，以及具有强烈现代化取向的发展型政党是中国经验最核心的构成要素。[①] 韩喜平认为，中国共产党百年领导经济建设创造了"人类社会发展史上惊天动地的发展奇迹"，也在实践探索中不断深化对社会主义经济发展规律的认识。根据地的物质保障、新中国的工业化成就、改革开放人民生活的不断改善、绝对贫困的消除、全面建成小康社会目标的实现，有赖于中国共产党始终坚持以人民为中心、遵循经济发展规律、创新经济发展理论、增强经济发展韧性。中国共产党不仅积累了丰富的经济建设经验，而且拓展了世界现代化的发展道路。[②] 晏维龙认为，中国共产党领导的百年红色经济史是一部中国共产党人继承中华优秀传统文化，充分运用马克思主义政治经济学并同中国具

---

① 唐皇凤：《百年大党有效领导经济社会发展的历史进程和基本经验》，《武汉大学学报（哲学社会科学版）》2021 年第 2 期。

② 韩喜平：《中国共产党百年领导经济发展成就与经验启示》，《学术前沿》2021 年第 6 期。

体实践相结合，进行理论创新、实践探索和制度建设，逐渐明确了中国特色社会主义道路的光辉历史。面向国内，中国共产党坚守富民与强国；面向国外，中国共产党坚持独立自主与对外开放；面向自身，中国共产党坚定廉洁与奉公。回顾这一光辉历程并总结历史经验，对于当前新发展阶段深入贯彻习近平新时代中国特色社会主义思想，坚持党对经济工作的集中统一领导，践行新发展理念，加快构建新发展格局，具有重要的启示意义。①

此外，毛中根等分析了中国共产党领导的百年居民消费，认为中国共产党领导居民消费发展的历史逻辑是伴随经济发展的自发式升级与自觉式消费调控相交融；理论逻辑是坚持马克思主义方法论与时代发展命题相呼应；现实逻辑是以人民为中心的价值取向与消费现实问题相结合。这为促进居民消费高质量发展提供了重要启示：坚持以社会主要矛盾转化为依据，推动居民消费持续稳定发展；遵循生产与消费的辩证关系，推动居民消费动态平衡发展；秉承实现共同富裕的历史使命，推动居民共享消费发展成果。在全面建成社会主义现代化新征程中，迈向共同富裕的居民消费发展，其着力点在于：破除"共同"阻碍，推进居民消费均衡发展；增加"富裕"广度，加速居民消费增量扩容；提升"富裕"深度，着力居民消费提质增效。②

关于政治建设。王珂、陈鹏梳理了中国共产党对"人民民主"百年探索历史，认为过去一百年中国共产党对人民民主探索的政治逻辑是人民自由、人民平等、人民参与以及人民共享。人民自由表现为人民当家作主和民族独立的实现；新中国的建立使得人民平等成为社会共识；改革开放后"三统一"的发展布局则为人民参与提供了完善制度保障；新时代共享发展理念的贯彻落实，将人民民主发展推向人民共享的新阶段。未来要继续坚持中国共产党的正确领导，并确保人民民主发展的"相对独立性"；在国际层面要争取

---

① 晏维龙：《中国共产党领导经济建设的百年历程与经验》，《世界经济与政治论坛》2021 年第 4 期。

② 毛中根、贾宇云、叶胥：《中国共产党领导的百年居民消费：进程回顾、思想变迁与民生实践》，《改革》2021 年第 9 期。

构建人民民主话语权。① 张玲认为一百年来，中国民主政治不断前行，但不是一帆风顺的。它经历了无数风雨的洗礼，迎来了许多重大历史关头的考验，从苦难中诞生的中国共产党、从炮火中成立的中华人民共和国和从水深火热中被拯救出来的中国人民，为中国民主政治建设夯实了领导力量，提供了国力保障，打牢了民意基础。② 陈路路、安俭回顾了中国共产党构建统一战线的百年历程，认为中国共产党构建的统一战线经历了五个阶段转变：大革命时期的国民革命联合战线、土地革命时期的工农民主统一战线、抗日战争时期的抗日民族统一战线、解放战争和社会主义革命时期的人民民主统一战线以及改革开放至今的爱国统一战线。统一战线是党围绕中国伟大社会革命的共同目标和各个阶级阶层共同利益而构建的政治联盟，遵循着联合一切革命力量的理论逻辑向度、建立阶级阶层联盟的现实逻辑向度以及构建建设国家的政治逻辑向度，其百年经验启示着新时代必须继续巩固和发展最广泛的爱国统一战线，始终坚持党对统一战线的政治领导、坚持巩固和发展统一战线大团结大联合的政治局面以及坚持统一战线多党合作和政治协商的政治路径。③ 王永香、王启慧回顾了我国政党合作百年探索的历史经验，认为与西方国家竞争型政党关系不同，我国政党制度体现出一种典型的合作性特征。自中国共产党成立以来，我国政党合作经历了一个漫长的历史演进过程：在新民主主义革命时期得以孕育和初步确立，新中国成立初期正式开启制度建构，改革开放后逐步嵌入国家政治过程，进入新时代以来以协商民主体系为依托开启全面制度化与法治化进程。纵观政党合作的发展历程，可以得出重要的经验启示。在未来，我国政党合作的制度化、法治化、规范化特征将更加凸显，政党命运共同体的形成将更有力地推动国家治理现代化进程和民主政治转型，

① 王珂、陈鹏：《中国共产党对"人民民主"百年探索的政治逻辑及当代启示》，《科学社会主义》2021 年第 1 期。

② 张玲：《百年大党对中国民主政治的探索创新》，《天津社会主义学院学报》2021 年第 2 期。

③ 陈路路、安俭：《中国共产党构建统一战线的百年历程、逻辑和启示》，《科学社会主义》2021 年第 4 期。

中国新型政党制度将为世界政治文明的多样性发展做出突出贡献。①

另外，中央社会主义学院政党制度研究中心以"建党百年的多党合作与中国特色民主政治"为主题，围绕中国共产党建党百年以来民主政治的理论嬗变、多党合作的实践发展和制度演进、协商民主的实效与参政党建设等问题进行了深入讨论，对百年党史中多党合作与民主政治建设的实践经验和理论创新进行了总结。

关于文化建设。王刚、徐晓光分析了中国共产党百年文化建设的逻辑进路，认为"长度"与"宽度"、"前世"与"今生"、"本来"与"外来"是思考中国共产党百年文化建设的三个维度。中国共产党百年文化建设历程大致经历了三次变化，即从文化自信心不足到文化自觉再到文化自信，从"低势位"到"高势位"，从"引进来"到"引进来"与"走出去"相结合。这要求中国共产党要坚持马克思主义在意识形态领域的指导地位、坚守中国传统优秀文化、坚定中国特色社会主义文化自信。②曹润青、冯鹏志认为，中国共产党在诞生以来的百年历史中，始终自觉地将自身的发展与中国文化的前途命运紧紧关联在一起，坚持根据历史和实践发展的要求，不断深化马克思主义中国化的文化建构，形成了关于中国特色社会主义文化建设的规律性、原创性、体系性认识。其中，党对中国文化建设的理论主题、本质规定和发展道路三个问题的探索，具有事关文化发展全局的意义，是党领导中国文化发展的关键抓手。对以上三个问题的历史梳理和理论分析，有助于我们深刻总结党进行文化理论建设的百年历史经验，进一步增强文化建设的理论自觉与行动自觉，为党在 21 世纪领导中国人民建成社会主义文化强国、实现中华文化伟大复兴提供历史启示与理论支撑。③王玖娆总结了建党百年来文化

---

① 王永香、王启慧：《我国政党合作百年探索的历史经验及前景展望》，《岭南学刊》2021 年第 4 期。

② 王刚、徐晓光：《中国共产党百年文化建设的逻辑进路》，《广西大学学报（哲学社会科学版）》2021 年第 6 期。

① 曹润青、冯鹏志：《中国共产党百年来文化建设的主题、本质与道路》，《党政研究》2021 年第 1 期。

建设的基本经验，认为深刻认识和总结党百年来文化建设的基本经验，是我们有力推动新时代化建设并担负起"到2035年建成社会主义文化强国"新使命的重要前提。百年来，一代代共产党人在文化地位、文化旗帜、文化根脉、文化立场等基本方面初心不渝、不懈探求，积累了宝贵的经验。一是始终高度重视文化建设的战略地位；二是始终坚持马克思主义在文化建设中的指导地位；三是始终传承中华优秀传统文化根脉；四是始终贯彻以人民为中心的文化建设思想。①

朱继东总结了中国共产党百年意识形态建设的主要经验，认为作为以理想信念立党、意识形态立党的无产阶级政党、马克思主义政党，中国共产党一直非常重视、大力抓好意识形态工作，并在百年意识形态建设中积累了丰富的成功经验，主要可以归纳为十个方面：高度重视意识形态工作和坚持党对意识形态工作的全面领导，坚持马克思主义在意识形态领域的指导地位，正确认识意识形态的阶级性与坚持党性和人民性相统一，坚持"双百"方针、"二为"方向相统一和以人民为中心，坚持"古为今用""洋为中用"建设社会主义新文化，科学处理好中心工作和意识形态工作之间的关系，高度重视、重点抓好文艺、教育等重点领域的意识形态工作，坚决抵制外来意识形态渗透和抓好内部意识形态斗争统一起来，坚持立破并举、创新增强社会主义意识形态凝聚力和引领力，以大力加强意识形态能力建设为抓手加强话语权、软实力建设。这些成功经验不仅是党乃至国际共产主义运动的宝贵精神财富和重要理论法宝，更是推动新时代意识形态建设更上新台阶、再创新辉煌的重要遵循。②

关于社会建设。李军鹏回顾了建党百年民生建设的历程，指出建党百年来，中国共产党始终把加强民生建设作为重要的政治责任，不断完善基础性、普惠性民生建设。随着民生保障法治体系与制度体系不断完善，我国基

---

② 王玖娇：《建党百年来文化建设的基本经验》，《科学社会主义》2021年第4期。

③ 朱继东：《中国共产党百年意识形态建设的主要经验》，《山东社会科学》2021年第7期。

本实现了全体中国人民人人享有基本民生保障的目标，民生建设取得了举世瞩目的伟大成就。中国共产党在百年民生建设实践中积累了丰富的经验，即始终践行以人民为中心的发展理念，始终以人民群众不断增长的民生需求为导向完善民生保障体系，始终坚持走中国特色社会主义民生保障道路。① 张远新、吴素霞认为，中国共产党是一个为中国人民谋利益、谋福祉的政党。党成立百年来领导民生建设取得了辉煌的成就，并积累了宝贵的经验。党领导民生建设的历史进程大致可分为四个阶段：第一个阶段（1921—1949），新民主主义革命时期"解放型"民生建设；第二个阶段（1950—1977），社会主义革命和建设时期"生存型"民生建设；第三个阶段（1978—2011），中国特色社会主义新时期"基本小康型"民生建设；第四个阶段（2012至今），中国特色社会主义进入新时代"全面小康型"民生建设。党领导民生建设的基本经验可总结为：必须坚持党的集中统一领导；必须坚持以人民为中心；必须坚持以中国化马克思主义民生理论为指导；必须坚持用发展的手段来解决民生问题；必须坚持用制度来规范和保障民生；必须采取切实有效的策略举措。② 蒲新微、衡元元认为，中国共产党建党100年来，中国民生建设取得了巨大成就。回望百年，中国共产党的民生求索经历了保民安生—解决温饱问题—全面迈入小康社会—奔向更加美好生活的民生跃迁之路。对马克思主义人民立场的笃定、对经济与民生正确关系的认知、对党建与民生发展良性循环的把握、对人民生活质量持续提升的执着，是中国共产党百年民生探索的基本理念和成功经验。面向未来，中国共产党必将坚守初心、坚定信念，补齐民生短板、办好民生实事、提升民生质量，全力以赴地为人民创造出更加富裕、更加幸福、更加美好的高品质生活。③ 翟绍果认为，中国共产党民生治理的百年征程经历了从土地分配、制度保障到民生善治的发展路

① 李军鹏：《建党百年民生建设的历程、成就与经验》，《学习与实践》2021年第6期。
② 张远新、吴素霞：《中国共产党百年来领导民生建设的历史考察及基本经验》，《江汉论坛》2021年第5期。
① 蒲新微、衡元元：《中国共产党百年民生求索与未来展望》，《兰州学刊》2021年第5期。

径，在均地权、建政权、强治权的政策逻辑流变中渐次演进。进入新发展阶段，应遵循民生治理的政策逻辑，聚焦民生需求的时代特殊性、民生政策的逻辑规律性与民生治理的现实适配性，实现民生治理内容涵盖上多维立体、需求对接上现实可行、服务供给上精准有效，推动民生之制走向民生善治。①

此外，宋友文、王煜霏总结中国共产党一百年社会治理发展历程与重要经验，认为围绕着治理什么样的社会、怎样治理社会的问题来看，中国共产党一百年来的历史是一部探索中国社会治理现代化之路的历史。中国共产党的社会治理思想从理想走向实践，经历了从社会改造到社会管理再到社会治理的演变过程。回首百年党史，坚持党对社会治理的领导，发挥多元主体治理效能；以马克思主义社会治理思想为指导，兼采中外社会治理优秀思想资源；以基层社会治理实践为重心，加强社会治理制度体系顶层设计；坚持系统性思维，全面推进社会治理现代化；是中国共产党社会治理的重要经验和现实启示。②

关于生态文明建设。尹艳秀、庞昌伟分析了中国共产党生态文明建设百年探索的演进逻辑，认为中国共产党成立的百年历史亦是中国共产党生态文明建设百年探索的历史。就其演进而言，大体呈现：以人与自然的关系为逻辑起点，历经人与自然和谐相处到人与自然协调发展，再到人与自然和谐共生的演进脉络；围绕党的中心工作与生态文明建设关系的逻辑主线，从生态文明建设服务于政治建设到生态文明建设服务于经济建设，再到生态文明建设融入经济政治建设的演进方向；以人民对美好生态环境的需要为逻辑旨归，彰显中国特色社会主义制度的最大优势，体现人民历史主体性与价值主体性的统一，关乎中华民族强起来永续发展的演进规律。③

---

② 翟绍果：《从民生之制到民生善治：中国共产党民生治理的百年征程》，《学术前沿》2021 年第 10 期。

③ 宋友文、王煜霏：《中国共产党一百年社会治理发展历程与重要经验》，《思想战线》2021 年第 4 期。

③ 尹艳秀、庞昌伟：《中国共产党生态文明建设百年探索的演进》，《青海社会科学》2021 年第 4 期。

二、各领域研究各有特点和重心

2021 年，经济建设主要聚焦高质量发展，围绕新发展阶段、新发展理念、新发展格局展开研究；政治建设主要聚焦全过程人民民主，围绕党的全面领导、全过程人民民主、全面依法治国开展研究；文化建设主要聚焦"两个结合"，围绕意识形态工作、社会主义核心价值观等展开研究；社会建设聚焦巩固全面建成小康社会成果，围绕民生和社会治理展开研究；生态文明建设聚焦"双碳"目标，围绕"两山论"等课题展开研究。

（一）经济建设研究聚焦把握新发展阶段，贯彻新发展理念，构建新发展格局，推进高质量发展

2020 年 10 月，党的十九届五中全会通过的《中共中央关于制定国民经济和社会发展第十四个五年规划和二〇三五年远景目标的建议》强调："坚持新发展理念。把新发展理念贯穿发展全过程和各领域，构建新发展格局，切实转变发展方式，推动质量变革、效率变革、动力变革，实现更高质量、更有效率、更加公平、更可持续、更为安全的发展"。

2021 年 1 月 11 日，习近平总书记在省部级主要领导干部学习贯彻党的十九届五中全会精神专题研讨班上发表重要讲话，强调把握新发展阶段，贯彻新发展理念，构建新发展格局。

关于准确把握新发展阶段，习近平总书记指出："正确认识党和人民事业所处的历史方位和发展阶段，是我们党明确阶段性中心任务、制定路线方针政策的根本依据，也是我们党领导革命、建设、改革不断取得胜利的重要经验。""全面建成小康社会、实现第一个百年奋斗目标之后，我们要乘势而上开启全面建设社会主义现代化国家新征程、向第二个百年奋斗目标进军，这标志着我国进入了一个新发展阶段。""新发展阶段是我国社会主义发展进程中的一个重要阶段。""全面建设社会主义现代化国家、基本实现社会主义现代化，既是社会主义初级阶段我国发展的要求，也是我国社会主义从初级

阶段向更高阶段迈进的要求。"①

关于深入贯彻新发展理念，党的十八大以来我们党对经济形势进行科学判断，对发展理念和思路作出及时调整，习近平总书记概括了十三个方面：一是坚持以人民为中心的发展思想；二是不再简单以国内生产总值增长率论英雄；三是我国经济处于"三期叠加"时期；四是经济发展进入新常态；五是使市场在资源配置中起决定性作用、更好发挥政府作用；六是绿水青山就是金山银山；七是坚持新发展理念；八是推进供给侧结构性改革；九是发展不平衡不充分；十是推动高质量发展；十一是建设现代化经济体系；十二是构建以国内大循环为主体、国内国际双循环相互促进的新发展格局；十三是统筹发展和安全。习近平总书记强调："党的十八大以来我们对经济社会发展提出了许多重大理论和理念，其中新发展理念是最重要、最主要的。新发展理念是一个系统的理论体系，回答了关于发展的目的、动力、方式、路径等一系列理论和实践问题，阐明了我们党关于发展的政治立场、价值导向、发展模式、发展道路等重大政治问题。全党必须完整、准确、全面贯彻新发展理念。"②他要求，从根本宗旨把握新发展理念，实现共同富裕不仅是经济问题，而且是关系党的执政基础的重大政治问题；从问题导向把握新发展理念，切实解决好发展不平衡不充分的问题，推动高质量发展。从忧患意识把握新发展理念，随时准备应对更加复杂困难的局面。

关于加快构建新发展格局，习近平总书记强调：加快构建以国内大循环为主体、国内国际双循环相互促进的新发展格局，"是把握未来发展主动权的战略性布局和先手棋，是新发展阶段要着力推动完成的重大历史任务，也是贯彻新发展理念的重大举措"。"构建新发展格局最本质的特征是实现高水平的自立自强。""市场资源是我国的巨大优势，必须充分利用和发挥这个优势，不断巩固和增强这个优势，形成构建新发展格局的雄厚支撑。""构建新

① 《习近平谈治国理政》第四卷，外文出版社 2022 年版，第 165 页。

② 《习近平谈治国理政》第四卷，外文出版社 2022 年版，第 170—171 页。

发展格局，实行高水平对外开放，必须具备强大的国内经济循环体系和稳固的基本盘，并以此形成对全球要素资源的强大吸引力、在激烈国际竞争中的强大竞争力、在全球资源配置中的强大推动力。"[1]

进入新发展阶段明确了我国发展的历史方位，贯彻新发展理念明确了我国现代化建设的指导原则，构建新发展格局明确了我国经济现代化的路径选择。把握新发展阶段是贯彻新发展理念、构建新发展格局的现实依据，贯彻新发展理念为把握新发展阶段、构建新发展格局提供了行动指南，构建新发展格局则是应对新发展阶段机遇和挑战、贯彻新发展理念的战略选择。[2]"三个新"，成为2021年的研究热点。

在理论研究方面，颜晓峰分析了新发展阶段新发展理念新发展格局的理论逻辑、历史逻辑、现实逻辑。一是遵循马克思主义的理论逻辑，包括社会发展连续性和阶段性相统一的理论、发展方式与发展理念相互促进的理论、经济循环和世界市场的理论；二是依据发展演进的历史逻辑，包括社会主义初级阶段阶梯式递进、经济发展方式转变、国内国际市场变化等；三是把握开启新征程的现实逻辑，包括进入新发展阶段与开启新征程同步同行，贯彻新发展理念体现全面建设社会主义现代化国家本质要求，构建新发展格局是适应新发展阶段、贯彻新发展理念的必然选择。[3] 孙业礼认为，新发展理念是习近平新时代中国特色社会主义经济思想的主要内容，必须长期坚持、不断丰富发展。"十四五"时期经济社会的高质量发展需要新发展理念的引领，新时代新阶段的发展必须贯彻新发展理念。准确把握新发展理念的丰富内涵，要突出新发展理念在经济社会发展中的引领作用。五大发展理念是具有内在联系的有机整体，要提高统一贯彻五大发展理念的能力和水平。深入把握新发展理念，要结合历史、多维比较、联系实际，深入把握新发展理念对发展经验教训的深刻总结，把政治性和学理性结合起来，注重构建与之相适

---

① 《习近平谈治国理政》第四卷，外文出版社2022年版，第177—178页。

② 习近平：《把握新发展阶段，贯彻新发展理念，构建新发展格局》，《求是》2021年第9期。

③ 颜晓峰：《新发展阶段新发展理念新发展格局的内在逻辑》，《学习时报》2021年3月1日。

应的话语知识体系，进一步深化对新发展理念的研究和宣传阐释工作。① 张彦分析了新发展理念在新发展阶段的"新发展"，指出进入新发展阶段，新发展理念在历史方位、时代要求、思维方法和国际环境等方面有了新的发展。贯彻新发展理念需要进一步总结我国经济社会发展、强国进路、价值理念与人类历史进程的"四种逻辑"；进一步聚焦我国时代发展中社会主要矛盾转变与从"富"到"强"历史性跨越的"两大任务"；进一步立足系统观念，协调"两个一百年"奋斗目标、国内国际"两个大局"与新发展理念"五位一体"的"三对关系"；进一步统筹发展与安全，更好把握对国际变局与国内环境的"双重回应"。②

在实践研究方面，王海山、李建德、张裔认为，准确把握新发展阶段、深入贯彻新发展理念、加快构建新发展格局是贯穿党的十九届五中全会精神的逻辑主线。新发展阶段、新发展理念、新发展格局具有丰富内涵和深远意蕴，三者集中统一于高质量发展实践中，形成了中国特色社会主义高质量发展理论。新发展阶段是高质量发展的新阶段，新发展理念是高质量发展的新理念，新发展格局是高质量发展的新格局。把握新发展阶段，贯彻新发展理念，构建新发展格局，必将极大推动新时代中国特色社会主义伟大实践，开拓新时代中国特色社会主义新局面。③ 逢锦聚认为，创新、协调、绿色、开放、共享的新发展理念是中国共产党关于发展理论百年创新的最新成果，是在世界百年未有之大变局、中国特色社会主义进入新时代，党提出的最重要、最主要的理论和理念。我国进入全面建设社会主义现代化国家的新阶段，站在新起点，面对新目标、新任务，必须把新发展理念贯彻到全面建设社会主义现代化国家的全过程和各领域。要贯彻共享发展理念，坚持以人民为中心的现代化观，在为人民谋幸福，逐步实现共同富裕道路上取得实质性

---

① 孙业礼：《新时代新阶段的发展必须贯彻新发展理念》，《马克思主义与现实》2021年第1期。

② 张彦：《新发展理念在新发展阶段的"新发展"》，《人民论坛·学术前沿》2021年第13期。

③ 王海山、李建德、张裔：《新发展阶段、新发展理念、新发展格局的战略意蕴和逻辑理路》，《中国井冈山干部学院学报》2021年第3期。

进展；贯彻开放发展理念，抓实构建新发展格局；贯彻协调发展理念，推动乡村振兴，实现区域城乡协调发展；贯彻绿色发展理念，坚持人与自然和谐共生；贯彻创新发展理念，实现科技创新与制度创新相结合，推动高质量发展。① 崔友平认为，新发展阶段、新发展理念、新发展格局是党的重大理论创新成果，三者之间是相互联系相互统一的整体。在明确新发展阶段、新发展理念、新发展格局的基本要义基础上，我们只有完整、准确、全面把握新发展理念的主线和脉理，才能完整、准确、全面贯彻新发展理念的实践要求，进而更好地落实推进我国当前要做好的工作。② 王灵桂认为，只有从政治高度认识我国"进入新发展阶段、贯彻新发展理念、构建新发展格局"的重大意义，时刻注意防范和纠正新发展阶段的超前论、僵化论，新发展理念的胆怯论、孤立论、矮化论，新发展格局的片面论、封闭论、盲目论、静态论、无关论等认识误区，才能在实践中更好地履行职责，完成历史赋予我们的新的发展使命。③

（二）政治建设研究聚焦全过程人民民主

2021年12月4日，国务院新闻办发表《中国的民主》白皮书。白皮书指出，民主是全人类的共同价值，是中国共产党和中国人民始终不渝坚持的重要理念。100年来，党高举人民民主旗帜，领导人民在一个有几千年封建社会历史、近代成为半殖民地半封建社会的国家实现了人民当家作主，中国人民真正成为国家、社会和自己命运的主人。白皮书介绍，中国的民主是人民民主，人民当家作主是中国民主的本质和核心。全过程人民民主，实现了过程民主和成果民主、程序民主和实质民主、直接民主和间接民主、人民民

---

① 逄锦聚：《完整贯彻新发展理念全面建设社会主义现代化国家》，《人民论坛·学术前沿》2021年第13期。

② 崔友平：《新发展理念的主线脉络与实践要求》，《人民论坛》2021年第7期。

③ 王灵桂：《防范和纠正新发展阶段、新发展理念、新发展格局认识误区》，《人民论坛》2021年第20期。

主和国家意志相统一，是全链条、全方位、全覆盖的民主，是最广泛、最真实、最管用的社会主义民主。白皮书强调，民主是历史的、具体的、发展的，各国民主植根于本国的历史文化传统，成长于本国人民的实践探索和智慧创造，民主道路不同，民主形态各异。民主不是装饰品，不是用来做摆设的，而是要用来解决人民需要解决的问题的。民主是各国人民的权利，而不是少数国家的专利。白皮书指出，一个国家是不是民主，应该由这个国家的人民来评判，而不应该由外部少数人指手画脚来评判。国际社会哪个国家是不是民主的，应该由国际社会共同来评判，而不应该由自以为是的少数国家来评判。实现民主有多种方式，不可能千篇一律。用单一的标尺衡量世界丰富多彩的政治制度，用单调的眼光审视人类五彩缤纷的政治文明，本身就是不民主的。

习近平总书记围绕全过程人民民主作出一系列重要论述。2021 年 7 月 1 日，在庆祝中国共产党成立 100 周年大会上，习近平总书记站在人民创造历史的高度，强调"践行以人民为中心的发展思想，发展全过程人民民主"①。2021 年 7 月 6 日，习近平总书记在中国共产党与世界政党领导人峰会上的主旨讲话指出，民主同样是各国人民的权利，而不是少数国家的专利。实现民主有多种方式，不可能千篇一律。一个国家民主不民主，要由这个国家的人民来评判，而不能由少数人说了算。我们要加强交流互鉴，完善沟通机制、把握社情民意、健全组织体系、提高治理能力，推进适合本国国情的民主政治建设，不断提高为人民谋幸福的能力和成效。

2021 年 10 月 13 日至 14 日，习近平总书记在中央人大工作会议上发表重要讲话强调，民主不是装饰品，不是用来做摆设的，而是要用来解决人民需要解决的问题的。一个国家民主不民主，关键在于是不是真正做到了人民当家作主，要看人民有没有投票权，更要看人民有没有广泛参与权；要看人民在选举过程中得到了什么口头许诺，更要看选举后这些承诺实现了多少；

---

① 《习近平谈治国理政》第四卷，外文出版社 2022 年版，第 9 页。

要看制度和法律规定了什么样的政治程序和政治规则，更要看这些制度和法律是不是真正得到了执行；要看权力运行规则和程序是否民主，更要看权力是否真正受到人民监督和制约。如果人民只有在投票时被唤醒、投票后就进入休眠期，只有竞选时聆听天花乱坠的口号、竞选后就毫无发言权，只有拉票时受宠、选举后就被冷落，这样的民主不是真正的民主。习近平总书记指出，党的十八大以来，我们深化对民主政治发展规律的认识，提出全过程人民民主的重大理念。我国全过程人民民主不仅有完整的制度程序，而且有完整的参与实践。我国全过程人民民主实现了过程民主和成果民主、程序民主和实质民主、直接民主和间接民主、人民民主和国家意志相统一，是全链条、全方位、全覆盖的民主，是最广泛、最真实、最管用的社会主义民主。我们要继续推进全过程人民民主建设，把人民当家作主具体地、现实地体现到党治国理政的政策措施上来，具体地、现实地体现到党和国家机关各个方面各个层级工作上来，具体地、现实地体现到实现人民对美好生活向往的工作上来。习近平总书记强调，人民代表大会制度是实现我国全过程人民民主的重要制度载体。要在党的领导下，不断扩大人民有序政治参与，加强人权法治保障，保证人民依法享有广泛权利和自由。要保证人民依法行使选举权利，民主选举产生人大代表，保证人民的知情权、参与权、表达权、监督权落实到人大工作各方面各环节全过程，确保党和国家在决策、执行、监督落实各个环节都能听到来自人民的声音。要完善人大的民主民意表达平台和载体，健全吸纳民意、汇集民智的工作机制，推进人大协商、立法协商，把各方面社情民意统一于最广大人民根本利益之中。

关于中国民主政治的独特优势和思想渊源的研究。张树华、陈承新认为，中国的民主是高质量的人民民主。中国的民主思想植根于中华文化沃土，继承了五千年悠久的历史文化传统，反映中国人民意愿、适应中国国情文化土壤和时代发展要求，有着深厚的历史渊源和坚实的现实基础。中国之治取得举世瞩目的成就，一条重要经验就在于，立足本国历史传统和现实国情、借鉴人类政治文明，确立了一套广泛体现人民意志、真实保障人民权益、有效激发人民创造活力的民主政治制度。这是一种全过程、全方位、全链条的民主，着眼于人民长远利益和发展。中国民主广泛、真实、有效的高质量发展正是源自中国共产党的伟大创造和非凡拓展。① 樊鹏认为，全过程人民民主是对我国人民当家作主民主政治制度体系本质特征的概括，是对中国共产党领导人民探索实现人民民主丰富实践形式的政治智慧和成功经验的总结，是中国特色社会主义民主区别于形形色色的西方式民主的显著标志。相比较于西方民主，全过程人民民主是具有显著制度优势的高质量民主，主要体现在：全过程人民民主具有丰富的内涵和完整的实践体系，是能够有效维护人民广泛真实权利的民主；是有利于巩固和发展国家治理能力的民主；是旨在构建全社会最大公约数、有利于更好维护发展共识的民主；也是追求社会和谐稳定与社会活力相统一的民主。② 刘九勇探究了全过程人民民主的传统思想渊源，认为全过程人民民主既是现代中国政治理论的最新总结，也是对中华民族优秀传统文化的创造性转化和创新性发展。全过程人民民主的传统渊源，不在于具体的民主机制、过程等在古代政治思想或制度实践中有无直接体现，而在于全过程人民民主的独特的政治思维和观念在传统思想中有明确渊源。从"天下"政治观到"人民"政治观，从民本思想到人民民主，从贤能政治到党的领导，中国政治文明坚持以马克思主义为指导，继承传统政治文化的优秀基因，克服传统政治的内在困境，开创了以人民根本利益为最高权威来源的责任政治新形态，使由人民利益所界定的责任机制贯彻到国家公共事务治理的各领域、各层次、各环节之中，形成了全过程的人民民主。③

关于全过程人民民主的理论研究。程竹汝认为，人民民主的本质属性和全过程实践特征的历史性结合，是由我国政治制度的内在机理构成的必然性所致。民主本源性问题的中国解决方案构成全过程人民民主发生、发展的制

---

① 张树华、陈承新：《中国的民主是高质量的人民民主》，《中国政协》2021 年第 13 期。

② 樊鹏：《全过程人民民主：具有显著制度优势的高质量民主》，《政治学研究》2021 年第 4 期。

③ 刘九勇：《全过程人民民主的传统思想渊源》，《政治学研究》2021 年第 4 期。

度密码。我国选举制度的价值仅在于授权而同政策选择无直接关联，政策选择是建立在广泛有序的政治协商和参与基础上，是人民民主必然走向"全过程"的制度机制；党的领导构成全过程人民民主的推动力量和根本政治保证，它通过观念、组织、体制等三方面的支持和保证作用塑造现实政治过程的人民主体性；广泛有序政治参与构成全过程人民民主的实践形式，这一实践形式与全过程人民民主的政治形态在本质上是同构的，人民民主制度所蕴含的"全过程"必然性与广泛有序政治参与的统一，是全过程人民民主理论概括的现实基础。[1] 秦德君认为，全过程人民民主是中国特色社会主义最为显著的特色之一，是以人民性为本质特征的民主类型和民主新形态。它是对马克思主义国家理论和民主理论的创造性运用。建设全过程人民民主的国家制度，是中国共产党人经过长期探索思考选择的国家制度建设方向，体现中国共产党人的国家制度建设初心。全过程人民民主通过中国共产党领导的国家制度型构获得支撑。这些制度包括：全过程人民民主的政权制度——人民代表大会制度，全过程人民民主的政党制度——中国共产党领导的多党合作和政治协商制度，全过程人民民主的其他制度——民族区域自治制度和基层群众自治制度。全过程人民民主是一种发展型民主，本身具有建设发展的全过程性。在全面建设社会主义现代化国家新征程上，发展全过程人民民主，要重点推进民主制度、民主参与、民主协商和民主监督等的实践体系建设。[2] 阙天舒、方彪从新型政党制度审视全过程民主，认为随着中国特色社会主义制度体系不断完善，中国话语体系的创造力和影响力显著增强。中国话语从本质上来说是一种政治文明领域的表达与传播体系，其在一定程度上彰显出我国的文化自信和制度自信。身处"百年未有之大变局"和"国际国内双循环格局"的时代大背景下，全过程民主和新型政党制度就在中西对比过程中建构出一套具有中国特色的话语体系，展示出我们民主政治的旺盛生命力。

---

[1]　程竹汝：《论全过程人民民主的制度之基》，《中共中央党校学报》2021年第6期。

[2]　秦德君：《全过程人民民主的理论基础、国家制度支撑与实践体系》，《统一战线学研究》2021年第5期。

可以说，全过程民主是一种新时代中国特色社会主义民主，它在实践中不断进行着文化性建构、规范性建构和体系性建构。如果将全过程民主与新型制度的关系置于国家治理场域中进行考察，能够发现两者相互匹配，共同推进协商与法治的良性互动，程序与实效的规则创设和调适与合作的双向构建。而新型政党制度作用于全过程民主，则是通过手段与目标的增量赋权，发展与治理的双轮驱动以及价值与工具的弹性整合。当然，新时代如何结合我国全过程民主和新型政党制度发展实践，努力实现中国人民民主和国家治理的概念化与理论化，值得我们深入思考。① 李笑宇认为，全过程人民民主是对人民民主在实践操作层次形成的新理念、新机制、新形态的最新概括，是对马克思主义民主观的具体运用。全过程人民民主的主要运行机制包括了价值引领机制、联动协商机制、吸纳整合机制与环节贯通机制，有效地落实了人民民主的价值取向与制度框架。与西式民主相比，全过程人民民主能够有效制约公共权力、及时回应人民需求、公平公正分配利益、充分发挥多方合力、彻底超越资本主宰，具有代表范围广泛、覆盖领域全面、参与过程完整的显著优势，维系了人民民主的性质，丰富了人民民主的形式，提升了人民民主的绩效。②

关于全过程人民民主的制度和实践研究。信春鹰认为，习近平总书记在中央人大工作会议上的重要讲话中指出，"人民代表大会制度是实现我国全过程人民民主的重要制度载体"，为新时代坚持和完善人民代表大会制度指明了方向。在我国社会主义民主政治制度下，发展社会主义民主政治就是要体现人民意志、保障人民权益、激发人民创造活力，用制度体系保证人民当家作主。③ 刘军、李洋认为，全过程人民民主在制度设计上追求多方面民主

---

① 阙天舒、方彪：《国家治理场域中全过程民主与新型政党制度》，《社会主义研究》2021 年第 4 期。

② 李笑宇：《全过程人民民主：运行机制与显著优势》，《科学社会主义》2021 年第 5 期。

③ 信春鹰：《人民代表大会制度是实现我国全过程人民民主的重要制度载体》，《民主法制建设》2021 年第 11 期。

权利的保障，有着不同层次的民主机制和协商民主的特有形式，要求党员干部践行群众路线，并将党的领导、人民当家作主和依法治国有机统一作为根本原则。中国的民主政治建设已取得巨大成就，但还存在制度化规范化程度有待提升、民主机制的"技术性"供给不足、各领域民主权利发展不平衡不充分、践行群众路线还不够等方面的问题。应从完善国家治理体系和治理能力、健全党内民主制度、借鉴他国成果、培育公民文化等方面着手，不断推进全过程的人民民主建设。[①] 张君认为，全过程人民民主是新时代人民民主的新形态，全过程人民民主首先是人民民主，致力于支持和确保人民当家作主。全过程人民民主内含着权力和权利两条基本线索，人民群众既可以在政治生活中参与行使国家权力，也能够在基层社会事务中实现充分的自我管理。在此过程中，人民代表大会制度发挥着全过程人民民主主渠道的重要作用。公共政策过程的民主化是我国形成和发展全过程人民民主的主要着力点，也是取得成果最为丰硕的领域之一，保证了人民群众在各项重大决策的出台过程中享有全链条参与的民主权利。[②] 唐亚林认为，"全过程民主"是人民民主价值与制度框架在操作层面的具体化运用，通过利益需求满足、透明公开参与、理性协商共识、制约监督纠错的链式内在有机互动方式，将人民的需求、人民的参与、人民的协商、人民的监督有机统一起来，实现了将人民民主所追求的民主性质与民主运行的质量有机结合的目标。中国共产党通过对人民民主进入实践操作层次的形态与机制的实践创新与理论提炼，创建"全过程民主"的回应式民主、参与式民主、协商式民主与监督式民主四大运作形态，以及实施精准识别机制、精致发展机制、精明推进机制、精敏发现机制四大实现机制，创造了人民依法、主动、有效参与国家事务和社会事务管理的制度形态与机制体系，深化了对人民民主"一二三四五"制度框架与运行机制的认识，丰富了人民民主的实现方式，提升了人民民主的运行质

---

① 刘军、李洋：《"全过程"的人民民主：中国式民主的制度设计与建设实践》，《科学社会主义》2021 年第 1 期。

② 张君：《全过程人民民主：新时代人民民主的新形态》，《政治学研究》2021 年第 4 期。

量，开创了比西式民主更为多样、更为有效、更为灵敏的人民民主新型发展之路。①

（三）文化建设研究聚焦人类文明新形态

习近平总书记在庆祝中国共产党成立一百周年大会上的讲话，在阐述必须继续推进马克思主义中国化时，强调了两个相结合，即"坚持把马克思主义基本原理同中国具体实际相结合、同中华优秀传统文化相结合"。② 这从指导思想上阐明了推进马克思主义中国化要处理好理论与实际、理论与文化的辩证统一关系，极大地深化了对马克思主义中国化的认识。讲话强调："我们坚持和发展中国特色社会主义，推动物质文明、政治文明、精神文明、社会文明、生态文明协调发展，创造了中国式现代化新道路，创造了人类文明新形态。"党的十九届六中全会强调指出："党领导人民成功创造了中国式现代化新道路，创造了人类文明新形态。"③

关于文化强国建设。陆卫明、刘艺娃认为，社会主义文化强国建设，彰显新时代中国特色社会主义文化思想的新发展，为实现中华优秀文化伟大复兴创造发展机遇，构筑适应新时代全面建设社会主义现代化强国的文化根基。社会主义文化强国建设应强化意识形态领导，夯实三大文化建设根基，凝聚与弘扬"中国精神"，吸收借鉴人类优秀文明成果，构建中国特色社会主义文化发展框架体系。新时代，推进社会主义文化强国建设应坚持结果导向，强化组织保障，加强舆论引导，突出人民导向，坚持市场在资源配置中的决定性作用，确保社会主义文化强国宏伟蓝图落地落实。④

人类文明新形态，内涵丰富，涵盖五大文明，文化建设是其中重要的

---

① 唐亚林：《"全过程民主"：运作形态与实现机制》，《江淮论坛》2021 年第 1 期。
② 《习近平谈治国理政》第四卷，外文出版社 2022 年版，第 10 页。
③ 《习近平谈治国理政》第四卷，外文出版社 2022 年版，第 10 页。
④ 陆卫明、刘艺娃：《新时代建设社会主义文化强国的理论意涵与实践路径》，《中州学刊》2021 年第 8 期。

看点。孙代尧分析了中国式现代化新道路与人类文明新形态的关系，认为习近平总书记"七一"讲话提出的"两个创造"重大论断，是对中国特色社会主义的世界历史性意义的新概括。中国式现代化新道路是中国共产党思想解放所形成的精神传统的逻辑结果，赋予了现代化的新内涵、新的结构功能和新的精神境界。中国特色社会主义创造了人类文明新形态，是一种总体性历史叙述，需要从总体上把握才能深刻理解。① 陶文昭认为，中国"创造了人类文明新形态"，这大而言之是制度文明新形态、现代化新形态、世界文化新形态、国际关系新形态，小而言之是物质文明、政治文明、精神文明、社会文明、生态文明协调发展的新形态。社会主义是迄今为止人类最先进的社会形态，中国特色社会主义对人类文明发展具有深远的意义。现代化新形态、世界文化新形态、国际关系新形态，既是中国特色社会主义在这些领域的体现，同时又具有相对独立性。把握人类文明新形态这个新命题，要注意分析诸如"信息文明论""生态文明论""国家文明论"等观点，在坚定中国特色社会主义自信中，继续在理论上进行研究，在实践上进行探索。② 顾海良认为，提出"人类文明新形态"这一思想，首先是以中国特色社会主义道路发展为基本前提，以"五个文明"进步为主体内容，也是以"中国式现代化新道路"的探索和发展为基本过程和目标的。"人类文明新形态"丰富了习近平新时代中国特色社会主义思想的科学内涵，体现了新时代马克思主义中国化的思想智慧。"人类文明新形态"以党的十八大以来社会主要矛盾变化为根据，是对中国特色社会主义发展形态特征的概括；是实现全面建成小康社会目标后，对中国式现代化发展方向和目标的科学概括，也是中华民族伟大复兴进程中的新形态；是在新发展阶段"量变"向"部分质变"转变过程中，对中国特色社会主义道路发展和制度完善特征的全面概括；与坚持推动构建人类命运共同体过程相联结，体现了它所具有

---

① 孙代尧：《论中国式现代化新道路与人类文明新形态》，《北京大学学报（哲学社会科学版）》2021 年第 5 期。

② 陶文昭：《创造人类文明新形态》，《中国高校社会科学》2021 年第 6 期。

的广泛世界意义及其蕴含的共同价值观和普遍性特征。① 颜晓峰认为，社会主义现代化建设，本身就是社会主义文明建设；建设社会主义文明，必然要求全面建设社会主义现代化国家，社会主义现代化与社会主义文明内在统一、相互促进。② 杨光斌认为，我们党在百年奋斗中求解放、求富强，中国人民以改变自己而改变世界秩序，从而深刻地影响了世界历史进程，开辟了中国式现代化道路，创造了人类文明新形态。③ 田心铭认为，不同国家、民族的文明是多样的、平等的、包容的。中国特色社会主义文明是在中国特色社会主义道路上创造的人类文明新形态。它是社会主义的，又是中华民族的，是社会主义和中华文明的统一体，具有社会主义性质和鲜明中国特色。中国特色社会主义文明的创造使社会主义发展成为一种现实存在的新的文明形态，使历史悠久的中华文明进入了中国特色社会主义新时代，发展成为社会主义的中华文明。这在社会主义发展史和中华文明史上都具有极其重要的地位，必将载入中华民族发展史册、人类文明发展史册。把我们党领导人民创造人类文明新形态的丰富经验集中到一点，就是坚持把马克思主义基本原理同中国具体实际相结合、同中华优秀传统文化相结合。④

关于"两个结合"。韩庆祥认为，全面推进马克思主义基本原理的"两个结合"，是从整体上关乎马克思主义根本问题的一个重大论断。从现实维度讲，马克思主义基本原理同中国具体实际相结合，其实质就是使马克思主义在中国开花、结果，既寻求正确的中国道路，以解决中国社会主要矛盾和根本问题，推进中国发展进步，也创新发展马克思主义；从历史维度讲，马克思主义基本原理同中华优秀传统文化相结合，其实质就是既使马克思主义在中国落地、扎根，又运用马克思主义立场观点方法对中华传统文化进行创造性转化和创新性发展；从理论维度讲，"两个结合"作为创新发展马克

① 顾海良：《"人类文明新形态"的理论意蕴和思想智慧》，《理论与现代化》2021 年第 6 期。
② 颜晓峰：《创造社会主义现代化的文明新形态》，《马克思主义研究》2021 年第 7 期。
③ 杨光斌：《中国共产党与人类文明新形态》，《中国人民大学学报》2021 年第 6 期。
④ 田心铭：《中国特色社会主义和人类文明新形态》，《世界社会主义研究》2021 年第 11 期。

思主义的根本路径，产生了中国化马克思主义。推进"两个结合"，既需要系统深入总结并坚持推进"两个结合"的基本经验，也需要提炼中华优秀传统文化精髓，把"双方优势结合"和"双方功能互补"作为结合方式，还需要把握中国具体实际的根本内涵，把"历史方位""社会主要矛盾""根本问题""中国道路"作为结合点。① 郭建宁认为，马克思主义行，既因为马克思主义是科学的思想体系，也因为中国共产党创造性地提出和持续不懈地推进马克思主义中国化。马克思主义中国化行，又关键在于实现了"两个结合"。习近平总书记"七一"讲话关于"两个结合"的重要论述，进一步揭示了马克思主义中国化的实质，丰富了马克思主义中国化的内涵，拓宽了马克思主义中国化的研究视域，凸显了马克思主义中国化的文化意涵。新征程上继续推进马克思主义中国化，就必须坚持把马克思主义基本原理同中国具体实际相结合、同中华优秀传统文化相结合。② 陈培永认为，"同具体实际相结合"本身就是马克思主义的基本原理。中国具体实际相对于具有抽象性的马克思主义理论而言，凸显的是具体性和实践性；相对于马克思主义立足的各个国家的普遍性而言，凸显的是中国这个国家的特殊性；相对于马克思主义整个人类解放的视野而言，凸显的则是中华民族解放的民族性。中国具体实际包括中国的基本国情、中国的具体实践与中国的奋斗目标，也包括中国历史与中国传统文化，以及由文化价值观念所塑造的中国人的实际。中国传统文化是中国历史的一部分，但又有着超越于中国具体实际的外延，可以作为解决中国实际问题的思想文化资源。同中国具体实际、中华优秀传统文化相结合的主体是马克思主义基本原理，不是马克思主义。马克思主义基本原理同中国具体实际相结合，本质上处理的是理论与实践、主观与客观的关系；同中华优秀传统文化相结合，更加突出的是古与今、中与西的先进思想理论、文化价值观念融合的问题。强调两者相结合，最重要的不是强调两者的契合之

---

① 韩庆祥：《全面深入理解"两个结合"的核心要义和思想精髓》，《马克思主义研究》2021年第 10 期。

② 郭建宁：《论马克思主义中国化的"两个结合"》，《高校马克思主义理论研究》2021 年第 3 期。

处、相通之处。能够实现有机结合的双方，一定是有差异的双方，能够为对方提供补充和借鉴，在这个意义上谈论双方的相结合才有价值和意义。[①]

（四）社会建设研究聚焦巩固脱贫成果、共同富裕、社会治理现代化

习近平总书记在庆祝中国共产党成立 100 周年大会上的讲话中庄严宣告，经过全党全国各族人民持续奋斗，我们实现了第一个百年奋斗目标，在中华大地上全面建成了小康社会，历史性地解决了绝对贫困问题，正在意气风发向着全面建成社会主义现代化强国的第二个百年奋斗目标迈进。2022 年 2 月 10 日，习近平总书记在春节团拜会上指出："全面建成小康社会，实现第一个百年奋斗目标，在中国共产党奋斗史、新中国发展史、中华民族文明史上都具有里程碑意义。同时，我们必须认识到，这只是我们迈向中华民族伟大复兴的关键一步，我们决不能骄傲自满、止步不前，要继续谦虚谨慎、戒骄戒躁，继续艰苦奋斗、锐意进取，为实现第二个百年奋斗目标、实现中华民族伟大复兴而奋力拼搏，为人类和平与发展的崇高事业不断作出新的更大贡献！"全面建成小康社会后，如何巩固脱贫攻坚成果，如何推进共同富裕，如何推进社会治理现代化，成为重要研究课题。

关于民生。党国英指出，当提高民生水平成为政府的政策目标时，认识民生改善的逻辑就很重要。恩格尔系数、基尼系数是反映民生水平的重要指数，但应用这些指数应十分慎重。居住形态与劳动参与率也是反映民生水平的指数，但过去理论界对此未予以重视。个人生存空间的扩展、社会关系的改善以及个人自由选择机会的增加是民生改善的本质性过程，社会分工深化是决定此过程的基础性因素。改革开放以来中国的民生水平极大提高，通过深化改革还可以释放中国民生水平继续提高的潜力。[②]范玉仙认为，随着中

---

① 陈培永：《马克思主义中国化"两个相结合"的深层意蕴》，《高校马克思主义理论研究》2021 年第 3 期。

② 党国英：《民生改善的逻辑与中国实践》，《社会科学战线》2021 年第 10 期。

国特色社会主义进入新时代，民生供给和民生需求都由过去追求"有没有"向追求"好不好"转变。这表明中国民生事业已进入一个全新的历史阶段，这也对党的民生工作提出了新的更高要求：一是民生服务的多样化和高质量；二是民生发展更加凸显公平正义；三是民生治理更加法治化和现代化。①

关于社会治理。魏礼群认为，全面建成小康社会的社会治理取得重大成效，其主要标志是：全国人民过上宽裕殷实生活，开拓了现代社会治理新境界，社会治理现代化基础性制度不断改革创新，制度优势化为治理效能明显增强，社会保持长期和谐稳定等。必须增强推进社会治理现代化的自觉性、全面性、协同性、创新性、系统性、效能性，坚持加强党对社会治理的全面领导，着力增强人民群众的获得感、幸福感、安全感，拓展共建共治共享的社会发展新格局，大力提升基层治理现代化水平，全面提升社会治理智能化、现代化水平，全面增强社会治理现代化的整体效能。②

（五）生态文明建设聚焦"双碳"目标

2021年3月5日，习近平总书记在参加十三届全国人大四次会议内蒙古代表团审议时强调：要坚持绿水青山就是金山银山的理念，坚定不移走生态优先、绿色发展之路。要继续打好污染防治攻坚战，加强大气、水、土壤污染综合治理，持续改善城乡环境。要强化源头治理，推动资源高效利用，加大重点行业、重要领域绿色化改造力度，发展清洁生产，加快实现绿色低碳发展。要统筹山水林田湖草沙系统治理，实施好生态保护修复工程，加大生态系统保护力度，提升生态系统稳定性和可持续性。2021年3月15日，习近平总书记主持召开中央财经委员会第九次会议进一步强调，实现碳达峰、碳中和是一场广泛而深刻的经济社会系统性变革，要把碳达峰、碳中和纳入生态文明建设整体布局，拿出抓铁有痕的劲头，如期实现2030年前碳

---

① 范玉仙：《建党百年来中国民生事业的阶跃式发展及发生机理研究》，《经济纵横》2021年第5期。

② 魏礼群：《全面建成小康社会与推进社会治理现代化》，《前线》2021年第3期。

达峰、2060 年前碳中和的目标。

"双碳"建设是 2021 年学者们关注的重点。刘燕华、李宇航、王文涛系统梳理了中国实现"双碳"目标面临的挑战和机遇，并提出了中国可重点开展行动的领域和方向。他们认为，现阶段中国实现"双碳"目标面临着碳减排压力大、时间紧、代价高、技术储备不足、发展不平衡、摆脱"碳锁定"成本高、碳定价机制不成熟、利益调整复杂等挑战。同时，"双碳"目标的提出为新冠肺炎疫情后新型基础设施建设、传统产业的低碳转型创造了绿色复苏的机遇，拓展了生态文明建设的内涵并为其难点问题提供了系统性解决方案。未来中国应在推动科技进步、发挥好碳市场作用、扩大绿色投资等方面持续发力以强化创新驱动与绿色金融发展，并通过坚持合作共赢理念、掌握竞争话语权、全方位和多角度参与全球治理与合作等方式深化人类命运共同体建设，确保"双碳"目标有效实现。[①] 张诗卉等分析了中国省级碳排放趋势及差异化达峰路径。该研究基于层次聚类方法分析了中国省级区域的碳排放趋势，将 31 个省份基于经济发展、产业结构、能源消费和排放特征等异质性划分为 5 类，并结合各省的达峰行动进度对各自面临的达峰形势进行了分析，给出了差异化的达峰行动路径。研究发现，31 个省份中已有 7 个成为碳排放与 GDP 增长脱钩的达峰示范省，另有 10 个正在脱钩的低碳潜力省、9 个待脱钩的工业转型期省份、3 个能源基地省和 2 个低碳转型初期的省份。这些省份的行动进度也呈现较多共性：①达峰示范省大部分宣告明确的达峰目标年份并宣称有望提前实现；②低碳潜力省的低碳试点城市数量最多，排放覆盖率也高；③较多重工业转型期省份提出了明确达峰目标，但城市层面的目标力度较为缺乏；④能源基地省和低碳转型初期省的省级和城市层面的力度均有所欠缺。文章给出如下政策建议：①对于经济发达、基本完成低碳转型的达峰示范省，建议面向碳中和愿景，充分发挥示范效应，引领

---

① 刘燕华、李宇航、王文涛：《中国实现"双碳"目标的挑战、机遇与行动》，《中国人口·资源与环境》2021 年第 9 期。

需求侧低碳转型；②对于经济增长迅速、同时还没有形成高耗能行业路径依赖的低碳潜力省，建议以低碳城市规划为抓手，着力构建低碳产业体系，发展绿色经济；③对于重工业比重较高，亟待低碳转型的重工业转型期省份，建议加强城市层面的行动落实，同时加强传统工业的低碳升级改造；④对于能源基地型省份，建议因地制宜建立低碳能源供应体系；⑤对于低碳转型初期省份，建议协调好生态屏障保护与经济发展的关系，发展生态旅游等绿色低碳产业，提升生态系统碳汇能力。①

2021年，《探索与争鸣》编辑部与上海交通大学中国城市治理研究院联合召开主题为《碳达峰与碳中和：应对全球气候变化的中国行动》研讨会。林震指出，"双碳"治理应从治理体系、治理能力和治理效能入手，提升治理现代化水平。其中，治理能力是关键。实现"双碳"的良性治理，需要切实提升系统治理、依法治理、综合治理、源头治理、科学治理和持续治理六个方面的能力。冯宗宪建议，中国碳减排要从碳强度指标和碳排放总量两方面结合考虑进行，按照适度超前、略留余地的要求部署碳达峰行动方案。国家对各区域碳达峰的时序应有一定的统筹安排，按照各地在全国主体功能区的地位和作用特点，提出有区别的不同要求，鼓励各区域各尽所能，采取各具特色的碳减排路径。张中祥教授指出，碳成本提高短期对企业有阵痛，但政府不应被企业可能放大的情绪所左右。中国在煤电和控煤上的立场，既要考虑遵守全球气候变化协议，也要基于本身经济发展水平和能源结构的客观现实。欧盟绿色新政中防止碳泄漏的CBAM提案，可能对中国影响最大，应引起关注。郝宇认为，碳减排的本质是发展权的竞争。碳排放权交易是利用市场机制推动绿色低碳发展，实现"双碳"目标的重要政策工具。现阶段我国碳市场建设的重点工作仍为总体框架的搭建，尚需细化各项管理制度和条例。沈小燕建议，统筹考虑碳交易和碳税两种政策手段的并行和综合

---

① 张诗卉、李明煜、王灿、安康欣、周嘉欣、蔡博峰：《中国省级碳排放趋势及差异化达峰路径》，《中国人口·资源与环境》2021年第9期。

应用，在进一步完善碳交易制度的同时择机开征碳税。王茹指出，实现"双碳"目标过程中面临自然风险、经济风险、社会风险和政治风险四种潜在风险。要统筹有序构建"双碳"风险防控体系，包括高韧性的自然风险防控体系、基于"成本—收益"分析的经济风险防控体系、提升公共福利的社会风险防控体系、多元参与的政治风险防控体系。①

三、需要进一步研究的问题

党的十九届六中全会通过的《中共中央关于党的百年奋斗重大成就和历史经验的决议》指出，党的十八大以来，以习近平同志为核心的党中央推动党和国家事业取得历史性成就、发生历史性变革。其中，在经济建设上，我国经济发展平衡性、协调性、可持续性明显增强，国家经济实力、科技实力、综合国力跃上新台阶，我国经济迈上更高质量、更有效率、更加公平、更可持续、更为安全的发展之路。在全面深化改革开放上，党不断推动全面深化改革向广度和深度进军，中国特色社会主义制度更加成熟更加定型，国家治理体系和治理能力现代化水平不断提高，党和国家事业焕发出新的生机活力。在政治建设上，积极发展全过程人民民主，我国社会主义民主政治制度化、规范化、程序化全面推进，中国特色社会主义政治制度优越性得到更好发挥，生动活泼、安定团结的政治局面得到巩固和发展。在全面依法治国上，中国特色社会主义法治体系不断健全，法治中国建设迈出坚实步伐，党运用法治方式领导和治理国家的能力显著增强。在文化建设上，我国意识形态领域形势发生全局性、根本性转变，全党全国各族人民文化自信明显增强，全社会凝聚力和向心力极大提升，为新时代开创党和国家事业新局面提供了坚强思想保证和强大精神力量。在社会建设上，人民生活全方位改善，社会治理社会化、法治化、智能化、专业化水平大幅度提升，发展了人民安

---

① 林震：《碳达峰与碳中和：应对全球气候变化的中国行动》，《探索与争鸣》2021年第9期。

居乐业、社会安定有序的良好局面，续写了社会长期稳定奇迹。在生态文明建设上，党中央以前所未有的力度抓生态文明建设，美丽中国建设迈出重大步伐，我国生态环境保护发生历史性、转折性、全局性变化。

认真研究十九届六中全会的这些重大论断，推动中国特色社会主义事业继续前进，是未来一段时期理论研究的重要任务。譬如，在经济建设方面，立足新发展阶段、贯彻新发展理念、构建新发展格局、推动高质量发展研究，促进全体人民共同富裕研究，党的十八大以来推动经济高质量发展的实践和经验研究，推动经济发展质量变革、效率变革、动力变革研究，科技自立自强作为国家发展的战略支撑研究，防止资本无序扩张研究等；在政治建设方面，党的十八大以来推进社会主义民主政治建设的实践和经验研究，坚定对中国特色社会主义政治制度的自信研究，发展全过程人民民主研究等；在文化建设方面，党的十八大以来党领导文化建设的实践和经验研究，建设具有强大凝聚力和引领力的社会主义意识形态研究，推动中华优秀传统文化创造性转化、创新性发展研究等；在社会建设方面，党的十八大以来党领导社会建设的实践和经验研究，建设体现效率、促进公平的收入分配体系研究，建设共建共治共享的社会治理制度研究等；在生态文明建设方面，党的十八大以来党领导生态文明建设的实践和经验研究，坚持走生产发展、生活富裕、生态良好的文明发展道路研究，碳达峰碳中和问题研究等。

（执笔人：李志勇）

分报告五：关于中国特色社会主义"四个全面"战略布局的研究

2021 年 7 月 1 日，习近平总书记在庆祝中国共产党成立 100 周年大会上向世界庄严宣告："经过全党全国各族人民持续奋斗，我们实现了第一个百年奋斗目标，在中华大地上全面建成了小康社会，历史性地解决了绝对贫困问题，正在意气风发向着全面建成社会主义现代化强国的第二个百年奋斗目标迈进。"[①] 与此相适应，全面建成社会主义现代化强国成为中国共产党第二个百年新征程的战略目标，与全面深化改革、全面依法治国、全面从严治党形成新征程上的"四个全面"战略布局。2021 年，科学社会主义学界结合新的实践发展，围绕"四个全面"战略布局展开了深入研究，取得了许多重要研究成果。

一、全面建设社会主义现代化国家

"建设什么样的社会主义现代化强国、怎样建设社会主义现代化强国"，这是习近平新时代中国特色社会主义思想需要系统回答的三大时代课题之一。党的十八大以来，尤其是开启建设社会主义现代化强国新征程以来，以习近平同志为核心的党中央围绕这一时代课题进行了战略谋划，形成了一系列重大原创性理论观点。2021 年是中国共产党成立 100 周年，总结党的百年奋斗历史经验成为哲学社会科学研究的热门话题。基于上述原因，科学社会主义学界以及相关学科的研究主要集中在建设社会主义现代化国家的历史

---

① 习近平：《在庆祝中国共产党成立 100 周年大会上的讲话》，《人民日报》2021 年 7 月 2 日。

进程与经验、中国共产党的社会主义现代化思想、建设社会主义现代化强国的基本内涵、理论阐释与实践要求五个方面。

1.建设社会主义现代化国家历史进程

传统帝国体制解体后，面对对外反抗侵略力争民族独立、对内统一政权力求国富民强的历史使命，历史最终选择了中国共产党带领中国人民走上社会主义现代化国家建设之路。中国共产党是中国现代国家建设的领导者和推动者。郭强认为，中国共产党一百年历史的主题是实现中华民族伟大复兴，而这个主题的逻辑主线就是实现现代化。中华民族伟大复兴的中国梦起源于现代化的挑战。中国共产党百年奋斗为中国现代化创造了根本社会条件、政治前提和制度基础，完成了现代化建设中解决温饱、实现小康两个历史性任务，开创了中国式现代化新道路。[①] 杨德山、葛雯重点关注现代化建设目标的探索，认为把中国建设成为一个社会主义现代化强国是一百年来中国共产党领导人民努力奋斗的宏伟目标，是它的"初心""使命"的集中体现。进入中国特色社会主义新时代，以习近平同志为核心的党中央，科学总结我国现代化建设的理论与实践经验，奋勇拼搏，锐意创新，推动了中国特色社会主义现代化建设迈上新的台阶，通向更为宽广开阔的新征程。[②]

中国共产党百年奋斗史是领导中国现代化不断取得辉煌成就的历史，石建勋总结分析了党领导中国现代化的历史进程、历史规律和基本经验，主要包括：中国共产党的领导是中国现代化演进的最本质特征和最大政治优势；不断推进执政党的革命化和现代化建设，永葆党的先进性和战斗力是顺利推进国家现代化的根本保障；坚持以人民为中心，充分调动最广大人民群众积极性和创造性，是中国现代化的力量源泉和历史规律；不断深化对中国现代化建设规律性认识，做好现代化建设的发展战略和规划布局，是推进国家

---

① 郭强：《百年党史中的现代化逻辑》，《科学社会主义》2021 年第 4 期。

② 杨德山、葛雯：《百年来中国共产党关于现代化建设目标的探索》，《马克思主义理论学科研究》2021 年第 6 期。

现代化的方法论等八个方面的历史规律和基本经验。① 熊觉指出，在"建设一个什么样的国家"这一重大问题上，中国共产党国家建设的目标构想经历了从模糊到清晰、从设想到现实、从改革到定型、从巩固到开创的历史演进过程。② 社会主义中国已经到"两个一百年"奋斗目标的历史交汇点，全面建设社会主义现代化国家新征程已经开启，要始终遵循和发展马克思主义，始终坚持和加强党的全面领导，持续推进社会主义现代化和国家治理现代化，走稳走好社会主义现代化强国建设新征程。

现代化是中国共产党不懈追求的伟大目标。王建国、陈莎莎认为，百年来，中国共产党带领中国人民开辟了一条中国特色社会主义的现代化道路。这条道路坚持以人民为中心的价值目标、坚持党对社会主义现代化的全面领导、坚持用新型政党制度整合现代化过程中的社会分化、坚持用"举国体制"推进现代化的快速发展。这条现代化道路在发展路径上体现出长期性与阶段性相统一、学习型与创新型相融合、重点突破与全面推进互动、非均衡性向均衡性发展的特征。③ 习近平总书记提出的"中国式现代化新道路"，是一个全新的命题。许耀桐认为，百年来，中国共产党对中国式现代化新道路经历了四个时期的探索：第一是党的创建和新民主主义革命时期的初步探索；第二是社会主义革命和社会主义建设时期的深入探索；第三是改革开放和社会主义现代化建设时期的创新探索；第四是进入中国特色社会主义新时代以来的拓展探索。④

现代化是落后国家从传统社会多层次地向现代社会连续不断地发展变迁

① 石建勋：《中国共产党领导中国现代化的历史进程》，《海南大学学报（人文社会科学版）》2021 年第 4 期。

② 熊觉：《中国共产党国家建设构想的百年演进与基本经验》，《上海大学学报（社会科学版）》2021 年第 4 期。

③ 王建国、陈莎莎：《中国共产党的现代化探索之路》，《中国特色社会主义研究》2021 年第 3 期。

④ 许耀桐：《中国共产党对中国式现代化新道路的百年探索》，《中共福建省委党校（福建行政学院）学报》2021 年第 5 期。

过程。社会主义现代化有其自身的独特性和优越性。百年来，中国共产党带领中国人民创造了中国特色社会主义现代化新道路，建立了人民民主专政的社会主义国家、推进社会主义工业化和社会主义民主政治建设以及文化建设、在改革开放中加快推进社会主义现代化建设、开启全面建设社会主义现代化国家新征程。李斌雄、魏心凝认为，党和人民积累了必须坚持党的领导、坚持马克思主义的指导地位、坚持以人民为中心的发展思想、加强党的建设、坚持独立自主的和平发展道路等宝贵经验。① 张雷声总结党的百年奋斗史认为，中国共产党探索实现现代化的历史过程，是一个从被动现代化走向主动现代化、从实现工业化走向实现"四个现代化"、从"中国式的现代化"走向中国特色社会主义现代化的艰辛曲折过程。中国共产党探索实现现代化的过程，反映了中国共产党对现代化探索的三个维度，体现了中国共产党在世界历史进程中通过探索现代化实现中华民族伟大复兴的大视野、大胸怀、大格局。② 李红军、刘晓鹏则提出，现代化是中国共产党与生俱来的政治价值诉求与政党意志表达。从历程之维审视，中国共产党现代化建设的历程大致分为萌芽期、开端期、发展期和完善期四个阶段。从价值之维考量，中国共产党领导的现代化建设事业催生了分步走发展战略的实践与理论，推进了中国脱贫事业的决定性胜利，贡献了现代化的"中国式"方案，彰显了科学社会主义的强大生命力。从经验之维体悟，秉承共产党领导的政治基因、坚定马克思主义的政治信仰、坚决站稳以人民为中心的政治立场、保证社会主义的政治方向、遵循一切从实际出发的政治工作方法是中国共产党推动现代化建设的主要历史经验。③

---

① 李斌雄、魏心凝：《中国共产党探索社会主义现代化道路的百年历程和基本经验》，《中南民族大学学报（人文社会科学版）》2021 年第 8 期。
② 张雷声：《从现代化走向中国特色社会主义现代化——中国共产党的百年探索》，《马克思主义理论学科研究》2021 年第 5 期。
③ 李红军、刘晓鹏：《论中国共产党百年现代化建设的三重维度》，《青海社会科学》2021 年第 3 期。

2.中国共产党社会主义现代化思想研究

党的现代化理论，依据的是党领导的建立和建设社会主义、坚持和发展中国特色社会主义的创造性实践。中国特色社会主义进入新时代，建设社会主义现代化国家呈现出新的形势。颜晓峰提出，习近平总书记关于现代化发展的系列重要论述，是基于对新时代新阶段建设社会主义现代化国家的新特点新要求的准确把握，是中国共产党社会主义现代化理论的最新发展，为党的奋斗目标的实现提供了科学指导。① 随着中国特色社会主义进入新时代，我国全面建成小康社会进入新发展阶段，中国共产党也形成了全面建设社会主义现代化的思想。王正绪指出，中国共产党对现代化的理论探索，先是经历了新中国成立初期至第三届全国人民代表大会召开的成型阶段，设立了20世纪末实现四个现代化的奋斗目标；改革开放以后，党提出社会主义初级阶段的理论，积极建设中国特色社会主义，在这个阶段，党提出了建设小康社会、到21世纪中叶基本实现现代化的目标；进入新时代以来，中国共产党提出了2035年基本实现社会主义现代化、本世纪中叶全面建成社会主义现代化强国的新的"两步走"战略安排。② 至此，中国共产党的全面现代化思想基本形成。

朱厚敏强调，社会主义发展阶段是科学社会主义理论的基本问题，中国共产党自建党以来，在带领中国人民革命建设的过程中对社会主义发展阶段特征的认识不断深化，在明确社会主义"建立"不等于"建成"的基础上，对社会主义建设的长期性认识由社会主义建设阶段深化到社会主义初级阶段，在社会主义现代化建设过程中强化了对社会主义发展的阶段性特征认识，继而肯定了社会主义建设的新发展方位，从而对科学社会主义发展阶段理论作出了创新性贡献。③ 中国共产党与中国的现代化密不可分，书写了世

---

① 颜晓峰：《中国共产党社会主义现代化思想在新时代的新发展》，《毛泽东研究》2021年第6期。

② 王正绪：《中国共产党的全面现代化思想：从初期探索到全面确立》，《理论月刊》2021年第9期。

③ 朱厚敏：《中国共产党对社会主义发展阶段的认识深化》，《科学社会主义》2021年第1期。

界史上辉煌的现代化史诗。胡伟指出，现代化是中国共产党贯穿革命、建设和改革各个历史阶段的百年追求，在普遍性与特殊性相统一的基础上，逐步形成了中国式现代化或社会主义现代化思想，使社会主义制度与现代化潮流相互嵌入，开辟了中国特色社会主义道路。中国共产党的现代化思想蕴含了"历时性"和"共时性"核心概念，体现出现代化道路"量"与"质"的双重规定性，构成了人类现代化理论宝库的重要财富。①

俞祖华强调百年以来中国共产党国家现代化话语的建构，指出中国共产党在团结领导中国人民进行革命、建设与改革的奋斗历程中，不断拓展对现代化概念与内涵的认识，经历了从革命时期的"工业化"、建设时期的"四个现代化"、改革时期的"社会主义现代化"、新时代的"全面建设社会主义现代化"的变迁。不断深化对现代化模式与道路的探索，形成了新民主主义革命道路、社会主义改造和社会主义建设道路、中国特色社会主义道路话语。不断丰富对现代化理论与叙事的建构，围绕中国现代化的发展目标、总体布局、空间布局、内生动力、外部支持、本土特色等进行探讨并建立相关论述。不断增强党领导现代化的本领与水平，革命时期提出解决"本领恐慌"问题；建设时期展现出党"不但会革命，也会建设"；改革时期提出"加强党的执政能力建设"；新时代提出"推进国家治理体系和治理能力现代化"。②陈冬冬、齐卫平则指出，建设社会主义现代化国家始终是中国共产党人长期坚持的奋斗目标。在不同的历史时期，实现现代化国家的目标有着不同的话语表达，分别表现为：以完成工业国转型为追求的现代化国家目标话语、以全面建成小康社会为指向的现代化国家目标话语、以实现中华民族伟大复兴为愿景的现代化国家目标话语。③

---

① 胡伟：《中国共产党与中国的现代化：百年探寻和思想》，《科学社会主义》2021年第6期。
② 俞祖华：《百年以来中国共产党国家现代化话语的建构》，《山东师范大学学报（社会科学版）》2021年第6期。
③ 陈冬冬、齐卫平：《建设社会主义现代化国家目标话语的历史演变》，《理论与改革》2021年第4期。

3. 全面建设社会主义现代化强国的基本内涵

开启全面建设社会主义现代化国家新征程是在全面建成小康社会的基本前提和物质基础上，迈向更加全面、更高质量、更高水平、更为安全、更可持续的现代化发展新阶段，标志着中国特色社会主义现代化建设迈上新台阶。秦宣指出，党的十九大、十九届五中全会明确提出，在全面建成小康社会之后，中国将"开启全面建设社会主义现代化国家新征程"。这个"新征程"的新，主要体现在三个方面，即新在"新发展阶段"上，新在新发展目标任务上，新在新实现途径上。[①] 季卫兵强调，全面建设社会主义现代化国家具有历史逻辑、价值逻辑和行动逻辑的高度统一性。就历史逻辑而言，全面建设社会主义现代化国家的历史标向客观反映了中华民族迎来从"站起来""富起来"到"强起来"伟大飞跃的必然趋势及其实践图景。就价值逻辑而言，以创新、协调、绿色、开放、共享为内核的新发展理念，是引导全面建设社会主义现代化国家各项事业行稳致远的基本价值遵循。就行动逻辑而言，只有构建以国内大循环为主体、国内国际双循环相互促进的新发展格局，才能保证全面建设社会主义现代化国家在各个领域的实践都朝着更高质量、更有效率、更加公平、更可持续、更为安全的方向发展。[②]

米亭指出，中国现代化从"工业化"到"四个现代化"再到"全面现代化"的演进逻辑突出体现在"全面"二字的深刻意蕴。之于"全面"，从广度看，体现我国建设社会主义现代化国家内容布局的系统性；从深度看，体现我国建设社会主义现代化国家发展模式的高质量性；从跨度看，体现我国建设社会主义现代化国家空间布局的协调性；从维度看，体现我国建设社会主义现代化国家推进人与自然和谐共生的和谐性；从高度看，体现我国建设社会主

[①] 秦宣：《全面建设社会主义现代化国家新征程"新"在何处?》，《科学社会主义》2021 年第 1 期。

[②] 季卫兵：《全面建设社会主义现代化国家新征程的三重逻辑意蕴》，《南京理工大学学报（社会科学版）》2021 年第 3 期。

义现代化国家促进人的全面发展的本质性。①

李斌、暴文婷强调，全面建设社会主义现代化国家充分体现了中华民族在迎来从站起来、富起来到强起来进程中理论逻辑、历史逻辑、价值逻辑的有机统一。全面建设社会主义现代化国家战略布局，从理论逻辑看是对马克思主义现代化理论的继承、发展、创新，从历史逻辑看是实现中华民族伟大复兴的历史必然，从价值逻辑看是实现"以人民为中心"价值目标的必然选择。② 刘卓红也从历史、现实和未来的三个维度来认识，认为全面建设社会主义现代化既是中国共产党对现代化的理解从自觉不断走向成熟的过程，也是立足新时代对社会主义现代化内涵作出的深度把握，更是彰显全面开启建设社会主义现代化国家为迎接人类新文明提供多维支撑的价值所在。③ 陈金龙、钟文苑指出，全面建设社会主义现代化国家蕴含现代化的主体、现代化的性质、现代化的领域，是一个内涵丰富、指向明确的表达。把握全面建设社会主义现代化国家的方位，要置于中华民族伟大复兴的战略全局和世界正经历的百年未有之大变局来认识，结合新中国70多年的历史发展、中国特色社会主义新时代和"两个一百年"奋斗目标来定位。开启全面建设社会主义现代化国家新征程，有利于凝聚各方面力量、建构国家形象和政党形象，实现了"四个全面"战略布局的内涵更新，能为发展中国家走向现代化提供经验和借鉴。④

4. 全面建设社会主义现代化强国的理论阐释

现代化的内在规律、历史使命、实践理念是诠释全面建设社会主义现代化国家内涵的三维向度。陈金龙、张鹏辉认为，从内在规律来看，"五大领

① 米亭：《全面建设社会主义现代化国家之"全面"的深刻意蕴》，《北京交通大学学报（社会科学版）》2021年第4期。
② 李斌、暴文婷：《论全面建设社会主义现代化国家战略布局的基本逻辑》，《高校马克思主义理论研究》2021年第3期。
③ 刘卓红：《全面理解社会主义现代化国家深刻内涵》，《思想理论教育导刊》2021年第2期。
④ 陈金龙、钟文苑：《全面建设社会主义现代化国家的内涵、方位与功能》，《思想理论教育》2021年第1期。

域"的现代化、国家治理的现代化、人的现代化是其基本内容。从历史使命来看，解决新时代我国社会主要矛盾、建成社会主义现代化强国、实现中华民族伟大复兴是其主要任务。从实践理念来看，在党的全面领导前提下，实践中坚持以人民为中心理念、新发展理念、系统理念和安全理念是其内在要求。内在规律、历史使命、实践理念三维向度，也是促成从全面建成小康社会到全面建设社会主义现代化国家演进的三重因素。① 胡大平认为，人是现代化的前提和归宿在中国共产党领导下，中国百年现代化史充分体现了自觉地创造自己历史这个人的现代化主题，同时始终坚持为人民谋幸福的宗旨。新时代全面建设社会主义现代化国家征程中人的现代化表现形式，可以理解为是一种文化，这种文化的特质，仍然可以用毛泽东在阐明中国革命之特色时所使用的"民族的科学的大众的文化"来描述。② 王辛刚强调，党的十八大以来，中国共产党人愈加自信，"社会主义现代化"就是要实现中华民族的伟大复兴和人民对美好生活的向往，而中国式现代化道路也是可以引领世界现代化前进方向的中国智慧。③ 现代化之于中国的首要意义在于改变落后挨打的命运，赢得国家独立，迎接现代化成为先进政党改变落后国家状态的战略选择。

王韶兴强调，在现代化国家建设中建设强大政党，本质上是政党意志表达和实现的政治价值创造过程。强大的政治创造力、思想引领力、组织运筹力、制度创设力以及自身建设力，是强大政党的内在属性。在中国特色社会主义发展逻辑中，把中国共产党建设成为世界上最强大政党，是重大时代性命题。从历史反思、理论审视、实践形态等维度探讨现代化国家建设中强大政党建设的中国逻辑，旨在增强科学认知中国共产党强大政党建设的历史演

① 陈金龙、张鹏辉：《全面建设社会主义现代化国家内涵的三维向度》，《马克思主义理论学科研究》2021 年第 5 期。

② 胡大平：《人的现代化与全面建设社会主义现代化国家》，《思想理论教育导刊》2021 年第 2 期。

③ 王辛刚：《百年以来中国共产党推进国家现代化的历史演进——基于概念史研究的论析》，《北京行政学院学报》2021 年第 2 期。

进逻辑、理论阐释逻辑及价值表达逻辑的理论自觉。[1] 唐爱军采用"全面现代化"来构建全面建设社会主义现代化国家的解释框架。他指出，中国进入新发展阶段，开启全面建设社会主义现代化国家新征程。以往现代化理论无法有效阐释中国式现代化的新实践，需要构建"全面现代化"话语体系，这是关于全面建设社会主义现代化国家的尝试性解释框架。全面现代化是中国式现代化的高阶形态，其可被界定为以人的现代化为核心的全方位、高质量现代化。全面现代化作为一个系统，包括现代化的目标、过程、动力、模式、制度化和评价标准等诸多要素。全面现代化具有世界意义，其核心在于提供了不同于西方资本主义现代化的新模式。[2]

百年来，中国共产党为实现民族复兴、人民幸福、国家富强的初心使命，努力探索能够彻底改变中国贫穷落后面貌的现代化道路，一条从中国实际出发、解决中国具体问题、推动中国快速发展的现代化道路已然成型。燕继荣指出，中国式现代化道路形成了"使命型政党"领导、"发展型政府"组织、"创新型政策"推动三条重要经验，并在现代国家建设与治理、人民生活水平改善与提升、国际社会共同进步推进方面取得重大成就。[3] 邓磊、张翟指出，在中国特色社会主义进入新时代时，以人民为中心、共同富裕、协调发展、和谐共生、和平发展已成为社会主义现代化的价值取向。从马克思恩格斯现代化思想的理论逻辑、中国共产党探索现代化的实践逻辑和社会主义现代化的价值逻辑三个方面形成的新时代中国特色社会主义现代化道路的内在逻辑，诠释了走中国特色社会主义现代化道路是我国社会主义初级阶段的必然选择。[4] 徐德莉强调，马克思主义是中

---

[1] 王韶兴：《现代化国家与强大政党建设逻辑》，《中国社会科学》2021 年第 3 期。

[2] 唐爱军：《论全面现代化——关于全面建设社会主义现代化国家的解释框架》，《上海师范大学学报（哲学社会科学版）》2021 年第 5 期。

[3] 燕继荣：《中国共产党领导的中国现代化：特征、经验和成就》，《中国领导科学》2021 年第 4 期。

[4] 邓磊、张翟：《论新时代中国特色社会主义现代化道路的内在逻辑》，《社会主义研究》2021 年第 4 期。

国现代化建设的重要指导思想，是全面建设社会主义现代化国家的重要理论来源。从历史维度来看，中国共产党把马克思主义基本原理与中国社会主义现代化建设实践相结合，推动中国特色社会主义现代化事业取得重大成就。从实践向度来看，当今世界正经历百年未有之大变局，中国必须深刻认识国际国内环境新变化带来的新矛盾新挑战，坚持加强和改善党的领导，坚持和完善中国特色社会主义制度，协调推进全面建设社会主义现代化国家。①

5.全面建设社会主义现代化强国的实践要求

党的十九大报告清晰擘画全面建成社会主义现代化强国的时间表、路线图，"两步走"战略为实现第二个百年奋斗目标提供了指引。刘海涛认为，实现现代化、实现民族复兴，是近代以来中华民族的伟大梦想。社会主义现代化的道路艰辛漫长，中国共产党成立以来特别是新中国成立以来，党在现代化建设道路上的探索与实践不断深化。2035年我国将基本实现社会主义现代化，中国现代化的社会主义性质和特征日益凸显。因此，要加强党对社会主义现代化建设的全面领导，进一步适应新的环境，加强党的执政能力，巩固党的执政地位，使党始终走在时代的前列。② 张媛媛认为，进入新发展阶段，解决新时代社会主要矛盾与全面建设社会主义现代化国家自觉成为"十四五"时期中国特色社会主义发展的目标要求与重要任务。在一定意义上，解决新时代社会主要矛盾的现实需要孕育了全面建设社会主义现代化国家的可能趋势，而全面建设社会主义现代化国家又成为解决新时代社会主要矛盾的"全面施工"。从发展进程看，解决新时代社会主要矛盾与全面建设社会主义现代化国家两者在思想层面、认识层面、实践层面、主体层面表现为同心、同向、同构、同力量的关系，都是在同一条道路、沿着同一个方向表征着对实现中华民族伟大复兴的中国梦

---

① 徐德莉：《全面建设社会主义现代化国家的理论逻辑与实践向度》，《中国高校社会科学》2021年第5期。

② 刘海涛：《百年大党与建设社会主义现代化强国》，《人民论坛·学术前沿》2021年第6期。

的目标追寻。① 罗哲指出，建设社会主义现代化强国应当遵循其历史逻辑与理论指引，准确把握现实要求，稳步推进各领域相关工作的开展。一方面，充分尊重现代化建设规律，既要突出重点任务，又要协同推进各项工程的建设；另一方面，科学认识当前形势与基本国情，既要利用发展机遇，又要积极应对与防范各种风险。② 郝宪印指出，制定和实施国民经济和社会发展中长期战略规划（计划），是我们党领导社会主义现代化建设的智慧、传统和优势，是我们党治国理政的重要方式，也为全面建设社会主义现代化国家积累了丰富历史经验。推进"十四五"经济社会发展，全面建设社会主义现代化国家，要以党的十九届五中全会《中共中央关于制定国民经济和社会发展第十四个五年规划和二〇三五年远景目标的建议》提出的战略目标、战略部署作引领，坚持党的全面领导，坚持以人民为中心，坚持新发展理念，坚持深化改革开放，坚持系统观念。同时，要处理好继承和创新、政府和市场、开放和自主、发展和安全、战略和战术等重大关系。③

陈冬冬、齐卫平强调，政党是建设现代化国家的主导力量，在中国式现代化场域中，中国共产党是建设现代化国家的领导者，亦是现代化国家的建设者和主要推动力量。与西方国家现代化道路中"政党缺场"特征相比，中国共产党拉开社会主义现代化建设大幕，绘制和调整实现现代化国家目标的"路线图"和"时间表"，丰富社会主义现代化的理论与实践，都凸显了中国式现代化的"政党在场"需求。进入新发展阶段，中国共产党通过坚持对社会主义现代化建设的全面领导，为实现现代化国家制定阶段性目标和发展战略部署，全面贯彻落实总体国家安全观，促进物质文明和精神文明协调发展，加快建设网络强国，以信息化驱动现代化等措施，最终实现全面建设社

---

① 张媛媛：《全面建设社会主义现代化国家与解决新时代社会主要矛盾关系论析》，《前沿》2021 年第 4 期。

② 罗哲：《建设社会主义现代化强国的深刻意涵》，《人民论坛》2021 年第 24 期。

③ 郝宪印：《全面建设社会主义现代化国家的战略引领》，《东岳论丛》2021 年第 1 期。

会主义现代化国家的历史任务。①

龚剑飞提出，制度建设和治理现代化，是全面建设社会主义现代化国家的基本内容，也是根本保障。中国共产党领导推进制度建设和治理现代化并不断取得重大成就，开创了人类制度文明史上的新型制度，为全面建设社会主义现代化国家奠定了扎实的理论基础、实践基础、制度基础。新的发展阶段，推进制度建设和治理现代化，要加大改革创新力度，坚持问题导向，加大制度体系和治理体系的有效供给，构建系统完备、科学规范、运行有效的制度体系，强化制度意识、涵养制度精神，培育良好制度生态。② 包心鉴提出，全面现代化，是中国特色社会主义的本质要求，是"第二个百年"新征程的主题。我国已进入高质量发展新阶段，高质量发展的实质就是现代化水平的全面提升。人是现代化的主体，提升人的现代素质、促进人的全面发展，是我国全面现代化的核心要素。围绕扎实推进共同富裕和实现人的全面发展，在"第二个百年"新征程中尤其要统筹好两个重大关系：一是统筹政府与市场的关系，推动有效市场和有为政府有机结合，依托高水平社会主义市场经济促进以人为主体的现代化；二是统筹经济与社会的关系，在经济高质量发展基础上把社会建设提到更加突出的位置，在社会全面进步中不断促进人的全面发展。③

总结来说，学术界关于全面建设社会主义现代化国家的研究立足于党和国家发展的需要，对许多重要问题进行了较为深入地学理性分析。下一步的研究应该重点关注以下问题：一是关于全面建设社会主义现代化强国之"强"的标准和要素研究；二是关于全面建设社会主义现代化强国的问题意识研究，重点关注新征程我国发展面临的各种风险挑战；三是从人类现代化的发展规律出发反观全面建设社会主义现代化强国的历史进程，并

①　陈冬冬、齐卫平：《全面建设社会主义现代化国家的政党推动》，《理论月刊》2021 年第 8 期。

②　龚剑飞：《全面建设社会主义现代化国家的制度逻辑与实践路径》，《湖南科技大学学报（社会科学版）》2021 年第 5 期。

③　包心鉴：《全面现代化："第二个百年"新征程的主题》，《观察与思考》2021 年第 10 期。

探索和概括社会主义现代化的规律。

二、全面深化改革

全面深化改革是社会主义现代化强国建设的根本动力。新时代全面深化改革已经进入以制度现代化为显著特征的历史时期。2021 年，科社学界和相关学科关于全面深化改革的研究主要集中在习近平总书记关于全面深化改革的重要论述、全面深化改革的历史经验与理论渊源、市场与政府的关系再解读三个方面。

1. 习近平总书记关于全面深化改革的重要论述

党的十八大以来，以习近平同志为核心的党中央统揽全局，以战略视野和问题导向，着力于全面深化改革，以改革创新为动力，推动经济社会发展取得历史性成就、发生历史性变革，在总结 1978 年至 2013 年 35 年改革开放的经验成果基础上，形成了更加全面系统的改革思想，更加厚实了改革方法论的理论基石。胡敏认为，改革思想成为习近平新时代中国特色社会主义思想的重要组成部分，也为构建中国特色社会主义政治经济学作出了原创性贡献。对照党的十一届三中全会以来的改革进程，系统梳理党的十八届三中全会以来全面深化改革的实践历程、理论逻辑和方法论意义，有助于在开启全面建设社会主义现代化国家新征程上，进一步增强改革动力、活力，为适应新发展阶段、贯彻新发展理念、构建新发展格局、实现高质量发展提供坚实的制度保障。[1] 郭强强调，习近平总书记关于全面深化改革的重要论述，系统回答了全面深化改革的大背景、总目标、新内涵和方法论，是我国新时代改革开放的基本遵循，也是新时代制度理论研究和制度建设实践的重要指导思想。[2]

---

[1] 胡敏：《新时代全面深化改革的成就、路径和方法论意义述要》，《成都行政学院学报》2021 年第 6 期。

[2] 郭强：《新时代改革开放的指导思想——习近平关于全面深化改革重要论述研究》，《行政管理改革》2021 年第 6 期。

习近平总书记关于全面深化改革的重要论述发源于马克思主义改革思想，是对毛泽东社会主义改革思想的坚持和发展，是对社会主义改革理论的直接继承和创新发展。周利生认为，中国特色社会主义进入新时代，以习近平同志为核心的党中央开启了全面深化改革，这是习近平总书记关于全面深化改革的重要论述的实践基础和生成逻辑的基点。习近平总书记关于全面深化改革的重要论述是习近平新时代中国特色社会主义思想的重要组成部分，是社会主义改革理论的最新篇章，进一步丰富和发展了马克思主义改革思想。① 中国共产党在改革的实践中，对社会主义改革理论进行了长期的探索，取得了丰硕的认识成果。李妍妍指出，这些认识成果包括社会主义改革的性质、改革的地位、改革的主体、改革的目标以及判断改革成败得失的标准等。② 这一系列认识成果从各个方面丰富和发展了科学社会主义关于改革的理论，把人们对社会主义改革的认识提高到了一个新的水平，这是中国共产党对科学社会主义的独特理论贡献。

习近平总书记关于全面深化改革的重要论述，是习近平新时代中国特色社会主义思想的重要组成部分。侯悦、柳建辉认为，学习贯彻习近平全面深化改革重要论述，应注意把握基本特点：一是坚持以人民为中心的价值取向；二是改革的全面与深化并重；三是以制度建设为改革主线；四是以钉钉子精神狠抓落实。③ 这些基本特点是以习近平同志为核心的党中央在全面深化改革的理论和实践探索中逐渐形成的。

习近平全面深化改革方法论是马克思主义哲学在当代中国改革实践中的创造性运用和发展。彭益民、周正刚指出，习近平全面深化改革方法论是马克思主义哲学在当代中国改革实践中的创造性运用和发展，其哲学基础是辩

---

① 周利生：《习近平关于全面深化改革重要论述的形成与贡献》，《马克思主义研究》2021年第5期。

② 李妍妍：《中国共产党对社会主义改革理论的创新》，《学术探索》2021年第8期。

③ 侯悦、柳建辉：《试论习近平全面深化改革重要论述的基本特点》，《理论视野》2021年第3期。

证唯物主义和历史唯物主义，主要包括以"求真务实论"为特色的唯物主义基础、以"系统辩证法"为特色的辩证法基础、以"知行合一论"为特色的认识论基础，以及以"人民主体论"为特色的唯物史观基础。研究习近平全面深化改革方法论的哲学基础，对于学习和掌握习近平总书记的方法论思想，进一步推进改革开放，开启全面建设社会主义现代化国家的新征程具有极为重要的作用和意义。[①] 高继文强调，全面深化改革必须坚持和加强党的集中统一领导，确保改革的社会主义方向，贯彻落实党中央的战略部署和规划，并坚持和完善党的全面领导制度；要坚持顶层设计和摸着石头过河相结合，统筹谋划，既注重整体推进又实现重点突破；要增强改革系统性、整体性和协同性，以经济体制改革为重点，使各项改革协调推进、形成合力；要尊重人民主体地位，凝聚改革共识和力量，依靠人民群众推动改革。[②]

关于习近平总书记关于全面深化改革的重要论述的逻辑框架，沈传亮、李永康指出，习近平总书记关于全面深化改革的重要论述具有鲜明的时代特色，着眼于中国特色社会主义新时代、改革开放进入攻坚期和深水区、世界面临百年未有之大变局的新方位，内含改革的历史地位、指导思想、前进方向、基本原则、总体格局、实施重点以及方法论等丰富内容，是一个层次分明、系统完整、逻辑严密的理论体系。[③] 因此，深入学习和研究这一思想，对于深入理解习近平新时代中国特色社会主义思想，推动新发展阶段全面深化改革取得更大突破、展现更大作为具有深远的指导意义。

2. 全面深化改革的历史经验与理论渊源

党的十八届三中全会作出全面深化改革的重大决定，这表明我们党将团结带领全国各族人民以完善和发展中国特色社会主义制度、推进国家治理体

---

① 彭益民、周正刚：《论习近平全面深化改革方法论的哲学基础》，《湖南行政学院学报》2021年第6期。

② 高继文：《习近平关于全面深化改革方法论的重要论述》，《高校马克思主义理论教育研究》2021年第2期。

③ 沈传亮、李永康：《习近平关于全面深化改革重要论述的时代背景与逻辑框架》，《特区实践与理论》2021年第3期。

系和治理能力现代化为总目标，开启全面深化改革的新征程。全面深化改革不仅具有鲜明的时代特色，也具有深厚的历史渊源。刘玄启指出，它是中国数千年发展中变革与开放在新时代的具体实践，也是社会主义 500 多年历史中自我完善和创新发展的变革实践，更是在中国特色社会主义改革进程中承前启后的生动实践。其中，变革与开放在中国具有深远的历史渊源和深厚的文化根基，是中华民族应对近代以来民族危机的探索方式，使中国实现了从苦难到辉煌的转折；改革与创造使社会主义从空想变为科学、从理论变为现实，在经验教训的基础上日益完善；改革开放成功开创了中国特色社会主义，成功把中国特色社会主义推向 21 世纪，成功在新的历史起点上坚持和发展了中国特色社会主义。① 分析全面深化改革的历史逻辑，为新时代全面深化改革、坚持和完善中国特色社会主义制度、推进国家治理体系和治理能力现代化提供重要的历史参考。

自 1978 年党的十一届三中全会开启我国改革的进程以来，中国的改革事业已经走过了 40 多年的光辉岁月。习近平总书记指出，中国"改革开放到了一个新的重要关头"，即全面深化改革的重要历史关头。郭瑾、李娟认为，在这个关键节点上，通过梳理改革开放史、总结实践经验，进而推动思想理论丰富和发展，才能书写中国改革新的时代篇章。② 具体来说，中国经济思想发展历程在改革开放后的 40 余年间经历了几次发展转型。这种发展转型既体现了经济社会发展特别是改革开放社会实践对经济思想的影响，也反映了中国经济思想学术形态的发展演进在相当程度上受制度、政策的影响。赵晓雷根据制度变迁演进轨迹，将中国改革开放历程划分为 4 个阶段：改革开放准备阶段（1978—1983 年），有计划商品经济体制改革阶段（1984—1991 年），建立和完善社会主义市场经济体制改革阶段（1992—2011 年），全面深化改革加快完善社会主义市场经济体制改革阶段（2012 年

---

① 刘玄启：《全面深化改革的历史逻辑》，《广西社会科学》2021 年第 4 期。
② 郭瑾、李娟：《改革开放的历史进程及基本经验》，《中共太原市委党校学报》2021 年第 5 期。

以来）。① 他还根据这一线索对各时期经济思想发展转型作出概述。

阳宏润、李文分析了中国共产党的改革观，强调改革观是指中国共产党在长期的领导改革的实践中，所形成的对改革的正确的认知、理念与方法等思想文化的概念集合。改革作为社会主义的"二次革命"，是马克思主义的精髓要义、社会主义制度自我完善的题中之义、破解中国前进发展障碍的必由之路。改革是发展面临的问题倒逼的结果，改革是解放思想的产物。② 中国共产党改革观经历了初步探索、有序进行、科学发展、全面深化四个阶段，开创了中国特色社会主义道路，彰显了中国共产党全心全意为人民服务的宗旨，向世界展现出社会主义的蓬勃生机。修晓辉则关注中国共产党的改革话语，他认为，话语依托于社会实践，揭示着特定历史的深层意蕴。中国共产党改革话语是改革实践的理性思考，伴随改革实践进程不断发展与完善，凝聚着中国共产党改革的智慧与结晶。中国共产党改革话语的建构经历了从初步酝酿、正式形成到创新发展阶段，反映了中国社会主义改革实践的发展轨迹。在改革话语的建构过程中，面对国内外关于"政改滞后论""私有财产论"以及"改革否定论"等争论，需澄清改革话语构建过程中的意识形态"陷阱"，及时回应质疑改革的不同声音，从彰显中国价值、符合中国实际、富有中国特色等方面，反思与总结中国共产党改革话语建构的基本经验。③ 黄相怀指出，在人类现代化视阈中审视中国改革开放，使得中国总体上"赶上时代"，这既创造了人类现代化发展历史上的奇迹，也贡献了中国现代化的学理智慧。中国改革开放重新激活社会主义，彰显社会主义对于现代化的独特价值；重新界定市场经济，彰显其推动生产力发展的工具属性；确证社会制度的重要性，彰显其对国家发展

① 赵晓雷：《改革开放制度变革特征与经济思想发展转型辨析》，《经济思想史学刊》2021 年第 4 期。

② 阳宏润、李文：《中国共产党改革观的历史进程与逻辑机理》，《中国井冈山干部学院学报》2021 年第 5 期。

③ 修晓辉：《中国共产党改革话语的建构：历程、争论与经验》，《思想教育研究》2021 年第 8 期。

的根本保障作用。① 中国改革开放为全球贡献了中国智慧，彰显中国方案对于人类发展的重要作用。这些研究使得我们对全面深化改革的理论内涵有了更深的认识。

全面深化改革具有深厚的理论渊源。许多学者重视对全面深化改革进行理论溯源。如罗晶研究了邓小平的"不争论"思想。"不争论"思想是以邓小平同志为主要代表的中国共产党人在实施和推进改革开放的过程中形成的对待改革争论的一种态度倡导和方法论主张。罗晶认为，从"不争论"思想的形成和确立过程来看，这一思想的形成有着自身的逻辑理路：坚持马克思主义关于实践与认识的辩证运动规律和唯物史观所传达的对待"争论"的基本立场、观点和方法论是其形成的理论逻辑；对共产国际共产主义运动正反两方面的经验教训总结是其形成的历史逻辑；抓住改革开放的历史机遇推动中国特色社会主义现代化建设事业的重要性和必要性是其形成的现实逻辑。② 此外，邓小平对社会主义的理解、对时代主题的把握，对辩证法的精深运用也是其形成的重要条件。

除此之外，2021 年是列宁新经济政策提出并实施 100 周年。众多学者发表纪念文章，从列宁的改革思想入手探究全面深化改革的理论基础。张乾元、尹惠娟指出，列宁的改革思想是对马克思恩格斯社会变革理论的丰富和深化，也是其他社会主义国家特别是中国改革开放的"源头活水"，具有承上启下的重要地位。在我国全面深化改革的关键时期，深入研究列宁改革思想，有助于我们"啃下"改革的"硬骨头"、渡过改革的"深水区"，将改革进行到底。③ 从"战时共产主义"到"新经济政策"的换车改道，拉开了苏维埃俄国改革的历史序幕，是列宁在经济文化相对落后国家探索向社会主义过渡及其建设道路的伟大尝试。改革实践观、改革过程论、社会变革的辩证

---

① 黄相怀：《现代化视阈下中国改革开放的深层启示》，《天津社会科学》2021 年第 3 期。

② 罗晶：《邓小平"不争论"思想的生成逻辑》，《社会科学动态》2021 年第 12 期。

③ 张乾元、尹惠娟：《列宁的改革思想及其中国意义——纪念新经济政策 100 周年》，《科学社会主义》2021 年第 4 期。

法、改革过程的辩证法，构成了列宁改革思想的主体框架。

列宁总结新经济政策的实践，在世界社会主义史上第一次阐明了工人阶级以改良的渐进的行动方式推进社会革命的思想，丰富和发展了马克思主义社会革命论。奚广庆指出，习近平总书记以一种大历史观，总结中国人民和世界人民社会革命实践，提出了新时代"伟大社会革命""改革开放新的伟大革命"的系列论述，谱写了新时代中国特色社会主义思想的重要篇章，继承和发展了马克思主义社会革命理论。总结与继承列宁的宝贵思想遗产，深入理解和阐明习近平总书记有关新时代伟大社会革命的重要论述，对于高举中国特色社会主义伟大旗帜，把改革开放伟大革命进行到底，实现中华民族伟大复兴，夺取新时代中国特色社会主义伟大胜利具有重大意义。[1] 新经济政策是社会主义建设史上首次重大的改革。十月革命胜利之后如何进行社会主义建设？这是列宁和布尔什维克们所面临的重大理论和实践问题。侯文文认为，在实施新经济政策的过程中，列宁对于"什么是社会主义、怎样建设社会主义"这个根本问题进行了初步反思，其思想发生了一次新的伟大飞跃。深入探讨列宁观念变革和理论创新的转化过程，总结和消化历史的经验和教训，对于深化当今中国的改革和现代化建设具有重要的理论和现实意义。[2] 郭春生注意到，1921 年俄共（布）新经济政策的实施和中国共产党的成立，都是国际共产主义运动史上具有标志性意义的重大事件。通过十月革命和实行军事共产主义政策，俄共（布）在建立了稳固政权的基础上，实施了新经济政策的改革；俄共（布）主导下的共产国际推进东方世界革命战略，直接帮助了中国共产党的成立，进而推动了中国革命的进程。[3] 俄共（布）新经济政策所代表的改革和中国共产党的成立所代表的革命，成为 20 世纪 20 年

---

[1] 奚广庆：《列宁改良渐进革命思想与中国改革开放伟大革命》，《当代世界社会主义问题》2021 年第 2 期。

[2] 侯文文：《列宁新经济政策的改革实践与理论创新》，《学习与实践》2021 年第 5 期。

[3] 郭春生：《在改革与革命之间——俄共（布）新经济政策实施和中国共产党成立一百周年的双重纪念》，《科学社会主义》2021 年第 4 期。

代世界社会主义发展大潮中具有标志性的两大支流。

3.市场与政府的关系再解读

市场和政府关系既是经济学探讨的关键问题，也是社会主义市场经济体制改革的核心问题。全面回顾政府和市场关系的历史演进逻辑，凝聚界定政府具体职能和如何更好地发挥政府职能的理论共识。裴广一系统梳理了我国政府和市场关系的探索历程经验，深入分析了我国有效市场和有为政府有机结合的体制机制。他认为，推动有效市场和有为政府更好结合，在于把握"有为政府以有效市场为前提、有效市场以有为政府为基础"的辩证关系，推动"有效市场和有为政府"的制度保障，掌握"有效市场和有为政府"的重点领域，使市场在资源配置中起决定性作用，同时更好发挥政府作用，走出一条具有中国特色的社会主义市场经济建设道路。[1] 生产和分配是否处理得当，关系全面深化改革能否顺利推进。党中央对全面深化改革的生产和分配问题高度重视。冉昊认为，全面深化改革中生产和分配问题的本质特征是在分配领域不断加强二次分配并辅以三次分配，以解决初次分配不到位导致的发展不平衡不充分的问题。在全面深化改革的生产和分配问题研究中，党的领导是核心变量，是不可或缺的要素，是全面深化改革的生产和分配研究不同于一般性生产分配研究的关键，由此才能更好地把握全面深化改革的价值功能，以及生产和分配的内在关系。[2] 党的十八大以来，加强和改善党对全面深化改革的领导，可以从党领导全面深化改革的机构演变得以证实，还可以从党引领全面深化改革的总体方向，以及党对生产和分配领域改革的统筹领导加以实现。由此，理论和实践都充分证明，只有在坚持和加强党的领导下，才能确保全面深化改革始终沿着正确的方向前进。

处理好政府与市场的关系，是激发社会主义市场经济活力、构建高水平

---

① 裴广一：《论有效市场与有为政府：理论演进、历史经验和实践内涵》，《甘肃社会科学》2021 年第 6 期。

② 冉昊：《加强和改善党对全面深化改革的领导：基于生产—分配的视角》，《河南社会科学》2021 年第 10 期。

社会主义市场经济体制的核心。刘儒、郭荔认为，经过 70 多年的社会主义实践，随着社会主义市场经济的发展和完善，我国形成了"有为政府"和"有效市场"相结合的新型"政市"互补关系，呈现出有效市场以有为政府为先导、有为政府以有效市场为基础的"双螺旋"结构特征。[①] 新型"政市"组合模式既能充分发挥市场在资源配置中的决定作用，又能更好地发挥政府作用，超越了政府和市场"二元对立"传统思维定式，实现了政府和市场关系的优化和资源配置效率的提高。

随着我国社会主义市场经济的深化发展，人们越来越深刻地认识到市场经济中政府作用的重要性和必要性。闫娟认为，从社会化大生产出发，特别是从社会化大生产"内在要求"的视角探寻政府与市场关系的内在规律是应当重视的重大问题。市场经济中政府发挥作用是社会化大生产的内在要求：资本主义国家基于社会化大生产的内在要求，愈加重视发挥市场经济中的政府作用，但又因其立足于"资本逻辑"而作用效果不佳；相较而言，社会主义国家能更好发挥市场经济中的政府作用。以中国为例，主要表现为：遵循市场经济规律，推动市场发展与完善；遵循经济社会总体发展规律，以规划和战略促进自觉发展；遵循国民经济按比例发展规律，实施科学的宏观调控。[②] 李华锋、俞思念认为，为在改革开放不断深入中的清醒，为了回答在社会主义市场经济问题上留下的疑难，可以对建立社会主义市场经济的必然性、对市场经济与社会主义基本制度相结合、对在党的领导下进一步健全和完善社会主义市场经济体制，这样三个具有历史到现实纵深的维度上，提到中国特色社会主义新时代的视野中作进一步探讨和再认识。[③] 可以说，社会主义市场经济体制的建立，是当代中国发生的最含原创性、最富动力感的

---

① 刘儒、郭荔：《社会主义市场经济条件下政府和市场的互补关系及特征》，《东南学术》2021年第 1 期。

② 闫娟：《社会主义市场经济中更好发挥政府作用的内在要求探析》，《毛泽东邓小平理论研究》2021 年第 4 期。

③ 李华锋、俞思念：《从三维度上深化关于社会主义市场经济的认识》，《理论视野》2021 年第 6 期。

变化。我们站在新时代中国特色社会主义的高度来考察这一巨大变迁时，对社会主义市场经济在现实中的根本性问题的认识有了更多的领悟。

关于所有制领域的改革以及对社会主义条件下所有制结构的探索，长久以来一直是中国马克思主义者探索的理论主题。刘谦、裴小革的研究指出，从理论认识的深入与实践经验的发展视角看，改革开放以来马克思主义所有制理论中国化的过程，总体上经历了所有制结构多元化发展（1978—1991）、从结构调整向制度创新转变（1992—2011）以及深水区攻坚（2012— ）等三个不同阶段。在当前阶段，对于马克思主义所有制理论的深入研究，一方面需要继续探索和完善社会主义市场经济条件下公有制的有效实现形式；另一方面需要在要素市场化配置过程中，完善各类所有制主体在市场参与、市场竞争以及生产要素使用等领域的公平机制；此外，还需要积极探索不同类型所有制主体的产权保护机制，在处理好政府与市场关系的基础上积极推进混合所有制改革。[①]

胡颖廉关注到，中国新冠疫苗研发，是新型举国体制在关键核心技术攻关中的成功运用。中国是生物医药产业的追赶者，疫苗创新能力和监管能力在一定程度上存在不足，新冠疫苗研发何以可能？他基于协同治理理论，构建"目标—结构—行动"分析框架，通过新冠疫苗研发过程的全景式回顾，揭示出成功的深层次原因——国家发挥制度优势赋能企业。新发突发传染病的持续威胁，倒逼国家形成坚定战略目标以及构建协同结构，从而突破市场失灵和政策碎片化，激发有效知识生产并提供精准政策支持。[②] 新型举国体制的理论内涵是举国协同，从而在社会主义市场经济条件下实现集中力量办大事。

考核评估是衡量改革效果、发现改革问题、提升改革质量的重要方式，

[①] 刘谦、裴小革：《所有制改革与所有制结构演变——改革开放以来马克思主义所有制理论中国化研究》，《人文杂志》2021 年第 3 期。

[②] 胡颖廉：《举国协同：新型举国体制的制度解释——以新冠疫苗研发为例》，《中共中央党校（国家行政学院）学报》2021 年第 6 期。

习近平总书记高度重视全面深化改革，进行了全面系统的论述，形成一系列高屋建瓴、内容丰富、实操有用的关于全面深化改革重要论述的方法论。为探索如何践行习近平总书记对全面深化改革的要求，如何在实践层面上对改革进行科学评估，文章选择 S 省 J 市开展全面深化改革和多个领域专项改革的第三方评估的实践案例，重点讨论五个维度，围绕"谁来评"，审慎选择第三方机构；围绕"如何评"，科学确定评估方案；围绕"怎么做"，全方位服务评估开展；围绕"怎么用"，形成以评促改制度体系；围绕"如何改"，不断提高评估水平。通过"五个围绕"，为改革考核评估树立了鲜明的改革导向，提高了群众参与度和获得感，推进了改革高质量落实。①

总结来说，学术界关于全面深化改革的研究取得了重要进展，增强了我们对全面深化改革重大战略地位的认识。下一步研究应该更加侧重于以下三个方面：一是加强对全面深化改革的系统性、集成性、联动性研究，从宏观上整体把握新时代全面深化改革的重点与难点；二是深化对全面深化改革思想的认识，将社会主义理论、现代化理论和中国共产党的改革思想有机融合，形成新的概念、表述和范式；三是加强对全面深化改革的跨学科研究，将科学社会主义与政治学、经济学、社会学、历史学等相关学科的研究成果结合起来，增强全面深化改革研究的学理性基础。

三、全面依法治国

全面依法治国是新时代中国特色社会主义的基本方略之一，是全面建设社会主义现代化强国的重大战略举措。2020 年 11 月 16 日至 17 日，中国共产党历史上首次召开的中央全面依法治国工作会议，将习近平法治思想明确为全面依法治国的指导思想，习近平法治思想正式形成。2021 年，科社学界和法学界将习近平法治思想的研究作为重中之重，发表了一系列研究成

---

① 郭强：《改革方法论在全面深化改革中的评价评估维度及其效用》，《创新》2021 年第 5 期。

果。此外，学术界还高度关注党的领导与依法治国的关系、以人民为中心与依法治国的关系等话题。

1. 习近平法治思想研究

作为当代中国马克思主义法治理论，习近平法治思想是中国共产党和中国人民的法治实践经验与集体智慧的理论升华，也是习近平总书记在长期的法治领导实践中执着探索与深邃思考的理论成果。关于习近平法治思想的形成，学界认为，习近平法治思想萌芽于党的十八大之前习近平同志领导法治建设的长期实践，形成于党的十八大期间习近平总书记领导推进全面依法治国的崭新实践，发展于党的十九大以来习近平总书记领导深化全面依法治国的伟大实践。如黄文艺认为，习近平法治思想是一个扎根中国大地的时代性、科学性、原创性的法治理论体系，具有坚定的人民立场、严谨的系统思维、强烈的创新精神、缜密的辩证思维、深邃的历史眼光、宽广的全球视野、高远的法理境界。[①] 马宇飞认为，这些新理念新思想新战略是坚持和发展马克思主义法治思想的最新成果。原创性贡献按照形成方式可分为继承发展型、澄清扬弃型和原发独创型三种类型。习近平关于全面依法治国重要论述的原创性贡献立足于新时代中国特色社会主义法治建设新成就，坚持和发展了马克思主义法治思想，深化了对社会主义法治建设规律的认识，对发展马克思主义作出了原创性贡献。[②] 张奇指出，习近平法治思想既以马克思主义法治理论为理论基石，又以党的十八大之前中国化的马克思主义法治观为直接理论来源；既以中华法律文化精华为文化底蕴，又以人类法治文明成果为有益借鉴。集法治理论、观念、文化、文明之大成，习近平法治思想具有认识上的战略性、逻辑上的系统性、理论上的科学性、内容上的创新性、价值上的人民性等基本特征。[③] 习近平总书记全面依法治国新理念新思想新战

---

① 黄文艺：《论习近平法治思想的形成发展、鲜明特色与重大意义》，《河南大学学报（社会科学版）》2021 年第 3 期。

② 马宇飞：《习近平关于全面依法治国重要论述的原创性贡献》，《北方论丛》2021 年第 6 期。

③ 张奇：《习近平法治思想的理论渊源、基本特征与重要意义》，《思想教育研究》2021 年第 1 期。

略是党领导人民依法治国实践经验的总结升华和社会主义法治理论的创新发展。

为了深入理解习近平全面依法治国新理念新思想新战略，有必要基于学理逻辑，江国华选取习近平总书记关于法治与政治、法治与改革、依法治国与以德治国、依法治国与依规治党、法治与现代化这"五对关系"的论述，对法治新理念展开法理论证；基于规范逻辑，围绕法律规范体系、党内法规制度体系和社会规范体系三大规范体系建设，完成法治新思想的规范建构；基于实践逻辑，从坚持依法执政、加强宪法实施和监督、坚持依法行政、坚持公正司法、创新社会治理、加强人才培养等方面构设法治新战略的实现机制。① 近年来，对习近平法治思想的阐释和解读逐渐深入，形成了"三新""三基""六论"等学理范式。张文显以习近平同志在中央全面依法治国工作会议上的重要讲话和其他重要讲话为基本依据，以中央全面依法治国工作会议精神和中央领导同志对习近平法治思想的科学阐释为学理范式，从六个方面对习近平法治思想的基本精神和核心要义作出学理型解读。② 张文显以学理化阐释、学术化表达、体系化构建为理论旨趣，尝试把习近平法治思想的理论体系划分为三个层次、三大板块，即法治的基本原理、中国特色社会主义法治的基本理论、全面依法治国的基本观点。其中，法治的基本原理是习近平法治思想的理论基石，中国特色社会主义法治的基本理论是习近平法治思想的理论内核，全面依法治国的基本观点是习近平法治思想的理论要素。③ 这种"三基本"的理论模型亦可作为研究习近平法治思想的一种新的学术范式。

习近平法治思想是在新时代深化依法治国实践，加快建设社会主义法治国家的根本遵循。学习和掌握其逻辑体系和理论特征，有助于在实践中深

---

① 江国华：《习近平全面依法治国新理念新思想新战略的学理阐释》，《武汉大学学报（哲学社会科学版）》2021 年第 1 期。

② 张文显：《习近平法治思想的基本精神和核心要义》，《东方法学》2021 年第 1 期。

③ 张文显：《习近平法治思想的理论体系》，《法制与社会发展》2021 年第 1 期。

入贯彻习近平法治思想。江必新认为，其逻辑体系可以从重大意义、建设标准、政治方向、重点任务、推进方略、若干关系和具体措施等七个方面进行整体把握。在此基础上，可以进一步分析习近平法治思想具备的全面性、政治性、人民性、正义性、统筹性、实践性和创新性等七个方面的理论特征。① 江必新、黄明慧将其基本特征概括为"八个统一"：党性与人民性的统一；合目的性和合正义性的统一；理论性与实践性的统一；现实性与前瞻性的统一；重点论与系统性的统一；守正与创新的统一；原则性与辩证性的统一；建构性与积极性的统一。② 卓泽渊指出，习近平法治思想是一个内涵丰富、逻辑严谨、系统完备的科学思想体系，其核心要义就是习近平总书记在中央全面依法治国工作会议上提出的"十一个坚持"：坚持党对全面依法治国的领导；坚持以人民为中心；坚持中国特色社会主义法治道路；坚持依宪治国、依宪执政；坚持在法治轨道上推进国家治理体系和治理能力现代化；坚持建设中国特色社会主义法治体系；坚持依法治国、依法执政、依法行政共同推进，法治国家、法治政府、法治社会一体建设；坚持全面推进科学立法、严格执法、公正司法、全民守法；坚持统筹推进国内法治和涉外法治；坚持建设德才兼备的高素质法治工作队伍；坚持抓住领导干部这个"关键少数"。③

黄文艺认为，习近平法治思想主要包括法治基本理论、法治推进方略、法治重大关系等三大理论板块。在基本理论板块，明确提出了全面依法治国战略、法治中国命题、中国特色社会主义法治道路、中国特色社会主义法治体系、中国特色社会主义法治理论、在法治轨道上推进国家治理现代化等一系列基本理论。在推进方略板块，明确提出了坚持党的领导、人民当家作主、依法治国有机统一，坚持依宪治国、依宪执政，坚持统筹推进依规治党

① 江必新：《习近平法治思想的逻辑体系与理论特征》，《求索》2021 年第 2 期。
② 江必新、黄明慧：《习近平法治思想基本特征刍论》，《中南大学学报（社会科学版）》2021 年第 1 期。
③ 卓泽渊：《习近平法治思想要义的法理解读》，《中国法学》2021 年第 1 期。

和依法治国，坚持依法治国和以德治国相结合，坚持依法治国、依法执政、依法行政共同推进和法治国家、法治政府、法治社会一体建设，坚持全面推进科学立法、严格执法、公正司法、全民守法，坚持统筹推进国内法治和涉外法治，坚持专业力量和群众力量相融合，坚持抓关键少数和抓绝大多数相结合。在重大关系板块，明确提出了正确处理政治与法治、改革与法治、政策与法律、发展与安全、活力与秩序、维权与维稳等一系列关系的方法。①

习近平法治思想是在中国特色社会主义法治建设伟大实践中创立的科学理论体系，其内涵丰富、论述深刻、逻辑严密、系统完备，在概念上系统集成、在话语上自成一体、在逻辑上有机衔接。从大历史和大空间格局来看，金若山、周悦丽强调习近平法治思想具有重大的原创性贡献：深刻洞悉中国历史兴衰规律，彻底告别中国人治传统，创造性转化、创新性发展中国德治传统，开辟新时代全面依法治国新境界，对中国治国理政作出了原创性贡献；扬弃西方资本主义党法关系，超越西方资产阶级法治立场，不同于西方资本主义法治规范构造，发展了中国特色社会主义良法理论，对世界法治道路作出了原创性贡献；借鉴并发展人类法治文明，提出高效的法治实施体系、严密的法治监督体系、有力的法治保障体系，深化了中国特色社会主义善治理论，对人类法治文明作出了原创性贡献。② 黄文艺认为，习近平法治思想站在人类政治文明史、中国政治文明史和社会主义建设史的战略高度，多方位多维度地深刻回答了为什么要选择法治、为什么要实行全面依法治国的问题，立体化系统化地科学提出了一系列具有创新性、时代性、标志性意义的重大命题。按照从普遍到特殊、从整体到部分、从宏观到微观的标准，法治战略地位论可划分为关于法治在良政善治中的战略地位、关于全面依法治国在中国特色社会主义中的战略地位、关于法治在治国理政各领域中的战略地位等三个板块。③ 学习领会习近平法治思想的原创性贡献，有助于增强对习近平法

---

① 黄文艺：《习近平法治思想要义解析》，《法学论坛》2021 年第 1 期。
② 金若山、周悦丽：《习近平法治思想的原创性贡献》，《新视野》2021 年第 5 期。
③ 黄文艺：《习近平法治思想中的法治战略地位论》，《思想理论教育导刊》2021 年第 8 期。

治思想的理性认同和情感认同，从而更加自觉推进全面依法治国建设。

在全面推进依法治国进程中深入贯彻习近平法治思想，必须深刻领会这一思想的时代意义、理论意义、实践意义与世界意义。王旭指出，从历史意义上看，它是对全面依法治国根本问题回答的集大成之作，是对世界社会主义事业和人类法治文明的深刻原创性贡献。从理论意义上看，它具有完整的思想构成性，是对法治观点、命题、理论层次的超越，也是对马克思主义法律基本原理的继承、发展、创新和升华。从实践意义上看，它贯通了我们法治建设过去的经验、当下的聚焦和未来的远景目标，具有伟大的实践指导意义。① 黄蕊通过梳理习近平总书记关于全面依法治国的重要论述，对全面依法治国的重大意义、方向、总抓手等作出归纳解读，阐明了全面依法治国的战略意义和实践意义，提出了建设中国特色社会主义法治体系的重要路径。② 习近平法治思想是对共产党执政规律、社会主义建设规律和人类社会发展规律的深刻总结，是马克思主义法学基本原理与中国法治建设具体实际相结合的产物，是在长期的治国理政实践中深邃思考的认识。

张文显指出，中国特色社会主义法治建设伟大实践中创立的习近平法治思想是当代中国马克思主义法治理论、21 世纪马克思主义法治理论，其缘于经验的升华、理性的凝结、历史的淬炼，具有鲜明的实践逻辑、科学的理论逻辑和深厚的历史逻辑。认真研究、科学把握、深刻领悟这三个逻辑及其内在联系，必将深化对习近平法治思想时代背景、基本精神、核心要义、实践要求的理解和把握，必将增强对习近平法治思想的政治认同、理论认同、情感认同，必将增强新时代全面依法治国、建设法治中国、推进国家治理现代化的信念伟力、思想定力、前进步力。③ 金国坤指出，习近平法治思想始

---

① 王旭：《习近平法治思想的历史意义、理论意义和实践意义》，《中国高校社会科学》2021 年第 1 期。

② 黄蕊：《习近平关于全面依法治国的重要论述研究》，《决策探索》2021 年第 3 期（下）。

③ 张文显：《习近平法治思想的实践逻辑、理论逻辑和历史逻辑》，《中国社会科学》2021 年第 3 期。

终贯穿坚持中国特色社会主义法治道路这一逻辑主线，包括必须坚持中国共产党的领导，必须坚持人民主体地位，必须坚持法律面前人人平等，必须坚持依法治国和以德治国相结合，必须坚持从中国实际出发。① 习近平法治思想运用马克思主义方法论布局全面依法治国，体现了战略思维、系统思维和辩证思维的方法论。

关于法治领域的改革论述是习近平法治思想的有机组成部分，是马克思主义法治理论中国化的最新成果。公丕祥指出，习近平总书记坚持运用马克思主义法治理论的基本原理和方法论准则，从新时代国家现代化的战略全局出发，深刻把握中国的法治国情特点，科学论述当代中国法治领域改革的政治方向、历史进程、根本目的和内在机理等改革的一系列重大理论和实践问题，创立了内涵丰厚、深刻精辟、系统完备的法治改革论述，为新时代全面依法治国、深化法治改革提供了根本遵循和行动指南。② 推进新时代的法治领域的改革，必须坚持习近平法治思想的指导地位，运用其指导法治改革实践，为开启全面依法治国新征程、实现中国法治现代化而不懈努力。

2. 党的领导与依法治国的关系

习近平法治思想，是十八大以来以习近平同志为核心的党中央在推进全面依法治国过程中形成的马克思主义法治理论中国化的最新成果。李婧提出，习近平法治思想内涵丰富、思想深邃、逻辑严谨，深刻回答了新时代为什么实行全面依法治国、怎样实行全面依法治国等一系列重大问题。其中，习近平总书记关于正确认识和处理党的领导与法治、人民民主与法治、德治与法治、法治创新与法治借鉴等重大关系的论述，极具针对性和指导性。③ 党的领导是依法治国的根本保证，依法治国是我们党治国理政的基本方略。刘畅、郭新建提出，全面依法治国的主体是人民，人民由党领导，并决定一

---

① 金国坤：《习近平法治思想的思想渊源、逻辑主线和思维方式》，《新视野》2021 年第 2 期。
② 公丕祥：《习近平法治思想中的改革论述》，《东方法学》2021 年第 2 期。
③ 李婧：《新时代全面推进依法治国必须正确认识和处理的几个重大关系》，《马克思主义研究》2021 年第 3 期。

切国家事务；全面依法治国的客体是国家机器和国家权力，一切国家机关的管理行为必须合于法定权限和法定程序；在党领导下实行依法治国要遵循宪法和法律最高权威原则、权力制约原则、权利为本原则和法律面前人人平等原则，并将实现民权政治、民意政治、法治政治和责任政治作为价值导向和追求目标。①

坚持党对全面依法治国的领导，是习近平总书记提出的"十一个坚持"中的首要"坚持"，是习近平法治思想的核心要义和鲜明特征。黄文艺指出，习近平总书记科学回答了党法关系、为何领导、谁来领导、领导什么、怎么领导等一系列重大理论和实践问题，确立了新时代党领导全面依法治国的新理念新思想新战略，是对马克思主义法治理论关于党法关系的创造性发展。②坚持依法治国和依规治党有机统一，是以习近平同志为核心的党中央在治国理政实践中探索出的新经验、创新发展的新理论、形成完善的新方略。在中国特色社会主义新时代，中国共产党作为十四亿人口大国的领导党和执政党，既依据宪法、法律治国理政，也依据党内法规管党治党，把依法治国和依规治党有机统一起来。张文显指出，依法治国和依规治党有着内在的必然联系，依规治党深入党心，依法治国才能深入民心。必须坚持依法治国和依规治党统筹推进、一体建设，不断提高党依规治党、依法执政和依法治国的水平。③

坚持和加强党对全面依法治国的领导是贯穿习近平法治思想的一条主脉。"党法关系论"是习近平法治思想的核心组成部分。在全面依法治国的进程中，党的领导是建设中国特色社会主义法治国家的最根本保证。封丽霞强调，坚持和加强党的领导主要体现在党领导立法、保证执法、支持司法、带头守法四个维度。④为此，必须健全党领导全面依法治国的体制机制，完

① 刘畅、郭新建：《党的领导是全面依法治国的根本保证》，《法治与社会》2021 年第 7 期上。
② 黄文艺：《坚持党对全面依法治国的领导》，《法治现代化研究》2021 年第 1 期。
③ 张文显：《坚持依法治国和依规治党有机统一》，《政治与法律》2021 年第 5 期。
④ 封丽霞：《习近平法治思想的党法关系论》，《山东大学学报（哲学社会科学版）》2021 年第 3 期。

善保证党领导法治国家建设的工作机制和程序，改进党的领导方式和执政方式，不断提高党领导全面依法治国的能力和水平。

在全面依法治国背景下，党的领导法治化这一命题的理论与现实意义凸显。党的领导法治化承续了中国共产党改善领导方式的优良传统，坚持和发展了马克思主义政党理论，是新时代深化改革和依法治国实践的根本旨归，是"历史逻辑—理论逻辑—实践逻辑"相统一的产物。张炜达、郭朔宁指出，遵循中国政治与法治的内在规律，实现党的领导法治化必须坚持依法执政基本方式、完善党内法规制度体系、树立宪法和法律权威、理顺党政关系。新时代党的领导法治化有利于加强党的全面领导；有利于促进依法治国、依法执政、依法行政共同推进以及法治国家、法治政府、法治社会一体建设；有利于保障社会主义市场经济健康发展；有利于在法治轨道上推动国家治理体系和治理能力现代化。① 推进全面依法治国对于实现"两个一百年"奋斗目标和中国特色社会主义事业发展有着重要意义，我们必须在党的领导下，坚持法治规律与中国国情相结合，突出人民的主体地位，全民参与法治，推进法治建设进程。

3. 以人民为中心与依法治国的关系

习近平法治思想内涵丰富、论述深刻、逻辑严密、系统完备，其中贯穿始终的一条基本线索就是坚持人民主体地位，始终把以人民为中心的发展思想融入到全面依法治国的伟大实践中，作为谋划法治中国建设的世界观和方法论。学术界普遍认为，以人民为中心是习近平法治思想的根本立场。② 周尚君强调，以人民为中心既是马克思主义使命型政党的本质属性，也是马克思主义法治思想的根本立场。人民是历史的创造者，也是全面依法治国的根

---

① 张炜达、郭朔宁：《论全面依法治国背景下党的领导法治化》，《西北大学学报（哲学社会科学版）》2021年第5期。

② 付子堂：《以人民为中心是习近平法治思想的根本立场》，《中国司法》2021年第11期；周佑勇：《全面依法治国要坚持以人民为中心的根本立场》，《中国司法》2021年第11期；李林：《坚持以人民为中心的基本立场》，《中国司法》2021年第1期。

本力量，坚持人民主体地位是全面依法治国的出发点和落脚点。维护社会公平正义是立法、执法和司法工作的生命线，是以人民为中心的法治思想的价值追求。① 周佑勇认为，习近平法治思想始终坚持以人民为中心的根本立场，贯穿着良法善治、公平正义的根本观点，以及辩证统一的法治系统论方法，是马克思主义法治理论中国化的最新成果。深入理解习近平法治思想，必须牢牢把握贯穿其中的人民立场及其展现出的人民法治观和科学方法论，深刻感悟凝结其中的人民思想光辉。②

习近平总书记"以人民为中心"法治理念是习近平法治思想的重要组成部分，其强调法治建设必须坚持为了人民、依靠人民，从而塑造法治国家的双重面向。张演锋指出，一方面，"为了人民"塑造法治国家的积极性面向，要求法治国家回应社会差异性引发的社会公平失衡问题，主张法治国家应当履行积极作为义务，从而保障人民利益、回应人民需求。另一方面，"依靠人民"塑造法治国家的包容性面向，要求法治国家回应社会多元性引发的社会利益多元化问题，主张法治国家应当肩负多元利益诉求整合任务，从而保障人民主体地位。③ 范进学通过对我国宪法实施主体观的分析检视可知，国家机关作为宪法实施主体缺乏实施宪法的足够动力，必须转变固有思维，实现以国家机关作为实施宪法主体的宪法实施观到以人民为中心的宪法实施主体观的根本转变。确立以人民为中心的宪法实施主体观具有重大的法治意义。人民的权利，人民自己捍卫。以人民为中心的宪法实施主体观必然要求人民通过行使自己的宪法权利来推动宪法的实施。人民作为实施宪法的主体是宪法实施的原动力。④ 只有确立以人民为中心的宪法实施主体观，才能确保人民宪法上的各项基本权利得到最根本的保障。人民是宪法权利最可靠、

① 周尚君：《坚持以人民为中心的法治思想》，《法学杂志》2021 年第 1 期。
② 周佑勇：《习近平法治思想的人民立场及其根本观点方法》，《东南学术》2021 年第 3 期。
③ 张演锋：《习近平"以人民为中心"法治理念与法治国家的双重面向》，《华东政法大学学报》2021 年第 6 期。
④ 范进学：《论以人民为中心的宪法实施主体观》，《学习与探索》2021 年第 7 期。

最有力的捍卫者与守护者。

以人民为中心是习近平法治思想的基本立场，植根于我国的国体和政体。以人民为中心必须坚持马克思主义科学世界观。付子堂、张燕指出，法律是治国之重器，良法是善治之前提，德才兼备的领导干部是良法善治的保证。领导干部依法行使权力是法治的必要条件，必须善用法治思维和法治方式处理改革发展关系。① 杨姣姣指出，新时代面对百年未有之大变局，我们要坚持全面依法治国，以法为盾，捍卫法治尊严，坚持人民主体地位；公平正义的价值诉求；人民监督评判的过程。在实现伟大复兴的中国梦征程中，积极的践行"以人民为中心"的理念，做到法治为了人民、依靠人民、造福人民、保护人民，推进法治建设良性发展，最终形成以法治，促善治，保民生，得民心的幸福生活新局面。② 因此，以人民为中心必须要在全面依法治国的全过程中得以实现。

总结来说，学术界关于全面依法治国的研究逐步向纵深发展，取得了重要进展。下一步的研究应该在以下三个方面予以加强：一是更多地运用法学学科的基础性概念、研究范式深入对法治问题的认识，将科学社会主义的一般原理与现代法学的重要理论结合起来，既增强政治认识的高度又要增强学理性基础；二是应该重点关注当前法治建设的重点难点问题，结合法治实践有针对性提出法治建设的完善建议和法治建设的发展方向；三是需要进一步提炼概括习近平法治思想的主要内容、原创性理论观点、整体框架、本质要义、重大历史意义等，提升习近平法治思想的研究水平和能力。

四、全面从严治党

"建设什么样的长期执政的马克思主义政党、怎样建设长期执政的马克

---

① 付子堂、张燕：《习近平法治思想的人民立场与实践要义》，《法学》2021 年第 6 期。
② 杨姣姣：《新时代"以人民为中心"法治思想的内涵与践行》，《法治与社会》2021 年第 15 期。

思主义政党"，这是习近平新时代中国特色社会主义思想需要系统回答的三大时代课题之一。全面从严治党是全面建设社会主义现代化强国的政治保障，在"四个全面"战略布局中具有极为重要的地位。2021年，科社学界关于全面从严治党的研究主要集中在全面从严治党的历史经验、各领域党的建设以及党的伟大自我革命三个领域。

1. 全面从严治党的历史经验

面对新时代的执政考验，以习近平同志为核心的党中央以高度的政治勇气和政治魄力管党治党，推进全面从严治党。在自我净化、自我完善、自我革新、自我提高的伟大历史进程中，中国共产党管党治党的理论体系更加富有科学性，基调更加富有革命性，方式更加富有使命性，保障体系更加富有制度性。马明冲、郭超深入探索新时代管党治党的实践历程，可以总结出如下基本经验：强化党的领导和党中央权威，为管党治党注入根本领导力；发扬党内民主、发挥党员主体作用，为管党治党注入整合力；党内教育活动经常化，为管党治党注入思想力；坚持领导带头和抓"关键少数"，为管党治党注入榜样力；强化监督执法，为管党治党注入保障力。[①] 高度重视并持之以恒加强党的执政能力建设，是中国共产党作为百年大党永葆青春活力、能有效驾驭错综复杂的执政环境和现代化变革浪潮的根本和关键。唐皇凤、肖融知认为，在局部执政和全国范围内全面执政的不同历史时期，中国共产党积累了执政能力建设的宝贵历史经验：党的执政能力建设必须坚持以科学理论为指导，以坚持和完善党的领导、全面从严治党为根本保障，以优化执政体制和创新执政方式为重点，以建设高素质干部队伍、加强党的基层组织和党员队伍建设为关键，形成理念更新、制度优化、方式创新和队伍建设有机贯通和相互协调的合力型建设模式。[②]

---

① 马明冲、郭超：《新时代中国共产党管党治党的实践探索与基本经验》，《学习论坛》2021年第2期。

② 唐皇凤、肖融知：《百年大党执政能力建设的基本历程与主要经验》，《中共中央党校（国家行政学院）学报》2021年第3期。

党的十八大以来，党的建设进入"全面从严治党"新阶段。新时代党的建设新理念新战略及其实践新举措新成就无不引发国际社会的高度关注与热烈反响。国际社会继"中国热"后出现了"中共热"，而"中共热"之中又以"党建热"最为明显。轩传树、于明总结指出，国外政要、学者、媒体围绕"全面从严治党"所开展的研究、解读及其叙述逻辑，主要涉及六大议题：一是基于顶层设计与战略布局的整体性；二是基于制度建设与实践路径的科学性；三是基于外在表现与政治意涵的独创性；四是基于时代背景与目标任务的必要性；五是基于伟大成就与国际影响的有效性；六是基于未来走向的几种可能性。① 国际社会的关注、研究和解读，可以成为我们深化党建研究的重要资源。

李民则认为，建党百年来，中国共产党依靠确立、坚守、践行、传承初心和使命，带领中国人民不断取得革命、建设和改革事业伟大胜利。"不忘初心、牢记使命"就是中国共产党的精神内核，引导和统领着党的建设。中国共产党的初心和使命鲜明体现了党的为最广大人民的根本利益而奋斗的本质，决定了党的性质，关系到建设一个什么样的党，党为什么人，朝什么目标前进，走什么道路，坚持什么指导思想，制定什么样的纲领，怎样实施领导以及如何开展自身建设等一系列党的根本问题。② 党要进行具有许多新的历史特点的伟大斗争，还必须深入推进党的建设新的伟大工程，不断增强党的政治领导力、思想引领力、群众组织力、社会号召力，确保党永葆旺盛生命力和强大战斗力，不断夺取伟大斗争新胜利。

党的建设总要求是党的建设中管全局、管方向、管长远的行动指引，是党对"建设一个什么样的党、怎样建设党"作出的总体部署，对推进党的建设伟大工程具有纲领性作用。丁俊萍、李雅丽总结认为，百年来中国共产党建设总要求的历史演进，经历了若干个发展阶段：新民主主义革命时期对自

---

① 轩传树、于明：《新时代中国共产党全面从严治党思想与实践的世界反响》，《国外社会科学》2021 年第 6 期。

② 李民：《初心使命引领中国共产党百年建设》，《中国浦东干部学院学报》2021 年第 4 期。

身建设基本要求的初步探索和逐步明确；新中国成立后对党的建设总要求的艰辛探索和集中表述；新时代"党的建设总要求"概念的明确使用及其内涵的系统表述。百年来党的建设总要求的演进呈现出守正与创新相统一的特点：一方面，总要求中反映马克思主义建党原则的核心要素一以贯之；另一方面，总要求的战略定位、具体内容、话语表达等不断与时俱进。①

一百年来，中国共产党把严肃党内政治生活放在从严管党治党的突出位置，在革命、建设和改革的各个时期探索严肃党内政治生活的实践经验，始终把严肃党内政治生活作为"解决党内矛盾问题的钥匙"来定位，紧紧围绕增强党内政治生活"四性"这个主线，注重紧紧抓住领导干部这个"关键少数"，不断推动党的事业迈上新台阶。郭祎认为，面向未来，中国共产党应当在充分汲取历史经验基础上奋力前行，在严肃党内政治生活实践中确保坚定维护党中央权威、落实好党的民主集中制、涵养先进的党内政治文化、继承和发扬党的优良传统以及坚持用好批评与自我批评这个有力武器。② 党性修养既是中国共产党的思想优势，也是党长期执政的力量源泉。在党的百年历史中，党性修养主要经历了创立阶段、探索阶段、发展阶段和创新阶段四个历史时期。宇文利、冯钰婕梳理中国共产党百年党性修养的历史进程，认为中国共产党始终坚持为人民服务根本原则，始终将马克思主义理论作为根本指导，始终把先进性作为衡量标准是党性修养的重要历史经验。以史为鉴，新时代共产党人的党性修养，必须明确"成为什么样的党员"的理论主题，紧抓从实然到应然的中心线索，把握好内化与外化、部分与整体、自律与他律三对关系。③

徐琴、韩苗苗认为，新时代政治建设是党的建设总体布局中先之又先、

---

① 丁俊萍、李雅丽：《百年来党的建设总要求的历史演进及其鲜明特点》，《社会主义研究》2021 年第 4 期。

② 郭祎：《严肃党内政治生活的百年经验与启示》，《科学社会主义》2021 年第 2 期。

③ 宇文利、冯钰婕：《中共百年党性修养的历史进程、经验及启示》，《党政研究》2021 年第1 期。

重中又重的内容。厘清其来龙去脉，是整体把握和顺利推进党政治建设的客观必然。党的政治建设在马克思主义关于政党政治建设理论的指引下、在中华优秀传统政治文化积淀的底蕴上、在中国百年来翻天覆地发展变革的实践中，走过了一个世纪的光辉历程。其聚焦着战略定位、时代主题、实践方式三个维度，演绎出了百年大党政治建设的壮丽图景。[①] 未来，党的政治建设还需在杜绝空心化、完善制度化、适应信息化和破除内卷化上继续奋力前行。

在全面从严治党的背景下，反腐败以前所未有的高强度姿态在国家各领域开展，对中国社会和民众心态产生深刻影响。在应然层面，相关研究肯定了全面从严治党和反腐败对提升中国公众政治信心的积极作用。不过，上述论断还有待充足的经验证据对其进行实证检验。学界对反腐败提升公众政治信心作用过程的系统性探讨仍有不足。鉴于此，从"公众对政府清廉感知"着手，苏毓淞等人通过对 2015 年中国城乡社会治理调查（CSGS）数据的实证分析，解答全面从严治党何以提升中国民众的政治信心。研究发现如下：第一，高强度的反腐败行动提升了中国公众的政治信心。第二，公众对政府清廉感知的不同来源会对政治信心产生相反作用。间接评价正向影响其政治信心，即政府清廉感知的间接评价越高，公众对政治信心的评价水平就越好，而公众清廉感知的直接经历负向影响政治信心，并且间接评价的作用大于直接经历。第三，在反腐对政治信心的提升作用中，公众对中央的政治信心高于地方。公众的政府清廉感知对中央、地方政府的政治信心分别产生独立影响。不过，这种独立效应仅存在于间接评价对政治信心的影响上。此外，反腐对公众政治信心的影响还存在明显的群体差异。[②]

---

① 徐琴、韩苗苗：《中国共产党百年政治建设的逻辑意蕴探析》，《北京社会科学》2021 年第 7 期。

② 苏毓淞、汤峰、褚向磊：《全面从严治党何以提升中国民众的政治信心——来自 CSGS2015 的实证证据》，《治理研究》2021 年第 2 期。

2.各领域党的建设

全面从严治党是中国共产党的庄严承诺，必须坚定不移、一以贯之。张衔、雷伟指出，新时代深度耕犁中国共产党全面从严治党研究，必须从理论蕴涵、关键策略和责任架构出发进行逐级审察。理论蕴涵是基础，旨在"理解是什么和为什么"；关键策略是重点，意在"解决抓什么和怎么抓"；责任架构是保障，谓指"落实谁来抓和抓哪里"。① 沿着这三个层级拾步追问，可以获致中国共产党全面从严治党新的学理阐释和实践启示。

中国特色社会主义进入新时代，中国共产党大力推进党内监督制度的创新和发展，助力全面从严治党取得巨大成效，并进一步提高了自身的执政能力和领导水平。张甲哲提出，中国共产党的党内监督制度有着深厚的历史根基。在此基础上，中国共产党深化党内监督制度改革，有力地推动了党内监督制度的创新和发展。新时代中国共产党党内监督制度的发展不仅是中国共产党适应新形势、承担新任务的要求，也是中国共产党推进全面从严治党的需要，同时还是党和国家监督体系发展和完善的主导要素。② 党的十八大以来，在全面从严治党的背景下，为了进一步加强和改善党的领导，习近平总书记提出了实现和维护党的团结要以全党的意志统一为支撑、以全党的行动统一为保障、以全党的步调统一为准绳的党的团结统一战略论述。李桂树认为，这一战略论述坚持了马克思主义的建党原则，继承了中国共产党的历史经验，顺应了全面从严治党的新要求，提出了实现党的团结统一的新路径，对进一步推动党的建设新的伟大工程具有重要的现实意义。③

侯勇、张任的研究指出，以习近平同志为核心的党中央创造性地丰富和发展了马克思主义廉政理论，系统阐述了新时代反腐败斗争理论的战略安

---

① 张衔、雷伟：《中国共产党全面从严治党的理论蕴涵、关键策略和责任架构》，《西南民族大学学报（人文社会科学版）》2021 年第 1 期。

② 张甲哲：《论新时代中国共产党党内监督制度的创新发展与内在逻辑》，《社会主义研究》2021 年第 3 期。

③ 李桂树：《习近平关于党的"团结统一"重要论述研究》，《黑龙江社会科学》2021 年第 6 期。

排、体制机制、制度规训、价值导向、主体自觉、依靠力量和政治生态等内容体系，充分彰显了人民至上的人民情怀、高瞻远瞩的战略眼光、坚持治病救人的价值原则、勇于自我革命的历史担当、唯物辩证的科学方法，奠定了中国特色的反腐败理论的价值原则、战略方针、重要方法和条件保障等理论基石，为新时代推进全面从严治党向纵深发展提供理论指导和实践遵循。①为解决党的建设存在的突出问题、提高党的建设科学化水平，习近平总书记继承和发展马克思主义政党建设思想，提出了一系列制度治党重要论述。陈善友、方雷认为，其核心要义包括：制度治党是全面从严治党的治本之策，注重制度的科学性、系统性、完备性，强化制度的执行力，思想建党和制度治党协同推进等。这四个方面内容构成一个内涵丰富、逻辑严密的制度治党思想体系，回答了新时代为什么要制度治党、需要什么样的制度来治党、怎样进行制度治党的问题。② 习近平总书记关于制度治党的重要论述对于丰富和发展马克思主义党建学说、推进党的建设新的伟大工程等具有重要的理论和实践价值。

党的十九届五中全会提出了全面建设社会主义现代化国家的远景目标。潘春玲指出，全面从严治党作为新时代进行党的自我革命的伟大实践，为实现全面建设社会主义现代化国家远景目标提供了有力支撑。新发展阶段必须提高政治站位，增强监督的严肃性、协同性、有效性，构建系统性、整体性、协调性反腐败格局，推动纪检监察工作高质量发展，深化全面从严治党，才能为推动全面建设社会主义现代化国家提供政治保障。③

王士龙主要关注党的纪律建设。他指出，纪律严明是党的光荣传统和独特优势。党的十八大以来，党中央将纪律建设提升到了新高度，实现党的纪

---

① 侯勇、张任：《习近平关于反腐败重要论述的内容体系、理论特征与时代价值》，《江南大学学报（人文社会科学版）》2021年第2期。

② 陈善友、方雷：《习近平制度治党重要论述的背景依据、核心要义与重大价值》，《当代世界社会主义问题》2021年第1期。

③ 潘春玲：《新发展阶段须持续深化全面从严治党》，《人民论坛》2021年第1期。

律建设的新发展。从理论逻辑看，新时代加强纪律建设是对马克思主义政党纪律理论的重大创新和发展，集中体现为习近平关于纪律建设的一系列重要论述。从实践逻辑看，加强纪律建设是不断推进党的自我革命，推动全面从严治党向纵深发展的治本之策，为实现中华民族伟大复兴的历史使命提供坚强纪律保证。从体系构建看，要从纪律制定、纪律内容、纪律教育、纪律实施、纪律检查机关等五个方面构建起党的纪律建设的基本框架。①

徐德斌的研究则集中在党的制度建设层面。他认为新时代制度治党作为政党治理的核心手段，在推动全面从严治党的建设总目标中具有重要作用。新时代制度治党的提出符合马克思主义政党观发展的理论逻辑、历史逻辑与实践逻辑，从理论的高度回应了制度治党"靠什么治""治什么""如何治"三个核心问题，对提升政党治理效能具有核心作用。新时代制度治党思想具有开创性价值，集中体现于从价值、文化和制度三个视角梳理和创新了治党的手段，既明确了政党治理的逻辑理路，又回应了制度治党与依法治国协同发展的重要价值。②制度建设是推进全面从严治党、坚持以人民为中心的必然选择。

请示报告制度是中国共产党创造的极具中国特色的政党内部制度，是落实党的全面领导的重要制度安排。王立峰、孙文飞主要研究党的请示报告制度。建党百年以来，中国共产党请示报告制度不断得到强化与优化，其在继承与发展马克思主义权威思想、贯彻执行民主集中制、加强党的全面领导等方面具有重大价值。与全面从严治党的时代要求相比，请示报告制度实施过程中面临配套实施法规供给不足、制度执行不力、联合请示报告不规范和监督机制不健全的现实困境。③逐步完善配套实施法规、增强领导干部的制度

---

① 王士龙：《新时代的纪律建设的理论发展、实践逻辑和体系构建》，《思想理论教育导刊》2021年第12期。

② 徐德斌：《新时代制度治党：逻辑、主题与创新》，《长白学刊》2021年第2期。

③ 王立峰、孙文飞：《中国共产党请示报告制度：实践价值、现实困境与未来进路》，《理论与改革》2021年第3期。

意识和执行能力、规范联合请示报告的程序和权责界限以及健全请示报告制度的监督机制，应成为未来请示报告制度进一步深化发展的可循进路。

3. 党的自我革命

深入推进自我革命是中国共产党永葆青春活力的奥秘所在，也是党战胜各种困难的动力源泉。吴春金认为，百年来，中国共产党高度重视自我革命并将其置于关乎政权兴衰成败的突出位置，为维护自身肌体健康、增强政治领导力和推进伟大社会革命提供坚实保障。从新民主主义革命到社会主义革命，从改革开放到中国特色社会主义新时代，党在推进自我革命的过程中积累了宝贵经验，即做到：坚持党中央权威和集中统一领导、坚持党要管党、全面从严治党、坚持批评和自我批评、坚持以人民为中心的价值旨归。[①] 今天，面对世情国情党情的深刻变化，系统总结党在推进自我革命进程中的宝贵经验，将为党在新时代进行自我革命，继而实现社会主义现代化国家和中华民族伟大复兴的宏伟目标积蓄力量。

自我革命是中国共产党保持长期执政的制胜之道。回顾中国共产党的百年峥嵘岁月，无论是在革命、建设、改革各个历史时期，中国共产党总能高度重视党的自我革命并将其置于关乎政权兴衰成败的突出位置。张润峰、梁宵认为，建党 100 年来，党的自我革命形成了三个坚定和三个坚持：坚定维护党中央权威和集中统一领导是勇于自我革命的政治保证；坚定站稳以人民为中心的政治立场是敢于自我革命的政治勇气；坚定推进党要管党和全面从严治党是推进自我革命的政治胆识；坚持思想建党与制度治党相统一是开展自我革命的政治谋略；坚持运用批评与自我批评的锐利武器是实施自我革命的政治基石；坚持问题导向和目标导向相统一是进行自我革命的政治智慧等重要经验。[②] 在新时代把党的自我革命推向深入使命艰巨，必须坚决持续打赢党的自我革命这场伟大的硬仗，进而实现社会主义现代化强国和中华民族

[①] 吴春金：《党的自我革命：百年历史进程与经验启示》，《安徽行政学院学报》2021 年第 4 期。

[②] 张润峰、梁宵：《党的自我革命：建党百年回望及经验启示》，《重庆大学学报（社会科学版）》2021 年第 3 期。

伟大复兴的宏伟目标。

勇于自我革命，从严管党治党，是中国共产党最鲜明的品格。白显良强调，百年来，中国共产党始终以毫不讳疾忌医的政治勇气，敢于直面各种问题和不足，始终不忘初心、牢记使命，在自我净化、自我完善、自我革新、自我提高中，开展了伟大的自我革命实践，缔造了伟大的自我革命精神，形成了伟大的自我革命理论，实现了自我革命与社会革命的辩证统一，从而锻造了伟大的自我革命品格。进入新时代，面对新任务、新征程、新要求，更需要一以贯之地以党的伟大自我革命推进党领导人民进行伟大的社会革命，从而把中国共产党建设成为始终走在时代前列、人民衷心拥护、治理能力现代化的马克思主义执政党。①

马克思主义执政党要完成自己的历史使命，必须解决始终保持先进性和纯洁性这一根本性问题。世界上曾经长期执政的马克思主义政党因为没有解决好这个问题，都掉入了历史周期率陷阱。中国共产党在尚未掌握全国政权时就开始思考和探索如何解决这个难题。黄百炼指出，经过一代又一代共产党人的不懈努力，中国共产党确立了正确的政治方向，创立了科学化的党的建设路径，健全了国家治理体系，奠定了雄厚的社会主义物质基础。党的十八大以来，中国共产党通过实施全面从严治党战略，终于找到了跳出治乱兴衰历史周期率的成功之道，为马克思主义政党制度的发展和创新作出了重大的中国贡献。②

严宗泽、王春玺提出，习近平总书记关于党的自我革命的重要论述对马克思主义政党学说的创新性贡献主要体现在：一是从党的自身建设、党的领导、使命型政党三个角度系统阐述了加强党的自我革命的必要性，并从党的性质和宗旨的角度分析了党为什么"能"进行自我革命。二是从实

---

① 白显良：《论中国共产党自我革命品格的百年锻造》，《西南大学学报（社会科学版）》2021年第 4 期。

② 黄百炼：《跳出治乱兴衰的历史周期率——中国共产党永葆先进性和纯洁性的成功实践》，《当代世界与社会主义》2021 年第 3 期。

践活动、自我革命精神、自我革命智慧等三个方面丰富了党的自我革命的时代内涵。三是从战略上提出了党的自我革命的原则、路径和方法：坚持系统观念，做到"四个统一"，增强"四个自我"能力；坚持培元固本，以党的政治建设为统领全面推进党的自我革命；坚持自我净化，持续高压反腐与权力制约监督问责相结合；坚持自我改革，完善党的领导制度体系和全面从严治党制度；创新方法，综合采用"问题导向"、抓"关键少数"等方法。[①] 习近平总书记关于党的自我革命的重要论述创造性地回答了马克思主义政党长期执政条件下永葆先进性和纯洁性的重大问题，为新时代深入推进全面从严治党、加强党的全面领导提供理论指导；中国共产党自我革命的实践成功破解了执政党"如何自我监督"这一世界性难题，为21世纪世界各国政党兴党强党提供了自我革命、自我监督的"中国智慧"和"中国方案"。

在长期执政条件下如何永葆党的先进性和纯洁性、如何始终得到人民群众的拥护和支持、如何全面增强党的执政能力和实现党长期执政，是关系我们党能否跳出历史周期率的根本性问题。刘建武强调，以习近平同志为核心的党中央在推进全面从严治党的伟大实践中，坚定不移地以伟大自我革命引领伟大社会革命，以科学理论引领全党理想信念，以"两个维护"引领全党团结统一，以正风肃纪反腐凝聚党心军心民心，探索出一条在长期执政条件下解决自身问题、跳出历史周期率的成功道路，开创了新时代党的建设的崭新局面。[②]

勇于自我革命是中国共产党最鲜明的品格和最大优势。杨志玲、赵立永总结分析认为，建党百年来中国共产党以不断的自我革命来推进我国社会革命的成功实践深刻表明了党自我革命是在内外动力双向驱动下实现的。党的十八大以来，习近平总书记对坚持以党自我革命推动社会革命的问题提出了

---

① 严宗泽、王春玺：《习近平关于党的自我革命重要论述的创新性贡献》，《广西社会科学》2021年第5期。

② 刘建武：《新时代跳出历史周期率的伟大探索与成功道路》，《马克思主义研究》2021年第5期。

一系列新观点、新论断和新战略，这使得对新时代党自我革命的认识变得更加明确具体。① 研究新时代中国共产党自我革命的根本动力，应从党自我革命的历史根源、思想基础和制度保证三方面进行分析，研究旨在深化对党自我革命的动力培育、理论形成和实践方法的探究。

自我革命是马克思主义政党建设的本质要求，是我们党最鲜明的品格，更是党应对新时代各种风险考验的现实需要。雷青松回顾党的百年光辉历程，认为可以从革命、执政、改革、治理四个维度考察和分析党在各个历史时期自我革命的演进脉络。其经验启示主要包括：必须坚定维护党中央权威和集中统一领导；必须坚持思想建党和制度治党同向发力；必须一以贯之坚持正风反腐不动摇；必须坚持以党的自我革命引领伟大社会革命；必须坚持以人民为中心的价值立场推进党的自我革命。② 准确理解和把握这些历史经验，对新时代深入推进党的自我革命和伟大社会革命、实现第二个百年奋斗目标进而实现中华民族伟大复兴的中国梦具有重要现实意义。徐斌、冯楠楠指出，我们党始终发扬自我革命精神是党的性质、指导思想和历史使命决定的。自我革命精神是党的自我革命历程的凝结、升华，是它的抽象形式和一般化表达，具有丰富意蕴：是自我批判的勇气和担当，是克服一切困难的决心和意志，是一往无前的品格和力量，也是为人民谋利益的无私境界。党的自我革命精神在党的百年奋斗历史过程中得以彰显和践行：遵义会议、延安整风运动、"三反"运动、真理标准问题的大讨论、社会主义本质论、新时代全面从严治党的成就及党的自我净化、自我完善成果等都显示了党的自我革命精神的力量。③ 因此，要继续发扬自我革命精神要坚持辩证法，即批判与建构的统一，自我革命与社会革命的统一，自我革命行为与自我革命精神

---

① 杨志玲、赵立永：《新时代中国共产党自我革命的思想基础和制度保证》，《云南师范大学学报（哲学社会科学版）》2021 年第 1 期。

② 雷青松：《中国共产党自我革命的百年历程：逻辑意蕴、历史演进及基本经验》，《理论学刊》2021 年第 7 期。

③ 徐斌、冯楠楠：《中国共产党自我革命精神及其历史实践》，《四川师范大学学报（社会科学版）》2021 年第 4 期。

的统一，自我革命是辩证发展的过程。

总结来说，学术界关于全面从严治党的研究给予了高度关注，对相关重要问题进行了深入研究。下一步加强研究的方向主要包括以下三点：一是要结合新时代党的建设总要求和党的使命，进一步加深对全面从严治党新情况新趋势新特点的研究，跟踪研究全面从严治党的新挑战新机制新经验；二是要进一步深入对一系列重大政治论断的研究，如党是最高政治领导力量、党的领导是中国特色社会主义最本质的特征、伟大社会革命和伟大自我革命的关系、党的政治建设摆在首位等论断的深刻理论内涵；三是要进一步加强对党的领导与党的建设的关系、管党治党与治国理政的关系、全面从严治党规律的认识等，从学理上提高对全面从严治党深刻内涵、重大意义的认识。

（执笔人：郇雷）

分报告六：关于中国特色社会主义最本质特征的研究

"中国共产党领导是中国特色社会主义最本质的特征"，这一重要论断是习近平总书记对中国特色社会主义本质理论的概括，2017 年，这一论断写入了党章。2021 年，国内学术界对这一论断的讨论继续深入，热度不减。与之前的研究相比，本年度的相关研究在论证这一论断之外，更深化和细化了对党的领导的内涵、方式的探究，从而使得对这一论断的研究更为丰富和深刻。

一、这一重大论断的主要依据

（一）总体把握

2021 年，国内学术界对于"中国共产党领导是中国特色社会主义最本质的特征"这一重大论断的学术依据研究进一步推进，视野更开阔，角度更多，论证更详细和严密。

有学者指出，中国特色社会主义制度具有相对的稳定性、较强的持续性，是中国道路的固态化呈现、中国理论的制度化表达、中国文化的正式化沉淀，因而成为辨识中国特色社会主义最直接的标志和最鲜明的特征。中国特色社会主义制度的本质特征主要体现在以下四个方面：一是在方向层面以中国共产党为"中轴结构"实现对一切工作的有效领导；二是在立场层面坚持以人民为中心的价值取向；三是在方略层面坚持守正与创新的有机统一；四是结构层次层面的延展性。全面把握中国特色社会主义制度的本质特征，对于深入理解中国特色社会主义的内在结构、社会主义国家制度的本质以及人类制度文明的新发展具有重要的意义。①

有学者认为，这一重大论断深刻揭示了党的领导与中国特色社会主义之间的本质联系，科学地阐述了党的领导是中国特色社会主义具有内在性、根本性和核心性的本质属性。习近平总书记提出这一论断的全新意义在于，将党的领导由基本特征上升到最本质的特征，更加突出党的领导在社会主义特征体系中的地位和作用；首次从无产阶级政党与社会主义关系角度表述社会主义本质，创造性地发展了社会主义本质理论；更加突出地表明中国共产党坚守初心、承担使命的自觉意识与推动全面从严治党向纵深发展的坚定决心。②

有学者强调，历史和人民选择了中国共产党，为什么？因为中国共产党领导是中国特色社会主义最本质的特征，是中国特色社会主义制度的最大优势，是党和国家的根本所在、命脉所在，是全国各族人民的利益所系、命运所系。中国共产党的最本质特征就是决定中国特色社会主义事业兴衰成败的最根本、最关键的特征，任何一个领域工作的开展其根本和关键都在于坚持中国共产党领导；在中国特色社会主义制度这一严密完整的科学制度体系中，党的领导制度是我的根本领导制度，起着决定性作用；无论是党的前途命运还是国家的前途命运，归根结底取决于中国共产党的全面领导；全国各族人民的美好生活能否实现，现实利益和长远利益能否实现，最根本的是要看能否坚持好党的全面领导。③

有的学者通过分析中国共产党的领导力来论证这一依据，研究指出，1921年中国共产党成立至今，在革命、建设和改革不同时期取得了辉煌成就。回眸百年中共党史，中国共产党带领中国人民实现从站起来、富起来到

---

① 康晓强：《论中国特色社会主义制度的本质特征》，《浙江大学学报（人文社会科学版）》2021年第1期。

② 王向明：《正确认识"党的领导是中国特色社会主义最本质的特征"》，《社会科学家》2021年第3期。

③ 辛向阳：《论中国共产党领导的"四个是"》，《内蒙古社会科学（汉文版）》2021年第6期。

强起来的伟大飞跃，创造了"中国奇迹"。这个奇迹背后是中国共产党超强的领导能力，其奥秘在于：坚如磐石的理想信仰和坚定不移的初心使命、高度组织化和钢铁纪律铸就的军事武装、完整的经济体系和创新驱动发展、最大同心圆的包容性战略、中国特色社会主义制度高效快速动员机制、新型工业化道路与机遇、创新的理论体系与稳定的领导核心。[1]

有学者说，要想理解党的领导是中国特色社会主义最本质的特征，就必须深刻理解党的领导对于中国特色社会主义的内在性、根本性和核心性。这种内在性、根本性和核心性可从原初的理论逻辑、必需的前提基础、事业的开创发展、卓越的领导能力、坚强的领导核心五个方面予以把握，即依据马克思主义政党学说，党的领导与社会主义的建立发展本来就是事物的一体两面；中国共产党领导中国人民建立了新中国，确立了社会主义基本制度，为中国特色社会主义的形成与发展奠定了根本政治前提和制度基础；正是在党领导下，中国特色社会主义事业才得以开创发展；党自身卓越的领导能力是其成为最本质特征的决定性因素；党的领导核心至关重要，正是由于坚强有力的领导核心，中国特色社会主义事业才能够胜利推进。[2]

有的学者从我们党对社会主义本质认识的不断深化的过程的角度展开论证：纵观我们党的百年历程，对于中国社会主义本质的认识先后经历了经济制度论、现实功能论、党的领导论三个阶段。这三个阶段的认知并非截然断开、毫无关联，而是存在一个继承扬弃的关系，正是在这样一个扬弃的过程中，中国特色社会主义伟大事业得以开创并持续推进。这样一个认识逐步演进的过程就是马克思主义与中国具体实际结合越来越深入的过程，就是我们对什么是社会主义的认识越来越接中国地气的过程，就是社会主义与中国现代化以及中华民族伟大复兴越来越成功结合的过程，就是中国共产党的领导水平和执政能力不断提升的过程，就是社会主义在整个世界历史进程中逐步

① 李拓、鲁广鹏：《百年大党取得辉煌成就的领导力密码》，《科学社会主义》2021 年第 2 期。

② 李海青：《深刻理解"党的领导是中国特色社会主义最本质的特征"这一重大判断》，《观察与思考》2021 年第 11 期。

证明自己的优越性从而进一步展示必然性的过程。[1]

有的学者从坚持党的领导、人民当家作主、依法治国这三者有机统一的角度来进行论证，认为在党的领导、人民当家作主、依法治国三者关系中，党通过组织建设、民主集中制和党指挥枪等做法，为人民当家作主和依法治国提供了国家统一、社会稳定、集中力量办大事等实现法治必备的前提条件；党通过票决和协商两种主要民主形式的检验而实现民主执政，人民当家作主通过党对人民内部各阶层间利益的提炼、整合，找出了最大公约数；党的领导在政治方向、组织人事和思想理论方面为依法治国提供了保障，依法治国和依规治党相结合、执纪和执法相贯通则为党的长期执政起到了固根本、稳预期、利长远的保障作用。[2]

（二）历史角度

中国共产党的成功，得到了历史的证明。从历史的视角，对中国特色社会主义的最本质特征进行研究，是这一论断能够成立的有力支撑。

有学者认为，建党百年最宝贵的一条经验就是：没有中国共产党领导就没有新中国，就没有中国特色社会主义。在领导中国革命、建设和改革的伟大实践中，中国共产党坚持以马克思主义中国化的理论成果武装自己，形成了鲜明的属性优势和领导优势。改革开放以来，中国共产党创造性地把科学社会主义理论逻辑和中国社会发展历史逻辑辩证统一起来，开创、引领、推动了根植于当代中国的科学社会主义——中国特色社会主义。因此，中国共产党与中国特色社会主义是不可分割的统一体，正是党的领导推动了中国特色社会主义整体性特征、制度性特征、战略性特征的形成和发展。在这个逻辑上讲，没有中国共产党领导就没有中国特色社会主义的形成和发展，中

---

[1] 李海青：《经济制度·现实功能·党的领导——百年大党对中国社会主义本质认识的演进逻辑》，《人文杂志》2021 年第 6 期。

[2] 郝铁川：《坚持党的领导、人民当家作主、依法治国有机统一的法理分析》，《毛泽东邓小平理论研究》2021 年第 5 期。

国共产党领导是中国特色社会主义的最根本属性、最鲜明标识和最本质的特征。①

有的学者指出，坚持和加强党的全面领导是无产阶级政党的本质规定，是中国近代历史发展的必然要求，是实现中华民族伟大复兴的关键所在。百年来，中国共产党坚持和加强全面领导经历了新民主主义革命时期的初步探索到基本形成、社会主义革命和建设时期的继续强化和曲折发展、改革开放新时期的调适优化以及中国特色社会主义新时代的创新加强四个阶段性发展。中国共产党坚持和加强全面领导的百年实践形成了十分重要的经验：充分认识无产阶级政党的领导权是坚持和加强党的全面领导的前提、严密党的组织体系是坚持和加强党的全面领导的基础、改革和完善党的领导方式是坚持和加强党的全面领导的关键、完善体制机制是坚持和加强党的全面领导的保障。②

有的学者从党的领导的制度化和法治化的历史出发进行研究，认为中国特色社会主义制度是一个严密完整的科学制度体系，其中具有统领地位的是党的领导制度。党的领导作为最大制度优势，内在地蕴含着不断推进党的领导制度化、法治化的要求。党的十八大以来，以习近平同志为核心的党中央明确提出党的领导制度化、法治化的任务，以更宏观的视野、更长远的考虑、更强劲的力度来推进党的领导，推动党的领导制度化、法治化建设取得重大成就，为党的领导地位提供了更加有力的制度和法治保障。③

还有的学者认为，中国新型政党制度是中国共产党在百年探索历程中构建的一种富有中国特色的新型政党制度，它凝聚了政党制度和国家治理的中国智慧与中国方案，也对世界政治文明建设作出了积极贡献。中国共产党探

---

① 张守夫、常瑞：《论中国共产党领导是中国特色社会主义最本质的特征——基于百年党史的学理阐释》，《南通大学学报（社会科学版）》2021 年第 5 期。

② 王可园：《中国共产党坚持和加强全面领导的百年历程与基本经验》，《青海社会科学》2021 年第 3 期。

③ 张峰：《党的领导是我们的最大制度优势——党的领导制度化法治化的历程和成果》，《学术前沿》2021 年第 21 期。

索新型政党制度的实践历经四个发展阶段，分别是在带领中国人民争取民族独立与人民解放过程中构建出新型政党制度的基本框架、在进行社会主义革命和建设过程中推动了新型政党制度的曲折发展、在实施改革开放和社会主义现代化建设过程中促进了新型政党制度的完善、在中国特色社会主义新时代又进一步实现了新型政党制度的创新发展。中国共产党探索新型政党制度的实践历程表明，坚持中国共产党的领导是新型政党制度运行的本质要求，坚持巩固和发展爱国统一战线是新型政党制度发展的重要保障，坚持以人民为中心是新型政党制度实施的根本目标，坚持政治协商是新型政党制度完善的基本途径。①

有的学者从历史出发，总结中国共产党走向未来的宝贵经验，认为中国共产党政治建设的百年历史，始终以共产主义理想作为党的政治建设之根本，不断加强党的政治纲领、政治纪律、政治路线、政治领导力建设，形成了坚持党中央权威和集中统一领导、始终如一贯彻党的正确的政治路线、围绕党的中心工作加强党的政治建设、以坚持群众路线夯实党的政治根基、以提高政治判断力保证正确政治方向、以完善党内政治制度强化制度保障等基本经验，是党的建设的宝贵财富。党的政治建设所包含的马克思主义政治信仰知行统一论、正确的政治路线统领论、党的政治领导统揽全局论、党员干部政治能力优先提升论、党内政治生态全面净化论等思想精髓，对于开启全面建设社会主义现代化国家新征程，实现中华民族伟大复兴具有重要意义。②

有的学者从人民政府的建立和成熟的历史过程出发，来论证这一重大论断：中国共产党将马克思列宁主义的国家学说与中国革命、建设、改革的伟大实践紧密结合，历经艰辛探索，不断丰富和发展人民政府理论和实践，形成了坚持中国共产党领导前提下的党政关系，确立了党领导政府体制。党领

---

① 李景萍、汪锐、李贤：《中国共产党探索新型政党制度的实践历程与基本经验》，《广西社会科学》2021 年第 12 期。

② 张乾元、刘甲星：《中国共产党政治建设：百年探索·基本经验·思想精髓》，《政治学研究》2021 年第 6 期。

导政府体制包括党的领导原则、政治机关制、依法办事方式、民主集中制、央地关系、现代化职能体系等构成要素，体现了以人民为中心的政治立场和为人民服务的行政理念。这是中国共产党人丰富和发展马克思列宁主义国家学说的基本成果，是当代中国政府体制的基本架构，是建构人民政府论的基本要素。[①]

有人从中国特色社会主义从诞生到成熟的历史逻辑出发进行总结，其主张，在中国共产党领导中国人民进行长期探索的过程中，中国特色社会主义政治制度呈现出独特的发展逻辑。政治逻辑呈现为始终坚持中国共产党的领导和以人民为中心的政治立场，理论逻辑呈现为马克思主义国家学说的指导和中华优秀传统政治文化的滋养及其相互促进，实践逻辑呈现为在创建新中国和发展新中国的伟大实践中完善了中国特色社会主义政治制度。[②]

还有学者认为，在中国政治的运行之中，中国共产党作为推动国家与社会发展进步的核心领导力量，对国家和社会发展的各方面实行全面领导，为国家与社会的全面发展进步提供了根本保障。自中国共产党成立以来，其对于国家和社会的全面领导始终围绕于把准政治方向、深入根植于党和国家组织与制度体系、广泛建构于党和国家思想价值体系，构成了全面领导的基本运行机理。新时代背景下坚持和加强党的全面领导，要始终坚持党中央权威和集中统一领导、实现党的全面领导与国家制度体系融合、使党牢牢掌握意识形态工作领导权。[③]

（三）政党制度角度

也有很多学者通过比较中国和西方的基本政党制度，从政党制度的角度

① 祝灵君、张博：《人民政府论的建构——党领导政府体制的百年探索与启示》，《中国行政管理》2021 年第 7 期。
② 房广顺、苏里：《中国特色社会主义政治制度从奠基到成熟定型的发展逻辑》，《马克思主义理论学科研究》2021 年第 2 期。
③ 王健睿：《建党百年来坚持和加强党的全面领导的内在逻辑》，《科学社会主义》2021 年第 1 期。

体味中国特色社会主义道路的特点，从而论证这一重大论断。

有的学者从科学社会主义基本原理，从马克思主义经典作家出发，研究了马克思主义政党的基本特性，来论证这一问题指出，列宁在《共产主义运动中的"左派"幼稚病》中深刻批判了共产主义运动中的"左派"在党的领导问题上的错误，围绕党的领导作用以及如何实现党的领导提出了一系列重要观点。主要包括：批驳"左派"否定政党和党的纪律的错误思想，强调坚持党的领导是无产阶级革命事业取得成功的根本保证；批驳"左派"将政党和阶级、群众和领袖对立起来的错误倾向，强调无产阶级政党必须造就出有权威的领导核心；批驳"左派"主张退出工会和抵制议会的错误观点，强调无产阶级政党必须发挥先锋队对最广大群众的领导作用；批驳"左派"否定任何妥协的错误主张，强调共产党人必须增强领导策略的灵活性和善于实现自己的领导。列宁的思想主张对新时代正确坚持和加强党的领导具有重要现实意义。①

有学者指出，中国共产党领导的多党合作和政治协商制度是在中国土壤中生长出来的新型政党制度，其最大制度优势在于中国共产党的领导。中国新型政党制度是在近代中国现代化动荡发展的过程中逐渐生成的。在推动中国革命前进的过程中，中国共产党在理论、实践和制度方面实现了创造性运用、创新性发展，逐渐在多元主体互动中实现了对其他政治主体的全面超越，确立起在新型政党制度中的领导地位，并最终通过人民政协制度的形式得到制度化肯定。在中国共产党的领导下，新型政党制度实现了对既有政党制度的范式超越，为人类政治文明发展贡献了中国智慧和中国方案。②

有学者认为，这一重大论断科学地揭示了中国共产党（"党"）和中国特

---

① 王进芬、杨秀芹：《列宁在党的领导问题上对共产主义运动中"左派"观点的批判及其当代价值》，《思想理论教育导刊》2021年第11期。

② 董树斌：《中国共产党在新型政党制度中领导地位的生成逻辑》，《上海交通大学学报（哲学社会科学版）》2021年第1期。

色社会主义制度（"制"）之间的内在统一性。此内在统一性可概括为"党"是"制"的来源、前提和基础，在"制"的确立、发展和完善中起着决定性的作用。本文基于历史分析、结构分析和因果分析三个视角，从理论层面对习近平总书记的"最大优势论"进行深度解读，阐释其在中国特色社会主义理论与实践上的原创性意义和内在机理。基于历史分析视角，中国共产党是以"党"建国，以"党"建"制"。基于结构分析视角，中国共产党是"党"在"制"中，以"党"行"制"。基于因果分析视角，中国共产党则以"党"之力塑"制"之优势。[1]

还有学者认为，党的领导制度是我国的根本领导制度，在国家制度和国家治理体系中居于统领地位，必须长期坚持、不断完善。发展完善党的领导制度不仅具有历史必然性，也是对时代需求的积极回应。推进党的领导制度发展完善，基本要求是巩固党的领导地位、强化党的领导职责、规范党的领导行为。从法治运行的宏观视野出发，实现领导程序法治化、领导行为法治化、法治保障系统化、领导规范完备化，是实现党的领导制度法治化的行动逻辑，也是发展完善党的领导制度的具体路径。[2]

有学者指出，中国共产党成立百年来，随着革命形势发展、社会样态变迁以及现代国家构建，中国政党制度经历不断的变化、调整与完善。政党政治取代皇权、军权政治是历史的必然；合作型政党政治取代竞争型、垄断型政党政治同样是历史的必然；在政党合作基本框架下，唯有选择中国共产党领导的多党合作，走上社会主义政党政治道路，并建立起与之相适应的新型政党制度，才有挽救民族危亡、获得民族独立与人民解放，进而实现中华民族伟大复兴的最大可能。百年来中国政党制度嬗变演进的最根本经验与启示是必须切实坚持好、完善好中国新型政党制度。中国共产党作为中国政党制度百年嬗变和中国新型政党制度生成发展的决定性力量，决定了中国新型政

---

① 张亮亮：《论中国特色社会主义制度的最大优势是中国共产党领导——基于三个分析视角的解读》，《中央民族大学学报（哲学社会科学版）》2021年第1期。

② 石佑启、李坤朋：《论新时代党的领导制度的发展完善》，《学术研究》2021年第12期。

党制度行稳致远、不断完善发展的根本在于中国共产党的坚强领导。①

有的学者从马克思主义政党的特性出发展开论证认为，中国共产党既是马克思主义执政党，又是马克思主义革命党。从马克思主义执政党的建构逻辑来看，党为人民并依靠人民执政，执政的理论依据是无产阶级专政理论，取得执政地位的主要方式是暴力革命，优化执政方式的关键在于明确执政职能，做到科学执政、民主执政、依法执政。从马克思主义革命党的建构逻辑来看，党在执政后仍需要革命的时代依据在于我们依然处在马克思主义所揭示的从资本主义向社会主义过渡的历史大时代，能够革命的根本原因在于无产阶级政党所具有的彻底革命性，革命方式包括社会革命和党的自我革命。马克思主义政党的双重建构逻辑是内在统一的，革命是执政的前提和基础，执政是革命的目标和保障。两者统一于党的全面领导、以人民为中心的价值理念、党肩负的伟大使命、党领导的伟大斗争和全面从严治党实践之中。②

（四）新时代的角度

也有很多学者从新时代的时代任务这个角度出发，论证在新时代加强党的领导的重要意义，从而论证这一重大论断。

有学者从意识形态领域为切入点，认为新时代中国共产党意识形态领导权的生成具有深刻的内在逻辑。从理论逻辑来看，它蕴含着马克思主义意识形态引领力、整合力和批判力的思想内核；从历史逻辑来看，它贯穿于由革命时期的形成、建设时期的巩固，到改革开放时期的深化发展这一中华民族由独立走向富强的历史始终；从实践逻辑来看，它体现着坚持党的全面领导的实践原则、坚持人民至上的实践理念，以及坚持意识形态领导权制度建设的实践保障等多重诉求。新时代党的意识形态领导权的生成，必须要坚持以习近平新时代中国特色社会主义思想为理论武装，在理论、历史与实践三重

---

① 黄恩华、张师平：《中国共产党成立百年来中国政党制度的嬗变逻辑——基于政治发展的分析视角》，《江西师范大学学报（哲学社会科学版）》2021 年第 1 期。

② 张浩：《论马克思主义政党的双重建构逻辑》，《马克思主义研究》2021 年第 8 期。

逻辑的交汇统一中，不断夯实党的意识形态领导权的生成根基。①

有的学者以新发展阶段为切入点，指出党的领导是革命、建设、改革和新时代中国特色社会主义取得成功的根本保证。进入新发展阶段，更是要强化党的领导，这是实现中华民族伟大复兴的根本保证。全面建设社会主义现代化国家，我们党更有信心和决心，实现党的建设新的伟大工程与社会主义新的宏伟事业双飞跃。党的领导力在新的伟大实践中锻造强化，党必将更显风华正茂。②

有的学者以建设社会主义强国为切入点进行论证指出，党的十九届五中全会擘画了到 2035 年基本实现社会主义现代化、到本世纪中叶把我国建设成为富强民主文明和谐美丽的社会主义现代化强国的蓝图，实现中华民族伟大复兴的中国梦进入决胜关键期。领导好我们这样的大国，建设好社会主义现代化强国，首要是建设好我们这样的大党，使世界上最大的政党发展为最强的政党。这就要以党的自我革命为动力，以刀刃向内的决心和魄力、全面从严治党的政治定力，推进党的自我净化、自我完善、自我革新、自我提高，为建设社会主义现代化强国提供根本保证。③

有的学者以实现中华民族伟大复兴的重要任务为论证角度，认为实现中华民族伟大复兴必须坚持中国共产党的领导。党的性质与宗旨决定了只有坚持共产党的领导才能组织动员人民群众、创造安定的环境，最终实现人民幸福的美好目标。中国共产党以马克思主义为指导，不断推动理论创新，能够凝聚起实现民族复兴的思想共识。党领导人民开创的中国特色社会主义道路是实现中华民族伟大复兴的必由之路。④

---

① 崔庆君、张士海：《新时代中国共产党意识形态领导权的生成逻辑》，《山东社会科学》2021 年第 1 期。

② 颜晓峰：《党在新发展阶段征程中将更显风华正茂》，《人民论坛·学术前沿》2021 年第 1 期。

③ 房广顺：《党的领导是建设社会主义现代化强国的根本保证》，《人民论坛·学术前沿》2021 年第 4 期。

④ 王炳林、祝伶俐：《中国共产党的领导与中华民族伟大复兴》，《中国高校社会科学》2021 年第 2 期。

有的学者以新时代如何跳出历史周期率为角度，探讨加强党的领导的重要性，其指出在长期执政条件下如何永葆党的先进性和纯洁性、如何始终得到人民群众的拥护和支持、如何全面增强党的执政能力和实现党长期执政，是关系我们党能否跳出历史周期率的根本性问题。党的十八大以来，以习近平同志为核心的党中央在推进全面从严治党的伟大实践中，坚定不移地以伟大自我革命引领伟大社会革命，以科学理论引领全党理想信念，以"两个维护"引领全党团结统一，以正风肃纪反腐凝聚党心军心民心，探索出一条在长期执政条件下解决自身问题、跳出历史周期率的成功道路，开创了新时代党的建设的崭新局面。[①]

二、如何加强党的领导

（一）全面理解党的领导的内涵

全面地理解党的领导的内涵，是加强党的领导，促进中国特色社会主义事业不断取得新的进展的前提，不少学者就这一点展开了论证。

党的十九大和之后历届中央全会都对 2035 年的中国和中国共产党进行了全面展望。有的学者认为，"党的全面领导"是党的建设研究的核心议题，也是全面推进党的建设伟大工程的重要保证。2035 年，党的全面领导将进一步加强，为实现中华民族伟大复兴提供坚强的领导和组织保证。坚持和加强党的全面领导，在理论层面需要科学界定"党的全面领导"核心概念，构建"党的全面领导"研究的理论体系和学科体系；在实践层面需要广大党员坚决做到"两个维护"，还应健全党的领导制度和领导体制，不断改进党的领导方式。[②]

---

① 刘建武：《新时代跳出历史周期率的伟大探索与成功道路》，《马克思主义研究》2021 年第 5 期。

② 张世飞：《关于坚持和加强党的全面领导的若干思考》，《人民论坛·学术前沿》2021 年第 4 期。

有的学者指出，总结中国共产党百年发展历程的宝贵经验，锻造更加强大的马克思主义执政党是新时代党的建设的必然要求。锻造新时代强党必须统筹党的建设、党内治理、党的执政、党的领导，在强国强军强党实践中把党建设得更加坚强有力。马克思主义及其中国化成果是指导党和党所领导的事业不断攻坚克难、成功推进的精神财富；解放思想、实事求是、与时俱进这一活的灵魂是贯穿党的建设、党内治理、党的执政、党的领导的精髓；以党的自我革命精神为核心的中国共产党人精神谱系是驱动立党兴党强党的强大精神动力；坚持党的思想路线、政治路线、群众路线、组织路线的有机统一是党和人民事业从胜利走向胜利的重要保证；依法治国和依规治党二者协同发力是新时代落实全面依法治国基本方略和全面依规从严治党的有效路径。①

有的学者就通过加强党的领导力来完善党的领导展开了阐述，其指出，党的政治领导力具有根本性、权威性和战斗性等鲜明特征，是引导和推动实现新时代党和人民共同奋斗目标的核心力量。新时代条件下增强党的政治领导力建设，顺应了建设新的伟大工程诉求。增强政治领导力，是新时代党所承担的"始终成为时代先锋、民族脊梁"政治责任的现实需要；是党在新时代"始终成为马克思主义执政党"，保持政治先进性的内在要求；是党"自身必须始终过硬"，维护中央权威和党的集中统一领导的必然选择。新时代需要从强化学习教育、融入工作实践、实现自我净化和提升政治认同感等路径增强党的政治领导力。②

有的学者指出"党的领导制度体系"这一重大概念的提出，是对马克思主义政党领导理论中国化进程中制度创新成果的集中概括，是党的领导制度逐步成熟定型的重要标志。党的领导制度体系的生成，是党的领导制度改革、建设、创新和完善四位一体的过程，有其内在的生成逻辑。具体来讲，

---

① 田芝健：《百年审思与展望：锻造更加强大的马克思主义执政党》，《苏州大学学报（哲学社会科学版）》2021 年第 3 期。

② 马兵：《新时代党的政治领导力建设：特征、意义和路径》，《新视野》2021 年第 3 期。

价值、实践和时代是考察党的领导制度体系生成的三个维度。其中，价值原则是内在依据，实践经验是直接动力，时代潮流是外部动力。在这三重逻辑的共同作用下，为党的领导制度体系的生成提供了动力机制，推动了党的领导制度体系的内生与建构、继承与发展。①

有的学者指出，健全党的全面领导制度是坚持和完善新时代党的领导制度体系的重要举措，是贯彻马克思主义党的学说和国家学说的必然要求，是对近百年来中国共产党领导制度创设的经验总结，是全新历史方位上坚持和加强党的领导的创新成果。健全党的全面领导制度，不仅有助于系统阐明党的全面领导概念的科学内涵，彰显中国共产党领导型政党的政治定位，而且有助于推动新时代党的领导制度体系更加科学完备，巩固国家制度和国家治理体系显著优势。立足新时代国家治理全局，要通过维护制度权威、完善法律法规、注重宣传阐释、凝聚价值共识、增强制度供给等路径，不断提升党的全面领导制度效能。②

还有学者认为，坚持和完善党的领导制度体系，要求把党的领导落实到国家治理各领域各方面各环节。厘清"坚持和完善党的领导制度体系"是中国共产党党建中难以回避的问题，需要在实践中始终坚持党的集中统一领导的最高原则和确保国家始终沿着社会主义方向前进的基本原则。将"坚持和完善党的领导制度体系"摆在"坚持和完善中国特色社会主义制度，推进国家治理体系和治理能力现代化"的突出位置，具有历史继承的必然性、实践推进的必然性和发展趋向的必然性。在坚持和完善党的领导制度体系具体建构中，必须坚持问题导向、方法论指导、内容逻辑、执行落实、制度效能等路径建构体系，以落实"总揽全局、协调各方"的要求，提高党科学执政、民主执政、依法执政水平，推进中国特色社会主义伟大事业。③

---

① 方涛：《论党的领导制度体系的生成逻辑》，《马克思主义研究》2021 年第 2 期。
② 黎田、王渤飞：《健全党的全面领导制度：依据、价值与路径》，《重庆社会科学》2021 年第 3 期。
③ 刘吕红：《论坚持和完善党的领导制度体系》，《湖湘论坛》2021 年第 3 期。

有的学者在如何发挥中国制度的"最大优势"这一视角探讨完善党的领导，其指出，进入新时代，中国特色社会主义制度理论得到系统化阐发，习近平总书记关于中国制度"最大优势"的相关论述是最具标志性的创新成果，深入揭示了中国制度治理体系的深层逻辑与功能机理。"最大优势论"指明，党的领导是中国特色社会主义制度最本质特征和最根本原则，其发生逻辑在于中国"政党中心"的复合治理模式，依托民主集中的"党政双轨结构"、政党统筹"两个积极性"的"央地结构"、党建引领的基层治理结构以及"政党在场"的"政治—经济"结构，党的领导权在各级政权机关、基层治理和经济社会等领域得以展开和实现。"最大优势论"指明，党的领导是中国制度的根源性优势，是其他制度优势生成运行的根本保障，其转化机理在于通过使命型政党的全面领导和政治整合，使中国国家治理呈现出政治统治权威性、政党行动性与政府科层性治理相互融合的特点，蕴化出行动性治理与制度性治理、实质正义与程序正义、政党自我革命与制度自我完善有机统一的巨大优势和治理效能。十九届四中全会《中共中央关于坚持和完善中国特色社会主义制度、推进国家治理体系和治理能力现代化若干重大问题的决定》全面体现和进一步贯彻了制度"最大优势"的思想认识，突出坚持和完善党的领导制度，抓住国家治理的关键和根本，在加强党的领导与人民民主的法治联结、综合运用制度效应与政策效应的总体思路中推进制度优势更好的转化为治理效能。①

有的学者就如何将制度优势转化为实际的治理效能展开了论述，其指出中国之治顺应了"坚持和发展什么样的中国特色社会主义、怎样坚持和发展中国特色社会主义"这一时代主题，体现了理论逻辑与实践逻辑的辩证统一。中国之治的稳定性与可靠保障源于多方面因素，如中国共产党的领导、马克思主义的指导地位、扎根中国实际、以人民为中心的价值取向、勇于自我革新、从严治党管党、全面推进依法治国等。为此，必须坚持中国共产党领

---

① 张艳娥：《中国制度"最大优势"的发生逻辑与转化机理》，《社会主义研究》2021 年第 3 期。

导；必须坚持以马克思主义为指导，不断推进马克思主义理论创新，开辟马克思主义新境界；必须从我国国情出发，加强制度创新，切实把我国制度优势转化为治理效能；必须坚持以人民为中心的根本立场；等等。①

有的学者指出，中国共产党治国理政必须走制度化道路。其认为，在中国共产党迎来百年华诞之际，从治理型政党的视角重新认识中国共产党的独特性有助于正确把握中国特色社会主义的制度优势，增强制度自信。在领导革命、建设和改革的百年征程中，中国共产党经历了从革命型政党到革命型执政党、再到治理型政党的转变。在坚持和加强党的全面领导新时代，中国共产党治国理政就是一种党领导的多党合作、多元主体共同参与的政党中心的复合型治理，具体体现在国家治理、社会基层治理、国企公司治理等方面。为了加强治理型政党建设，实现党的全面领导与国家治理体系的有机统一，中国共产党治国理政必须走制度化、法治化、规范化道路。②

有的学者强调完善党组制度来加强党的领导，其指出，党组制度是确保党始终成为中国特色社会主义事业坚强领导核心的重要制度安排。中国共产党成立以来，党组制度的建立和健全经历了四个历史阶段，即探索初建阶段、全面建立转向逐步取消阶段、恢复到强化的调适阶段以及制度运行体系化阶段。党组制度形成发展的实践经验主要是：强调党委的领导地位、强化党组对非党组织的领导、注重理顺党组之间的组织关系、重视党组发挥领导作用与其他组织依法依规履职相统一。规范党组制度运行，充分发挥党组领导作用，需要从完善党组工作领域党内法规、规范党组规范性文件备案审查程序、厘清党组与相关主体职权边界、完善党组接受监督的体制机制等方面着手。③

---

① 王海军：《中国之治稳定性与可靠保障的多重向度》，《人民论坛》2021年第8期。

② 郭定平：《百年中国共产党的独特性再认识——基于治理型政党的视角》，《四川大学学报（哲学社会科学版）》2021年第2期。

③ 王立峰、李洪川：《建党百年党组制度的发展历程、实践经验与完善路径》，《中州学刊》2021年第4期。

（二）党的自我革命是加强党的领导的重要保障

面对新形势、新问题，只有通过党的自我革命，才能使党的领导不断推陈出新，开创新境界。很多学者就这一点展开了论证。

有的学者指出，自我革命是中国共产党保持长期执政的制胜之道。回顾中国共产党的百年峥嵘岁月，无论是在革命、建设、改革各个历史时期，中国共产党总能高度重视党的自我革命并将其置于关乎政权兴衰成败的突出位置。建党 100 年来，党的自我革命形成了"三个坚定"和"三个坚持"：坚定维护党中央权威和集中统一领导是勇于自我革命的政治保证；坚定站稳以人民为中心的政治立场是敢于自我革命的政治勇气；坚定推进党要管党和全面从严治党是推进自我革命的政治胆识；坚持思想建党与制度治党相统一是开展自我革命的政治谋略；坚持运用批评与自我批评的锐利武器是实施自我革命的政治基石；坚持问题导向和目标导向相统一是进行自我革命的政治智慧等重要经验。在新时代把党的自我革命推向深入使命艰巨，必须坚决持续打赢党的自我革命这场伟大的硬仗，进而实现社会主义现代化强国和中华民族伟大复兴的宏伟目标。①

有的学者强调以人民为中心的价值取向在加强党的领导中的重要位置，其认为，在马克思主义人民观发展的历史逻辑中，习近平总书记提出了以人民为中心的思想，进一步丰富和发展了马克思主义人民观，开创了马克思主义人民观的新境界。以人民为中心思想的理论逻辑在于党与人民的关系及其相关处理。在治国理政的实践当中，党领导人民治国理政又形成了以人民为中心的人民与领袖、党员领导干部、党员构成的同心圆的实践逻辑。以人民为中心，在中国共产党与中国人民之间的三重逻辑推演，关系到 2035 年远景目标能否实现，关系到中国共产党的前途和命运。②

---

① 张润峰、梁宵：《党的自我革命：建党百年回望及经验启示》，《重庆大学学报（社会科学版）》2021 年第 3 期。

② 佟德志：《党领导人民治国理政的三重逻辑：历史、理论与实践》，《学术前沿》2021 年第 1 期。

有的学者指出，中国共产党在为人民谋幸福、为民族谋复兴的百年征程中，积累了丰富的推进自我革命的宝贵经验。在明晰自我革命深刻内涵的基础上，坚持社会革命和自我革命相统一，在勇于推进社会革命中自觉进行自我革命；坚持党性和人民性相统一，在坚决维护最广大人民根本利益中进行自我革命；坚持党的领导和从严治党相统一，在确保党的领导地位的同时进行自我革命；坚持问题导向和目标导向相统一，在解决党自身的突出问题中拓展自我革命的目标途径；坚持"关键少数"和"绝大多数"相统一，在充分调动广大党员干部主动性创造性中进行自我革命；坚持思想建党和制度治党相统一，在不断建立健全制度机制中进行自我革命等六个方面，总结了党的自我革命的经验，揭示了中国共产党的常青之道。由于党和国家事业的艰巨性、巩固执政地位的必然要求以及满足人民对美好生活向往的庄严责任，党的自我革命具有长期性和艰巨性，必须将伟大的自我革命进行到底。①

还有的学者根据党的百年历史经验，提出了一些建议。其主张党的政治建设是党的根本性建设。在中国共产党成立 100 周年之际，挖掘党的百年政治建设实践的经验启示具有重要意义。可以从以下五个维度总结中国共产党百年政治建设基本经验：一是必须不断完善党的领导制度与领导体系，巩固党中央的权威和党的团结统一；二是必须在准确分析矛盾的基础上制定并坚决执行正确的政治路线；三是必须加强党内教育，提升党员干部能力素质；四是必须植根人民，始终保持党同人民群众的血肉联系；五是必须牢记初心使命，发扬斗争精神，永葆马克思主义政党本色。②

有的学者强调党的政治建设的重要性，其指出，旗帜鲜明讲政治是我们党作为马克思主义政党的根本要求。党的政治建设是党的根本性建设，贯穿于革命、建设、改革的各个历史时期，形成了讲政治的优良传统。党的十九大首次把党的政治建设纳入党的建设总体布局，强调以党的政治建设为统

---

① 沈传亮：《中国共产党推进自我革命的历史经验》，《马克思主义研究》2021 年第 4 期。
② 吕晟、孙秀民：《中国共产党百年政治建设的基本经验》，《新视野》2021 年第 1 期。

领，这充分说明我们党能够在社会主义现代化建设征程中直面矛盾，顺应时代潮流，形成了鲜明的政治导向，体现了对共产党执政规律的深刻认识。在中国共产党迎来百年华诞之际，系统回顾党的政治建设的百年实践，对于新时代加强党的政治建设意义重大。总的来说，中国共产党百年政治建设的基本经验包括：制定和执行正确的政治路线是党的政治建设的核心问题；坚持党中央权威和集中统一领导是党的政治建设的首要任务；夯实政治根基是加强党的政治建设的重要着力点；抓领导干部这个"关键少数"是党的政治建设的重要抓手；坚定政治信仰是党的政治建设的灵魂。新时代深刻认识和全面落实党的建设总要求，必须以党的政治建设为统领，坚决打赢政治建设这场硬仗，确保我们党始终成为中国特色社会主义事业的坚强领导核心。①

三、从各个领域论证如何加强党的领导

（一）经济

有学者指出，中国的经济社会发展和国家治理现代化具有显著的政党主导特征。中国共产党为适应经济社会变迁而进行的回应性调适和体制机制创新是缔造发展奇迹的根本保证。在伟大的经济发展和社会变革过程中，党积累了丰富宝贵的领导经济社会发展的历史经验。始终发挥党总揽全局、协调各方的领导核心作用，确保理念更新、制度建设、体制调适、机制创新、战略规划的相互促进和良性互动成为党有效领导经济社会发展最重要的经验。持续提升党的全面领导水平和长期执政能力，以高质量党建促进高质量发展，以及具有强烈现代化取向的发展型政党是中国经验最核心的构成要素。②

---

① 谢小飞、吴家华：《中国共产党百年政治建设的基本经验》，《中国矿业大学学报（社会科学版）》2021 年第 5 期。

② 唐皇凤：《百年大党有效领导经济社会发展的历史进程和基本经验》，《武汉大学学报（哲学社会科学版）》2021 年第 2 期。

　　有学者尝试从经济基础与上层建筑相互作用的角度，理解"中国共产党领导是中国特色社会主义最本质特征"的理论含义。文中首先讨论了公有制经济为主体的市场经济，与人民民主政权、中国特色的人民代表大会制度的相互关系，进而讨论社会主义公有制与中国共产党领导的内在关系，指出：维护公有制为主体的所有制格局，需要明确而坚定的国家意志，而国家对社会主义意志的坚持又与中国共产党的长期执政分不开。社会主义民主建立在集体主义社会意识基础上，这种意识来源于中国化的马克思列宁主义。中国共产党在实践中将自己熔铸到社会主义的制度结构中，党和人民在社会主义实践中一同前行，与时俱进地推进中国特色社会主义伟大事业。因此而言，中国共产党领导是中国特色社会主义的最本质特征。[①]

　　有的学者指出，坚持和完善党领导经济社会发展的体制机制，不仅是新时代提升党的全面领导水平和增强党的长期执政能力的重大举措，而且是实现"十四五"时期经济社会高质量发展的根本遵循和行动指南。党要有效领导经济社会发展，需要科学设计正确处理党政关系、党群关系、政经关系和政社关系的制度安排和体制机制。加强各级领导干部推动经济社会发展的能力建设，提高党领导经济社会发展的法治化和专业化水平，加强基础性制度建设，健全国家规划体系和加快建立推动高质量发展的政绩考核体系，以高质量党建推动高质量经济社会发展，是新时代持续优化党领导经济社会发展的体制机制的战略路径。[②]

　　也有学者认为，党领导一切是中国共产党成立一百年来所确立的重大政治原则。在理论上认识和阐明党的领导与依法治国的关系，党的领导与国家治理体系的关系，党的领导与经济工作的关系，党的领导与政府、市场的关系等问题，是中国特色社会主义政治经济学的重大课题。马克思主义关于阶

---

①　荣兆梓、谢众：《中国共产党领导是中国特色社会主义最本质特征的政治经济学》，《政治经济学报》2021年第2期。

②　唐皇凤：《坚持和完善党领导经济社会发展的体制机制》，《思想理论教育导刊》2021年第1期。

级、政党、国家与法律的理论，以及政治与经济对立统一关系的理论是社会主义国家实行党的集中统一以及全方位领导的基本依据，也是党领导经济工作的基本理论依据。新民主主义革命时期党领导经济工作的主要目的是支援战争、为新民主主义政权奠定物质基础；在探索中国特色社会主义实践中，党的领导能确保法律的制定与实施，弥补法律滞后性和盲区，建立强有力的政府，使之有效行使国家经济主权和金融主权，从而成功改造中国的社会经济结构和国民经济结构；在政府治理难以企及的社会化和组织化程度低的领域中，党的领导担负着组织群众以及改革经济社会体制的使命。党的领导还是有效市场与有为政府成功联系起来的决定性因素。因此，党领导经济工作不仅是中国特色社会主义政治经济学的重要理论范畴，也是当代中国文明发展的基本模式。[①]

也有学者指出，社会主义市场经济体制改革的核心在于处理好政府和市场关系，以法治规范政府和市场边界是处理该关系的核心。社会主义市场经济法治化的核心在于建设法治政府。党和法治的关系是法治建设的核心问题，这也是政府和市场关系在更高层次即政治层次的表现。推进党的领导制度化法治化，从而推动和引领法治政府建设，进而推动和引领社会主义市场经济法治化，是社会主义市场经济政治优势的具体体现。党领导下的法治建设是推动社会主义市场经济不断向更高水平迈进的根本保障。党的领导制度化法治化形成了稳定的中国特色社会主义制度，是法律制度稳定性的根本保证。叠加了依规治党和党领导下的德治的法治是中国特色社会主义法治体系的鲜明特色，也使社会主义市场经济法治化具有鲜明的中国特色。[②]

（二）政治

政治领导力在党的执政能力中居于首要位置，主要为实现党的历史使命

---

① 裴长洪、倪江飞：《党领导经济工作的政治经济学》，《经济学动态》2021年第4期。
② 陈健、郭冠清：《党的领导在社会主义市场经济法治化中的作用与意义》，《上海经济研究》2021年第4期。

和最高理想提供政治保障、力量支撑，蕴含着理想信念的引领力、科学理论的感染力、政治组织的向心力、关键少数的感召力、治理理念的凝聚力、执政能力的公信力。

有的学者认为，政治领导力提升的关键在于党勇于和善于通过自我革命锤炼和打造自己，加强思想建党、理论强党、从严治党，强化组织保障和以人民为中心的发展思想，落脚到突出的治理效能。①

有的学者聚焦于党对国家机关的领导机制指出，中国共产党领导国家政权机关的制度体系是中国特色社会主义制度和国家治理体系的关键内核，也是改革开放 40 多年来"中国奇迹"的成功奥秘。透视党领导国家政权机关的制度体系和过程机制，以呈现党是如何领导国家政权机关的这一经验事实，有助于更好地坚持和完善党的全面领导。从内向视角来看，党在纵向上通过"七大制度柱石"进入国家政权机关并发挥着领导核心作用，并在横向上将七大制度以"毛细血管作用"的方式嵌入六大政权机关日常运作中，以实现党对国家"六权"的统摄与领导。这种制度创举丰富了政体类型学的既有知识，为国家治理体系的谱系贡献了独特的"中国方案"。②

有的学者认为，党的十九届四中全会揭示了国家之治与国家之制的内在承接关系，而包括制度现代化在内的中国现代化的基本逻辑是政党主导，因而国家之治在于国家之制和政党之治。理解国家之治要旨在中国共产党领导及其治国理政，体现在中国共产党是领导核心型政党、伟大使命型政党、服务人民型政党、自我革命型政党和包容开放型政党，为国家之治锚定前进方向、确立目标指向、设定立场遵循、提供持久动力、注入文明内核。③

有的学者聚焦于党的领导对于人民民主的重要意义认为，过去一百年中国共产党对人民民主探索的政治逻辑是人民自由、人民平等、人民参与

---

① 毕研永：《以党的自我革命激发政治领导力》，《中国特色社会主义研究》2021 年第 1 期。

② 杨欢、丁俊萍：《当代中国党领导国家政权机关的制度体系与过程机制》，《理论与改革》2021 年第 3 期。

③ 柳长青：《中国共产党领导新时代国家之治的向度论纲》，《湖南社会科学》2021 年第 2 期。

以及人民共享。人民自由表现为人民当家作主和民族独立的实现；新中国的建立使得人民平等成为社会共识；改革开放后"三统一"的发展布局则为人民参与提供了完善制度保障；新时代共享发展理念的贯彻落实，将人民民主发展推向人民共享的新阶段。未来要继续坚持中国共产党的正确领导，并确保人民民主发展的"相对独立性"；在国际层面要争取构建人民民主话语权。[①]

有的学者从党内法规的角度探讨如何加强党的领导，主张构建相应的问责和监督机制、实现责任政治是现代政治与国家治理现代化的内在要求。作为"使命—责任"型政党，中国共产党在建设新中国、实现改革开放、推进国家治理体系与治理能力现代化的过程中也不断探索中国式的责任政治建设道路，通过党内法规体系形成了问责、党内监督与政治监督等制度设计。这背后反映了中国共产党担负执政兴国、治国理政的政治责任，并注重从严治党，强化自我监督、自我完善、自我净化、自我革新、自我提升的内在逻辑。作为执政党，中国共产党肩负着重要的政治责任，只有强化问责与监督才能更好地履行责任，在这一责任政治建设中，问责、监督等相关制度设计也健全了党的全面领导制度体系，加强了党的全面领导。[②]

有的学者从党政关系的角度探讨如何加强党的领导认为，在政党建设、国家治理、社会发展一体推进的逻辑进路中，党政关系作为国家治理体系的核心结构，历经初步探索、框架建构、横向整合、体系深化等发展阶段。在实践变迁中，党政关系呈现出多元机制有机联动的制度机理，具体表现为治理现代化的战略导向、党政职能分工的组织逻辑、党政治理法治化的过程特征、党的领导和执政能力提升的目标依归。在新时代背景下，要从党的领导制度建设、政治文化体系整合、党政治理结构创新等方面，推动党政关系制

---

① 王珂、陈鹏：《中国共产党对"人民民主"百年探索的政治逻辑及当代启示》，《科学社会主义》2021年第1期。

② 李新廷：《如何坚持和加强党的全面领导——党内法规视角下中国共产党责任政治建设的逻辑指向》，《学术探索》2021年第3期。

度体系的现代化发展。①

有的学者十分强调加强党的领导对于国家治理的意义，其主张国家治理现代化是新时代中国共产党面临的重大课题和发展目标。在时代价值层面，随着世情、国情、党情的深刻变化，在全新的国家治理现代化发展格局下，坚持党的领导愈加凸显其科学战略价值。在实践形态层面，从国家制度体系的构建、制度自信的彰显到全面系统的制度定位，明确了党领导国家治理现代化发展进程所蕴含的制度建设本质要求。在发展路径层面，统筹党领导国家治理现代化的科学时代价值和历史实践形态，充分落实党的领导制度体系建设的战略要求，进一步将党的政治优势、文化自信、发展优势和党建优势更好地转化为制度优势和治理效能。② 还有学者主张，以政党为中心是新时代中国国家治理的鲜明特色。加强党的全面领导决定着国家治理与中央顶层设计善治方案的实施效果。对于后发国家而言，建构一个有权威的现代国家治理体系是"党治国家"的前提。治党是中国共产党执政的基础和前提，大国孕育了大党，大党指引着大国的崛起。中国共产党领导人民既建立了现代国家制度，也培育了国家治理的骨干力量。政党建设国家的发展逻辑，一方面决定了政党在国家建设中的意识形态主导作用；另一方面，政党切实推进了现代国家体系的成长，夯实了国家治理的价值根基。中国特色国家治理范式的发展过程通过以政党为中心的大国治理，营造和谐的外部环境，基于政党、国家与社会的三元协同，实现国家整合、制度运行、社会协调的三维统一。③

有的学者以基层治理为切入点，思考加强党的建设的重要意义，其试图用"政党—国家—社会"范式来重新诠释、反思基层社会治理的中国经验，

---

① 盛明科、蔡振华：《中国特色党政关系建构的制度逻辑》，《政治学研究》2021年第4期。
② 杨燕：《新时代党领导国家治理现代化发展的三重论域》，《北方民族大学学报》2021年第4期。
③ 赵耀宏、王留群：《以政党为中心：中国特色国家治理范式的发展逻辑》，《理论探讨》2021年第4期。

才能充分认识中国共产党领导下的基层社会治理转型与机制创新，进一步开拓中国共产党的社会服务功能。中国共产党通过党组织网络，经由嵌入式治理中的功能性嵌入、结构性嵌入和资源性嵌入、吸纳型政治中的"政党吸纳社会"和"政党吸纳行政"、政党统合治理中的使命型政党、政治社会化与社会治理共同体培育等方式，实现了政党治理引领基层社会治理和国家治理。在中国共产党的社会治理行动中，以强大的政党合法性为基础，以合法性政治动员为手段，通过吸纳机制整合社会力量，通过服务引领机制提升政党服务效能，强化了党组织在基层社会的网络渗透，实现了中国共产党对基层社会的有效引领、社会动员和社会整合，全面推进了政党治理体系与治理能力现代化，为未来社会治理提供了借鉴。[1] 还有学者认为，"党领导一切"包含党对社会治理的领导。党领导基层社会治理是中国特色社会主义的制度优势，是巩固党的执政基础的必然选择。新的发展阶段，党领导基层治理的环境发生变化，影响党的先进性的因素不断增多。文章认为，系统性压力要求党变革机制和方式更好地组织和管理社会，以适应市场化转型之后的执政环境和治理任务。[2]

（三）法治

坚持党的领导，对于社会主义法治建设具有重要意义。

有的学者从我国根本大法《中华人民共和国宪法》的高度思考加强党的领导的路径和意义，其指出为了回应执政党提出的政治命题，修宪者将中国共产党的领导规定在国家根本制度条款中，这使得党的领导与社会主义的关系有了更加丰富的宪法意涵。在国家根本制度条款的规范结构中，中国共产党的领导以"中国特色社会主义最本质的特征"的形式呈现，而中国特色社

---

[1]　潘泽泉：《政党治理视域下中国共产党领导的基层社会治理》，《中南大学学报（社会科学版）》2021年第4期。

[2]　杨新红、姚桓：《党领导基层社会治理：理论溯源与创新路径》，《新疆社会科学》2021年第4期。

会主义是社会主义初级阶段在中国的具体样态，这极大地拓展了中国共产党在社会主义制度中的作用空间，中国共产党的领导由此可以纳入社会主义的各项具体制度中。把中国特色社会主义与中国共产党的领导一并写入条文，在增强社会主义制度之包容性的同时，也确定了中国特色社会主义事业必须恪守的政治原则。由于中国共产党的领导成为社会主义制度的核心要素，"破坏社会主义制度"的禁止性规定亦可用于规制破坏党的领导的行为。[①]

有的学者从立法角度进行探讨，认为坚持党对立法工作的领导是我国立法发展的一条基本经验，也是实现党对国家政权领导的基本形式。新中国成立以来，不同历史阶段面临不同的社会主义革命与建设问题，党的执政理念与执政方式呈现出不同的特点，党对立法工作的认识以及领导立法工作的方式亦经历了一个历史变迁的过程。在此过程中，"党领导立法"的内涵不断被丰富和发展，中国特色社会主义法律体系得以形成和不断完善。回顾党领导立法的历史进程，我们得出的主要经验启示是：必须在中国共产党依法执政的历史条件下去认识"党领导立法"的重大意义与内涵；"党领导立法"应处理好与"人大主导立法"的关系；"党领导立法"应以科学立法作为目标任务；"党领导立法"的内容与方式必须不断实现制度化、规范化。[②]

有的学者认为，党的领导法治化，是国家治理体系与治理能力现代化发展的必然要求，也是加强党的全面领导的必然要求，契合中国特色社会主义的法治实践，将为党的长期执政与国家的长治久安提供根本保障。在党的领导法治化进程中，不可避免地出现了党内法规与国家法律的顶层设计问题、党内法规与国家法律的立法边界问题、党内法规与国家法律的条款规范问题等，党的领导法治化势必要从党内法规制度建设层面、宪法法律制度建设层

[①] 刘怡达：《中国共产党的领导与中国特色社会主义的宪法关联》，《武汉大学学报（哲学社会科学版）》2021年第3期。

[②] 封丽霞：《中国共产党领导立法的历史进程与基本经验——十八大以来党领导立法的制度创新》，《中国法律评论》2021年第3期。

面以及两者的相辅相成中探寻新的实践进路。①

有的学者从党的领导法规的角度出发进行研究，其认为党的领导法规从实务概念发展到学术概念，内涵有所变化。以"部门法"思维观之，领导法规专事调整党的外部领导关系，主要规范事项除了领导行为，还有领导主体、职责和保障等，因而不仅指"1+4"框架中的领导工作单行法规，还包括党章和其他三大板块党规中的领导规范。相对应的党规部门是调整党建关系的建设法规。党建关系、外部领导关系都离不开由党章及其关联法规所调整的党内领导关系。十九届四中全会所称党的领导制度涵盖建设法规和领导法规。为贯彻宪法之党的领导原则，国家法律对党的领导事项作出规定，社会规范等对领导法规进行细化。这些在党规之外的领导规范和作为党规的领导法规共同构成党的领导法体系。发展一种部门党规意义上的领导法规概念，对于发展领导法规教义学、构建部门党规体系有着积极意义。②

（四）其他方面

此外，很多学者还从教育领域、新闻传播等领域详细论证了加强党的领导的必要性和措施。

有学者主张，党的领导是中国特色社会主义事业兴旺发达的根本保证，新闻舆论工作的开展、新闻事业的发展离不开党的领导。习近平总书记深入阐释了党领导新闻舆论工作的重要性、基本内涵和实践路径，为不断发展的全媒体提供了指导与方向。随着媒体融合深入发展，舆论生态、媒体格局和传播方式持续发生深刻变化。为此，要用好党的领导这个制胜法宝，为全媒体时代做好新闻舆论工作提供有力保障。③

有的学者从高校建设和教育的角度论证了如何加强党的领导，其认为，坚持党对高校的全面领导是"坚持党对一切工作的领导"在高校工作中的具

---

① 林勇：《党的领导法治化的价值意蕴与实践进路》，《人民论坛·学术前沿》2021年第9期。

② 蒋清华：《党的领导法规之概念展开》，《暨南学报（哲学社会科学版）》2021年第12期。

③ 夏康健：《坚持党的领导开创全媒体发展新境界》，《人民论坛》2021年第9期。

体体现，是中国特色社会主义大学的最本质特征、最鲜明特色，是制度逻辑、政治逻辑、历史逻辑、实践逻辑的有机统一。要围绕党管办学方向、党管改革发展、党管干部和党管人才等原则，将党的全面领导贯穿办学治校各领域各环节，着力完善党的领导的体制机制。要以党的全面领导统领中国特色现代大学治理体系建设，构建党领导下的大学组织领导体系、学术治理体系、民主管理体系和治理制度体系，提升党组织善于领导的能力和水平。①

有学者指出，党的十九大与全国教育大会提出坚持党对教育事业全面领导新要求。新时代党对教育事业的全面领导在若干关键领域与薄弱环节面临着新问题新挑战。党对教育事业的领导必须是全面的、系统的、整体的。马克思主义为坚持党对教育事业全面领导提供了思想方法与工作方法，必须在马克思主义思维方法指导下坚持党对教育事业的全面领导。在关键领域上，牢牢把握党对教育系统意识形态工作的领导权，改革和完善党对教育事业全面领导的体制机制，紧紧依靠教师队伍实现党对教育事业的全面领导；在薄弱环节方面，完善立德树人监测与评价机制，切实加强党对民办教育的全面领导，切实解决互联网、大数据环境下线上教育带来的新问题。②

四、研究展望

就 2021 年国内学术界对中国特色社会主义最本质的特征的研究情况而言，其典型特征是研究涉及的维度和范围比较强、比较广。对其所涉及的各个领域能够互相贯通，因此取得了崭新的研究进展，为未来进一步的研究积累了重要基础和材料。但是，实事求是地说，当下国内学术界对这一重大论断的研究，仍然存在着很大的不足和缺陷，亟待后继者能够填补空白，加深理解。

---

① 徐军：《坚持和完善党对高校全面领导的体制机制》，《思想理论教育》2021 年第 4 期。
② 刘复兴：《坚持党对教育事业领导的全面性、系统性、整体性》，《教育研究》2021 年第 4 期。

（一）研究的理论深度不够

相对于这一论断的重要性质而言，国内相关问题研究的深度显然不能与其匹配。很多学者所发表的与这一论断相关的文章其性质接近政策解读性质，缺乏深厚的哲学基础和哲学论证，因而使得相关问题的分析似乎仍然流于浮光掠影，很缺乏深度；很多从历史角度出发，对这一论断进行论证的文章作者，缺乏严格的历史学训练，因此其论证过程"以论代史"倾向明显，论证上存在循环论证的情况，口号式文章较多，难以说得上是严肃史学。

（二）缺少从政治学科研究的佳作

政治学历来聚焦于政党理论、党政关系等研究领域，关于这一重大论断的相关研究应该和政治学密切结合起来，充分地从政治学领域汲取营养，借鉴其分析方法，同时可以大大地丰富拓展政治学自身的研究模式，摆脱西方中心主义。然而，我们应该看到，目前的研究在这方面仍然不足，上升到政治学理论高度的好作品仍然很少。

（三）与科学社会主义原理之间紧密联系的作品不多

该论断是针对的中国特色社会主义的重要论断，而就目前的研究来看，很少有研究能够从科学社会主义原理的高度对这一论断进行高屋建瓴的研究，尤其是缺少对于马克思、恩格斯、列宁关于这个问题的阐释，因此，这会使得相关研究的内容显得较为单薄。"问渠哪得清如许，为有源头活水来"，应该以科学社会主义诞生的时刻为研究内容的起点，才能给相关问题的研究以鲜活生命力。

（四）比较研究视野的作品相对较少

国际比较视野能够帮助我们更深刻地理解这一论断，然而就当前的研究来看，大部分研究单单就中国历史和现实来谈中国，这就使得相关研究缺乏足够的说服力，不能够十分地说服人。因此，应该汲取比较政治学的养分，广泛对比中国和西方国家的政党制度和治理模式，同时应深刻对比中国和前苏东国家，联系世界社会主义执政党进行深入而广泛的比较研究，在比较中揭示出中国共产党最鲜明、最有优势的特点，从而深刻地说明这一论断的重要意义。

（五）研究还是缺乏系统性

总览当下对相关问题的研究，可以看到研究方向虽然比较多，维度较广，但缺少将各个维度贯穿起来，从而实现"一以贯之"的相关研究，因此给人"散"的感觉。这个问题的解决，需要在研究的理论深度上继续拓展。

（执笔人：李拓　谢天）

分报告七：关于中国式现代化道路的研究

现代化是人类社会发展的一般规律和潮流，是世界各国的共同追求。2021 年 7 月 1 日，习近平总书记在中国共产党成立 100 周年大会上首次提出"中国式现代化新道路"这一科学概念，之后在党的十九届六中全会上再次提及"中国式现代化道路"。"中国式现代化道路"的提出在国内外引起强烈反响，国内学术界对中国式现代化道路、中国式现代化等相关问题开展研究的热度持续高涨，涌现出一大批高质量的研究成果。

一、关于中国式现代化道路的生成和阶段划分

（一）中国式现代化道路的生成逻辑

1. 中国式现代化植根于中华文明

董志勇、毕悦提出，中国式现代化植根于文明的传承与创造，有着独特的生成背景，从历史维度看，中国式现代化有着中华优秀传统文化的深厚积淀，从现实维度看，中国式现代化植根于世界文明交融互鉴的时代潮流，从未来维度看，中国式现代化提供了一种人类文明新形态的伟大构想。[①] 田鹏颖、崔菁颖提出，中国现代化道路内生于中华文明历史基因及 5000 多年中华文明历史演进中，是科学社会主义理论逻辑和中国社会主义发展历史逻辑的辩证统一。对唯物史观的发展为中国现代化道路开辟创设理论前提，对资

---

① 董志勇、毕悦：《中国式现代化的发生逻辑、基本内涵与时代价值——基于文明新形态的视角》，《政治经济学评论》2021 年第 5 期。

本主义的反思为中国现代化道路开辟提供发展空间，党带领人民的接续探索为中国现代化道路开辟注入内生动力，不断融入世界文明为中国现代化道路开辟标注中国特色。①

2. 中国式现代化道路的开辟得益于独立自主探索

一些学者认为，中国式现代化道路的形成关键在于中国共产党带领人民独立探索出符合中国国情的现代化道路，例如孙代尧提出，在"七一"讲话中，习近平总书记把"走自己的路"概括为中国共产党全部理论和实践的立足点和党百年奋斗得出的历史结论，中国道路的百年探索，是中国共产党思想解放所形成的实事求是和独立自主的精神传统的逻辑展开。②还有一些学者认为独立自主是中国式现代化的重要特征，余斌认为，中国式现代化道路既坚持独立自主，又学习借鉴国外有益经验。③赵昌文提出，这是一条独立自主、主要依靠自己力量走向现代化的道路。④

3. 制度变革是中国式现代化的重要动力

刘守英提出，中国式现代化的重要动力是通过体制建构和不断的制度变革来实现一个后来者的现代化赶超，按其发展历程，主要表现为以新民主主义制度促进农业国的转型、以社会主义制度和计划经济体制推进国家工业化、以社会主义市场体制改革推进中国式现代化、以习近平新时代中国特色社会主义制度体系构建建设社会主义现代化强国的制度根基这四个方面。⑤

（二）中国式现代化道路的历史起点

当前学术界对于中国式现代化道路的起点直接进行论述的研究成果寥寥

---

① 田鹏颖、崔菁颖：《唯物史观视域下的中国现代化道路探索》，《中国特色社会主义研究》2021 年第 1 期。

② 孙代尧：《论中国式现代化新道路与人类文明新形态》，《北京大学学报（哲学社会科学版）》2021 年第 5 期。

③ 余斌：《中国式现代化道路的基本特征》，《中国经济时报》2021 年 12 月 13 日。

④ 吕红星：《中国式现代化道路：开启人类文明新形态》，《中国经济时报》2021 年 12 月 9 日。

⑤ 刘守英：《中国式现代化的独特路径》，《经济学动态》2021 年第 7 期。

无几，但有关中国式现代化道路的各类研究都不约而同地触及到"道路起点"这样一个问题，2021 年内学术界就这一问题形成了两种观点，一种观点认为起点在"新时代"，另一种观点认为起点在"新时期"，但一些关键性问题还有待进一步深入挖掘。

1. 中国式现代化道路的起点在新时代

持这种观点的代表性学者是任志江和李楠。任志江等从我国现代化的阶段出发，认为一百年来中国共产党对我国现代化目标模式的理解经历了工业化——"四个现代化"——中国式现代化三种类型，探索出新民主主义工业化道路（1921—1952 年）、过渡时期工业化道路（1953—1956 年）、"四个现代化"道路（1957—1978 年）、中国式现代化道路（1979—2012 年）、中国式现代化新道路（2013 年至今）五种不同的现代化道路。[①] 李楠认为，中国式现代化新道路是在新时代坚持和发展中国特色社会主义道路进程中创造出来的，是在新时代对邓小平提出的"中国式现代化道路"的坚持和发展。[②] 但这类划分方式的主要文本依据是习近平总书记在建党百年讲话中提出的"中国式现代化新道路"，所以从这类划分方式来看，在十九届六中全会提出"中国式现代化道路"前，持这类观点的学者们认为"中国式现代化新道路"是有别于"中国式现代化道路"的一个新概念，"中国式现代化新道路"发轫于新时代，也就是 2012 年前后。

2. 中国式现代化道路的起点在新时期

持这种观点的代表性学者是阮博。他认为中国式现代化新道路是相对于"中国式现代化旧道路"而言的，要严格区分中国现代化道路的"历史起源"和"历史起点"，中国现代化道路探索虽起源于近代中国，但是中国式现代化新道路创生之历史起点却是要追溯到改革开放新时期。中国式现代化新道路是改革开放新时期的创造性成果，是对改革开放前中国现代化道路探索的

① 任志江、林超、汤希：《从新民主主义工业化道路到中国式现代化新道路——中国共产党对现代化道路的百年探索》，《经济问题》2022 年第 2 期。
② 李楠：《中国式现代化新道路的阐释理路》，《人民论坛》2022 年第 1 期。

历史性承继和历史性超越。① 这种观点提出要对中国式现代化道路的起源和起点进行进一步区分，对进一步探究这一问题具有积极意义。

（三）中国式现代化道路的发展阶段

中国式现代化的历程和发展阶段同样受到学者们的关注。由于这一命题的提出恰逢中国共产党成立一百周年，因而大部分学者从中国共产党百年党史的四个分期出发对中国式现代化道路的阶段进行大致划分，例如许耀桐提出百年来中国共产党对中国式现代化道路的探索分为四个时期，分别是新民主主义革命时期的现代化探索、社会主义革命和社会主义建设时期的深入探索、改革开放和社会主义现代化建设时期的创新探索以及进入中国特色社会主义新时代以来的拓展探索。② "四段式"的划分方式在学术界占大多数。除此之外，还有学者提出了"五段式""两段式"等划分方式。

"五段式"的划分方式。成龙、郭金玲提出了"五大构想"的划分方法，以中国共产党成立之初李大钊提出走俄国革命道路、创造"第三文明"为标志，中国共产党人对中国现代化道路有了最初构想，第一种构想即为融汇东西、立足救国的"第三文明"构想，此后依次是突破美苏、立足建立新中国的新民主主义构想、独立自主、立足兴国的"适合中国"构想、放眼世界、立足富国的中国特色构想，以及当前整体布局、立足强国的国家治理现代化构想。这五大构想既一脉相承又不断创新发展。③ 胡乐明、宁阳从鸦片战争以来中华民族对现代化的追求出发，以不同时期探索现代化的目标为标志，也划分为五个阶段，一是近代以来以学习西方推进现代化的尝试（1840—1921 年），二是以学习苏联模式为目标推进现代化的努力（1921—1978 年），

①　阮博：《论理解中国式现代化新道路的辩证视域》，《社会主义研究》2021 年第 6 期。
②　许耀桐：《中国共产党对中国式现代化新道路的百年探索》，《中共福建省委党校（福建行政学院）学报》2021 年第 5 期。
③　成龙、郭金玲：《中国共产党对中国现代化道路的百年探索》，《武汉大学学报（哲学社会科学版）》2021 年第 4 期。

三是以探索适合中国国情的现代化为目标的努力（1978—2012 年），四是开启全面建设社会主义现代化新征程（2012 年至今）。[①] 虽然两位学者都将中国式现代化的历程划分为五个阶段，但这两种划分方式在对道路起点和新中国成立后的现代化历程在认知上还是有一定区别的。

"两阶段"的划分方式。例如唐爱军认为，狭义的中国式现代化特指1978 年以来的中国特色社会主义道路，改革开放的起点也是中国式现代化的起点。"小康式现代化"是中国式现代化的第一个发展阶段，"全面现代化"是第二个发展阶段。全面现代化的起点也就是全面建成小康社会之后、开启全面建设社会主义现代化国家新征程的起点。至少目前看来，从 2020 年到本世纪中叶，构成全面现代化的主要时期。[②] 因此，两段式的划分方式是以全面建成小康社会为标志的。

二、中国式现代化道路的科学内涵

（一）中国式现代化道路"新"在何处

正如有学者指出的，中国式现代化道路之"新"在于确立了现代化发展的新内涵、新目标和新路径。[③] 因此，可以从时代背景、主要内涵、实践要求等多个角度来把握中国式现代化道路。

1. 从时代背景理解中国式现代化道路之新

艾四林认为，对于"新"的理解应当把握三个前提性问题：社会主义初级阶段条件下的现代化问题，社会主义制度与资本主义制度两种制度条件下

[①] 胡乐明、宁阳：《中国现代化道路的百年探索及其世界意义》，《经济社会体制比较》2021 年第 6 期。

[②] 唐爱军：《论全面现代化——关于全面建设社会主义现代化国家的解释框架》，《上海师范大学学报（哲学社会科学版）》2021 年第 5 期。

[③] 李俊文：《中国式现代化道路的理论内涵》，《马克思主义哲学》2021 年第 4 期。

的现代化问题，全球化条件下的现代化问题。中国式现代化新道路，是社会主义初级阶段现代化道路，是在吸取人类一切有益成果包括西方现代化经验教训基础上对西方现代化道路的超越，是在全球化条件下国与国的联系和影响中走向现代化。这条道路逐渐呈现出新的面貌，特别是体现在自主性、全面性、协调性、和平性、包容性等方面。[1] 韩庆祥认为"新"是分别相对于西方式现代化道路和改革开放初期中国式现代化道路而言的，主要有三个方面，第一，它新在相对于西方式现代化道路的"中国式"；第二，新在相对于改革开放之初中国式现代化道路注重解放和发展社会生产力，而进入"新时代"的中国式现代化新道路则致力于以国家治理现代化实现强起来，推进五大文明协调发展；第三，新在"历史成为世界历史"的场景中，新时代中国式现代化新道路具有全新的世界意义。[2]

2. 从实践要求来理解中国式现代化道路之新

韩保江提出，"新"首先体现在这条道路不仅包括人民物质文化生活水平的提高，还包括社会主义建设的"五位一体"和五大文明协调发展；其次，"新"体现在这条道路不同于走"国强必霸"、战争掠夺和对外转嫁污染的西式现代化老路；最后"新"体现在它是世界上从未有过的超大人口规模的现代化。[3] 刘卓红认为，中国式现代化新道路之"新"，首先在于其在提高社会主义发展水平的基础上不断解决我国社会主要矛盾，其次在于其始终将坚持党的领导与坚持以人民为中心相统一，最后在于其把坚持人与自然和谐共生作为社会主义现代化建设发展的重要方面。[4]

3. 从主要特点来理解中国式现代化道路之新

桑明旭认为，"从主体性到公共性"构成中国式现代化新道路的基本走向，始终以"公共性"为基本定向，是中国式现代化新道路与西欧式现代化

---

① 艾四林：《中国式现代化新道路"新"在哪》，《理论导报》2021 年第 7 期。
② 韩庆祥：《深刻把握"中国式现代化新道路"丰富内涵》，《海峡通讯》2021 年第 11 期。
③ 韩保江：《中国式现代化新道路"新"在哪里》，《实践（思想理论版）》2021 年第 8 期。
④ 刘卓红：《全面认识中国式现代化新道路之"新"》，《人民论坛》2021 年第 24 期。

道路、苏联式现代化道路的本质区别，也是其"新"之本质规定性。① 还有学者提出，中国式现代化新道路之"新"，根本在于制度之新。②

总的来看，中国式现代化道路的"新"体现在方方面面，既有新的时代背景和生成条件，又内含新的理念与战略，更有新的意义和影响，开辟了一条崭新的现代化道路。

（二）中国式现代化道路的主要内容与核心要义

对中国式现代化道路的内涵学术界尚无统一观点，大多数学者是通过归纳主要内容和核心观点的方式对其内涵进行阐释。

对于中国式现代化而言，邓智平提出，中国式现代化包含了目标、道路、理论三个维度，作为阶段性目标的中国式现代化指的是小康社会，作为道路的中国式现代化指的是中国特色社会主义道路，而作为理论的中国式现代化指的是知识体系与话语体系正在一步步走向成熟。③

王维平、薛俊文提出要对中国式现代化新道路进行"总体性"阐释，他们认为，"中国式现代化新道路"是对以现代化为特征的中国道路、中国模式、中国方案、中国智慧和中国经验等特定概念及概念共性范畴的总体性指称和内敛性表达。他们对"中国式现代化新道路"给以明确定义，即中国共产党和中国人民在坚持马克思主义科学理论体系前提下，在推进社会主义现代化和中华民族伟大复兴的历史伟业过程中，中国经济、政治、文化、社会、生态、人等各个领域不断取得"现代性"因素所形成的具有中国民族特色和世界普遍价值的系统性、科学性、开放性的现代化理论体系和实践模式。④

---

① 桑明旭：《中国式现代化新道路与唯物史观的公共性逻辑》，《理论探索》2021 年第 5 期。

② 马敏：《中国式现代化新道路的历史演进及前瞻》，《历史研究》2021 年第 6 期。

③ 邓智平：《中国式现代化：目标、道路与理论》，《理论与现代化》2021 年第 6 期。

④ 王维平、薛俊文：《中国式现代化新道路的"总体性"阐释》，《北京行政学院学报》2022 年第 1 期。

　　唐爱军提出对中国式现代化新道路的阐释要上升到唯物史观的高度，他认为中国式现代化新道路的内在规定性体现在三个方面，其一，中国式现代化是不同于资本主义的社会主义条件下的现代化；其二，中国式现代化是驾驭资本的现代化模式；其三，中国式现代化是一种以人的现代化、人的全面发展为核心的全面现代化。①

　　还有学者对中国式现代化新道路的核心要义进行了梳理，董慧认为，中国式现代化新道路的核心要义有四个方面，第一，以中国特色社会主义为本质特征；第二，以五大文明协调发展为主要抓手；第三，以"人民富裕、国家强盛、中国美丽"的协同推进为奋斗目标；第四，以国防和军队现代化为坚强保障。② 王岩、高惠珠提出，中国式现代化新道路建构了中国社会主义的新现代性，表现在三个向度上：第一个向度是作为新时代社会生活基础的社会主义市场经济体制的社会主义新现代性建构，第二个向度是新时代社会治理模式的社会主义新现代性建构，第三个向度是整个社会有机体整体的社会主义新现代性建设。③

（三）中国式现代化道路与中国共产党的关系

　　中国式现代化道路区别于西方现代化道路的鲜明特征是中国共产党的领导，中国共产党与中国式现代化的关系也是当前研究中的重要内容。

　　关于坚持党的领导的必要性，王赟鹏认为，中国作为后发的现代化国家，没有强有力的统一领导力量，就不可能统筹集聚现代化建设所需要的各方资源。④ 董慧、胡澜予提出，党的领导是中国的现代化道路探索得以走上

---

①　唐爱军：《唯物史观视域中的中国式现代化新道路》，《哲学研究》2021 年第 9 期。

②　董慧：《中国式现代化新道路的深刻内涵与经验启示》，《学校党建与思想教育》2021 年第 13 期。

③　王岩、高惠珠：《论马克思对资本主义现代性批判和中式现代化新道路开创》，《山东社会科学》2021 年第 9 期。

④　王赟鹏：《中国共产党现代化道路的百年探索与基本经验》，《湖南科技大学学报（社会科学版）》2021 年第 24 期。

正轨、接续推进并创造人类文明发展新高地的决定性因素和最显著优势。①

关于党在现代化建设中的任务，胡伟提出，在现代化进程中中国共产党又面临着双重任务：一方面，它要以自己的理论、路线、方针和政策实施领导，以保证现代化的顺利进行；另一方面，它必须不断改革自身，以适应现代化进程的要求，以党的自我革命推动伟大的社会革命。②

关于党如何更好地领导现代化建设，刘同舫提出，党对现代化建设的全面领导和宏伟规划需要通过人民群众的广泛实践和智慧创造才能实现。③

（四）中国式现代化道路与中国特色社会主义道路的关系

学术界普遍认为，中国式现代化道路是中国特色社会主义道路的另一种表达方式。王灵桂提出，中国式现代化新道路，是中国特色社会主义道路的具体形式，是建设什么样的社会主义、怎样建设社会主义在现代化道路上的探索成果，是新时代坚持和发展中国特色社会主义的创新实践。④ 荣开明提出，中国式现代化新道路经过党的十七大和十八大，被明确规定为中国特色社会主义道路，其基本内涵有六大方面：最本质特征是中国共产党的领导，历史方位是社会主义初级阶段，基本路线是"一个中心、两个基本点"，总体布局是"五位一体"、战略布局是"四个全面"，奋斗目标是"两个一百年"并且分两步实现第二个一百年目标。⑤

也有学者对这两个概念进行了进一步区分，赵凌云认为通常使用的"中国道路"这一概念分为中国特色社会主义道路和中国式现代化新道路两个层面，前者构成"中国道路"经济社会制度层面的规定性，后者构成"中国道路"经济社会发展层面的规定性，二者统一于生产力和生产关系、经济基础

---

① 董慧、胡澜予：《中国式现代化道路的历史脉络与经验启示》，《理论与改革》2022 年第 1 期。

② 胡伟：《中国共产党与中国的现代化：百年探寻和思想》，《科学社会主义》2021 年第 6 期。

③ 刘同舫：《理解中国式现代化新道路需要把握的几个重要关系》，《学习月刊》2021 年第 9 期。

④ 王灵桂：《中国式现代化新道路与人类文明新形态》，《中国经济评论》2022 年第 1—2 期。

⑤ 荣开明：《中国式现代化新道路几个基本问题的思考》，《江西师范大学学报（哲学社会科学版）》2021 年第 4 期。

和上层建筑这一社会基本矛盾运动，统一于中华民族伟大复兴进程。①

（五）中国式现代化道路与共同富裕的关系

一方面，学者们认为共同富裕体现了中国式现代化的鲜明价值。周文、肖玉飞提出，中国式现代化道路是全体人民共同富裕的现代化道路，共同富裕是中国式现代化道路的重要特征与核心要义。② 林于良、杨渝玲提出，实现共同富裕之所以成为中国式现代化新道路的重要特征，是因为它作为社会主义本质的呈现，不仅是中国人民心中共同的期许，也是中国特色社会主义优越性的显著标志，更是中国共产党百年的价值追求。③ 韩文龙提出，中国式现代化新道路为实现全体中国人民的共同富裕提供了价值理念、领导力量、基本经济制度、物质财富和精神财富等多个方面的重要保障。④

另一方面，学者们认为共同富裕是走中国式现代化道路要实现的一种重要目标。黄群慧提出，作为中国式现代化新道路的重要特征，共同富裕作为一种状态或结果，体现为中国式现代化的目标要求，作为一个过程或行为，体现为中国式现代化的实现路径。⑤ 严文波、沈卓群提出，共同富裕无论是作为中国式现代化道路的同步演进过程，还是作为其阶段性目标，都致力于追求共建共富、共建共享的社会形态，深刻展现了中国式现代化道路与共同富裕相互贯通、相辅相成的内在规律性，充分彰显了中国式现代化道路的价值担当。⑥

---

① 赵凌云：《科学认识和把握"中国道路"命题》，《华中师范大学学报（人文社会科学版）》2022 年第 1 期。

② 周文、肖玉飞：《共同富裕：基于中国式现代化道路与基本经济制度视角》，《兰州大学学报（社会科学版）》2021 年第 6 期。

③ 林于良、杨渝玲：《共同富裕：中国式现代化的重要特征》，《湖北行政学院学报》2021 年第 4 期。

④ 韩文龙：《在中国式现代化新道路中实现共同富裕》，《思想理论教育导刊》2021 年第 11 期。

⑤ 黄群慧：《中国式现代化对当代世界的意义》，《光明日报》2021 年 9 月 7 日。

⑥ 严文波、沈卓群：《从四个维度把握中国式现代化道路的价值伟力》，见 http://theory.people. com.cn/n1/2022/0216/c148980-32353124.html

（六）中国式现代化道路与人类文明新形态的关系

由于"中国式现代化道路"和"人类文明新形态"两大概念同时提出，学者们对两个概念之间的关系也进行了分析，主要有以下观点。

中国式现代化道路和人类文明新形态二者相互贯通、相互作用。杨金海认为，从本质上说，人类文明新形态是习近平总书记在讲话中指出的"中国式现代化新道路"，即中国特色社会主义现代化道路。[①] 颜晓峰提出，中国式现代化新道路，是创造社会主义现代化的文明新形态的必由之路；人类文明新形态，是中国式现代化新道路的必然结果。[②] 马正立认为，"文明"历来与"道路"紧密相关，中国式现代化新道路为人类文明新形态奠定了现实基础，也体现了人类文明新形态的价值取向，而人类文明新形态便是从中国式现代化新道路中开辟出来的，是其必然结果。二者相互贯通、交互作用，是坚持和发展中国特色社会主义的"两大创造"。[③]

中国式现代化道路和人类文明新形态之间的哲学关系。何星亮认为，"中国式现代化新道路"与"人类文明新形态"的关系是个别和一般、特殊与普遍的关系。前者具有个别性和特殊性，后者具有一般性和普遍性。"中国式现代化新道路"是"人类文明新形态"的实践成果，"人类文明新形态"是"中国式现代化新道路"的理论归纳和升华。[④] 杨振闻认为，中国式社会主义现代化道路与人类文明新形态具有内在一致性，是一体两面的辩证关系：中国共产党正是在领导中国人民进行中国式现代化道路的探索过程中，创造了人类文明的新形态，为人类文明发展作出中国新贡献，具有极为重要的文明史意义。[⑤]

---

① 杨金海：《人类文明新形态提出的深远历史意义》，《思想理论教育导刊》2021 年第 7 期。

② 颜晓峰：《创造社会主义现代化的文明新形态》，《马克思主义研究》2021 年第 7 期。

③ 马正立：《中国式现代化新道路创造人类文明新形态——深入学习贯彻习近平总书记"七一"重要讲话精神系列党课》，《党课参考》2021 年第 19 期。

④ 何星亮：《中华民族创造"中国式现代化新道路"的四个保障》，《人民论坛》2021 年第 26 期。

⑤ 杨振闻：《从"文明蒙尘"到"人类文明新形态"——中国式现代化道路的文明旨归》，《求索》2022 年第 1 期。

中国式现代化道路对人类文明新形态具有巨大贡献。王岩、吴媚霞提出，中国式现代化新道路既体现了人类文明发展的一般规律，又蕴含着不同于其他文明形态的内在文明逻辑，主要体现在四个方面：中国式现代化是以人民为中心而不是以资本为中心的现代化，彰显文明的人道性，中国式现代化是开放包容而不是封闭排他的现代化，彰显文明的开放性，中国式现代化是全面协调而不是单向度的现代化，彰显文明的系统性，中国式现代化是和平发展而不是国强必霸的现代化，彰显文明的和平性。[1] 运迪认为，这种贡献主要表现在中国式现代化坚持人民主体地位，彰显社会主义文明的价值追求；实现"一般"与"特殊"的结合，体现人类文明的多样性；"五位一体"的文明结构，展现人类文明形态的"全面性"；"文明交往"的发展逻辑，彰显人类文明的包容性。[2]

三、中国式现代化道路的鲜明特征

把握中国式现代化的鲜明特征是准确理解其内涵的一条路径，除了党中央提出的人口规模巨大、全体人民共同富裕、物质和精神文明协调发展、人与自然和谐共生、走和平发展道路这五大特征外，学术界还从坚持中国共产党的领导、坚持独立自主等方面对中国式现代化道路的鲜明特征进行概括。在现有的研究成果中，学者们对特征的研究分为了本质特征和一般性特征两类，本质特征是来源于一般性特征，是一般性特征中的核心内容。

（一）中国式现代化道路的本质特征

刘洪森、李昊天认为，中国式现代化新道路的本质性特征表现在三个方

---

[1] 王岩、吴媚霞：《中国式现代化新道路与人类文明新形态的内在逻辑理路》，《思想理论教育》2021 年第 11 期。

[2] 运迪：《中国式现代化新道路对人类文明的新贡献》，《同济大学学报（社会科学版）》2021 年第 6 期。

面，价值维度上的社会主义、时间维度上的接续推进、空间维度上的人类关怀。①

涂良川提出，中国式现代化新道路有三重逻辑，自主地开创发展道路、坚持先进政党领导、不断理论创新的历史逻辑，社会革命、社会建设、社会主义现代化建设的实践逻辑，马克思主义中国化、中华优秀传统文化现代化、中国建设实践智慧文明化的文明逻辑，这三重逻辑是中国式现代化新道路的本质特征。②

宋学勤提出，中国式现代化道路具有不同于西方发达国家现代化道路的本质特征，第一，中国式现代化道路是在中国共产党领导下的中国特色社会主义现代化之路。第二，中国式现代化道路是实现全体人民共同富裕的现代化之路。第三，中国式现代化道路是坚持人与自然和谐共生的现代化之路。③

欧阳康提出，中国特色社会主义现代化道路最根本的特点，就是将世界现代化的运行逻辑、社会主义的发展逻辑、中华民族的复兴逻辑融汇为中国特色社会主义现代化道路。④

（二）中国式现代化道路的一般性特征

除了党中央提出的五条基本特征外，学者们还从不同角度提炼了中国式现代化的其他特征，在具体数目上有所差别。

胡鞍钢认为中国式现代化道路有十大主要特征：一是中国式现代化是中国共产党领导的现代化；二是中国式现代化的基本国情和条件与西方国家大为不同；三是中国式现代化的基本性质是中国特色社会主义现代化；四是中国式现代化的发展本质是逐步实现全体人民共同富裕；五是中国式现代化的经济基础是实现工业化、信息化、网络化、数字化；六是中国式现代化同步实现城镇化

---

① 刘洪森、李昊天：《中国式现代化新道路的历史、逻辑与特质》，《现代哲学》2021 年第 5 期。
② 涂良川：《中国式现代化新道路的三重逻辑》，《学术交流》2021 年第 12 期。
③ 宋学勤：《中国式现代化道路生成的历史逻辑》，《人民论坛·学术前沿》2021 年第 24 期。
④ 欧阳康：《中华民族伟大复兴战略全局的核心价值与建构逻辑》，《理论与改革》2022 年第 1 期。

与农业、农村、农民现代化；七是中国式现代化是创新绿色的现代化；八是中国式现代化是中华民族伟大复兴的现代化；九是中国式现代化开创了世界大国和平发展的道路；十是中国式现代化是人类共发展、共命运的现代化。[①]

张占斌、王学凯提出中国式现代化的特殊性表现在八个方面：第一，是中国共产党领导的社会主义现代化；第二，是 14 亿多人口规模巨大的现代化；第三，是追求全体人民共同富裕的现代化；第四，是物质文明和精神文明相协调的现代化；第五，是传承中国文化和光耀中华文明的现代化；第六，是实现国家治理体系和治理能力的现代化；第七，是人与自然和谐共生的现代化；第八，是走和平发展道路的现代化。[②]

还有学者对中国式现代化道路在发展变化过程中呈现的特点进行了分析，孙照红认为，中国式现代化发展道路有五个方面的特色，分别是外生—学习性、后发—追赶性、务实—渐进性、阶段—接续性、时代—全面性。[③]赵英红提出，中国现代化是一个动态发展的复杂系统过程，具有目标性和阶段性、历史性和未来性、局部性与全面性相统一的特征。[④]

四、中国式现代化道路对以往现代化道路的超越

（一）对西方现代化道路的超越和扬弃

1. 对西方现代化理论的超越

段妍提出，中国式现代化以其原创性重新标识了现代化的内涵，打破了

[①] 胡鞍钢：《中国式现代化道路的特征和意义分析》，《山东大学学报（哲学社会科学版）》2022 年第 1 期。

[②] 张占斌、王学凯：《中国式现代化：理论基础、思想演进与实践逻辑》，《理行政管理改革》2021 年第 8 期。

[③] 孙照红：《"中国式"现代化：历程、特色和经验》，《中州学刊》2021 年第 2 期。

[④] 赵英红：《百年党史视域下的"中国式"现代化——基于历程、特征、智慧之分析》，《哈尔滨工业大学学报（社会科学版）》2021 年第 23 期。

西方现代化中自由市场、三权分立、普世价值和市民社会的先验逻辑，以其兼容性改写了现代化的理论架构，以其开放性书写了现代化的新范式，打破了西方现代化进程中的种种悖论，打破了西方现代化的自利性和排他性。①

任平认为，中国式现代化新道路从三个方面对西方现代化道路实现了超越，一是在基本经济制度基础上以逐步消除两极分化、主张共同富裕、和谐发展来抵御、弥补和消除资本逻辑带来的社会裂隙；二是以生态文明、绿色发展和"人与自然生命共同体"主张来抵制和消除资本逻辑引发的人与自然的全面冲突；三是以自我发展、多元主义、平等交往、合作共赢、文明互鉴的新全球化时代体系来取代以美国为首的西方霸权主义的旧全球化体系，以改变世界秩序来逐步抵制和消除全球分裂，建设"人类与自然生命共同体"。②

张文喜认为，从当代人类历史大变局所开启的视角来看，中国式现代化从有意识或无意识地以欧美的现代化文明形态为参照系统，转而向世界提供自己的现代化经验和智慧，尤其是提供一种特殊的经验、一种具有巨大确定性的中国特色社会主义的治国理政经验。③

2. 在现代化战略上实现超越

邹一南认为，中国式现代化新道路与西方现代化既有道路的最显著区别，在于中国式现代化是一个"并联式"发展过程，而非西方现代化的"串联式"发展过程，中国"并联式"的现代化承载着近现代以来强烈的历史诉求，具有鲜明的民族性和人民性，从而在现代化战略制定中必然突出地表现出一种赶超型特征。只有在赶超型发展理念指导下，才能缩短与发达国家的发展差距，才能实现弯道超车，否则只能亦步亦趋，步发达国家的后尘。④

---

① 段妍：《从中西比较视域看中国式现代化的突破与创新》，《中国社会科学报》2021 年 11 月 23 日。
② 任平：《论全面认识"中国式现代化新道路"的出场逻辑》，《阅江学刊》2022 年第 14 期。
③ 张文喜：《中国式现代化对当代世界的意义》，《光明日报》2021 年 12 月 6 日。
④ 邹一南：《深刻理解中国式现代化的"并联式"发展特征》，《光明日报》2021 年 12 月 9 日。

3. 对资本逻辑的超越

赵英红提出中国现代化道路突破了西方"资本第一性"的思维逻辑、"国强必霸"的狭隘眼界,坚定以人为本、合作共赢的和平发展道路,丰富了人类社会发展道路的多样性。[①] 张艳涛、王婧薇认为,中国式现代化道路是一条人类前所未有的现代化道路,它在经济上超越"两极分化"逻辑和"中等收入陷阱",在政治上超越"国强必霸"逻辑和"塔西佗陷阱",在对外关系上超越"强强对抗"逻辑和"修昔底德陷阱",是一条不同于西方现代化的新道路。[②]

(二)对以往社会主义国家现代化道路的超越和扬弃

赵美玲、杨宗然认为,中国式现代化对传统社会主义现代化有四个方面的超越,从社会主义现代化的发展布局看,中国特色社会主义现代化布局不断拓展,超越了传统社会主义现代化片面失衡的畸形现代化格局,从社会主义现代化的经济制度看,中国特色社会主义经济制度突破了传统社会主义模式的单一公有制和计划经济体制,建立了公有制为主体、多种所有制经济共同发展的所有制结构和社会主义市场经济体制,从社会主义现代化的发展方式看,中国特色社会主义现代化道路通过不间断的改革开放推动现代化事业发展,超越了传统社会主义模式下封闭和僵化的体制机制弊端,从社会主义与现代化的关系看,中国特色社会主义现代化道路以社会主义和现代化的相互促进超越了传统社会主义道路中将现代化作为社会主义简单附属的错误认知。[③]

[①] 赵英红:《马克思东方社会发展理论研究——兼论中国现代化道路的理论自觉》,《中国地质大学学报(社会科学版)》2021 年第 2 期。

[②] 张艳涛、王婧薇:《中国式现代化的基本内涵及其开创意义》,《中国浦东干部学院学报》2021 年第 6 期。

[③] 赵美玲、杨宗然:《中国特色社会主义现代化道路的双重超越》,《理论与现代化》2021 年第 3 期。

五、中国式现代化道路的经验和世界意义

在党的十九大报告中，习近平总书记强调："中国特色社会主义进入新时代，意味着中国特色社会主义道路、理论、制度、文化不断发展，拓展了发展中国家走向现代化的途径，给世界上那些既希望加快发展又希望保持自身独立性的国家和民族提供了全新选择，为解决人类问题贡献了中国智慧和中国方案。"[①] 在 2021 年 7 月 6 日中国共产党与世界政党领导人峰会上，习近平总书记再次强调："中国共产党将团结带领中国人民深入推进中国式现代化，为人类对现代化道路的探索作出新贡献。"随着中国日益走进世界舞台中央，中国式现代化道路的成功经验以及给全世界带来的影响也备受关注。

（一）中国式现代化的成功经验

关于中国现代化的成功经验，一些学者提出中国式现代化的成功在于坚持中国共产党的领导、坚持走社会主义道路、坚持以人民为中心、遵循现代化一般规律等方面，这些是宏观层面的高度概括，在具体经验上，不同学者以不同的视角进行了归纳。

哲学的视角。黄相怀认为，中国的现代化之所以成功，就在于既遵循了现代化的一般规律，又找到了适合自身国情和实际的现代化之路，妥善处理好了物质与精神、同一与差异、效率与公平、开放与自主等重大关系，展示了极富哲学特质的辩证逻辑。[②]

分层概括的视角。燕继荣认为中国现代化有四个方面的经验，使命型政党的特质是中国式现代化道路取得成功的最根本经验，"发展型政府"所开辟的"中国模式"与所取得的发展进步使中国共产党领导的中国现代化保

---

① 《习近平谈治国理政》第三卷，外文出版社 2020 年版，第 8—9 页。
② 黄相怀：《从现代化规律看中国道路成功奥秘》，《特区实践与理论》2022 年第 1 期。

持稳定，"包容性制度"是中国共产党领导中国现代化不断进步的重要保障，阶段性"创新型政策"的推出使中国共产党领导的中国现代化与时俱进、常进常新。①

制度支撑的视角。袁航提出，中国特色社会主义制度才是中国现代化道路的真正支撑，中国特色社会主义制度的根本制度、基本制度、重要制度是中国现代化道路的立论之本、发展之基、时代之选，是中国取得经济高速发展和社会长期稳定两大奇迹的原因。②

（二）中国式现代化道路的世界意义

关于中国式现代化带来的世界影响，吴汉勋、孙来斌认为，中国现代化道路的意义体现在推动世界反贫困事业、推动新型国际关系构建、推动全球生态文明实践等方面。③张西立提出，中国式现代化使得"社会主义"比较于"资本主义"的优越性将更加充分地得以显现，世界社会主义运动将迎来新的发展时期，同时中国走和平发展道路是这个充满不稳定性、不确定性世界的重要稳定器和动力源。④

张三元认为，中国式现代化有四个方面的意义：超越"以物为本"的资本逻辑，开辟了一条"以人为本"的发展道路；超越"国强必霸"的零和博弈，走出了一条和平发展、合作共赢的人间正道；超越"西方中心主义"的价值逻辑，彰显了人类文明发展道路的多样性统一；超越僵化封闭的"苏联模式"，创造性地提出并建立了社会主义市场经济体制。⑤

---

① 燕继荣：《中国共产党领导的中国现代化：探索、成就与经验》，《人民论坛·学术前沿》2021 年第 11 期。

② 袁航：《中国现代化道路的制度支撑——基于世界意义的论析》，《社会主义研究》2021 年第 3 期。

③ 吴汉勋、孙来斌：《现代化道路的中国逻辑及其世界意义》，《湘潭大学学报（哲学社会科学版）》2021 年第 1 期。

④ 张西立：《在新发展阶段不断开拓社会主义新境界》，《行政管理改革》2021 年第 1 期。

⑤ 张三元：《中国共产党对中国式现代化道路的百年求索》，《贵州社会科学》2021 年第 10 期。

郭晗认为，中国作为全世界人口最多的国家、最大的发展中国家、最大的社会主义国家进入现代化，首先将深刻改变世界现代化的版图和进程，其次中国式现代化新道路打破了现代化的一元论谬误，为世界现代化模式提供多样性，最后中国式现代化具有更强的包容性、协调性与可持续性，改变了传统的现代化逻辑，开拓了现代化道路的新境界。①

六、关于已有研究成果的评论

（一）现有学术观点的总体评价

实现社会主义现代化是中国共产党人的不懈追求，学术界对这一问题的研究也紧随我们党理论和政策的发展从未止步。伴随着全面建成小康社会目标的顺利实现，第二个百年奋斗目标的开启使得现代化相关问题再次进入研究者的视野当中。2021年恰逢中国共产党百年华诞，在习近平总书记提出"中国式现代化新道路"后，学术界产生了一批较具代表性的理论研究成果，以"中国式现代化"为关键词在中国知网搜索，2021年全年共有研究成果226篇，除此之外还有相当数量的理论文章发表在主流媒体的网站和报刊中。大量研究成果的产生反映出学术界对这一问题的高度重视和关注。可以预见，对这一问题的研究将随着我国全面建设社会主义现代化国家新征程的开启不断深化。

2021年全年学术界相关研究的关注点比较集中，其中，以"中国共产党对现代化道路的百年探索"和"中国式现代化道路和人类文明新形态"为主题的研究成果最为丰富，这两类研究紧扣中国共产党的百年奋斗史，侧重从百年党史中探寻中国式现代化的理论逻辑、历史逻辑以及实践逻辑。除此之外，学术界关于的中国式现代化道路的基本内涵、鲜明特点、独特优势、

---

① 郭晗、任保平：《中国式现代化新道路的世界意义》，《国家治理》2021年第37期。

世界意义、经验启示等问题均有创见。这些研究成果也为全社会学习、宣传、贯彻习近平总书记在庆祝中国共产党成立100周年大会上的讲话和党的十九届六中全会精神作出了巨大贡献，更为推进社会主义现代化国家建设提供了有益指导。

（二）当前研究中存在的短板和可提升的空间

虽然过去一年的研究成果较为丰富，但由于中国式现代化道路的命题提出时间较短，客观地讲，关于中国式现代化道路相关问题的研究还处在刚刚起步的阶段，一些问题的研究还有待继续深化，因此还有很大的提升空间。

1.对中国式现代化道路有关基本问题的研究有待加强

对中国式现代化道路基本问题的研究集中在对象、内涵、特征、优势这四方面，但这四方面的研究还比较薄弱。

第一，关于中国式现代化道路的所指的历史阶段为何莫衷一是。学者们对于中国式现代化的历史起点和发展阶段的划分方式见仁见智，一部分学者在关于现代化阶段的研究中所阐述的是中华民族追求现代化的历程，即"中国现代化"，在时间跨度上更长，因而"中国式现代化"和"中国现代化"并非统一命题，二者不能简单等同，所以鸦片战争以来至中国共产党成立这一时期中国仁人志士对现代化的追求探索只能归为中国现代化思想和实践源头，不宜作为一个完整的阶段划入中国式现代化道路的范畴。至于根据"中国式现代化""中国式现代化道路""中国式现代化新道路"等概念提出的时间来界定中国式现代化道路的起点和分期则更不恰当，大多数社会历史现象都是事中事后命名的。中国式现代化道路的起点和分期要实事求是根据其内涵来追溯与判断。笔者认为，根据习近平总书记提出的中国式现代化道路的五大特征看，中国式现代化的正式起点应该从新中国建立开始，之前的中国现代化探索更多是一种依附性的现代化。中国式现代化道路的分期应该分成三个阶段，1949—1992年，这是解决温饱阶段，也是现代化道路探索阶段；1992—2021年，这是实现小康阶段，也是现代化道路走通阶段；2021—2050

年，这是全面建设现代化阶段，或者说是实现现代化阶段，也是现代化道路完善阶段。

第二，关于中国式现代化道路的基本内涵，缺乏深入挖掘。在阐述中国式现代化道路的内涵时，众多学者提出要以"新"为切入点来理解中国式现代化道路，并且一些学术观点十分可贵，例如艾四林提出要从中国式现代化道路的生成背景来把握道路的科学内涵。但是，目前学术界对于中国式现代化道路的基本内涵尚无统一认识，能够给出准确定义的研究成果更寥寥无几。下定义并不是固化、僵化对某一研究对象的认知，因为在缺乏相对统一的认知的情况下，后续的研究就只能各说各话、无法顺利开展。例如，现代化的核心是人的现代化，过去一年对如何推进人的现代化以及现代化对人的影响在关注度上还不够高，在有关基本内涵的研究中还没有充分体现，未来还需要加强。再比如，不少研究没有找准把握中国式现代化道路内涵的参照系，有的受到"中国式现代化新道路"这个概念中"新"之影响，试图把十八大之前的现代化道路标定为某种"旧道路"，有的受"道路"影响，试图把中国式现代化道路和中国特色社会主义道路等同，试图把改革开放前的现代化道路标定为某种"旧道路"。从研究方法来说，不是根据内涵划范围，而是先划范围再找内涵。

第三，关于中国式现代化的基本特征，侧重于解读。学者们在既有的五条基本特征的基础上都创造性地提出了一些中国式现代化道路的其他特征，包括"三农"现代化、传承中华文化等方面，特别是大家普遍认为"中国共产党的领导"应当被视作中国式现代化道路的首要特征，这些研究成果丰富了学界对于中国式现代化道路问题的认识。但是，在阐述中国现代化道路的特征时，大部分学者是基于党中央提出的五条重要特征进行的阐释，侧重于"做注释"和解读文本。当然，我们党提出的这五条是中国式现代化的重要特征，更侧重从"政策"的角度来讲，并不是说这是中国式现代化的全部特征，并没有为学术研究划定框框，因此未来还是有必要继续深入挖掘中国式现代化道路其他方面的特征。在现有的研究成果中，大部分学者是在既有五条特征的基础进行增减，进而概括出中国式现代化道路的本质特征或是一般特征，因此对这些特征的概括还是没有脱离"政策"的影子，论文成果也就较为同质化。因此，一些学者能对中国式现代化道路发展变化中呈现出的"追赶性""阶段性"等特征进行概括提炼就显得更加难能可贵了。

第四，关于中国式现代化道路的优势，还侧重于应然。很多研究把中国式现代化道路应该有的优势都判定为已经充分表现出的优势，没有充分考虑中国式现代化道路本身的发展性及其面临的现实挑战。另外，当前对中国式现代化道路的优势开展的研究更加侧重"中西横向比较"，即把中国式现代化道路与西方传统现代化道路进行对比，在比较中得出优势，进而强调社会主义现代化在制度和价值层面超越资本主义现代化的优越性，关于纵向比较的研究在过去一年还比较薄弱。中国式现代化道路的优越性不只是在中西对比中才能显现，还可以从中国现代化道路的艰难探索、不断完善中找到更多有价值的规律性认识。

2. 对习近平总书记现代化思想有关研究还有待加强

目前以习近平总书记"现代化强国建设重要论述"或"现代化强国建设思想"为主题的相关研究还十分有限，2021年全年仅有亓光、齐卫平、孟东方三位学者发表了有关研究成果。在十九届六中全会提出习近平新时代中国特色社会主义思想回答了新时代"建设什么样的社会主义现代化强国、怎样建设社会主义现代化强国"这一时代课题后，随着习近平总书记相关重要讲话的陆续发表，在研究资料更为充足的条件下，这一问题的研究还会取得更大进展，这将是未来研究的增长点。

3. 未来研究还需要进一步结合实际

对现代化相关问题的研究最终要回归到全面建设社会主义现代化国家的实践中。在当前的研究中，大部分成果对中国式现代化相关问题的研究还是停留在探讨理论的层面，侧重对党中央有关精神的阐释，以探讨中国式现代化"是什么"为主，与现代化建设实践的贴合还不够紧密，这反映出当前学术界的研究思路还没有从解决建成小康社会相关问题转换到建设社会主义现代化国家相关问题上。在全面建成小康社会后，如何带领一个拥有 14 亿多人口的大国实现现代化，这已经不是改革开放初期的理论畅想，而是新时代中国共产党必须面对的新的时代课题和生动实践，这也是这一问题研究的难点所在，并且十分具有紧迫性。

（执笔人：郭强　张伯瀚）

分报告八：关于全面建成小康社会的研究

小康是中华民族的千年梦想。2021 年 7 月 1 日，在庆祝中国共产党成立 100 周年大会上，习近平总书记代表党和人民庄严宣告："经过全党全国各族人民持续奋斗，我们实现了第一个百年奋斗目标，在中华大地上全面建成了小康社会，历史性地解决了绝对贫困问题，正在意气风发向着全面建成社会主义现代化强国的第二个百年奋斗目标迈进。"十九届六中全会通过的党的第三个历史决议高度肯定了全面建成小康社会的历史贡献和意义：党的百年奋斗从根本上改变了中国人民的前途命运，14 亿多人口实现全面小康，中国人民对美好生活的向往不断变为现实。全面建成小康社会是中国共产党历史、中华人民共和国发展史、中华民族复兴史、世界社会主义发展史上的重要里程碑，是中华民族的伟大光荣、中国人民的伟大光荣、中国共产党的伟大光荣，世界社会主义的伟大光荣。

2021 年是具有历史性意义的一年，中国站在"两个一百年"的历史交汇点，全面建成了小康社会，全面开启了全面建设社会主义现代化国家的新征程。在这关键的一年，学界关于全面建成小康社会的研究非常丰富，并具有鲜明的特点。

一、相关研究具有鲜明特点

搜索 2021 年的研究成果，在中国知网（CNKI）数据库中以"小康"为主题词可查到中文文献 3388 篇，其中期刊文章 1968 篇，博士论文 28 篇，硕士论文 83 篇，会议论文 11 篇；在中国人民大学复印报刊资料库中以"小康"为主题词可查到 18 篇文章；在读秀中文图书数据库中搜索 2021 年出版的书名中包含"小康"的图书共计 86 种。

梳理全年代表性成果，2021 年关于全面建成小康社会的研究有以下特点：2021 年关于全面建成小康社会的研究更趋整体性、更重规律性、更具历史感、更有前瞻性。

一是问题意识突出。2021 年建党 100 周年时建成小康社会，这是 2012 年党的十八大明确提出的目标，举世瞩目。然而最近几年的我国发展环境面临深刻复杂变化，存在诸多不确定性。一方面，逆全球化趋势加剧，美国等国家陆续出台了或计划出台一系列政策，鼓励制造业回流或使供应链多样化，甚至公开鼓吹"脱钩"，矛头直指中国。而另一方面，2019 年 12 月开始的新冠肺炎疫情给世界带来了深重灾难，也导致世界经济深度下滑，不确定性和风险性飙升。据国际货币基金组织（IMF）的《世界经济展望》，2020 年全球经济增长 –3.1%（2019 年为 2.8%），新兴市场和发展中经济体经济增速为 –2.1%。据国际劳工组织（ILO）的《世界就业与社会展望》，2020 年全球失业率为 6.5%（2019 年为 5.4%）。2020 年新兴市场和发展中经济体消费者物价指数（CPI）为 5.1%，政府赤字平均占 GDP 的比重达 9.8%。再加上，2020 年，我国南方地区遭遇 1998 年以来最重汛情。在此背景下，全面建成小康社会是否能够如期完成，是国内外共同关注的核心问题。不同于我国人民的信心满满，国外则存有各种疑虑。① 因此 2021 年相关研究的一个重要任务是回应质疑，准确评估全面建成小康社会主义的成就。

二是总结提炼为重。相关研究基础对进一步的深化研究提出了较高要求，但现实条件的变化也为系统总结提供了事实依据。其一，现有小康社

---

① 小康社会的英译为 Moderately Prosperous Society、Well-off Society 或 Xiaokang Society。带有疑虑的国外观点可见：Huisman Montijn, "After Covid-19, Can China Still Become 'Moderately Prosperous'?" The Diplomat, For The Diplomat, 9 June 2020, https://thediplomat.com/2020/06/after-covid-19-can-china-still-become-moderately-prosperous/% C2% A0% C2% A0% C2% A0. 以及 https://worldin.economist.com/article/17353/edition2020meet-moderately-prosperous-china。

会研究十分丰富。自改革开放之初邓小平提出"小康"概念，研究者对其内涵、战略目标、实践道路等问题作了大量研究。特别是 2020 年十九届五中全会指出，决胜全面建成小康社会取得决定性成就，因此当年发表的相关研究非常丰富，在中国知网（CNKI）数据库中以"小康"为主题词进行搜索，可以发现 2020 年发表了相关文章 6364 篇。其二，中国共产党百年奋斗研究十分丰富。2021 年是中国共产党成立 100 周年，不少研究在梳理百年奋斗的历程和经验时，会涉及小康社会。其三，2021 年小康社会已经全面建成，这是相关研究的基本依据。因此，2021 年关于全面建成小康社会的研究立足第一个百年奋斗目标业已实现，立足中国共产党对小康建设的目标、战略、蓝图、重点难点的整体把握，立足此前研究成果的基础之上，更加重视与对小康社会建设经验的系统总结和规律提炼。

三是历史视野贯通。2021 年 2 月 20 日，党史学习教育动员大会在北京召开，习近平总书记发表重要讲话强调：全党同志要做到学史明理、学史增信、学史崇德、学史力行。2021 年 5 月，中共中央办公厅印发《关于在全社会开展党史、新中国史、改革开放史、社会主义发展史宣传教育的通知》，要求引导广大人民群众特别是青少年弄清楚中国共产党为什么能、马克思主义为什么行、中国特色社会主义为什么好等基本道理。6 月 1 日出版的《求是》杂志上发表了习近平总书记发表的重要文章《学好"四史"，永葆初心、永担使命》。11 月，十九届六中全会审议通过了《中共中央关于党的百年奋斗重大成就和历史经验的决议》，在此背景下，2021 年关于全面建成小康社会的研究呈现出浓厚的历史感，着眼于近代中国面临的重大历史课题、中国共产党的历史使命、世界社会主义五百年发展历程和人类社会历史发展进程，深刻阐发了全面建成小康社会的历史方位和历史意义。

四是前瞻思维凸显。《礼记·礼运》中对"小康"有明确定位，这是一种政治经济社会各方面发展都低于"大同"理想的社会形态，并非终极目标。2021 年实现了第一个百年奋斗目标、全面建成了小康社会之后，中国面临的最新现实是什么，下一个目标是什么？这是国内外普遍关心的问题。① 党的十九届五中全会将"四个全面"战略布局的战略目标由"全面建成小康社会"改为"全面建设社会主义现代化国家"。2021 年 7 月 1 日，习近平总书记代表党和人民庄严宣告，我们"意气风发向着全面建成社会主义现代化强国的第二个百年奋斗目标迈进"。因此，2021 年许多研究者展望未来，针对如何认识"后小康时代"的最新现实、如何推进全面建设社会主义现代化国家新征程等问题进行了卓有成效的研究，提供了前瞻性的政策建议，具有战略意义。

具体来看，2021 年来关于全面建成小康社会的研究呈现四个方面的重点和趋势：着眼全面小康要求，准确评估小康成色；立足建党百年理论实践，系统总结全面小康经验；贯通"四史"大历史观，纵深把握全面小康的历史意义；面向接续推进全面建设社会主义现代化国家新起点，前瞻研究下一步政策安排。

二、着眼"全面"：准确评估小康成色

2021 年关于全面建成小康社会研究的首要任务是回顾小康历程，评估小康建设的成果成效。国务院新闻办公室先后发表了两份白皮书，回顾小康建设，介绍伟大成就。

2021 年 9 月 28 日，国务院新闻办公室发表《中国的全面小康》白皮书，回顾中国小康社会建设的不平凡历程，介绍全面建成小康社会的伟大成就，展望中国现代化建设的美好前景。② 白皮书正文分为 5 个部分，系统阐

---

① 国外相关研究有：https://foreignpolicy.com/2021/01/04/china-xi-jinping-economy-growth-model-repression/；Davidson C., China's Common Prosperity-the Next Step in the Building of Socialism, Guardian（Sydney），（1976），9. https://cpa.org.au/guardian/issue-1976/chinas-common-prosperity-the-next-step-in-the-building-of-socialism/ 等。

② 《中国的全面小康》，人民出版社 2021 年版。

述中国的全面小康是什么、又是如何建成的，是一部记录和反映中国全面建成小康社会探索实践的重要文献。白皮书以大量翔实的数据和案例，深入阐释了中国全面小康的"全面"特征，指出中国的全面小康，体现发展的平衡性、协调性和可持续性，是物质文明、政治文明、精神文明、社会文明、生态文明协调发展的小康；是不断满足人民日益增长的多样化多层次多方面需求，不断促进人的全面发展的小康；是国家富强、民族振兴、人民幸福，多维度、全方位的小康。

全面建成小康社会是中国共产党和中国政府为增进人民福祉、提高全体人民人权保障水平、实现国家现代化而实施的一项重大国家发展战略。基于此，2021 年 8 月 12 日，中华人民共和国国务院新闻办公室发布了《全面建成小康社会：中国人权事业发展的光辉篇章》白皮书。该书阐述了中国全面建成小康社会是世界人权事业发展史上的重要里程碑，开辟了人权事业新境界，系统总结了全面建成小康社会伟大进程中所创造的尊重和保障人权的成功做法和经验。白皮书指出，中国全面建成小康社会，消除绝对贫困实现基本生活水准权，以发展促人权增进经济社会文化权利，实行良法善治维护公民权利政治权利，促进社会公平保障特定群体权益夯实了人权基础，丰富了人权内涵，拓宽了人权视野，意味着人权的全面发展和全民共享，谱写了中国人权事业的新篇章，创造了人类尊重和保障人权的奇迹。白皮书说，中国人口占世界总人口的近五分之一，中国在全面建成小康社会的伟大进程中，所创造的尊重和保障人权的成功做法和经验，为增进人类福祉贡献了中国智慧、提供了中国方案。

（一）总体梳理小康建设历程

小康是中华民族自古以来追求的理想状态。中国共产党一经诞生，就把为中国人民谋幸福、为中华民族谋复兴确立为自己的初心使命。改革开放之初党中央提出小康社会的战略构想后，经过全党全国各族人民持续奋斗，我们实现了全面建成小康社会的第一个百年奋斗目标，正在意气风发向着第二个百年奋斗目标迈进。2021年，学界、理论宣传界及各相关部门在不同层面上、立足不同侧重点梳理了党领导人民进行小康建设的历程。

为庆祝全面建成小康社会奋斗目标如期实现，经党中央批准，中央党史和文献研究院编写了《全面建成小康社会大事记》，全文约 4.5 万字，2021年 7 月 28 日在《人民日报》刊发，8 月由人民出版社出版单行本，中央编译出版社出版英文单行本。大事记全面记述党团结带领人民在中华大地上全面建成小康社会的光辉历程；突出反映在社会主义革命和建设的基础上，用40 多年时间实现人民生活从温饱不足到总体小康、全面小康的历史性跨越；充分展示党的十八大以来，以习近平同志为核心的党中央团结带领全国各族人民自信自强、守正创新，统筹推进"五位一体"总体布局、协调推进"四个全面"战略布局，奋力夺取全面建成小康社会伟大胜利，实现第一个百年奋斗目标所取得的历史性成就、发生的历史性变革。①

2021 年 8 月 2 日，由中宣部指导、中央广播电视总台华语中心承制的五集电视专题片《人民的小康》在中央广播电视总台央视综合频道首播。该片生动讲述一百年来中国共产党带领中国人民为全面建成小康社会不懈奋斗的艰辛历程，全面展现以习近平同志为核心的党中央团结带领全党全国各族人民决战脱贫攻坚、全面建成小康社会的伟大壮举，深刻展示第一个百年奋斗目标圆满实现的伟大成就和主要经验，真实反映广大党员干部群众在全面建成小康社会道路上昂扬奋进的感人故事和精神风貌。专题片分为《一诺千钧》《脱贫攻坚》《民生福祉》《美好生活》《关键一步》五个篇章。②

2021 年 2 月 21—24 日，由中共中央宣传部理论局、中共北京市委宣传部指导，北京广播电视台策划，北京卫视频道中心"档案"栏目制作了大型通俗理论电视节目《全面小康　全面解码》，在北京卫视及相关网络媒体播出。该节目共 8 集，以独创的思辨问答公开课的形式，中共中央党校原副校

---

① 中共中央党史和文献研究院：《全面建成小康社会大事记》，人民出版社 2021 年版。
② 《专题片〈人民的小康〉呈现人民生活的大变迁》，《电视研究》2021 年第 8 期。

长李君如、国家行政学院原副院长韩康、中国工程院院士倪光南、北京师范大学文学院党委书记康震等三十多位来自权威机构的专家学者、一线奋斗代表和一线工作者担任解码人，分别从《千年梦圆》《何谓全面》《何以小康》《战略布局》《新发展理念》《摆脱贫困》《世界贡献》《新的征程》八个角度，全面展现以习近平同志为核心的党中央团结带领全国各族人民，打赢脱贫攻坚战，阔步走向全面小康的胜利进程，以及中国全面建成小康社会的世界意义，解开中国之治的成功密码。2021 年 12 月，根据该节目内容编纂的同名图书由国家行政管理出版社出版。

相关研究普遍认为，中国实现全面建成小康社会的千年壮举，是改革开放以来中国共产党人带领中国人民接续奋斗的成果。改革开放之初，邓小平创造性地用"小康"来诠释中国式的现代化，进而提出小康社会理论，在此指引下，中国实现了从温饱到小康的跨越。人民生活总体上达到小康水平之后，党中央及时提出全面建设小康社会的奋斗目标，并根据新的情况和条件对奋斗目标提出新要求，全面建设小康社会取得巨大成就。党的十八大以来，我国进入全面建成小康社会新阶段。在以习近平同志为核心的党中央的坚强领导下，我国将如期实现全面建成小康社会的目标。[①]

小康历程有三个重要节点。第一个重要节点是改革开放之初提出小康建设目标。党的十一届三中全会恢复了解放思想、实事求是的思想路线，揭开了改革开放的大幕。改革开放作为我们党的一次伟大觉醒，孕育了我们党从理论到实践的伟大创造。其中，"小康社会"及"三步走"战略的提出，标志着我国的现代化有了清晰的时间表和路线图。小康目标的提出既是对以毛泽东同志为主要代表的中国共产党人关于四个现代化这一设想的继承，同时又根据我国现实国情作出了合理调整。以此探索为起点，中国共产党关于现代化的思路逐步开阔和成熟起来。[②]

[①] 张曙、周锟、钱奇：《从提出"小康"目标到全面建成小康社会：历程及意义》，《邓小平研究》2021 年第 1 期。

[②] 石建国：《中国共产党矢志现代化强国的百年历程及其启示》，《邓小平研究》2021 年第 5 期。

第二个重要节点是 2000 年，我国胜利完成"九五"计划任务，人民生活总体上达到小康水平。研究指出，这一成就竖起了中华民族复兴史上一个伟大里程碑。2002 年 11 月，党的十六大就在 21 世纪头 20 年，集中力量，全面建设惠及十几亿人口的更高水平的小康社会等作出规划部署，为全面建设小康社会、在新的历史起点上开创改革开放和中国特色社会主义事业新局面指明了方向。但是，到 21 世纪初，我国达到的小康还是低水平、不全面、不平衡的小康，我国仍然面临着城乡、区域、经济社会发展不够协调；人口资源环境压力加大；经济发展方式粗放、自主创新能力不强；就业、社会保障、教育、医疗等民生问题突出等深层次矛盾和问题。2003 年初，一场突如其来的非典疫病灾害集中暴露了这些矛盾和问题，促使党和政府进一步认真反思我国应确立什么样的发展观，实现什么样的发展、怎样发展等重大问题，并在这个过程中提出了科学发展观。党的十六大以后的十年，党和国家深入贯彻落实科学发展观，坚定不移推进全面建设小康社会进程，不断开创了中国特色社会主义新局面。十年取得的历史性成就，为全面建成小康社会、为中国特色社会主义进入新时代打下了新的坚实基础。[①]

第三个重要节点就是十八大以来。有研究认为，党的十八大以来，习近平总书记站在党和国家事业发展全局的高度，紧紧围绕全面建成小康社会提出了一系列新思想新观点新论断。他深刻指出全面建成小康社会是中华民族对理想社会的向往和追求，是中国共产党的初心和夙愿，是解决人类社会发展问题的中国智慧和方案；他准确揭示全面建成小康社会的目标要求、战略部署和价值遵循等科学内涵；他科学指明全面建成小康社会的实践路径，即用好发展的重要战略机遇期、以新发展理念引领高质量发展、破解制约全面建成小康社会的重点难点问题、提升党驾驭领导全面建成小康社会的能力、强化中国特色社会主义制度保障等。这些重要论述立意深远、内涵丰

---

① 曹普：《中国共产党在改革开放和社会主义现代化建设新时期的奋斗历程及启示》，《理论视野》2021 年第 7 期。

富、思想深刻，为全面建成小康社会、开启全面建设社会主义现代化国家新征程指明了前进方向。①

（二）科学判断小康完成时间

到建党 100 周年时，全面建成惠及十几亿人口的更高水平的小康社会，是我们党进入新世纪后，在基本建成小康社会基础上提出的奋斗目标，是对人民的庄严承诺。然而由于新冠肺炎疫情的影响，国内外不确定声音增多。

2020 年 10 月党的十九届五中全会指出，决胜全面建成小康社会已取得决定性成就。"十三五"规划目标任务即将完成，全面建成小康社会胜利在望。习近平总书记在关于《中共中央关于制定国民经济和社会发展第十四个五年规划和二〇三五年远景目标的建议》的说明中指出：关于全面建成小康社会的完成情况和宣布时机，"十三五"时期我们取得了一系列新的重大成就，但是突如其来的新冠肺炎疫情对我国经济社会发展带来了很大不利影响。在党中央坚强领导下，经过全国人民共同努力，新冠肺炎疫情防控取得重大战略成果，我国经济社会恢复走在全球前列，主要经济指标趋好，社会民生得到有效保障。预计全面建成小康社会目标可以如期实现。考虑到 2020 年仍是全面建成小康社会进行时，建议稿表述为"决胜全面建成小康社会取得决定性成就"，并预告，2021 年上半年党中央将对全面建成小康社会进行系统评估和总结，然后正式宣布我国全面建成小康社会。

也有学者认为，从经济数据上分析，事实上中国在 2020 年已经如期实现全面建成小康社会的第一个百年奋斗目标。

有研究基于清华大学中国平衡发展指数，重点对党的十八大以来我国全面建成小康社会期间经济发展、社会治理、文化建设、脱贫攻坚、人民生活和生态环境等核心内容进行统计监测与分析。结果表明，党的十八大确立了

---

① 杨根乔：《全面建成小康社会的重大意义、科学内涵与实践路径——学习习近平关于全面建成小康社会的重要论述》，《中国浦东干部学院学报》2021 年第 1 期。

"全面建成小康社会决定性阶段"以后，以习近平同志为核心的党中央带领全国各族人民接续奋斗、攻坚克难，2020年我国实现脱贫攻坚战的全面胜利，经济实力、科技实力、综合国力跃上新的大台阶，决胜全面建成小康社会取得历史性成就。①

也有研究根据《国民经济和社会发展"十三五"规划纲要》提出的2020年经济社会发展主要指标，以及2020年《政府工作报告》提出的2020年主要指标作为评价标准；根据国家统计局及有关部门提供的国内信息，进行第三方目标实施评估；根据世界银行、国际货币基金组织等国际机构提供的国际信息进行国际比较评价中国对世界发展贡献。研究表明，2020年中国如期实现全面建成小康社会目标，取得了历史性成就：抗击新冠肺炎疫情取得重大战略成果；率先在世界上实现经济复苏；积极财政政策更加稳健有为；决战脱贫攻坚取得决定性胜利；科技创新取得重大进展；农业现代化取得重要进展；工业综合实力更加凸显；民生保障惠及全体人民；积极扩大国内需求；生态文明建设取得重大成就；对外开放取得重大进展；改革实现重要突破；全面建成小康社会取得伟大历史性成就；未来面临的国内外挑战。②

（三）全面评估小康社会成就

2021年，中国统计出版社出版《全面建成小康社会成就报告》。这是反映全面建成小康社会进程中我国经济社会发展取得辉煌成就的一部综合性统计资料书籍，包括综合篇、专题篇、经济篇、社会篇、对外篇、资料篇。③

国务院发展研究中心举全中心之力，组织编写了《党领导我们奋进在伟大复兴道路上》一书，"七一"前夕由中国发展出版社正式出版。全书分为

---

① 许宪春、刘婉琪、彭慧、张钟文：《新时代全面建成小康社会的辉煌成就及新征程展望——基于"中国平衡发展指数"的综合分析》，《金融研究》2021年第10期。

② 胡鞍钢：《2020年全面建成小康社会之年——对我国经济社会发展的评价》，《北京工业大学学报（社会科学版）》2021年第5期。

③ 宁吉喆编：《全面建成小康社会成就报告》，中国统计出版社2021年版。

12 章，从经济、政治、科技、文化、社会、人民生活、生态文明、脱贫攻坚、对外开放等多个维度，对我们在党的坚强领导下，努力推进全面建设小康社会的辉煌历程和伟大成就，进行了系统回顾与总结，集中展现了党在全面建成小康社会的探索中形成的许多富有中国特色的理论与实践创新，比如中国特色减贫道路、中国特色反贫困理论等。书中还总结了全面建成小康社会 15 个方面的基本经验。①

中国社会科学院马克思主义研究院辛向阳教授出版了英文版《小康中国》一书，系统地介绍了中国小康社会的发展，阐明了中国特色社会主义的主要内涵、本质特征、国际意义和政治优势，指出了中国伟大社会改革的性质和历史作用，分析了中国的战略机遇和需要解决的主要问题。该书立足于现实分析和历史回顾，以创新的结论和科学的思路，展现了中国全面建设小康社会的宏伟蓝图，对把握世界大势、揭示中国现实具有重要的理论和实践意义。②

各领域研究者也从不同领域的视角总结了小康成就。如脱贫攻坚方面，国务院扶贫办组织编写了《中国脱贫攻坚故事丛书》，聚焦于在习近平新时代中国特色社会主义思想指引下，贫困县以习近平总书记关于扶贫工作的重要论述为根本遵循，全面实施精准脱贫精准扶贫方略，旨在记录脱贫攻坚战波澜壮阔的生动实践，呈现脱贫攻坚战所取得的历史成就。丛书用讲故事的方式，完整、客观地呈现全面建成小康社会背景下脱贫攻坚战的生动实践，也让这些过程中的很多动人的细节得以放大，耐人寻味。本套丛书宣传了各摘帽县域脱贫攻坚成效经验，鼓舞干部群众斗志，激发全社会的正能量，起到宣传各县软实力、助力招商引资，加快发展的作用。③

---

① 马建堂：《百年恰是风华正茂，逐梦扬帆正当其时》，《中国发展观察》2021 年第 13 期；许先春：《奋斗史诗卓越成就——读〈党领导我们奋进在伟大复兴道路上〉》，《中国发展观察》2021 年第 13 期。

② 辛向阳：《小康中国（英文版）》，中国人民大学出版社 2021 年版。

③ 国务院扶贫办：《中国脱贫攻坚故事丛书（彪炳史册·纪念版）》，研究出版社 2021 年版。

又如社会治理方面，出版了《全面建成小康社会与推进社会治理现代化》一书。该书是北京师范大学国家高端智库中国教育与社会发展研究院和中共中央党校（国家行政学院）国家高端智库联合主办的第十届中国社会治理论坛的成果集结而成。该书从社会治理的角度总结了全面建成小康社会的伟大成就，分析了新发展阶段社会治理现代化建设面临的新课题新要求新任务，包含理论和实践的研究成果，对于进一步深化社会治理领域的理论研究和推动社会治理实践的创新都具有重要的参考价值。[1] 该书主编撰文指出，全面建成小康社会的社会治理取得重大成效，其主要标志是：全国人民过上宽裕殷实生活，开拓了现代社会治理新境界，社会治理现代化基础性制度不断改革创新，制度优势转化为治理效能明显增强，社会保持长期和谐稳定等。必须增强推进社会治理现代化的自觉性、全面性、协同性、创新性、系统性、效能性，坚持加强党对社会治理的全面领导，着力增强人民群众的获得感、幸福感、安全感，拓展共建共治共享的社会发展新格局，大力提升基层治理现代化水平，全面提升社会治理智能化、现代化水平，全面增强社会治理现代化的整体效能。[2]

三、立足"百年"：系统总结小康经验

2021 年是中国共产党成立一百周年。研究者从中国共产党带领中国人民百年奋斗历程及治国理政的历史及实践中把握小康建设的各个关键环节，并系统总结全面建成小康社会的各方面经验，有重要的理论和现实意义。

（一）结合传统现代：创新设定小康内涵

"小康"一词最早出现在《诗·大雅·民劳》中，即"民亦劳止，汔可

---

① 魏礼群主编：《全面建成小康社会与推进社会治理现代化》，中共中央党校出版社 2021 年版。

② 魏礼群：《全面建成小康社会与推进社会治理现代化》，《前线》2021 年第 3 期。

小康。惠此中国，以绥四方"。意思是老百姓实在太辛苦了，希望能稍稍安定丰足些；爱护城中的百姓，才可安抚四方诸侯。邓小平将中国式现代化的阶段性目标用"小康"一词进行表述，准确定位了一段时期内中国现代化建设的战略目标，"是把现代社会价值观与传统社会理想结合起来的睿智的创造。"[①]

有研究着重分析了当代意义的小康与传统意义的小康的重大区别。当代小康不只是经济小康、温饱型小康、个别人的小康，也是全面小康、殷实型小康、全体人民的小康；不只是小康之家意义上的小康，更是个人全面发展、社会全面进步、生态全面改善意义上的小康；不是社会发展的终极指向，而是实现社会主义现代化和中华民族伟大复兴的重大阶段性目标。当代意义的小康与传统意义的小康存在着重大区别，这种区别集中展示了中国社会发展在当代实现的历史性跨越，充分彰显了中国社会主义道路的正确性和中国特色社会主义制度的巨大优越性，强有力地证明了中华民族和中国人民蕴藏的卓越智慧和巨大潜力。第一，传统小康社会是个小康梦想，现代小康是即将变为现实的小康社会。第二，传统小康主要是指经济小康，当代小康是全面小康。第三，仅就经济而言，两者之间在生活质量和水平、社会经济发展程度上存在着天壤之别。第四，传统小康是就社会总体状况而言的，当代小康强调所有社会成员都过上小康生活。第五，传统小康是社会追求的最高目标，当代小康只是全体人民过上美好生活的一种过渡。[②]

有研究更侧重于对小康理想的创造性转化和创新性发展。经过无数先人的不懈探索，作为国家治理和社会治理的重要目标，"小康"被赋予了极其丰富的思想意蕴，值得在返本承继的基础上加以发明开新，实现对传统文化的创造性转化和创新性发展。一是"以和为贵"的礼治方案。《礼运》篇所

---

①　中央文献研究室小康社会研究课题组：《小康目标的提出和小康社会理论的形成》，《党的文献》2010 年第 1 期。

②　江畅：《小康社会理想及其实现》，《武汉大学学报（哲学社会科学版）》2021 年第 1 期。

主张的"小康"，是一种以礼治为枢纽的政治文化。二是"为政以德"的德政文化。历数中国历史上大大小小的各种治世，统治者都十分重视德政。三是"选贤举能"的用人思想。"小康"思想的出现，缘起于人们的渴盼，"小康"局面的实现，更离不开具有高德大才之人。①

有研究从现代美好生活的视角来阐释小康内涵。小康社会建设全面记录了中国共产党人带领人民追求美好生活而不懈努力的奋斗历程，为美好生活观的生成提供了历史逻辑前提；美好生活观则是新时代建设中国特色社会主义事业的新理念与新指向，是小康社会建设的逻辑演进。回顾我国小康社会建设的发展史，追求美好生活，建设美好社会一直都是贯穿其中的主旋律。从实现总体小康、建设全面小康到建成全面小康，人民的美好生活观念也随之呈现出物质条件丰富、生活质量提升、高级需要满足等层级性特点。探析美好生活观在小康社会建设不同时期的具体体现，进一步加深新时代美好生活观的认识与研究，对于巩固拓展全面建成小康社会和脱贫攻坚伟大成果，意气风发向着全面建成社会主义现代化强国的第二个百年奋斗目标迈进均具有重大意义。②

也有研究从话语的角度来诠释小康内涵的发展变化。"小康"话语源自中国实践，体现了中国智慧，阐释了中国方案，是中国共产党历史发展的重要转折与象征。革命与建设时期，"小康"虽不在话语舞台中央，但仍是中国共产党追求理想社会的重要见证。改革开放后，中国共产党在推进现代化和马克思主义中国化的双重意蕴上，重塑并不断发展着与中国国情若合符节的"小康"话语。研究这一话语的演进历程可以得出：追求社会主义现代化的逻辑起点、内涵从单一走向全面的逻辑主线、实现人的自由而全面发展的逻辑归宿是其鲜明的演进逻辑。改革开放以来，"小康"话语增强了人民群众对社会主义现代化建设的认同，推动了中国共产党

---

① 王学斌：《中国历史上的"小康论"》，《学习时报》2021年7月5日。

② 刘萍：《小康社会建设发展视阈下的美好生活观探析》，《思想理论教育导刊》2021年第7期。

为民、务实的执政形象塑造，促进了国际社会对中国特色社会主义道路的理解。①

（二）保持连续稳定：科学调试小康战略

研究普遍认为，中国共产党提出小康建设目标之后，保持了相应战略构想和政策体系的连续性和相对稳定性，并根据实际情况的发展，不断进行科学调试。这是实现全面小康社会的重要经验。

有研究强调，马克思主义是中国共产党小康战略的思想渊源。马克思和恩格斯设想的社会主义社会，是生产资料公有制社会，发展生产力是首要任务。社会主义生产的目的是不断满足人民群众物质和精神生活需求，不断提高人民群众生活水平。新中国成立以后，我们党一直着力发展社会生产力。改革开放 40 多年来，我们党不仅提出了全面建成小康社会的战略构想，也在不断充实全面建成小康社会战略的内容、目标和实现路径等。②

有研究指出，中国共产党坚持"一张蓝图绘到底"的政策连贯性是实现小康的政治保证。从"总体小康"到"全面小康"，从"全面建设"到"全面建成"，从"小康"到"现代化"，我们党一以贯之，越来越清晰地描绘中国现代化蓝图。既保持一定的连续性和稳定性，又适应发展了的新形势及时调整修订，在不同历史时期制定阶段性目标，现代化目标的内涵，特别是小康目标的内涵越来越丰富、越来越具体，也越来越振奋人心，为全党全国人民同心同德不懈奋斗指明了方向，提供了强大精神动力。全面建成小康社会取得伟大成就，首先要归功于我们党坚持一张蓝图绘到底。它确保了中国 40 多年间持续向前发展迈进，社会主义现代化的目标一步步成为现实。其

---

① 刘洪森、李昊天：《中国共产党"小康"话语百年演进的历程、逻辑与价值》，《思想理论教育》2021 年第 4 期。
② 丁任重、徐志向：《中国共产党全面建成小康社会战略思想研究》，《经济学家》2021 年第 4 期。

一，要始终坚持党的全面领导。其二，要始终坚持以人民为中心。其三，要始终坚持实事求是。其四，要始终坚持高质量发展。其五，要始终坚持改革开放。①

（三）绘就全面蓝图：把握小康规律

中国的小康建设是全面的，把握小康建设的规律性认识也呈现出总体和局部的统一。

有研究从历史逻辑和实践逻辑的总体视角总结了全面建成小康社会的规律性认识。一是办好中国的事情关键在党。二是坚持以人民为中心的根本立场。三是物质文明与政治文明、精神文明、社会文明和生态文明需要协调发展。四是深入贯彻落实新发展理念。五是统筹兼顾并下大力气破解重点和难点问题。这些经验既是以人民群众的需要和利益为根本、坚持以习近平新时代中国特色社会主义思想为指导、遵循并运用中国共产党执政规律、社会主义建设规律以及人类社会发展规律所取得的现实成果，还是对这些规律的丰富和发展，能为全面建设社会主义现代化国家的新征程、为实现中华民族伟大复兴中国梦提供重要的指导。②

有研究分析了新发展理念对全面建成小康社会的作用。在新发展理念中，共享发展理念揭示了发展的价值取向，揭示了当代中国发展的根本出发点和落脚点。在决胜全面建成小康社会过程中，我们党带领人民，坚持共享发展，不断把"蛋糕"做大，并不断把"蛋糕"分好，积累了宝贵的经验，其中尤为重要的有以下三点：一是坚持中国共产党的领导；二是坚持以人民为中心的发展思想；三是坚持全面深化改革。③

① 姜淑萍：《深刻理解和把握全面建成小康社会的历史性成就和重大意义》，《经济社会体制比较》2021 年第 6 期。

② 李海峰：《全面建成小康社会的战略意义和重要经验》，《人民论坛》2021 年第 10 期。

③ 韩保江、罗霈：《共享发展理念与全面建成小康社会和全面建设社会主义现代化国家》，《党的文献》2021 年第 2 期。

也有研究指出社会保障的提升推动了小康社会的建成。在全面小康社会建设的过程中，中国共产党领导的中国社会保障事业以其价值理性和工具理性，通过对全心全意为人民服务建党初心的持续坚守和社会保障政策工具的不断优化，全面助力了中国小康社会的建成。全面小康社会的内在品质的提升和人民的美好生活的实现，将成为中国共产党实现第二个百年目标的发展指向。以共享社会保障方式为中国人民的美好生活提供制度保障，提升全面小康社会的品质是中国社会保障事业未来发展的必然方向。①

小康不小康，关键看老乡，不少研究从"三农"工作视角来总结小康经验。比如清华大学中国农村研究院出版的《农村全面小康与实施乡村振兴战略研究》一书。该书汇集 16 篇专题研究成果，重点围绕脱贫攻坚和乡村振兴、全面小康，以脱贫攻坚和乡村振兴有机衔接、农村全面小康补短板、农业生产性服务业创新发展、科技支撑乡村振兴、资本人才等要素下乡、农业补贴制度、农村宅基地制度改革、乡村振兴和乡村治理案例、城乡居民基本养老保险制度、疫情防控等为切入点，为促进乡村振兴、打赢脱贫攻坚战、实现全面小康，提供了具有重要决策参考价值的政策建议。②

（四）决战脱贫攻坚，大力守卫小康底线

打赢脱贫攻坚战是全面建成小康社会的底线目标。习近平总书记指出："全面建成小康社会，最艰巨最繁重的任务在农村、特别是在贫困地区。没有农村的小康，特别是没有贫困地区的小康，就没有全面建成小康社会。"③打赢脱贫攻坚战是全面建成小康社会中最为艰巨和复杂的任务之一，是最重要的指标，具有重要的标志性意义。

西班牙中国问题专家胡利奥·里奥斯指出，中国共产党领导的脱贫攻坚

---

① 席恒：《中国共产党百年：全面建成小康社会与社会保障》，《社会保障评论》2021 年第 2 期。
② 陈锡文、韩俊编：《农村全面小康与实施乡村振兴战略研究》，中国发展出版社 2021 年版。
③ 《习近平谈治国理政》第一卷，外文出版社 2018 年版，第 189 页。

工作，深得民心，使"中国农村低收入地区人民对中国共产党的支持率不断攀升"。① 德国"世界饥饿援助组织"网站文章指出："消除贫困是中国共产党过去几年一项尤为重大的成就"。②

有研究总结了从"饥寒交迫"到"全面小康"中国共产党百年贫困治理的历程与经验。百年来，中国共产党领导贫困治理先后经历了"制度变革""社会救济""体制改革""开发扶贫""整村推进""精准脱贫"等扶贫阶段，我们不仅取得了举世瞩目的减贫物质成就，也取得了重大的理论成就，形成了中国特色贫困治理理论，锻造了伟大的脱贫攻坚精神。中国共产党百年贫困治理经验可以概括为：党的领导、人民至上、精准方略、合力攻坚这四个方面。下一步，我们要进一步解决相对贫困问题，巩固脱贫攻坚成果，乘势而上推进乡村振兴战略，促进乡村治理体系和治理能力现代化，为全球减贫事业贡献智慧和方案。③

有研究分析了脱贫密码、制胜关键及其价值。精准扶贫、精准脱贫开启了中国贫困治理的历史新篇，是全面小康得以实现的脱贫密码。有效的制度安排是我国打赢脱贫攻坚战的制胜关键，包括以党建扶贫构筑坚实的组织保障网，以产业扶贫架起可持续脱贫桥梁，以生态扶贫守住生态和发展两条底线，以自我"造血"阻断贫困代际传递，以东西协作实现优势互补、携手共进，以先富帮后富携手共同富裕，最终实现大扶贫格局。脱贫攻坚、精准扶贫中蕴含的中国扶贫经验可以主要概括为以人民为中心的执政思想、实事求是的工作作风、有效的制度安排、强有力的经济增长溢出效应、内生动力的激发、大扶贫格局的形成等六个方面。在全面建成小康社会目标之下，中国在"十四五"新阶段的主要任务是巩固和拓展脱贫攻坚成果，探索新机制，

---

① 《西班牙专家探寻中共"长寿"秘诀》，参考消息网，2021 年 1 月 21 日。Ann Scott Tyson, Vilified abroad, popular at home: China's Communist Party at 100, https://www.csmonitor.com/World/Asia-Pacific/2021/0218/Vilified-abroad-popular-at-home-China-s-Communist-Party-at-100.

② 《德媒述评：消除贫困是中共百年重大成就》，参考消息网，2021 年 4 月 16 日。

③ 燕连福、李晓利：《从"饥寒交迫"到"全面小康"——中国共产党百年贫困治理的历程与经验》，《南京大学学报（哲学·人文科学·社会科学）》2021 年第 3 期。

总结新经验，开创新格局。①

四、贯通"四史"：纵深把握历史意义

2021 年关于全面建成小康社会研究的历史视野更加宽广深邃。基于社会主义 500 多年发展史、党史、新中国史和改革开放的贯通性理解，对全面建成小康社会历史意义的把握更具方向感。

（一）迈出中华民族伟大复兴关键一步

全面建成小康社会是实现中华民族伟大复兴中国梦的关键一步，这是相关研究的普遍共识。

有研究从三个层面分析了这一重大意义。首先，全面建成小康社会是中国共产党历史上的一个重要里程碑。中国共产党从成立时起就矢志践行为中国人民谋幸福、为中华民族谋复兴的初心使命，团结带领中国人民创造了新民主主义革命的伟大成就、社会主义革命和建设的伟大成就、改革开放和社会主义现代化建设的伟大成就、新时代中国特色社会主义的伟大成就，一步步把中国人民过上小康生活的憧憬变为现实。其次，全面建成小康社会是中华人民共和国发展史上的一个重要里程碑。新中国成立后，党团结带领人民为实现国家繁荣富强、人民共同富裕，为把我国建设成为一个强大的社会主义现代化国家，进行了艰辛探索，取得了一系列伟大成就，实现了人民生活从温饱不足到总体小康再到全面小康的历史性跨越。再次，全面建成小康社会是实现中华民族伟大复兴中国梦的必经阶段，是中华民族复兴史上的一个重要里程碑。中国共产党团结带领中国人民，经过不懈努力和持续奋斗，全面建成小康社会，实现了第一个百年奋斗目标，书写了中华民族几千年历史

---

① 雷明、邹培：《全面建成小康社会：脱贫密码、制胜关键、价值与前瞻》，《马克思主义与现实》2021 年第 3 期。

上最恢宏的史诗，实现中华民族伟大复兴进入了不可逆转的历史进程。[1]

有研究从文明视角深化了对这一重大意义的认识。小康社会是一个经济发展、政治民主、文化繁荣、社会和谐、生态优美、人民幸福的全面发展进步的社会。全面建成小康社会，创造了经济快速发展、社会长期稳定的奇迹，创造了人类文明发展史上从未有过的减贫奇迹，实现了人类文明发展史上从未有过的巨变，续写了中华文明的新辉煌，为实现中华民族伟大复兴提供了更为坚实的物质基础、更为主动的精神力量，必将载入人类文明发展史册。[2]

有研究从战略上考量全面小康对于中国和中华民族的重大意义。全面建成小康社会发展了中国特色社会主义、是实现中华民族伟大复兴中国梦的关键一步、是中国共产党的重大"考试"、是中国共产党向人民和历史作出的庄严承诺、是中国为人类作出更大贡献的必要条件。[3]

（二）世界历史意义

衡量全面建成小康社会的重大意义，需要在马克思主义世界历史理论视阈中，考察其在党史、国史、社会主义发展史、人类文明史中的时空方位。

有研究提供了三个维度的坐标系。从中华民族数千年发展历史坐标来看，中国共产党科学回答了全面建成小康社会的"地坪"与框架等基础性问题，从而确保了这一伟大历史目标的胜利完成，实现了中国数千年历史上亘古未有的伟大跨越。从社会主义发展历史坐标来看，全面建成小康社会是社会主义的应有之义，集中凸显了社会主义的本质属性和显著优势，彰显了社会主义在 21 世纪的生机与活力。从人类社会发展历史坐标来看，全面建成小康社会是对人类社会进步发展特别是对世界减贫事业的重大贡献，脱贫攻

---

[1]　张爱茹：《全面建成小康社会是实现中华民族伟大复兴中国梦的关键一步》，《党的文献》2021 年第 4 期。

[2]　许峰：《全面建成小康社会必将载入人类文明发展史册》，《红旗文稿》2021 年第 20 期。

[3]　李海峰：《全面建成小康社会的战略意义和重要经验》，《人民论坛》2021 年第 10 期。

坚的"中国实践"为人类战胜贫困提供了中国信心、中国方案和中国精神。①

有研究在多重历史视角中分析其重大意义。我国全面建成小康社会，是一个里程碑式的重大事件，在中国共产党历史上、中华民族历史上有着重大而深远的意义，在世界社会主义史上、人类发展史上也有着重大而深远的意义。全面建成小康社会是中国共产党百年成就的集中体现，实现了中华民族的一个梦想，进一步证明了科学社会主义的伟大生命力，为人类减贫事业作出重大贡献。②

有研究从多个维度具体分析了全面建成小康社会的世界历史意义。以中国全面小康加快人类减贫进程，增强世界各国减贫脱贫信心，打造世界减贫治理的中国样本，为各国贡献中国经验和方法，助力全球减贫事业是全面建成小康社会的世界减贫意义。以中国经济持续稳定增长提振世界经济，促进世界经济包容性增长，引领新型全球化进程，注入世界经济发展的中国动力是全面建成小康社会的世界经济意义。拓宽发展中国家现代化道路选择，推动国际关系民主化进程，加快国际格局深度调整和全球治理体系变革是全面建成小康社会的世界政治意义。彰显中国特色社会主义制度优越性，扩大科学社会主义影响力和感召力，推动国际制度格局变革和21世纪世界社会主义复兴是全面建成小康社会的国际制度意蕴。③

有研究从制度视角分析全面小康的世界历史意义。全面建成小康社会不仅为开启全面建设社会主义现代化国家新征程、向第二个百年奋斗目标进军奠定了坚实基础，而且实现了社会主义与现代化的有机统一，创造了人类减贫历史上的世界奇迹，使人类制度文明史上的"中国制度"更加成熟定型。全成小康社会坚持"以人民为中心"的发展思想充分展现了中国共产党的天下情怀，"新发展理念"的理论体系深刻蕴含着人类的共同价值，"构建人类

---

① 张明：《全面建成小康社会重大意义的三维审视》，《毛泽东研究，2021年第3期。

② 李志勇：《全面建成小康社会的重大意义》，《科学社会主义》2021年第4期。

③ 张立国、臧红岩：《百年变局下全面建成小康社会的世界历史意义》，《广西社会科学》2021年第9期。

命运共同体"理念创造性地提供了世界治理的中国方案。全面建成小康社会在理论和实践上深刻回答了 21 世纪"社会主义向何处去""人类向何处去""世界向何处去"的时代之问。[1]

有研究从文化角度分析了全面建成小康社会的世界意义。全面建成小康社会不仅为中华民族伟大复兴奠定了坚实的物质基础，更为实现有效全球治理贡献了中国方案，在世界舞台上高扬了社会主义旗帜，展示了中华民族在伟大复兴进程中应有的精神风貌和积极进取的意志品质，为人类文明进步贡献了伟大的文化力量。在彰显社会主义制度的巨大优势中蓄积了文化力量，筑牢了"中国之治"的精神根基；在全社会激发了为实现中华民族伟大复兴不懈奋斗的精神意志，全面展示了中华民族的精神风采；在中华民族的历史性进步中体现了一种文化创造，极大地拓展了中华文化的世界影响力，为全球有效治理树立了价值参照系。[2]

五、面向未来：前瞻研究政策安排

2021 年，立足全面建成小康社会的现实，国内外都很关注小康之后的经济社会发展和中国政策取向，并对中国的未来走向寄予厚望。

如澳大利亚共产党的周报发表文章指出：习近平主席在消除极端贫困和达到小康社会的不朽成就之后，宣布了解决中国不平等问题的下一步措施。在最近的一次公开会议上，宣布下一个长期目标将是通过对抗收入分配、预防金融风险和加强社会主义市场经济，努力实现所有中国公民的"共同富裕"。中国共产党取得的成就在南半球得到了赞誉，在实现长期繁荣目标的能力方面，让包括澳大利亚和美国在内的西方政府感到羞愧。有可能中国人民的生活水平未来将超过西方国家，因此必须深思熟虑地认真考察中国对社

---

[1] 田鹏颖：《全面建成小康社会的世界历史意义》，《马克思主义研究》2021 年第 4 期。
[2] 范玉刚：《全面建成小康社会的文化意义》，《红旗文稿》2021 年第 6 期。

会主义未来的考虑。①

（一）展望后小康时代

有研究提出，后小康时代，主要贫困问题及其具体呈现相较以往将发生根本性转变。从绝对贫困转向相对贫困、从物质贫困转向精神贫困、从原发性贫困转向次生性贫困，是后小康时代中国反贫困事业将面临的基本情势和认知背景。面对贫困类型和特征的这些新变化、新挑战，中国反贫困战略必须相应实现整体转型，由主要解决绝对贫困向缓解相对贫困转变，由主要解决物质贫困向兼顾解决物质和精神双重贫困转变，由主要解决原发性贫困向防范化解次生性贫困转变，由主要解决农村贫困向统筹解决城乡贫困转变，还必须针对性地解决好福利依赖和内生动力不足等新老问题。未来，中国反贫困事业应当在实现巩固拓展脱贫攻坚成果同乡村振兴有效衔接、守住防止规模性返贫致贫底线的基础上，将农村反贫困战略和工作体系纳入乡村振兴总体战略中，交由常态化的农村社会保障和救助制度来接续推进；立足于激发低收入人口的内生发展动力、提高其内生发展能力，着力促进欠发达地区"人的现代化"来克减精神贫困、预防物质贫困，以更好匹配和支撑中国实现农业农村现代化的进程；着眼于缓解相对贫困和次生性贫困，发展以综合援助体系为载体的发展型助贫机制，强化反贫困政策体系对人力资本形成的促进功能，持续提升城乡相对贫困人口的自我发展能力。②

也有研究指出，相对贫困治理是我国在精准脱贫取得巨大战略成果逐步实现共同富裕、推进社会主义现代化过程中亟待深入研究的重大问题。治理相对贫困需立足我国国情，循序渐进、久久为功。识别与治理相对贫困，需

① Davidson C., China's Common Prosperity-the Next Step in the Building of Socialism. Guardian（Sydney）. https://cpa.org.au/guardian/issue-1976/chinas-common-prosperity-the-next-step-in-the-building-of-socialism/.

② 邢梓琳、李志明：《后小康时代中国贫困问题转变及反贫困战略转型》，《中共中央党校（国家行政学院）学报》2021 年第 4 期。

要嵌入政策衔接和可持续视角，逐步扩展和丰富城乡统筹的相对贫困识别标准，增强公共政策治理体系的包容性和协同性。文章建议：坚持政策兜底理念，通过经济发展、人力资本投资和基本公共服务均等化等路径，综合应用政府治理、市场机制和再分配政策工具，为相对贫困群体和地区增能赋权。缩小城乡和区域之间发展差距，优化收入分配格局，完善低收入群体收入可持续增长保障机制。①

有研究专门研究了全面建成小康社会后中国的相对贫困标准、测量与瞄准机制。该研究建议制定一个包括收入维度与非收入维度的多维相对贫困标准。在这一标准下，城镇与农村的相对贫困发生率分别为 11.12％ 和 12.78％。对多维相对贫困的测算结果表明：西部地区城乡居民的多维贫困状况最严重，东部地区最轻微，且农村居民比城镇居民贫困状况更严重，山区居民比非山区居民贫困状况更甚，少数民族地区比汉族地区更为贫困；分维度考察发现，就业困难是造成城乡居民多维贫困的首要因素，次要因素是在健康、教育和社会保障等维度上存在缺失，农村居民的生活环境也亟须改善；从贫困群体的特征来考察，多维贫困更多发生于女性、老年人、不健康者和残疾人等特殊群体。建议采用区域与个体瞄准相结合、城镇与农村瞄准相统筹、重点领域和重点人群并重的相对贫困瞄准机制。②

有学者研究了后小康时代中国医疗保障改革优化。在后小康时代，继续优化医疗保障改革供给，既是巩固全面建成小康社会的成果，也是中国特色医疗保障健康可持续发展的需要。改革新思路是，健全以人民为中心的共建共治共享医保共同体理念、创新合理定位与因地制宜的制度供给、提升全流程全民全空间的医保治理能力以及供给更高质量的医疗保障服务，促进新时

---

① 李鹏、张奇林、高明：《后全面小康社会中国相对贫困：内涵、识别与治理路径》，《经济学家》2021 年第 5 期。

② 汪三贵、孙俊娜：《全面建成小康社会后中国的相对贫困标准、测量与瞄准——基于 2018 年中国住户调查数据的分析》，《中国农村经济》2021 年第 3 期。

代中国特色医疗保障制度高质量发展。①

　　有学者研究了全面建成小康社会后农村贫困治理重点转向与应对策略。我国步入后小康时代，农村贫困呈现出全新特点，扶贫工作也将发生转向。如何划定新标准、如何保障收入稳、如何缩小城乡差、如何实现农业现代化将成为后小康时代农村贫困治理的重点与难点。对此，地方政府要正视后小康时代农村贫困的新特征、新问题，通过建立多维贫困识别机制、开创农村劳务经济市场、实现城镇乡村联动发展、培育现代特色农业产业等一系列措施，完成全面建成小康社会后农村贫困治理机制转型。②

　　也有学者从价值观的角度研究了后小康时代的特征。实现小康则意味着中国后小康、后现代社会的来临。从世界经验看，从现代社会向后现代社会过渡的过程中，将会发生一场改变主流价值观的观念革命，价值观变革将对社会结构、社会治理产生重大而深远的影响。一方面，伴随后现代价值观的出现，物质财富的价值性逐步降低，精神生活、个性化的高峰体验将逐渐上升为人类的价值观和满足需求的重要手段，这有可能会使人类跳出人为物役的"需求陷阱"。另一方面，如果后现代价值观成为一种趋势，人们日益追求个性化的高峰体验，它必将形成对现代社会、现代国家统一的主流价值观的解构。后现代社会将会出现利益多元化、价值多元化趋势，社会群体的自我意识上升，并随着后工业化时期社会流动机会的相对减少而导致产生更多的社会问题，社会舆论和社会情绪也有从积极和正面转向消极和负面的趋势。③

　　有学者关注后小康时代村干部腐败治理。后小康时代对乡村"治理有效"提出了更高要求。村干部腐败治理是绕不过去且必须首要解决的重大课题。在治理路径上，村干部腐败治理呈现内生民主治理和外部控制治理相交织的

①　单苗苗：《"后小康时代"中国医疗保障改革优化研究》，《行政管理改革》2021 年第 5 期。

②　杨铭：《全面建成小康社会后农村贫困治理重点转向与应对策略》，《人民论坛·学术前沿》2021 年第 9 期。

③　房宁、丰俊功：《小康之后：后现代价值观的浮现与挑战》，《文化纵横》2021 年第 3 期。

复合型治理样态，但从不同时间线看其内部结构存在一定差异。在治理结构上，须构建党建引领的一体化治理共同体，实现多元社会力量协同共治、社会善治。在治理方式上，要实现抽象治理方法论和具体治理工具的互融互嵌。在治理机制上，应构建"惩戒—防范—教育—保障"四位一体反腐机制。着眼于全面建设社会主义现代化国家的宏阔愿景，应明晰国家和社会边界，实现基层社会自治，以真正自治推动村干部腐败治理的标本兼治。①

（二）接续推进全面建设社会主义现代化国家新征程

全面建成小康社会后，我国接续推进全面建设社会主义现代化国家新征程。

有学者阐发了从"全面建成小康社会"到"全面建设社会主义现代化国家"的理论逻辑。研究指出，中共十九届五中全会对"四个全面"战略布局的战略目标由"全面建成小康社会"递进提升为"全面建设社会主义现代化国家"，实质上是对"四个全面"战略布局的战略目标的递进提升，是由严密的理论逻辑、可靠的实践逻辑、深厚的历史逻辑所决定的必然选择，契合于改革开放以来中国特色社会主义现代化的奋斗目标及理论体系与时俱进的理论逻辑，契合于在全面建成小康社会取得决定性胜利的基础上乘势而上推进全面建设社会主义现代化国家的实践逻辑，契合于中国共产党始终坚守为中国人民谋幸福、为中华民族谋复兴的初心和使命，始终团结带领中国人民走出一条"站起来""富起来""强起来"的社会主义现代化建设之路的历史逻辑。②

有学者着重研究了全面建成小康社会和全面建设社会主义现代化国家的关系。两者是一以贯之、相互承接的历史进程，展现出 21 世纪马克思主义

---

① 张英秀、程同顺：《后小康时代村干部腐败治理的关键问题及其应对》，《理论导刊》2021
年第 11 期。
② 冷兆松、周力航：《"四个全面"战略布局的发展创新——从全面建成小康社会到全面建设
社会主义现代化国家》，《当代中国史研究》2021 年第 3 期。

的强大生命力与我国现代化建设的历史性成就。小康社会从理想转变为现实，有着深刻的道路根源、制度根源、理论根源与文化根源，得益于中国共产党带领人民把握中国道路的内在脉络与前进方向、把握中国制度的演化逻辑与根本优势、形成中国理论的主体意识与发展特性、推动中国文化的现实转化与创新发展。在全面建设社会主义现代化国家的新征程中，美好生活实践将在个体生活层面全面展开，国家治理现代化的进程将不断推进，人类命运共同体的构建将有序进行，全面建设社会主义现代化国家的"世界历史"意义将在这一进程中得到全面彰显，中国共产党必将迎来实现中华民族伟大复兴的又一次伟大飞跃。[①]

有研究对下一步的政策重点提出了建议。乘势而上开启全面建设社会主义现代化国家新征程，需要紧紧围绕人民美好生活需要，牢牢聚焦解决发展不平衡不充分问题。本部分基于中国平衡发展指数的测算结果，发现全面建设社会主义现代化国家仍面临以下问题和挑战：区域差异有待进一步缩小，城乡发展不平衡问题仍然突出，创新能力不适应高质量发展要求，居民可支配收入不平衡不充分现象还较为突出，基本公共服务均等化程度有待进一步完善，生态环境治理现代化水平有待进一步提升。为了解决好发展不平衡不充分的问题，更好地满足人民美好生活的需要，从中国平衡发展指数出发，建议坚持推进重大区域发展战略，构建区域协调发展新格局；有力实施乡村振兴战略，推进我国城乡融合发展；加强技术创新体系和扩散体系建设，不断提升国家创新能力；完善收入分配政策，进一步缩小收入分配差距；深化养老、医疗和教育等领域改革，促进基本公共服务均等化；促进生态环境治理现代化，实现可持续性发展。[②]

有研究从共同富裕的角度提出了具体建议。脱贫摘帽不是终点，而是

---

① 项敬尧：《从全面建成小康社会到全面建设社会主义现代化国家的伟大飞跃》，《马克思主义研究》2021年第2期。

② 许宪春、刘婉琪、彭慧、张钟文：《新时代全面建成小康社会的辉煌成就及新征程展望——基于"中国平衡发展指数"的综合分析》，《金融研究》2021年第10期。

新生活、新奋斗的起点。根据"十四五"规划建议稿描绘的基本实现社会主义现代化远景目标，2035 年在人均国内生产总值达到中等发达国家水平的同时，全体人民共同富裕取得更为明显的实质性进展。党的十九大报告提出，到 2050 年，全面建成社会主义现代化强国，全体人民共同富裕基本实现。由此可见，未来我国的现代化将是以共同富裕为底色的现代化，与西方国家现代化有着本质的不同。展望新征程，前方仍有不少硬骨头要啃、不少难关要攻克。扎实推动共同富裕，需要坚持按劳分配为主体、多种分配方式并存，提高劳动报酬在初次分配中的比重，健全工资合理增长机制，着力提高低收入群体的收入，扩大中等收入群体；完善按要素分配政策制度，增加中低收入群体的要素收入；完善再分配机制，加大税收、社保、转移支付等调节力度和精准性；发挥第三次分配的作用，发展慈善事业。[1]

有学者从区域发展的角度提出了建议。研究提出，推动区域协调发展是解决我国发展不平衡不充分问题的基本路径之一。党的十八大以来，党中央高度关注区域协调发展问题，对这一问题的认识不断深化，在特殊区域发展、经济带发展、城镇化带动、陆海统筹、生态安全等方面不断开展理论和实践探索。要实现全面建成小康社会，推动区域协调发展既是题中之义，又是必然要求。同时，推动区域协调发展有助于补齐发展短板，保障如期完成脱贫攻坚任务。区域协调发展对全面建设社会主义现代化国家同样具有重要意义，要以区域协调发展促进建设现代化经济体系、构建新发展格局，促进共同富裕取得更为明显的实质性进展，巩固拓展脱贫成果，推动全面实施乡村振兴战略。[2]

（执笔人：张源）

---

[1]　高辉清：《新发展阶段：从小康社会走向共同富裕》，《中国经贸导刊》2021 年第 6 期。

[2]　孙久文：《区域协调发展与全面建成小康社会和全面建设社会主义现代化国家》，《党的文献》2021 年第 1 期。

分报告九：关于社会主义发展阶段问题的研究

关于社会主义发展阶段问题，是科学社会主义理论及其学科建设的基本问题。无论是马克思、恩格斯还是列宁，囿于时代条件或社会主义实践经历的短暂性，对社会主义发展阶段的把握主要限于宏观层面、原则层面的分析，而对社会主义社会自身的运动逻辑和成长阶段没有过多的阐述。以毛泽东、邓小平、江泽民、胡锦涛、习近平同志为主要代表的中国共产党人，坚持把科学社会主义的理论逻辑、基本原则同中国社会发展的历史逻辑、现实情势有机结合，明确阐明并详细论述了社会主义社会之"建立"与"建成"、社会主义社会如何从"不发达"的"初级阶段"逐步走向"发达"的阶段以及中国特色社会主义"新时代"的世界社会主义意蕴，是中国共产党对世界社会主义运动的独特建树、独创性贡献，为科学社会主义的理论宝库增添了新的元素。[①] 近年来，围绕社会主义初级阶段的性质与时间跨度、中国特色社会主义新时代的定向与方位、新发展阶段的走向与意义等议题，思想理论界对社会主义发展阶段问题开展了深入研究，形成了许多高质量研究成果。

一、关于社会主义初级阶段的研究

在 1959 年 12 月至 1960 年 2 月组织读苏联《政治经济学教科书》期间，毛泽东明确把社会主义社会发展区分为前后相继的三大历史阶段："不发达"的社会主义社会→"比较发达"的社会主义社会→共产主义社会。[②] 至于"不

---

① 康晓强：《中国共产党对社会主义发展阶段认识的演进》，《中共中央党校（国家行政学院）学报》2020 年第 1 期。

② 《毛泽东文集》第八卷，人民出版社 1999 年版，第 116 页。

发达"和"比较发达"有何结构性表征、两者之间的边界在哪等基本问题，他当时虽然没有具体展开阐述，但历史地看，这一思想认识是符合中国客观实际的，也是对科学社会主义社会发展阶段理论的创造性接续探索。然而，由于缺乏在经济文化落后的大国开展社会主义建设的实践经验以及对经济社会发展的客观运动规律和内在运行逻辑缺乏充分的把握和领解，导致后来并没有完全按照这一理路逻辑指导实践，甚至犯了"文化大革命"这样长时间、全局性的"大灾难"①，给社会主义事业健康成长带来了深重创伤。直到十一届三中全会以来，我们党在深刻分析中国社会发展情势的基础上，对"不发达"的社会主义有了更深刻的洞见，并明确提出"社会主义初级阶段"的新概念、新理论，彻底纠正了对社会主义发展方位的偏差、偏误，深化并拓展了对社会主义发展阶段的认识深度。正如邓小平所精辟提炼的："社会主义本身是共产主义的初级阶段，而我们中国又处在社会主义的初级阶段，就是不发达的阶段。"② 这句话言简意赅，把"不发达"的社会主义、"初级阶段"的社会主义、社会主义、共产主义的内在演展逻辑描绘得十分清晰。社会主义初级阶段理论从孕育提出到不断丰富发展，至今已逾40多年。40多年来，社会主义初级阶段理论成为我们党反思社会主义的本质和擘画中国特色社会主义发展战略、发展路径、发展框架的重大理论认识成果。③ 近年来，理论界围绕社会主义初级阶段的时段划分、历史跨度、判定标准、发展方向及与"新时代"的关联等议题进行了深入探讨，形成了许多有价值的学术观点。

（一）关于社会主义初级阶段的时段划分

按照中国共产党人的原初构想，从 1956 年社会主义改造基本完成到 21 世纪中叶这百年期间都属于社会主义初级阶段。然而，这百年是否有不同的

---

① 《邓小平文选》第三卷，人民出版社 1993 年版，第 227 页。

② 《邓小平文选》第三卷，人民出版社 1993 年版，第 252 页。

③ 曹普：《1978—2021：社会主义初级阶段理论的提出、深化和新发展》，《科学社会主义》2021 年第 5 期。

发展阶段，如果有，如何划分。基于上述问题，理论界展开了热烈讨论，形成了以下 3 种不同的学术观点。

1.两阶段论。有的学者以党的十八大作为"界标"，把社会主义初级阶段划分为两大阶段：党的十八大之前是"前半程"或曰"初时代"，基本使命是明确其本质、表征、判定标准等基础性层面的理论问题；党的十八大之后进入"新时代"，这也是社会主义初级阶段的后半程，在这一历史阶段，社会主义初级阶段"不变"与"变"的内在一体化特征得到充分彰显。① 有的学者指出，基于经济社会发展水平的维度，社会主义初级阶段大致可分以"欠发展"为显著标识的"新时期"和以"发展起来以后"为根本表征的"新时代"这两大发展征程。②

2.三阶段论。很多学者把社会主义初级阶段划分为三大阶段，但对这三大阶段如何具体分期，则存在一定的歧见，主要有以下几种划分取向。

比较占主流的观点是基于发展的阶段性目标、任务和重心把社会主义初级阶段划分成三个时段：第一阶段从 1956 年社会主义制度基本确立到 1978 年十一届三中全会召开，其核心使命是构建现代化的经济体系；第二阶段从 1978 年以后到 2020 年全面建成小康社会，其核心使命是开辟中国特色社会主义道路，完成实现温饱、达到总体小康、基本建成小康社会、全面建成小康社会这 4 个阶性段目标，实现人民生活从温饱到全面小康的深刻转变；第三阶段从 2021 年到本世纪中叶，其核心使命是让我们国家尽快顺利地"强起来"并对人类发展进步作出更大更多的积极贡献。③

此外，有的学者认为，社会主义初级阶段划分的根本依据是社会发展的动力机制及其内在结构。基于此，可把社会主义初级阶段划分为"站起

---

① 张艳娥：《从新发展阶段历史方位深化认识我国社会主义初级阶段》，《党政研究》2021 年第 6 期。

② 韩庆祥：《强国时代》，红旗出版社 2018 年版，第 51 页。

③ 双传学：《唯物辩证法视域下新发展阶段的历史方位探析》，《中国特色社会主义研究》2021 年第 4 期；王立胜：《深刻把握新发展阶段的历史逻辑》，《人民论坛》2021 年第 7 期。

来"→"富起来"→"强起来"三大阶段。① 有的学者主张，三大阶段应作如下划分：第一大阶段是总体上处于贫困落后的阶段，从 1956 年到 1987 年这 31 年；第二大阶段是实现全面小康社会的阶段，从 1987 年到 2020 年这 33 年；第三大阶段是实现第二个百年奋斗目标并进而实现中华民族伟大复兴的阶段，从 2021 年到 2050 年这 30 年。②

3. 五阶段论。有的学者认为，社会主义初级阶段可分为上下两个"半场"并细分为五个阶段。其中，"上半场"可分为三个发展阶段：第一阶段是处于绝对贫困状态的社会主义建设时期，第二阶段是十一届三中全会以来以解决温饱问题的历史阶段，第三阶段是人民生活达到总体小康水平的小康社会阶段。"下半场"亦分两个阶段：第一阶段的使命是实现第一个百年奋斗目标，即本世纪初前二十年这个时期；第二阶段的使命是实现第二个百年奋斗目标，希图基本实现共同富裕。③

（二）关于社会主义初级阶段的历史跨度

很多学者认为，我国社会主义初级阶段是社会主义一种不发达、不完备、尚未完全定型化的发展状态，并非一个单独的、独立的社会形态，是为完全进入马克思在《哥达纲领批判》所言的"共产主义社会第一阶段"而作必要准备的社会发展阶段。④ 围绕社会主义初级阶段到底跨度多长、何时结束这个问题，近年来理论界进行了热烈讨论，但观点有较大差别。主要有以下几种观点。

---

① 肖玉元、欧阳恩良：《正确把握社会主义初级阶段的阶段划分》，《思想理论教育》2019 年第 8 期。

② 卫兴华：《有领导有谋划地自觉发展是社会主义的客观要求和重要特点——兼析社会主义初级阶段的理论与实践》，《经济纵横》2017 年第 10 期。

③ 胡鞍钢：《社会主义初级阶段：上下半场与五个阶段》，《四川大学学报（哲学社会科学版）》2017 年第 2 期。

④ 李崇富：《论社会主义初级阶段的本质、过程和方向把握》，《马克思主义研究》2017 年第 10 期。

1.21 世纪中叶结束说。很多学者认为，邓小平在 20 世纪 80 年代提出社会主义初级阶段至少要"一百年"。如果从 20 世纪中叶算起的话，大体上可以说，到本世纪中叶，我国将由社会主义初级阶段迈至较高阶段。[①] 或曰，到 21 世纪中叶全面建成社会主义现代化强国之日，亦即意味着社会主义初级阶段的历史使命宣告终结，我国社会主义将进入更高的成长阶段。[②] 由是，中国将为其他国家提供一个通过走非资本主义路径建成发达经济体的典型样本，并进而扩展马克思主义在全球范围的适应力、生命力、活力。[③]

2.21 世纪末结束说。有的观点认为，全面建成社会主义现代化强国之时的中国，虽然发展的成熟度有别于之前，但并未脱离社会主义初级阶段的本质规定性。其主要依据是，根据科学社会主义基本原理，社会主义是全面替代、系统超越资本主义的一种先进生产方式和社会形态。因此，即使我国在生产力层面达到发达国家水平，但还只是赶上，还谈不上超越。此外，根据历史唯物主义基本原理，超越社会主义初级阶段的更高阶段的社会形态，应是整个人类社会的共同理想社会，而非一个国家的个别现象。对于社会主义初级阶段的长久性、恒久性要有理性的把握，不能因头脑发热而重蹈超前于历史发展阶段的覆辙。[④] 有的观点谈到，社会主义初级阶段时间的长短主要取决于其历史使命和主要任务。由于社会主义初级阶段承担的历史使命和主要任务由一个变成了两个，因而尽管基本现代化的实现进程提前了，但其时段非但没有缩短，反而还需伸延。那时中国的发展面貌，不仅体现在生产力层面的高水平，而且体现在生产关系呈现更多的社会主义因子和要素。由是观之，"社会主义初级阶段"至少要到本世纪末，其目标是进一步巩固和发

---

① 周新城：《社会主义是不断发展的社会——关于社会主义初级阶段的一点思考》，《毛泽东邓小平理论研究》2017 年第 1 期；杨承训：《中国特色社会主义初级阶段论的几个重大问题》，《毛泽东邓小平理论研究》2016 年第 5 期。

② 王怀超、张瑞：《深刻认识我国社会主义发展阶段问题》，《人民论坛》2021 年第 10 期。

③ 张卓元：《社会主义初级阶段理论》，《经济研究》2022 年第 1 期。

④ 刘伟：《应当充分认识社会主义初级阶段的历史长期性》，《政治经济学评论》2018 年第 6 期。

展中国特色社会主义。① 当然，到本世纪中叶成为社会主义现代化强国后，我国将不再是目前意义上的发展中国家，但社会主义制度的独特优势尚未完全彰显，还需继续努力奋斗、不懈奋斗。②

3. 长期持久说。有的学者认为，社会主义初级阶段的结束取决于对其要解决的问题的准确理解和深刻把握。社会主义初级阶段战略判断的提出，主要基于纠治过去脱离实际、逾越发展阶段的教训。邓小平所说的至少需要"上百年"的历史跨度，并非其绝对时间刻度，而是指其发展的长期性、持久性。因而，"不能机械理解为到101年初级阶段就结束，就到较高级阶段了"。③

（三）关于社会主义初级阶段的判定标准

社会主义不仅是一种价值和理想，也是现实的运动和过程，因而就会"显出阶段性来"④，在"不变"中也会有"变"。不仅初级阶段的社会主义与其他阶段的社会主义有差别，而且在其发展的不同阶段也会呈现不同的特点和特征，原因主要在于：初级阶段的社会主义发展不仅会有阶段性的量变积累，也会有局部性的质变跃迁。围绕社会主义初级阶段的判定标准，理论界主要有以下几种观点。

1. 生产力发展水平说。有的学者认为，社会主义初级阶段是一个有着特定指向的社会发展阶段，即特指我国生产力较为落后、经济商品不太发达的历史条件和历史阶段。一言以蔽之，判定社会主义是否处于初级阶段的根本标准是生产力的发展水平。⑤

2. 不发达特征说。有的学者基于本质特征维度提出社会主义初级阶段的最大特征是"不发达"，这需要与世界其他国家的横向比较、我国生产力水

---

① 刘建军：《论我国社会主义初级阶段的历史跨度》，《中国特色社会主义研究》2019年第4期。

② 刘伟：《现代化强国目标与社会主义初级阶段》，《经济学动态》2021年第1期。

③ 顾钰民：《从理论上把握习近平关于社会主义初级阶段的基本思想和科学内涵》，《毛泽东邓小平理论研究》2017年第5期。

④ 《毛泽东选集》第一卷，人民出版社1991年版，第314页。

⑤ 辛鸣：《我国仍处于社会主义初级阶段》，《人民日报》2018年5月2日。

平的纵向比较以及发展的平衡性、充分性和人的全面发展程度等多个向度综合考量。①

3.低人均收入说。有的学者认为，判断我国是否处在社会主义初级阶段的主要理据不是温饱问题是否解决、小康生活是否实现，而是我国发展是否实现全面现代化，其核心指标是人均收入是否达到发达国家水平。②

（四）关于社会主义初级阶段和"新时代"之间的关系

中国特色社会主义新时代是属于社会主义初级阶段之内，抑或超越社会主义初级阶段之外的独立阶段，理论界对此进行了理性辨析。厘清社会主义初级阶段与中国特色社会主义新时代之间的关系，有助于在新的历史条件下更好地对社会主义守正拓新。③

很多学者认为，"新时代"和"社会主义初级阶段"基于不同的坐标体系和划分标准。与"社会主义初级阶段"相映照的是社会主义的历史发展进程，主要映衬现实社会主义运动在不发达的后发现代化国家的普遍性发展逻辑，而与"新时代"相映照的则是中国特色社会主义历史进程中的特殊定位。④换言之，"新时代"不具有社会形态的意涵和属性，而社会主义初级阶段则具有社会形态的本质属性。"新时代"既不同于以解决温饱问题为主要任务的 20 世纪 80 年代，也不同于 21 世纪前后的全面建设小康社会的历史阶段，而是以中华民族"强起来"为崭新标识的社会主义现代化强国建设阶段。⑤

① 王志强、王跃：《重思社会主义初级阶段的"不发达"问题——兼论新时代中国特色社会主义仍处于社会主义初级阶段》，《社会主义研究》2018 年第 1 期。

② 郭熙保、柴波：《新发展阶段·新主要矛盾·新发展理念》，《江海学刊》2018 年第 1 期。

③ 张琳琳、金民卿：《习近平"新时代"政治判断形成依据探要》，《福建江夏学院学报》2018 年第 6 期。

④ 孙力、翟桂萍：《科学社会主义原理视域下的新时代和社会主义初级阶段》，《思想理论教育》2018 年第 9 期。

⑤ 高继文：《从新时代历史方位深化认识我国社会主义初级阶段》，《理论与改革》2020 年第 4 期。

（五）关于社会主义初级阶段的发展方向

很多学者对社会主义初级阶段在新时代的发展方向予以前瞻性考量、战略性思忖。有的学者指出，加快推进现代化的全面成长是摆脱社会发展不发达状态的根本路径。在新时代，我国发展仍面临不平衡不充分的结构性困境。推进社会主义从初级阶段向更高阶段演进，不是自发的过程，而是需要自觉地促推，需要从各个方面、各个领域、各个环节擘画社会全面现代化蓝图。[①] 有的学者认为，从不发达到发达，不仅需要物质层面的提高和丰富，也需要精神层面的提升和拓展。因而，推动社会主义从初级阶段向更高阶段的升级，需要物质和精神的共同建设、全面成长，不可顾此失彼、厚此薄彼。[②]

二、关于"新时代"的研究

党的十九大报告首次作出"中国特色社会主义进入了新时代"[③] 的明晰战略性判断。"新时代"这个术语，马克思主义经典作家曾在不同语境下使用过[④]，但明确把其与社会主义尤其是中国特色社会主义联结起来，是习近平总书记的独创性贡献，诚如其所言"这个新时代是中国特色社会主义新时代，而不是别的什么新时代"[⑤]。"新时代"这个重大创新性判断，意涵深刻、意蕴深厚，意味着社会主义在中国已有了新的历史定位和更为聚焦的战略定向，意味着

[①] 康丹丹、夏玉凡：《"不发达"的张力与动态特征——社会主义初级阶段历史方位缘何"不变"》，《社会主义研究》2019 年第 1 期。

[②] 吴波：《社会主义初级阶段视域下的新时代》，《中国纪检监察报》2018 年 2 月 12 日。

[③] 《中国共产党第十九次全国代表大会文件汇编》，人民出版社 2017 年版，第 8 页。

[④] 参见杨英杰：《马克思恩格斯眼中的"新时代"》，《红旗文稿》2018 年第 9 期；史宏波、黑波：《近代以来"新时代"概念之考辨》，《上海师范大学学报》2018 年第 6 期。

[⑤] 《以时不我待只争朝夕的精神投入工作　开创新时代中国特色社会主义事业新局面》，《人民日报》2018 年 1 月 6 日。

中国共产党对中国社会主义发展阶段理论新的发展。围绕新时代的核心要义、科学依据、理论价值和世界意义这四大维度，理论界进行了深入探讨。

（一）关于新时代的核心要义

"新时代"，是由"新"和"时代"组成的一个复合词。对于"新时代"的核心要义，理论界从"新"和"时代"以及兼顾两者的性质定位三大维度进行深入剖析。

1."新时代"之"新"

"新时代"之"新"有诸多维度可以考察。有的学者指出，新时代与改革开放之初或既往历史时期面临的时代课题、所要破解的社会主要矛盾、具备的现实基础、所需的理论创造有诸多差异，这些差异是新时代独有的"新"特点。[①] 有的学者主张，新时代的"新"之所在，主要有 5 个方面：一是中国特色社会主义在长期演展的基础上跃升至新的时空方位；二是社会主要矛盾发生了新的历史性转化；三是现代化发展的奋斗愿景有了新的战略安排和"路线图"；四是"四个伟大"的新任务，五是确立了新思想的指导地位。[②] 有的学者概括了"新时代"之"新"也体现在 5 个方面：一是社会发展阶段呈现新特点；二是社会主要矛盾出现新转化；三是奋斗目标需要新推进；四是中国与世界之间的关系发生新变动；五是伟大斗争具有新特点。[③] 有的学者把这些"新"概括为以下 10 个方面：新主题、新意味、新方位、新矛盾、新任务、新框架、新布局、新内容、新方略、新思想。[④]

有的学者认为，"新时代"之"新"主要在于发展方位的"新"，亦即"发展起来以后"的新方位，主要体现在：社会主义本质贯穿于新时代，但在新

---

① 刘景泉、肖光文：《当代世界格局与中国特色社会主义新时代》，《南开学报》2018 年第 1 期。
② 陈晋：《极不平凡的五年和中国特色社会主义进入新时代》，《党的文献》2017 年第 6 期。
③ 李捷：《从六大维度全面认识习近平新时代中国特色社会主义思想》，《开放时代》2020 年第 1 期。
④ 秦正为：《中国特色社会主义新时代的历史方位及其深远影响》，《学术界》2017 年第 12 期。

时代实现社会主义本质有新形式、新样态；"富起来"的使命逐渐实现，但"富起来"以后的新时代面临新的发展使命；社会主义初级阶段这个"总依据"依然未改，但社会主要矛盾已出现历史性的转化。① 有的学者认为，"新时代"之"新"，不仅指在理论上创造了新概念、概括了新范畴、提出了新口号，更在于在实践上站到了新的历史起点、作出了一系列新的顶层设计、开启了新的现代化征程。②

与上述观点相补充的是，有的观点认为，把握"新时代"的核心要义，既要把握其"新"的变化，也要把握其"不变"的方面，不能单纯认为"新时代"所有的方面都是全新的。因此，需要在"变"中把握"不变"，主要有：一是从大的社会发展阶段来看，新时代依然处于社会主义初级阶段之内，我国发展尚未摆脱不发达的状态；二是"新时代"与"新时期"密不可分，对中国特色社会主义的坚持和发展仍是一以贯之的理论主题；三是始终要坚持党的全面领导和对一切工作的领导。③

2."新时代"之"时代"

"新时代"之"时代"，既是一个"大时代"，也是一个"小时代"，是"大时代"和"小时代"的有机统一。

从"大时代"来看，有的学者把习近平总书记的新时代观提炼为：一是从对时代本质的坚守维度提出"当今时代处在马克思主义所指明的时代"；二是从对时代主题的深化维度提出"和平、发展、合作、共赢"是时代潮流；三是从对时代态势的把握维度提出"世界正处于大发展大变革大调整时期"。④ 有的学者把习近平总书记的时代观概括为时代特征论、时代主题论、时代性质论、时代使命论等。⑤ 与上述观点相关的是，有的学者认为

① 魏志奇：《论新时代的发展方位》，《社会主义研究》2021 年第 3 期。
② 郝清杰：《中国特色社会主义进入新时代的多维辨析》，《思想教育研究》2018 年第 1 期。
③ 陈江生、张滔：《习近平关于"新时代"思想初探》，《马克思主义与现实》2018 年第 2 期。
④ 刘从德、郭巧云：《论习近平新时代观的文化底蕴》，《社会主义研究》2019 年第 4 期。
⑤ 李宏伟、严国红：《论习近平时代观的核心命题》，《思想理论教育导刊》2019 年第 4 期。

习近平新时代观是在立足初级阶段国情、统筹"两个大局"基础上形成的战略论断，其适用范围不仅及于我国国内，而且及于中国与世界之间的关系进入新的发展阶段，这是对马克思主义时代观的原创性发展。①

从"小时代"来看，有的学者认为"新时代"是特殊意义上的"小"时代，与原有的时代概念既有差别又有联系，与十一届三中全会以来的新时期、新世纪、新起点既前后相继又有丰富拓展，是连续性与阶段性的有机统一体，特指的是中国特色社会主义发展的一个特定的历史时期，其根本取向是实现"强起来"。②

3."新时代"的性质定位

很多学者认为，新时代是具有中国特色社会主义属性的新时代，而非马克思主义社会形态理论层面中的新时代，不是一个全新的历史时代。③因而，讲"新时代"要讲完整、讲齐全。"新时代"前面的"中国特色社会主义"不是可有可无的修饰语，而是对"新时代"的深刻定性和准确定位。④

（二）关于新时代的科学依据

"中国特色社会主义进入了新时代"这一重大政治判断不是凭空臆测的，而有其充分的科学根据。关于其科学依据，主要有以下几种分析视角。

1.社会主要矛盾转化

很多学者认为，中国特色社会主义进入新时代的主要理论依据，从根本上而言是社会主要矛盾的历史性转化。⑤有的学者指出，由于社会主义社会

① 杨守明、杨鸿柳：《论习近平新时代观的内涵、依据和价值》，《中国特色社会主义研究》2018年第6期。
② 陶文昭：《中国特色社会主义新时代的逻辑要点》，《马克思主义研究》2019年第9期。
③ 朱佳木：《深刻认识中国特色社会主义进入新时代的依据和意义》，《马克思主义研究》2017年第11期。
④ 陶文昭：《论中国特色社会主义新时代》，《教学与研究》2017年第12期。
⑤ 李君如：《社会主要矛盾新变化和中国特色社会主义新时代》，《中共党史研究》2017年第11期；严书翰：《中国特色社会主义进入了新时代》，《人民论坛》2017年第32期。

基本矛盾在现实运动中发生深刻变化，导致社会主要矛盾的表现形态呈现新的阶段性特点，这是新时代形成的主要理论支撑。① 概言之，社会主要矛盾的深刻转变，是中国特色社会主义进入新时代的内在理据。②

2. 历史性变革和历史性成就

历史性变革实践是时代变迁的现实依据。我国发展取得历史性成就、发生历史性变革，是得出新时代这个新论断的实践基础。有的学者认为，判定一个社会发展所处的历史方位是否发生转变，应以深刻把握当代中国的"历史性变化"和"历史性变革"为现实基础、现实理据。③ 有的学者认为，中国特色社会主义进入新时代的现实依据就是改革开放以来尤其是党的十八大以来我国发展取得的具有开创性、历史性、根本性特质的成就。④ 有的学者指出，党的十八大以来，经济发展进入新常态，"两个百年"奋斗目标进入历史交汇期，我国国际环境发生深刻变迁，这些阶段性新特征是中国特色社会主义进入新时代的现实依据。⑤

3. 历史使命的新擘画

有的学者主张，"强起来"既是"新时代"的本质特征、标签印记、核心主题，也是"新时代"的内在根据。中国特色社会主义所迈向的"新时代"，是由"富"转"强"、从"富"至"强"的历史时代。⑥ 有的学者指出，"新时代"以"强起来"为新使命、"后半程"为新起点、"主体性"为新特质、"并跑性"

---

① 杨河：《中国特色社会主义新时代的历史和逻辑》，《中国高校社会科学》2017 年第 6 期；邓纯东：《新时代中国特色社会主义的若干问题》，《马克思主义研究》2017 年第 12 期。

② 韩庆祥、陈曙光：《中国特色社会主义新时代的理论阐释》，《中国社会科学》2018 年第 1 期；韩庆祥、黄相怀：《中国特色社会主义新时代的哲学理解》，《哲学研究》2017 年第 12 期。

③ 顾海良：《历史视界　时代意蕴　理论菁华——习近平新时代中国特色社会主义思想研究》，《当代世界与社会主义》2017 年第 6 期。

④ 王炳林、储新宇：《新时代是中国特色社会主义新的历史方位》，《中国高等教育》2017 年第 21 期。

⑤ 罗平汉：《试论中国特色社会主义进入新时代》，《理论视野》2017 年第 12 期。

⑥ 商志晓：《"新时代"的由来、确立与达成——科学把握中国特色社会主义新的历史方位》，《东岳论丛》2018 年第 6 期。

为新境遇、"创新式发展"为新动力、"治国理政"为新思想，这是其鲜明标识和主要依据。①

（三）关于新时代的理论价值

中国特色社会主义进入"新时代"这一重大政治判断的提出，具有多维度、多层面、多方位的丰富理论价值。围绕其理论价值，学者们深入开展研究。

其一，这是对马克思主义时代观的坚持与发展。从坚持的维度分析，"新时代"深化了对生产力与生产关系之间的矛盾运动规律的认识，确立了从社会基本矛盾、社会主要矛盾的运动中把握时代变迁和转型的取向、方向。从发展的维度分析，"新时代"激活了马克思主义时代观的时代因子。②因而，这一重大判断的深刻理论意蕴在于，拓宽了马克思主义对时代的观察视界，丰富了人们对时代性质及其主题的凝练向度。③

其二，深化和拓展了对社会主义发展阶段的认识。主要体现在：一是深化了对社会主义初级阶段发展"生命周期"的整体性认知。按照中国共产党人的原初构想，从1956年社会主义改造基本完成到21世纪中叶这百年期间都属于社会主义初级阶段。然而，这百年是否有不同的发展阶段，如果有，如何划分，这些问题，在党的十九大之前只是提出过，但还不甚明朗。"新时代"历史方位的提出，把整个社会主义初级阶段的具体时间段作了"区隔"：从1956年到1978年改革开放前是初级阶段的初始阶段，从1978年到2012年改革开放后是初级阶段的"新时期"，从2012年到本世纪中叶是初级阶段的"新时代"，其中，从2021年到2035年要"基本实现社会主义现代化"，从2035年到本世纪中叶要"建成社会主义现代化强国"。这几个阶段各有不

---

① 韩庆祥、刘雷德：《论新时代"历史方位"的鲜明标志》，《马克思主义研究》2019年第11期。

② 杜仕菊、刘林：《"新时代"：马克思主义时代观的赓续与延展》，《思想理论教育导刊》2020年第2期。

③ 商志晓：《"新时代"的理论意蕴——从中国特色社会主义新的历史方位审视》，《理论学刊》2019年第2期。

同的方位，也承载不同的使命。二是深化了对社会主义初级阶段新的阶段性特征的认识。与社会主义初级阶段的其他时期相较，"新时代"的鲜明"底色"和本质性表征是"强起来"。如果说中华人民共和国的成立标志着中华民族"站起来"、党的十一届三中全会的召开意味着中华民族开始"富起来"的话，那么，党的十八大以来开启的"新时代"的核心历史使命就是勠力、奋力使中华民族"强起来"。①

其三，具有深刻的社会主义意蕴。中国特色社会主义进入新时代不仅意味着中国现代化发展的大跨越，而且意味着科学社会主义在新时空结构的坚强韧性。② 这不仅是历史逻辑的新趋向，也是制度逻辑的新形态、实践逻辑的新坐标、理论逻辑的新提升。③

其四，具有明晰的发展旨向。有的学者认为，习近平"新时代"论断有三大指向：一是历史实践指向，对内引领民族复兴实现新跃升，对外彰显科学社会主义的适应性和坚强活力；二是战略任务新指向，对内引领中华民族"强起来"，对外担当人类共进新使命；三是发展动力新指向，促推社会主要矛盾的化解。上述三大指向彰显了"新时代"的历史贯通性、人类情怀和发展趋向。④

（四）关于新时代的世界意义

关于新时代的世界意义，学者们从诸多向度进行深入思忖。

一是对世界社会主义发展的意义。有的学者指出，当下世界依然是资本主义社会意识形态占支配地位的历史时代。中国特色社会主义新时代的历史性实践创造为科学社会主义供给了原创性资源，必将引领国际共产主义运动

---

① 康晓强：《中国共产党对社会主义发展阶段认识的演进》，《中共中央党校（国家行政学院）学报》2020 年第 1 期。

② 韩喜平：《中国特色社会主义进入新时代的重要历史意蕴》，《人民论坛·学术前沿》2018 年第 13 期。

③ 王永贵、陈雪：《新时代：中国特色社会主义的新航标》，《思想理论教育》2018 年第 3 期。

④ 刘建成：《习近平"新时代"论断的三大新指向》，《社会主义研究》2018 年第 3 期。

走出低谷、走向振兴，推动社会主义与资本主义两种力量的结构性对比发生对我有力的转化。① 因此，中国特色社会主义新时代的伟大意义，不仅及于对国内的影响，而且具有重大世界历史意义，会给那些希冀逃离资本主义意识形态支配的国家提供超越现实情势的制度抉择和成长路径，从而开辟世界社会主义发展的新纪元。② 因此可以认为，新时代中国特色社会主义是当下世界社会主义发展的"引领旗帜""中流砥柱"，必将促推世界社会主义发展迈向新阶段。③

二是对其他发展中国家现代化发展路径的启示意义。有的学者认为，中国特色社会主义进入新时代，是对马克思晚年跨越"卡夫丁峡谷"构想的现实践行，为经济文化落后国家实现现代化提供了新的选择路径。④

三是破解了人类社会发展面临的共同难题和挑战。有的学者指出，中国特色社会主义新时代破解后发国家走向现代化面临的内生发展与保持自身自主性的两难困境，为人类社会现代化发展提供了崭新图景。⑤ 这意味着，基于新时代的新思想体系和新文明框架的建构，会开启一种既具中国元素又具世界历史意义的人类文明新形态，这种影响必具有世界历史性。⑥

三、关于"新发展阶段"的研究

2020 年 8 月 24 日，习近平总书记在经济社会领域专家座谈会上首次提

① 金民卿：《新时代形成了两种制度力量消长的可能性愿景》，《国外社会科学》2018 年第 1 期。
② 金民卿：《中国特色社会主义新时代的历史坐标》，《云南社会科学》2018 年第 5 期。
③ 姜辉：《中国特色社会主义进入新时代在人类社会发展史上的重大意义》，《世界社会主义研究》2019 年第 10 期。
④ 王伟光：《唯物史观大的"历史时代"与习近平新时代中国特色社会主义思想》，《马克思主义研究》2019 年第 1 期。
⑤ 辛向阳：《中国特色社会主义进入新时代在人类社会发展史上的意义》，《国外社会科学》2018 年第 1 期。
⑥ 杨晓慧：《中国特色社会主义进入新时代的文明意蕴》，《思想理论教育导刊》2017 年第 12 期。

出"新发展阶段"这个新概念，并对新发展阶段国内外发展环境的深刻变化进行具体分析。① 此后，他在多次场合反复强调这个概念及其基本依据、深刻意义。围绕新发展阶段这个议题，理论界从其历史方位和重大意义及与社会主义初级阶段之间的关系、与新时代之间的关系等展开深入分析和深刻阐发，取得了诸多研究成果。

（一）关于新发展阶段的历史方位

新发展阶段到底处在何种历史方位、担当什么样的历史使命，很多学者围绕这一主题进行深入阐发。有的学者指出，在新发展阶段，从站起来、富起来到强起来这一历史性跨越必将真正实现。② 有的学者认为，新发展阶段是使中国特色社会主义制度定型化成长的阶段，也是社会主义走出初级阶段向更高阶段过渡的准备阶段、冲刺阶段。③ 有的观点指出，新发展阶段是"离落后的不发达状态越来越远、离初级阶段终点越来越近，社会主义本质特征越来越鲜明、独特优势越来越显著"的发展阶段。④ 要言之，新发展阶段之"新"，要旨在于其是复合型的双重成长阶段：既要完成"走出"社会主义初级阶段的历史任务，又要担当"走向"社会主义更高阶段的历史使命。⑤

（二）关于新发展阶段与社会主义初级阶段之间的关系

关于新发展阶段和社会主义初级阶段之间的关系，大部分学者认为新发展阶段本质上仍属于社会主义初级阶段之内、之中，是对社会主义初级阶段

---

① 《十九大以来重要文献选编》（中），中央文献出版社 2021 年版，第 663 页。
② 左鹏：《正确认识新发展阶段的历史方位》，《红旗文稿》2021 年第 11 期。
③ 孙爽、高继文：《习近平关于新发展阶段的重要论述研究》，《当代世界社会主义问题》2021 年第 4 期。
④ 田培炎：《把握我国发展历史方位新变化》，《学习与研究》2021 年第 1 期。
⑤ 颜晓峰：《新发展阶段的内在逻辑》，《思想理论战线》2022 年第 1 期。

理论的丰富性发展。①

很多学者对新发展阶段和社会主义初级阶段之间的内在传承关系从理论与现实的结合、历史唯物主义、本质属性等维度进行学理研析。有的学者认为，新发展阶段并未发生质的根本转变，本质上仍属于社会主义初级阶段中的一个历史时期。主要依据可基于理论与实践两大维度进行阐释。从理论维度分析，社会主义初级阶段是较之于社会主义或共产主义而言的，主要决定于社会生产力发展程度和水平。我国进入新发展阶段，虽然社会生产力水平有较大提升，但与发达国家相较，尚未完全摆脱不发达的状态。从实践维度分析，实现社会主义现代化强国这一新发展阶段的主要任务，从本源上看与社会主义初级阶段的基本使命并无明显差别。② 有的学者基于唯物史观的把握得出结论，新发展阶段并未超脱社会主义初级阶段的时代框架与历史情势：一方面，新发展阶段内嵌于社会主义初级阶段，是社会主义初级阶段本身的重要部分；另一方面，新发展阶段实现了新的跨越、站到了新的起点，是具有标识性的历史阶段。要言之，新发展阶段是社会主义从"不够格"的不发达状态转向成熟定型的发达状态的一个特殊重要的阶段。③ 有的学者指出，新发展阶段具有双重属性：一方面，是承继赓续的关系，新发展阶段仍属于社会主义初级阶段的范畴之中；另一方面，是过渡准备的关系，新发展阶段是社会主义初级阶段之内一个较高级的成长阶段，将在一定程度上提升社会主义初级阶段的发展质量和发展品质，为其向更高阶段演展奠立基础、供给资源。④

同时，有的学者虽赞同新发展阶段与社会主义初级阶段的内在统一性，

---

① 高亮：《论新发展阶段的理论依据、历史依据和现实依据》，《学校党建与思想教育》2021年第24期。

② 双传学：《唯物辩证法视域下新发展阶段的历史方位探析》，《中国特色社会主义研究》2021年第4期。

③ 曹东勃、叶子辉：《准确把握新发展阶段的历史方位、现实指向与价值诉求》，《思想理论教育》2021年第5期。

④ 赵学琳：《新发展阶段的历史性及其超越》，《马克思主义研究》2021年第10期。

但认为需要对新发展阶段之"新"作出新的认识和考量，要从生产力发展的实践逻辑以及基于发展过程中因新的要素积累、历史条件变迁而呈现的新特征。① 这些新特征，主要体现在发展主题之"新"、奋斗目标之"新"、发展理念之"新"、发展格局之"新"、发展情势之"新"、发展生态之"新"诸多层面。②

（三）关于新发展阶段与新时代之间的关系

很多学者认为，尽管新时代与新发展阶段都是"新"的发展阶段，具有内在的一致性，主要矛盾、历史任务有共通，发展时间段有交叉重叠，但并非完全等同，也有界分和差别。归纳起来，这种差别主要体现在以下几个方面：

其一，从开启起点来看，新时代由 2012 年党的十八大开启，而新发展阶段从 2021 年起算。在时间区间上，新时代囊括了新发展阶段。③

其二，从参照物来看，新时代与中国特色社会主义事业相对应，特指的是"中国特色社会主义新时代"而非其他什么新时代，而新发展阶段与我国的现代化成长征程相对应，特指的是全面建设进而全面建成社会主义现代化国家这个新征程。④

其三，从着眼点来看，新发展阶段着眼于现代化的视角，即我国在从温饱、总体小康、全面小康走向基本实现现代化、全面现代化的"时间轴"上的后半段，而新时代则主要着眼于政治的视角，是与新中国、新时期这些政治概念相对应的发展阶段。⑤

---

① 本刊记者：《准确定位和把握新发展阶段——访吉林大学马克思主义学院韩喜平教授》，《马克思主义研究》2021 年第 9 期。

② 王立胜：《深刻把握新发展阶段的历史逻辑》，《人民论坛》2021 年第 7 期。

③ 陶文昭：《理解新发展阶段的两个重点问题》，《前线》2021 年第 12 期。

④ 本刊记者：《准确定位和把握新发展阶段——访吉林大学马克思主义学院韩喜平教授》，《马克思主义研究》2021 年第 9 期。

⑤ 陶文昭：《理解新发展阶段的两个重点问题》，《前线》2021 年第 12 期。

（四）关于新发展阶段的重大意义

关于新发展阶段的重大意义，很多学者进行了分析和论证，主要有以下几个研究角度。

其一，三大逻辑的视角。即从理论逻辑、历史逻辑和现实逻辑这三大逻辑的向度进行具体分析。由此认为，新发展阶段延伸了我国社会主义初级阶段发展的逻辑向度，明晰了我国现代化建设的发展方位、发展方略和发展路径，深化了对社会主义初级阶段新的发展阶段的把握。[①] 从理论逻辑来看，它是我国社会主义初级阶段进入新的历史起点上的成长阶段；从历史逻辑来看，它是实现中华民族从富起来到强起来伟大飞跃的决胜阶段；从现实逻辑来看，它是全面建成社会主义现代化强国的历史阶段。这三大逻辑是一体化有机统一体，集中体现在我国现代化发展的宏阔征程上。[②]

其二，三大维度的视角。即从现代化成长、民族复兴和国家治理这三大维度进行具体分析。从现代化成长的维度来看，新发展阶段是社会主义现代化道路在中国大地不断成熟并取得历史性成就的发展阶段；从民族复兴的维度来看，新发展阶段是中华民族伟大复兴的冲刺决胜期；从国家治理的维度来看，新发展阶段是各领域高质量发展并逐步实现现代化的历史阶段，是社会主义制度不断定型化发展并展现出巨大优越性和独特优势的历史阶段。[③]

其三，国际意义的视角。即从全球视野审视新发展阶段的世界意义。有的学者认为，新发展阶段不仅意味着中国现代化发展的巨大跃升、中华民族伟大复兴的伟大跨越、中国制度优势的充分彰显，而且会为其他后发现代化国家提供榜样示范效应，并有力促推苏东剧变后陷入低潮与困境的世界社会

---

① 钟瑛：《中国共产党对社会主义初级阶段理论的原创性探索与新时代创新发展》，《毛泽东邓小平理论研究》2021年第6期。

② 王舒傲、古梁：《准确把握新发展阶段的三个维度》，《思想理论教育导刊》2021年第10期。

③ 秦宣：《正确认识新发展阶段的新特征新要求》，《光明日报》2020年12月25日；魏志奇：《新发展阶段：科学内涵、主要特征与重大意义》，《科学社会主义》2021年第3期。

主义运动走向振兴，进而展现世界社会主义的美好前途。①

其四，力戒两大误区的视角。有的观点谈到，要力戒关于新发展阶段的"僵化论"和"超前论"这两个认识误区。"僵化论"认为，我国发展可继续沿袭传统的路径，经由这种发展理路可以续写现代化奇迹。"超前论"认为，我国并未进入新发展阶段，跟之前的发展无本质性区别，因为这个判断缺乏充分的事实支撑和扎实的数据依据，从这个意义说其认为新发展阶段的判断过于超前。这两大认识误区是对新发展阶段的误读和误解，应从理论与实践的结合上予以彻底澄明和充分澄清。②

四、研究前瞻

从总体上看，目前思想理论界对社会主义发展阶段问题进行了较为系统、全面地研究，在研究路径、研究视角诸方面有所突破，并取得新的研究进展，对后来的研究者提供了基本的研究积累。从进一步深化研究的角度来看，可进一步探讨、发展或突破的空间有以下 3 个方面：

其一，加强从国际共运史维度对社会主义发展阶段进行深入研究。国际共产主义运动的历史实践证明了这样一个素朴的真理：准确把握和精准研判社会主义发展之阶段及其方位，是有效开展社会主义建设实践的基本前提和现实基础。什么时候对社会发展阶段的研析契合客观实际，社会主义事业就会勃兴；什么时候对社会发展阶段的判断超越或滞后客观情势，社会主义事业就会遭受挫折、多走弯路。因此，对社会发展阶段的研判既不能超越现实而犯"左"的错误，也不能滞后于现实而犯右的错误。目前从国际共运史维度对社会主义发展阶段进行"史"的研究成果还较少。

---

① 张占斌：《新的赶考之路：全面建成社会主义现代化强国》，《人民论坛·学术前沿》2021 年第 14 期。

② 王灵桂：《防范和纠正新发展阶段、新发展理念、新发展格局认识误区》，《人民论坛》2021 年第 20 期。

其二，加强对越南、老挝、朝鲜、古巴等其他社会主义国家关于社会主义发展阶段理论的研究。一个国家的有效发展既不能从自己的主观愿望或本本出发，也不能从"外国模式"出发，只能从其自身的实际发展阶段出发。无论是越共提出的越南处于"向社会主义过渡时期"，还是人民革命党强调的老挝处于"向社会主义过渡时期的初级阶段"，抑或古共认为的古巴处于社会主义"建设阶段"，都是基于自身国情、成长逻辑提出的。对这些国家关于社会主义发展阶段理论的爬梳和研究有待拓展。

其三，加强从学理层面深化研究有待进一步加强。中国共产党引领中国人民开展伟大的社会革命之所以不断取得成功，奥秘之一是能准确、及时、有效研判中国社会在不同阶段所处的历史方位。只有厘清了历史方位，才能对时代特质、特征、特性有充分的、深邃的把握。目前相关研究成果较多停留于对文献文本的梳理，应从学术框架的建构维度进一步深化研究。①

（执笔人：康晓强）

---

① 康晓强：《中国共产党对社会主义发展阶段认识的演进》，《中共中央党校（国家行政学院）学报》2020 年第 1 期。

分报告十：关于社会主义共同富裕的研究

国家"十四五"规划和 2035 年远景目标纲要将"全体人民共同富裕取得更为明显的实质性进展"作为 2035 年远景目标之一。如何实质性推进共同富裕，成为当前我国最具前沿性的重大理论和实践议题。2021 年 10 月 16 日，习近平总书记在《求是》杂志发表"扎实推动共同富裕"重要文章，系统阐明了共同富裕的重大意义、基本原则和具体推进措施。随着共同富裕成为国家发展重大战略，学术界围绕实现共同富裕展开了深入的讨论。

一、关于推进共同富裕的重大意义

（一）实现共同富裕是中国共产党对人民的郑重承诺，彰显着我们党的初心与使命

中国共产党百年奋斗史，也是党团结带领人民为美好生活长期奋斗、追求全体人民共同富裕的百年探索。① 中国共产党建立之初，信仰马克思主义的中国先进分子就从对资本主义的批判和对社会主义的研究宣传中萌生了"共同富裕"思想。中国共产党诞生后，始终坚持把为中国人民谋幸福、为中华民族谋复兴作为自己的初心使命。社会主义新中国的建立，为摆脱贫穷落后、实现共同富裕创造了根本政治条件。新中国成立后，"共同富裕"一词第一次写进党的重要文献和重要报刊，是在 1953 年。"共同富裕"从提出

---

① 王明姬：《推动共同富裕取得更为明显的实质性进展》，《经济日报》2021 年 8 月 23 日。

的第一天起，就是与"社会主义"紧密联系、牢牢"捆绑"在一起的概念。我们党之所以有号召力，就是包含着作出走社会主义道路能够让全体人民实现共同富裕这个郑重承诺的。① 为了实现这个承诺，改革开放以来，我们党团结带领人民朝着实现共同富裕的目标不懈努力。党的十八大以来，以习近平同志为核心的党中央，把逐步实现全体人民共同富裕摆在更加重要位置，对共同富裕道路作了新的探索，对共同富裕理论作了新的阐释，对共同富裕目标作了新的部署，打赢脱贫攻坚战，全面建成小康社会，朝着全体人民共同富裕的目标迈进了一大步。"十四五"时期，全体人民共同富裕迈出坚实步伐；到 2035 年，全体人民共同富裕取得更为明显的实质性进展；到本世纪中叶，全体人民共同富裕基本实现。②

（二）实现共同富裕是中国式现代化道路的重要特征，丰富了人类现代化的内涵

现代化没有固定的模式，但是现代化道路有价值选择、价值立场和价值追求。③ 富裕是各国现代化追求的目标。一些发达国家搞了几百年工业化和现代化，把人民生活总体上提高到相当高的水平，但由于社会制度原因，到现在不仅没有解决共同富裕问题，贫富差距问题反而越来越严重。④ 也有学者指出，肇始于西方的、资本主导下的工业化和现代化在创造了丰富的物质财富的同时，也拉大了贫富差距，引发了环境问题，失落了人们的精神家园。把共同富裕作为中国式现代化的重要特征和重要目标，深刻反映了我们党对社会主义现代化建设规律的深刻认识和准确把握。⑤ 我国实现共同富裕，也将为其他发展中国家推动共同富裕、实现现代化提供中国方案。

---

① 曹普：《从百年党史看共同富裕》，《学习时报》2022 年 2 月 22 日。
② 谢伏瞻：《如何理解促进共同富裕的重大意义》，《人民日报》2021 年 10 月 8 日。
③ 王立胜：《共同富裕：看未来中国的模样》中国财政经济出版社 2022 年版，第 15 页。
④ 谢伏瞻：《如何理解促进共同富裕的重大意义》，《人民日报》2021 年 10 月 8 日。
⑤ 董振华、徐瑞坤：《深刻理解促进共同富裕的重大意义》，《新华日报》2021 年 12 月 7 日。

（三）实现共同富裕是目的与手段的统一

共同富裕是社会主义的本质要求，是中国式现代化的重要特征，共同富裕是巩固党的执政地位、提高党的执政能力的内在要求，是共产党人奋斗的目标。有的学者更加注重现实意义，认为共同富裕是解决当前社会主要矛盾的主要抓手，一是促进共同富裕是适应社会主要矛盾转变的必然选择，二是把共同富裕摆在更加重要的位置是完成新时代历史任务的现实要求，三是更加注重共同富裕是解决中国现实问题的关键环节。[①] 有学者认为，推进共同富裕充分体现了党和国家的奋斗目标与人民群众愿望追求的高度统一。因为实现共同富裕是社会主义的本质要求，是中国人民的共同期盼，更是中国共产党肩负的神圣使命。[②]

（四）实现共同富裕是经济与政治意义的统一

中国共产党领导人都十分重视共同富裕的政治意义和经济意义。关于共同富裕的经济意义，有学者指出，更加注重共同富裕问题，体现了当前宏观经济治理"合规律性"与"合目的性"的统一。一方面，优化收入分配结构充分体现了以人民为中心的"合目的性"；另一方面，中国经济已由高速增长阶段转向高质量发展阶段，同时也从低收入发展阶段进入了中等收入发展阶段，扩大中等收入群体规模有利于结构优化、动力转换，有利于实施扩大内需战略。[③] 还有文章指出，如果贫富差距过大甚至出现两极分化，由于富裕人群的边际消费倾向递减，而大量的低收入人群缺乏购买力，那么经济运行会出现消费不足、投资过剩。整体经济循环会陷入低效率。[④] 所以说，共

[①] 陆卫明、王子宜：《新时代习近平关于共同富裕的重要论述及其时代价值》，《北京工业大学学报（社会科学版）》2022 年第 3 期。

[②] 孟鑫：《全体人民共同富裕取得更为明显的实质性进展》，《解放军报》2020 年 12 月 10 日。

[③] 本报评论员：《必须更加注重共同富裕问题》，《人民日报》2021 年 2 月 9 日。

[④] 黄奇帆：《共同富裕的内涵与实现途径》，厉以宁、黄奇帆、刘世锦、蔡昉等：《共同富裕：科学内涵与实现途径》，中信出版社 2022 年版。

同富裕有利于经济发展方式转变，扩大内需，促进消费，构建经济发展新格局。关于共同富裕的政治意义，有学者指出，民心是最大的政治，人民是我们党执政的最深厚基础和最大底气。中国共产党作为执政党，始终致力于实现好、维护好、发展好最广大人民的根本利益。共同富裕是全体人民根本利益的最集中体现。实现共同富裕，不断增强人民对国家的信任、对执政党的信心，进而夯实党的执政基础、巩固党的执政基础。[1]

此外，还有学者从理论视角、历史视角和世界视角阐实现共同富裕的重大意义：从理论视角来看，共同富裕是马克思主义的一个基本目标；从历史视角来看，共同富裕是中国共产党人矢志不渝的价值追求；从世界视角来看，怎样实现共同富裕是世界各国面临的现实难题。[2] 当前，中国实现对共同富裕思想的创新，不断超越西方现代性缺陷，深化对共产党执政规律、社会主义建设规律、人类社会发展规律的认识。

二、共同富裕的内涵与特征

（一）从生产力与生产关系矛盾运动探讨共同富裕内涵

有学者指出，共同富裕是"共同"与"富裕"的有机统一。共同富裕强调"共同"，是指每一个社会成员的财富都达到富裕的程度，属于生产关系层面；"富裕"是人们物资财富比较丰富，属于生产力层面。[3] 富裕是以一定的生产力发展为基础，没有生产力的高度发达，就没有社会物质财富的极大丰富和精神财富的不断积累，就无法实现全体人民的共同富裕。共同富裕的"共同"是全体人民共同的富裕，是大家都有份的富裕，是"一个也不能掉队"

---

[1] 孟鑫：《实现共同富裕是关系党的执政基础的重大政治问题》，《人民日报》2021 年 1 月 30 日。
[2] 李瑞军、董晓辉：《新时代共同富裕的深刻内涵和实现路径：回顾与展望》，《晋阳学刊》2021 年第 1 期。
[3] 谢伏瞻：《如何理解促进共同富裕的重大意义》，《人民日报》2021 年 10 月 8 日。

的富裕。因此，可以看到，"共同"是全体人民对于财富的占有方式，是相对于两极分化而言的；"富裕"是全体人民对于财富的占有程度，是相对于贫穷而言的。"共同"和"富裕"是有机统一的、不可分割的。① 也有文章指出，"做大蛋糕"是"分好蛋糕"的前提，"分好蛋糕"反过来能凝聚多方力量，把财富的蛋糕继续做大。二者本是缺一不可的，共同富裕只有在生产力充分发展，同时分配政策更为公平的条件下，才能实现。②

（二）从多要素维度探讨共同富裕内涵

有学者指出共同富裕的基本要素应该包括全面、富裕、公正、共享等几个要素。"全面"是指实现共同富裕的社会应该是全面发展的社会，是经济、政治、文化、社会、生态文明建设等方面都较小康社会有了全面实质性的进步。"富裕"是指社会经济发展要达到高收入国家水平，人们的生活水平得到了极大的提高。"公正"是指社会能够使人们的公平正义的需要得到满足，公平正义成为社会有序发展的基本准则，人们能够通过民主参与等渠道不断改善社会的不公状态。"共享"是指社会的发展成果能够为每个人所享有，发展成果惠及社会中的每一个人，收入差距明显缩小。③ 还有学者指出，共同富裕是一个综合性的范畴，其内涵是多方面的，它涵盖了人民对经济、政治、文化、社会、生态等体现和反映美好生活的多领域的发展要求。衡量共同富裕不仅仅只有物质财富占有多少一个指标，而是社会主义社会全面发展、全面进步成果的综合体现。④ 共同富裕包括多维度的内涵，高质量发展的最终目标不是简单的物质财富的极大丰裕，而是涵盖物质基础、人民生活、精神文化、公共服务、人居环境、社会治理等多个维度，事关人的全面发展。⑤ 也有学

---

① 曹江秋：《深刻把握共同富裕的科学内涵》，《经济日报》2021年11月5日。
② 迟道华：《共同富裕是在"做大蛋糕"基础上"分好蛋糕"》，《新京报》2021年9月6日。
③ 乔惠波：《试论共同富裕的内涵、基础及推进路径》，《东岳论丛》2022年第2期。
④ 曹亚雄、刘雨萌：《新时代视域下的共同富裕及其实现路径》，《理论学刊》2019年第4期。
⑤ 查志强：《探索高质量发展建设共同富裕示范区实施路径》，《中国社会科学报》2021年11月10日。

者认为共同富裕的内涵可以从政治、经济和社会三个层面加以把握,即政治内涵:国强民共富的社会主义社会契约;经济内涵:人民共创共享日益丰富的物质财富和精神成果;社会内涵:中等收入阶层在数量上占主体的和谐而稳定的社会结构[1]。从物质和社会条件理解共同富裕。共同富裕是所有社会成员在物质生活和精神发展上都达到普遍富裕的水平。共同富裕的物质条件是社会财富充分涌流,社会条件则是最终消灭阶级对立、城乡差别和脑体分工,生产资料公有制取代私有制,整个社会的物质生产活动实行社会统一管理。[2]

(三)从阶段性和动态角度探讨共同富裕

根据国际社会经验,按照居民消费和生活水平的划分标准,社会形态大体要经历从贫困型、温饱型到小康型再到富裕型的阶段变化。中国正处于从小康型向富裕型社会的转变过程。有学者指出,当前我国仍然处于社会主义初级阶段,发展不平衡不充分问题还比较突出,实现共同富裕,不可能一蹴而就、齐头并进,要对共同富裕的长期性、艰巨性、复杂性有充分估计,遵循社会发展规律,分阶段促进共同富裕。[3] 即共同富裕是一个渐进的过程,必须根据各地实际情况稳步推进。也有学者指出,共同富裕不仅是全体人民的富裕,是全面发展的富裕,是公平正义的富裕,还是差别有序的富裕。[4] 有学者解释共同富裕的"共同"时指出,共同并不是同一时点上的发展,而是鼓励先富带动后富,同时"共同"也并不意味着同等程度的富裕,共同富裕不是整齐划一的平均主义,而是强调发展的协调性,统筹城乡、区域协调发展,尽可能地缩小居民间的生活水平差

---

[1] 刘培林、钱滔、黄先海、董雪兵:《共同富裕的内涵、实现路径与测度方法》,《管理世界》2021 年第 8 期。

[2] 邱海平:《共同富裕的科学内涵与实现途径》,《政治经济学评论》2016 年第 4 期。

[3] 政武经:《基本经济制度探索与共同富裕道路》,《人民日报》2021 年 11 月 4 日。

[4] 张占斌、吴正海:《共同富裕的发展逻辑、科学内涵与实践进路》,《新疆师范大学学报(哲学社会科学版)》2022 年第 1 期。

距。①"十四五"规划把共同富裕分为两个阶段：一个是 2035 年实质性进展，另一个是 2050 年全面实现共同富裕。当前要在共同富裕迈出实在性步伐。中共中央、国务院关于支持浙江高质量发展建设共同富裕示范区的意见。通过不断探索，实现高质量发展，从而更好地实现共同富裕，走有中国特色的发展道路。共同富裕是一个渐进性的过程。促进全体人民共同富裕，是社会主义现代化的重要目标，需要在实现现代化过程中不断地、逐步地解决好这个问题。

三、关于实现共同富裕的理论基础

共同富裕是千百年来人类对于美好生活的终极向往和价值追求。中国古代和西方社会都有关于共同富裕的相关描述，古代中国先秦时期，儒家就提出建立一个普遍富裕的"大同社会"理想。西方的法国、德国的空想社会主义者也提出过共同富裕是"最完美最和谐的社会制度"。但是，这些思想由于没有科学的理论指导，难以指导社会实践，同时，社会生产力低下，共同富裕只能是人们的一种美好愿望。有学者指出，马克思主义为把共同富裕从美好愿景变为现实提供了理论可能，中国共产党在不断把马克思主义与中国国情结合的过程中，形成了适合中国国情的共同富裕理论，在社会主义现代化建设实践过程当中，共同富裕逐步实现由理论向现实的飞跃。②

（一）马克思主义关于共同富裕的理论

有学者指出，历史唯物主义理论从生产力与生产关系和经济基础与上层建筑之间的对立统一关系出发，揭示了人类社会发展的一般规律，从而揭示了共同富裕的历史发展规律。马克思主义理论深刻地揭示了共同富裕的两个

---

① 许光建、黎珍羽：《打通社会再生产各个环节多途径促进共同富裕》，《价格理论与实践》2021 年第 9 期。

② 乔惠波：《试论共同富裕的内涵、基础及推进路径》，《东岳论丛》2022 年第 2 期。

方面的根本前提，即社会生产力的高度发展以及社会主义和共产主义生产资料公有制的建立。马克思主义强调，只有当社会生产力发展到一定程度，并建立以生产资料公有制为基础的社会主义和共产主义社会，才能真正消灭剥削以及由此而产生的社会财富占有的不平等，从而实现全社会的共同富裕。① 在马克思主义的理论体系中，消灭剥削、消除两极分化、真正实现人的解放，是科学社会主义的内在规定。换言之，社会主义和共产主义是共同富裕的制度根基，只有社会主义和共产主义才能真正实现共同富裕。马克思主义的理论使共同富裕有了无比坚实的科学根基。②

（二）中国特色社会主义共同富裕理论

把马克思主义与中国国情结合的过程中，形成了适合中国国情的共同富裕理论。1955 年，毛泽东在论及国家富强时指出，"这个富，是共同的富，这个强，是共同的强，大家都有份"③。新中国成立初期，百业待兴，确立社会主义制度和建立工业经济体系是主要任务，为共同富裕奠定了社会主义制度基础和基本的工业经济基础。改革开放之后，邓小平汲取中国传统文化精华和马克思主义基本原理的精髓，在总结我国社会主义建设过程中正反两方面的经验教训的基础上，科学地回答了"实现什么样的富裕、怎么实现富裕"两大问题。富裕，既可能是共同富裕也可能是部分富裕。邓小平指出，我们要实现的是社会主义的共同富裕，共同富裕是社会主义本质特征，是社会主义要坚持的原则，是社会主义优越性的体现。同时，我们通过先富带后富实现共同富裕，因此，要打破平均主义，又要防止两极分化。④ 邓小平深刻阐述道："我们的政策是让一部分人、一部分地区先富起来，以带动和帮助落

---

① 邱海平：《马克思主义关于共同富裕的理论及其现实意义》，《思想理论教育导刊》2016 年第 7 期。

② 张占斌、吴正海：《共同富裕的发展逻辑、科学内涵与实践进路》，《新疆师范大学学报（哲学社会科学版）》2022 年第 1 期。

③ 《毛泽东文集》第六卷，人民出版社 1999 年版，第 495 页。

④ 梁志峰：《邓小平共同富裕思想：要义·价值·遵循》，《邓小平研究》2021 年第 1 期。

后的地区，先进地区帮助落后地区是一个义务。我们坚持走社会主义道路，根本目标是实现共同富裕，然而平均发展是不可能的。"① 把共同富裕和社会主义直接联系起来，认为社会主义和资本主义的根本区别之一就是是否要实现共同富裕。邓小平形成了比较系统的共同富裕理论，并有效地指导中国的实践。党的十四大在提出建立社会主义市场经济体制的同时，对于再如何提高效率的前提下更好地实现社会公平也做出了新的规划。② 江泽民同志指出："兼顾效率与公平。运用包括市场在内的各种调节手段，既鼓励先进，促进效率，合理拉开收入差距，又防止两极分化，逐步实现共同富裕。"③ 进入21世纪，以胡锦涛同志为主要代表的中国共产党人提出科学发展观，胡锦涛同志提出"妥善处理效率和公平的关系，更加注重社会公平"④。把维护社会公平、实现共同富裕放在更加突出位置。

（三）新时代共同富裕理论的新发展

中国特色社会主义进入新时代，中国成为世界上第二大经济实体，但是贫富差距拉大，社会发展不平衡不均衡矛盾凸显。共同富裕的理论随着时代的发展不断深入。2012年党的十八大指出："共同富裕是中国特色社会主义的根本原则"，共同富裕的重要地位得到进一步明确。精准扶贫思想、共享发展理念的提出是习近平总书记对中国特色社会主义共同富裕理论和实践的重要贡献。在共享理念中，习近平总书记指出了共享是全民的共享，共享是全面的共享，共享是共建共享，共享是渐进的共享。⑤ 有学者指出，共享发展体现了生产力和生产关系的有机统一，一方面中国共产党必须把发展作为执政兴国的第一要务，努力提高生产力的发展水平，为共享提供物质财富

---

① 《邓小平文选》第三卷，人民出版社1993年版，第156页。

② 王立胜：《共同富裕：看未来中国的模样》，中国财政经济出版社2022年版，第15页。

③ 《江泽民文选》第一卷，人民出版社2006年版，第227页。

④ 《十六大以来重要文献选编》（中），中央文献出版社2006年版，第604页。

⑤ 参见《习近平关于社会主义社会建设的重要论述》，中央文献出版社2017年版，第38、39页。

基础。另一方面在发展基础上要实现共同享有，即对于物质财富的分配问题上，要强调人民性和公平性。①《求是》杂志 2021 年第 20 期刊发了习近平总书记的《扎实推动共同富裕》一文，在这篇重要文章中，习近平总书记从历史和现实、理论和实践、国际和国内的结合上，深刻透彻阐明了促进共同富裕的一系列根本性、方向性问题，② 他提出"共同富裕是社会主义的本质要求，是中国式现代化的重要特征"的重大理论命题，并进一步指出，"我们说的共同富裕是全体人民共同富裕，是人民群众物质生活和精神生活都富裕，不是少数人的富裕，也不是整齐划一的平均主义"，要"分阶段促进共同富裕"。③习近平总书记关于共同富裕的重要论述是对我国不平衡不充分社会主要矛盾的回应，也是对中国共产党人共同富裕思想的继承与发展。④ 习近平总书记根据中国特色社会主义发展新阶段，赋予了共同富裕新的时代内涵，深化了中国共产党关于实现共同富裕的规律性认识，开拓了中国共产党共同富裕思想研究的新境界，实现了共同富裕思想理论的重大创新。

共同富裕是中国特色社会主义新时代改革和发展的基本目标⑤，中国共产党人不仅提出了实现共同富裕的奋斗目标，而且为实现这一目标采取了切实的行动，在社会主义现代化建设过程当中，共同富裕逐步由理论向现实飞跃。"要根据现有条件把能做的事情尽量做起来，积小胜为大胜，不断朝着全体人民共同富裕的目标前进。"⑥

三、促进共同富裕面临的困难与挑战

改革开放以来，中国特色社会主义事业取得了历史性成就，消除了绝对

① 乔惠波：《试论共同富裕的内涵、基础及推进路径》，《东岳论丛》2022 年第 2 期。
② 马建堂主编：《奋力迈上共同富裕之路》，中信出版社 2022 年版，序言第 3 页。
③ 参见习近平：《扎实推进共同富裕》，《求是》2021 年第 20 期。
④ 丁春福、王静：《关于习近平共同富裕重要论述的四维思考》，《理论界》2020 年第 8 期。
⑤ 汪仕凯：《走向共同富裕：全面深化改革的政治内涵》，《探索》2019 年第 3 期。
⑥ 《习近平谈治国理政》第二卷，外文出版社 2017 年版，第 215 页。

贫困，整体性进入全面小康社会，为扎实推进共同富裕奠定了更加坚实的物质基础。但在我们这样一个人口众多、幅员辽阔的发展中国家进一步推进共同富裕还面临许多困难和挑战，这些挑战主要体现在经济社会发展之间的不平衡，贫富差距、城乡区域发展不平衡等问题还比较突出，在学术界，学者们对这些问题进行了比较充分的讨论。

（一）居民收入基尼系数仍然处于高位

近十几年，我国基尼系数总体呈现波动下降趋势。2008 年，全国居民人均可支配收入基尼系数最高达到 0.49，2009 年至今呈波动下降趋势，2020 年下降到 0.465[①]。但是，按国际社会 0.4 警戒线来看，仍然在高位运行。如果把家庭财产计算在内，基尼系数会更高。同时，我国各类重点困难人群有数千万。如城镇有 5.5% 左右的调查失业人群 2500 万人；根据民政部数据，我国仍然有 5700 多万低收入人口，占全国总人口 4%。[②] 这些人群是我国共同富裕进程中需要采取各种措施进行帮扶的对象。从行业差距看，虽然所有行业工资水平随着国民经济的发展得到了大幅度提高，但是行业最高工资增长速度远大于行业最低工资增长速度。[③]

（二）城乡发展之间的不平衡

城乡发展不平衡不仅是中国的基本国情，也是中国社会主义现代化发展的长期制约条件。[④] 改革开放以来，城乡之间的差距逐步缩小。农民居民城乡发展差距逐步缩小，这得益于国家精准扶贫战略和精准脱贫战略进行。但是，我国的城乡发展差距在不同地区间的分布不够均衡，中西部地区相比于

---

① 胡鞍钢、周绍杰：《中国 2035：共建共同社会》，东方出版社 2022 年版，第 86 页。
② 胡鞍钢、周绍杰：《中国 2035：共建共同社会》东方出版社 2022 年版，第 86—87 页。
③ 梁志峰：《邓小平共同富裕思想：要义·价值·遵循》，《邓小平研究》2021 年第 1 期。
④ 胡鞍钢、周绍杰：《2035 中国共建共同富裕社会》，东方出版社 2022 年版，第 83 页。

东部沿海地区，城乡差距明显更大。[1] 城乡之间的不平衡体现在收入分配差距大;[2] 农村基础设施建设较为滞后，基本公共服务比较薄弱，住房、教育、医疗卫生等民生方面存在较大差距。[3]

（三）区域之间发展的不平衡

第一，东西部之间的差距。东西部差距更多体现在东西部农村地区的差距扩大，而东西部城市地区的差距明显缩小;[4] 东西部差距主要体现在人均 GDP 上，60%生活在中西部地区的人口人均 GDP 只有东部地区的一半。[5] 东西部差距的原因主要是由于中西部地区基数较小、市场化水平和产业竞争力相对较低。[6] 第二，南北之间的差距凸显。南北差距逐渐拉大。原因是工业转型差距较大、人才培养引进有差距、南方拥有优势地理条件，农林牧渔产量优于北方。[7] 南北地区在产业结构优化与新旧动能转换、国内外市场发展水平、要素承载能力等方面的差距也是南北差距拉大的原因。[8]

四、促进共同富裕的价值理念与路径选择

改革开放四十余年的快速发展，中国共产党团结带领全国各族人民取得

---

[1] 高国力：《深入实施区域协调发展战略》，《经济日报》2017 年 10 月 3 日。

[2] 艾四林、康沛竹：《中国社会主要矛盾转化的理论与实践逻辑》，《当代世界与社会主义》2018 年第 1 期。

[3] 张兴茂：《科学认识和正确处理新时代我国社会主要矛盾》，《武汉大学学报（哲学社会科学版）》2019 年第 1 期。

[4] 唐皇凤：《社会主要矛盾转化与新时代我国国家治理现代化的战略选择》，《新疆师范大学学报》2018 年第 4 期。

[5] 陈跃：《新时代我国社会主要矛盾的新变化》，《重庆社会科学》2017 年第 12 期。

[6] 唐皇凤：《社会主要矛盾转化与新时代我国国家治理现代化的战略选择》，《新疆师范大学学报》2018 年第 4 期。

[7] 陈雨佳、袁子峰：《对中国南北经济差距的思考》，《现代商业》2019 年第 22 期。

[8] 杜宇、吴传清：《中国南北经济差距扩大：现象、成因与对策》，《安徽大学学报（哲学社会科学版）》2020 年第 1 期。

世所罕见的"两大奇迹"，全面打赢脱贫攻坚战，消除历史性绝对贫困状态，实现了从生产力相对落后的状况到经济总量跃居世界第二的历史性突破，实现了人民生活从温饱不足到总体小康、再到全面建成小康社会，目前开启了全面实现现代化的新征程，正在向共同富裕阶段迈进。党的十九大战略安排，要在 2035 年基本实现现代化，并使共同富裕取得实质性进展，因此，推进共同富裕的具体措施成为学术界热议的内容。

（一）共同富裕必须坚持党的领导

党的领导是中国人民的选择，也是中国历史的选择。近百年来，中国无数仁人志士苦苦探索救国救民之路，最终，中国共产党在马克思主义的指导下，找到了民族解放的道路，建立了新中国。改革开放不是自然发生的，而是中国共产党深刻总结社会主义革命和建设实践正反两方面经验，及时把握中国发展机遇情况下推动的。在中国特色社会主义事业进入高质量发展阶段，实现共同富裕是中国共产党人重要的历史使命。学术界就这一观点达成一致的共识：坚持党的领导，是推进全体人民共同富裕的根本保证。[①]

（二）共同富裕必须坚持以人民为中心

2021 年 2 月 15 日，习近平总书记在全国脱贫攻坚总结表彰大会上的讲话指出："坚持以人民为中心的发展思想，坚定不移走共同富裕道路"。这一思想是实现共同富裕的优势所在。有学者认为，坚持发展为了人民、发展依靠人民、发展成果由人民共享，为此作出更有效的制度安排，使全体人民在共建共享发展中有更多获得感，增强发展动力。[②] 也有学者指出，"发展为了人民、发展依靠人民、发展成果由人民共享"科学确定了社会主义市场经

---

① 辛向阳：《实现共同富裕必须坚持党的领导》，《光明日报》2022 年 4 月 7 日。
② 曹江秋：《深刻把握共同富裕的科学内涵》，《经济日报》2021 年 10 月 11 日。

济发展的目的、动力和趋向，是社会主义市场经济优越性的重要体现，也是实现全体人民共同富裕的关键。[①]

（三）共同富裕是渐进的过程

我国仍是世界上最大的发展中国家，仍处于并将长期处于社会主义初级阶段。促进共同富裕，必须立足于社会主义初级阶段这一最大国情，[②] 促进共同富裕是长期、艰巨、复杂的任务。长远来看，实现共同富裕是一个在动态中向前发展的过程，要统筹考虑需要和可能，按照经济社会发展规律稳步向前，脚踏实地、久久为功。[③] 历史逻辑昭示，任何事物发展都有一个循序渐进的过程。共同富裕是对历史逻辑的当代阐释，也必然要沿着从局部到整体、从量变到质变的进程才能实现善作善成。[④] 共同富裕要解决的是在一个动态发展过程中如何"分好蛋糕"的问题，而不是对现有财富构成图景的"推倒重来"，绝不是要"杀猪"。只有社会财富的持续累积，才能为"分好蛋糕"留足更多回旋余地和施展空间。[⑤]

（四）通过分配制度改革和完善推进共同富裕

有学者指出，初次分配，坚持按劳分配为主体、多种分配方式并存的初次分配制度。鼓励一部分人通过诚实劳动先富起来，支持先富带后富实现共同富裕[⑥]。再分配，政府通过各类税收、社保政策和各种转移支付等方式，对企业和个人分配各具进行进一步调整。第三次分配，依靠社会主体的道德水平，尤其是先富起来的企业和公民自愿地通过慈善基金会等组织进行捐

---

① 王立胜著：《共同富裕：共看见未来中国的模样》，中国财政经济出版社 2022 年版，第 179 页。
② 谢伏瞻：《如何理解促进共同富裕的重大意义》，《人民日报》2021 年 10 月 8 日。
③ 本报评论部：《实现共同富裕要循序渐进》，《人民日报》2022 年 2 月 22 日。
④ 金观平：《尊重经济社会发展规律循序渐进——二论实现全体人民共同富裕》，《经济日报》2021 年 10 月 9 日。
⑤ 迟道华：《共同富裕是在"做大蛋糕"基础上"分好蛋糕"》，《新京报》2021 年 9 月 6 日。
⑥ 王立胜：《共同富裕：共看见未来中国的模样》，中国财政经济出版社 2022 年版，第 156 页。

助，对全社会非配体系进行补充性调节。①

（五）积极推进基本公共服务均等化

公共服务普及普惠是共同富裕的基本维度与判断标准之一。作为公共服务普及普惠的表现形态，基本公共服务均等化是共同富裕的内在要求和应有之义。② 有学者指出，一方面，要对于低收入群体和需要帮扶的重点人群，要通过社会保障、转移支付等手段，以兜底性的基本公共服务为载体提供切实保障。另一方面，要巩固义务教育基本均衡成果，推动义务教育优质均衡发展和城乡基本公共教育均等化，为实现共同富裕夯实人力资本基础。③

（六）城乡一体化发展推动共同富裕

共同富裕包括 5 亿多农村人口在内，促进共同富裕最艰巨最繁重的任务在农村。因此，要把农村居民作为共同富裕的重点目标人群，特别是帮助脱贫以后的群体同步实现共同富裕。还要扎实推进农业转移人口市民化进程。④ 也有学者指出要大力发展壮大农村集体经济，提高村集体和农民个人收入，促进农民持续性增收。还要以城乡基本公共服务均等化为重点，把社会事业发展重点放在农村，推进城乡基本公共服务标准统一、制度并轨。⑤

（七）积极扩大中等收入群体

扩大中等收入群体关于到我国经济发展方式的转变和社会的稳定发展，也是实现共同富裕的重要途径。有学者指出，这一群体的扩大可以有效防止

---

① 王立胜：《共同富裕：共看见未来中国的模样》，中国财政经济出版社 2022 年版，第 157、160 页。
② 张喜红：《基本公共服务均等化是共同富裕的内在要求》，《光明日报》2022 年 4 月 1 日。
③ 刘旭、顾严：《发挥基本公共服务兜底和赋能双重作用》，《经济日报》2021 年 1 月 15 日。
④ 孙长学、刘晓萍：《城乡融合推动共同富裕》，《经济日报》2021 年 11 月 29 日。
⑤ 何自力：《乡村振兴是实现共同富裕必经之路》，《经济日报》2021 年 9 月 22 日。

贫富差距悬殊和两极分化，有效弥合社会裂痕，具有"稳定器"的功能。目前要多措并举扩大中等收入群体尤重要和紧迫[1]。为此，一要稳定现有中等收入群体规模，继续保持其稳定的就业和收入增长。二要努力提升中低收入群体的收入水平，让更多中低收入者进入中等收入群体行列。[2] 此外，破除利益固化的樊篱，进一步畅通向上流动的渠道，以扩大社会性流动的方式扩大中等收入群体比重。[3]

（八）试点先行，积累经验，带动共同富裕

党的十九届五中全会对扎实推进共同富裕做出重大战略部署，"十四五"规划提出支持浙江高质量发展建设共同富裕示范区。中共中央、国务院印发了《关于支持浙江高质量发展建设共同富裕使唤去的意见》，赋予浙江建设"收入分配制度改革试验区"的任务。学者们关注共同富裕示范区的设立以及功能。

有学者认为，这充分考虑到了浙江具备的良好条件，第一，浙江城乡居民收入较高，而且连续 20 年城镇居民人均可支配收入居全国首位，农村居民人均可支配收入 36 年居全国首位。第二，浙江省内发展相对均衡。城乡收入比已经降至 1.96∶1，低于全国平局水平。第三，浙江市场化程度比较高。数字经济、共享经济、民营经济比较发达，各种分配要素活跃。第四，浙江改革和创新意识较强。这些优势为收入分配制度改革试验区建设奠定坚实的基础。[4]

此外，学术界也从效率与公平的角度讨论实现共同富裕。经济增长与共同富裕是相辅相成的关系，要在高质量发展中实现共同富裕。

---

[1] 金观平：《多措并举扩大中等收入群体》，《光明日报》2021 年 10 月 11 日。

[2] 李实、杨一心：《建设收入分配制度改革试验区组退共同富裕》，任仲文编：《何为共同富裕？共同富裕是社会主义的本质要求》，人民日报出版社 2022 年版，第 71—72 页。

[3] 金观平：《多措并举扩大中等收入群体》，《光明日报》2021 年 10 月 11 日。

[4] 李实、杨一心：《建设收入分配制度改革试验区组退共同富裕》，任仲文编：《何为共同富裕？共同富裕是社会主义的本质要求》，人民日报出版社 2022 年版，第 69 页。

五、共同富裕研究趋势展望

共同富裕议题十分宏大，内涵十分丰富，理解的维度也十分广泛，涉及经济学、社会学、政治学等多个领域。我国对共同富裕内涵的认识经历了从同步实现单一的物质性富裕到分阶段实现"五位一体"布局中的全面富裕的转变，从非均衡到均衡发展的转变，从部分富裕向共同富裕的转变。目前，国内对共同富裕问题的研究较为全面，积累了较为系统、完整、全面的理论和政策文献，为后来者研究该问题奠定坚实基础。但是，随着共同富裕实践的不断推进，理论研究有一定的滞后性，在今后的研究中，共同富裕需要进一步深入研究以下问题：第一，对共同富裕更多局限在物质上的共同富裕，例如人均GDP，人均可支配收入，物质生活水平。但是，对政治社会文化建设上的共同富裕的深入研究不足。因为，随着中国特色社会主义实践的深入，共同富裕的内涵已经不能仅仅指人民物质财富的增长，更多地与人民生活水平提高、公平正义得到彰显、民生保障、精神文化等联系在一起。第二，共同富裕研究更多局限在定性研究，而在共同富裕的指标体系方面展开不够。第三，共同富裕实现途径研究多局限在宏观层面，战略层面，而缺乏相应的区域差异、群体差异视角。例如东部、中部和西部地区如何根据自身特点因地制宜，推进共同富裕。第四，对不同群体如何实现共同富裕需要进行更为深入的精准化的研究，使共同富裕得到更为扎实的推进。

（执笔人：向春玲）

分报告十一：关于国家治理体系和治理能力现代化的研究

自党的十八届三中全会中央把"完善和发展中国特色社会主义制度、推进国家治理体系和治理能力现代化"作为全面深化改革的总目标以来，国家治理体系和治理能力现代化的相关研究迅速扩展，迄今已形成多学科、跨领域、全方位的研究态势。2021 年度，国家治理体系和治理能力现代化的相关研究，主要围绕国家治理的理论问题研究、现实问题研究和前沿问题研究三个议题展开，形成了国家治理理论新的生长点。

一、国家治理的理论问题研究

马克思主义国家理论是国家治理的理论基石。2021 年度，基于马克思主义国家理论而展开了基本理论问题研究仍然成为国家治理理论研究的重要内容，此外，在差异化维度的理论问题，以及历史沿革问题等方面，学界也形成了新的研究成果。这些研究成果，丰富了国家治理理论研究的内容，为国家治理体系和治理能力现代化在实践方面的探索奠定了理论基础。

（一）基本理论问题研究

国家治理的基本理论问题，以马克思主义国家理论为起点，进一步延展至国家治理的功能分析与国体性质研究，并就国家治理现代化的时代特征和未来趋势进行整体性研究，以及从制度化和"现代性"问题的视阈进行比较研究，充分说明了我国国家治理体系和治理能力现代化理论是与中国特色社会主义相适应的理论样态。

1. 国家治理的国家理论、功能分析与国体性质研究

在讨论我国的国家治理问题时，2021 年度学界主要在马克思主义国家理论的基础上进一步深化和完善了对国家治理基本理论的理解。在基本理论问题上坚持马克思主义立场，有利于澄清认识误区，加深对当代中国国家治理的理解。

第一，基于马克思主义国家理论解析国家治理的本质特征。马克思主义国家理论深刻揭示国家以及社会主义国家治理的本质。马克思、恩格斯在批判与继承契约国家观与理性主义国家观等国家理论的基础上，基于国家与社会关系的视角，论述了国家的起源、本质和消亡问题。从国家的起源来说，国家只是一个历史范畴，是社会发展到一定阶段、阶级矛盾不可调和的产物，凌驾于社会之上。作为阶级统治工具的国家，未来将随着阶级的消亡而消亡，最终实现国家向社会的复归。从国家的本质来说，国家根源于社会现实，其性质由统治阶级的性质所决定，代表的是统治阶级的利益和意志。无产阶级专政的社会主义国家不同于资产阶级国家的剥削本质，社会主义国家代表的是大多数人的利益。有学者认为，"国家治理是国家与社会关系辩证作用的政治联接。"[1] 在这个意义上，社会主义国家治理的本质，就意味着无产阶级通过国家治理实现政治主张与利益要求，充分发挥国家功能，推进社会主义事业发展。"随着社会主义国家的建立，在社会主义政治发展中，国家逐步与社会融合，国家治理的功能和结构也最终回归社会。"[2] 通过社会主义国家治理，弥合社会和国家的冲突和分裂，使国家重新回到真正的社会共同体中，实现国家与社会的统一。

第二，基于社会秩序分析国家治理的功能质性。一方面，维持社会秩序是国家治理的重要任务。国家"这种力量应当缓和冲突，把冲突保持在'秩序'的范围以内"[3]。有学者认为，国家治理"要以维护特定的秩序为前提，

---

[1] 王浦劬：《推进国家治理现代化的基本理论问题》，《中国党政干部论坛》2021 年第 11 期。

[2] 王浦劬：《推进国家治理现代化的基本理论问题》，《中国党政干部论坛》2021 年第 11 期。

[3] 《马克思恩格斯选集》第 4 卷，人民出版社 2012 年版，第 676 页。

以有效地掌握和运行政治权力为基础，通过合作、协商形成交互性的共治网络，维护社会始终处于'秩序'的状态"①。另一方面，国家治理是国家职能的实现手段。国家的本质决定了国家具有双重职能，即国家统治职能和国家管理职能，同时也意味着国家治理具有政治和社会的双重属性。国家的两种职能不能割裂开来，而是相互依存、相互联系，统一于国家治理活动之中。有学者认为，"政治统治确保国家安全和秩序稳定，是政治管理得以运行的必要条件，政治管理达成的发展效率和公平正义，则是政治统治得以实施的必要基础。"② 社会主义国家治理就是将两种职能有机结合，通过无产阶级专政维护国家与社会的秩序和安全，通过对公共事务的管理促进社会的繁荣进步。这就要求社会主义国家要坚持无产阶级立场和科学的治理理念，通过两种职能的互配，发挥国家治理效能，调和社会利益关系，缓解社会矛盾，逐步实现对国家与社会关系的超越。

第三，基于社会主义的国体性质规约国家治理的根本属性。我国作为社会主义国家，其国体是人民民主专政。因此，我国国家治理具有人民性的本质内涵。有学者认为，中国共产党人始终坚持人民性立场，"人民群众是历史的主人，人民群众当然也是国家治理的最重要主体。"③ 就治理主体而言，国家治理是一种多主体的互动与协同治理，包括政府、市场、社会、公民等。有学者认为，"在社会主义社会，国家与社会关系统一于人民主体"④，实现"一核多元"的协同共治。因此，我国的国家治理就是"在中国特色社会主义道路的既定方向上，在坚持和完善中国特色社会主义制度的意义上，中国共产党领导人民科学、民主、依法和有效地治国理政"⑤。坚持国家与社

---

① 文丰安、段光鹏：《国家治理体系现代化的理论基础、历史变迁与发展进路》，《浙江工商大学学报》2021 年第 3 期。
② 王浦劬：《推进国家治理现代化的基本理论问题》，《中国党政干部论坛》2021 年第 11 期。
③ 李景源、李德顺、郭湛、邹广文、马俊峰、王霞、邢媛：《"21 世纪马克思主义哲学与国家治理现代化"笔谈》，《山西大学学报（哲学社会科学版）》2021 年第 2 期。
④ 王浦劬：《推进国家治理现代化的基本理论问题》，《中国党政干部论坛》2021 年第 11 期。
⑤ 王浦劬：《推进国家治理现代化的基本理论问题》，《中国党政干部论坛》2021 年第 11 期。

会的这种分析框架和人民立场，才能深刻揭示出我国国家治理的本质属性和特征，实现对国家中心主义、社会中心主义和政党中心主义三种研究范式的超越。

2. 国家治理现代化的整体性研究

关于国家治理现代化的整体性研究，2021 年度学界主要对党的十八大以来国家治理体系和治理能力现代化的时代特点和推进方向作了相关总结和未来展望。

第一，国家治理现代化的时代特点分析。有学者认为，在开启全面建设社会主义现代化国家这个全新历史方位的新时期，推进国家治理体系和治理能力现代化的时代特点，就是通过多个领域的统筹、协调和改革，推动中国特色社会主义制度更加成熟以及运用这一制度有效治理国家的能力和治理水平不断提高，全方位、系统性提升国家综合治理的实力和国家的现代化水平。基于此，有学者提出"国际环境日趋复杂，不稳定性、不确定性明显增加，新冠肺炎疫情影响广泛深远""经济全球化遭遇逆流""我国改革发展稳定、内政外交国防、治党治国治军各方面任务之繁重前所未有"的全新时代特征[①]，只有通过全面完善各方面制度推进国家治理体系和治理能力现代化才能更好加以应对。还有学者提出，要深刻理解百年未有之大变局中"中国国家治理现代化面临的最大时代难题是'时空压缩'下传统性、现代性、后现代性的'三性交织'以及现代化、后现代化的'两化叠加'"[②]，提升新时代我国国家治理的认知力。

第二，国家治理现代化的未来趋势展望。有学者从生产力、经济基础、上层建筑的马克思主义基本矛盾理论出发，提出我国的国家治理现代化，应从生产力现代化，到经济基础现代化，再到上层建筑的现代化。有学者提出："党的十八届三中全会首次提出了'推进国家治理体系和治理能力现代

---

① 刘志明：《推进国家治理体系和治理能力现代化：根本依据、战略意涵与标志性意义》，《中南大学学报（社会科学版）》2021 年第 4 期。

② 丁志刚、李天云：《新时代中国国家治理的六维认知》，《长白学刊》2022 年第 1 期。

化'的重要战略任务，被外界视为新时代现代化内涵的进一步丰富，有人把它称为'第五个现代化'。"① 这一提法虽然是"老调重弹"，过去学界就有关于"第五个现代化"的争论，如果按照生产力和生产关系的视角，过去的"四个现代化"主要强调的是经济和物质层面的现代化，即生产力层面的现代化；而推进国家治理体系和治理能力现代化的提出，是制度的现代化，意味着"我们党对社会主义现代化内涵的认识不再局限于经济基础和物质技术的现代化，而是也高度重视政治的和意识形态的上层建筑的现代化"②，即生产关系的现代化。换言之，生产力的现代化和生产关系的现代化不是一个层面的现代化③，因而更不能笼而统之地称国家治理现代化为"第五个现代化"。基于国家治理体现代化的实质是制度现代化、并且是社会主义制度的制度现代化这一特征，有学者提出："推动中国特色社会主义制度更加完善和更加成熟定型，致力于国家治理体系和治理能力的现代化，实质上就是开启全面建设社会主义制度现代化的新征程。"④ 改革不适应新时代发展要求的体制机制，构建更加科学、完善和规范的制度体系，提高国家治理能力，是推进全面深化改革和社会主义现代化的必然要求。

3. 国家治理现代化的比较研究

比较研究无论在国家治理研究，还是更为宽泛的比较政治学研究中，都拥有众多的学术拥趸。2021 年度，在国家治理的比较研究中，主要围绕制度化和"现代性"问题，国家治理现代化的比较分析形成了新的学术生长点。

第一，国家治理现代化的制度比较分析。有学者从不同制度之间相互借鉴的角度提出了国家治理之"道"与"术"。在认识和思维层面，即国家治理之"道"，要认识到当今世界是资本主义和社会主义两种制度并存的时

---

① 戴木才:《国家治理体系和治理能力现代化的重大创新》,《前线》2021 年第 2 期。
② 刘志明:《推进国家治理体系和治理能力现代化:根本依据、战略意涵与标志性意义》,《中南大学学报（社会科学版）》2021 年第 4 期。
③ 郭强:《新时代全面深化改革基本问题研究》,中共中央党校出版社 2021 年版,第 113 页。
④ 戴木才:《国家治理体系和治理能力现代化的重大创新》,《前线》2021 年第 2 期。

期，人类社会正在经历从传统到现代、从资本主义到共产主义的过渡和发展时期。我们需要坚定不移走社会主义道路，但需要超越简单化、绝对化的对立思维。在具体的操作层面，即国家治理之"术"，要认识到资本主义存在的历史合理性，在方法和技术层面借鉴和学习资本主义制度的优势，从而超越西方资本主义制度，发挥中国特色社会主义制度的优越性。"社会主义社会作为历史发展过渡时期中的制度形态，不应该也不可能是纯而又纯的社会主义公有制经济，而应该借鉴和学习西方资本主义私有制经济中有优势的东西。"①

第二，国家治理现代化的"现代性"问题比较分析。有学者从现代性的角度对国家治理现代化进行了关注，认为西方的现代性方案对国家的建构提出了一个西式民主的模板和框架，提出了关于国家治理体系和治理能力的一系列政治价值和规范，这种被异化的政治工具会反噬西方文明自身。西方现代性是西方文明的产物，其构建的国家体制与国家实践并不是一套完美的方案，也不是一种普适性的话语体系，西方世界正面临着严峻的治理危机与考验。现代性的移植将导致西方理念与中国现实无法对接的"水土不服"。"现代化不应囿于西方国家先发占有的单一叙事之中，'西方现代化'的祛魅正是中国现代化本体特色生成的重要基础。"② 通过去西方中心主义，破除这种源自西方的现代性神话，借鉴和改造西方的现代性理论，依托中国的文明传统来进行理论和制度创新，用中国的政治哲学推进国家治理体系和治理能力现代化，走中国式现代化新道路。

（二）差异化维度的理论问题研究

2021 年度，国家治理的基本理论问题研究，在差异化维度方面取得新

---

① 李景源、李德顺、郭湛、邹广文、马俊峰、王霞、邢媛：《"21 世纪马克思主义哲学与国家治理现代化"笔谈》，《山西大学学报（哲学社会科学版）》2021 年第 2 期。

② 丁志刚、李天云：《新时代中国国家治理的六维认知》，《长白学刊》2022 年第 1 期。（2021 年 7 月 15 日网络首发）

的突破，特别是从文化动力论和文化价值论两个方面拓展了国家治理的文化建设研究，并从国家治理现代化的纵向脉络即"战略意涵"和主题主线，勾勒了国家治理的发展战略。

1. 国家治理的文化建设研究

2021 年度，学界对国家治理现代化实践中的文化维度进行了关注，认为文化动力是推进国家治理体系和治理能力现代化的重要动力。

第一，文化动力论，即视"文化"为推进国家治理现代化的重要动力加以研究。人类通过物质生活实践创造出文化，但文化不只是一种精神力量，它在一定程度上能转化为物质力量作用于人类社会。有学者认为，"文化具有软实力特征，意识形态、精神信仰、文学艺术等都包含着深厚的力量和能量。"[①]文化通过不同的力量形态，对国家治理效能产生深刻影响。文化是推进国家治理现代化的内在驱动力，有三个关键要点，即强调文化软实力在国家治理体系现代化中的地位、强化社会主义核心价值观在国家治理中的引领作用、加强社会主义文化建设，筑牢国家治理现代化的文化根基。[②]因而，文化建设作为"五位一体"总体布局中的重要组成部分，是国家治理的重要领域。"既要发挥社会主义先进文化引领作用，也要关注文化的多样性生长。"[③]坚持中华优秀传统文化，在不同文明交流互鉴的过程中进行有效的文化整合，凝聚共识，形成健康的文化发展氛围，建设社会主义文化强国。

第二，文化价值论，即视"文化"为推进国家治理现代化的重要价值诉求。一方面，有学者认为，国家治理现代化将人的自由全面发展和社会的全面进步作为终极性的价值追求，"给广大人民群众提供更加幸福、更加美好

---

① 孟宪平：《国家治理体系和治理能力现代化的文化动力分析》，《理论视野》2021 年第 9 期。
② 李景源、李德顺、郭湛、邹广文、马俊峰、王霞、邢媛：《"21 世纪马克思主义哲学与国家治理现代化"笔谈》，《山西大学学报（哲学社会科学版）》2021 年第 2 期。
③ 李景源、李德顺、郭湛、邹广文、马俊峰、王霞、邢媛：《"21 世纪马克思主义哲学与国家治理现代化"笔谈》，《山西大学学报（哲学社会科学版）》2021 年第 2 期。

的生活条件，这是国家治理现代化的最终目的"。① 国家通过治理满足人民群众的物质需要和精神需要，提供人自由全面发展的条件。另一方面，有学者提出，思想文化治理是国家治理的重要基础，"在一定程度上……国家治理就是文化治理，发挥文化力量首先要解决人心的向背问题"。② 以思想文化治理促进文化认同，将文化力量通过人民表达出来，转化为国家治理效能。还有学者认为，"人人都是社会主义现代化强国的有力参与者和行动者，国家治理现代化将变成共同体的共有责任与义务，变成新时代社会现代化建设下的每个个体的自觉责任与义务"。③ 社会主义事业的发展必须紧紧依靠人民，以社会主义文化调动人民群众的主体性，在国家治理中发挥文化力量也就是人的力量，实现全体人民共建共享共治。

2. 国家治理的发展战略研究

2021 年度，结合国家治理的"战略意涵"和主题主线，国家治理的发展战略研究得到进一步延展。

第一，国家治理体系和治理能力现代化有深刻的战略意涵。有学者认为，推进国家治理体系和治理能力现代化的战略意涵包括正确方向、总体目标、总体效果、原则要求等方面。"要坚持正确的方向，即坚持完善和发展中国特色社会主义制度、推进国家治理体系和治理能力现代化这一总目标；要着力在国家治理体系和治理能力现代化上形成总体效应，取得总体效果；要坚持把马克思主义基本原理同中国具体实际相结合、坚持和完善支撑中国特色社会主义制度的根本制度、坚持辩证的发展观点，坚持人民的主体地位、坚持植根中国大地学习和借鉴人类文明的一切优秀成果等原则要求。"④

---

① 李景源、李德顺、郭湛、邹广文、马俊峰、王霞、邢媛：《"21 世纪马克思主义哲学与国家治理现代化"笔谈》，《山西大学学报（哲学社会科学版）》2021 年第 2 期。
② 孟宪平：《国家治理体系和治理能力现代化的文化动力分析》，《理论视野》2021 年第 9 期。
③ 李景源、李德顺、郭湛、邹广文、马俊峰、王霞、邢媛：《"21 世纪马克思主义哲学与国家治理现代化"笔谈》，《山西大学学报（哲学社会科学版）》2021 年第 2 期。
④ 刘志明：《推进国家治理体系和治理能力现代化：根本依据、战略意涵与标志性意义》，《中南大学学报（社会科学版）》2021 年第 4 期。

通过总体性、系统性的战略部署，深化对社会主义现代化的认识，为社会治理和社会制度探索提供了中国经验和中国方案。

第二，国家治理体系和治理能力现代化有明确的战略主题和主线。有学者提出从战略的维度廓清和加深对国家治理基本理论的认知，认为我国国家治理现代化需要坚持习近平新时代中国特色社会主义思想的战略指引，明确国家治理的战略主线和战略主题。"站起来、富起来、强起来是国家治理的战略主线，从轻发展重治理到既要发展也要治理再到实现高质量发展与高效能治理相协调是国家治理的战略主题。"① 党的十八大以来，党中央推出了一系列关于国家治理的政策文件，逐步提出了推进国家治理体系和治理能力现代化的具体时间表和路线图，在战略定位和战略路径方面也逐步明晰。

（三）历史沿革问题研究

2021 年适逢中国共产党成立 100 周年，学界结合党的十九届六中全会总结党的百年奋斗重大成就和历史经验，从溯源、变迁和现代化进程中特定历史阶段三个层面，形成了国家治理的历史沿革问题研究全新的生长点。

1. 国家治理的历史溯源研究

其一，马克思主义中国化视阈下的国家治理历史溯源。有学者提出，"在扬弃与发展中正确把握国家治理研究的理论渊源与历史沿革"②。我国的国家治理理论是中西方治理理论的有机结合，需要对西方治理理论进行辩证分析，扬弃与超越中国传统治理理论。他们对西方国家治理理论、马克思主义国家学说、我国古代与近代国家治理思想进行了理论和历史的回顾，并把国家治理放到中国共产党的百年历程之中，回溯了社会主义建设初期、新中国诞生前夕、新中国成立以来、改革开放以来、党的十八大以来国家治理现代化的创新发展。

---

① 丁志刚、李天云：《新时代中国国家治理的六维认知》，《长白学刊》2022 年第 1 期。
② 韩旭、刘志中：《中国国家治理研究的哲学方法论审思》，《江海学刊》2021 年第 6 期。

其二，治理理论视阈下的国家治理历史溯源。现代西方治理理论从组织管理、公共政策分析领域演化而来，"是为了应对国家与市场的相互失灵，表现为国家与社会在权力关系上的互动"①。但"治理"并非完全的舶来品，我国传统思想中蕴含着丰富的国家治理思想，马克思主义经典作家和中国共产党的文献中也都有所体现。"既不能生搬硬套西方国家治理理论范式来剪裁我国国家治理，也不能在现有的国家治理研究中摒弃西方治理研究的最新进展，尤其不能忽视马克思主义国家学说的理论意义和当代启示。"② 因此，新时代的国家治理研究要在现实的国家治理实践中充分理解和运用理论资源。

2. 国家治理的历史变迁研究

有学者认为，国家治理体系的建构和完善是"适应经济社会发展在不同阶段上的客观要求而转变治理理念的结果，依次经历了局部探索、初步创建、发展完善、全面深化的重大历史转折和跨越式飞跃"③。

在局部探索阶段（1921—1949），中国共产党在新民主主义革命时期对国家制度方面进行了局部的制度探索，在局部执政的条件下根据时势进行了较为深入的制度实践，为新中国的制度框架确立奠定了基础。

在初步创建阶段（1949—1978），中国共产党将新中国的制度构想在法律上确立并落实到政治实践，在社会主义建设的曲折探索中逐渐克服不成熟、不完善的国家治理模式和局面，国家治理体系初具雏形。

在发展完善阶段（1978—2012），伴随着改革开放的推进，国家治理体系进入改革与完善阶段，"制度改革从基本制度层面逐渐深入到具体体制层面"④，国家治理体系框架逐渐清晰和健全。

---

① 韩旭、刘志中：《中国国家治理研究的哲学方法论审思》，《江海学刊》2021 年第 6 期。
② 韩旭、刘志中：《中国国家治理研究的哲学方法论审思》，《江海学刊》2021 年第 6 期。
③ 文丰安、段光鹏：《国家治理体系现代化的理论基础、历史变迁与发展进路》，《浙江工商大学学报》2021 年第 3 期。
④ 文丰安、段光鹏：《国家治理体系现代化的理论基础、历史变迁与发展进路》，《浙江工商大学学报》2021 年第 3 期。

在全面深化阶段（2012——　），中国共产党积极推进全面深化改革，"明确了国家制度和治理能力两者的里表关系"①，制度设计和改革更具系统性、整体性和协同性，新时代国家治理体系进入了更加科学和成熟的新时期。

3. 国家治理现代化进程中的特定阶段研究

改革开放是决定中国命运的关键一招，是"中国式现代化"开始具有明确战略发展阶段的关键时期。因此，针对国家治理现代化的特定阶段即改革开放时期进行研究成为国家治理现代化研究新的增长点。

有学者提出，改革开放初期我们把工作重点转移到经济建设上来，形成"一个中心，两个基本点"的初级阶段基本路线，这一阶段主要成就集中体现在经济层面的现代化。自 1992 年邓小平南方谈话以来，制度建设的重要性得到了更多的关注，如党的十四大明确首次提出我国经济体制改革的目标是建立社会主义市场经济体制，十五大明确了所有制结构的基本经济制度，即坚持和完善社会主义公有制为主体、多种所有制经济共同发展的基本经济制度，再到 2000 年基本完成了社会主义计划经济体制向市场经济体制的转型。此后，中央进一步强调"要着力推进经济、政治、文化、社会等领域各项改革成果的制度化，形成一整套同建设社会主义市场经济、社会主义民主政治、社会主义先进文化、社会主义和谐社会相适应的更加成熟、更加定型的制度"②，再到党的十八大把"中国特色社会主义制度"首次写入党代会报告。"鉴于新时代新矛盾新问题，党和政府审时度势，适时优化调整国家发展战略，将以往侧重于'经济现代化'的战略逐步向'制度现代化'的战略转移。"③ 完善和发展中国特色社会主义制度，推进国家治理体系和治理能力现代化成为全面深化改革的总目标，在全面建设社会主义现代化国家的新征

---

① 文丰安、段光鹏：《国家治理体系现代化的理论基础、历史变迁与发展进路》，《浙江工商大学学报》2021 年第 3 期。

② 《胡锦涛在中共中央政治局第三次集体学习时强调　精心谋划　周密组织　突出重点　狠抓落实　切实贯彻全面建设小康社会奋斗目标新要求》，《人民日报》2008 年 1 月 31 日。

③ 杨英杰：《改革开放的时空格局——国家治理体系和治理能力现代化视域下的分析》，《北京行政学院学报》2021 年第 2 期。

程中充分发挥制度优势治理效能，以更好地应对新时代国家治理和改革开放中面对的风险和挑战，将新时代的改革开放推向更高阶段。

二、国家治理的现实问题研究

实践是理论之源。现实问题凝结了国家治理研究的若干基点，亦形成了国家治理研究的重要问题意识。2021 年度，学界以国家治理的政策研究、问题导向研究和基层治理研究三大方面为突破口，形成了国家治理的现实问题研究的全新生长点。

（一）国家治理的政策研究

政策创新是国家治理实践的重要内容。2021 年度，围绕国家治理的政策体系构建及其转化为国家治理的效能，以及"五位一体"总体布局下分领域推进全面深化改革的具体政策创新，国家治理的政策研究进一步延续了此前的开放性和拓展性研究态势。

1. 国家治理的政策体系构建与国家治理效能

有学者从治理现代化的角度对政策机制和政策设计进行了研究和解读，探索了政策设计与改革对提升国家治理体系和治理能力现代化水平的作用。

第一，探索国家治理的多元政策机制。有学者认为，政策的主体、领域、目标和主导机制具有多元性，应在国家治理中探索行政领域政策、市场领域政策、社会领域政策的多元政策机制，需要注意政策机制的适用与匹配问题。"新时期政策机制运用与转型的倡导方向应是通过合理与灵巧地匹配政策机制与政策问题领域，让政策机制真正发挥将制度优势转化为治理效能的能力。"[1] 在推进国家治理现代化的过程中应统筹考虑政策目标，避免政策机制错配，协调运用三类政策机制。有学者指出，要"调整基本公共服务供

---

[1] 赵静、薛澜：《探究政策机制的类型匹配与运用》，《中国社会科学》2021 年第 10 期。

给中政府自上而下的运动式治理策略，促进政府与市场、社会以及个人之间的合作生产和供给关系"①。在全面深化改革的新阶段，要突破传统的自上而下由行政权力主导的政策机制的局限，加强政策主体和不同政策领域之间的协调互动，以应对国家治理体系和治理能力现代化建设中复杂多元的政策改革需求。

第二，顶层设计与渐进决策相结合。在多元政策机制背景下，政策体系设计需要从国家发展战略的高度进行谋划，从顶层设计入手，科学把握政策发展的阶段特点，根据政策效果和公众需求及时作出动态调整。有学者回顾了市场经济体制改革以来基本公共服务均等化政策的演进历程，"是一个从中央政府到地方政府认识公共需求、寻求公众合法性支持和全面推广实施的循环过程"②。通过这种自上而下的运动式治理，发挥顶层制度设计的引导性和前瞻性，把握公众的真正需求，从地方探索和部分领域试点到全面推进。有学者以农村税费改革为例，指出中央在改革过程中运用多种政策途径，一方面"自始至终坚持采用政策试点不断推广的实施手段"，另一方面以"持续政策链方式，长期坚持制定和实施减轻农民负担、制止乱收费的辅助性政策"。③ 根据国家发展战略安排，将顶层设计与地方和基层试点结合起来，把握住政策改革的关键时间节点精准施策，将改革目标阶段性、渐进式推进。面对国家治理现代化和高质量发展的新要求，将政策以制度的形式固定下来形成常态机制，推动治理策略向常态化治理转变，实现治理的长效化，切实提高治理效能。

2."五位一体"总体布局下分领域政策研究

国家治理体系包含经济、政治、文化、社会、生态等多个领域的具体制

① 张启春、杨俊云：《基本公共服务均等化政策：演进历程和新发展阶段策略调整——基于公共价值理论的视角》，《华中师范大学学报（人文社会科学版）》2021 年第 3 期。
② 张启春、杨俊云：《基本公共服务均等化政策：演进历程和新发展阶段策略调整——基于公共价值理论的视角》，《华中师范大学学报（人文社会科学版）》2021 年第 3 期。
③ 欧阳景根：《国家治理能力现代化视野下的政策体系设计——以农村税费改革为例》，《江汉论坛》2021 年第 4 期。

度，是"五位一体"总体布局在体制机制构建上的具体体现，从而形成了一整套国家治理体系。在这一整套的国家治理体系下，按照"五位一体"的分领域改革，推动国家治理体系不断完善，将制度优势转化为治理效能。

经济建设上，有学者提出以土地政策的改革创新推动国家治理体系和治理能力现代化，"在土地产权结构、城乡土地关系、空间治理体系和统筹发展与安全等方面做出积极探索和有效变革。"① 社会建设上，有学者围绕民生保障、教育政策方面的创新，提出在养老服务方面加强和创新社会治理，"建议充分发挥治理现代化优势，统筹整合多元主体，补齐关键短板、优化资源配置，进一步释放养老服务需求，营造良好发展环境，共同推动养老服务高质量发展"② ；以教育现代化驱动国家治理现代化，加快推动教育改革，"持续推进教育理念、体系、制度、内容、方法和治理现代化"③ 。生态文明建设上，有学者提出推进我国生态环境治理现代化，需要深化生态文明体制改革与制度创新，"扎实推进以长江经济带绿色发展和黄河流域生态保护与高质量发展为核心的区域生态文明建设战略。"④

概而言之，统筹推进"五位一体"总体布局，从根本性的顶层设计开始，在中观与微观层次形成系统化的政策整合与制度设计，通过多领域的改革，统筹推进，把"摸着石头过河"和"顶层设计"相结合，推进新时代国家治理现代化进程。

（二）国家治理的问题导向研究

在开启全面建设社会主义现代化国家的新征程上，社会发展面临着更深

---

① 曲福田、马贤磊、郭贯成：《从政治秩序、经济发展到国家治理：百年土地政策的制度逻辑和基本经验》，《管理世界》2021 年第 12 期。

② 陈功、赵新阳、索浩宇：《"十四五"时期养老服务高质量发展的机遇和挑战》，《行政管理改革》2021 年第 3 期。

③ 杨文杰、张珏：《以教育现代化支撑与驱动国家现代化——兼论我国教育现代化的发展愿景》，《教育发展研究》2021 年第 3 期。

④ 郇庆治：《环境政治学视角下的国家生态环境治理现代化》，《社会科学辑刊》2021 年第 1 期。

刻的变化与挑战。2021 年度，对于当前社会发展中存在的问题，包括发展不平衡不充分态势下新社会阶层的政治认同问题，以及消除绝对贫困后与乡村振兴相衔接、从而进一步推动共同富裕等问题，国家治理的问题导向研究更具现实针对性。

1. 强化新社会阶层的政治认同研究

自江泽民同志提出"三个代表"重要思想，以及随后党的十六大党章完善党的性质和修订入党条件开始，我们党对吸纳新社会阶层的先进性分子问题早已提上国家治理的议事日程。基于此，有学者提出，党的十八大以来，社会阶层的分化成为我国发展不平衡、不充分的重要表现。如何在开启全面建设社会主义现代化国家新征程的全新历史方位下，进一步增进新社会阶层的政治认同？它关系到国家治理现代化进程中，如何增强政治社会化、巩固政治合法性和实现民族复兴等重要问题。

因此，要"创新组织与制度化建设以完善共治机制、整合认同资源以增进文化自觉、针对四类群体分类施策是增进新社会阶层政治认同的行动策略"①。制度认同是政治认同的关键层次，关乎政治体系的稳定和有效运行，尤其是在国家治理现代化背景下，提供良好的制度设计和制度环境，能够畅通利益表达，实现最大程度的利益整合，切实保障新社会阶层的利益需求，塑造价值观念层面的政治认同，有效化解社会矛盾。就吸纳新社会阶层的具体制度设计而言，有学者认为，"通过设置政协制度、统一战线制度和基层民主参与式治理机制等方式，将社会多元主体，特别是新近产生的社会阶层和群体，最大限度地纳入国家治理格局和治理体系之中，使社会矛盾限定在人民内部解决。"②通过统一战线工作，凝聚社会共识，通过社会各阶层的共同努力形成治理合力，从而全面提高国家治理体系和治理能力现代化水

---

① 龚长宇、卜谦祥：《国家治理现代化视域下增进新社会阶层政治认同的价值逻辑与行动策略》，《湖南师范大学社会科学学报》2021 年第 4 期。

② 孙冲亚、何祥林：《国家治理现代化场域中的统一战线：功能、挑战及其进路》，《理论月刊》2021 年第 7 期。

平，保障社会和谐稳定与良性运行。

2.贫困治理与推进共同富裕研究

2021 年，我国彻底消灭了绝对贫困，全面建成小康社会。然而，如何实现消除贫困与乡村振兴相衔接、从而为推进共同富裕奠定坚实的基础？有学者以此为问题导向，进行了相关研究。

第一，贫困治理的效能转化论，即通过精准扶贫实践中体制机制改革和创新，最终转化为贫困治理的效能。有学者提出，"社会主义制度属性决定了摆脱贫困是国家治理的优先议程，规定了以人民为中心的减贫理念。"① 从我国当前的基本国情出发，将贫困治理纳入国家治理和建设的优先目标，充分体现了中国特色社会主义制度的显著优势。"党的领导制度嵌入政府治理体系所形成的党政治理结构"② 作为我国国家治理的结构性优势，保障了减贫政策的科学性和精准性，在减贫政策的执行过程中发挥了重要作用。还有学者提出，贫困治理是国家治理现代化的重要方面，要从建立相对贫困对接机制、贫困认定和识别机制、相对贫困考核制等方面"创新贫困治理的体制机制，构建相对贫困治理长效机制"③，通过贫困治理体制机制的改革创新，整合社会扶贫资源，多主体参与扶贫治理，将社会主义集中力量办大事的制度优势转化为社会扶贫合力，实现贫困治理的可持续发展。

第二，贫困治理的工具和路径论，即通过贫困治理找到实现共同富裕的创新路径。有学者提出："共同富裕是通过应用国家治理体系和治理能力现代化理论，把共同富裕问题聚焦在相对贫困治理，找到推动共同富裕的

---

① 吕普生：《制度优势转化为减贫效能——中国解决绝对贫困问题的制度逻辑》，《政治学研究》2021 年第 3 期。

② 吕普生：《制度优势转化为减贫效能——中国解决绝对贫困问题的制度逻辑》，《政治学研究》2021 年第 3 期。

③ 陈健：《全面建设社会主义现代化国家视域下相对贫困治理研究》，《云南民族大学学报（哲学社会科学版）》2021 年第 1 期。

路径。"①面向现代化的相对贫困的治理是一项系统工程，推动共同富裕要发挥我国国家治理在多个领域的治理优势。有学者认为："相对贫困问题是一项复杂的系统工程，涉及教育、医疗、社保等各个领域。"②同时，相对贫困并不局限于生存问题的层面，而是更加强调人的发展问题，不仅要摆脱物质上的贫困，还要逐渐摆脱精神贫困，这是共同富裕的应有之义，也是对提高国家治理体系和治理能力现代化水平的要求。还有学者指出，"不能只发挥国家在经济领域的治理优势，在政治、文化、社会、生态等领域的治理也同样重要。"③推进贫困治理与共同富裕，涉及到国家治理体系的方方面面，要从制度层面做好顶层设计，为相对贫困治理提供制度保障。除此之外，面对相对贫困的复杂性，相对贫困治理要"发挥社会主义与市场经济两方面的优势，推动有效市场和有为政府互动结合。"④这对国家治理能力提出了更高的要求，剖析贫困成因，根据具体问题精准施策，缩小贫富差距，保障和改善民生，切实推动共同富裕，实现人民群众对美好生活和全面发展的需求，共享社会主义现代化国家建设成果。

（三）国家治理的基层治理研究

"基础不牢，地动山摇。"基层治理是国家治理的基础性工程，也是国家治理效能在国家治理体系第一线最直接的反映。2021 年度，基层治理仍然是国家治理相关研究中的热点议题，并就党建引领基层治理、乡村治理和城市社区治理等问题，开展了丰富研究，形成了新的理论生长点。

---

① 谢华育、孙小雁：《共同富裕、相对贫困攻坚与国家治理现代化》，《上海经济研究》2021
  年第 11 期。
② 陈健：《全面建设社会主义现代化国家视域下相对贫困治理研究》，《云南民族大学学报（哲
  学社会科学版）》2021 年第 1 期。
③ 谢华育、孙小雁：《共同富裕、相对贫困攻坚与国家治理现代化》，《上海经济研究》2021
  年第 11 期。
④ 谢华育、孙小雁：《共同富裕、相对贫困攻坚与国家治理现代化》，《上海经济研究》2021
  年第 11 期。

1. 党建引领基层治理研究

党建引领基层治理研究，在党的十八大以来全面从严治党态势下，已成为基层治理研究的首要议题。2021年，围绕党组织在基层体系中的定位与功能、党组织在基层发挥统领作用过程中存在的问题，相关研究取得了新的进展。

第一，党组织在基层体系中的定位与功能研究。有学者提出，政党重塑基层是我国基层社会治理的独特优势。面对当前社会治理的复杂性，基层党建创新通过体系重塑、平台再造、方法变革等内容，"以价值引领为基本政治本色、以技术融合为突出时代特色、以优化治理为鲜明服务亮色，通过组织提质增效和技术赋能实现党建对基层社会治理的重塑。"① 还有学者提出，党建引领突破了传统多元共治理论，注重综合性治理逻辑的"党领共治"的基层社会治理模式，"一方面强调由党直接划定红线，明确红线所在的政治化逻辑；另一方面则力图建立调整治理边界的行政化逻辑，在红线以内实现基层社会的多主体共治。"②

第二，党建引领基层治理的新问题研究。有学者提出，当前基层治理中，要警惕基层治理"伪创新"。所谓"伪创新"，指的是基层创新实践中存在"追求名词标新忽视实质行动、追求经验移植忽视回应需求、追求局部亮点忽略科学统筹和追求政绩邀功忽视持续发展"等现象，要警惕基层治理现代化进程中的偏差行为，"破解伪创新困境，还需完善基层创新的制度调适、优化基层创新的生态环境、构建基层创新容错纠错机制"③。因此，要通过党建引领多元共治的方式，吸纳和整合创新力量参与基层治理实践，提高基层治理能力与创新水平。

---

① 邓正阳、向昉：《从政党重塑基层：党建创新引领基层治理的实践透视》，《社会主义研究》2021年第5期。

② 朱健刚、王瀚：《党领共治：社区实验视域下基层社会治理格局的再生产》，《中国行政管理》2021年第5期。

③ 姜晓萍、吴宝家：《警惕伪创新：基层治理能力现代化进程中的偏差行为研究》，《中国行政管理》2021年第10期。

2. 乡村治理研究

乡村治理是国家治理现代化的关键环节，是基层治理的重要内容。当前乡村治理存在诸多问题，"包括治理主体力量单一、治理体制机制不完善、治理方式和手段落后、治理资金和公共服务供给弱等"①。对此，2021 年相关研究着重围绕乡村治理的问题给出不同的对策和建议。

第一，乡村治理的自治性研究。我国宪法规定，农村"两委"是群众自治性组织。然而，如何提高乡村治理的自主性，从而调动农民参与治理的积极性，并扩大乡村治理的制度空间呢？有学者认为，"推进乡村治理现代化，需激活基层治理的自主性，将国家能力转化为基层治理能力，实现国家治理与基层治理的相互强化，避免国家治理消解基层治理。"② 完善乡村基层治理的制度机制，能够推动解决治理中存在的制度性问题和障碍，但过分强调制度化建设容易导致基层自治的空间被压缩，因此需要体制机制的创新。

第二，乡村治理的制度模式研究。有学者提出，现代化要求改良乡镇权力运行模式，优化权力配置，要走出行政权集中化配置的单一路径，要"提高行政权的合理化能力，实现行政权上收与合理化能力的匹配"③，避免行政消解自治，激发乡村基层治理活力。有学者从乡镇一线治理的角度研究乡村治理现代化的实现路径，认为要实现"行政授权与政治控权的有机结合和一线治理与乡镇调度的有机结合"④，设立一线组织，调动一线干部的积极性，提升乡镇治理效能。

第三，乡村治理的能力研究。有学者提出，要提升乡村治理的能力，就必须打造乡村特色治理模式，因地制宜，不能用城市治理模式来改造乡村，

---

① 李红娟、董彦彬：《中国农村基层社会治理研究》，《宏观经济研究》2021 年第 3 期。

② 桂华：《迈向强国家时代的农村基层治理——乡村治理现代化的现状、问题与未来》，《人文杂志》2021 年第 4 期。

③ 仇叶：《行政权集中化配置与基层治理转型困境——以县域"多中心工作"模式为分析基础》，《政治学研究》2021 年第 1 期。

④ 褚明浩、刘建平：《乡镇一线治理：乡村治理现代化的实践路径》，《中国行政管理》2021 年第 4 期。

要重视"熟人社会"的乡村文化和乡村秩序，并以此为基础，"从完善农村自治治理体系、加快农村法治建设进程、补齐农村公共服务短板、创新农村经济发展模式、构建农村社会共治格局来进行规划设计和改革创新突破"[1]，进而充分调动乡村内生治理能力的发挥，全面提升乡村治理能力建设。

3.城市社区治理研究

当前，我国城镇化率已经接近发达国家水平，这从根本上决定了城市社区治理研究已成为基层治理研究中重点。2021年，围绕多元主体协同性治理、服务体系和服务能力建设、"五治"融合等议题，城市社区治理研究内容进一步丰富和拓展。

第一，城市社区治理的多元主体协同性治理研究。有学者提出，"治理主体与治理中心的多元化成为基层建设的内在要求，强调整合与融合，而不是职能分立、功能分化"[2]，即在党的领导下，坚持以人民为中心，实现多元主体的平等有序参与和治理力量的整合与融合，解决基层治理碎片化的困境。有学者认为，从社区治理需求入手，"打破政府、市场、社区、社会组织和居民在社区治理中的互相割裂状态，通过社区治理共同体建设聚集不同主体力量，以合作共赢为抓手，共同推进社区公共事务的解决。"[3]还有学者认为，在城市社区治理中要实现"三社联动"，"在社区营造良好的多主体治理氛围，激发并提升社会组织的治理能力，提高社会工作者的专业化水平，实现社区治理的多主体化和专业化。"[4]

第二，城市社区服务体系和服务能力建设研究。针对社区"权小责大"的情况，有学者提出，社区治理要坚持以人民为中心的根本坐标，"不断

---

① 李红娟、董彦彬：《中国农村基层社会治理研究》，《宏观经济研究》2021年第3期。
② 李锦峰、俞祖成：《现代城市化的"反向运动"与基层治理的中国逻辑——基于上海创新社会治理实践的理论思考》，《政治学研究》2021年第1期。
③ 张艳、曹海林：《社区治理共同体建设的内在机理及其实践路径》，《中州学刊》2021年第11期。
④ 刘伟、刘远雯：《治理重心下沉的困局及其突破路径——以武汉市基层新冠肺炎疫情防控工作为例》，《上海行政学院学报》2021年第5期。

强化社区服务体系建设，提高社区服务社区居民的能力和水平，努力让社区居民在享受到方便快捷舒心的生活生产服务中增强对社区的向心力和认同感。"① 还有学者提出，要破解城市社区治理困境，应"推动社区公共服务资源的精准化供给，提升公众满意度"②，形成社区公共服务需求精准识别机制、制定需求清单、精准配置供给主体和建立绩效评价机制。对于强化社区工作队伍建设，要"提高招聘要求、组织技能培训、实施职业规划与激励政策都是建立专业化社区工作队伍的有效途径"③。以需求为导向，优化社区服务供给，在提升社区认同感和凝聚力中推动形成城市社区治理共同体。

第三，社会治理的"五治"融合研究。在多元化治理背景下，推进政治、自治、法治、德治和智治的"五治"融合是推进基层治理现代化的有效途径。有学者认为，我国基层社会的自治传统"在新的历史时期得到革命性转化和创新性发展，在基层治理中发挥基础性、独特性作用"④；法治"具有保障权利、规范行为、协调利益、定分止争、维护公平正义、促进和谐稳定的功能"，为基层治理提供最基本的秩序保障；"德治尤其能够最大限度实现城市治理对技术理性的超越"⑤，符合现代城市治理逻辑，有利于城市公共精神的塑造，形成更加广泛的政治认同；而在信息时代，"智治"在现代化的城市社区治理中发挥着越来越重要的作用，通过"互联网＋基层治理"，提升社区网格化治理效能，高效、精准解决治理问题。

---

① 龚维斌：《"十四五"时期推进基层治理现代化研究》，《中国特色社会主义研究》2021年第4期。

② 陈秀红：《城市社区治理的制度演进、实践困境及破解之道——"十四五"时期城市社区治理的重点任务》，《天津社会科学》2021年第2期。

③ 张艳、曹海林：《社区治理共同体建设的内在机理及其实践路径》，《中州学刊》2021年第11期。

④ 龚维斌：《"十四五"时期推进基层治理现代化研究》，《中国特色社会主义研究》2021年第4期。

⑤ 李锦峰、俞祖成：《现代城市化的"反向运动"与基层治理的中国逻辑——基于上海创新社会治理实践的理论思考》，《政治学研究》2021年第1期。

三、国家治理的前沿问题研究

当前，互联网、大数据、人工智能等数字技术日益成为国家治理研究的前沿问题。2021 年，围绕数字政府治理、网络空间治理和疫情常态化时期公共危机治理等三大命题，国家治理的前沿问题研究形成了新的理论生长点。

（一）数字政府治理研究

近年来，数字政府治理研究成为国家治理中观研究——即关于政府治理研究的重要议题。其关键是，在社会中主义市场经济体制所要求的服务型政府建设过程中，如何通过数字建设实现政府治理从传统"管理"到现代"治理"的真正转型？ 2021 年，在数字政府建设，以及当前数字技术运用带来的技术和伦理风险两个方面，数字政府治理研究取得了新的进展。

1.数字政府建设研究

数字技术革命、政务平台建设和治理理念革新是加强数字政府建设、推动政府治理现代化的必由之路。

第一，数字技术革命推动政府治理向数字化转型。推进政府治理与数字技术深度融合，是提升政府治理水平和治理效能的有效途径。有学者认为，要认识到数字经济作为新的经济形态，对当前社会生产关系产生了深刻影响，"数字技术作为一种新兴技术正在极大地推动生产力的发展和生产关系格局的重塑，并由此对包括国家治理体系在内的上层建筑提出了新的要求"[1]，给传统的国家治理带来了诸多挑战。有学者认为，当前政府治理正在从信息化向数字化、智能化迈进，在第四次工业革命背景下，"以智能技术为支撑，以'数据＋算力＋算法'为动能，增强了政府运作的前瞻性与

---

[1] 尹振涛、徐秀军：《数字时代的国家治理现代化：理论逻辑、现实向度与中国方案》，《政治学研究》2021 年第 4 期。

智能化"，计算式治理成为了政府治理的新范式，"创新了政府决策方式、公共服务供给机制和应急管理模式，进而提升国家的信息能力"[1]。还有学者认为，要从智能化时代背景切入，"数字治理理论继承和发展了信息化时代的整体性治理理论，通过数据赋能智能化时代政府的理念建构、数据共享、服务供给与科学决策，最终实现精准、高效的公共治理"[2]，政府权力从国家向网络转移，治理的互动性和参与性提高，数字技术革新有力推动了现代政府治理转型。

第二，数字政务平台是数字政府治理的重要工具。数字政务平台作为数字政府治理的工具和载体，平台建设是数字政府建设的重中之重。在传统"互联网＋政务"的基础上，融合数据、云计算、人工智能等新技术，凸显智能化的特点，数字政务平台的深度和广度不断拓展，承担了越来越多的治理功能。有学者认为，"在智能化时代，数字政府通过打造一体化一站式的服务平台，形成线上线下一套服务标准和一个运行系统"[3]，通过平台整合和共享数据资源，提高服务的精准性和协同性。有学者认为，平台驱动的数字政府正在从服务走向治理，"主张公众、企业和社会组织等多元行动者参与到'平台驱动的数字政府'建设进程中，共推数字政府的公共价值"[4]，以社会需求为导向，突破了传统的管理服务模式，优化平台资源供给，通过引导多主体、多平台协作实现协作式治理。还有学者提出了未来电子政务的"五个一"新模态，即"坚持法治思维，创新新时代公共参与模式与机制，采纳应用信息技术对政府组织、职能、流程重塑再造，打造形成一个整合的无缝

---

[1] 阙天舒、吕俊延：《智能时代下技术革新与政府治理的范式变革——计算式治理的效度与限度》，《中国行政管理》2021 年第 2 期。

[2] 沈费伟、诸靖文：《数据赋能：数字政府治理的运作机理与创新路径》，《政治学研究》2021 年第 1 期。

[3] 沈费伟、诸靖文：《数据赋能：数字政府治理的运作机理与创新路径》，《政治学研究》2021 年第 1 期。

[4] 李辉、张志安：《基于平台的协作式治理：国家治理现代化转型的新格局》，《新闻与写作》2021 年第 4 期。

隙的智慧政府运行新模式"①。将信息技术嵌入数字政府建设，强化服务协同与公共参与，充分发挥电子政务平台的政府治理效能。

2. 技术和伦理风险研究

数字治理是一把双刃剑，在推动治理水平现代化的同时，也带来了潜在的技术和伦理风险。因此，有学者提到了数字治理应用需要得到有效规制的问题。

第一，把握数字治理限度，防止技术异化。数字技术不能无限扩张，进入国家治理领域应有一定的限度。有学者认为，"新技术革命给人类社会运行带来效率提升，但也冲击着个人生活与社会经济的传统规则与秩序，给人类带来新的社会矛盾和问题。"② 如新冠肺炎疫情防控期间的大数据的采集和运用保证了防疫工作的顺利推进，但某些未经同意的采集也可能导致公民的个人隐私空间遭到侵蚀。还有学者认为，需要把握计算式治理的限度，"以智能技术为支撑的计算式治理，可能会在隐私、活力以及认同方面分别对个人、社会与国家造成侵犯。"③ 忽视人的能动性，任由冰冷的数据和算法操控国家和社会，会消解社会公正与价值伦理。因此，要追求技术向善的伦理价值立场，防止陷入技治主义的窠臼，尊重人的价值优先性。

第二，防止不均衡的数字权力冲击社会公平。数字技术的复杂性和公民对技术的未知性，可能会使数字技术成为一种隐蔽的权力，占有数字技术和数字资源在一定程度上就拥有了控制社会的权力。有学者认为，"现代数字技术所形成的权力背后将会是非均衡性的社会参与，是一种数字不平等。"④

---

① 翟云：《"十四五"时期中国电子政务的基本理论问题：技术变革、价值嬗变及发展逻辑》，《电子政务》2021 年第 1 期。

② 崔林、尤可可：《支撑、协同与善治——新时代国家治理体系中技术要素的功能研究》，《新闻与写作》2021 年第 4 期。

③ 阙天舒、吕俊延：《智能时代下技术革新与政府治理的范式变革——计算式治理的效度与限度》，《中国行政管理》2021 年第 2 期。

④ 沈费伟、诸靖文：《数据赋能：数字政府治理的运作机理与创新路径》，《政治学研究》2021 年第 1 期。

技术水平可能会制约政府治理中的主体参与。有学者指出，"在大数据时代，技术更成为影响主体参与数据共享行为的关键。"① 技术不健全、专业化程度不高、区域发展不均衡会导致数据共享不畅通，使治理效果大打折扣。还有学者认为，互联网的初心是以自由、平等、创新的价值内核"赋予每一个普通人获取和传递信息的渠道，进行社会交往、参政议政、创新创造等活动"②。数字政府的建设要坚持以人为本的伦理关怀，警惕落入市场化话语，明确权责边界，以协同机制打破数据壁垒，调动多方社会力量的参与，提高数字政府治理水平。

（二）网络空间治理研究

网络空间治理是国家治理的前沿热点问题之一。网络社会的出现扩展了国家治理的场域，是超越了传统意义的时间与空间的社会结构。2021 年，在网络舆情治理和网络意识形态治理方面，网络空间治理研究取得了新的进展。

1. 网络舆情治理研究

网络舆情是网络社会的晴雨表，对政府决策和互联网生态有重要影响。在处理不当的情况下，舆情事件可能演化为冲突事件，导致治理风险和治理危机，而得到正确处理和解决的舆情事件则能成为民意沟通的窗口，从而提高政府公信力，有效促进治理效能的提升。

第一，强调党对网络空间治理的领导。有学者认为，党的领导是我国网络舆情治理的优势，显示出了高超的领导能力和治理水平，"中国共产党通过调动多元主体，引导有序互动和激活社会力量，从而实现网络治理多元主体共建良好网络生态的目标。"③

第二，治理工具创新是网络舆情治理的创新路径。有学者认为，网络舆

---

① 李珽：《协同视角下政府数据共享的障碍及其治理》，《中国行政管理》2021 年第 2 期。

② 崔林、尤可可：《支撑、协同与善治——新时代国家治理体系中技术要素的功能研究》，《新闻与写作》2021 年第 4 期。

③ 黄楚新、曹曦予：《论中国共产党的网络治理领导能力》，《科技与出版》2021 年第 7 期。

情治理工具是"以政府为主导的公权力主体为实现网络舆情贴合秩序状态而采取的各种方法、手段和实现机制"，实现网络舆情善治需要"基于治理工具创新推动治理主体、理念、模式和内核的全方位变革"①。

第三，智能化背景下网络舆情治理面临更多风险与挑战。有学者认为，大数据与人工智能背景下的网络舆情治理存在舆情监测盲区、舆情预测复杂、虚假舆情和信息伦理风险等问题，因此需要"优化技术升级，推进网络舆情治理综合化技术发展；完善舆情治理法制和理念，实现舆情数据管理应用机制升级；壮大人才队伍，培养复合型舆情治理专业人才；加强平台自律，提升公众的网络媒介素养和算法素养"②。把握技术革新趋势推动治理工具创新，优化网络舆情治理方式，营造良好的网络舆情氛围。

2. 网络意识形态治理研究

意识形态工作是党的一项极端重要的工作。意识形态关乎旗帜、关乎道路、关乎国家政治安全。随着大数据的发展，网络日益成为意识形态工作的重要阵地，由此网络意识形态治理是网络空间治理中的重中之重。由于互联网的多元性和隐匿性特征，尤其是在算法推荐等大数据背景下，很容易落入资本逻辑、科学技术逻辑的陷阱，从而使意识形态边缘化、极化，从而消解主流意识形态，带来价值观认同的危机。对此，学者主要从网络意识形态治理的对策建议方面进行了新的研究。

第一，加强网络意识形态治理是必然趋势。有学者认为："鉴于网络空间多元主体参与、多样价值取向、多种传播渠道、舆论走向多变的时代表征，网络意识形态工作必须具备全局性眼光，从'治理'视角创新网络意识形态工作的方式方法。"③

---

① 任昌辉、巢乃鹏：《我国政府网络舆情综合治理创新路径研究：基于治理工具论的分析视角》，《电子政务》2021 年第 6 期。

② 李明德、邝岩：《大数据与人工智能背景下的网络舆情治理：作用、风险和路径》，《北京工业大学学报（社会科学版）》2021 年第 6 期。

③ 郝保权：《网络意识形态治理新趋势》，《马克思主义研究》2021 年第 1 期。

第二，掌握网络意识形态主导权，强化网络安全建设。有学者认为，掌握意识形态主导权就是守护国家主权和政权，要"强化战略部署，牢牢掌握网络意识形态工作的领导权、管理权和话语权"①。网络重组时空和资本，谁掌握了网络话语权，谁就掌握了控制价值观念和群众的能力。应对网络意识形态斗争，要"拓宽战场视野，协调网上和网下两个阵地，统筹国内和国际两个战场"②，以正面思想占领网络阵地，在世界范围内构建起意识形态宣传话语体系，避免资本入侵主导舆论。

第三，完善网络意识形态治理体系和治理能力。有学者提出，要构建系统化的网络意识形态治理制度，"需要落实意识形态工作责任制，压实工作重点；加大法律制定实施力度，构建法治网格；聚力科学制度规范体系建设，注重全面协调。"③还有学者认为，"构建'党政主导—社会协同—法治保障—技术支持—科学评价'于一体的网络意识形态治理体系，发挥立体互动、协同运作、综合施策的体系优势，全面提升网络意识形态治理能力的现代化水平。"④

（三）疫情常态化时期公共危机治理研究

当前，应对新冠肺炎疫情从突发应急已转入常态化应对时期。这一常态化应对疫情阶段，对公共危机治理提出了新的要求。2021 年，围绕应对公共危机的大数据方式方法拓展，以及应急管理体系和能力建设加强这两个方面，疫情常态化时期公共危机治理研究的内容进一步拓展。

---

① 聂智、肖皓文：《"坚决打赢网络意识形态斗争"——学习习近平关于网络意识形态工作的重要论述》，《思想教育研究》2021 年第 8 期。

② 聂智、肖皓文：《"坚决打赢网络意识形态斗争"——学习习近平关于网络意识形态工作的重要论述》，《思想教育研究》2021 年第 8 期。

③ 张翼、崔华华：《新时代网络意识形态治理体系现代化论析——学习习近平新时代网络意识形态工作重要论述》，《社会主义研究》2021 年第 3 期。

④ 郝保权：《网络意识形态治理新趋势》，《马克思主义研究》2021 年第 1 期。

1. 疫情常态化时期大数据应用方式的拓展应对公共危机

第一，全新的"技术赋能"应对公共危机。面对全球性的新冠肺炎疫情危机，我国主张政府采取积极的防疫政策，要以数字技术赋能应对公共危机治理的复杂性和不确定性。有学者认为，"积极型政府主张引入新兴的信息技术与信息系统来治理公共危机，通过技术赋能以强化政府在危机周期中的感知能力、决策能力与执行能力，进而提升政府的危机治理水平"[①]，从而将政府治理的积极性和数字化技术的精确性结合起来，实现治理与技术的平衡和超越，提高危机治理水平。还有学者指出，作为疫情防控的前沿阵地，社区利用数字技术进行"智能化"排查，"依托'线上体温自测上报系统'及'健康码'等数字技术的应用，搭建了'大数据＋网格化'模式，通过数据比对、卡口过滤、网格兜底的完整程序，对辖区内密切接触者、疑似患者和企业复工复产等人员进行精确筛查"[②]，将新型治理技术和常规治理模式相结合以应对复杂多变的公共危机。但大数据等数字技术的运用亟须提高技术平台的集约化水平，培养"数字人才"，重视技术安全和技术伦理，避免技术治理悬浮。

第二，网络的"合作治理"应对公共危机。信息技术应用已经嵌入疫情常态化时期的国家治理，极大提高了公共危机治理的时效性和灵活性。有学者提出，疫情常态化时期的国家治理要借助大数据、互联网等治理技术，构建起一套从中央到地方政府再到基层的纵向治理体系，"完善'上下互通'的创新型合作治理网络"[③]，以降低治理时间成本，提高应对公共危机的弹性治理、韧性治理能力。还有学者指出，现代信息技术发展要求政府治理重构一种新型网络化格局，从而全面提高公共危机下的政治动员能力。例如，

[①]　曾智洪、游晨、陈煜超：《积极型政府数字化危机治理：动员策略与理论源流——以抗击新冠肺炎疫情为例》，《电子政务》2021 年第 3 期。

[②]　陈涛、罗强强：《韧性治理：城市社区应急管理的因应与调适——基于 W 市 J 社区新冠肺炎疫情防控的个案研究》，《求实》2021 年第 6 期。

[③]　臧雷振、刘彦：《后疫情时代国家治理与社会治理的内在张力及有效衔接》，《天津社会科学》2021 年第 1 期。

"技术现代化通过发挥其在国家治理的信息共享、业务整合、流程重塑等方面的内在优势，成为提升国家纵向治理效能的重要手段"①，从而形成一套权威性与自发性相结合、自上而下的统一协调部署和自下而上的积极响应相结合的全新网络"合作治理"机制，突破传统科层压力结构的局限性。

2. 疫情常态化时期应急管理体系和能力建设

完善应急管理体系和应急管理能力是后疫情时代推进国家治理现代化的必然要求。有学者指出，"应急管理作为国家治理现代化的组成部分，承担着防范化解重大安全风险的重要职责，担负着保护人民群众生命财产安全和维护社会稳定的重要使命。"②

第一，应急管理体系建设要把常态化治理和应急管理相结合。有学者以一个中国超大城市的疫情治理为例，认为"以主动防控、科学防控、精准防控构建常态化防控体系，采取'动态清零'策略，实现疫情防控和城市经济社会运行均衡治理"，即"一是合理平衡风险概率与防控成本的'经济性均衡'；二是刚性防控手段与柔性管理服务的'合法性均衡'；三是动态统筹疫情、经济与生活的'调适性均衡'"③。以科学化治理理念主动适应疫情发展的新形势，在做好常态化疫情防控的同时，尽量保持经济社会常态化运行，提高重大危机中的风险管控和应急响应能力，减少地方疫情防控的损失和代价。

第二，以科技赋能强化应急管理体系建设。新兴技术的综合运用在突发公共卫生事件应急管理中体现出了巨大优势。有学者指出数字技术对提高应急管理能力的重要性，"大数据、云计算、人工智能等技术在抗击新冠肺炎疫情过程中尤其在疫情监测、病毒溯源、流行病学调查、密接排查、资源

---

① 张贤明、张力伟：《国家纵向治理体系现代化：结构、过程与功能》，《政治学研究》2021 年第 6 期。

② 金红磊：《应急管理能力建设与国家治理能力现代化》，《人民论坛》2021 年第 10 期。

③ 高恩新：《均衡治理：常态化疫情防控何以成功？——一个中国超大城市的疫情治理样本》，《公共管理学报》2022 年第 1 期。

调配、远程诊疗等方面发挥了无可比拟的技术优势。"① 还有学者提出，要升级智慧应急制度，"在信息化、网络化、智能化条件下，传统的人防、物防、技防为主要手段的应急管理越来越不适应万物互联互通的需要，亟待向智慧应急转变，打造公共安全治理的升级版"②，充分利用信息技术完善应急管理信息系统，提高应急管理的信息化、智慧化水平。

第三，以法治推进应急管理体系建设。有学者提出，应通过完善立法，以法治化路径推动应急管理体系建设。例如，《中华人民共和国突发事件应对法》存在诸多矛盾和问题，应当将其全面修改为应急管理法，以此协调和统领各应急管理单行法，同时制定一部严格意义上的紧急状态法，以解决我国紧急状态立法缺位的问题③，以法治破解应急管理的体制机制障碍，提高应急管理体系和应急管理能力。还有学者指出，"进一步完善《国家突发公共卫生事件应急预案》制定工作，增强预案的针对性和操作性，并定期进行系统实战演练，提升应急响应能力"④，在此基础上通过出台配套实施条例、增强执法力度、提高执法人员素质、开展法律宣传等有效手段保障法律的落实。

总体上看，2021 年国家治理体系和治理能力现代化相关研究，仍处于重要转型时期，突出体现为三个方面的转变：（1）基本理论问题研究由基础性的元概念向多样化的理论延展与争鸣转变，如由国家理论延伸到对功能分析、国体性质研究的多元化，制度现代化与四个现代化之间的关系争鸣，以及国家治理现代化多视角的比较研究。（2）现实问题研究由基础性政策研究向分领域的对策性政策研究以及全新历史方位的实践性问题导向研究转变，如按照"五位一体"总体布局和全面深化改革总体目标诸方面的政策演变，

---

① 王红伟：《我国突发公共卫生事件应急管理体系建设研究》，《卫生经济研究》2021 年第 9 期。

② 代海军：《突发事件的治理逻辑及法治路径——以新冠肺炎疫情防控为视角》，《行政法学研究》2021 年第 2 期。

③ 代海军：《突发事件的治理逻辑及法治路径——以新冠肺炎疫情防控为视角》，《行政法学研究》2021 年第 2 期。

④ 金红磊：《应急管理能力建设与国家治理能力现代化》，《人民论坛》2021 年第 10 期。

以及消除绝对贫困、全面建成小康社会的全新历史方位所产生的新问题进行研究。（3）前沿问题研究由大数据政治学的宏观研究向数字化治理的中观研究转变，如数字政府治理、网络空间治理等中观研究新议题。

可以预见，随着全面开启社会主义现代化建设新征程，未来国家治理研究，将继续沿着基本理论问题多元性、现实问题实践性和前沿问题精细化的方向衍进，为实现国家治理体系和治理能力现代化这一全面深化改革总目标作出应有理论贡献。

（执笔人：冉昊）

分报告十二：关于科学社会主义基本理论的研究

2021 年欣逢中国共产党百年华诞，回首百年峥嵘岁月，中国共产党的百年奋斗史就是一部科学社会主义理论在中华大地指导实践的历史。一百年来，中国共产党始终坚持科学社会主义基本原则，把马克思主义基本原理与中国具体实际相结合，带领全国各族人民进行社会主义的探索和实践，不断丰富和发展了科学社会主义。面向未来，科学社会主义必将在 21 世纪的中国焕发强大的生机与活力，这就需要学术界不断深化对于科学社会主义基本理论问题的认识，推动中国特色社会主义的发展迈向新的高度。2021 年，学界对于科学社会主义基本理论的研究主要围绕以下四个方面：第一，深入阐释科学社会主义经典著作的当代价值。第二，进一步认识社会主义发展的基本规律。第三，深化"什么是社会主义，怎样建设社会主义"这一基本问题的研究。第四，围绕国家、政党与现代化问题展开的相关研究。

一、进一步认识社会主义发展的基本规律

怎样认识社会主义？社会主义的发展方向是怎样的？社会主义为什么必然代替资本主义？这些都属于科学社会主义基本理论问题的研究范畴。2021年，学术界关于进一步认识社会主义发展规律的问题大多围绕马克思主义大历史观、社会主义发展的阶段性特征以及社会主义代替资本主义的历史必然性这三方面展开研究。

（一）马克思主义大历史观

大历史观是一种历史方法论，是指将具体历史事件置于广袤的历史长河

中进行分析，全面系统地把握历史演变机理，探究历史发展规律，科学地指导实践。习近平总书记顺应时代发展和实践需求，明确提出了树立大历史观的要求。马克思主义运用大历史观，从宽广的历程视野维度深刻分析社会历史与社会运动，从而揭示人类社会发展的基本规律。马克思主义大历史观是对历史唯物主义的运用和发展，为我们进一步认识社会主义发展规律提供科学的思想方法。

运用历史唯物主义大历史观是对历史虚无主义进行学理性批判的重要方法。有学者在揭露历史虚无主义的唯心主义历史观本质的基础上，指出历史虚无主义是人为割裂历史发展的前后联系，是对于历史的客观事实的人为忽视。这是缺乏历史研究的大历史观的一种表现，需要运用历史唯物主义大历史观深刻批判历史虚无主义的片面性，从而正确地认识和把握历史的发展进程。[①] 只有通过大历史观的研究视角，从历史本体论、历史认识论、历史方法论这三个维度构建对历史虚无主义的批判路径，以实践本体论驳斥思维本体论、以总体原则论驳斥抽象认识论、以动态过程论批判静态历史观，这样才能真正触及本质问题，加强批判的理论深度。[②] 还有学者特别强调，大历史观将历史事件置于广袤的历史长河中来考察其来龙去脉，重视事物发展的客观规律性、连续性与阶段性，反对历史虚无主义对事件的虚假编纂。因此，只有从大历史观的视角出发，以翔实的史料来支撑历史，从历史事件发生的环境与因素中去考察历史，避免从定义与教条出发对历史事件进行剪裁，还原历史的本来面目，才能使人们作出合乎历史实际的理性判断与客观分析。[③]

还有研究对大历史观在新时代的内涵作出了概括。有学者指出，大历史

---

① 刘亚男、王振波：《历史虚无主义对历史和人民"四个选择"的全面解构及其治理路向》，《思想教育研究》2021 年第 1 期。

② 吴争春、靳芳菲：《大历史观视域下对虚无主义抗战史观的三重批判》，《湖湘论坛》2021 年第 6 期。

③ 路宽：《大历史观的理论内涵与思想价值》，《科学社会主义》2021 年第 1 期。

观是指在历史长程中看待问题，在经济文化社会的广覆盖中、在国际的宽视野中看问题。既要展现事物的多面性，又要注意不可以偏概全，最终彰显其整体性面貌。① 有研究者认为，坚持历史唯物主义大历史观重在做到三点：第一是长时段；第二是宽视野；第三是深层次。② 大历史观除了具有长时段、宽视野、深层次等特点外，在新时代还具有如坚持党的领导、坚持实事求是、坚持知行合一、坚持人民至上、坚持唯物辩证法这五大鲜明特征。③ 还有学者强调，把握大历史观需要从时间的长时段、空间的广视野进行入手，因为历史事件是在时间、空间、主客观方面普遍联系的，并不是孤立存在的。④ 由此可见，学者们在定义大历史观时普遍认为长时段和宽视野是大历史观的显著特征。长时段是从时间维度的考量，它构成了历史发展的纵轴。宽视野是从空间维度的考量，它构成了历史发展的横轴。横纵交叉，就构成了历史事件的具体坐标。大历史观就是在时空交叉的网络中探寻历史的原本面目，在整体性中把握微观事件的历史意义。

大历史观具有丰富的价值意蕴，学者们对此进行了理论与实践两个方面的阐释。从实践上来说，在世界百年未有之大变局和中华民族伟大复兴战略全局深度交叉的大背景下，我们需要大历史观的方法论指引，从历史的长河中把握时代的脉搏与分析演变的内在机理，总结历史发展的规律，这样才能于变局中开创新局。⑤ 从理论上来说，马克思主义大历史观充满着真理的力量。大历史观帮助我们把握历史趋势、总结历史教训、掌握历史规律、抓住历史机遇、增强历史自信。⑥

---

① 杨凤城：《以大历史观统领中共党史教育与教学》，《思想理论教育导刊》2021 年第 4 期。
② 高长武：《以历史唯物主义的大历史观看待中国共产党的 100 年》，《党的文献》2021 年第 4 期。
③ 许先春：《马克思主义大历史观初探》，《当代世界与社会主义》2021 年第 2 期。
④ 肖鹏：《运用大历史观认识中国共产党百年历史——学习习近平〈论中国共产党历史〉》，《世界社会主义研究》2021 年第 5 期。
⑤ 谢伏瞻：《在把握历史发展规律和大势中引领时代前行——为中国共产党成立一百周年而作》，《中国社会科学》2021 年第 6 期。
⑥ 许先春：《马克思主义大历史观初探》，《当代世界与社会主义》2021 年第 2 期。

如上所述，2021 年学术界关于马克思主义大历史观的研究主要从运用马克思主义大历史观深刻批驳历史虚无主义、大历史观在新时代的内涵解读以及大历史观的价值意蕴这三方面开展研究。大历史观是我们观察分析社会历史所必须坚持的方法论，是对历史唯物主义的运用与发展，为我们研究中国问题提供时空视野与理论指导。马克思主义大历史观是批判历史虚无主义的思想武器，对历史虚无主义的旗帜鲜明地反对在当今不仅仅是一个政治问题，也是一个重要的理论问题。对历史虚无主义的批判需要建立在对唯物史观的深刻研究基础之上，这样才能从学理的高度认清历史虚无主义的本质，真正做到用学术讲政治。关于大历史观的内涵问题，学者们普遍认为长时段和宽视野是大历史观的显著特征。长时段是对历史发展纵向在时间维度上的考量，宽视野是对历史发展横向的在空间视野上的考量。纵向的时间维度是梳理事件发展的历史脉络，而横向的空间维度旨在把握该历史事件和与之相联系的不同地区与民族的相互关系。横纵交叉就构成了该历史事件在时空维度的具体坐标。至于大历史观的价值意蕴研究，学术界注重理论与实践相结合的方法，既对大历史观的真理性力量给予高度评价，又对树立大历史观对处理中国与世界的关系的积极影响给予总结。总体上来说，2021 年马克思主义大历史观的研究是科学社会主义学界的一大热点问题，学者们的研究既追溯了马克思主义经典作家对大历史观的理解与运用，又结合新时代对大历史观的内涵和意义作出了详尽分析。未来的研究可以基于大历史观的视野对中国问题作出更为学理性的分析。

（二）社会主义发展的阶段性

社会主义发展的历史进程呈现阶段性的特征。马克思主义经典作家就对人类社会发展阶段和共产主义社会发展阶段进行了科学分析，中国共产党在革命、建设、改革中，根据经济社会发展的历史条件的变化，对中国社会主义发展阶段进行不断探索。对本国所处的历史方位的准确把握是党制定战略方针政策的基本遵循。党的十三大报告在论述社会主义初级阶段内涵时强调，社会主义初级阶段"不是泛指任何国家进入社会主义都会经历的起始阶段，而是特指我国在生产力落后、商品经济不发达条件下建设社会主义必然要经历的特定阶段。"社会主义初级阶段理论的提出标志中国共产党对于社会主义发展规律认识的深化，是中国共产党对科学社会主义理论作出的新贡献。

党的十九届五中全会提出我国进入了新发展阶段的论断，有研究对社会主义初级阶段与新发展阶段的辩证关系进行分析。有学者运用质量互变规律进行阐释得出新发展阶段是接近质的飞跃的量变过程。一方面，新发展阶段本身没有并发生根本的质的变化，新发展阶段仍然从属于社会主义初级阶段。另一方面，新发展阶段呈现出了在总体量变中产生了阶段性质变特征，这表明新发展阶段是站在较高起点上的一个阶段。[1] 有学者指出，新发展阶段是社会主义初级阶段向更高阶段发展的一个充分准备的阶段，是社会主义初级阶段站在新的起点上进一步发展和提升的更高阶段。新发展阶段仍然处于社会主义初级阶段的大的历史范畴之内，与 1956 年我国进入社会主义初级阶段的初始时期、与 1978 年改革开放开启时期所具有的不同之处，体现了社会主义发展过程中的连续性与阶段性的统一。[2] 还有研究者对新发展阶段与新时代的关系进行了辨析。新时代包括了全面建成小康社会阶段与开启社会主义现代化建设阶段。新时代进入新发展阶段的起点是在全面建成小康社会之后，因此从时间维度对新发展阶段的定义就是全面建成小康社会之后新时代的新阶段。[3] 相关研究还指出，从社会主义初级阶段来看，新发展阶段是实现开启社会主义现代化建设的全新阶段。[4]

关于社会主义初级阶段的划分问题也是一大研究主题。有学者指出，我国社会主义初级阶段可以分为社会主义建设阶段和改革开放阶段。改革开放

[1]　双传学：《唯物辩证法视域下新发展阶段的历史方位探析》，《中国特色社会主义研究》2021年第 4 期。

[2]　赵学琳：《新发展阶段的历史性及其超越》，《马克思主义研究》2021 年第 10 期。

[3]　魏志奇：《新发展阶段：科学内涵、主要特征与重大意义》，《科学社会主义》2021 年第 3 期。

[4]　朱厚敏：《中国共产党对社会主义发展阶段的认识深化》，《科学社会主义》2021 年第 1 期。

阶段还可以划分为两个阶段，以全面建成小康社会作为标志性事件。全面建成小康社会之前为改革开放的第一阶段，全面建成小康社会之后为改革开放的第二阶段。由此可见，新发展阶段是与社会主义初级阶段中改革开放的第二阶段相吻合的一个阶段。[①] 还有学者把社会主义初级阶段大致划分为三个阶段。第一阶段的时间跨度是从 1956 年到 1978 年，即从社会主义改造基本完成到党的十一届三中全会的召开，这一阶段可称为社会主义建设的初步探索时期；第二阶段是全面建成小康社会时期，时间上是从 1979 年到 2020 年；第三个阶段为全面建设社会主义现代化国家时期，从 2021 年开始到 21 世纪中叶完成。[②]

综上所述，社会主义发展阶段问题是 2021 年科学社会主义学界研究的热点问题。学者们对马克思主义经典作家的社会主义发展阶段思想作出了回溯，对中国共产党对社会主义发展阶段的认识与深化作出了分析。党的十九届五中全会提出我国进入了新发展阶段。学界对新发展阶段的战略判断依据、历史方位、科学内涵、重大意义进行了深入研究，尤其对新发展阶段与社会主义初级阶段的关系问题以及社会主义初级阶段的阶段性划分问题进行了深刻分析。下一步学界可以深入探讨的是社会主义初级阶段后的发展阶段的命名问题、主要特征以及战略安排等问题。

（三）社会主义代替资本主义的历史必然性

马克思、恩格斯在《共产党宣言》这一科学社会主义经典著作中明确提出了"资产阶级的灭亡和无产阶级的胜利是同样不可避免的"的思想即"两个必然"思想。"两个必然"思想是马克思恩格斯通过深入分析资本主义的发展现实，在批判资本主义的生产方式与生产关系的前提下提出的，是对社会主义发展趋势的研判，是建立在历史发展客观规律基础之上的科学论断。

[①] 李景治：《准确把握"新发展阶段"的历史方位和科学内涵》，《学术界》2021 年第 5 期。

[②] 王怀超、张瑞：《深刻认识我国社会主义发展阶段问题》，《人民论坛》2021 年第 10 期。

"两个必然"论断的提出距今已经过去一个多世纪了，在过去的 170 多年中，人类社会发生了巨大的变化。立足当下，我们如何来认识社会主义代替资本主义的必然性与科学性呢？对于这一重要论断的研究，我们应当结合世界历史发展进程来理解"两个必然"思想的现实意义。

理论上，"两个必然"与"两个决不会"具有内在的紧密联系，对其分析能够进一步理解当下人类社会两种社会制度并存的现实，以及社会历史发展的最终走向。对此，相关研究从不同的方面进行了系统阐述。有学者指出，离开了"两个必然"就无从谈起"两个决不会"。由于资本主义社会基本矛盾的暴露无遗与愈演愈烈使得社会主义最终必然走向胜利。① 还有学者深刻批驳了"两个决不会"是对"两个必然"思想的修正与替代的观点，并且明确指出"两个必然"思想阐述的是人类社会发展最终走向，即社会主义代替资本主义的必然性问题，"两个决不会"思想是从实现"两个必然"所需的物质条件以及实现过程中的长期性与曲折性进行论证。二者所要解决的问题不同，根本不存在谁取代谁的问题。除此以外，该学者还把"两个决不会"思想纳入到了"两个必然"思想体系当中去研究，他特别强调了"两个必然"思想不仅是科学社会主义的基本原理，它还是由"两个绝大多数""两个决裂""两个决不会"共同建构的科学的思想体系。②

学术界对社会主义因素在西方资本主义国家的存在进一步印证"两个必然"作出了相关分析。有学者指出，西方资本主义国家采取不同措施，例如实行医疗卫生保险、普及义务教育等带有社会主义色彩的政策，是工人阶级为维护自身权益使得资产阶级让步的结果，一定程度上有助于缓解资本主义社会的内部矛盾，印证了实现"两个必然"的长期性、曲折性。③ 还有研究

---

① 辛向阳：《"两个决不会"的科学内涵及其当代价值》，《马克思主义研究》2021 年第 9 期。

② 吴仁平、曾兴华：《"两个必然"的思想体系与理想信念教育——重读〈共产党宣言〉》，《江西师范大学学报（哲学社会科学版）》2021 年第 1 期。

③ 《学术前沿》编者：《"两个必然"与西方世界的社会主义因素》，《人民论坛·学术前沿》2021 年第 8 期。

指出，资本主义国家内部出现的股份制的推广、福利国家的出现等现象都在一定程度上缓和了资本主义基本矛盾，延长了资产阶级灭亡的时间。① 从长远看，社会主义取代资本主义的历史趋势是显而易见的。

21世纪社会主义发展出现了一系列新情况、新趋向，学术界结合时代发展对"两个必然"思想作出了新的时代诠释。有研究指出，立足中国特色社会主义的发展现实考量，应该从生产力的角度重新思考"两个必然"。具体来说，中国特色社会主义的整体水平仍处于资本主义之前的相对落后的状态，无法在短时间内依靠阶级斗争来完成社会主义的胜利，这就需要从阶级斗争理论切换到生产力发展理论来为中国特色社会主义的发展提供系统、科学的理论指导。② 有研究者指出，进入新时代，国内国外面临新情况。在这样的背景下，我们在认知"两个必然"思想时不能把它看成是一条科学铁律，而是要用马克思"理论—实践"辩证法结合当代资本主义与世界社会主义发展的新变化来理解马克思文本的"逻辑必然性"。③

2021年学术界对于"两个必然"思想的研究主要集中于上述三个方面。第一，对"两个必然"与"两个决不会"的关系问题作出探讨。第二，对西方世界的社会主义因素对当代资本主义的影响作出了分析。第三，对"两个必然"思想的时代启示与认知方法作出了总结。总体来说，学者们对这一理论问题作出了深刻解读，对于其现实意义作出了深入浅出地分析。未来深化研究可以从新一轮科技革命与产业革命对于推动社会主义发展的视角来展开。

综上所述，对社会主义发展的一般规律的准确把握有助于我们科学研判我国社会主义发展所处的历史方位，进而更加坚定不移地发展中国特色社会主义。从方法论角度，马克思主义大历史观强调把历史事件置于宏观的时空

---

① 王珂：《人工智能在实现"两个必然"中的作用及启示——基于生产方式变革的考察视角》，《马克思主义研究》2021年第9期。
② 李霁帆、刘明华：《百年大党对〈共产党宣言〉精神的赓续与创新》，《理论视野》2021年第10期。
③ 胡建东、穆艳杰：《从"逻辑必然性"到"现实必然性"——正确理解马克思资本主义批判的"两个必然"》，《思想政治教育研究》2021年第5期。

视野中去考察，对社会历史作出整体性的深层次辩证分析。2021 年，学者们主要从运用大历史观对历史虚无主义进行批判、对大历史观的显著特征及价值意蕴进行深入研究。从社会主义发展的阶段性特征视角，学者们对我国社会主义初级阶段的阶段性划分以及社会主义初级阶段与新发展阶段的相关问题展开研究。这部分的研究具有较强的现实性。从人类社会发展的总趋势上来看，社会主义必然会代替资本主义。有研究针对"两个必然"与"两个决不会"的关系、对资本主义国家出现的社会主义因素对当代资本主义的影响、对"两个必然"的当代价值展开研究。从总体上来看，2021 年科学社会主义学界十分重视对社会主义发展规律的研究，研究呈现宽广的理论视野、注重对实践的指导价值、以大历史观的思维分析现实问题、拓展了研究的广度与深度。未来深化研究的方向是：第一，对于社会主义初级阶段后的发展阶段的命名问题、主要特征以及发展态势等问题展开研究。第二，从新一轮科技革命与产业革命对于推动社会主义发展的视角对社会主义代替资本主义的必然性进行研究。

二、深化"什么是社会主义，怎样建设社会主义"这一基本问题的研究

"什么是社会主义、怎样建设社会主义"是科学社会主义理论研究的重要问题，对这个问题的深入理解有助于更好地建设中国特色社会主义道路，推动科学社会主义理论上升新高度。2021 年，学术界围绕社会主义本质、社会主义基本原则、社会主义基本价值和历史唯物主义人民主体观等重大问题展开深入研究并取得了丰硕的研究成果。

（一）围绕社会主义本质、社会主义基本原则和基本价值的研究取得新进展

社会主义本质理论、社会主义基本原则、社会主义基本价值，是科学

社会主义理论研究的三大基础性理论问题，一直以来受到学界的广泛关注。2021 年，这三大基础理论问题的研究取得了新的进展。

首先，关于社会主义本质理论的研究。在建党百年之际，学术界十分关注中国共产党对社会主义本质理论的探索与发展，围绕社会主义本质论的新发展展开一系列研究，主要分为两类：第一类是探讨中国共产党对社会主义本质思想的再认识。中国共产党对社会主义本质认知的新发展主要体现在从社会主义本质理论到中国特色社会主义本质理论的发展上。在改革开放和社会主义现代化建设的实践要求的大背景下，中国共产党提出的中国共产党领导是中国特色社会主义最本质的特征，解放和发展生产力是中国特色社会主义的根本任务，社会和谐是中国特色社会主义的本质属性等新思想新观点进一步深化了人们对社会主义本质的认知，为建设好中国特色社会主义指明前进的方向。① 第二类是探讨共同富裕是社会主义的本质要求的相关研究。有学者指出，共同富裕作为社会主义的本质要求，是对"中国式现代化"特征的深邃探索。邓小平在南方谈话中也明确指出，社会主义本质最终要达到共同富裕。立足当下，共同富裕也是社会主义现代化要达到的一个重要目标。② 还有学者就共同富裕与社会主义本质的内在统一关系进行辨析，指出社会主义本质和共同富裕具有内在的统一性，社会主义本质中包含了共同富裕的目标，共同富裕也蕴含了社会主义本质的内容。从实践的维度来看，一方面人们以共同富裕为目标在社会主义实践中体现了社会主义本质，另一方面社会主义本质从内容、手段、主体等方面使得共同富裕的内涵得到丰富与延展。从整体上来说，共同富裕与社会主义本质二者是"不可分割的统一体"的关系。③ 还有学者通过追溯党的历史指出中国共产党始终把共同富裕与社会主义紧密联系，实现共同富裕必须走社会主义道路。共同富裕与社会主义本质结合在一起，有助于我们深化理解"什么是社会主义"这个理论问

---

① 于维力：《中国共产党对社会主义本质理论的丰富和发展》，《学术探索》2021 年第 8 期。

② 顾海良：《共同富裕是社会主义的本质要求》，《红旗文稿》2021 年第 20 期。

③ 周前程：《共同富裕与社会主义本质内在统一关系论析》，《科学社会主义》2021 年第 5 期。

题，强调问题的核心不是要不要发展生产力，要不要富的问题。而是要让多数人而非少数人富裕的问题。这也拓宽了共同富裕实践的新路径。①

综上所述，2021 年学界对于社会主义本质理论的新发展进行了深入阐释，主要探讨了中国共产党对社会主义本质理论的丰富与发展以及共同富裕与社会主义本质的关系这两大类主题。整体来看，2021 年对于邓小平社会主义本质思想的专门研究不多，对于习近平新时代中国特色社会主义思想对邓小平本质论的继承与创新的研究较多。研究的现实性与时代感较强。学者们普遍关注社会主义本质与共同富裕、共享发展理念的关系问题。未来的研究需要关注在共同富裕的实现路径中如何体现社会主义本质特征、厘清邓小平共同富裕理论与我们当下所说的共同富裕之间的脉络与关联。需要特别指出的是，关于中国共产党对社会主义本质的百年探索，学术界还存在一些认识上的偏颇。有学者把中国共产党对社会主义本质的百年认识概括为从以生产力为中心到以社会为中心再到以人民为中心的转变，这种认知是片面的、是不正确的。一方面，坚持人民主体地位，即为人民谋利益、谋发展、谋幸福，始终是中国共产党的重要治理理念，这一理念并不是党的十八大后提出并实践的，以人民为中心的发展思想贯穿党的革命、建设和改革全部历史过程。从另一方面来看，邓小平社会主义本质论中解放和发展生产力的根本目的还是为了人民能够摆脱贫困，真正过上好日子，其价值旨归还是根植于中国共产党的人民至上思想。因此，在未来的学术研究中，深化党对于社会主义本质的理论发展的科学认知是十分重要的。

其次，关于科学社会主义基本原则的研究。2007 年，党的十七大报告明确指出：中国特色社会主义道路既坚持了科学社会主义的基本原则，又根据我国实际和时代特征赋予其鲜明的中国特色。这是党的重要文献首次正式使用了"科学社会主义的基本原则"的提法。党的十八大报告对这一提法

---

① 杨煌：《共同富裕：中国共产党百年的奋斗与追求》，《世界社会主义研究》2021 年第 9 期。

加以规范，正式提出"科学社会主义基本原则"。党的十八大以来，习近平总书记曾在多个场合多次阐述坚持科学社会主义基本原则的重要意义。近年来，学术界也对科学社会主义基本原则的科学内涵、界定标准、现实意义等问题展开研究。2021 年，学者们对科学社会主义基本原则的研究主要包括以下维度。第一，对科学社会主义基本原则形成依据的不同视角归纳。有学者指出，对科学社会主义基本原则的概括与归纳需要找到理论依据与实践依据。该学者具体指出可以从以下三方面来进行概括：一是从马克思主义创始人的经典论述来概括；二是从中国共产党历史上对这一基本原则的论述来总结；三是以习近平总书记对于科学社会主义基本原则的概括作为依据。[①] 还有学者归纳了近十年学界对于科学社会主义基本原则判断标准的四重维度的总结：一是以马克思、恩格斯经典文本为依据；二是以中国特色社会主义实践经验为依据；三是从理论与实践相结合的维度进行阐述；四是根据科学社会主义基本原则的不同层次和不同方面进行阐发。[②] 第二，有学者特别指出习近平总书记对于科学社会主义基本原则所作出的重要贡献主要体现在两个方面。一是廓清了科学社会主义基本原则的基本要义。2008 年习近平总书记在中央党校春季开学典礼上把科学社会主义基本原则概括为八个方面。在此基础之上，党的十八大后，习近平总书记又对科学社会主义基本原则概括为五个方面。习近平总书记对科学社会主义基本原则的重要概括既突出强调了社会主义的阶级属性又抓住了社会主义与资本主义区分点。二是厘清了科学社会主义基本原则内容的同一性与实现形式多样性之间的界限。科学社会主义基本原则是普遍真理，需要根据各国的不同的历史情况进行不断发展。[③] 总体来看，科学社会主义基本原则是 2021 年学界研究的热点

---

① 辛向阳：《科学社会主义基本原则的科学内涵及其现实意义》，《江西社会科学》2021 年第 9 期。

② 于维力：《关于科学社会主义基本原则的研究评述》，《当代世界与社会主义》2021 年第 1 期。

③ 康晓强：《习近平关于科学社会主义重要论述的原创性贡献》，《马克思主义研究》2021 年第 1 期。

问题。学界主要从科学社会主义基本原则的形成依据的不同维度的辨析以及习近平总书记对于科学社会主义基本原则的重要贡献展开研究。研究呈现内容广泛、角度新颖、述评到位的特点。目前理论界对科学社会主义基本原则的基本内涵、判断标准的界定仍然未形成一致的看法与观点，但是理论界一致认为不能把科学社会主义基本原则看作是教条，在实践的运用中要根据国情、时代特征等现实因素对科学社会主义基本原则加以丰富与发展。

最后，关于社会主义基本价值的研究。社会主义基本价值也是科学社会主义研究的基础性理论问题。党的十八大所提出的社会主义核心价值观是社会主义基本价值的最新体现。2021 年，学界对社会主义核心价值观展开研究，针对社会主义核心价值观的不同侧面深入剖析。在社会主义核心价值观的现实意义方面，有学者特别探讨了社会主义核心价值观对于引领网络舆论治理的制度化建设重要性。该学者指出，社会主义核心价值观为网络意识形态安全提供方法论支撑；以价值引领、制度保证和治理效能协同发展促进网络空间治理体系和治理能力现代化；为人民美好的精神生活的实现提供基本价值遵循。[1] 从践行社会主义核心价值观的角度出发，有学者从实践维度分析了社会主义核心价值观实践养成需要抓住的四个关键点位：一是注重渐进式变革而非激进式变革，以系统思维稳步推进；二是产生直接顿悟需要前期的充足积淀、需要迸发解决问题的迫切愿望，还需要把握产生突然释放的关键性机会；三是有意地创设科学的实践养成情境以激发主体的主观能动性进而实现主体对知识建构的顺应性；四是重视反复强化实践养成过程。[2] 还有针对加强社会主义核心价值观教育内化的研究。该研究以高校思政课为例，明确提出在思政课教学中促进社会主义核心价值观内化于大学生心灵的方式。高校思政课要激活大学生价值观内化的心理机制，在教学内容上注重与现实的结合，在价值内容上趋向于生活化的表达，在教学方式上引入体验式

---

[1]　柏路：《社会主义核心价值观引领网络舆论治理制度化建设》，《探索》2021 年第 1 期。

[2]　王娜、金昕：《社会主义核心价值观实践养成的内在逻辑与关键点位》，《思想理论教育》2021 年第 4 期。

教学来让学生在情境中切身体会社会主义核心价值观，在教学评价上增强其规范性，充分发挥教师本人的感召力。① 从社会主义核心价值观融入社会治理的机制探索来看，社会主义核心价值观与社会治理存在内在的契合。社会主义核心价值观是社会治理发展的中轴力量，起到推进社会治理共同体的建设、完善社会治理日常的价值规范、指引社会治理的制度建设的作用。② 除此以外，还有学者研究社会主义核心价值观融入民法典的实践样态，指出我国民法典采取了显性融入与隐性融入相结合、宏观指引与微观落实相结合、全面融入与重点突出相结合的方式，为充分落实社会主义核心价值观提供多维度的方案。③ 从总体上看，学术界对于社会主义基本价值进行了多向度的分析与阐释，在研究内容的丰富度上有所突破，体现了以问题为导向的研究特征，为后来的研究者提供一定的研究积淀。未来可以进一步从学理层面深刻阐释社会主义核心价值观融入社会治理、民法典等领域的理论依据、现实瓶颈与实践路径。

（二）历史唯物主义人民主体观成为研究热点

历史唯物主义和辩证唯物主义认为，人民群众是历史的创造者，是推动社会变革的决定性力量。在建设社会主义的征程中必须坚持人民的主体地位因为人民立场是党的根本立场，是马克思主义政党区别于其他政党的根本标志。在百年奋斗的历程中，中国共产党始终坚持人民群众是社会发展和历史进步的主体力量，始终把人民放在心里最重要的位置。2021 年，科学社会主义学界关于人民主体观的研究主要包括以下的维度。

一是马克思主义人民主体思想的理论追溯。马克思主义人民主体思想

---

① 李寒梅：《社会主义核心价值观教育内化：高校思政课教学的关键》，《思想理论教育导刊》2021 年第 2 期。

② 郑敬斌：《社会主义核心价值观融入社会治理的机制探赜》，《探索》2021 年第 2 期。

③ 陈锐：《社会主义核心价值观融入民法典的理论意蕴与实践样态》，《理论探索》2021 年第 3 期。

是历史唯物主义的重要内容。马克思、恩格斯对社会主义发展的历史规律进行探索，以实践的维度深刻阐述了社会存在与社会意识的关系，在此基础上阐发了人民群众是历史的创造者的理论。有学者对马克思主义视域中人的本质的认识进行阐述，指出对人的本质的认识应从"现实的人"或者人的"社会属性"出发，即要把人看作是"社会化的"人，是在一定社会生活中从事实践活动的"现实的人"。也就是说，马克思恩格斯对于人类历史的解读是立足于"现实的人"或"社会化的人"之上的。基于此，马克思恩格斯又进一步指出创造历史的主体是广大人民群众这类"现实的人"而非唯心史观中认为的英雄人物。① 对"现实的个人"的特点进行深入剖析，有学者指出他们既从事物质生产生活，又追求精神生活的充实完善；既看到特定社会历史条件的制约，又以实际行动努力创造美好明天；他们虽然处境艰难、受尽剥削压迫，但是却有巨大的反抗力量。因此成为马克思主义理论的出发点与落脚点。② 有学者基于上述研究特别探究了马克思人民主体思想的衍生逻辑，特别指出人民主体思想不是从获得抽象权利的层面理解主体性，而是从现实社会历史关系来理解人民的主体地位。从"有生命的个人"到"现实的个人"再到"社会的个人"是马克思人民主体思想的衍生逻辑。③

二是中国共产党建党百年来对人民主体观的探索与发展的总结。有学者把中国共产党人民观的百年探索划分为四个历史时期，每一个时期有其鲜明的主题。第一个时期是 1921 年到 1949 年，中国共产党形成了以人民解放为主题的人民观；第二个时期是 1949 年到 1978 年，中国共产党形成了以人民当家作主为主题的人民观；第三个时期是从 1978 年到 2012 年，

---

① 谭文华、李家霄：《"人民群众是社会历史主体"的历史唯物主义建构及中国表达》，《社会主义研究》2021 年第 3 期。

② 董新春：《从中国马克思主义"人民"内涵的三重辩证看马克思主义的"行"》，《理论探讨》2021 年第 6 期。

③ 石枚鑫：《马克思人民主体思想的建构及其当代阐释》，《社会科学家》2021 年第 8 期。

中国共产党形成了以人民温饱解决为主题的人民观；第四个时期是从 2012 年至今，中国共产党形成了以人民发展为主题的人民观。① 有学者就尊重人民首创精神展开研究，明确指出中国共产党在实现中华民族伟大复兴的百年实践中始终贯彻尊重人民首创精神这一重要原则。一方面，坚持党的领导是尊重和发挥人民首创精神的重要组织前提。另一方面，中国共产党也要坚信人民群众能够自己解放自己的人民主体观，紧紧依靠人民完成中华民族伟大复兴的千秋伟业。② 还有学者基于上述观点进一步指出，尊重和发挥人民首创精神是中国共产党党性与人民性内在统一的本质体现。从实践维度来看，中国共产党在领导革命、建设、改革的实践中，把尊重人民首创精神贯穿在党的领导的全过程中。从理论维度来看，马克思主义政党与人民性的统一性是发挥人民首创精神的理论基石。③ 还有研究总结中国共产党百年成功的重要经验就在于坚持人民主体思想并形成了一套制度与方法。比如，"一切为了群众，一切依靠群众，从群众中来，到群众中去"的群众路线、对马克思无产阶级专政理论的发展创造出的人民民主专政理论等。④

三是新时代中国共产党坚持以人民为中心的发展思想的路径分析。党的十八大以来，以习近平同志为核心的党中央践行以人民为中心的发展思想，坚持人民至上的价值追求。站在新发展阶段，有学者分析了坚持以人民为中心的价值向度，明确指出应坚持人民至上，始终把人民放在心中最高位置；坚持人民主体，依靠人民创造历史伟业；坚持人民共享，朝着实现全体人民共同富裕不断迈进；坚持人民评判，人民是党的工作的最高裁决者和最终评

① 燕连福、王丽莎：《中国共产党人民观探索的百年历程、基本经验和未来展望》，《思想战线》2021 年第 4 期。
② 侯衍社、周康林：《尊重人民首创精神论析》，《中国特色社会主义研究》2021 年第 4 期。
③ 于维力：《中国共产党尊重和发挥人民群众首创精神的逻辑分析》，《思想理论教育导刊》2021 年第 6 期。
④ 胡振平：《中国共产党成功的哲学思考》，《毛泽东邓小平理论研究》2021 年第 4 期。

判者；坚持群众路线，永葆最大政治优势。① 有学者对习近平总书记所强调的"人民就是江山"的重要论断进行深刻解读，明确指出该论断是中国共产党基于党与人民血脉相连的认知，把党和人民一起打下来的江山成就归功于人民。② 还有学者研究了习近平总书记在党史学习教育动员大会上的讲话，对"三个一致性"的内在联系作出了整体性分析，明确指出马克思主义政党的性质与宗旨的理论基础，即尊重社会发展规律与人民历史主体地位的一致性；坚持为崇高理想奋斗和为最广大人民谋利益的一致性是核心要求，为站稳人民立场坚定初心使命提供根本遵循；坚持完成党的各项工作和实现人民利益的一致性是实践指南，为中华民族伟大复兴指明方向。③ 还有学者对习近平"人民至上论"的理论内涵从四个维度进行深刻阐释。从主体维度来看，在历史方位标定中把握人民群众的美好生活需要；从价值维度来看，在初心使命砥砺中强化以人民为中心的价值立场；从方法论维度来看，在顶层设计擘画中健全人民当家作主的制度体系；从实践维度来看，在治国理政实践中激发人民创造奋进的主体力量。④

综上所述，2021 年学者们围绕历史唯物主义人民主体观展开系统地研究，主要围绕马克思主义人民主体思想的理论追溯、中国共产党对人民主体观百年探索的经验总结以及新时代中国共产党坚持以人民为中心的发展思想的路径分析这三大主题进行深入探讨。相关研究既有对马克思主义基本原理的回溯，也有对原有理论在新的时代背景下的继承、丰富与发展。建设社会主义就必须要坚持人民主体地位，牢记人民群众是真正的英雄，回答好发展"为了谁、依靠谁、我是谁"这一兼具理论性与现实性的基本问题。以上述

① 曹普：《坚持以人民为中心，守住人民的心》，《人民论坛·学术前沿》2021 年第 16 期。
② 陈祥健：《"人民就是江山"：马克思主义群众史观的百年归结与时代宣示》，《福建论坛（人文社会科学版）》2021 年第 6 期。
③ 田心铭：《坚持党的最高理想和根本宗旨的统一——学习习近平总书记关于坚持三个"一致性"的论述》，《世界社会主义研究》2021 年第 6 期。
④ 黄寿松、杜娟：《习近平"人民至上论"的生成逻辑、理论内涵及价值意蕴》，《思想教育研究》2021 年第 4 期。

研究为基础，未来可以加大对人民主体思想的基础性内容的研究力度，着力增强研究的综合性与创新性。

三、围绕国家、政党与现代化问题的相关研究

马克思主义国家学说中关于国家现象和国家问题的系统阐述为无产阶级解放事业和社会主义国家建设提供理论依据。马克思主义认为，无产阶级的革命与政权都离不开无产阶级政党的领导。中国共产党的领导核心地位的确立就源于无产阶级政党理论在中国的具体实践。2021 年 7 月 1 日，习近平总书记在庆祝中国共产党成立 100 周年的讲话中特别提出中国式现代化新道路的论断，学术界对此进行了广泛研究。2021 年科学社会主义理论界对马克思主义国家学说、无产阶级政党理论与中国式现代化新道路展开系列研究，对中国的社会主义建设的经验作出理论性总结。

（一）对马克思主义国家学说的发展

马克思主义国家学说涵盖对国家的性质、本质特征、国家职能以及无产阶级专政等问题的探究。中国共产党把马克思主义国家学说的普遍原理与中国实际相结合，创造性地提出了一系列具有中国特色与时代特征的命题，推动了马克思主义国家学说与时俱进地发展，为中国共产党进行国家治理提供基本遵循。2021 年，学界关于马克思主义国家学说的研究主要集中于以下三点：一是对马克思主义国家学说理论本身展开研究；二是对马克思主义视域中的国家治理进行分析；三是中国共产党对马克思主义国家学说的丰富与发展。

第一，关于马克思主义国家学说的理论研究。根据现有的资料，马克思本人在他有生之年并没有留下关于国家问题的专著，但是他对于国家问题的思考在他的一些著作中有所体现。与马克思不同，恩格斯关于国家问题的论述很多。有学者专门研究了恩格斯对于马克思主义国家学说的原创性贡献，

指出在打碎国家机器方面，恩格斯认为是改造而非打碎资产阶级国家机器；关于国家的作用，恩格斯认为历史唯物主义不是经济决定论，国家政权对社会经济发展具有能动的反作用。① 有学者对马克思主义国家学说中的国家职能进行研究，指出国家具有两种职能：一是阶级统治职能；二是公共管理职能。两种职能的关系是阶级统治职能以公共管理职能为基础。② 还有学者提出，国家职能是政治职能与社会管理职能的辩证统一。③

第二，关于马克思主义视域中的国家治理问题研究。有学者梳理了马克思主义经典著作中关于国家治理的思想，明确指出《德意志意识形态》揭示了国家的本质，《共产党宣言》和《路易·波拿巴的雾月十八日》包含国家内部制度的相关理论，对巴黎公社革命实践进行总结的《法兰西内战》蕴含了丰富的国家治理理论资源，《家庭、私有制和国家的起源》含有关于国家的起源的分析，《国家与革命》丰富发展了马克思主义国家学说，并在此基础上阐述了无产阶级国家政权的作用。④ 有学者指出，在以马克思主义国家学说阐释国家治理相关问题时需要处理好两个前提性问题。第一，把国家治理解释为与特定的统治阶级或其利益相关的国家社会公共事务管理。第二，揭示无产阶级专政在国家治理阐释中的理论优先地位。⑤

第三，中国共产党对马克思主义国家学说的继承与发展。中国共产党在革命、建设、改革的过程中根据中国的现实情况创造性地继承并发展了马克思主义国家学说。有学者对马克思主义国家学说理论创新的必要性进行三方面的分析，指出从国家的维度来看，中国国家建设面临的新情况新问题无法从经典的马克思主义国家学说中找到现成答案，这就需要对马克思主义国家学说的论域进行拓展，从而为在新的历史条件下更好地推进中国特色社会主

---

① 王中汝：《恩格斯对马克思主义国家学说的原创性贡献》，《理论视野》2021 年第 1 期。

② 牛先锋：《国家公共管理职能演变对国家治理的启示——基于马克思主义国家学说的当代分析》，《当代世界与社会主义》2021 年第 4 期。

③ 刘旭雯：《论"中国之治"的三重逻辑》，《理论导刊》2021 年第 4 期。

④ 韩旭、刘志中：《中国国家治理研究的哲学方法论审思》，《江海学刊》2021 年第 6 期。

⑤ 龚锦涛：《国家治理经典阐释的两个前提性问题》，《理论月刊》2021 年第 9 期。

义奠定基础。从意识形态的视角来看，对马克思主义国家学说的时代阐释有助于维护我国国家意识形态安全。从学科建设的维度来看，中国特色社会主义政治学的学科建构与发展需要以马克思主义国家学说为理论基础。[1] 有学者特别分析了我国十四五规划提出的"放管服"改革对马克思主义国家学说的三重体现。一是它对马克思主义"廉价政府"理论的贯彻即通过简政放权在一定程度上遏制了官僚主义与形式主义的作派，确保了政府权力的人民性。二是它对马克思主义国家与社会关系理论的贯彻。马克思主义认为国家是产生于社会，为社会服务的。"放管服"改革通过政府减权限权的方式来增加社会的创造力，凸显了马克思主义社会本位的思想。三是它对马克思主义"社会自治"理论的贯彻。马克思恩格斯向来强调国家社会自治的重要性。"放管服"改革通过简政放权为社会自治提供空间，也为建立"参与性治理"的社会治理方式创造条件。[2] 还有学者对中国共产党百年制度建构的历史进程进行分析，指出马克思主义国家学说是中国特色社会主义制度建构的理论基础。具体来看，我国人民民主专政的国体源于马克思主义国家学说中的无产阶级专政理论；党和国家的根本组织原则源于民主集中制理论；中国共产党的领导核心地位源于无产阶级政党领导理论；马克思主义对于意识形态的指导地位源于无产阶级意识形态理论的中国化。[3]

综上所述，国家问题是社会主义建设中的重大理论和实践问题，2021年学界对马克思主义国家学说展开了系统研究。一是聚焦于马克思主义国家学说理论本身展开探究，对恩格斯作出的原创性贡献进行梳理，对马克思主义国家学说中的国家职能的阐述进行解读。二是马克思主义视域中的国家治理问题也是学界持续关注的重要主题。马克思、恩格斯对于国家职能的认知

---

① 刘方亮、李广民：《论马克思主义国家学说创新发展的必要性、现实可能性与实现路径》，《天津师范大学学报（社会科学版）》2021 年第 6 期。

② 秦德君：《马克思主义国家职能理论框架中的"放管服"改革价值分析》，《学术界》2021年第 4 期。

③ 肖贵清：《中国共产党百年制度建构的基本逻辑》，《江海学刊》2021 年第 1 期。

为我国国家治理带来启发。三是关于中国共产党对马克思主义国家学说的继承与理论创新。研究者们总结了中国共产党创新马克思主义国家学说的相关成果，还有学者对我国的新举措新规定进行了哲学溯源，得出了马克思主义国家学说是"放管服"改革的理论基础。总体而言，对马克思主义国家学说的研究呈现研究范围广、现实性强的特征。未来可以增加对相关问题的学理性阐释、在研究方法上采取多维度多视角地分析。

（二）对无产阶级政党理论的发展

马克思主义政党理论是马克思恩格斯在从事革命活动、总结工人运动和社会主义团体经验基础上形成的理论，是无产阶级建立独立政党开展斗争，以革命的方式来反抗资产阶级的剥削与压迫，领导无产阶级解放运动的强大思想武器。研究马克思主义政党理论对新时代坚持和发展中国特色社会主义有重要的理论意义与现实价值。2021年学界围绕无产阶级政党理论展开研究。在研究内容上，既有对无产阶级政党理论的分析，也有新形势下对中国新型政党制度的阐释。

第一，对无产阶级政党理论的解读。无产阶级政党目标理论是无产阶级政党理论的重要组成部分。有学者对无产阶级政党的闭环目标系统的构成进行探究，明确指出横向的阶段性目标与纵向的层级子目标共同构成目标系统。从横向目标系统来看，从一个阶段性目标到另一个阶段性目标既可以一个接一个地无缝衔接完成也可以大胆地跨越式进行。具体的进程表现为从无产阶级的性质要求出发，经历一系列的阶段性目标，最后到达最终目标，从而实现无产阶级解放的闭环流程。从纵向目标系统来看，构成以阶段性目标为核心，下分为纲领和一系列不同层级的子目标。不论是哪种目标系统，目标在经过一系列的传导和落实后都要回归到初始的源目标，形成完整的一套闭环的目标逻辑链路。①

---

① 赖信添、王久高：《无产阶级政党目标理论研究》，《中国特色社会主义研究》2021年第6期。

第二，相关研究也着重阐释了新型政党制度的发展历史、制度优势与其中蕴含的中国智慧。有学者从中国共产党与其他政党关系的发生发展视角梳理了中国新型政党制度发展的历史脉络，经历了从孕育、形成、确立、发展到日趋完善定型的过程。党的十八大以来，以习近平同志为核心的党中央对新型政党制度的完善和发展提出了一系列新观点、新要求，由此中国新型政党制度日趋完善和定型。[①] 还有学者指出新型政党制度的整合是应对现代化带来的社会分化的有效路径。一方面，从比较视野来看，中国的新型政党制度是"合作型"的政党制度，它不同于西方竞争式的政党制度。面对现代化带来的社会阶层多元化的现象，中国共产党领导的多党合作和政治协商制度为想参与政治的其他阶层的社会成员提供了渠道。由此可见，这个政治架构是极具包容性的。另一方面，这个制度的核心之处在于坚持中国共产党的领导。各民主党派在接受中国共产党的领导的前提之下参政议政。可以说，这个政治架构是极具整合力度的。正是因为新型政党制度的兼具包容性与整合力的政治架构的优势使得中国没有像其他发展中国家在现代化道路中出现政局不稳的现象，反而为进一步改革与发展提供良好的社会环境。[②] 此外，中国新型政党制度优势转化为国家治理效能也是学者关注的重大议题。有学者指出，新型政党制度所具有的利益代表优势、多党合作优势以及民主协商优势，集中彰显了凝聚国家治理目标和道路共识、提升国家治理主体的社会整合力、保障国家治理决策的科学性与民主性的国家治理效能。[③] 新型政党制度还蕴含了丰富的中国思想、中国智慧。比如，天下为公执政为民的民本智慧、多元共生和而不同的和合智慧、兼容并蓄求同存异的包容智慧等。中国新型政党制度充分汲取中国智慧，克服了旧式政党制度的弊端，为世界政党

---

① 钟德涛：《中国共产党的百年奋斗和中国新型政党制度的创立发展》，《华中师范大学学报（人文社会科学版）》2021 年第 3 期。

② 王建国、陈莎莎：《中国共产党的现代化探索之路》，《中国特色社会主义研究》2021 年第 3 期。

③ 魏晓文、秦雪：《中国新型政党制度治理效能研究》，《理论导刊》2021 年第 1 期。

制度的发展提供新选择与新方向。①

总而言之，无产阶级政党理论是 2021 年学界关注的热点问题。学者们围绕无产阶级政党理论的理论解读与新型政党制度的发展历史、制度优势、蕴含的中国智慧展开系列研究，为人类政治文明的发展贡献了中国方案。相关研究的研究视角新颖，运用系统分析方法阐释无产阶级政党理论，体现多学科配合研究的态势。未来的研究可以着力拓宽研究视野，加强中外制度的比较研究，深入研究中国新型政党制度之合作性特质与西方政党制度之竞争性特征对于国家治理产生的影响。

四、科学社会主义基本理论研究呈现新特点与新趋向

2021 年学界围绕科学社会主义基本理论问题进行了广泛研究并取得了一系列新的研究进展。这些研究成果涉及对科学社会主义经典著作当代价值的深入阐释、对社会主义发展的基本规律的认知、对"什么是社会主义，怎样建设社会主义"这一基本问题的深化研究以及围绕国家、政党与现代化问题的相关研究。这些丰硕的学术成果为我们进一步开展科学社会主义理论的相关研究提供了翔实的资料与研究基础。基于上述研究，2021 年科学社会主义基本理论的研究呈现了一系列的新特点与新趋向。

（一）科学社会主义基本理论呈现的新特点

总体来看，2021 年科学社会主义基本理论研究呈现研究视角多重维度、研究主题时代特色鲜明、注重方法论研究以及理论与现实紧密结合等显著特征。

第一，研究视角多重维度。2021 年，学者们尝试从不同维度不同层次不同视角对基本理论问题进行阐述，从而深化对该问题的认知与理解。比

---

① 刘秀玲：《新型政党制度所蕴含的中国智慧》，《理论探讨》2021 年第 1 期。

如，关于社会主义代替资本主义的历史必然性的研究，既有对"两个必然"与"两个决不会"二者关系的理论探索，也有从实践层面挖掘资本主义国家出现的社会主义因素对"两个必然"趋势影响的研判，还有立足 21 世纪社会主义发展的新情况对"两个必然"的时代解读。由此可见，研究者在学术研究中不断拓宽研究视野，运用从历史到现实、从国内到国外、从理论到实践等多元视角阐述科学社会主义基本理论，从而产生了一系列有立意、有广度、有深度的研究成果，进一步拓展了科学社会主义理论的研究视野。

第二，研究主题的时代特色鲜明。2021 年学者们的研究力求结合习近平新时代中国特色社会主义思想与建党百年的历史经验的总结，对相关理论问题的研究体现了鲜明的时代特征与中国特色。比如，关于历史唯物主义人民主体观的研究，学者们不仅对马克思主义人民主体思想进行了理论梳理，还有中国共产党建党百年来对人民主体观的践行与发展的历史总结，以及对新时代中国共产党人坚持以人民为中心的发展思想的路径分析。由此可见，学者们以历史的脉络对基本原理进行重读与思辨，把握基本原理在不同历史阶段的发展特点，总结宝贵的历史经验，为推动新时代中国特色社会主义的新发展而添砖加瓦。

第三，重视方法论的研究。方法论为社会科学研究提供基本遵循。2021年，马克思主义大历史观是学界研究的一个热点问题。马克思主义大历史观既是科学社会主义研究的一个重要问题也是一套从宏观视野与历史的长河中把握历史发展规律的科学方法论。研究者运用马克思主义大历史观的方法，从历史本体论、历史认识论、历史方法论三个维度构建对历史虚无主义的批判路径，从而旗帜鲜明地驳斥历史虚无主义。还有研究揭示了大历史观在新时代的丰富内涵与价值意蕴。对方法论的探索钻研与灵活运用有助于拓宽研究视野，进一步加强对科学社会主义基本理论问题的研究深度。

第四，理论与现实紧密结合。对科学社会主义基本原理进行追溯并不仅仅是为了梳理理论，更是为了将理论更好地运用到现实中来为当下中国实际问题提供参考与借鉴。对列宁新经济政策的研究，学者们不仅聚焦到新经济政策在列宁所处的时代所产生的影响，更是结合新时代中国的现实情况深入挖掘新经济政策所体现的列宁的改革思想对中国全面深化改革的影响、对我国社会主义市场经济发展的影响、对中国特色社会主义的建设上的影响。由于国情不同、时代不同，列宁在新经济政策时期所实施的一系列具体举措在今天看来或许不适用于中国改革面临的具体问题，但是列宁的改革思想与方法论对今天的中国发展仍然有借鉴意义。对于经典著作的当代价值研究必须要深刻洞察今天的中国面临的现实问题，试图用散发着真理光芒的科学社会主义基本原理予以回应、启迪与借鉴。

（二）科学社会主义基本理论研究趋势展望

随着中国特色社会主义实践的新进展，科学社会主义基础理论也必然要不断发展以满足实践的需求，这就需要进一步深化科学社会主义理论的研究。纵观学术界关于科学社会主义基本理论问题的已有研究成果，未来研究还需要着重从以下几方面进行深化。

第一，深化学理性研究。目前，理论界关于科学社会主义基本原理的研究更加关注其历史脉络的演进、科学内涵与现实意义，对于其理论渊源也就是该论断产生的理论逻辑的深度解读与论证较为薄弱。深化学术性研究就必须要把科学社会主义基本原理吃透，探寻议题背后的理论根基与内在联系，才可以运用发展的马克思主义指导中国具体实践。因此，对于某一重大论断的解读，还是要追溯马克思主义经典作家的相关论述，对该论断的理论依据进行有深度的学理性阐释，进一步加强对基础性理论问题的深入思考，从而为该论断在新时代的发展打下坚实的理论根基。

第二，拓展国际比较的全球视野。习近平总书记在"七一"讲话中提到我们坚持和发展中国特色社会主义，创造了中国式现代化新道路，创造了人类文明新形态。在全球化的进程中，在中华文明与世界文明的交融影响下，中国的发展需要以开放包容的姿态充分汲取世界文明的精华，中国所取得的成果也必然是世界文明的一部分。科学社会主义理论的研究亦然。我们需要积极关注、翻译、分析国外学者对于相关理论的研究现状，对其进行研究综述，充分学习与借鉴世界马克思主义的最新研究成果，从而推进中国特色社会主义取得实质性的进展。除此以外，各种道路各种制度是在比较中彰显优势的。因此，关于中国式现代化新道路的研究，下一步可以着力加强对中国式现代化的实证研究与比较研究，以利于进一步深化对该命题的研究。

第三，加强跨学科交叉研究。2021年学界对《共产党宣言》的研究采用了语言学、社会学、政治学等跨学科的研究方法，从不同学科的视角审视同一研究内容，进一步拓宽了研究视野。但是，从2021年整体研究现状来看，跨学科交叉研究的方法运用并不广泛。一个重大的理论问题的形成一定是受到多方面因素影响的，因此对该议题的学术研究也必然需要涉及不同专业多个学科的参与配合。由此可见，对跨学科交叉的研究方法进行探索是十分必要的。在未来的研究中，着力建构跨学科配合研究的机制至关重要，只有打破专业限制，拓展研究维度，更新研究方法，进行跨学科联合研究才能更好地整合学术资源、丰富知识体系，最终呈现科学社会主义基本理论研究的系统性、整体性与协同性。

（执笔人：梁波　汪赛）

分报告十三：关于世界社会主义与国际共产主义运动的研究

2021 年，世界百年未有之大变局加速演变，新冠肺炎疫情继续影响人类生活。在这依然充满不确定性的一年，包括中国共产党在内的世界多国共产党迎来建党百年的重要时刻，也有多国共产党召开了新一届党的代表大会；与此同时，资本主义的社会危机进一步加剧，尤其是在疫情的持续蔓延下还衍生了许多新的危机。在上述背景下，学术界和理论界进一步加强了对中国特色社会主义与世界社会主义关系的研究与梳理，继续深化对世界社会主义经验教训的总结与提炼，以及对当代资本主义的研究与批判，以期进一步把握世界社会主义与国际共产主义运动发展的规律。

一、基本情况

相对而言，世界社会主义与国际共产主义运动研究的对象多且繁杂，学界的研究成果也是异彩纷呈，不易从总体上进行把握。但 2021 年，作为一个重要的时间节点，这一年的相关研究较以往有以下一些鲜明的特点：

一是对中国特色社会主义与世界社会主义关系的研究逐渐成为学术焦点。习近平总书记多次强调，世界社会主义是中国特色社会主义的源头活水，而中国特色社会主义在中国的成功，"对马克思主义、科学社会主义的意义，对世界社会主义的意义，是十分重大的"①。学者们既立足中国放眼世

---

① 《习近平谈治国理政》第三卷，外文出版社 2020 年版，第 70 页。

界，也从全球的高度和视野审视中国。有学者提出，"新时代中国特色社会主义是世界社会主义研究的主体"，因此，要"重新认识世界社会主义与中国特色社会主义的关系"①。有学者着力研究"中国特色社会主义新时代的世界意义"②、"中国特色社会主义为世界贡献了什么"③、"中国共产党成立一百年来对世界社会主义的贡献"④、"中国特色社会主义制度的国际视野"⑤，也有学者深刻思考"中国共产党为何能在世界社会主义大潮中建立发展走向辉煌"⑥、如何"在世界社会主义发展史中把握中国特色社会主义"⑦，还有学者特别关注"国外马克思主义关于中国特色社会主义的论述"⑧、"国外学者对新时代中国共产党理论创新的认知与评价"⑨、"新时代推进人类命运共同体理念的国际认同研究"⑩以及国外政党政要对中共百年的评价⑪等，更有学者

①　俞思念：《当前世界社会主义研究的检视与远瞩》，《中共宁波市委党校学报》2021年第4期。

②　姜辉：《中国特色社会主义新时代的世界意义》，江西人民出版社2021年版。

③　董振华等：《中国特色社会主义为世界贡献了什么》，文心出版社2021年版。

④　闫志民：《中国共产党成立一百年来对世界社会主义的贡献》，《马克思主义与现实》2021年第4期。

⑤　"中国特色社会主义制度的国际视野"，2021年度立项教育部人文社会科学研究规划基金项目，主持人：刘武根，中国农业大学。

⑥　李景治：《中国共产党为何能在世界社会主义大潮中建立发展走向辉煌》，《理论视野》2021年第7期。

⑦　轩传树、卢地生、叶福林：《在世界社会主义发展史中把握中国特色社会主义》，《世界马克思主义研究》2021年第1期。

⑧　"国外马克思主义关于中国特色社会主义的论述编译与研究"，2021年度立项国家社科基金重大项目，主持人：于海青，中国社会科学院马克思主义研究院。

⑨　"国外学者对新时代中国共产党理论创新的认知与评价研究"，2021年度立项教育部人文社会科学研究青年基金项目，主持人：付正，北京邮电大学。

⑩　"新时代推进人类命运共同体理念的国际认同研究"，2021年度立项教育部人文社会科学研究青年基金项目，主持人：陈旭，吉林大学。

⑪　金英君、唐海军：《国外一些政党及政要如何看待中国共产党百年》，《当代世界与社会主义》2021年第3期；年玥：《多国共产党热议习近平总书记"七一"重要讲话精神》，《马克思主义与现实》2021年第5期；任成金、潘娜娜：《习近平新时代中国特色社会主义思想的海外研究评析》，《国外社会科学》2021年第1期；王峰、骆仕效：《英文世界关于中国共产党百年奋斗重大成就和历史经验的主要认知》，《国外理论动态》2021年第6期；等等。

试图把握"中国特色社会主义与世界社会主义的互动发展"①，等等。2021 年
6 月，一部从国外共产党的视角，全景式反映中国共产党发展的新书《百年
大党：百位国外共产党人的述说共同见证伟大成就》②出版。根据"中国知网"
的检索结果，2021 年度在"世界社会主义"主题下检索文章 320 篇，其中
标题含"中国"的有 107 篇；在"国际共产主义运动"主题下检索文章 40 篇，
其中标题含"中国"的有 18 篇。

　　二是更多地在大历史、宽视野的角度去探究世界社会主义与国际共产主
义运动，并努力在此基础上把握规律大势。在"百年"以及"百年大变局"
的大历史视阈下，学者们不仅回眸自身，也仔细翻看世界其他共产党的历
史，如"中国共产党百年与百年大变局"③，以及西班牙、意大利、芬兰、瑞
典、日本、南非、智利等国共产党和左翼党④的百年社会主义探索；还有学
者重新审视"共产国际及其与中国革命的关系"⑤，重新评估"列宁文化领导

---

① "中国特色社会主义与世界社会主义的互动发展研究"，2021 年度立项国家社科基金重点项
　目，主持人：李华锋，聊城大学。
② 姜辉主编：《共同见证百年大党：百位国外共产党人的述说》（上下册），当代中国出版社
　2021 年版。
③ 徐光春：《中国共产党百年辉煌与百年未有之大变局》，《红旗文稿》2021 年第 6 期；曲青山：
　《中国共产党百年与百年大变局》，《中共党史研究》2021 年第 3 期；等等。
④ 金伟、万蕊嘉：《西班牙共产党百年历程及其当代启示》，《马克思主义与现实》2021 年第 6
　期；贺钦：《西班牙共产党的百年历程与时代启思》，《当代世界》2021 年第 5 期；李凯旋：《意
　大利共产党百年社会主义探索：历史嬗变与现实挑战》，《马克思主义与现实》2021 年第 6
　期；孙喜香、章德彪：《芬兰共产党百年社会主义探索特点及评析》，《当代世界与社会主义》
　2021 年第 2 期；桂森林、陈金祥：《瑞典左翼党百年社会主义理论与实践探索的特点分析》，
　《当代世界与社会主义》2021 年第 3 期；张凯：《百年政治变迁下南非共产党的政策调适与
　实践探索》，《当代世界与社会主义》2021 年第 5 期；李玉洁：《百年再启程：南非共产党对
　社会主义的新探索》，《世界社会主义研究》2021 年第 6 期；丁波文：《智利共产党百年社会
　主义探索历程与兴衰浅析》，《当代世界与社会主义》2021 年第 2 期；谭晓军：《百年历程：
　日本共产党的发展困境及启示》，《马克思主义与现实》2021 年第 4 期；李海玉：《美国共产
　党百年发展的经验教训》，《马克思主义与现实》2021 年第 3 期；等等。
⑤ 王子凤、潘金娥：《百年回眸与启示：共产国际及其与中国革命的关系》，《当代世界与社会
　主义》2021 年第 3 期。

权思想"的当代价值①，思考比较"列宁帝国主义理论与新帝国主义理论"②，等等；在"全球"的广角视野下，有学者思考了"多重视角中的马克思：21世纪世界马克思主义发展趋向"③，有学者探讨了"世界马克思主义时代化解读"④、"当代国外马克思主义的全球化理论"⑤，有学者研究了左翼运动中的世界社会论坛⑥，也有学者分析了"国外左翼学者社会主义思想"⑦，还有学者梳理了国外左翼对新型冠状病毒肺炎疫情的认识与评析⑧，等等。而在新冠肺炎疫情背景下，有学者关注了国外左翼对当代资本主义的最新批判以及对自身发展的新思考⑨，等等。此外，2021年是巴黎公社革命150周年，学者

① "列宁文化领导权思想及其当代价值研究"，2021年度立项国家社科基金一般项目，主持人：贾淑品，上海师范大学。

② 周淼：《百年大变局视野下的帝国主义理论研究：列宁帝国主义理论与新帝国主义理论的比较与思考》，当代中国出版社2021年版，姜辉主编《世界马克思主义与左翼研究论丛》系列之一。

③ 王凤才等：《多重视角中的马克思：21世纪世界马克思主义发展趋向》，中国社会科学出版社2021年版。

④ 刘学芝：《世界马克思主义时代化解读》，中央编译出版社2021年版。

⑤ 王金宝：《当代国外马克思主义的全球化理论研究》，经济日报出版社2021年版。

⑥ 刘颖：《全球左翼运动中的世界社会论坛研究》，人民出版社2021年版。

⑦ 童晋：《国外左翼学者社会主义思想研究》，当代中国出版社2021年版。

⑧ 李海玉、何景毅：《国外左翼对全球新型冠状病毒肺炎疫情的认识与评析》，《中共郑州市委党校学报》2021年第1期。

⑨ 雷晓欢：《新冠肺炎疫情下国外左翼思潮与运动研究——2020年国外左翼思想研究概览》，《科学社会主义》2021年第1期；李旸、王卓群：《新冠肺炎疫情背景下西方左翼思想界对资本主义的全面批判》，《当代世界与社会主义》2021年第6期；石晓虎：《资本主义国家共产党和进步力量对疫情下社会主义的新思考》，《世界社会主义研究》2021年第3期；[奥地利]沃尔特·拜尔著，李鑫、于海青译：《后疫情时代的欧洲重塑与左翼战略》，《国外社会科学前沿》2021年第6期；禚明亮：《新冠肺炎疫情背景下国外左翼学者对当代资本主义的最新批判与反思》，《江苏海洋大学学报（人文社会科学版）》2021年第3期；李凯旋：《新冠肺炎疫情下新自由主义资本主义的多重危机——意大利左翼学者访谈》，《马克思主义与现实》2021年第4期；张梅：《新冠肺炎疫情以来日本左翼对资本主义霸权的批判性反思》，《世界社会主义研究》2021年第12期；赵超：《新冠肺炎疫情与新自由主义全球化——法国左翼学者访谈》，《马克思主义与现实》2021年第4期；曲轩：《新冠肺炎疫情对国家治理能力和社会生活的挑战——戴维·麦克莱伦教授访谈》，《马克思主义与现实》2021年第2期；等等。

们或在国际共产主义运动大视野下，或贯通古今在"理想与现实之间"，或联系中外在巴黎公社、中国特色社会主义与人类解放事业的发展中，纪念巴黎公社革命并赋予其新的时代内涵。①

　　三是对当代世界社会主义与国际共产主义运动的研究在广度与深度上都继续向前推进。一方面，由中国社会科学院世界社会主义研究中心主持编写的《世界社会主义跟踪研究报告（2020—2021）：且听低谷新潮声（之十七）》②、由中国社会科学院马克思主义研究院主持编写的《国际共运黄皮书：国际共产主义运动发展报告（2020—2021）》③、由中央党校专家主持编写的《社会主义十二讲》④、《国际共产主义运动史专题研究》⑤以及由山东世界社会主义共产主义运动研究基地等多家单位主持编写的《国际共运史与社会主义研究辑刊（2021年卷·总第11卷）》⑥相继出版。上述研究在以往积累的基础上，既有对当前"热点"全景式的跟踪关注与分析，也有对相关问题长时段的回顾与总结。另一方面，针对世界社会主义与国际共产主义运动的多元化、多样化发展，相关研究也进一步拓宽和深化。如有学者关注"东欧

---

① 柴尚金：《巴黎公社的人民民主及当今镜鉴》，孙代尧、李钰：《在理想与现实之间：巴黎公社政治实践再探讨》，金民卿：《巴黎公社运动的思想史价值及其当代启示》，胡振良：《巴黎公社、中国特色社会主义与人类解放事业的发展——纪念巴黎公社150周年》，林建华：《国际共产主义运动大视野下的　巴黎公社革命和巴黎公社》，上述文章均刊载于《当代世界与社会主义》2021年第2期；顾海良：《恩格斯论巴黎公社的革命精神——纪念巴黎公社革命150周年》，《文化软实力》2021年第1期；陈之骅：《巴黎公社与马克思的〈法兰西内战〉——纪念巴黎公社革命150周年》，《世界社会主义研究》2021年第10期；许耀桐：《关于巴黎公社设立的组织机构的探讨——纪念巴黎公社150周年》，《中国浦东干部学院学报》2021年第2期；等等。

② 李慎明、姜辉主编：《世界社会主义跟踪研究报告（2020—2021）：且听低谷新潮声（之十七）》，当代中国出版社2021年版。

③ 姜辉、潘金娥主编：《国际共运黄皮书：国际共产主义运动发展报告（2020—2021）》，社会科学文献出版社2021年版。

④ 曹普主编：《社会主义发展史十二讲》，人民出版社2021年版。

⑤ 胡振良、孟鑫主编：《国际共产主义运动史专题研究》，中央党校出版社2021年版。

⑥ 李华锋、秦正为主编：《国际共运史与社会主义研究辑刊2021年卷（总第11卷）》，社会科学文献出版社2021年版。

新马克思主义历史观"①，也有学者特别聚焦"西方左翼资本主义观"②；有学者研究"西方左翼政党民生理论"③，也有学者分析"当代欧洲左翼政党对资本主义的批判研究"④，还有学者专注东欧剧变、苏联解体以来的"欧美左翼学者资本主义批判理论"⑤等；在地域研究方面，有学者从世界和地区社会主义发展的新视角考察了"拉美21世纪社会主义"⑥，有学者在百年未有之大变局下的视阈下考察"拉美共产党"⑦，还有学者从社会主义实践与理论的角度研究"以色列基布兹社会主义"⑧；等等。

二、百年中国共产党：伟大贡献与世界意义

学界普遍认为，中国共产党的百年发展史是国际共产主义运动和世界社会主义运动的重要组成部分。有学者指出，历史已经证明，中国共产党是马克思主义和科学社会主义的坚定信仰者、忠实实践者，是国际共产主义运动和世界社会主义运动的积极推动者、自觉开拓者，也是21世纪马克思主义和世界社会主义创新发展的有力引领者、重大贡献者。⑨也有学者总结说，

① 李宝文：《东欧新马克思主义历史观研究》，中国社会科学出版社2021年版。
② 谭桂娟：《西方左翼资本主义观评析》，知识产权出版社2021年版。
③ 王世恒：《西方左翼政党民生理论的批判及启示》，中国社会科学出版社2021年版。
④ "当代欧洲左翼政党对资本主义的批判研究"，2021年度立项国家社科基金一般项目，主持人：吴韵曦，中国政法大学。
⑤ 甘海霞：《欧美左翼学者资本主义批判理论研究：东欧剧变、苏联解体以来》，当代中国出版社2021年版，姜辉主编《世界马克思主义与左翼研究论丛》系列之一。
⑥ 袁东振：《拉美21世纪社会主义研究》，中国社会科学出版社2021年版。
⑦ "百年未有之大变局下的拉美共产党研究"，2021年度立项国家社科基金重点项目，主持人：贺钦，中国社会科学院马克思主义研究院。
⑧ "以色列基布兹社会主义的实践与理论研究"，2021年度立项教育部人文社会科学研究青年基金项目，主持人：陈艳艳，山东大学。
⑨ 姜辉在"第九届国际共产主义运动论坛暨《国际共产主义运动发展报告（2020—2021）》与《世界社会主义研究年鉴（2020）》发布会"上的致辞，2021年7月3日；见马丽雅：《中国共产党百年辉煌历程与国际共产主义运动新发展——"第九届国际共产主义运动论坛"综述》，《马克思主义研究》2021年第7期。

中国共产党书写了国际共产主义运动的中国篇章，推动了国际共产主义运动新发展。①

（一）中国共产党对世界社会主义与国际共产主义运动的贡献

有学者按历史发展脉络，从四个时段总结了中国共产党对世界社会主义作出的四项重大贡献：一是领导中国人民取得了新民主主义革命和社会主义革命的胜利，成功开启了东方落后国家无产阶级革命的新纪元；二是以苏为鉴，进行中国社会主义建设道路的艰辛探索，同时坚决反对苏联的大党主义和大国主义，推动了马克思主义与本国建设实践相结合，以及世界社会主义独立自主潮流的发展；三是在苏联东欧国家改革普遍失败、社会主义遭受严重挫折的情况下，中国改革开放和现代化建设取得举世瞩目的辉煌成就，在世界开创了完善和发展社会主义的成功之路；四是新时代中国特色社会主义使科学社会主义在 21 世纪的中国焕发出了强大的生机活力，在世界高高举起中国特色社会主义的旗帜，为世界社会主义在 21 世纪逐步走向伟大复兴，为人类的和平、发展作出了卓越贡献。②

有学者从理论、实践、党际交往层面总结了中国共产党对世界社会主义的三项伟大贡献：一是不断推进和实现马克思主义理论创新，为世界社会主义提供强大思想武器；二是全面推进改革开放，为世界社会主义积累有益实践经验；三是发展新型政党关系，为国际政党交流合作指出光明前景。③

有学者从道路、理论、制度、文化四个维度总结了中国共产党对国际共产主义运动的重大贡献：中国共产党探索、形成并成功走出了中国特色社会主义道路，为国际共产主义运动作出重大实践贡献；中国共产党在推进马克

---

① 龚云：《百年中国共产党推动国际共产主义运动新发展》，《世界社会主义研究》2021 年第 9 期。

② 闫志民：《中国共产党成立一百年来对世界社会主义的贡献》，《马克思主义与现实》2021 年第 4 期。

③ 李景治：《中国共产党对世界社会主义的伟大贡献》，《前线》2021 年第 12 期。

思主义中国化、时代化、大众化过程中，坚持、捍卫、丰富、发展了马克思主义，形成了一系列马克思主义中国化理论成果，为国际共产主义运动作出重大理论贡献；中国共产党在百年伟大实践中探索并形成了中国特色社会主义制度体系，为国际共产主义运动作出重大制度贡献；中国共产党在百年革命、建设和改革实践中形成了中国特色社会主义文化，为国际共产主义运动作出重大文化贡献。①

有学者单就"创造人类文明新形态"②、"开辟道路"③、"理论创新"④、"制度建设和治理能力"⑤ 等方面集中阐述了中国共产党对世界社会主义与国际共产主义运动的贡献。有学者特别提到，中国特色社会主义在 21 世纪初期取得的巨大成就，是世界社会主义运动总体低潮中的局部高潮，为世界社会主义发展提供了最切实、最坚实、最可依托的"根据地"和"阵地"。⑥ 有学者专门总结了新时代中国共产党对世界的三大贡献：一是极大地丰富了马克思主义理论和实践，把世界社会主义推向一个新阶段；二是使中国彻底摆脱了绝对贫困，并通过自身的发展，为人类的发展进步作出了巨大贡献；三是拓展了发展中国家走向现代化的途径，为解决人类问题贡献了中国智慧和中国方案。⑦

概言之，学界普遍认为，中国共产党从过去到现在一直都是世界社会主

---

① 季正聚、梦玲：《中国共产党对国际共产主义运动的重大贡献》，《世界社会主义研究》2021年第 8 期。

② 金碚：《人类文明新形态是不断探索中的伟大创造——中国特色社会主义的世界意义和共同价值》，《人民论坛·学术前沿》2021 年第 19 期。

③ 孙雪凡、辛向阳：《中国共产党建党百年对世界社会主义的贡献》，《马克思主义与现实》2021 年第 2 期。

④ 孙玉娟、那博文：《中国共产党百年理论创新对世界社会主义运动的贡献》，《知与行》2021年第 4 期。

⑤ 肖巍：《世界社会主义发展的中国镜鉴》，《人民论坛》2021 年第 20 期。

⑥ 陈志刚：《中国特色社会主义新时代深刻改变了世界——评〈中国特色社会主义新时代的世界意义〉》，《马克思主义研究》2021 年第 12 期。

⑦ 欧阳军喜：《新时代中国共产党对世界的伟大贡献》，《人民论坛·学术前沿》2021 年第 13 期。

义和国际共产主义运动的重要推动力量，未来还将继续推动乃至引领世界社会主义和国际共产主义运动的新发展。

（二）新时代中国特色社会主义的世界意义

中国特色社会主义是人类对社会主义探索的重要组成部分，是科学社会主义发展史上的重要阶段。进入新时代以来，中国特色社会主义在理论和实践上都取得了重大进展，形成了习近平新时代中国特色社会主义思想，实现了中国共产党指导思想的与时俱进和马克思主义中国化新的飞跃。

有学者提出，任何推动人类社会发展进步的重大历史活动和历史事件，其重大意义都是国际性和世界性的。新时代中国特色社会主义取得的历史性成就、发生的历史性变革及其对于人类社会发展的重大世界意义，是在中国新时代和世界大变局交织的历史背景下，日益走近世界舞台中央的中国在"历史必然性"作用下进行伟大历史创造的必然结果。①

有学者提出，习近平新时代中国特色社会主义思想科学分析了世界"百年未有之大变局"中存在的复杂问题，特别是找出了其中的核心症结，具有 21 世纪马克思主义的世界历史性意义。当今世界困境的核心症结是治理体系和治理能力的问题，而中国特色社会主义昭示着解决这一难题的出路所在。习近平总书记将中国与世界的进步事业紧密关联在一起，积极向世界展示着中国特色社会主义制度图景。中国特色社会主义制度样式是 21 世纪对马克思主义的最大原创性贡献，习近平新时代中国特色社会主义思想据此开拓了在当代世界推进科学社会主义的新型路径。②

有学者提出，中国特色社会主义进入新时代，从各个方面深刻影响了世界，具有重要的理论意义、实践意义、时代意义和世界意义：其一是为发

---

① 姜辉：《深入研究中国特色社会主义新时代的世界意义》，《世界社会主义研究》2022 年第 1 期。

② 姜国敏：《习近平新时代中国特色社会主义思想的世界意义》，《马克思主义研究》2021 年第 1 期。

展 21 世纪马克思主义作出原创性贡献。习近平新时代中国特色社会主义思想深化了对共产党执政规律、社会主义建设规律、人类社会发展规律的认识，不仅是中国化马克思主义的理论创新成果，而且为推动构建人类命运共同体、维护人类共同利益和共同价值作出重要原创性贡献。其二是推动世界社会主义发展进入新阶段。新时代中国特色社会主义的成功，使世界范围内社会主义和资本主义两种意识形态、两种社会制度的历史演进及其较量发生了有利于社会主义的重大转变。其三是开辟了人类走向现代化的新道路。其四是为解决世界问题提供了新方案。人类命运共同体的新理念，为建设一个持久和平、普遍安全、共同繁荣、开放包容、清洁美丽的世界贡献了中国智慧。[1]

还有学者就"世界治理"[2]、"新发展阶段"[3]等角度特别阐述了习近平新时代中国特色社会主义思想的世界意义。有学者总结说，面对世界"百年未有之大变局"，中国共产党领导中国人民写出了科学社会主义的"新版本"，创造了人类文明新形态。[4]

（三）国外政党、学者论中国共产党和中国特色社会主义

在中国共产党建党百年的重要深刻，国外政党和学者从多个维度表达了其对中国共产党和中国特色社会主义的认知与评价。国内学者对此进行了跟踪研究，也有多位国外政党领袖、学者在报刊发文表达看法。

高度评价中国共产党。

---

① 陈志刚：《中国特色社会主义新时代深刻改变了世界——评〈中国特色社会主义新时代的世界意义〉》，《马克思主义研究》2021 年第 12 期。

② 刘从德、谭春霞：《习近平新时代中国特色社会主义思想的世界治理意义》，《中国地质大学学报（社会科学版）》2021 年第 1 期。

③ 马拥军、陶恩前：《从"新发展阶段"看中国道路在国际共运史上的意义》，《毛泽东邓小平理论研究》2021 年第 1 期。

④ 任洁：《科学社会主义的"新版本"：伟大成就与世界意义》，《人民论坛·学术前沿》2021 年第 22 期。

　　有学者分析了中共百年华诞前后左翼政党、政要及学者的观点主张，认为，一般说来，发展中国家政党总体上比西方国家政党评价要更客观、积极，西方的中左翼政党比中右翼政党的评价明显更积极、友好，世界共产党和左翼政党对中共的评价最友好，当然，具体到不同政党也存在一些差异。而且，国外一些政党对中共评价的变化是建立在逐渐了解和不断演进基础上的，有一个认识过程。总体趋势大都是从偏见不断走向相对客观，从消极渐向友好。这在国外共产党特别是西方国家共产党中表现最突出、最明显。①

　　有学者梳理了西方左翼对中国共产党认识的演变，即从对中国共产党成立前后的怀疑，到新民主主义革命时期的热切关注、新中国成立和社会主义制度确立的振奋与希冀、社会主义探索的否定和肯定并存、改革开放的质疑与期望并存，到 21 世纪以及新时代的高度肯定。基本上，随着中国取得的成就越来越大，西左翼对于中国共产党的整体认同度也随之提升，且他们越来越期待中国共产党可以在世界社会主义运动中做出更多原创性贡献。②

　　有学者梳理了俄罗斯政界学界的评论。俄罗斯政界与学界对中国共产党建党百年以来所取得的历史性成绩给予了高度的评价，强调中国共产党在中国近现代经济和政治发展中的领导核心作用：中国共产党是执政为民的政党，是真正的社会主义政党；正是中国共产党领导中国革命走向了成功；也只有中国共产党才有能力继续带领中国人民向更伟大的目标前进，并为全世界的共同发展做出新的贡献。③ 俄共中央副主席诺维科夫提出，"中国共产党成立 100 周年可以与卡尔·马克思和弗里德里希·恩格斯诞辰 200 周年、列宁诞辰 150 周年以及伟大的十月社会主义革命胜利 100 周年相提并论"，因为"所有这些纪念日，对每一个共产党人、对人类历史而言都极为重要"。④

① 金英君、唐海军：《国外一些政党及政要如何看待中国共产党百年》，《当代世界与社会主义》2021 年第 3 期。

② 马蒙：《西方左翼对中国共产党认识的演变》，《科学社会主义》2021 年第 6 期。

③ 方婷婷：《俄罗斯政界学界对中国共产党百年历史评述》，《理论视野》2021 年第 12 期。

④ 姜辉主编：《共同见证百年大党：百位国外共产党人的述说》，当代中国出版社 2021 年版，第 134 页。

还有学者分析了中国共产党十九届六中全会后英文世界的相关报道，整理了相关媒体和专家学者关于中国共产党百年奋斗重大成就和历史经验的主要认知。虽然仍有些质疑，但总体看来较为理性：如认为在中国共产党的领导下，中国创造了一种有别于西方的现代化道路；中国共产党之所以能够成功，原因在于它矢志不渝加强自身建设；中国共产党对自身经验成就进行归纳总结，体现了对历史经验的重视，同时为中国未来发展制定了宏伟蓝图等。①

充分肯定中国共产党的理论创新。

尼泊尔共产党（联合马列）主席、尼泊尔总理卡德加·普拉萨德·夏尔马·奥利撰文提出，中国共产党历史上有三大思想节点，它们确定了中国共产党的重要发展方向：一是中国共产党第七次全国代表大会，确立了毛泽东思想为党的指导思想，引领马克思主义在中国的创新；二是邓小平的改革开放和现代化政策开创了中国发展的新时代；三是习近平新时代中国特色社会主义思想成为重要的里程碑。他还特别谈到，中国共产党的领导和远见卓识是改变中国发展道路的关键。②

罗马尼亚共产党前中央委员托马·伊万撰文指出：长期以来，中国共产党人以自己的言行向世界传达着对马克思主义的理解。20世纪最后几十年最重要的标志性事件之一，无疑是马克思主义在新中国不断得到继承、创新和发展，并且深度影响了世界其他国家对社会主义的认同和实践。③

俄罗斯著名历史学家、中国问题专家罗伊·亚历山德罗维奇·麦德维杰夫在接受《当代世界与社会主义》杂志的专访中谈道："在当前的情况下，中国使用马克思主义中国化这个表述显得有些谦虚。"因为对于中国和世界

---

① 王峰、骆仕效：《英文世界关于中国共产党百年奋斗重大成就和历史经验的主要认知》，《国外理论动态》2021年第6期。

② ［尼泊尔］卡德加·普拉萨德·夏尔马·奥利：《中国共产党百年与世界社会主义运动的意义》，敏文摘译，《国外社会科学》2021年第3期。

③ ［罗马尼亚］托马·伊万著，王艳阳译：《中国共产党给中国和世界带来新的发展机遇》，《世界社会主义研究》2021年第3期。

来说，现在已经是一个真正的新时代了。因此，必须要找到一个新名字来强调和突出其创新性和连续性，也就是现在所说的习近平新时代中国特色社会主义思想。他还特别提到，在今天，中国和中国共产党的成功已经让很多俄罗斯思想家重新相信了社会主义。①

有学者专门整理了多国共产党对 2021 年 7 月 1 日习近平总书记在庆祝中国共产党成立 100 周年大会上的重要讲话的评议。多国共产党领袖高度评价中国共产党对马克思主义发展作出的重大贡献。如原意大利共产党人党总书记、意大利前司法部长、罗马大学法学院院长奥利维耶罗·迪利贝托指出，中国共产党提供了非常重要和原创性的马克思主义意识形态更新，不仅适应中国的现实，且对世界各地的共产主义者都有价值。②

近年来，海外理论界持续关注习近平新时代中国特色社会主义思想的创新发展，已经形成了较有规模与深度的海外研究与传播。有学者对此进行了梳理。海外学者普遍认为，习近平新时代中国特色社会主义思想不仅传承了马克思主义的理论脉络，而且赋予了其新的时代内涵，使马克思主义适应了中国的语境，彰显了马克思主义的实践导向。③

充分认可"中国的力量就是世界社会主义的力量"④。

俄罗斯联邦共产党主席根纳季·久加诺夫撰文说，仅凭中国共产党使八亿人摆脱了贫困这一功勋，它就应该成为国际共产主义运动史上的一座丰碑。⑤

---

① ［俄］罗伊·亚历山德罗维奇·麦德维杰夫、李冠群、纪雪岭：《一位俄罗斯历史学家眼中的中共百年——罗伊·麦德维杰夫访谈》，《当代世界与社会主义》2021 年第 6 期。

② 年玥：《多国共产党热议习近平总书记"七一"重要讲话精神》，《马克思主义与现实》2021 年第 5 期。

③ 任成金、潘娜娜：《习近平新时代中国特色社会主义思想的海外研究评析》，《国外社会科学》2021 年第 1 期。

④ 明海英：《海外学者关注全球治理的中国智慧》，《中国社会科学报》2021 年 11 月 26 日。

⑤ ［俄］根纳季·久加诺夫著，郭丽双、李卓儒译：《共同携手，为人类走向美好未来铺平道路》，《马克思主义与现实》2021 年第 4 期。

英国共产党国际委员会委员肯尼·科伊尔撰文认为，中国的崛起为广大发展中国家甚至某些发达国家提供了走独立自主发展道路的新机遇。"尽管我们无法预测其他国家的社会主义运动是否能够利用这一转变实现自身恢复，但该转变确实为其提供了历史性机遇"。①

意大利共产党中央委员弗朗切斯科·马林乔指出，中国共产党是推动构建人类命运共同体的中坚力量，其命运与中华民族的复兴前景、与世界社会主义运动的未来紧密相连，息息相关。②

埃及共产党总书记萨拉赫·阿德利撰文提出，中国向世界展示了独特的发展经验，如果将马克思主义与特定时期的社会现实相结合，社会主义就会对资本主义显现出巨大的优越性。③

巴西学者高欧·多利亚特别指出，中国并不寻求输出其模式或道路，中国共产党无意将国际共产主义运动用作实现自身利益的工具。"正是因为这个原因，中国经验与方案成为全世界众多共产党的灵感来源。"④

捷克和摩拉维亚共产党主席、众议院副议长沃伊切赫·菲利普认为，中国共产党人向全世界所展示出的马克思主义力量、唯物主义力量以及社会治理能力都极为引人注目且鼓舞人心。⑤

拉美共产党人高度评价中国共产党建党百年的历史成就与世界意义，哥伦比亚共产党总书记凯塞多·图里亚戈提出，"我们有义务承认中国体制所表现出的优越性，也有义务传播和学习中国经验"，从而认识到另一种模式

---

① ［英］肯尼·科伊尔著，陈文旭译：《中国特色社会主义：世界社会主义的新机遇》，《人民论坛·学术前沿》2021 年第 11 期。

② ［意］弗朗切斯科·马林乔著，李凯旋译：《中国共产党建党百年，初心历久弥坚》，《马克思主义与现实》2021 年第 4 期。

③ ［埃及］萨拉赫·阿德利：《中国共产党的成功经验给世界带来的启示》，《当代世界》2021 年第 6 期。

④ ［巴西］高欧·多利亚：《中国特色社会主义道路对巴西共产党的影响》，《拉丁美洲研究》2021 年第 3 期。

⑤ 单超：《百年中国共产党与 21 世纪世界社会主义——"〈共同见证百年大党——百位国外共产党人的述说〉新书发布会暨国际研讨会"综述》，《马克思主义研究》2021 年第 8 期。

是可行的，资本主义并不是世界上唯一可选的社会制度。巴拉圭共产党总书记纳吉布·亚马多表示："我们对在资本主义制度下走出困境信心不足，感觉希望渺茫。但是，中国取得的伟大成就让我们看到了希望"。① 阿根廷学者帕特里西奥·朱斯托也指出，中国共产党很大程度上改变了国际上对社会主义的偏见，"不民主""经济落后"并不是共产主义的特征。②

中共中央对外联络部研究室特别整理了多国政党政要及友好人士为中国共产党建党百年致习近平总书记和中共中央的贺电贺函，并分析指出，国际社会对中国共产党的认同达到新的高度，且在赞叹"中国共产党能、中国特色社会主义制度好"的同时，越来越多的国家和政党开始思索"我们怎么做才会也能、也行、也好"，即如何学习借鉴中国经验；从中国与世界关系看，过去国际社会一直关注"世界如何影响中共"，现在更加期待看到"中共如何引领世界，为世界作出更大贡献"。③

事实上，正如习近平总书记指出的："我们坚信，随着中国特色社会主义不断发展，我们的制度必将越来越成熟，我国社会主义制度的优越性必将进一步显现，我们的道路必将越走越宽广，我国发展道路对世界的影响必将越来越大。"④

三、纪念巴黎公社革命 150 周年

2021 年是巴黎公社成立 150 周年，重估其历史贡献、思想遗产以及经验教训、当代价值，可谓正当其时。

有学者指出，社会主义发展是思潮、运动、制度和价值的统一，是人民

---

① 楼宇：《拉美共产党人评中国共产党建党百年的历史成就与世界意义》，《拉丁美洲研究》2021 年第 3 期。

② 禤明亮、张欢欢：《国外学者论中国共产党建党百年》，《观察与思考》2021 年第 10 期。

③ 中共中央对外联络部研究室：《从国际社会致贺中国共产党成立 100 周年看习近平新时代中国特色社会主义思想的世界意义》，《当代世界》2021 年第 8 期。

④ 《十八大以来重要文献选编》（上），中央文献出版社 2014 年版，第 111 页。

群众创造历史的波澜壮阔的伟大进程。巴黎公社从社会主义发展史走来，划分了历史时代，在无产阶级争取解放的历史进程中有着特殊重要的地位和意义。之后 150 年，公社未竟的事业经历了历史的考验，革命在发展、探索在继续、理论在创新、价值在升华，中国特色社会主义就是公社事业的继承和发展。①

有学者认为，政党建设、政权建设、社会主义建设是国际共产主义运动永恒的主题，也是无产阶级及其政党在追求自身解放过程中演绎的三部曲。巴黎公社革命充分体现了无产阶级建立新社会、新世界的历史首创精神：巴黎公社的创举是苏维埃俄国的预演，十月革命后多国无产阶级政权的短期存在则是巴黎公社的重演。今天，社会主义建设包括社会主义改革更是掌握了政权的共产党人的必修课。②

有学者认为，巴黎公社运动完成了从实践史事件向思想史事件的跃升，至今已经沉淀为马克思主义思想发展史上的理论富矿，为历代思想家们所长期发掘，不断形成新的理论生长点，对当代中国共产党人具有重要的启发意义。③

有学者认为，巴黎公社在政权建设实践中，出现了理想和现实的冲突，政治实践的超阶段性和不彻底性最终使巴黎公社走向失败。纪念和缅怀巴黎公社，就要妥善对待巴黎公社的历史遗产。"不应当盲目重复他们的每一个口号"，而应当吸取公社政权建设的经验和教训，充分考虑现实条件下社会成员政治能力的负载力和政治组织的执行力，及时对政治实践作出调整，从而实现社会主义理想性与现实性的统一，这是巴黎公社留给我们的重要

---

① 胡振良：《巴黎公社、中国特色社会主义与人类解放事业的发展——纪念巴黎公社 150 周年》，《当代世界与社会主义》2021 年第 2 期。

② 林建华：《国际共产主义运动大视野下的巴黎公社革命和巴黎公社》，《当代世界与社会主义》2021 年第 2 期。

③ 金民卿：《巴黎公社运动的思想史价值及其当代启示》，《当代世界与社会主义》2021 年第 2 期。

启示。①

有学者以巴黎公社的人民民主之"镜","鉴"今日之国家政体，认为巴黎公社是对资本主义代议制民主的挑战，它向世人表明，三权分立不是唯一选择，代议制民主不是终极真理。新冠肺炎疫情全球大暴发后，西方制度的弊端充分暴露出来，而按巴黎公社原则建立的议行合一的无产阶级国家政体，则真正体现了人民民主精神。②

有学者较为详细地考证了巴黎公社设立的组织机构，认为马恩形成关于工人阶级革命必须"打碎资产阶级国家机器"的原理，正是源于从巴黎公社成功的经验；在实践方面，巴黎公社直接成为其后的苏维埃俄国和中华人民共和国国家政权建设的范例。③

有学者将巴黎公社革命与《法兰西内战》结合起来研究，认为马克思在巴黎公社革命失败后及时总结其经验教训，从多方面深化了关于无产阶级革命理论和策略的思想，从而拓展了马克思主义在国际工人运动中的影响力和感召力。巴黎公社革命结束 20 年后，恩格斯又在为《法兰西内战》再版所撰写的《导言》中对巴黎公社革命精神进行了再探索和阐释，这些探索与阐释深刻地蕴含着马克思主义关于无产阶级革命理论当代意义的理解。④

欧洲左翼和社会主义历史学家让－努马·迪康热认为，巴黎公社是一次独特的政治经历，为 19 世纪末至 20 世纪初欧洲工人运动的发展开辟了道路。今天，欧洲的许多政治团体也深受巴黎公社的影响。虽然各种社会主义流派对于巴黎公社的看法存在分歧，但是所有人基本上都承认这样一个事实：加

---

① 孙代尧、李钰：《在理想与现实之间：巴黎公社政治实践再探讨》，《当代世界与社会主义》2021 年第 2 期。
② 柴尚金：《巴黎公社的人民民主及当今镜鉴》，《当代世界与社会主义》2021 年第 2 期。
③ 许耀桐：《关于巴黎公社设立的组织机构的探讨——纪念巴黎公社 150 周年》，《中国浦东干部学院学报》2021 年第 2 期。
④ 顾海良：《恩格斯论巴黎公社的革命精神——纪念巴黎公社革命 150 周年》，《文化软实力》2021 年第 1 期；陈之骅：《巴黎公社与马克思的〈法兰西内战〉——纪念巴黎公社革命 150 周年》，《世界社会主义研究》2021 年第 10 期。

强组织建设应该可以弥补巴黎公社的不足。①

当代马克思主义哲学家弗兰克·鲁达认为，巴黎公社为政治解放的真正可能性提供了历史证明，它在悬置一切以往的知识规则的同时，找到了使不可能之事变为可能的新的实践形式。这一解放的形式及其现实潜能不仅使公社成为前所未有的历史创举，而且对于任何思考如何组织解放的人而言又具有直接的当下性。从这个意义上说，巴黎公社仍然是、并将永远是我们通往解放的指路明灯，公社社员仍然是、并将永远是我们的同时代人。②

四、当前世界社会主义与国际共产主义运动：现实状况与发展趋势

学界普遍认为，在百年未有之大变局和新冠肺炎疫情大流行交织形势下，世界社会主义与国际共产主义运动的发展依然是挑战与机遇并存。同时，呈现出一些新的变化和发展态势。

（一）总体判断

有学者判断，由东欧剧变、苏联解体引起的震荡和混乱已经结束，世界社会主义运动开始复苏。呈现的突出特点是：独立自主和多元化发展。世界各国的社会主义者和世界左翼力量都开始反思 20 世纪世界社会主义运动，深入总结世界社会主义运动的历史经验，并立足本国具体实际，重新探索适合本国本地实际情况的社会主义革命和建设发展道路，寻找符合客观实际的，可以有效解决现实问题的新途径。拉美地区左翼运动的崛起，发达资本主义国家的新社会运动，以及前苏东地区兴起的左翼运动，尤其是中国特色

---

① 让－努马·迪康热著，姚岚译：《如何评价巴黎公社：从马克思到列宁》，《国外理论动态》2021 年第 4 期。

② 弗兰克·鲁达著，孙海洋译：《如何组织解放：巴黎公社的历史意义》，《国外理论动态》2021 年第 4 期。

社会主义的成功实践，有力地推动了当代世界社会主义运动。①

有学者认为，世界社会主义进入新的发展时期：中国、越南等社会主义国家有效地管控疫情并实现了经济发展，彰显了社会主义制度的优越性；西方各国新冠肺炎疫情泛滥，社会运动频发，社会不平等更加突出，暴露出新自由主义的种种弊端。世界格局"东升西降"趋势明显。然而，美国拜登政府上台以来，推动西方国家建立所谓"民主联盟"，遏制社会主义国家发展的意图明显，国际共产主义运动在挑战中砥砺前行。②

有学者提出，21 世纪世界社会主义进入了从传统到现代转换的新阶段，社会主义是新世纪现代化发展的必然趋势，社会主义现代化是 21 世纪世界社会主义的主题。中国现代化新路为世界提供了全新选择，中国特色社会主义将引领现代文明发展方向。③

有学者认为，当代世界社会主义表现为不同的路线，其历史任务也不是相同的。21 世纪世界社会主义的共同特色和未来趋势，是马克思主义的民族化发展，以及各具特色的社会主义模式的探索。从世界范围来看，我们能够说，马克思主义的发展，将被未来各具特色的社会主义实践描画和光大，而中国共产党在当代的实践和理论就是其最杰出的代表。④

有学者判断，世界社会主义运动的主体力量发生了新变化：现存的五个社会主义国家坚持"改革""开放"，在社会主义道路上阔步前行；非社会主义国家的共产党"左冲""右突"，努力拓展活动空间；资本主义国家广大雇佣劳动者的"阶级意识"回归，各种反抗资本主义的社会运动风起云涌。从这些主体力量之间的相互关系来看，它们"合纵""连横"，愈益强化相互联系、协调与合作。这些发展变化的叠加，说明社会主义影响在扩大，力量在

① 王怀超：《当代世界社会主义的基本特点》，《人民论坛·学术前沿》2021 年第 22 期。

② 潘金娥：《动荡变革期的国际共产主义运动砥砺前行——2020—2021 年国际共产主义运动发展报告》，《世界社会主义研究》2021 年第 8 期。

③ 胡振良：《现代化：21 世纪科学社会主义的时代内涵》，《当代世界社会主义问题》2021 年第 4 期。

④ 俞思念：《当前世界社会主义研究的检视与远瞩》，《中共宁波市委党校学报》2021 年第 4 期。

积蓄，形象在改善，资本主义和社会主义"两制"的竞争出现了有利于社会主义的新变化。①

有学者提出，各国共产党和左翼力量的发展变化呈现新态势：随着西方发达国家资本主义制度弊端和中国特色社会主义制度优势越来越凸显，坚持共产党领导和社会主义道路、打造社会主义国家战略共同体，是现存社会主义国家最大的利益交汇点；发展中国家共产党开始恢复活力，其探索社会主义的纲领主张得到劳动人民拥护和支持；发达国家共产党推进左翼结盟政策，在联合反对资本主义的斗争中重塑传统优势。尤其是，随着中国特色社会主义影响扩大，共产党对世界社会主义运动的引领作用开始显现。②

有学者则认为，2021年外国共产党的发展延续了近年来的主要特点，在低潮中求奋进、在夹缝中求生存、在逆境中求发展的阶段性特征依然突出。新冠肺炎疫情的持续蔓延，一定程度上改变了外国共产党的实践斗争方式，街头行动及线下活动的频次频率相对有所减少，而多元化的虚拟线上平台为各国共产党提供了新的斗争和行动空间。展望未来，从实际情况出发，制定行之有效的行动方案，积聚不断前行的力量，是外国共产党面临的切实而紧迫的现实任务。③

有学者认为，国外非执政共产党已经逐步放弃了以往错误对待中间阶层的政策和宗派主义做法，转而实行比较开放、包容的阶级联盟政策：即主张将包括广大中间阶级和阶层在内的一切反帝反垄断的力量都团结在自己的周围，从而形成反对资本主义的合力，扩大世界社会主义运动的基础。④

另外，还有学者判断，近年来世界共产党出现联合化新趋势：主要表现

---

① 轩传树：《世界社会主义运动主体力量新变化》，《马克思主义研究》2021年第2期。
② 柴尚金：《当今国外共产党发展新态势》，《世界社会主义研究》2021年第11期。
③ 于海青：《在砥砺奋进中探索前行——2021年外国共产党的新发展》，《当代世界》2022年第2期。
④ 刘卫卫：《21世纪以来国外非执政共产党的阶级联盟政策探析》，《当代世界社会主义问题》2021年第2期。

在建立了一系列联合化的组织机制、形成了发表联合声明的惯例、开展了一致性的国际斗争、凝聚形成了共同精神等。且与19—20世纪的国际共运相比，这是一种联合化新趋势，具有许多"新的历史特点"，即联合主体上的平等性和多元化、空间上的共振性和网络化、时态上的连续性和密集化、方式上的多样性与议题化。百年变局下世界共产党的联合化具有积极的作用，增强了反制资本主义的力量，壮大了世界社会主义的声势，丰富并发展了国际共产主义运动的内涵与形式。① 值得注意的是，也有学者不赞同此类判断："更有一种盲目赞成社会主义的世界性结盟和国际组织的创建，以为凭借共产党、工人党和社会主义政党的联合斗争，就能改变世界政治格局和国际关系版图的想法，更是失之天真。要知道，当今时代与过去倡导'国际联合'的时代，是不能同日而语的。"②

（二）各国共产党总结过去、规划未来

社会主义国家共产党相继召开党的代表大会。

2021年初，朝鲜、老挝、越南、古巴四个社会主义国家执政的共产党相继召开党代会，国内学界和理论界给予充分关注。总体看，四党都通过总结过去社会主义建设的成就与挑战，规划了五年发展规划与远景目标，聚焦经济发展与民生改善，完成领导层有序更替，继续推进民主建设，同时在维护国家安全的前提下拓展多元外交。③

朝鲜劳动党第八次全国代表大会于2021年1月5日至12日在平壤召开。大会全面总结2016—2020年朝鲜经济发展五年战略，并制订了新的五年计划以及内政外交目标。朝鲜劳动党八大是在国际制裁、新冠肺炎疫情以及洪涝灾害等严重影响下未能完成七大制订的五年发展战略目标的情况下召开的，有学者认为，这次大会是自2016年朝鲜劳动党七大以来又

---

① 余维海：《近年来世界共产党联合化新趋势与我们的应对》，《科学社会主义》2021年第2期。
② 俞思念：《当前世界社会主义研究的检视与远瞩》，《中共宁波市委党校学报》2021年第4期。
③ 贺钦：《从2021年党代会看社会主义四国新动向》，《当代世界社会主义问题》2021年第4期。

一次具有重要里程碑意义的会议，意味着金正恩时代政治方式的制度化、机制化。[1] 还有学者对劳动党"八大"内容及朝未来政策走向进行了解读与评估。[2]

老挝人民革命党第十一次全国代表大会于 2021 年 1 月 13 日至 15 日在万象召开。大会系统回顾了老挝执行十大决议五年来的主要成就，指出了党自身存在的三大问题，总结出了四大经验，提出了未来几年的奋斗目标和方针路线。老挝党十一大是在世界形势复杂多变和新冠肺炎疫情叠加影响下、老挝实行革新 35 年之际召开的一次重要会议，恰逢老挝刚刚庆祝建党 65 周年、建国 45 周年及纪念凯山·丰威汉诞辰 100 周年的重要节点，有学者认为，这次大会将对老挝今后一个时期的革新产生深刻影响。[3] 也有学者通过对比研究发现，老党十一大基本保持了十大的总体基调，从大会主题、政治报告的内容结构到其中蕴含的治党治国和发展理念，都给人一种似曾相识的感觉。[4]

越南共产党第十三次全国代表大会于 2021 年 1 月 25 日至 2 月 1 日在河内召开。大会回顾总结了越南革新 35 年来的成就与经验、提出了越南到本世纪中叶成为社会主义定向的发达国家的目标、方向和步骤，描绘了国家繁荣发展、人民幸福的"越南梦"。有学者认为，越共十三大是越南社会主义发展史上的一个里程碑，它吹响了越南进入新的发展时期的号角。回顾越南革新 35 年来的发展道路，其轨迹经历了一些变化。在革新之初，越南曾被

---

① 李成日：《朝鲜劳动党八大以后朝鲜的政治经济形势分析》，《世界社会主义研究》2021 年第 6 期。

② 见刘天聪：《朝鲜劳动党"八大"内容评估及政策展望》，《国际研究参考》2021 年第 3 期；方浩范、黄廿一：《朝鲜劳动党领导下的朝鲜社会主义新发展》，《延边大学学报（社会科学版）》2021 年第 4 期；等等。

③ 见方文、方素清：《从老挝人民革命党十一大看老挝革新趋势》，《当代世界社会主义问题》2021 年第 1 期；海贤、罗琴：《老挝人民革命党第十一次全国代表大会简析》，《世界社会主义研究》2021 年第 2 期；等等。

④ 韦健锋：《老挝人革党十一大召开情况及其未来政策走向》，《国际研究参考》2021 年第 6 期。

普遍认为是"中国的好学生"。自 2006 年越共十大后，越南逐渐强化本国特色，并借鉴东西方模式和全人类思想精华，以形成越南民族特色的社会主义发展道路。越南过去 35 年来经济发展速度、改革成果仅次于中国，是社会主义国家实行改革的一个较成功案例。越南社会主义革新的经验，在一定程度上可为其他发展中国家提供参考借鉴。[①] 此外，有学者研究了越共十三大与越南社会主义革新事业新发展[②]、越共十三大与越南革新走向[③]、越共十三大对"全面发展的越南人"思想的新发展[④] 以及越共十三大对党的建设总体部署与创新[⑤] 等；也有越南学者解读了"越南共产党第十三次全国代表大会文件的核心和新内容"[⑥]；还有学者系统梳理了"革新以来越南共产党对社会主义建设的理论探索"[⑦]。

古巴共产党第八次全国代表大会于 2021 年 4 月 16 日至 19 日在哈瓦那召开。大会总结了古共七大以来，在模式更新、制定新宪法、抗疫斗争等方面取得的成绩，也指出了当前存在的主要问题和今后努力的方向。有学者认为，古共八大是一次是承前启后、继往开来的大会，具有重要的历史意义：古共八大基本完成了党的领导新老交替的工作，健全了党的集体领导制度和党内民主集中制，确保古巴革命和社会主义事业的继续发展，为古巴未来经济社会模式的更新确定了方向。[⑧] 有学者认为，古共八大开启了古巴社会主

---

① 潘金娥：《越共十三大：总结革新史　描绘越南梦》，《科学社会主义》2021 年第 1 期。

② 冯寅奇：从越共十三大看越南社会主义革新事业新发展，《当代世界》2021 年第 6 期。

③ 刘锦玉：《越共十三大与越南革新走向》，《国际研究参考》2021 年第 8 期。

④ 许正伟、黄长义：《越共十三大对"全面发展的越南人"思想的新发展》，《当代世界社会主义问题》2021 年第 4 期。

⑤ 徐秦法、郑玉琳：《越共十三大对党的建设总体部署与创新》，《理论视野》2021 年第 4 期。

⑥ ［越］武文福著，韦丽春、慕潮译：《越南共产党第十三次全国代表大会文件的核心和新内容》，《世界社会主义研究》2021 年第 2 期。

⑦ 闫杰花：《革新以来越南共产党对社会主义建设的理论探索》，《当代世界与社会主义》2021 年第 3 期。

⑧ 徐世澄：《古巴共产党第八次全国代表大会：承前启后　继往开来》，《世界社会主义研究》2021 年第 6 期。

义的新时期，古巴社会主义建设事业进入了新征程。① 还有学者就古共党建问题进行了研究，认为古共在党的建设方面积累了独特的经验，这是其得以长期执政的重要基础。②

多国非执政共产党召开新一届全国代表大会或迎来建党百年重要时刻。

2021 年，还有多国非执政共产党迎来了本党的新一届全国代表大会。尽管受到新冠肺炎疫情影响，但不少共产党克服困难，以多种形式召开党代会，深入总结过去几年的工作，探讨党面临的挑战及疫情下的发展目标和斗争任务。在发达资本主义地区，希腊共产党、英国共产党、瑞典共产党、美国共产党人党、西班牙工人共产党、澳大利亚共产党、瑞士共产党等均召开了党代会；在苏东地区，俄罗斯联邦共产党、俄罗斯共产主义工人党、塔吉克斯坦共产党、格鲁吉亚统一工人党、阿尔巴尼亚共产党等召开了党代会；在亚非拉发展中地区，巴西共产党、塞浦路斯劳动人民进步党、尼共（联合马列）、尼共（毛主义中心）、巴拉圭共产党、印度共产党（马列）、斯威士兰共产党、伊拉克共产党等召开了党代会。2021 年，除中国共产党外，还有多国共产党迎来百年诞辰，包括葡萄牙、西班牙、南非、卢森堡、意大利、比利时、加拿大共产党等。

在上述重要时刻，各共产党均通过全面回顾、总结党的发展历程，反思当下实践和斗争，展望未来发展。国内学界和理论界也借上述时机，通过梳理他党发展历程，探寻可以为我借鉴的经验、启示，这对于理解当前世界社会主义的多样化发展，并从中总结提炼出一些规律性的认识具有重要意义。

有学者认为，百年政党能够延续至今，是与之重视思想理念的凝聚和引领、加强党的自身建设、拓展社会基础、增强政策包容性，以及为国家和民

---

① 钟梅家：《从古共八大看古巴特色社会主义建设：探索历程和发展前景》，《当代世界》2021年第 6 期。

② 见袁东振：《古巴共产党党的建设实践与经验探析》，《当代世界与社会主义》2021 年第 4 期；王承就、封艳萍：《古共八大对党的建设的总体部署与展望》，《当代世界与社会主义问题》2021 年第 4 期。

族作出过重大贡献分不开的，但是它们也普遍经历过领导力下降、党内分裂、政策失误以及腐败等问题的冲击与破坏。其经验教训是一面镜子，对于我们正确认识中国共产党的百年辉煌、坚定不移走好实现第二个百年奋斗目标新的赶考之路具有一定的镜鉴意义。①

有学者认为，西班牙共产党的百年历程，构成了一战以后世界社会主义运动史的一个重要方面。作为欧洲最具代表性的共产主义传统政党之一，西班牙共产党百年来始终坚持马克思主义的本土化、时代化和大众化探索，为推动欧洲共产主义运动的发展与革新作出重要贡献。在对社会主义道路的艰辛探索中，西班牙共产党始终坚持马克思列宁主义的指导思想，注重联合民众和左翼进步力量，重视对工人阶级的影响力，形成了一些不乏现实启示意义的建党经验。②

有学者认为，意大利共产党去马克思主义化的理论革新、民主集中制的弱化和"缺失"是其衰落不可忽视的内部因素。未来，除不利的外部环境外，意大利共产党人在主观层面，还面临着如何克服内部思想认识分歧、重建密切联系群众机制以及在政治联盟中有效发挥共产党的作用等挑战。③

有学者分析认为，在长期反对殖民主义和种族隔离的斗争中，南非共产党将马克思列宁主义与南非实际相结合，创造性地提出"特殊类型殖民主义"和"两个阶段革命"等政治理论，并在革命实践中与民族解放组织非国大建立起稳固的政治联盟，这一理论与实践层面的创新成为南非共产党能够适应南非政治变迁并得以生存和发展的根本原因。南非共产党是一个马克思列宁主义政党，但更是一个非洲的马克思列宁主义政党，最重要的是它是南非的马克思列宁主义政党。这正是理解南非共产党百年革命与建设历史的重要坐

① 钱颖超、钟连发：《国外百年政党面临的主要挑战、经验教训及启示》，《当代世界与社会主义》2021年第5期。

② 见贺钦：《西班牙共产党的百年历程与时代启思》，《当代世界》2021年第5期；金伟、万蕊嘉：《西班牙共产党百年历程及其当代启示》，《马克思主义与现实》2021年第6期；等等。

③ 李凯旋：《意大利共产党百年社会主义探索：历史嬗变与现实挑战》，《马克思主义与现实》2021年第6期。

标。但南非共产党人面前的道路并不是宽阔而平坦的，面临着来自党内外的多重挑战，包括工人阶级的内部分化、党内派系之争和腐败以及南非经济社会危机的深化等。①

有学者提出，回顾日本共产党百年历程，特别是了解其在政治环境、理论创新、群众基础、国际共运等方面遭遇的困难与原因，不仅可以理解日共身处发达资本主义国家、希望通过走议会道路实现执政的目标难以实现的原因，及其作为日本政坛不可或缺的左翼力量的重要性；而且对于我们做好在全球范围内两种意识形态与两种制度长期共存的思想和行动准备，更好巩固人民群众这一执政基础，加强与各国共产党的交流，进一步凝聚共识，积极推动世界社会主义运动向前发展等诸多方面，具有重要启示意义。② 另外，日本共产党在宣传方面，可以说，已经形成了一个现代化的多面立体政党宣传体系，国内学者对此也有关注，并认为日共的经验值得研究借鉴，有助于其他国家共产党提升宣传工作的科学化、规范化和制度化水平。③

在美洲，美国共产党与智利共产党都是有一百多年历史的老党，在其百多年的历史中，积累了很多宝贵的经验教训。美国共产党走过了一条较为曲折的道路，在其发展的某些时期犯了若干错误，如没有把马克思列宁主义与本国实际相结合、没有坚持独立自主的原则、无法克服党内派别斗争、没有克服统一战线问题上的"左"倾宗派主义错误、没有正确处理民主与集中的关系等等④；智利共产党则致力于探索智利特色的社会主义道路，通过与社会党等中左翼政党合作建立联盟的策略，该党不仅实现了数次参政，而且在20 世纪 70 代一度开启了"智利革命"的短暂实践，为非执政共产党在资本

---

① 见张凯：《百年政治变迁下南非共产党的政策调适与实践探索》，《当代世界与社会主义》2021 年第 5 期；李玉洁：《百年再启程：南非共产党对社会主义的新探索》，《世界社会主义研究》2021 年第 6 期；等等。

② 谭晓军：《百年历程：日本共产党的发展困境及启示》，《马克思主义与现实》2021 年第 4 期。

③ 许可、郑宜帆：《日本共产党宣传工作网络化研究》，王明亮、王新影：《日本共产党宣传工作的演变历程及特征》，均刊载于《当代世界社会主义问题》2021 年第 2 期；等等。

④ 李海玉：《美国共产党百年发展的经验教训》，《马克思主义与现实》2021 年第 3 期。

主义制度下摸索社会主义的实现途径提供了有益的经验。①

不同地域共产党发展的阶段性特征依然明显。

苏联地区共产党由于各种主客观原因，面临着组织困境、选举困境、生存困境、思想困境等多种困难与挑战，整体上仍在低迷中徘徊。但是该地区的共产党组织并没有在困难与挑战面前停滞不前，它们不断总结苏联解体30年来该地区社会主义运动的经验教训，深化对资本主义的认识与批判，调整发展战略和活动方式，努力探索本国实现社会主义的道路与途径，为推动世界社会主义运动向前发展提供了自己独特的经验与启示。②

中东欧地区的共产党和工人党处在拓展生存空间、争取合法性、力争扩大国内外影响力的阶段。各党除了寻求合法途径通过议会参政议政外，还通过参加国际论坛、举办小型会议、建立自己的网站和网络平台等方式发挥影响。近年，大多数东欧地区共产党进入百年建党历史节点，各党重温社会主义革命和建设时期的光荣，关注21世纪世界社会主义的新进展，表达了对社会主义前景的信心。此外，中东欧共产党和工人党目前还面临着捍卫20世纪社会主义历史、反对霸权主义、开拓党的发展新局面的多重挑战与压力。在不利的客观环境下，各党实现社会主义振兴的道路漫长而艰巨。③

拉美地区目前有20多个共产党，是拉美政治舞台上不可忽视的重要力量，也是拉美左翼的中坚力量。古巴共产党是拉美唯一的执政党，巴西共产党、智利共产党和乌拉圭共产党等是参政党，其他共产党大多数是在野党，也有一些是未能合法登记的政党。近年来，无论是执政的古巴共产党还是其他类型的拉美共产党，在理论和实践中都进行了并正在进行新的探索与

---

① 丁波文：《智利共产党百年社会主义探索历程与兴衰浅析》，《当代世界与社会主义》2021年第2期。

② 康晏如：《原苏联地区共产党的现状、困境与战略调整》，《世界社会主义研究》2021年第10期。

③ 李瑞琴：《当前中东欧地区共产党的基本状况与目标任务》，《世界社会主义研究》2021年第10期。

发展。①

在南亚，21世纪以来社会主义运动的整体力量仍然不够强大，虽有联合的努力，但仍然未能摆脱传统的碎片化发展态势，未来一段时期内大有作为的可能性较小。② 如由尼共（联合马列）和尼共（毛主义中心）合并而来的尼泊尔共产党，实质上已经分裂，也使尼泊尔共产主义运动遭遇挫折。有学者分析说，尼泊尔共产党合并失败的原因，归根结底在于尼泊尔共运之中存在的指导思想不够成熟和基本路线不够明确。③

21世纪非洲社会主义运动呈现"局部有推进"与"整体仍艰难"并存的特点，"局部有推进"归功于少数共产党（工人党）坚持独立自主的发展道路、坚持把马列主义基本原理与本国国情相结合、不断加强党的自身建设；"整体仍艰难"则是因为绝大多数共产党（工人党）没有将党自身建成一支有战斗力的队伍，长期遭受"两种力量"打击，资本主义国家实施"温和化"战略和"福利化"政策等。21世纪非洲社会主义运动仍然有一定的空间，但也面临着严峻的挑战。④

在大洋洲，共产党组织发展颓势较为明显。如新西兰共产主义政党虽也经历了百年发展，但目前仍将继续处于大洋洲政治舞台的边缘位置。以互联网为主要方式的线上活动，日益成为新西兰共产主义政党的基本生存形态。⑤

在发达资本主义地区和亚非拉发展中地区，共产党在全国和地方选举中延续了最近几年的发展态势，有起有落、有得有失，亮点与困难并存，进步与衰退的分化、分野更加突出和鲜明。多国共产党取得了不同程度的选举进步，如俄罗斯联邦共产党、印度共产党（马克思主义）与印度共产党等组成

① 徐世澄：《拉美国家共产党的新探索与新发展》，《世界社会主义研究》2022年第1期。
② 张淑兰：《21世纪以来南亚社会主义运动的态势分析》，《马克思主义研究》2021年第7期。
③ 唐鑫、张树彬：《尼泊尔共产党合并失败的原因和教训》，《南亚研究》2022年第1期。
④ 程光德、侯文清：《21世纪非洲社会主义运动总体特征及其发展趋势》，《社会主义研究》2021年第5期。
⑤ 宋学增：《新西兰共产主义政党百年兴衰探源》，《马克思主义与现实》2021年第4期。

的左翼民主阵线、西班牙共产党、摩尔多瓦共产党人党、智利共产党、奥地利共产党等；也有不少共产党在议会政治中面临困境乃至遭遇挫折和失败，如日本共产党、塞浦路斯劳动人民进步党、意大利重建共产党和意大利共产党（新意共）、捷克和摩拉维亚共产党等。① 其中，捷克和摩拉维亚共产党受选举失利冲击最大，有学者认为，未来该党在年轻一代领导人的带领下有可能朝着现代化的左翼政党方向发展。②

（三）世界变局和疫情危机下的左翼：理论与实践

欧美左翼的发展动向和现实困境。

社会民主党作为欧洲左翼阵营的重要代表和政党政治的传统力量，21世纪以来呈现高开低走的选举表现。实际上，全球化、信息化带来的社会生产生活方式的变革，以及各种危机叠加造成的影响，已经导致欧洲各国的社会结构和阶级结构发生重大变化。而如何适应这些变化，进而重新界定身份和社会认同，并提出相应的纲领政策，是当前摆在欧洲社会民主党面前的主要难题。

有学者把欧洲社会民主置于第二次世界大战结束以来的世界历史进程中进行考察，发现持续转型后的社会民主党其内在特质和外部环境的冲突日趋明显，改造资本主义和抗衡新自由主义的意愿和能力显著弱化，从而出现阶段性阵痛，面临政党治理和国家治理的困境，并有可能进一步陷入系统性危机。③

有学者通过对二战后英国较有代表性的三个左翼流派：新左翼、共产党和工党进行比较研究，认为这三个左翼流派的思想理论和发展历程显示出西

---

① 于海青：《在砥砺奋进中探索前行——2021 年外国共产党的新发展》，《当代世界》2022 年第 2 期。
② 姜琍：《捷克和摩拉维亚共产党取得的成功及面临的挑战》，《世界社会主义研究》2021 年第 8 期。
③ 吴韵曦：《阶段性阵痛还是系统性危机？——欧洲社会民主党的发展动向和现实困境》，《科学社会主义》2021 年第 1 期。

方左翼的一些共性问题，如身份特征模糊、内部分化严重、理论体系不够系统和规范、批判有余而建构不足等。面对当代资本主义的持续性和系统性危机，21 世纪的社会主义者应运用马克思主义的分析和批判工具，使左翼思想服务于对社会主义目标的追求。[1]

在 2021 年的德国大选中，社会民主党重回联邦议会第一大党的位置，止住了过往四连败的颓势。相较于其他政党，社民党在竞选纲领中比较完整地涉及到了住房、工作、平等和社会保障等问题，并将新兴领域的议题较好地融入到了社会公平和福利国家的理念中。但有学者认为，这其实只是一个"有限的"回归，在实用主义指导下，社民党"左转"的意识形态调整有限。[2]社民党仍旧面临纲领发展的方向性选择：是彻底回归社会公正的传统核心特色，还是延续"共识政治"和政治妥协路线，党内仍旧存在较大分歧。[3]2007年，因不满施罗德改革而退党的前社民党主席奥斯卡·拉方丹与民主社会主义党联合组建了德国左翼党，而后者的崛起表明，左翼进步价值和社会中下层仍需政治代言人，但社会民主党不再是唯一选择。实际上，左翼政党不断分化、左翼阵营陷入严重内耗的问题不仅在德国，在法国也同样存在。作为一个拥有近 120 年历史的老党大党，法国社会党在 2017 年大选中遭遇惨败后走向衰落。党内团结问题是法国社会党在自身建设中面临的最大挑战之一，该党自建立起就派系林立，长期纠结于"革命"与"改良"之争。同时，法国社会党还长期面临在左翼内部与其他政党特别是法国共产党的合作与斗争问题。[4] 在英国工党 120 年的发展历程中，其指导思想几经调整，经历了从劳工主义到社会民主主义、再到民主社会主义、后又重回社会民主主义的过程。有学者认为，这其中实际上是体现了以英国工党为代表的欧洲社会民

① 黄斐：《二战后英国左翼谱系考察——英国新左翼、共产党和工党思想比较》，《科学社会主义》2021 年第 1 期。

② 姜昊：《德国社会民主党的有限回归——基于 2021 年德国大选的分析》，《当代世界社会主义问题》2021 年第 4 期。

③ 伍慧萍：《德国社会民主党的历史变迁与现实困境》，《当代世界与社会主义》2021 年第 5 期。

④ 张骥：《政党格局转变与法国社会党的发展困境》，《当代世界》2021 年第 11 期。

主主义方案的双重困境：思想纲领与政治实践的脱节；作为"体制内"的左翼政党却要"反体制"的悖论。①

由保加利亚共产党改名而来的保加利亚社会党，是保加利亚和中东欧国家中不可忽视的一支重要中左翼政治力量。在社会转型的最近 30 年中，它大部分时间是保加利亚第一大或第二大政党，有时是执政党，有时是在野党。2020 年在该党第五十次代表大会上制定了新的纲领草案，受到广泛关注。这份名为《21 世纪社会主义的新政治纲领》宣称，"社会主义是人类发展的拯救性选择"，而"我们的历史使命是为未来缔造社会主义选择"。该纲领草案将在 2022 年底以全党公投形式表决通过。②

瑞典左翼党则在百年历史演进中经历了从共产主义政党向左翼政党的转变。该党对社会主义的理解几经调整，在内容上不断拓展社会主义的范畴，注入环保主义、女权主义、和平及民主人权等因素，在形式上日渐淡化共产党的特性，以加强阶级合作、推动社会民主主义化的方式来探索瑞典式的社会主义道路。从历史发展来看，瑞典左翼党的力量与影响总体相对稳定，21世纪以来甚至稳中有进，成为瑞典政坛一支不可忽视的力量。③

进入 21 世纪以来，欧洲激进左翼政党在欧洲政治舞台上的表现日益抢眼。有学者梳理和提炼了欧洲激进左翼政党家族共同的政治价值观和政治取向，认为该类政党拥有较为一致的政治认同，且其比他左翼政党有着更加激进、鲜明的反资本主义倾向，但其内部依然存在较大的差异性和多样性。总体看，欧洲激进左翼政党的意识形态展现出一致性与异质性、稳定性与创新性、理想与现实之间的矛盾与张力。④

社会主义在美国也从未缺席。新冠肺炎疫情大流行，激化了美国的各种

---

① 王瑶：《英国工党社会化政策调整与其指导思想变迁的互动关系研究》，《国外理论动态》2021 年第 3 期。

② 马细谱：《保加利亚社会党的兴衰、抉择与愿景》，《中国浦东干部学院学报》2021 年第 6 期。

③ 桂森林、陈金祥：《瑞典左翼党百年社会主义理论与实践探索的特点分析》，《当代世界与社会主义》2021 年第 3 期。

④ 王聪聪：《欧洲激进左翼政党的意识形态与政治价值观》，《马克思主义研究》2021 年第 1 期。

社会矛盾，引发了严重的社会动荡，社会主义呈现出新动向。有学者认为，美国社会主义的独特性在于，社会主义是以与自由主义相向而行的形式进行。尽管现在美国还难以形成一个能够挑战资本主义制度的社会主义运动，但是每一次因缓解危机而不得不进行的改革和调整都会给旧制度注入新因素。在美国资本主义制度的框架内，社会主义因素不断增多和积累的过程，也就是美国向着社会主义趋近的过程。① 也有学者预测，美国社会已被严重撕裂，类似于南北战争时期的社会条件已经形成，不能排除美国会借此机会走上社会主义道路。② 还有学者研究了美国国际社会主义组织的兴衰，认为美国左翼应当警惕民主党"和平演变"，因为美国民主党也抛出民主社会主义旗号及改良主义政策只作为"社会安全阀"起到吸纳社会冲突的作用，并没有改变工人阶级受剥削压迫的制度根基。③

拉美左翼的现状与问题。

有学者研究认为，新冠肺炎疫情危机以来，拉美传统的政治格局与经济社会治理模式均受到极大挑战。拉美地区长期存在左右翼轮流执政的"钟摆现象"，每当出现经济危机时，拉美人往往选择主张自由经济的右翼政党；每当社会不公现象过于严重时，拉美人往往倾向强调社会正义的左翼政党。但面对近年来循环往复的发展困局，无论左右翼执政均乱象纷呈，政府治理短板进一步凸显，要求变革的呼声与压力纷至沓来。总体上，无论意识形态为何，该地区多国政府均倾向于对弱势群体采取扶助政策，强调国家干预、社会保障与平等及可持续发展。④

拉美的"粉红色浪潮"从 2015 年开始退潮，政治格局也从"左退右进"迅速过渡到"左右互有进退"和"左右共治"的阶段。有学者认为，虽然

---

① 常欣欣：《疫情、危机与美国社会主义》，《科学社会主义》2021 年第 2 期。
② 刘玉安、易引：《美国离社会主义还有多远?》，《当代世界社会主义问题》2021 年第 2 期。
③ 杨柠聪：《美国国际社会主义组织的兴衰及其原因探析》，《社会主义研究》2021 年第 2 期。
④ 中国现代国际关系研究院拉美研究所课题组：《拉美政治生态演变的新趋势、动因及影响》，《拉丁美洲研究》2021 年第 6 期。

目前拉美左翼在涌现新生力量的同时也面临严重分化的挑战，但其存在的社会基础依然坚实。总体看，拉美国家左翼政治力量的存在和发展有其政治、经济、社会甚至人口方面的基础，主张社会平等的左翼和社会主义思潮拥有存在的广泛空间，这也是拉美左翼100年来一直韧性发展的重要原因。[①]

有学者研究了拉美左翼的参与式民主。在左翼执政大潮期间，参与式民主得到广泛的讨论和实践。总体看，拉美参与式民主实践在扩大政治参与、增强民主包容性和提高政府回应性方面取得了显著的成效，为拉美国家民主体制注入了新的活力，体现了拉美国家在独立探索民主体制发展方面的积极意愿。这一实践及其成果对世界其他国家具有宝贵的借鉴意义。当然，也要看到，拉美左翼参与式民主体制的内在复杂性和拉美国家的剧烈政治变动使相关实践的可持续性面临巨大的挑战。[②]

有学者梳理了"乌拉圭广泛阵线"的执政经验。作为左翼政党，乌拉圭的广泛阵线曾在2002—2020年间连续执政15年。从自身来看，该阵线组织结构高度制度化，组织动员能力强；在执政方面，该阵线在其执政的15年中不仅促进了财税、减贫、医疗、薪资等领域的改革，而且显著增加了政府对社会福利的投入，扩大了公民在多个领域的社会权利。其最终在2019年大选中落败的原因，主要是受地区经济下行的影响。[③]

有学者以委内瑞拉为例研究了拉美左翼民粹主义，认为总体而言，经济条件较差、社会地位较低、受教育水平较低的民众更有可能支持左翼民粹主义政党，同时，拉美民众的意识形态偏好也与民粹主义者的政策倾向直接相关。[④] 有学者研究了"智利困境"，即政治摇摆于左右翼福利民粹主义之间，

---

① 杨建民：《当前拉美左翼的发展现状与前景》，《世界社会主义研究》2021年第9期。

② 李茜：《拉美左翼和参与式民主：以拉美四国为例》，《拉丁美洲研究》2021年第2期。

③ 肖宇：《乌拉圭广泛阵线的政党特征与执政经验》，《拉丁美洲研究》2021年第8期。

④ 张芯瑜、黄忠：《拉美左翼民粹主义与民众投票行为关系的实证分析——以委内瑞拉为例》，《经济社会体制比较》2021年第4期。

交替推行两种逻辑不同的政策，使智利接续陷入两种不同的"陷阱"，从而引发民众不满和社会动荡。①

新社会运动的性质与前景。

2021 年度学界对新社会运动的关注，从地域来说稍有拓展，虽仍集中于西方发达国家，但有研究已经论及发展中地区。对新社会运动的性质判定与前景分析，虽有不同表述，但基本方向是一致的。

有学者认为，可将新社会运动视为当今世界社会主义多元发展的表现形式之一。因为西方发达国家兴起的新社会运动，在价值观念、行动方式和成员构成等方面与社会主义运动之间有重合或趋同之处，在未来走向上体现出一定的社会主义倾向。作为推动资本主义变革的主要力量，新社会运动已成为当前西方发达国家中社会主义因素的重要体现。②

也有学者将美国"占领华尔街""税单游行""黑人的命也是命""死者游行"活动、西班牙"愤怒者"运动、英国大罢工、意大利大罢工、希腊反紧缩示威游行、法国"黑夜站立""黄背心"等运动都视为"激进左翼社会运动"，并认为此类运动活跃（爆发频率高、抗议规模大、辐射范围广）的原因在于欧美社会爆炸性的不平等。不过，虽然激进左翼运动在一定程度上影响了社会情绪和政府政策倾向，但其实际政治作为和发展空间却十分有限。目前看，建立泛左翼联合阵线，才是欧美激进左翼社会运动走出困境的有效路径。③

有学者将西方新社会运动定义为"世界社会主义运动处于低潮时期，中间阶级（或阶层）、边缘群体等自发组成反抗力量，积极对资本主义制度固有弊病进行揭露和抗争的松散性群众抗议活动的总称"，其内部蕴藏着丰富的社会主义因素，但也存在致命性弱点。只有将之与左翼政党有机融合，才

① 张国军、李晓旭：《"智利困境"新的轮回：左右翼福利民粹主义的交替及其生成逻辑》，《国外理论动态》2021 年第 6 期。
② 孟鑫：《西方发达国家新社会运动中的社会主义因素研究》，《人民论坛·学术前沿》2021 年第 8 期。
③ 李小玲：《当前欧美激进左翼社会运动的发展动态》，《国际研究参考》2021 年第 5 期。

能对现存资本主义制度形成持久而全面的抗争。当然，前提是，左翼政党也必须结合新社会运动的实践创新理论，才能起到引领新社会运动发展的作用。①

有学者认为，20世纪70年代以来欧美国家的新社会运动，实际是反映了新自由主义作为当代资本主义主流意识形态、主要积累形式以及根本制度载体的矛盾与困境。新社会运动长期在左右两翼政治力量之间摇摆不定，在短时间内难以撼动资本主义的统治秩序。其未来发展，应当是在科学社会主义理论指导下，建立不同社会运动的广泛合作与交流。②

还有学者将黎巴嫩新社会运动作为左翼运动的重要组成部分进行了研究，并认为新社会运动是当代黎巴嫩左翼运动的亮点。由于左翼阵营分裂、教派色彩变浓以及政治制度的限制等因素，黎巴嫩左翼政党的力量较为有限，形象并不突出。而与此同时，高频率的、大规模的新社会运动则对黎巴嫩政治教派制度发起挑战，一定程度上推动了黎巴嫩的民主进程。但由于自身存在不足、教派政治精英阻挠等因素，新社会运动在黎巴嫩政治进程中的作用尚为有限。③

全球疫情下左翼对资本主义的全面批判以及对社会主义的新思考。

对当代资本主义的批判和反思，始终是世界左翼共同关注的重要议题。而2020年以来全球新冠肺炎疫情的暴发与蔓延，更为左翼提供了重要契机。有国内学者甚至认为，"对于资本主义的考察仍是当前世界社会主义研究的重点"。④

有学者系统梳理了西方左翼思想界对资本主义的批判：就经济方面而言，新自由主义的利润导向和私有化趋势导致抗疫失败，并因此加剧了金融

---

① 臧秀玲：《西方新社会运动及其对左翼政党的影响》，《人民论坛·学术前沿》2021年第19期。

② 邰丽华、张姮：《新自由主义扩张与欧美国家新社会运动的三大转向》，《思想教育研究》2021年第10期。

③ 易小明：《当代黎巴嫩新社会运动的兴起、主要特征及其制约因素》，《当代世界社会主义问题》2021年第3期。

④ 俞思念：《当前世界社会主义研究的检视与远瞩》，《中共宁波市委党校学报》2021年第4期。

资本主义固有的内在危机；就政治方面而言，个人与社会、自由与责任相悖离的制度矛盾导致疫情中政府职能缺位和对社会结构性暴力的放任；就社会方面而言，疫情加剧马克思主义经典作家所批判的阶级分化与剥削，并激化了结构性种族不平等与社会撕裂；就生态方面而言，疫情映射出全球资本主义增殖体系造成的自然界新陈代谢的断裂，资本主义经济危机、流行病危机与生态危机相互交织。与此同时，西方左翼思想界也将此次疫情视作批判和替代资本主义、重建社会共同体的契机，呼吁开展社会变革，朝一个平等、共享、团结、绿色的社会主义共同体迈进。①

有学者梳理了国外左翼学者对资本主义生产方式的批判与反思：从根源上讲，资本主义危机所呈现的次层次危机，如新自由主义危机、逆全球化危机、人道主义危机、道德危机、种族主义危机、生态环境危机等，无一不映射出资本主义生产方式所固有的根本矛盾和历史局限性。许多左翼学者依据自己对中国抗疫的观察认为，中国应对疫情的表现证明，把人民利益而不是攫取利润放在发展的第一位，就没有战胜不了的困难。因此，摆脱疫情危机的出路之一在于组织工人运动，走向社会主义。②

也有国内学者对多位国外左翼人士就相关问题进行了访谈。法国学者让－努马·迪康热认为，这是一场意料之中的危机，暴露出早已存在的问题，提出了触及生产方式、劳动和优先权的根本性挑战，说明脱离控制的全球化可能引发巨大灾难；法国学者达尼埃尔·西雷拉认为，针对疫情，马克思主义研究者之间应当联合开展大规模的分析交流项目，其中，对系统性危机的分析和对领导阶层的回应是矛盾分析的核心，也是提出超越资本主义的问题的根据；③英国研究马克思主义的知名学者戴维·麦克莱伦在

① 李旸、王卓群：《新冠肺炎疫情背景下西方左翼思想界对资本主义的全面批判》，《当代世界与社会主义》2021 年第 6 期。

② 禤明亮：《新冠肺炎疫情背景下国外左翼学者对当代资本主义的最新批判与反思》，《江苏海洋大学学报（人文社会科学版）》2021 年第 3 期。

③ 曲轩：《新冠肺炎疫情对国家治理能力和社会生活的挑战——戴维·麦克莱伦教授访谈》，《马克思主义与现实》2021 年第 2 期。

专访中谈到，新冠肺炎疫情对新自由主义的确是一场考验，并且确实使它暴露了诸多瑕疵乃至致命性缺陷。这次疫情及其带来的危机效应可以视为是对政府治理能力的一次"突击检验"。而就制度方面来说，中国特色社会主义制度在应对公共危机、社会灾难方面是有优势的；[①] 意大利学者亚历山德拉·恰蒂尼与马可·A.皮罗内同样认为，新冠肺炎疫情暴露了资本主义国家的治理缺陷，也加剧了起始于2007—2008年的经济社会危机。新自由主义的生产消费方式及其对福利国家的侵蚀，是如今资本主义世界陷入多重危机的深层原因，而社会主义道路正逐渐成为人类文明走出资本主义危机的希望所在。[②]

前奥地利共产党主席沃尔特·拜尔撰文指出，新冠肺炎疫情并非导致而是加速了"关键因素"，从而决定了未来几年的全球发展。对欧洲左翼来说，需要将解决疫情危机与社会—生态转型相联系。新冠肺炎疫情和全球生态危机表明，作为一种文明模式，新自由主义的世界市场计划已经失败，欧洲需要提出一种基于人民利益的现实方案。[③]

有学者梳理了日本左翼政党、学者以及其他社会进步力量对新自由主义政策、资本主义民主政治、社会发展理念等方面的批判和反思：新冠肺炎疫情暴露日本新自由主义政策的局限性，其突出表现是社会保障危机凸显和不平等现状加剧；新冠肺炎疫情下日本的政治生态呈现"政治贫困"的局面，在疫情防控上一直在"保经济"和"保人命"之间摇摆。日本左翼学者还纷纷出版阐释《资本论》的新著，从根本上反思第二次世界大战后在日本被视为理所当然的资本主义价值观和制度。面对"事到如今还提马克思做什么"

---

① 赵超：《新冠肺炎疫情与新自由主义全球化——法国左翼学者访谈》，《马克思主义与现实》2021年第3期。
② 李凯旋：《新冠肺炎疫情下新自由主义资本主义的多重危机——意大利左翼学者访谈》，《马克思主义与现实》2021年第4期。
③ [奥地利] 沃尔特·拜尔著，李鑫、于海青译：《后疫情时代的欧洲重塑与左翼战略》，《国外社会科学前沿》2021年第6期。

这样的疑问，他们的回答是"恰恰现在才需要马克思啊！"①

世界左翼在批判、反思资本主义的同时，也不断提出对社会主义的新认识以及左翼替代方案。但是，受资本主义国家政治生态及左翼自身等因素影响，左翼力量尚难把对社会主义的认可度提高转化为现实政治能量。

有学者梳理了资本主义国家共产党和进步力量对社会主义的新认识，其普遍的看法：一是认为社会主义面临新的机遇，因此，需要勇敢地站出来，深入组织工人阶级斗争，积极为底层民众维权，与此同时，加强新形势下的左翼统一战线建设。二是确信未来世界秩序必将发生变化。为此，需要团结、争取一切力量，推动世界向有利于社会主义的方向前进，进而弱化资本主义对未来世界秩序的塑造；其替代方案包括：强调公共服务要照顾基层民众和弱势群体利益，通过可持续发展化解国家困难，以民主建设促进政治转型，等等。②

五、问题与思考

2021年世界仍然处大变局之中，无论是世界社会主义还是国际共产主义运动都面临很多不确定情况，受到各种复杂因素的影响。与多变的实践相呼应，学界与理论界也围绕重大现实问题奋勇探索，产生了许多理论成果。总体看，2021年，学界在一些问题的研究上有进一步深化，如对新时代中国特色社会主义与世界社会主义关系的研究、对世界各地区各种类社会主义运动与思潮的研究，对当代世界社会主义与国际共产主义运动大势规律的研究，等等。但同时也存在一些较为明显的欠缺。

一是在研究内容方面不够平衡、不够深入也不够全面。如在对新时代中

---

① 张梅：《新冠肺炎疫情以来日本左翼对资本主义霸权的批判性反思》，《世界社会主义研究》2021年第12期。
② 石晓虎：《资本主义国家共产党和进步力量对疫情下社会主义的新思考》，《世界社会主义研究》2021年第12期。

国特色社会主义与世界社会主义关系的研究中，绝大多数学者偏重阐述新时代中国特色社会主义对世界的贡献、意义，但世界之于中国的影响则较少涉及，且实证研究更少；在"当代""现状"的研究中，情况介绍多过深入分析；在分地域的研究中，较多关注发达资本主义地区以及共运基础比较好的发展中地区，而对其余地区较为忽视，由此对某些新"亮点"的关注就不够及时；在对影响世界社会主义与国际共产主义运动的各种因素的研究中，过于沿袭传统，而对"新"因素不敏感也较少关注。如新一轮科技革命对世界的影响，尤其是信息技术对社会主义从理论到实现路径的重塑等，国外已有相关研究，但国内较少涉及；在对一些传统议题的研究中，则是缺少持续的关注和深入的挖掘。如对苏东社会主义的研究，2021 年是苏联解体 30 周年，但国内相关有深度的研究并不多。此外，对资本主义的研究也不够深入，基本上，浅层批判多于深度、细致分析，也缺少实证研究。

二是在研究范式和研究方法上老旧有余创新不足。21 世纪相较以往是飞速发展的世纪，我们又身处百年未有之大变局之中，人类的生产方式、生活方式发生很大变化，政治发展与表现形态也随之改变，一些传统的研究范式和分析方法已经不能适用于这个时代。如在西方发达国家，在多种因素叠加的冲击下，所有政治力量包括政党、组织等，从理念到政策主张都几经调整，总体上趋同倾向非常明显，这种情况下再用传统的左、右政治光谱分析法就基本不适用了。但目前方法论创新没有跟上，大多数研究还在沿用传统分析框架和概念，难免就会出现"硬套"或"误判"了。

三是在对当代世界社会主义与国际共产主义运动大势规律的把握上，基于上述两点原因，就颇有"奈何力有所不逮，技术有所不及"之感了，更少有前瞻性的成果。

面向 21 世纪，中国已经成为世界社会主义与国际共产主义运动的旗帜和重要阵地，相关的理论研究也已经成为迫切的现实需求。除了方法论创新，大体上，我们还需要在以下方面持续发力：一是要在全球视野下，进一步研究新时代中国特色社会主义推动世界社会主义发展的有效战略和路径；

二是加强对社会主义发展史的研究，在社会主义的大历史中把握社会主义理论和实践创新发展乃至飞跃的规律；三是深化对资本主义社会的研究，深入细致地分析资本主义的结构性矛盾以及资本主义社会演进的过程，并以此为"镜鉴"，进而把握世界社会主义乃至人类社会发展的规律。

（执笔人：朱可辛）

分报告十四：关于当代资本主义新变化的研究

相较于马克思和恩格斯所处的资本主义时代，当代资本主义已经发生了诸多重大的、结构性的变化。对此，习近平总书记指出："今天，时代变化和我国发展的广度和深度远远超出了马克思主义经典作家当时的想象"[1]，"资本主义固有的生产社会化和生产资料私人占有之间的矛盾依然存在，但表现形式、存在特点有所不同"[2]。因此，对当代资本主义进行系统性的研究已经成为了马克思主义研究的一项重要课题，有重大的意义。总体而言，当前我国学术界对当代资本主义的研究表现出了以下两个鲜明的特点：

第一是研究主题的聚焦。改革开放后，我国积极融入全球济体系。国内研究者对当代资本主义的认识和研究也愈发全面和深入。目前，学术界整体上对当代资本主义的研究表现出了进一步细化的特征，主要围绕着以下主题展开：一是当代资本主义的新变化研究。资本主义的制度体系具有较强的调适性，在不同时期面临不同的困境，能够进行自我调整和变革。总体上资本主义的制度体系变化呈现出了"危机—调适—危机"的循环发展逻辑，展现出了较强的变革能力。因此，对当代资本主义的新变化进行追踪和研究是一项重要的课题。二是对当代资本主义的经济、政治、社会和生态危机的研究。资本主义经济危机的根本原因是生产的社会化和生产资料的私人占有之间的矛盾，私有制的逻辑向政治、社会和生态领域的扩张，导致更广范围和更大程度危机的出现。国内外学术界对于资本主义各类危机形成的机理、表现形式和发展趋势都做出了较为深入的研究，并从危机中吸取经验和教

---

[1] 习近平：《在庆祝中国共产党成立 95 周年大会上的讲话》，《人民日报》2016 年 7 月 2 日。

[2] 习近平：《在哲学社会科学工作座谈会上的讲话》，《人民日报》2016 年 5 月 19 日。

训，提出针对性的政策建议。三是国外左翼对当代资本主义的批判和反思研究。近年来，国内学术界的视野也越来越宽广，对于国外左翼就当代资本主义展开的批判和反思进行了及时的跟踪，并且这项研究并没有局限于对国外学术动态的简单介绍，同时也对国外左翼的观点和论证进行了深入的分析和讨论。四是习近平总书记关于当代资本主义新变化的重要论述的研究。党的十八大以来，习近平总书记围绕当代资本主义的新变化和新特征，做出了一系列重要论述。这些论述不仅深化了当代资本主义研究的内容和方法，也为新时代坚持和发展中国特色社会主义、构建人类命运共同体提供了坚实的理论支撑和实践导向。

第二是研究领域的跨学科。由于当代资本主义这一主题本身就涉及到了资本主义的经济制度、政治制度、社会制度等对象，故学术界对于当代资本主义的研究也必然是超越单一学科的跨学科研究。国内学术界对于当代资本主义的研究，包括了来自马克思主义、政治学、经济学、社会学等多个学科的学者。从内容上看，当代资本主义研究呈现出了较为综合的特征，广泛地涉及到了资本主义的各个方面的重大主题；从方法上看，当代资本主义研究既运用了理论分析、历史分析等传统研究方法，也使用了定量研究等现代社会科学的研究方法，对当代资本主义既有宏观的定性和趋势分析，又对当代资本主义的某一方面有较为细致和深入的探讨。

接下来，我们将依次围绕当代资本主义的新变化、当代资本主义的困境和当代资本主义研究的问题与前瞻，对国内外学术界近两年的研究成果进行综述。

一、当代资本主义的新变化

作为第一生产力的科学技术，每次科技革命都对其所处时代的资本主义发展产生了直接影响，智能革命也不例外。在智能革命的影响下，当代资本主义社会呈现出社会生产力大幅上升、生产关系发生微调、上层建筑方面也做出相应调整等新变化。从生产力与生产关系的角度来看，智能革命为进一步消灭资本主义私有制创造了客观条件；从生产力与生产关系继而与上层建筑关系的角度来看，快速发展的智能革命为进一步走向共产主义提供了物质条件；从人的异化角度来看，智能革命对克服资本主义制度体系下人的异化，为实现人的全面解放与发展提供了技术条件。当代资本主义的在经济体系、政治体系和意识形态等领域出现了一系列新的变化。总体来看，国内外学术界对当代资本主义各方面各领域新变化的讨论主要集中在以下三个方面。

（一）人工智能与数字资本主义的兴起

进入 21 世纪，随着物联网、大数据、云计算与人工智能技术的融合发展，催生了第四次科技革命，人类正加速走向人工智能时代。信息网络以前所未有的规模和速度渗透到了资本主义经济政治文化社会的方方面面，成为了推动资本主义发展的重要动力和工具，使其也随之进入了数字时代。针对人工智能的兴起对于资本主义发展趋势的作用，学术界总体上形成了激进派和温和派两种看法，激进论者认为人工智能带来了资本主义社会的价值危机，并且形成了数字奴役和算法操控的现象，造成劳资关系出现了更为激烈的博弈，加剧了资本主义对劳动者的剥削，加速了资本主义危机的爆发。温和论者也认为人工智能没有改变资本主义的剥削本质和劳动关系的性质，但目前应当持一种审慎的态度对数字资本主义的发展趋势展开分析。

孟宪平分析了数字技术的出现和流行对现代资本主义发展的影响，他认为数字技术进一步积累了使资本主义逐渐灭亡的因素和条件[①]。数字技术的确在一定时期内给资本主义注入了新的动力，描绘了现代资本主义社会的新图景，使资本主义从传统阶段发展到数字阶段。资本主义先后建立了商品霸权和景观霸权，催生了新的产业结构、阶级结构、社会结构。在数字资本主义时代，我们需要重新审视革命力量、阶级力量、社会关系以及社会的基本

---

① 孟宪平：《数字时代的资本主义新变化》，《社会科学研究》2020 年第 6 期。

矛盾。数字技术实际上给人们认识人的解放问题以及走出乌托邦的幻想提供了一个全新维度。技术与资本的合谋成了资产阶级的猎心策略，而无产阶级要掌握技术工具来为自己服务，就必须寻求新的策略。

蒋红群发现，近年来人工智能的崛起，加速了当代资本主义生产方式以"智能化"为方向的结构性转型。[①] 这种转型主要表现在生产力和生产关系两个维度上的变化：首先是资本主义生产力的新变化，生产力要素的智能化增强、生产力内容的智能化形塑和生产力发展阶段的智能化进阶。其次是资本主义生产关系的新变化，包括所有制关系的新控制性、劳资关系的新对抗性、财富分配关系的新不平等性和垄断关系的新腐朽性。资本主义生产方式的智能化实质上是资本主义发展的阶段性部分质变，它使资本主义在一段时期内得以顽强持续，但又悖论性地为资本主义基本矛盾尖锐化与资本主义生产关系加速解体埋下新的社会因素。

朱晓彤认为，马克思的资本主义经济危机理论在数字技术时代仍然适用。[②] 虽然数字技术增强了社会需求的透明性，在一定程度上减少了资本主义社会生产的盲目性。但是，由于资本主义社会的运行逻辑和模式并未改变，数字技术和资本逻辑反而相互强化。在资本主义生产方式之下，马克思所论述的经济危机从可能性向现实性的转变始终成立，同时也要高度关注当代资本主义自身的调整与危机的形变。数字资本主义时代的经济危机倾向表现为数字劳动的异化与全面剥削的出现、数字信息的垄断与生产比例的失衡、数字市场的形成与全球危机的生成。在此背景下，朱晓彤主张中国应该抓住科技革命的机遇"转危为机"，把握中国数字经济发展的社会主义维度。

与上述激进论者有所不同，吴海江分析了技术革命对于资本主义发展阶段的影响。[③] 他指出，互联网、移动终端、人工智能等新兴技术的运用，资

---

① 蒋红群：《人工智能崛起与当代资本主义生产方式新变化》，《学术论坛》2020 年第 5 期。
② 朱晓彤：《马克思经济危机理论视角下的数字资本主义批判》，《改革与战略》2022 年第 2 期。
③ 徐伟轩、吴海江：《资本主义的新星丛：技术资本主义特性及其理论意义》，《当代世界与社会主义》2019 年第 6 期。

本主义已经进入了与技术发展高度叠合的技术资本主义阶段。在技术资本主义的时代，资本主义正经历以技术创新为核心的深刻变化。一方面，信息时代、数字时代和智能时代带来的生活方式与交往方式的现代性转向、全球流动性与市场竞争性的重塑，为技术资本主义生产出新的"修复—增长"秩序；另一方面，新兴技术的涌现无法真正消解技术资本主义的制度危机和抗争政治所带来的不稳定状态。尽管技术资本主义这个概念本身就值得商榷，它也并未使资本主义基本矛盾、生产关系和劳动剥削发生质变，但它对现今技术变革的分析范式甚至社会主义的创新发展不乏启示。吴海江主张我们要以审慎的态度批判和借鉴这一理论。

除了从现实角度对数字资本主义进行分析，还有学者从基础研究的角度出发分析了新科技革命对劳动形态的影响。马军回到了马克思主义的劳动价值论。他认为，劳动作为展现人的本质的对象化活动，蕴含的自由意蕴的实现是一个具体的、历史的过程。[①] 马克思是在社会关系（所有制）与劳动生产力的总体关系中揭示劳动自由意蕴的实现。以往学者对马克思劳动思想的研究重视社会关系而忽视劳动生产力。他从劳动力视角出发，指出科技革命使资本主义的劳动形态从"去技能化"转变为了"再技能化"，新科技革命与资本主义私有制在对资本主义劳动自由意蕴的提升中存在的无法克服的矛盾。

（二）数字平台与垄断资本主义

早在 20 世纪初，列宁就指出资本主义已经从自由竞争阶段过渡到了垄断阶段。垄断成了资本主义的全部经济生活的基础。他说："帝国主义是金融资本和垄断组织的时代，金融资本和垄断组织到处都带有统治的趋向而不是自由的趋向。"[②]资本主义垄断不仅突出集中表现为金融垄断，而且还表现出生产、消费、分配和交换等领域垄断新特征。进入数字资本主义时代，资本主义的

---

① 马军：《科技革命与资本主义劳动形态变化初探》，《劳动哲学研究》2020 年第 00 期。
② 《列宁全集》第 27 集，人民出版社 2017 年版，第 432—433 页。

垄断形式又出现了新的变化，产生了平台垄断和数字垄断等新形式，并且渗透到日常的生产生活乃至政治运作的过程之中，造成了广泛而深刻的影响。

刘红玉分析了数字垄断产生的原因、扩散的形式和带来的影响。① 数字技术的创新与资本逻辑的结构化，催生出了以数字商品交换和数字资本周转运动为基础的资本主义生产方式。在西方资本主义网络私有化政策的鼓励下，数字资本通过圈占"无用、无主"数据完成了原始积累。凭借网络效应，数字劳工和数字资本愈益集中于少数大企业，形成数字寡头，使其实现对数字生产和流通的垄断，并日益参与政治统治、干预社会治理、掌控实体企业、操纵资本市场、控制普通民众生活。在激烈的数字资本市场竞争与扩张中，数字寡头之间尽管会因为各自的利益而发生冲突或争端，但都会为了维护其整体的剥削利益而达成垄断同盟，按照实力瓜分数字世界。数字技术创新并没有改变西方资本主义的垄断特点，反而形成了数字帝国主义的垄断新样态。建设新时代中国特色社会主义，应抓住数字技术创新的新机遇、贯彻实施国家大数据战略、以创新驱动数字产业发展，科学利用、规范、驾驭好数字资本，保障网络和数据安全。

涂良川指出，平台资本主义是一种资本应对自身危机的当代形式，但这种形式具有资本的政治本性，必须基于历史唯物主义的立场认清其本质。② 它既为资本寻求了出路，又是技术寻求依靠的产物。平台具有技术集成度高、开放性强的特征，因此深受资本喜爱与追逐。数字平台既反映出了人工智能时代人类社会生产的深刻变化，又制造了资本在人工智能时代遭遇的最重大的增殖危机。平台资本主义虽然始终宣扬技术的中立性、数据的开放性，弱化资源的占有权和直接支配权，但本质上以技术的逻辑重建了资本的政治本性，为资本主义体系建构了基于"平台生命政治"的监控与宰制体系。因此，如果仅以技术的方式来修正平台，不反思平台的政治本性，根本无法

---

① 刘红玉：《西方数字帝国主义的形成及垄断新样态——以列宁的帝国主义理论为基础》，《文化软实力》2020 年第 1 期。

② 涂良川：《平台资本主义技术逻辑的政治叙事》，《南京社会科学》2022 年第 2 期。

真正扬弃平台资本主义的新异化。要想使"共享经济""自营经济""居家经济"等平台经济形式服务于现代人生活的顺达、生命的丰满，就必须在历史唯物主义的基础上对平台资本主义进行深层次的前提性批判。

李灏和柯文分析了美国数字垄断社会出现的原因及其影响。① 数字垄断是当下世界各国关注的焦点话题，这与以亚马逊、谷歌和苹果等为代表的美国数字巨头在行业"一家独大"有着直接关联。为了达成并巩固自身在行业内的垄断地位，数字巨头通过经济资本对科学的操控、政治权力对科学的渗透、纯科学资本的掩饰，以及精心塑造的文化资本优势，以更为隐蔽的方式，不断攫取垄断利润。本文试图运用布尔迪厄的"场域"理论，揭开美国数字垄断形成的"面纱"，并提出破解数字垄断难题的相关思路。

马云志等全面分析了平台对生产力和生产关系的重构。② 在数字社会发展的浪潮中，平台作为数字流通的基本中介形式，正在快速推进数字生产力和生产关系的全方位重构。平台资本主义的崛起使得传统意义上的生产资料和非生产资料都在加速演变；一切生产关系在数字劳动的加速变奏下都不可避免地卷入了平台资本主义生产关系的"新样态"之中。在这种貌似公平合理的数字生产力标准之下，数字剥削和数字殖民隐蔽于数字主客体劳动身份的异构之中，一切生产活动和非生产活动也彻底卷入资本主义数字劳动的全部环节，整个社会在为资本主义进行剩余价值最大化做"嫁妆"。基于此，有必要对平台资本主义所构建的隐性资本统治予以批判性解构，从而建立适合中国特色的平台社会主义，开启数字社会公共治理的人类文明新样态。

（三）资本主义的民粹化现象

新自由主义的泛滥导致了 2008 年的全球金融危机，西方国家采用劫贫

---

① 李灏、柯文：《美国数字垄断的社会建构——以亚马逊、谷歌和苹果为例》，《科学学研究》2022 年第 2 期。

② 马云志、王寅：《平台资本主义批判和社会主义平台经济建构》，《福建论坛（人文社会科学版）》2021 年第 11 期。

济富的新自由主义政策来应对危机,进一步深化了世界资本主义体系内部的各种矛盾,导致了民粹主义的兴起。一般而言,形成民粹主义的浪潮需要有五个条件:外来移民的增加、贫富分化加剧、民众感受到政治腐败、严重的金融危机和具有魅力的能够蛊惑人心的政客的出现。民粹主义的出现不仅无法解决资本主义的基础矛盾,反而将危机往前推进了一步,为极端主义的兴起奠定基础。近年来,学术界围绕资本主义国家出现的民粹主义浪潮的背景、原因、特征以及影响进行了大量的分析。

朱安东认为,新自由主义的泛滥激化了世界资本主义体系内部的各种矛盾,形成了资本主义的系统性制度性危机,导致了民粹主义的兴起。[①] 但民粹主义解决不了资本主义的基础性矛盾,其危机极有可能进一步深化,为法西斯主义等极端思潮的兴起提供越来越充分的条件。

邢彩丽认为西方治乱并不能被归结于民粹主义,根源仍然在于资本主义体系有不可避免的经济危机。[②] 西方主流舆论流行以"民粹主义泛滥"来解释近些年西方各国出现的社会抗议活动和政治动荡现象,但是民粹主义的概念较为模糊,最早具有进步的含义,随后逐步贬义化。民粹主义不仅不能解释"西方之乱"的根源,而且还被西方主流舆论所利用,当作一个政治话语工具将制造经济停滞和社会动荡的责任推诿给广大民众。西方之乱的根源在于国际金融垄断资本时代,寡头资本可以人为地制造经济危机,并且在危机后首先获得政府的救助。

韩海涛分析指出,21世纪的新民粹主义成为具有世界影响的社会思潮。[③] 世界格局正在发生着的深刻变化、新自由主义的经济全球化失衡、西方深陷于经济危机带来的政党政治变局、社会贫富差距带来的社会失序、新技术革

---

① 朱安东:《危机中的资本主义:新自由主义、民粹主义和法西斯主义》,《马克思主义与现实》2019年第5期。

② 邢彩丽:《"西方之乱":民粹主义还是资本主义危机》,《毛泽东邓小平理论研究》2021年第1期。

③ 韩海涛:《欧美新民粹主义思潮的主要特征与发展趋势探究》,《马克思主义研究》2020年第1期。

命引发社交媒体对传统精英政治的颠覆是新民粹主义产生的背景。与传统民粹主义相比，新民粹主义有着突出的特征，即左右翼民粹主义同时出现，有广泛的社会基础，但缺乏系统的理论支撑；不甘于西方中心主义普世价值式微；与多种社会思潮相互交织；在反精英的运动中又为精英所利用；与互联网相互渗透。新民粹主义是新自由主义的产物，在全球有蔓延和升级的势头，其右翼转向会引发全球动荡，逆全球化发展会进一步加剧。

左明仁撰文分析，全球的经济危机与西方经济的下行，市场失衡导致大量工人失业和社会福利下降；市场失效造成贫富差距带来的经济不平等现象越演越烈，普通民众的经济焦虑成为社会秩序失衡、分化的导火索新自由主义思潮式微，引发了欧美新民粹主义思潮蔓延。[1] 新民粹主义理论主张是对新自由主义的修复与调整，其本质上仍然是新自由主义，只是主导国际国内政治生态的政策与手法有了新的调整。新民粹主义主要采用了三种手段：一是诉诸魅力型领袖或者著名人物以"人民"的名义，通过舆论直接进行政治动员，以凝聚政治支持。二是运用互联网技术，通过互联网特别是社交媒体渗透政治宣传、政治动员、政治选举等诸多政治环节，改变了传统政治和舆论生态，使得右翼民粹主义倾向的政党和领袖有了迅速崛起的可能。三是反智主义的煽动性言行成为吸引普遍焦虑心态民众的政治手段。

二、当代资本主义的困境

（一）新冠肺炎疫情暴露了资本主义国家的制度短板

2020 年新冠肺炎疫情暴发和蔓延，深刻地影响了全世界范围内的政治、经济和社会的运转。总体而言，国内外的专家学者或是围绕资本主义国家和社会主义国家在抗击疫情中采取的政策和措施进行了比较分析，质疑了资本

---

[1]　左明仁：《欧美新民粹主义出现极化趋势》，《北京日报》2020 年 6 月 9 日。

主义制度体系及其治理效能。学者们揭露并批判了新冠肺炎疫情使资本主义国家在财产上的贫富差距和分配上的不平等更为凸显，普通公民权利没有得到有效的保障。

美国著名社会活动家萨拉·弗朗德斯（Sara Flounders）长期致力于维护社会正义的事业，组织了多国人士撰写《呼吸机上的资本主义——新冠肺炎对中美两国的影响》。文章的作者绝大多数是美国左翼人士。他们的文章大都具有强烈的问题意识，比较分析了中美两国在抗击疫情方面表现出的举措。该书以左翼视角分析全球新冠肺炎疫情，在对比分析中，回答了为什么以中国为首的社会主义国家能够在处理疫情问题上获得巨大成功，而以美国为首的西方资本主义国家却处理得糟糕失败。本书分为引言和6部分内容，文笔客观冷静，文风坚强有力，批判美国政府抗疫失败，在美国和世界范围内积极宣传中国政府应对疫情的巨大成绩，揭露美国主导的反华丑化宣传和种族主义的话语本质。许多文章针砭时弊，直指美国资本主义制度的痛处，全面展现新冠疫情背景下中美两国抗疫的真实情况，能给读者带来许多重要启示。其基本立场是批判美国资本主义制度应对疫情失败，驳斥美国媒体将责任嫁祸于中国并进行反华主义宣传的行径，对中国政府抗击新冠肺炎疫情和中国特色社会主义现代化建设予以正面分析和评价。

英国学者玛丽安娜·马祖卡托撰文指出，新冠肺炎疫情暴露资本主义面临的三重危机。[①] 新冠肺炎疫情的蔓延不止引发了一场公共健康危机，还导致了资本主义国家的公共预算陷入了紧张的局面，削减了公共卫生部门的预算，又迅速引发了一场经济危机。疫情中零工经济的崛起，削弱了工会的集体议价能力。而这场经济危机将对金融的稳定造成未知的影响。作者最后将公共健康危机和经济危机危机的爆发背景归结为已经困扰人类已久的气候危机。

---

① 《新冠疫情暴露资本主义三大危机》，《参考消息》2020 年 4 月 8 日。

朱安东和孙洁民分析了新冠肺炎疫情对新自由主义的影响。① 近年来，新自由主义的扩张，本质上就是垄断资本与政治国家结成同盟，不断解除资本增殖束缚的过程。在这一过程中，资本主义从旧的系统性危机走向新的系统性危机。新自由主义制度在抗疫中表现出了明显的不力，政治腐败、经济金融脆弱和意识形态极化暴露出资本主义社会内部矛盾尖锐、亟须变革而无计可施的窘境。新冠肺炎疫情期间的大规模干预，不是终结新自由主义，而是在挽救新自由主义和金融寡头。新自由主义与资本主义的未来，取决于垄断资本、无产阶级和政治上层建筑之间的博弈。在新自由主义系统性危机中酝酿的极端意识形态，很有可能成为比 SARS–CoV–2 更具杀伤力的"病毒"。

石晓虎撰文分析了新冠肺炎疫情对资本主义政党制度和民主制度的影响。随着全球新冠肺炎疫情的持续扩散和蔓延，资本主义国家政党政治不断发生新变化。导致这些变化的原因非常复杂，既有国际金融危机的后续影响，也有疫情带来的新挑战。总体来看，资本主义国家执政党普遍面临困境，能否妥善处理疫情、兼顾人民的生命健康和国家经济发展直接关系其政治处境。疫情牵引下的资本主义国家朝野政党博弈不断演化，乱与斗的特点更为突出。社会思潮的多元激荡，进一步增加了西方国家议会内部政党之间博弈的复杂性和尖锐性，加剧了不同政党力量的此消彼长。资本主义国家新媒体与政党的博弈更为尖锐复杂，给政党政治带来多样化的影响，推动执政党和政府采取更多反制政策。疫情下资本主义国家政党政治的乱象，深刻反映了资本主义民主制度的弊端。

雷晓欢回顾了新冠肺炎疫情的暴发与蔓延的时代背景下，国外左翼知识分子对资本主义展开批判性思考。② 国外左翼知识分子认为，资本主义生产

---

① 朱安东、孙洁民：《新冠病毒、新自由主义与资本主义的未来》，《马克思主义与现实》2020年第 4 期。

② 雷晓欢：《新冠肺炎疫情下国外左翼思潮与运动研究——2020 年国外左翼思想研究概览》，《科学社会主义》2021 年第 1 期。

方式又引发了新冠肺炎疫情的蔓延，资本的逻辑决定了资本主义国家捍卫利润优先于拯救人民的生命。在欧美等资本主义国家应对新冠肺炎疫情过程中，资本主义制度暴露出反社会性和寄生性，无法有效应对新冠肺炎疫情及其引发的系列危机。与之相反，以中国为代表的社会主义国家成功地应对了新冠肺炎疫情的暴发，迅速高效地控制了疫情的蔓延。西方国家迫切需要社会主义，而这种革命性的转变需要借助工人阶级的力量。

（二）当代资本主义政治制度的危机

长期以来，西方资本主义国家实行以权力分立、多党制、竞争性选举、媒体自由为核心标志的政治制度。自冷战后，西方国家知识界不遗余力地向发展中国家推广西式民主和自由的观念与制度，占据了意识形态的主导权。然而，近年来一些盲目模仿西方民主制度的发展中国家出现了国家治理的衰败，西方国家内部的政党制度、民主制度也陷入了多重危机。学者们的西方民主制度的理论缺陷和实践困境进行了深入的分析。

郭定平撰文分析了西方资本主义国家的多党制在国家治理方面暴露出的缺陷，导致民主政治陷入了深层次危机。[①] 多党制是世界政党政治中的主要类型，在过去相当长一段时间发挥了积极作用。但从 20 世纪末 21 世纪初开始，随着政党在国家治理中发挥更大的作用并成为国家治理的核心主体，多党制和分裂的政治社会结构在民粹主义和认同政治的催化下，变得更加碎片化。西方国家形成了政党政治的结构—功能错位的现象，政府在公共政策的制定和执行过程中出现了明显的党派化趋势，进而引发民主政治的深层危机。

樊鹏针对西式民主与治理的关系进行了分析。[②] 他指出，一些实行西式民主的国家和地区频频出现了政坛的恶斗，并引发社会撕裂的扩大。在一些

---

① 郭定平：《多党制国家党派政治的运作困境》，《人民论坛》2021 年第 19 期。
② 樊鹏：《中国特色社会主义民主为什么行》，《红旗文稿》2021 年第 14 期。

西方发达国家，甚至出现了更为严重的经济社会发展的"治理失灵"、党派斗争剧烈的"政治极化"等现象。"民主赤字""民主滑坡"和"民主倒退"引发的西方之乱以及西方民主的"劣质化"，已经成为全世界不安全不稳定的一个主要根源。

唐亚林撰文分析了美式民主的理论基础和制度框架。[①] 他认为，美式民主基于精英政治和不信任民众的原则。设计了民主的基本制度框架，导致了政治理想的蜕化；美式民主基于私人财产权和财富自由以及基于不信任民众智慧和力量的精英民主原则与制度，让资本主义政治制度体系在根本价值取向上与其宣称的政治理想背道而驰，并日益成为为资本统治保驾护航的工具；利益政治和党派政治主导了美国民主的制度架构，美国国内利益集团具有将经济权力转化成政策影响和政治通道的能力，因此弱势群体对公共政策的影响力薄弱。概括而论，美式民主沦为了一种通过大众狂欢式定期选举和金钱运作的"选票民主"，进而让美式民主简化为一种熊彼特式"程序性民主"。

张树华分析了西式民主理论和实践都遭遇了危机。[②] 进入 21 世纪以来，西方世界在金融危机、恐怖袭击、民粹浪潮、政治极化和新冠肺炎疫情的轮番冲击下，陷入了持续性的政治、经济和社会发展困境。西式民主陷入了理论和实践的双重迷思。冷战以后，熊彼特、达尔、萨托利等民主理论家提出了以选举为核心要素的民主概念，并向全球输出扩张。然而，自 2006 年起，全球民主状况已经陷入长达 15 年的衰退期，全球有高达 75% 的人口经历了民主的衰退。

（三）当代资本主义的经济困境

当代资本主义经济危机多表现为金融危机。发生危机的主要逻辑是资本

---

① 唐亚林：《透过本质看美式民主劣质化》，《北京日报》2021 年 9 月 16 日。

② 张树华：《西式民主迷思与中国之治坦途》，《当代世界》2021 年第 12 期。

主义国家为解决资本主义短期的产能过剩,催生金融业的加速发展和规模扩大。金融业一方面要为工业生产提供信贷,扩大产能;另一方面为需求提供信贷,刺激需求扩大,成为恢复生产的必要手段之一。然而,一旦企业发生信贷违约,导致金融业崩盘,生产过剩的危机立即显现,使资本主义经济陷入长期低迷状态。研究者们围绕着资本主义金融危机发生的机理、造成的影响进行了分析。

吴茜撰文分析了现代金融垄断资本主义危机的形成机理、制度转型及其危害。[①]20 世纪 80 年代以来,新自由主义主导下的一整套制度设置构成现代金融垄断资本主义进行资本积累的制度环境。在技术层面,以信息技术的变革为标志的第三次科技革命对经济的驱动作用和红利已经消退,整个社会缺乏推动经济增长的技术动力;在制度层面,新自由主义制度促进资本持续积累和经济扩张的潜力已经耗尽;在市场层面,新自由主义全球化的世界市场开拓效应造成了全球产能的过剩、社会的撕裂,西方国家内部兴起了右翼民粹主义、种族主义和贸易保护主义的"反全球化""逆全球化"浪潮,逐渐抛弃了多边主义的全球治理模式。在此背景下,吴茜建议中国加快实施创新驱动发展战略,通过"一带一路"倡议发展中国家走新型全球化道路,防范国家金融资本力量法西斯化。

刘谦在出版的专著《马克思经济危机理论与资本主义经济危机研究:基于所有制的视角》中从所有制的视角分析了资本主义经济危机的机理和特征。他认为,相比于资本主义国家所有制缓慢发展或受阻的自由资本主义时期,在资本主义国家所有制发展比较繁荣时,经济危机对资本主义各国造成的破坏性相对较小,经济危机所引发的经济衰退时间也较短,爆发经济危机的频率也相对较低。但是,由于资本主义国家所有制不可能从根本上改变资本主义私有制结构,因而不能根本解决资本主义的基本矛盾。

宋朝龙认为,金融资本的积累有生产性积累、寄生性积累和生产性向寄

---

① 吴茜:《现代金融垄断资本主义的危机及其制度转型》,《马克思主义研究》2020 年第 6 期。

生性转移积累的三重逻辑。①金融资本推动了技术革命、产业体系的社会化、社会生产者阶级的联合、经济管理职能从资本所有权中的分离，金融资本的资本配置中也包含着越来越具体的社会再生产调节职能和经济计划职能，所有这一切都为未来的社会主义准备着社会化大生产的客观条件。金融资本把资本主义引向了有组织的资本主义，但在金融资本现实利益的支配下，生产的社会性只是加强金融资本寄生性积累的手段。金融资本的寄生性积累，造成了中产阶级的衰落，工薪阶层被排斥、被边缘化，深陷失业、贫困和债务奴役的深渊之中。金融资本的积累造成了日益愤怒不满的人群，从而为社会主义运动准备了阶级条件。金融资本积累为社会主义准备了客观条件和主观条件，金融资本帝国的统治试图阻止社会主义主客观条件的结合，却因造成了更深刻的危机而使这种结合的必要性、必然性更加显著。

英国经济史学家亚当·图兹于2018年推出新作《崩盘：全球金融危机如何重塑世界》，反思2008年金融危机。他指出，在过去十多年里，全世界遭遇如此多冲击和挑战，它们并非一次又一次相互独立的危机，而是一场总体性危机。每一次的政治、经济危机，看似发生在不同国家，从不同角度动摇原有的秩序，但仔细推敲，危机背后都存在联系。因此，我们必须把视野放宽，把视线拉长，对这些事件总体加以判断。次贷危机并非凭空而来。自从2000年美国互联网泡沫破灭，一直没有找到新的创新动力。次级贷款的出现是美国经济发展的必然性要求。次贷危机之后，美国仍需寻求创新点。其次，次贷危机并非就此结束。2000年以后，美元早已不仅是美国一国的货币，而是一种全球性货币。欧元在1999年开始施行，但欧元从诞生伊始就与美元有千丝万缕的联系。美国采用量化宽松政策，释放大量的流动性来挽救市场，欧元也同等膨胀起来。但欧元并非世界货币，它的膨胀最终要转变成欧盟各国的债务，由各国的实体经济逐步加以消化。欧盟各国的经济实

---

① 宋朝龙、吴迪曼：《金融资本寄生性积累的债务通缩趋势——马克思主义政治经济学视角下大萧条的成因探析》，《河北经贸大学学报》2021年第4期。

力并不相同，甚至可以说是相去悬殊，那些经济薄弱国家的债务迅速膨胀，国债危机已经在暗中孕育。

三、当代资本主义研究问题与前瞻

自 2008 年金融危机爆发以来，西方资本主义国家的衰落趋势愈发明显地成为了一种事实。金融危机催生了经济危机，经济危机又进一步催生了政治危机。福山也无奈地发出了"美国的政治制度已经随着时间的推移走向衰败"的慨叹，经济危机和政治危机结合在一起塑造出一种总体性危机的态势。在 21 世纪的第二个十年中，越来越多的西方媒体都开始提出"西方资本主义正走向失败""西方国家明确转入衰落进程"的口号。2020 年开始全球大流行的新冠肺炎疫情对于资本主义带来了显著的冲击，对于世界范围内资本主义和社会主义力量的对比和发展趋势也带来了较大的影响。

一是加强当代资本主义新变化对中国特色社会主义发展启示的研究。中国特色社会主义的发展一方面要坚持四项基本原则，另一方面也要吸收和借鉴资本主义文明中的先进和优秀成分，为我所用。目前国内学术界就当代资本主义出现的新变化以及产生的危机展开的分析，在一定程度上仍然侧重于从资本主义体系内部的视角出发。因此，未来对当代资本主义新变化的研究应注重依据这些变化及其背后的原因和未来走势，提出有利于促进中国特色社会主义发展的对策和建议，加强研究的现实关怀性和政策针对性。

二是对当代资本主义的研究应当避免"口号型"文章。目前学术界对当代资本主义的研究中，特别是对当代资本主义的政治研究，还存在相当数量的"口号型"文章。这些文章只是简单地描述了一些现象，提出了一些"口号"进行批判。比如，当前讨论关于西方资本主义民主政治的文章，在研究方法上仍然使用较为陈旧的工具，在研究对象上没有追踪到资本主义民主政治最新的运作模式和机制。此类文章的主题较为宏大且属于理论热点，但文章内容缺乏对现象及其背后逻辑的深入分析，欠缺论证的学理性、严谨性和严密性。学术研究应当避免此类"口号型"文章，深入讨论和分析当代资本主义发展的趋势和原理，提出有理论洞见和现实针对的观点和建议。

三是加强当代资本主义新变化和世界社会主义运动之间关系的研究。当今世界社会主义和资本主义两种性质的制度长期共存并竞争已经成为了基本格局。两种制度将在相当长一段时间内保持相互竞争和相互借鉴的关系，任何一方在短期内都不会替代另一方。当代资本主义的新变化，既对社会主义制度提出了新的挑战，使社会主义运动面临的阻碍和困难变大，又推动社会主义运动进入新的阶段。资本主义的发展使其国内的社会主义运动对精神异化、生态保护、贫富差距、技术垄断等重大议题提出了新的构想，新的策略。然而，学术界对当代资本主义新变化和世界社会主义运动之间的影响、互动机制、发展态势的研究，着墨较少，相关的论文数量不多。

我们应该用马克思主义的世界观科学地认识资本主义文明，坚持实事求是地、辩证地、发展地认识当代待资本主义文明的新动态新变化，正确把握资本主义文明与社会主义文明的辩证关系，保持战略定力，坚持底线思维；同时，我们也应该以"三个有利于"为根本标准在改革开放的实战中借鉴、吸收资本主义文明，从而促进社会主义现代化建设的发展。

（执笔人：李笑宇）

分报告十五：关于社会主义发展史的研究

中国共产党有重视历史和善于总结经验的传统，坚持历史思维是贯穿于中国特色社会主义事业的一条重要思想和工作方法。坚持历史思维就是强调把握历史发展规律，总结经验教训，以史为鉴，指导实践。围绕社会主义发展史，2022年理论界的研究主要集中在社会主义从空想到科学、社会主义从理论到实践以及社会主义从一国到多国的历史演进。此外，百年党史是贯穿全年的研究热点，理论界秉持"大历史观"，结合世界社会主义运动从不同角度考察了中国共产党的历史。

一、社会主义从空想到科学的发展

空想社会主义是科学社会主义的重要思想来源，对于空想社会主义者思想理论的深度研究，至今依然具有极大的借鉴意义。科学社会主义的诞生，推动了世界社会主义运动的蓬勃发展，一直以来都是理论界研究的重点。2021年恰逢巴黎公社建立150周年，与此相关的研究实现了一定程度的扩展。

（一）空想社会主义的源起及其影响

1516年托马斯·莫尔发表《乌托邦》，他站在底层劳动阶级的立场上深刻批判当时的英国社会，指出私有制是一切不平等的根源，对自己理想中的国家样态进行细致描摹。此后，伴随资本主义内部矛盾不断深化、社会弊端日益严重，越来越多的空想社会主义者涌现出来，诸如圣西门、傅立叶和欧文，有力推动了社会主义思想的发展，为科学社会主义的诞生提供了宝贵的思想资源。从 1516 年《乌托邦》发表到 19 世纪 40 年代科学社会主义创立，空想社会主义在 300 余年的发展中积累了丰富的理论成果，深化了社会主义的思想内涵。

2021 年理论界有关 16—19 世纪空想社会主义的研究较少且内容零散，多数研究都是落脚在社会主义思想整体发展的历史考量中，研究内容涉及空想社会主义思想的源起与理论阐释以及对其历史地位的评价。

空想社会主义思想的源起是多种时代因素共同作用的结果，学者们选取不同研究对象，展现这一时期的历史情况，进行现实归因。其中，一些学者以莫尔《乌托邦》为研究对象，多角度刻画历史背景。陈浙闽指出，"我们研究莫尔，是为了研究社会主义思想产生的原因和背景"，并提出了四点背景要素："大航海"下的殖民化掠夺；资本主义制度终究取代封建君主专制；文艺复兴推动思想解放，宗教改革摆脱神权羁绊；科学技术引发工业革命。[1] 雷华美、郭强也强调了科学技术与空想社会主义思想之间的联系，认为"空想社会主义是在资本主义兴起与近代自然科学初步形成的历史背景下出现的，由当时西欧不成熟的经济状况和自然科学发展程度决定，也是其成熟的阶级状况的产物"[2]。也有些学者以空想社会主义思想为研究对象，结合资本主义的发展情况加以论述。比如朱艳圣就在研究中指出："15 世纪以来，随着地理大发现和殖民地的开拓，资本主义在西欧一些国家首先发展起来。经过简单协作、手工工场和大机器生产三个阶段，资本主义制度在 19 世纪初已经确立，并逐渐暴露出其固有的自身无法克服的矛盾。随着资本主义的发展，社会主义作为一种反对资本主义、追求建立一种取代资本主义的新社会制度的思想出现了。"[3] 学者们虽存在对象选取上的差异，但普遍认为在研究空想社会主义思想时，需要基于社会历史大环境探寻思想的萌发。

---

[1] 陈浙闽：《社会主义思潮及其历史价值》，《天津师范大学学报（社会科学版）》2021 年第 4 期。

[2] 雷华美、郭强：《历次科技革命与社会主义的发展》，《当代世界社会主义问题》2021 年第 4 期。

[3] 朱艳圣：《社会主义从概念到理论再到实践》，《马克思主义与现实》2021 年第 6 期。

　　空想社会主义思想为科学社会主义批判资本主义、推进革命斗争提供了理论上的分析范式。关于空想社会主义思想的内容划分，理论界存在不同的看法。多数学者参照恩格斯的划分标准，以历史阶段作为分界。比如，孙代尧把空想社会主义划分为三个时段："在 16 世纪和 17 世纪有理想社会制度的空想的描写"，"在 18 世纪已经有了直接共产主义的理论（摩莱里和马布利）"，19 世纪初"出现了三个伟大的空想主义者：圣西门、傅立叶和欧文"。① 也有一些学者采用其他标准，比如陈浙闽以理论主张为标准将空想社会主义大体上分为两类，"一是激进空想社会主义，他们强调只有推翻旧社会制度，建立全新的公有制度，才能真正实现和谐社会；二是理性空想社会主义，他们强调对社会进行改良，寄希望于资本家、富人能发善心、捐款等来构建和谐社会，显然二者之间是有很大区别的。"②

　　关于空想社会主义思想的研究方式，既有整体性研究，也有基于某一空想社会主义思想家的针对性研究。有些学者将空想社会主义思想家们统一论述，梳理他们理论间的整体脉络。朱艳圣指出："16 世纪初，莫尔就在《乌托邦》中揭露了资本原始积累的罪恶，提出了以组织生产、普遍劳动为基础的公有制和平等的原则，奠定了空想社会主义的根基。19 世纪初，反映对资本主义社会的不满情绪并幻想建立一个消除贫富对立的美好社会的思潮得到进一步的发展。三大空想家圣西门、傅立叶和欧文作为这种思潮的代表人物，不仅批判了资本主义制度所带来的灾难，而且从理论上和实践上阐述和试验了未来的理想社会制度。"③ 也有些学者围绕单个空想社会主义思想家，详细介绍其理论主张。比如刘春晓聚焦圣西门的社会历史观，认为圣西门"第一次以实证研究的方法，通过选取典型材料考察人类知识和理性的发展、社会制度的更迭，认为历史发展的持续进步和规律内在于历史本身，阐述了

---

① 孙代尧：《人类文明发展进程中的社会主义——讲授社会主义发展史的大思路》，《思想理论教育导刊》2021 年第 5 期。
② 陈浙闽：《社会主义思潮及其历史价值》，《天津师范大学学报（社会科学版）》2021 年第 4 期。
③ 朱艳圣：《社会主义从概念到理论再到实践》，《马克思主义与现实》2021 年第 6 期。

生产阶层的历史主体作用，并洞见到历史进步的动因在于历史自身的内在矛盾，思想观念要随着社会发展进行革新。"① 李宇恒聚焦莫尔的法治民生观，得出了"莫尔坚信，公正的法律就是站在人民的立场考虑民需、民想、民意，完善的法治是乌托邦社会的核心特征"②的结论。李广益与张培均分别在其文章中阐释了莫尔的战争观，展现莫尔对于现代民族国家的思想关照。

　　关于空想社会思想的总结评价，理论界普遍认为其具有重要的思想价值与奠基作用，但也因这一时期的社会发展水平不可避免的具有"空想性"。在历史功绩上，陈锡喜总结出空想社会主义有三大历史功绩：对资本主义社会进行了批判；对未来理想社会进行了描绘和论证；对实现理想社会的道路进行了探索。③ 孙代尧认为"空想社会主义的共同点是兼具批判性和建设性，既对资本主义及其制度弊端作了无情的揭露和批判，也提出了关于未来理想社会的设想和设计，并且已经有了先驱实践"④，并且着重肯定 19 世纪初的三大空想社会主义者的思想价值，认为他们为科学社会主义的创立提供了直接的思想材料。在历史局限上，王蔚认为空想社会主义学说存在三大根本缺陷：不明白社会变革的原因；找不到实现变革的正确道路；不清楚推动变革的主体力量。⑤ 陈锡喜总结空想社会主义的三个根本缺陷，指出他们对资本主义的批判、对无产阶级和劳动人们、对现存的统治秩序所持有原则具有一定缺陷。⑥ 基于空想社会主义思想的历史局限，学者们从社会历史、思想、

---

①　刘春晓：《圣西门的社会历史观及其思想史贡献》，《广西大学学报（哲学社会科学版）》2021 年第 5 期。

②　李宇恒：《托马斯·莫尔的法治民生观及影响》，《历史教学（下半月刊）》2021 年第 2 期。

③　顾海良、陈锡喜、孙代尧、韩振峰、王蔚：《社会主义发展史的理论意蕴和思想精粹》，《马克思主义理论学科研究》2021 年第 3 期。

④　孙代尧：《人类文明发展进程中的社会主义——讲授社会主义发展史的大思路》，《思想理论教育导刊》2021 年第 5 期。

⑤　王蔚：《社会主义五百年的历史回顾、现实考察与未来展望》，《科学社会主义》2021 年第 5 期。

⑥　顾海良、陈锡喜、孙代尧、韩振峰、王蔚：《社会主义发展史的理论意蕴和思想精粹》，《马克思主义理论学科研究》2021 年第 3 期。

政治等角度探究其产生原因。陈锡喜认为："从社会历史条件看，当时资本主义发展的深刻矛盾，特别是爆发经济危机的根源还没有充分暴露，同时无产阶级的组织力量和觉悟程度还不成熟。从思想条件看，空想社会主义的理论基础是唯心史观，它们把精神看成是历史发展最终根源，于是在方法论上，只是从理性原则出发来构想尽可能完善的社会体系"。[1] 王蔚指出空想社会主义的根本缺陷，主要是由于当时社会经济、政治条件的局限造成的。[2] 孙代尧主张空想社会主义者因受到"不成熟的资本主义生产状况、不成熟的阶级状况"和唯心史观的限制，不能找到正确道路和主体力量，解决方案难以实现。[3]

（二）科学社会主义的形成与发展

19 世纪 40—60 年代是科学社会主义的创立时期。虽然这一时期的科学社会主义还不是工人运动中占统治地位的学说，只是当时存在的众多社会主义派别之一。但在这一时期，科学社会主义已经对资本主义的本质问题进行深刻剖析，阐明了人类社会发展的必然趋势和无产阶级的历史使命，形成了唯物史观、剩余价值学说等重要理论，实现了社会主义从空想到科学的历史性飞跃。这一时期的相关研究主要围绕历史事件与经典著作，洞察科学社会主义创立时的发展情况，展现马克思、恩格斯在面对历史课题时所完成的理论飞跃、产生的历史贡献。

科学社会主义创立时期面对的历史课题已于以往不同。19 世纪上半叶，自然科学与科学技术的发展带动了产业革命的扩展，西欧普遍建立起了现代工业制度。资本主义的内在矛盾更加尖锐，经济危机自爆发以来便周期产

① 顾海良、陈锡喜、孙代尧、韩振峰、王蔚：《社会主义发展史的理论意蕴和思想精粹》，《马克思主义理论学科研究》2021 年第 3 期。

② 王蔚：《社会主义五百年的历史回顾、现实考察与未来展望》，《科学社会主义》2021 年第 5 期。

③ 孙代尧：《人类文明发展进程中的社会主义——讲授社会主义发展史的大思路》，《思想理论教育导刊》2021 年第 5 期。

生，影响范围和程度也越来越深。伴随着大规模工人运动的接续爆发，如何解释资本主义带来的这些变化，以及未来发展何去何从成为当时的历史课题。马克思恩格斯洞察现实情况，给出针对性回应，科学社会主义由此创立。

明确马克思、恩格斯所面临的历史课题，是理解科学社会主义的创立过程的重要前提，学者们从不同视角加以具体阐释。刘勇、王怀信从世界历史视角说明"此时世界历史正处于变革的过程中"①，指出在新兴资本主义全球扩张的过程中，欧洲无产阶级运动与殖民地民族民主运动蓬勃兴起。这一时期，新兴资产阶级与无产阶级之间的矛盾逐渐成为世界的主要矛盾。刘秀萍从资本主义发展的视角切入，结合西欧资本主义发展史梳理了资本生成、资本逻辑和资本童话幻灭三个阶段。②冯钺同样持有此视角，在肯定资本主义形态的历史作用的同时，指出资本主义在利益攫取塑造下具有暴力、环境危机等弊端。③王淑娟、王力刻画了资本主义主导下的全球化世界秩序图景，认为其具有遵循资本利润最大化逻辑、同化和分化背反的世界的特征，是不平等的国际政治经济秩序。④

马克思、恩格斯所面对的历史课题是伴随着历史事件的发生而不断变化的。全年理论界有关这一时期标志性事件的介绍主要集中在 1848 年革命、共产主义者同盟、国际工人协会。

有关 1848 年革命的研究中，学者们通过梳理 1848 年革命的发生情况，指出其对马克思、恩格斯完善科学社会主义理论的重要作用。比如周小兰分析 1848 年革命的原因，认为："1846—1847 年经济危机暴露了工业和金融业

---

① 刘勇、王怀信：《〈共产党宣言〉对世界格局的判断与全球治理体系变革》，《理论探讨》2021 年第 3 期。

② 刘秀萍：《全面理解〈共产党宣言〉对资本社会的分析和批判》，《山东社会科学》2021 年第 7 期。

③ 冯钺：《资本主义形态对人类社会的影响：贡献及弊端》，《人民论坛》2021 年第 34 期。

④ 王淑娟、王力：《〈共产党宣言〉中的两种世界秩序图景与人类命运共同体》，《中共福建省委党校（福建行政学院）学报》2021 年第 1 期。

长期存在的困难，但是政府在放任自由和保护主义之间犹疑不决，未能大刀阔斧地施行改革。1848 年革命正是这些悬而未解的难题最终上升为无法调和的政治矛盾的结果。由于政治革命延缓了补救措施的实施，革命同时也是经济危机进一步恶化的原因。"①顾海良侧重说明 1848 年革命与马克思、恩格斯理论发展的关系，指出 1848 年革命使得马克思、恩格斯对无产阶级革命很快就会在欧洲各国同时发生产生了比较乐观的估计。然而，后来无产阶级革命在欧洲并没有很快发生。马克思、恩格斯展开了反思，基于 1848 年经济革命的扩展情况认识到当时欧洲大陆的经济发展状况还远没有成熟到可以铲除资本主义生产的程度，于是在"两个不可避免"的基础上提出了"两个决不会"。②

有关共产主义者同盟的研究中，学者们肯定共产主义者同盟在科学社会主义创立时期的历史影响，指出其对科学社会主义理论的有效落实。郗雷将共产主义者同盟与马克思、恩格斯建党实践联系起来，说明共产主义者同盟的组织原则，指出其第一个无产阶级革命政党、工人运动的革命活动学校、国际共产主义运动的开端的历史地位。③ 郭凯聚焦世界上第一个无产阶级政党章程——《共产主义者同盟章程》，指出它"为马克思主义政党从制度层面管党治党、从组织层面和个体层面加强组织建设与自身建设指明了方向"。④

有关国际工人协会的研究中，学者们普遍通过分析国际工人协会的活动历史，以此呈现马克思恩格斯建党理论、权威理论等科学社会主义基本理论的情况。王应春认为，马克思、恩格斯在指导创建共产主义者同盟和国际工人协会的活动中，探索出了无产阶级政党建党的组织原则、组织形式和制度

---

① 周小兰：《法国 1846—1847 年经济危机新论——兼论 1848 年革命的爆发原因》，《学术研究》2021 年第 4 期。
② 顾海良、陈锡喜、孙代尧、韩振峰、王蔚：《社会主义发展史的理论意蕴和思想精粹》，《马克思主义理论学科研究》2021 年第 3 期。
③ 郗雷：《共产主义者同盟与马克思恩格斯建党实践》，《科学社会主义》2021 年第 5 期。
④ 郭凯：《〈中国共产党章程〉的历史演进与实践选择》，《理论学刊》2021 年第 2 期。

框架，并且对这些活动进行了简要介绍。① 王进芬、杜悦嘉论述"第一国际成立后先后受到蒲鲁东和巴枯宁无政府主义思潮的挑战"的历史情况，以此明确恩格斯强调权威和集中对无产阶级政党的重要性的原因所在。②

科学社会主义的创立完成了社会主义发展史上的第一次历史性飞跃。这一历史性飞跃为之后的社会主义运动提供了科学的指导方针。正确把握这一历史性飞跃对理解科学社会主义基本原则、形成社会主义思想的新飞跃具有重要意义。

关于历史性飞跃何以形成，理论界在视角选取上存在不同倾向。一部分学者强调时代现实对历史性飞跃的促成作用。比如王蔚将原因归结为：一是马克思恩格斯生活的时代变了，资本主义已经处于自由上升的时期；二是奠基于两大发现：唯物史观和剩余价值学说。③ 雷华美、郭强则从科技革命的视角主张蒸汽革命为科学社会主义的诞生提供了现实土壤、奠定了阶级基础，认为蒸汽革命推动了"无产阶级的自我觉醒、资本主义固有矛盾的加剧暴露，为社会主义理论从空想走向科学奠定了现实基础"④。同时，一部分学者结合空想社会主义探析原因。比如陈锡喜指出"马克思和恩格斯是从空想社会主义的思想材料出发，但马克思和恩格斯不再致力于去构想出一个尽可能完善的社会制度"，而是依据经济事实和阶级状况找出了解决冲突的手段。⑤ 孙代尧也认为，"与空想社会主义认为理想社会应该建立在人类理性和正义的基础上不同，马克思、恩格斯根据资本主义社会提供的现实材料，

---

① 王应春：《马克思、恩格斯民主建党理论与实践的现代启示》，《江西社会科学》2021 年第 3 期。

② 王进芬、杜悦嘉：《恩格斯维护无产阶级政党中央权威的思想及其当代意义》，《理论视野》2021 年第 8 期。

③ 王蔚：《社会主义五百年的历史回顾、现实考察与未来展望》，《科学社会主义》2021 年第 5 期。

④ 雷华美、郭强：《历次科技革命与社会主义的发展》，《当代世界社会主义问题》2021 年第 4 期。

⑤ 顾海良、陈锡喜、孙代尧、韩振峰、王蔚：《社会主义发展史的理论意蕴和思想精粹》，《马克思主义理论学科研究》2021 年第 3 期。

把社会主义置于现实的基础之上"①。

唯物史观和剩余价值学说奠定了科学社会主义的理论基石，在理论阐释上，理论界存在聚焦一部文本诠释历史情况、梳理多部文本呈现历史脉络两种倾向。第一种倾向中，王也从《共产党宣言》出发，分析历史理论与政治论说之间的非同一性关系体现在概念内涵、论证逻辑和事实建构的语境等方面。第二种倾向中，唐正东认为"从《共产主义信条草案》《共产主义原理》到《共产党宣言》呈现出一脉相承的历史唯物主义思想逻辑"。时家贤、郭玉伟指出历史唯物主义经历了从"哲学信仰清算"到"政治经济学"诠释，再到"历史合力论"的三重语境，并结合马克思、恩格斯不同历史时期的著作展开分析。

（三）科学社会主义的实践与内省

19世纪七八十年代，科学社会主义在与工人运动的密切结合中不断完善发展，形成了系统的科学社会主义理论体系，成为国际工人运动中占统治地位的指导思想。在科学社会主义的发展时期，资本主义从自由竞争为特征的阶段向以垄断为特征的阶段过渡，社会历史情况发生深刻变化。修正主义流派以时代"新变化"为借口，宣布科学社会主义的一些原理已经"过时"。怎样在资本主义和时代发展中回应质疑、进一步发展科学社会主义是这一时期的主要课题。理论界对这一时期科学社会主义的研究也由此展开，主要集中于巴黎公社、恩格斯晚年思想和第二国际时期的社会主义实践三个方面。

1871年，巴黎无产阶级用革命的暴力手段推翻了资产阶级的反动统治，建立了世界历史上第一个无产阶级专政的国家机器——巴黎公社。巴黎公社作为这一时期的关键性历史事件，且2021年正值巴黎公社建立150周年，得到理论界的广泛研究，涉及巴黎公社的历史定位、失败归因、历史意义等方面。

---

① 孙代尧：《人类文明发展进程中的社会主义——讲授社会主义发展史的大思路》，《思想理论教育导刊》2021年第5期。

历史定位方面，理论界普遍将巴黎公社置于某一历史发展脉络中进行整体考量，指出其在当中发挥的历史作用。胡振良指出："探讨公社的社会历史根源，不仅要分析第二帝国覆灭以后巴黎无产阶级建立公社尝试的历史过程，还要从世界范围的历史演变，将巴黎公社作为国际无产阶级革命事业的一个组成部分予以考察"，并且提出了巴黎公社"开辟了世界历史与无产阶级革命的新阶段"的观点。① 林建华将历史视野进一步缩小至国际共产主义运动，结合巴黎公社之后的十月革命等国际共产主义运动，明确巴黎公社"体现了无产阶级建立新社会、新世界的历史首创精神"②。许耀桐对中世纪公社以及法国大革命时期的巴黎公社进行溯源，在比较中明确巴黎公社体制的性质特征，巴黎公社体制是第一个无产阶级专政的国家政权。③

失败归因方面，学者们从多方面探析巴黎公社的失败原因，反思其历史局限。陈之骅认为："从客观方面来说，在 19 世纪六七十年代，世界和法国的资本主义虽然已经有了很大的发展，但无产阶级还不够强大。从主观方面来说，无产阶级虽已形成，但无论在质量和数量上都还不够成熟，在无产阶级内部还掺杂着很多小资产阶级成分。它们容易动摇，从而影响到无产阶级的团结和在革命者内部产生意见分歧。"④ 金民卿认为，巴黎公社失败的一个重要原因在于"缺乏马克思主义政党的坚定领导，不能形成坚强领导核心把广大工人阶级和各个阶层团结凝聚起来，在运动的关键时期不能做出果断而正确的决策，从而使敌对力量得以喘息，最后革命运动被残暴镇压"⑤。

---

① 胡振良：《巴黎公社、中国特色社会主义与人类解放事业的发展——纪念巴黎公社 150 周年》，《当代世界与社会主义》2021 年第 2 期。

② 林建华：《国际共产主义运动大视野下的巴黎公社革命和巴黎公社》，《当代世界与社会主义》2021 年第 2 期。

③ 许耀桐：《巴黎公社体制考析》，《华中师范大学学报（人文社会科学版）》2021 年第 3 期。

④ 陈之骅：《巴黎公社与马克思的〈法兰西内战〉——纪念巴黎公社革命 150 周年》，《世界社会主义研究》2021 年第 10 期。

⑤ 金民卿：《巴黎公社运动的思想史价值及其当代启示》，《当代世界与社会主义》2021 年第 2 期。

历史意义方面，理论界结合巴黎公社的具体历史实践，总结其历史贡献与当代启示。在历史贡献上，柴尚金认为，"巴黎公社是对资本主义代议制民主的挑战，它向世人表明，三权分立不是唯一选择，代议制民主不是终极真理"①。弗兰克·鲁达指出，"巴黎公社为政治解放的真正可能性提供了历史证明，它在悬置一切以往的知识规则的同时，找到了使不可能之事变为可能的新的实践形式"②。在当代启示上，让－努马·迪康热、姚岚梳理各方对巴黎公社的评价，强调"虽然各种社会主义流派对于巴黎公社的看法存在分歧，但是所有人基本上都承认这样一个事实：加强组织建设应该可以弥补巴黎公社的不足"③。金民卿以巴黎公社关照新时代中国特色社会主义发展，总结出四点启示：必须坚定不移地加强和完善党的领导；必须毫不动摇地坚持和强化人民民主专政；必须坚持不懈地推进国家治理体系和治理能力现代化；必须矢志不渝地加强廉政建设和反腐败斗争。④

恩格斯晚年思想研究是理论界针对这一时期研究的热点之一。从19世纪80年代到去世，恩格斯依据欧洲主要资本主义国家发生的新变化，从无产阶级革命实践的需要出发，对早前形成并得到广泛传播的马克思主义理论作出一些新的解释与补充。在理论界的相关研究中，恩格斯政治思想、恩格斯对历史唯物主义的坚持发展得到更多关注。

恩格斯晚年政治思想方面，理论界普遍认同恩格斯丰富了马克思主义政党和国家学说、提供了诸多现实启示。薛俊强指出恩格斯晚年"运用唯物史观分析政治的本质与职能"，在政治思想上"寻求作为公民资格的政治人与作为自由发展的自然人的有机统一""理性思考资本主义民主和社会主义民

---

① 柴尚金：《巴黎公社的人民民主及当今镜鉴》，《当代世界与社会主义》2021年第2期。
② 弗兰克·鲁达、孙海洋：《如何组织解放：巴黎公社的历史意义》，《国外理论动态》2021年第4期。
③ 让－努马·迪康热、姚岚：《如何评价巴黎公社：从马克思到列宁》，《国外理论动态》2021年第4期。
④ 金民卿：《巴黎公社运动的思想史价值及其当代启示》，《当代世界与社会主义》2021年第2期。

主的辩证关系""为洞察资本主义意识形态幻象提供了独特的学术视角"①。孙喜香围绕"政治"的双重意蕴（经济与阶级）与两个起点（起源与终结）分析恩格斯的政治思想，认为"恩格斯晚年的政治观内含一种广义的政治正义，致力于探索无产阶级政党、国家与人民有机统一的社会主义民主政治组织形式"②。

恩格斯的政党和国家理论方面，理论界侧重探讨其理论价值与现实意义。夏国永认为恩格斯晚年国家理论促进了现代国家的理论范畴的形成，"包括国家的职能领域、国家的价值内核、国家的演进趋势、国家的制度形态、国家的存在方式等"③。何江新、张萍萍主张"恩格斯晚年政党思想与马克思政党思想一脉相承，是对马克思政党思想的捍卫与发展"④，强调其对中国共产党当代发展的重要作用。

恩格斯对历史唯物主义的坚持发展方面，学者们围绕恩格斯对历史唯物主义的新发展进行总结论述。胡昃坊指出，恩格斯晚年书信中"进一步阐释了上层建筑对经济基础的反作用的原理"，"全面阐述了意识形态的相对独立性及其反作用"，"深刻论述了社会发展过程的'历史合力论'思想""深入阐释了历史运动是必然性和偶然性的有机统一"。⑤ 王桂泉认为，恩格斯"论证了历史唯物主义产生的历史必然性"，"揭示了人类社会历史发展的客观规律性"，"找到了研究和发现社会历史发展客观规律的方法"，"论证经济基础决定上层建筑的原理"。⑥

第二国际时期，随着资本主义矛盾趋于缓和，主张以改良方式实现社会

---

① 薛俊强：《恩格斯晚年的政治思想及其价值意蕴》，《江苏社会科学》2021 年第 3 期。
② 孙喜香：《论恩格斯晚年的政治观及其启示》，《西南大学学报（社会科学版）》2021 年第 3 期。
③ 夏国永：《恩格斯晚年国家理论范畴的当代审视》，《江西社会科学》2021 年第 6 期。
④ 何江新、张萍萍：《恩格斯对马克思政党思想的捍卫与发展及其当代价值》，《理论导刊》2021 年第 1 期。
⑤ 胡昃坊：《恩格斯晚年书信对历史唯物主义的坚持发展及当代启示》，《当代经济研究》2021 年第 4 期。
⑥ 王桂泉：《论恩格斯晚年对历史唯物主义的发展》，《理论视野》2021 年第 9 期。

主义的民主社会主义思潮开始产生和盛行，其中以伯恩施坦为代表人物。全年理论界对这一时期的关注相对较少，研究内容主要集中于有关改良主义的论争、第二国际等方面。从这些研究中可以看到，改良倾向对科学社会主义创立时期提出的"革命观"提出挑战，二者的论争一定程度上促成了"社会主义从理论到实践"的第二次飞跃。

有关改良主义的论争的研究中，学者们依托论争涉及人物的主要观点展开论述，分析论争带来的后续影响。"恩格斯在晚期走向改良主义了吗？"一直是理论界有关论争的主要主题之一。刘翰林对国内外有关这一问题的错误看法予以呈现和释因，指出要基于唯物辩证法的基本原理理解恩格斯的策略思想。[1] 夏银平、冯婉玲梳理伯恩施坦、考茨基和列宁的论争，指出"伯恩施坦全面否定了马克思主义的哲学、经济学和政治理论，进而否定无产阶级革命道路，主张'和平长入社会主义'的观点"[2]。吕佳翼围绕罗莎·卢森堡对伯恩施坦的批驳，认为她击破了资本主义矛盾趋于缓和的迷思、揭示了向资本主义投降的方法论根源、维护和发展了科学社会主义的理论支柱。[3]

有关第二国际的研究中，学者们对第二国际时期的马克思主义理论发展与实践进程予以考量，客观评价第二国际的历史作用。陈磊、胡大平从初心使命维度反思第二国际时期的马克思主义，认为"存在着对初心和使命的僵化理解、重大误解甚至是严重背离，各种形式的教条主义、修正主义和改良主义给马克思主义发展带来了极大的负面影响"，需要从中吸取经验、总结启示。[4]

---

[1] 刘翰林：《恩格斯在晚期走向改良主义了吗？——兼论我国应对"新冷战"的斗争方法问题》，《广西大学学报（哲学社会科学版）》2021年第1期。

[2] 夏银平、冯婉玲：《无产阶级革命是进入社会主义的必由之路吗？——评伯恩施坦、考茨基和列宁的论争》，《广西大学学报（哲学社会科学版）》2021年第1期。

[3] 吕佳翼：《〈社会改良还是革命？〉的当代意义——纪念罗莎·卢森堡诞辰150周年》，《科学社会主义》2021年第5期。

[4] 陈磊、胡大平：《从初心使命维度反思第二国际时期的马克思主义》，《学海》2021年第3期。

二、社会主义从理论到实践

第二次科技革命掀起的生产力变革"为第一个社会主义国家的建立提供新的历史条件"①，深刻影响了俄国的革命道路与建设途径。十月革命后，人类历史上诞生了第一个社会主义国家，列宁将重心转向社会主义建设，探索社会主义发展道路。在建设社会主义的实践过程中，列宁进一步加深了对社会主义和共产主义的认识和理解，对马克思恩格斯关于社会主义和共产主义的思想进行了充实和完善。社会主义由理论来到了具体实践的阶段。

（一）俄国革命运动与列宁主义诞生

如何认识列宁主义？19世纪末20世纪初，世界资本主义完成了从自由资本主义到私人垄断资本主义的过渡，资本主义世界固有的各种矛盾空前激化，世界进入了帝国主义和无产阶级革命的时代。垄断资本主义是列宁主义创立和发展的政治经济背景。列宁把科学社会主义运用于俄国革命实践过程，创立了新型无产阶级建党学说，为无产阶级革命提供理论和策略，创造性地提出了帝国主义论和社会主义可能在一国或数国首先取得胜利的理论，提出了殖民地国家民族解放运动理论，形成了列宁主义。列宁创造性地继承、捍卫并发展了马克思主义，科学地解决了帝国主义时代国际共产主义运动的一系列重大理论和实践问题，并领导俄国人民取得十月社会主义革命的伟大胜利，实现了社会主义从理论到现实的历史性飞跃。② 列宁主义不是列宁思想的总和，而是"源自列宁的一套价值观、信仰和实践"，"是一种关于政治与社会的方法"，"是帝国主义和无产阶级革命时代的马克思主义"。③ 列

---

① 雷华美、郭强：《历次科技革命与社会主义的发展》，《当代世界社会主义问题》2021年第4期。

② 顾海良等：《社会主义发展史的理论意蕴和思想精粹》，《马克思主义理论学科研究》2021年第3期。

③ ［英］大卫·莱恩：《列宁的社会主义革命：理论、实践与现实》，《马克思主义与现实》2021年第2期。

宁主义诞生于俄国的革命实践，又反过来指导俄国的革命运动。

长期以来对列宁领导的俄国革命的历史研究，学者们更倾向关注俄国中心地区和俄罗斯民族的革命实践，而俄罗斯边疆和周边地区以及其他民族却被忽视或边缘化了。有学者将研究目光聚焦于俄国边缘地区的革命实践，阐述了俄国边缘地区对俄国革命进程与方向的影响。美国学者埃里克·布兰克认为，聚焦俄国中心地区和俄罗斯民族的革命实践研究的"没有准确反映沙皇统治下社会主义运动和马克思主义发展的复杂性和重要性"①。俄国中心地区和俄罗斯民族的革命实践首先，俄国革命并不仅仅是布尔什维克与孟什维克的事情，帝俄边缘的革命实践在 1905 年革命和 1917 年十月革命中也发挥了特殊作用。其次，他认为"布尔什维克例外论"存在缺陷。布尔什维克党并不是唯一实行民主集中制的政党，不是唯一一个在一战中持反军国主义立场的社会主义政党，也不是唯一一个在 1917—1918 年期间领导工人取得政权的政党。最后，帝俄边缘的革命运动了影响布尔什维克的民族政策，形成充分尊重各民族自决权的多民族联邦制国家架构。理解帝俄边缘革命实践的特殊作用，有助于全面、准确地认识和评价俄国革命的经验。

俄国革命的历史过程中有着形形色色的非马克思主义的以及其他社会主义流派的主张和声音。列宁在与它们的斗争过程中不仅捍卫了马克思主义，还将马克思主义同俄国革命实践结合，促进马克思主义实现了新的发展。学界主要关注了俄国社会民主党内"经济派"和俄国民粹派和对俄国革命的影响。

首先，列宁同俄国社会民主党内的"经济派"进行斗争，阐明坚持无产阶级政党的领导对革命运动的重大意义。

19 世纪末 20 世纪初，刚刚诞生的俄国社会民主党出现了一个信奉经济主义的机会主义思想派别，即"经济派"。这一派别声称马克思主义已经过

---

① ［美］埃里克·布兰克，张文成译：《帝俄边缘地区的马克思主义与俄国革命：历史与文献》，《国外理论动态》2021 年第 5 期。

时，否定无产阶级政党对工人运动的领导作用，推崇工人运动的自发性，满足于组织上的分散状态，反对建立职业革命家组织作为党的领导核心。他们主张工人阶级只需要经济斗争，无需进行政治斗争。王进芬认为，列宁对"经济派"否定党的领导的错误倾向的批判，"深刻阐明了党作为工人运动领导力量的重大意义"。必须以科学社会主义理论武装党，坚持党对意识形态工作的领导权；必须坚持党的集中统一领导和坚决维护党中央权威；必须旗帜鲜明讲政治，提高党的政治领导力。①

其次，列宁在与民粹派的斗争历程中加深了对俄国革命与建设实践的认识。

俄国民粹派自 19 世纪 60 年代产生，起初表现为"革命民粹主义"。民粹派从俄国人民生活特殊方式出发，相信"村社"及其农民的共产主义本性，认为俄国可以跨越资本主义直接进入共产主义。1881 年，民意党人刺杀亚历山大三世失败后，民粹派分裂出"自由民粹主义"。他们对革命民粹主义纲领进行修正，倡导以改革渐进的方式替代武装斗争以改善人民大众的困境。

19 世纪 90 年代俄国民粹派由革命转向改良时提出了"小事情理论"。其核心观点可概括为：国家可以采取"没有任何缺点"的改良举措来"保护经济上的弱者"。这些举措相对革命来说是"小事"，但"生动的小事业远胜于不做的大事业"，"小事业决不是小目标的同义语"。杨文亮认为列宁对待"小事情理论"的态度经历了三个阶段，即从完全拒斥到辩证肯定，再到提出"把社会主义拖进日常生活"的命题，从而形成"社会主义日常论"。②"社会主义日常论"体现了列宁辩证地认识社会主义的本质与调动建设者积极性的关系问题，是列宁对马克思恩格斯思想的继承与发展。重视社会主义发展

---

① 王进芬：《列宁对"经济派"否定党的领导的错误倾向的批判及其当代意义》，《马克思主义研究》2021 年第 3 期。

② 杨文亮：《论列宁对俄国民粹派"小事情理论"的批判与重构》，《河南大学学报（社会科学版）》2021 年第 2 期。

与个人利益之间的平衡是社会主义建设历程中的一条重要经验，这不仅有助于巩固新生政权，还促使苏联在社会主义建设中充分调动劳动者积极性，继而取得举世瞩目的发展成就，将世界社会主义事业推向新的历史阶段。耿仁杰、孙来斌认为，"列宁对民粹主义的辩证批判是研究列宁思想发展的重要线索"。列宁以辩证的态度对民粹主义不同流派及其阶级实质的深刻剖析，揭示了民粹派既有"反动性、局限性"，也有"革命性、历史进步性"的多重性质。① 在批判民粹主义的过程中，列宁捍卫和发展马克思主义，深化对俄国经济社会的认识，实现了历史辩证法与革命辩证法的统一，其思想对于俄国革命产生了深远的影响。

列宁在何种意义上继承并发展了马克思主义，是学界关注的重大理论问题。列宁对垄断资本主义阶段的资本主义进行研究，以帝国主义论推动了马克思主义政治经济学的时代化创新发展，并在此基础上提出社会主义可以在经济文化较落后的俄国率先取得胜利，这极大地鼓舞了俄国革命。列宁还较为系统地发展了无产阶级政党理论，为俄国革命提供坚实的领导力量。

有学者认为，列宁同马克思一样对资本主义发展规律进行了研究，但他将分析重点"转向经济社会落后国家"。他的革命理论是"建立在政治与实践的基础上，产生于理论与经验研究的互动"。列宁的理论将"政治经济学、地缘政治学和结构社会学相结合"，其创新贡献主要体现在三个方面：第一，基于马克思主义的历史唯物主义原理形成的关于资本主义的联合发展及发展不均衡的思想；第二，无产阶级政党在社会主义革命的推进中的领导和动员理论；第三，描述了20世纪早期资本主义进入垄断阶段的帝国主义理论。② 刘儒、卫离东认为，列宁的帝国主义论创新发展了马克思唯物史观关于人类社会和资本主义发展阶段划分依据的理论，推动了马克思主义政治经济学的

---

① 耿仁杰、孙来斌：《列宁对俄国民粹主义的辩证批判及其重大意义》，《理论视野》2021年第4期。

② ［英］大卫·莱恩：《列宁的社会主义革命：理论、实践与现实》，《马克思主义与现实》2021年第2期。

时代化创新发展。① 朱亚坤认为，列宁"全面深刻""系统科学"地回答了帝国主义时代诸问题，有力地推进了马克思主义帝国主义理论"进入到成熟阶段并确立经典解释范式"②。顾海良认为，列宁是"真正的伟大的马克思主义者"。列宁仔细深入研究时代发展、世界变局和俄国国情，创造性地提出了社会主义革命在经济文化相对落后的俄国首先胜利的理论。这是对马克思、恩格斯关于社会主义革命将在资本主义先进国家首先胜利和"同时发生"思路的重大改变。十月革命后，"一国胜利"论在实践中继续发展，列宁进一步提出在欧洲社会主义革命胜利前，俄国的无产阶级政权不仅能够生存下去，还可以在一国范围内开展社会主义建设，这对后来斯大林提出的一国建成社会主义理论产生了重要影响。③ 汤德森、王沛杰认为，"列宁坚持和发展马克思恩格斯的无产阶级政党建设理论"，形成了"较为系统"的党建思想，其主要内容包括：坚持对党员进行思想理论教育，保持党的先进性；加强党员干部队伍建设，提高治理国家的能力与水平；加强组织体系建设，提高党的战斗力；坚持民主集中制，确保党的健康发展。④ 这些思想为推进俄国革命和建设发挥了重要作用。

2021 年学界对俄国革命与建设历程的研究主要以列宁的探索历程为线索。列宁在领导俄国革命与社会主义建设的实践中，继承、捍卫和发展了马克思主义，形成了列宁主义。所谓"继承"，在于列宁注重将马克思主义原理同俄国革命与实践的具体情形相结合、同垄断资本主义时代的背景相结合，始终坚持用马克思主义的世界观与方法论解决现实问题、探索未来道

---

① 刘儒、卫离东：《列宁对资本主义发展阶段划分依据理论的创新发展及其当代价》，《西安交通大学学报（社会科学版）》2021 年第 4 期。

② 朱亚坤：《列宁和布哈林关于帝国主义理论之比较——重申列宁帝国主义论的独特贡献与多维旨趣》，《当代世界与社会主义》2021 年第 6 期。

③ 顾海良等：《社会主义发展史的理论意蕴和思想精粹》，《马克思主义理论学科研究》2021 年第 3 期。

④ 汤德森、王沛杰：《列宁党的组织建设思想及其当代启示》，《湖北大学学报（哲学社会科学版）》2021 年第 4 期。

路。所谓"捍卫"，在于列宁同"经济派""民粹派"的斗争中旗帜鲜明地坚守了科学社会主义基本原则，列宁在斗争中发展了马克思主义，加深了对俄国经济社会的认识，深刻影响俄国革命与建设的方向。所谓"发展"，在于列宁科学地解决了帝国主义时代国际共产主义运动的一系列重大的理论和实践问题，作出一系列重大创新性理论贡献，从而使马克思主义理论达到了一个新阶段。正如斯大林所言："列宁主义是帝国主义和无产阶级革命时代的马克思主义。"①

（二）十月社会主义革命的历史意义

十月革命为世界社会主义运动积累了宝贵经验。列宁成功领导的俄国十月革命，是人类历史上第一次取得全面胜利的社会主义革命，创建了第一个社会主义国家，使科学社会主义从理论走向实践，开辟了人类历史的新纪元，极大地鼓舞了全世界的无产阶级革命运动，以及殖民地半殖民地被压迫民族的解放运动。2021 年学界对十月革命的关注主要聚焦其发生的客观必然性及历史意义。

兰洋梳理了英国左翼历史学家艾瑞克·霍布斯鲍姆对十月革命开创的社会主义革命和建设道路的研究。霍布斯鲍姆对各种否定十月革命的意识形态进行了"有力的回击和前提性批判"。他认为，十月革命的爆发有着深刻的社会结构原因，是"当时面对危机的应急反应，"是"民众拥护的结果"，也是"列宁和布尔什维克政治能力的体现"。② 这是十月革命的合理性所在。贺敬垒立足马克思主义立场、观点和方法综合考察了伯恩施坦、卢森堡和列宁三者在十月革命道路问题上不同的主张和思维，分析了十月革命胜利的"理论原因"。他认为，列宁"突破经典文本具体结论的束缚，打破以理论为样板裁衡社会实际的错误逻辑，立足于特殊国情的具体实际运用马克思主义"，

---

① 《斯大林选集》上卷，人民出版社 1979 年版，第 185 页。
② 兰洋：《霍布斯鲍姆论十月革命的三重逻辑》，《国外理论动态》2021 年第 6 期。

"将马克思主义的无产阶级立场、社会革命观点、具体问题具体分析的方法论与俄国基本国情有机结合"。① 这是十月革命胜利的理论原因。这也为我们凝练出对待马克思主义的正确态度：要勇于突破经典文本的教条认识，立足于广大人民群众的根本利益和立场思考问题，将马克思主义基本原理同具体实践有机结合进行具体分析。

布尔什维克政权的建立在国际共产主义运动史上具有划时代的重大意义。学界对十月革命历史意义和历史地位展开了深入研究，主要可以归为三个方面：对俄国的社会主义改造与建设、对中国共产党的影响，对社会主义发展史和人类制度文明史的影响。

其一，十月革命对俄国社会主义革命与建设的意义。十月革命对俄国建立社会主义政权，进行社会主义改造与建设有重大意义。郭春生认为，十月革命造就的无产阶级政权"是第一个在民族国家范围内建立起来的无产阶级政权，使世界社会主义由理论的、运动的阶段上升到实践的、国家制度的阶段。"在这个阶段，无产阶级政党可以利用自己掌握的国家政权，进行社会主义改造和社会主义建设，并进一步实行社会主义改革。② 刘显忠认为，"十月革命导致了俄国结构性的变化"③。革命使普通人获得了广泛的机会，革命激发了群众的创造性。

其二，十月革命对中国共产党的影响。十月革命与中国共产党的关系是中国共产党创建史上的一个重大课题，涉及"中国共产党为什么创建、创建成什么和怎样创建"等重要原则性、方向性问题。刘焕申认为，十月革命对中国共产党创立有"重要推动作用"。十月革命推动了马克思列宁主义在中国广泛传播，为创建中国共产党奠定了思想基础；十月革命促进了马克思列

① 贺敬垒：《伯恩施坦、卢森堡和列宁关于十月革命道路问题的论争及当代价值探略》，《湖北社会科学》2021 年第 5 期。

② 郭春生：《在改革与革命之间——俄共（布）新经济政策实施和中国共产党成立一百周年的双重纪念》，《科学社会主义》2021 年第 4 期。

③ 刘显忠：《苏共话语权丧失的历史教训及其警示》，《人民论坛》2021 年第 29 期。

宁主义与中国工人运动初步结合，为创建中国共产党奠定了阶级基础；十月革命后列宁和共产国际代表直接指导中国共产党成立，明确了党的性质、建党目的和组织原则，在中国建立起了无产阶级先进政党。①

其三，十月革命在社会主义发展史和人类制度文明发展史上的意义。孙代尧认为，十月革命胜利后，人们可以在新社会下创造自己的新生活。这是"人类制度文明发展史上的一次历史性跨越"。社会主义制度的存在，给资本主义带来巨大压力，也迫使西方资本主义国家进行适应性调整，如通过建立"福利国家"缓和阶级矛盾。"如果没有十月革命，资本主义的面目将会比人们今天所看到的要狰狞得多。"② 刘显忠认为，十月革命的"道德因素也对世界产生了极大的影响。"第一次世界大战同西方人道主义精神、启蒙时期建立的价值观及进步思想"背道而驰"。布尔什维克党采取的措施展现了"社会平等、公正、新的和谐的世界秩序之路"，在"全世界都引起了极高的热情。"③

十月社会主义革命是人类历史上第一次获得胜利的社会主义革命，学界对十月革命发生的历史必然性做了多视角分析。十月革命的爆发有着深刻而复杂的原因，列宁在分析帝国主义时代资本主义发展规律的基础上，将马克思主义阶级立场和科学的分析方法同俄国特殊国情有机结合，领导具有战斗力的布尔什维克党，顺应民众呼声、抓住有利时机，促成了十月革命的胜利。十月革命的发生有其客观必然性。学界从多方面总结了十月革命的历史意义。从世界社会主义发展史角度看，十月革命结束了资本主义独占天下的局面，社会主义的历史开始进入由无产阶级开始掌握国家政权并进行社会主义改造与建设的历史阶段。十月革命推动了国际社会主义运动的发展，促进了包括中国在内的多国共产党的建立与成长。十月革命以及社会主义国家的

---

① 刘焕申：《十月革命与中国共产党的创建》，《毛泽东邓小平理论研究》2021 年第 2 期。

② 顾海良 等：《社会主义发展史的理论意蕴和思想精粹》，《马克思主义理论学科研究》2021 年第 3 期。

③ 刘显忠：《苏共话语权丧失的历史教训及其警示》，《人民论坛》2021 年第 29 期。

诞生对资本主义世界产生深刻影响，迫使西方资本主义国家进行适应性调整，一定程度上助推资本主义制度的完善。总而言之，十月革命不仅改变了俄国历史的发展方向，还对整个人类社会的发展产生巨大的影响。

（三）列宁对建设社会主义道路的探索

十月革命缔造了世界上第一个无产阶级掌握政权的国家。俄罗斯苏维埃联邦社会主义共和国是一个资本主义有所发展但封建残余浓厚的农民国家，怎样根据基本国情推进社会主义建设事业，走什么样的建设道路，是列宁思考与实践的全部主题。列宁坚持马克思主义的指导，立足俄国基本国情，依据具体的形势与条件，探索出战时共产主义政策[①]、新经济政策等社会主义建设的道路与样态。2021 年科学社会主义学界主要围绕列宁领导社会主义建设实践历史过程进行研究，尤其对新经济政策的创新性贡献、历史地位、深刻影响及现实意义进行了深入探讨，从而为建设新时代中国特色社会主义提供有益借鉴。

首先，学界对列宁领导社会主义建设实践历史过程进行深入探讨。学界从俄国特殊的具体国情出发，讨论了从战时共产主义到新经济政策的转变历程。战时共产主义和新经济政策都在特定历史时期发挥了重要历史作用，是"实然"与"应然"的统一。

经济文化落后的国家先于发达国家走上社会主义道路，其社会主义建设道路必然存在某种特殊性。学界对苏俄进行社会主义建设道路的总体性特征进行了讨论，认为苏俄建设社会主义的途径具有特殊性，这一过程会充满困难与曲折。俞敏总结了列宁晚年关于苏俄社会发展途径特殊性的思想：苏俄建设社会主义道路的"特殊性根源于俄国 1917 年十月革命的特殊性"。苏俄社会发展途径的特殊性在于无产阶级在条件尚不充足的情况下建立了政权，政权的力量会通过"特殊的措施发展生产力"从而为建立社会主义社会创造

---

① 有学者称其"军事共产主义政策"。

条件。① 王蔚认为苏俄建设社会主义的历程"与西方发达国家'开始困难，继续比较容易'相反，是'开始容易，继续比较困难'"②。探索、领导俄国革命和建设道路，是列宁终生不渝的事业，列宁领导革命与建设的最显著特点是"不断自我否定、自我超越、开拓创新"。③

战时共产主义政策是"苏联社会主义制度的第一种重要样态"④，学界对战时共产主义的性质进行了探讨，普遍认为战时共产主义政策既是应对特殊时局的特殊措施，也是社会主义原则在现实中的贯彻执行，对巩固新生政权有重要意义。战时共产主义政策的主要内容包括：实行余粮收集制、实物配给制、普遍义务劳动制；国家垄断对外贸易，禁止私人自由贸易；对工业进行国有化改造，经济集中统一管理。列宁认为，这是"用无产阶级国家直接下命令的办法在一个小农国家里按共产主义原则来调整国家的产品生产和分配"⑤。孙力、陈杰认为战时共产主义政策既是"红色政权面临国内外反动派的联合进攻采取的临时举措"，又与"马克思和恩格斯曾经的社会主义设想是基本一致的"。⑥ 通过具有军事性质的手段在市场之外建立起了城乡之间的物资交换机制，使苏维埃俄国迅速形成了高度集权的经济体制，为战争胜利提供了物质保障。郭春生认为，"军事共产主义政策既是为了应对战争，又是布尔什维克所理解的社会主义、共产主义原则在现实中的贯彻执行。"⑦ 布尔什维克党把马克思主义关于社会主义、共产主义的原理落实到苏俄现实社会之中，具体化为战时共产主义的一系列政策措施。他认为即便没有战

---

① 俞敏：《列宁晚年关于苏俄社会发展途径特殊性的思想》，《马克思主义研究》2021 年第 9 期。
② 王蔚：《社会主义五百年的历史回顾、现实考察与未来展望》，《科学社会主义》2021 年第 5 期。
③ 王中汝：《列宁关于俄国革命和建设道路的探索及启示》《科学社会主义》2021 年第 3 期。
④ 孙力、陈杰：《社会主义制度体系的三大历史塑形》，《科学社会主义》2021 年第 1 期。
⑤ 《列宁论新经济政策》，人民出版社 2020 年版，第 105 页。
⑥ 孙力、陈杰：《社会主义制度体系的三大历史塑形》，《科学社会主义》2021 年第 1 期。
⑦ 郭春生：《在改革与革命之间——俄共（布）新经济政策实施和中国共产党成立一百周年的双重纪念》，《科学社会主义》2021 年第 4 期。

争，建设社会主义也将按照这些原则、实行这些措施。战时共产主义政策的施行有特定时空条件限制，一旦环境和条件发生变化，这些政策的弊端就会激化矛盾，甚至造成社会经济危机和政治危机。

新经济政策是列宁在特殊时局下，反思战时共产主义政策之弊而施行的政策。列宁说，"我们对社会主义的整个看法根本改变了"[①]，这种思想上的转变体现于具体实践就是由战时共产主义政策转变到新经济政策。新经济政策的主要措施有：以粮食税取代粮食征收制；允许农产品自由买卖；以按劳分配原则取代实物配给制；取消劳动义务制；一定程度上允许私人资本自由发展，实行国家资本主义。列宁放弃向社会主义"直接过渡"的策略，转为实施向社会主义"迂回过渡"的措施。王进芬、杨秀芹总结了列宁新经济政策的理论精髓，包括把人民是否满意作为党制定政策的依据和判断党的工作得失成败的标准；必须从实践而不是书本出发；要善于从政治看问题，警惕发生政治上的危险和政治上的错误；借鉴资和利用资本主义因素建设社会主义等。这些理论精髓对于建设新时代中国特色社会主义仍然具有十分重要的现实借鉴意义。[②]

在如何综合认识战时共产主义政策和新经济政策上，学界普遍认识到这两种政策模式在特定时空环境下发挥了重要作用，二者相互联系，有重大区别却非相互否定。有学者指出，战时共产主义和新经济政策的实施既是"对社会主义制度的动态探索"，又"一定程度上找到了驾驭资本主义的有效方式。"既是对社会主义制度的巩固，也是"资本主义制度的胜利"。[③] 有学者认为，"新经济政策是对军事共产主义政策的改变，又是以由军事共产主义政策巩固了的无产阶级政权为前提和基础的"[④]，二者有时间先后之别，但并

---

① 《列宁选集》第 4 卷，人民出版社 2012 年版，第 773 页。

② 王进芬、杨秀芹：《列宁新经济政策的理论精髓及其当代价值》，《当代世界与社会主义》，2021 年第 4 期。

③ 孙力、陈杰：《社会主义制度体系的三大历史塑形》，《科学社会主义》2021 年第 1 期。

④ 郭春生：《在改革与革命之间——俄共（布）新经济政策实施和中国共产党成立一百周年的双重纪念》，《科学社会主义》2021 年第 4 期。

非相互否定的关系。马拥军认为，新经济政策并非出于事先规划，而是"十月革命后'实然'与'应然'辩证关系随着道路向前延伸出现的必然结果"。从"四月提纲"到战时共产主义政策再到新经济政策，都是"审时度势、顺天应人的结果，都体现了'实然'与'应然'的统一"。①

其次，学界从多种角度对新经济政策的创新性贡献进行了探讨。新经济政策开创了社会主义改革的先河，实践证明这场改革是成功的、正确的。它克服了苏俄建设发展中遇到的经济和政治危机，找到了一条适合苏俄国情向社会主义过渡的途径；同时它坚持了马克思主义关于社会主义的基本原理，又结合苏俄实际情况进行了创新。

陆晓娇、张恒赫以社会主义商品经济认识发展为线索探讨新经济政策之"新"。俄国十月革命胜利以后，列宁打算以消灭商品、货币和市场的政治实践去替代旧社会已有的经济结构，从而创造出一个新社会。然而，当列宁用无产阶级政权的强力改造商品经济关系时，遭到一定挫折。面对不断涌现的新情况和新问题，列宁在通往历史唯物主义的道路上，"不断地清算他对商品、货币和市场关系的原有'信仰'，不断更新自己的理论倾向和实践方法，突破'消灭商品生产与交换'的直观性和狭隘性"②，从而开辟了新经济政策的"迂回"过渡之路。侯文文认为新经济政策是"社会主义建设史上的首次重大改革"③，回答了"什么是社会主义、怎样建设社会主义"的时代之问。列宁关于社会主义商品经济的突破性认识、社会主义发展阶段的辩证思考以及对"纯社会主义"概念的反思均体现了列宁的理论创新。李爱华认为，新经济政策是"世界社会主义发展史上一次守正与创新的改革壮举"。守正与创新是列宁对待马克思主义的科学态度的鲜明表现。新经济政策坚守了巩固无产阶级专政、维护人民和国家利益、实现社会主义目

---

① 马拥军：《新经济政策的"道路"特征及其当代启示》，《当代世界与社会主义》2021 年第 4 期。

② 陆晓娇、张恒赫：《历史的突破与社会主义经济新视野的科学发现——列宁晚年关于社会主义商品经济的再认识》，《河被学刊》2021 年第 4 期。

③ 侯文文：《列宁新经济政策的改革实践与理论创新》，《学习与实践》2021 年第 5 期。

标之正，这是"社会主义改革发展的前提"；同时它在经济文化落后国家实现向社会主义过渡的途径、根据俄国国情正确开展经济建设的方略、妥善处理社会主义与资本主义的关系等方面进行了务实有效的创新，这是"社会主义改革发展的灵魂"。守正与创新是新经济政策改革实践的重要经验和鲜明特性。①

学界从世界社会主义发展史的角度总结新经济政策的历史地位。新经济政策开辟了世界社会主义发展中改革与革命的最大支流之一，具有承上启下的重要地位，深刻影响了 20 世纪后期的一些社会主义国家的改革实践。新经济政策在社会主义发展史上有着特殊的历史地位。

1921 年俄国共产党（布尔什维克）新经济政策的实施和中国共产党的成立，都是国际共产主义运动史上具有标志性意义的重大事件。通过十月革命和实行战时共产主义政策，俄共（布）建立并稳固了政权，继而进行新经济政策的改革；俄共（布）主导下的共产国际推进东方世界革命战略，直接帮助了中国共产党的成立，进而推动了中国革命的进程。俄共（布）新经济政策所代表的改革和中国共产党的成立所代表的革命，是"20 世纪 20 年代世界社会主义发展大潮中具有标志性的两大支流"②。张乾元、尹惠娟认为，从"战时共产主义"到"新经济政策"的探索历程，是列宁在经济文化相对落后国家探索向社会主义过渡及其建设道路的伟大尝试。列宁在这一过程中形成的改革思想不仅是对马克思主义的发展，也"是其他社会主义国家特别是中国改革开放的'源头活水'"，因而具有承上启下的重要历史地位。③ 苏俄新经济政策的改革感召力穿透历史，跨越半个多世纪，成为中国共产党实行改革开放的灵感之一。邓小平同志总结苏联社会主义模式失败的根源时就

---

① 李爱华：《新经济政策对世界社会主义发展的守正与创新》，《当代世界与社会主义》2021 年第 4 期。

② 郭春生：《在改革与革命之间——俄共（布）新经济政策实施和中国共产党成立一百周年的双重纪念》，《科学社会主义》2021 年第 4 期。

③ 张乾元、尹惠娟：《列宁的改革思想及其中国意义——纪念新经济政策 100 周年》，《科学社会主义》2021 年第 4 期。

判断说，"可能列宁的思路比较好，搞了个新经济政策"①。此外，1982 年底越南共产党专门组建了理论研究小组，从苏俄的新经济政策中获取了大量的改革依据，进而转化为越共中央的决策，促成越南在 80 年代中期开启了社会主义革新的道路。新经济政策体现出的社会主义改革思想，依然激励着当代共产党人大胆进行社会主义改革的探索。

经济文化相对落后国家向社会主义过渡的途径具有一定特殊性，列宁的探索经历了从战时共产主义到新经济政策的转变。从小农经济到国家资本主义，然后利用国家资本主义恢复商品流通，最后又主张在新经济政策的背景下走合作化道路，这是到苏联成立为止列宁所开辟的俄国社会主义道路。学界特别关注了新经济政策的创新贡献与历史意义。新经济政策是列宁实现关于社会主义商品经济的突破性认识、反思"纯社会主义"概念的产物，科学回答了"什么是社会主义"，在经济文化相对落后的国家"怎样建设社会主义"的重大历史课题。对马克思主义的守正与创新贯穿了列宁向社会主义过渡的探索历程，列宁在这一过程中留下的宝贵经验与理论精髓穿透历史深刻影响了其他社会主义国家的社会主义改革道路，对中国特色社会主义在新时代的改革实践仍有丰富的启示意义。

三、社会主义从一国到多国

第二次世界大战结束后，社会主义突破苏联一国范围，向东欧和东亚扩展，社会主义由一国发展到多国，形成了强大的社会主义阵营。东欧国家在社会主义实践过程中采取苏联模式，实现了经济恢复发展。但是 20 世纪 90 年代前后东欧剧变、苏联解体，社会主义在这些地区和国家遭遇失败，国际共产主义运动陷入低潮。2021 年是苏联解体 30 周年，亦是中国共产党诞生 100 周年，理论界围绕这两件历史大事展开了多维度探讨。

---

① 《邓小平文选》第三卷，人民出版社 1993 年版，第 139 页。

（一）苏联模式的形成

学界主要对苏联模式的利弊得失和性质进行了探讨，普遍认可苏联模式在特定的历史条件下发挥了重要作用，对其他国家现代化道路的选择也产生了重大影响，符合一定时期苏联具体国情及时代的需要。随着时间推移，苏联模式弊端日显，甚至走向僵化，但这不能否定苏联模式的历史作用。有学者也反对将苏联解体的根本原因归咎于苏联模式。

什么是苏联模式？孙代尧认为，苏联模式是指列宁逝世以后，在斯大林时期逐步形成并持续到20世纪80年代末的苏联社会主义模式，不包含列宁时期的探索，其历史发展也不限于斯大林时期，因此不能简单将其称为"斯大林模式"。苏联模式是"在特定历史条件下形成的社会主义发展模式"，因此不能把苏联模式视为"社会主义的一般模式"[1]。孙力、陈杰认为，苏联模式适应了社会主义建设初期生产力水平不高的具体国情，强力助推了苏联的现代化。然而高度集中的政治经济文化体制的弊端也越来越明显，如经济发展活力和动力受限；党政不分、社会主义法制被忽视甚至遭到践踏；高度集中的文化体制"扼杀了真知灼见和创新"[2]。最后，走向僵化的苏联模式未能适应时代的发展。

有学者从科技革命的视角考察苏联模式的形成，认为苏联社会主义模式形成于电气革命时期，一定程度上适应了电气化时代的要求，这是苏联模式早期获得巨大成就、展现重大历史作用的原因。苏联在推进工业化的过程中实行高度集中计划经济体制，这与电气时代技术的集中统一性相一致。电力、通讯、化工等工业部门的生产技术要求集中生产、统一计划和统一调度，高度集中的计划经济体制能够进行统一管理和分配资源。其次，电气革命亟须发展工业，尤其是重工业，苏联模式中"优先发展重工业的战略顺应了历史

---

[1] 顾海良等：《社会主义发展史的理论意蕴和思想精粹》，《马克思主义理论学科研究》2021年第3期。

[2] 孙力、陈杰：《社会主义制度体系的三大历史塑形》，《科学社会主义》2021年第1期。

潮流"。最后，高度集权的党和国家领导体制"能有效集中使用资金、管理和开发资源、分配和调遣劳动力"，有利于经济计划的落实、加快实现电气化。①

有学者认为，苏联的社会主义是"共产主义发展的初级阶段"，是一种"突变社会主义"。苏联社会主义的形成阶段是"从异化时代向'自由王国'（共产主义）过渡的过程"。苏联模式是在自由王国（共产主义）的形成过程中出现的"突变体。"它一方面很好地适应了俄罗斯的"环境"以及 20 世纪上半叶和中叶的世界资本主义体系，但另一方面它偏离共产主义方向，偏离了"异化世界非线性消亡过程中的客观规律和矛盾"。结果是，苏联成为可以在"既有工农业基础上生存、发展甚至战斗的体系"，但它不能适应信息社会的发展，难以有力回应日益加剧的全球挑战，也无法追赶"20 世纪下半叶资本主义国家福利化、社会化和民主化的快速发展"。②

总而言之，学界对苏联模式的探讨既涉及其特定时期的适应性作用，又关注到苏联模式未能随时代"进化"而暴露的弊病。尽管苏联模式在特殊的时空背景下不可避免地存在着各种弊端与矛盾，但苏联模式的形成对促进世界社会主义发展的历史作用不可抹杀。苏联社会主义建设早期取得的巨大成功与 1929—1933 年空前的资本主义经济大危机形成鲜明对比，更加显示出社会主义制度的优越性。第二次世界大战中，苏联为反法西斯所做的突出贡献，更是在世界上树立光辉形象，增强了社会主义的吸引力。由此，第二次世界大战后国际共产主义运动迎来发展的高潮时期，西欧各资本主义国家的共产党成为国内重要的政治力量，欧亚大陆上一批国家走上社会主义道路，新中国的建立更是极大地改变了国际政治格局，标志着社会主义实现从一国到多国的巨变。20 世纪 50 年代末到 70 年代，拉美和东南亚又相继建立古巴、老挝等人民民主国家，社会主义国家版图得到进一步的扩展。对苏联模式的

---

① 雷华美、郭强：《历次科技革命与社会主义的发展》，《当代世界社会主义问题》2021 年第 4 期。

② ［俄］亚历山大·布兹加林、［俄］柳德米拉·布拉夫卡–布兹加林娜、郭丽双、王嘉亮：《共产主义理论与社会主义实践——苏联的教训和中国的未来》，《俄罗斯研究》2021 年第 6 期。

历史作用和历史局限要作"历史的理解"。斯大林去世后苏共历代领导人和照搬苏联模式的东欧社会主义国家，在新的科技革命背景下未能适时进行实质性的改革，致使这一模式越来越僵化，直到东欧剧变、苏联解体。因此，不能将苏联模式看作适应任何时代，适合任何国家的社会主义建设模式。

（二）共产国际与中国共产党的创立

共产国际即第三国际，全世界共产党和共产主义组织的国际联合组织。1919 年 3 月，在莫斯科召开了共产国际第一次代表大会，宣告共产国际成立。共产国际对各国共产党的建立和成长起到了促进作用，但它也犯有对革命形势估计脱离实际的错误。20 世纪 20 年代中期到 30 年代初期，共产国际内部左倾思想严重，妨碍了统一战线工作的开展，给反法西斯斗争带来了不利影响。1935 年召开的"七大"制定了反法西斯的策略方针，这是共产国际的最后一次会议。随着形势的变化，共产国际已不能适应形势需要，于1943 年 6 月宣告解散。学界主要关注共产国际对中国共产党创立及对中国革命发展的影响等问题，对其进行了深入研究与探讨。

2021 年是中国共产党成立 100 周年，回顾党的百年奋斗历程，共产国际曾对中国共产党的成立及革命实践起到积极作用，同时也因共产国际脱离本国实际的指示而遭受挫折。从共产国际"二大"开始，列宁和布尔什维克党将世界革命的战略重心转向东方国家，重点在东亚地区的中国、朝鲜、日本、印度支那组建共产党，开展共产党领导的革命运动。共产国际东方战略的制定及东方革命的展开，促进了东方国家的民族解放运动，同时也确立了苏联对这些国家共产党和革命运动的领导地位。余伟民围绕十月革命后共产国际的东方战略及东方革命的展开讨论了共产国际对包括中国在内的东方国家的影响。他认为，十月革命后列宁世界革命战略重心的东移不仅"改变了部分东方国家的发展道路"，还"塑造了 20 世纪的世界革命形态。"一部分东方国家在共产国际的指引下，走上了苏联主导的革命道路。例如中国共产党领导的新民主主义革命，一方面在共产国际的支援下不断发展，另一方面也由于共产国际的指挥脱离中国实际而遭受重大挫折。这种局面是共产国际的双重性质导致的：一方面它是"国际共产主义运动的组织载体，承担着推进世界革命的使命"，另一方面它也是"服务于苏俄—苏联国家利益及其对外政策的工具。"① 有学者从共产国际与世界革命的关系角度指出共产国际的"问题"，即在世界革命没有很快发生并扩大的情况下，苏联不得不在敌对的国家体系内寻找生存办法，寻求同资产阶级实现关系"正常化"，从而导致世界革命利益与苏联利益的最终分离，共产国际后来发生"退化"。②

有学者认为中国共产党是"俄共（布）在东方国家推进世界革命战略的产物"，是"马克思主义、布尔什维主义与中国革命相结合的集中体现"。③十月革命爆发之时，东方的中国正处在民主革命的高潮时期，志士仁人发起的反帝反封建的新文化运动向旧的秩序发起猛烈冲击。十月革命的消息传到中国后，极大地激励了中国的先进知识分子，使他们认清了中国革命的道路，也迅速影响新文化运动转为大力宣传马克思主义和俄国革命。俄国革命激发了中国人民的革命热情，共产国际的革命路线为半殖民地半封建的中国指明了革命的方向。在共产国际的直接推动和帮助下，中国共产党于 1921年 7 月成立。二战结束后，中国革命的胜利和一批人民民主国家的建立，使社会主义由一国发展到多国，形成了强大的社会主义阵营，"社会主义由涓涓细流发展成波涛汹涌的洪流，极大地改变了世界的面貌"④。

（三）苏联解体的原因与教训

苏联解体、苏共亡党是 20 世纪世界历史进程中的一个重大事件，对国

---

① 余伟民：《十月革命后共产国际的东方战略及东方革命的展开》，《俄罗斯研究》2021 年第 1 期。
② 加雷思·詹金斯、托尼·菲利普斯文，雷晓欢译：《共产国际与世界革命》，《国外理论动态》2021 年第 2 期。
③ 郭春生：《在改革与革命之间——俄共（布）新经济政策实施和中国共产党成立一百周年的双重纪念》，《科学社会主义》2021 年第 4 期。
④ 王蔚：《社会主义五百年的历史回顾、现实考察与未来展望》，《科学社会主义》2021 年第 5 期。

际地缘政治和世界力量格局产生了重大影响。苏联解体不仅指一般意义上的"统一多民族国家的瓦解、社会主义阵营的垮塌"，还包括"社会制度改变颜色、道路改弦易辙、大党败亡、国家政权更迭"① 等内涵。2021 年是苏联解体 30 周年。30 年来，国内外学界有关苏共亡党、苏联解体原因与教训的研究从未停止。学界普遍认识到，苏联解体、苏共亡党的原因复杂多样，包括经济的、政治的、思想的、民族的、社会的、历史的、现实的、内部的、外部的等。"前事不忘，后事之师"。以苏为鉴对于我们避免重蹈苏共覆辙、实现全面建成社会主义现代化强国的第二个百年奋斗目标、推进 21 世纪世界社会主义发展有着重要的理论意义与现实意义。2021 年学术界对苏共亡党亡国的研究主要集中于三个方面。

其一，如何认识戈尔巴乔夫在苏联解体中的作用？戈尔巴乔夫作为苏联共产党最后一位领导人、苏联国家最后一任国家元首，对苏共亡党、苏联解体负有不可推卸的直接责任。然而戈尔巴乔夫在苏联解体中负有何种性质的责任？是否为戈尔巴乔夫有意为之？针对这些问题，学界对戈尔巴乔夫在苏联解体中的作用进行了探讨。

有观点认为，戈尔巴乔夫虽然在冷战体系终结和帝国解体中负有主要责任，直接导致了苏联体制的瘫痪和瓦解，但这"并非戈氏本意，也完全超出西方预想"②。也有学者认为苏联解体无论是不是戈尔巴乔夫本意，戈尔巴乔夫的举措直接助推苏联解体。汪亭友认为，戈尔巴乔夫"无限制的'公开性'打开了虚无苏联历史浪潮的闸门"。③"公开性"变成毫无限制地揭露所谓苏联历史的阴暗面和苏联社会的消极现象，只允许反共反社会主义的观点、思想、舆论公开鸣放，而不许坚持马克思主义立场、原则的人进行反驳和抵

---

① 张树华：《政治蜕变、制度崩溃与国家分裂——苏共败亡 30 周年》，《政治学研究》2021 年第 5 期。
② 于滨：《苏联解体 30 年：回顾与思考》，《俄罗斯研究》2021 年第 3 期。
③ 汪亭友：《戈尔巴乔夫时期苏联历史虚无主义的表现、实质及危害》，《政治学研究》2021 年第 5 期。

制。反共反社会主义势力趁机利用"公开性"进一步搞乱人们的思想。戈尔巴乔夫的这一行为还勾起了一些民族的历史旧怨与遗留问题，引发了苏联民族分离主义的浪潮。国家和社会从此在风雨中飘摇。

有学者对导致苏联解体的一些重大而模糊的问题进行探析，展现了一条戈尔巴乔夫在苏联解体过程中可能同西方有一定联系的线索。马维先根据当事人回忆录和报刊档案资料披露的新的事实和证据，对戈尔巴乔夫上台是否受到西方"支持"、美苏首脑两次会晤与苏联解体的关系、鲁斯特事件与华约解散的关系、戈尔巴乔夫为何避谈卡廷事件、"8·19"事件的真相与别洛韦日协议签署的背景等六大扑朔迷离的问题进行了分析与评论。① 文章虽然没有直接指出戈尔巴乔夫同西方有"合作"，戈尔巴乔夫是有意推动苏联解体，但在对这些"疑雾重重"的史料分析中引人发出此种联想。

戈尔巴乔夫是否要为国家解体承担责任？由于叶利钦是毁灭苏联的罪魁之一，他和他的继任者都不会认为，瓦解苏联是"犯罪"行为，也不可能对任何人追究瓦解苏联的法律责任。有观点认为，从俄罗斯未来国家建设考虑，应把戈尔巴乔夫送上历史的法庭。现任俄罗斯共产党主席根纳季·久加诺夫义愤填膺地直接痛斥叶利钦、戈尔巴乔夫等人的"背叛行为"。他认为俄罗斯总统叶利钦、乌克兰总统克拉夫丘克和白俄罗斯最高苏维埃主席舒什克维奇等人签署《别洛韦日协议》导致苏联名存实亡，"是人类历史上最大的政治犯罪之一"。这条路是由戈尔巴乔夫和他的核心圈子成员铺就的，他们"肆意妄为、不择手段和尔虞我诈"，"帮助外敌摧毁了世界社会主义体系的重要组成部分——苏维埃社会主义共和国联盟"。久加诺夫主张对背叛、破坏苏维埃政权的行为作出合法裁决，戈尔巴乔夫、叶利钦等人应得惩罚，"并作为祖国的叛徒被永远钉在历史的耻辱柱上。"②

其二，如何认识苏共亡党亡国的根源？我国学术界长期关注苏联解体原

---

① 马维先：《关于苏联解体的六大问题》，《世界社会主义研究》2021 年第 6 期。

② ［俄］根纳季·久加诺夫、李卓儒：《苏联解体三十年来的教训：惨痛的背叛和未来的希望》，《马克思主义与现实》2021 年第 6 期。

因的整体性研究，对苏联解体原因的分析视角多元，包括分析苏共和苏联在思想、政治、经济、民族、外交等方面的问题。2021 年学界探讨苏联解体的原因既有对已有观点的深化剖析，也出现了新的解释角度。主要围绕历史虚无主义泛滥、民族因素尤其是极端民族主义的影响、苏共自身蜕化变质等视角阐释苏联解体的原因。目前已有的研究的确在逻辑上隐含着苏联解体的种种要素，对于深入解答苏联解体的"历史之谜"具有重要价值。

有些学者认为历史虚无主义作为一种政治思潮，它的泛滥给苏联共产党和苏联造成全方位的严重后果。历史虚无主义搞乱了苏联党和人民的思想，使苏共话语权旁落、执政合法性流失，催化了民族分裂活动，最终导致苏联解体悲剧的发生。汪亭友认为，历史虚无主义的泛滥给苏联共产党和苏联国家造成"全方位的严重后果"。历史虚无主义瓦解了苏共和苏联的社会主义意识形态，使苏共丧失执政的合法性，使苏联社会主义制度丧失存在的必要性。此外，历史虚无主义与民族分裂势力合流，煽动极端民族主义，使苏联民族矛盾不断激化，民族分裂活动愈演愈烈，最终导致苏联解体悲剧的发生。[①] 任成金持类似观点，他认为"历史虚无主义在苏共党内的蔓延、盛行与苏共领导集团理论、路线、方针、政策走偏密切相关"[②]。苏共党内历史虚无主义话语由赫鲁晓夫开启，到戈尔巴乔夫"泛滥成灾"。苏共在意识形态话语建构中不自觉地引入了自由主义、现实主义、破坏主义，并同苏联的制度模式与领导人的历史评判相挂钩，形成了一套历史虚无主义话语体系，最终导致苏联主流意识形态话语权旁落，苏共政权遭受致命性打击。刘显忠认为，苏共话语权逐步丧失、合法性逐步丧失最终导致苏共亡党亡国。苏共话语权丧失的主要原因在于对外搞霸权，毁坏了形象；对内没有很好地解决民生问题并且党内贪污贿赂现象蔓延，这又严重影响了党在民众眼中的形

---

① 汪亭友：《戈尔巴乔夫时期苏联历史虚无主义的表现、实质及危害》，《政治学研究》2021 年第 5 期。

② 任成金：《苏共党内历史虚无主义话语的演进及当代启示》，《马克思主义研究》2021 年第 10 期。

象。最终戈尔巴乔夫主张的"不留历史空白点"的公开性为历史虚无主义泛滥提供活动空间，"破坏了很多人对以高尚道德原则为基础的苏联政治群体统一的信念"①。人们对苏联与苏共日益失望，苏共的话语权与合法性逐渐丧失，最终被人民抛弃。

民族因素包括极端民族主义被认为在苏联解体过程中发挥了重要作用。刘显忠认为，苏联的联邦制以及俄罗斯联邦的地位问题是国家建立初就存在的结构性隐患，俄罗斯联邦的支撑和集中统一的苏联共产党的存在，遏制了这一隐患的爆发。戈尔巴乔夫改革取消共产党对全联盟的领导地位，使作为苏联国家管理机构基础的统一的苏联共产党丧权，联盟改革计划又使俄罗斯联邦的统一完整性受到威胁。维系苏联存在的重要因素丧失致使苏联的结构性隐患爆发，最终导致苏联解体。② 程春华认为，"民族问题是苏联的阿喀琉斯之踵，极端民族主义则是其致命毒箭。"③ 极端民族主义鼓吹本民族至上，仇恨排斥其他民族，常表现为大民族沙文主义、民族分离主义等形式。苏联后期极端民族主义滋生是内因与外因综合作用的结果，是"原生因素与后续建构、工具化民族动员等环节共振的产物"：首先，苏联在历史上遗留了极端民族主义历史传统，苏联政府大都宣扬俄罗斯族优势贡献，贬低与打击其他民族，固守民族主义立场被认为是苏联解体的关键原因之一。其次，戈尔巴乔夫破而不立，导致地方极端民族主义力量滋生蔓延摧毁苏联。再次，民族联邦制为极端民族主义滋生提供制度法律漏洞。最后，民族地方实力增强、族裔认同膨胀消解了国家认同。极端民族主义滋生加剧了民族分裂倾向，成为苏联解体的重要原因之一。

有些学者将苏共蜕化变质视为苏联解体的根本原因，认为苏联共产党虽然曾经创造了史无前例的辉煌，但苏共领导人政治建设失误，逐渐背离了马

---

① 刘显忠：《苏共话语权丧失的历史教训及其警示》，《人民论坛》2021 年第 29 期。

② 刘显忠：《民族问题与苏联解体》，《世界社会主义研究》2021 年第 10 期。

③ 程春华：《苏联解体 30 年：极端民族主义的滋生、演化与后果》，《政治学研究》2021 年第 5 期。

克思主义、社会主义方向与人民群众的根本利益，党内政治生态腐化，执政能力衰弱，最终失去了人民的拥护，继而造成制度崩溃与国家分裂。李慎明认为，苏联解体是"苏共蜕化变质所致。"① 苏共蜕化变质，即从赫鲁晓夫集团到戈尔巴乔夫集团，他们逐渐脱离、背离，乃至最终背叛马克思主义、社会主义和最广大人民群众根本利益。李瑞琴认为，苏联共产党曾经创造了史无前例的辉煌，其领导的社会主义革命和建设，深刻影响了人类社会发展的方向。然而千里之堤毁于蚁穴，导致苏联共产党走向覆亡的"蝼蚁之穴"，即"脱离人民的隐患没有从制度上、根本上加以消除，失去人民的拥护，丧失马克思主义政党的先进性，党的领导人背离马克思主义"②。蓝汉林认为，苏共自身的政治建设失误是苏联解体的根本原因，"其他因素都是在这一根本原因的基础上衍生并受这一因素的加速催化从而构成苏联解体的整体合力。"③ 在党的建设系统工程中，"党的政治建设是党的根本性建设，决定党的建设方向和效果"④，因为政治因素贯穿于党的组织建设、制度建设等之中。蓝汉林将苏联共产党政治建设失误总结为六个"失"。一为"失信"：根本动摇对马克思列宁主义、社会主义与共产主义的政治信仰；二为"失权"：高度集权削弱党的领导权威，极端民主化葬送了党的领导权；三为"失民"：脱离人民群众，损害人民群众利益，动摇了党的执政根基；四为"失净"：党内政治生态的腐化，党组织内部的涣散堕落；五为"失能"：管党治党能力的不足与缺乏处理重大政治问题的能力；六为"失制"：苏共缺乏一套严肃、规范、成熟的党内政治机制。张树华认为，苏联与苏共命运密不可分，苏共败亡自然导致苏联败亡。苏联共产党是苏联的"政治支柱"，是"苏联社会主义政治体系的根本与核心"。苏共后期思想变质、组织蜕变，党内高层放弃共产主义信仰、否定历史，追捧西式政治原则，鼓吹无限制的"公开性"，

① 李慎明：《苏共的蜕化变质是苏联解体的根本原因》，《政治学研究》2021 年第 6 期。
② 李瑞琴：《苏联共产党解散与脱离人民的教训》，《马克思主义与现实》2021 年第 3 期。
③ 蓝汉林：《苏共政治建设失误的深层剖析》，《马克思主义研究》2021 年第 10 期。
④ 《习近平谈治国理政》第三卷，外文出版社 2020 年版，第 48 页。

这都是导致苏共败亡、制度崩溃与国家分裂的重要原因。①

关于苏联解体的探讨也有学者给出一些综合的视角。有学者认为，苏联的崩溃是因为"新经济政策所开辟的社会主义道路未能坚持下去"②。王蔚为苏联解体提供了两个分析视角：理论和实践的视角、历史和现实的分析视角。从理论方面看，苏联没有搞清楚什么是社会主义，怎样建设社会主义这一根本问题。从实践方面看，苏联高度集权的僵化体制阻碍了优越性的发挥。从历史的角度看，苏联长期教条地对待马克思主义、僵化地对待社会主义；长期忽视人民生活水平的提高和社会主义民主和法制建设；长期处理不好民族关系和民族矛盾；长期放松执政党自身的建设。从现实的角度看，苏联共产党放弃马克思主义指导地位，放弃执政党领导地位，放任西方敌对势力的"和平演变"。最终造成党和国家败亡、崩溃。

其三，如何看待苏共亡党亡国的历史教训？邓小平曾说："向后看为的是向前看。"③ 探析苏共亡党亡国的根源是为了总结历史经验，使中国特色社会主义在迈向第二个百年奋斗目标的征程中，行稳致远。学界主要从反思历史虚无主义、民族问题、党的建设等视角出发总结经验教训。

时刻警惕历史虚无主义对社会主义事业的侵害，牢牢把握住马克思主义意识形态话语权。2013 年 1 月 5 日，习近平总书记指出："苏联为什么解体？苏共为什么垮台？一个重要原因就是意识形态领域的斗争十分激烈，全面否定苏联历史、苏共历史，否定列宁，否定斯大林，搞历史虚无主义，思想搞乱了，各级党组织几乎没任何作用了，军队都不在党的领导之下了。最后，苏联共产党偌大一个党就作鸟兽散了，苏联偌大一个社会主义国家就分崩离析了。这是前车之鉴啊！"④ 这一重要论述深刻揭示了苏联历史虚无主义的表

---

① 张树华：《政治蜕变、制度崩溃与国家分裂——苏共败亡 30 周年》，《政治学研究》2021 年第 5 期。

② 马拥军：《新经济政策的"道路"特征及其当代启示》，《当代世界与社会主义》2021 年第 4 期。

③ 《邓小平思想年编（1975—1997）》，中央文献出版社 2011 年版，第 198 页。

④ 《十八大以来重要文献选编（上）》，中央文献出版社 2014 年版，第 113 页。

现、实质及其危害。汪亭友提出，必须科学评价苏共和苏联历史上的重大事件和重要人物，准确把握党和国家历史发展的主题主线、主流本质；必须始终坚持马克思主义在意识形态领域的指导地位，坚定共产党人理想信念。高度重视意识形态工作，牢牢把握意识形态工作领导权。筑牢抵御西方思想文化渗透的防线，维护国家意识形态安全。① 任成金认为，要重视建构历史认同，这是"应对历史虚无主义的前提"，是"实现国家认同的前提和基础"；执政党要警惕主流意识形态话语权旁落，因为掌握马克思主义意识形态话语权是"反对历史虚无主义的关键"；要厚植中国共产党执政基础，这是"应对历史虚无主义的根本"；要坚持爱国、爱党和爱社会主义的高度统一，这是"反对历史虚无主义的重要保障"②。刘显忠从反思苏共话语权丧失的角度总结了三条历史教训：其一，要保持在国际上的话语权，就不能搞霸权，要坚持构建人类命运共同体，弘扬共商、共建、共享的全球治理理念；其二，要结合本国实际和时代特点进行理论创新，而不是拘泥于马克思主义经典作家在特定历史条件下、针对具体情况做出的某些个别论断和具体行动；其三，作为马克思主义政党，要始终坚持人民至上的价值理念，始终把人民对美好生活的向往作为奋斗目标。

在民族问题上，中国和苏联都是多民族国家，都实行民族区域自治制度。不过中国是单一制下的民族区域自治，这与苏联的联邦制是不同的。但由于中国和苏联都采取民族区域自治，两国也存在类似的问题。在铸牢中华民族共同体意识成为当前民族工作主线的形势下，我们应当从苏联解体中吸取教训。要及时填补现行法律、政策的漏洞，使在处理民族关系问题时有法可依、有据可循。要进一步强化国家通用语言文字在全国的地位和作用。苏联因放弃共产党的领导而失去了维系联盟存在的组织纽带和思想纽带，以苏

---

① 汪亭友：《戈尔巴乔夫时期苏联历史虚无主义的表现、实质及危害》，《政治学研究》2021年第5期。

② 任成金：《苏共党内历史虚无主义话语的演进及当代启示》，《马克思主义研究》2021年第10期。

为戒，要坚持中国共产党的坚强领导。①

在党的建设方面，苏共政治建设严重失误的历史教训就在于需要深刻认识到：党的政治建设是党的执政能力建设的核心内容，必须把党的政治建设摆在根本性地位。一旦党在政治建设上出现了失误，对党本身和国家的发展具有严重的破坏性和危害性。学界普遍认识到，必须高度重视党的思想理论工作，坚定共产主义信仰，同时要严密防范西方意识形态的分化和瓦解。②要始终坚持无产阶级政党的领导，使最高领导权始终掌握在忠诚于马克思主义、无产阶级政党、国家和民族的人手里。必须坚持党的群众路线，始终代表最广大人民群众的根本利益。③要科学认识和正确处理民主与集中的关系问题，坚持民主集中制，充分发扬民主，加强党内监督。在党内塑造健康的政治生态，打造清正廉洁的党内环境。必须以制度为屏障根本消除共产党脱离人民的隐患。④

学界以强烈的现实关怀以多种视角对苏共亡党亡国的历史根源与教训进行了分析和总结。中国共产党作为执政党，不能丝毫动摇理想信念，要不断加强自身建设，坚守人民立场，警惕历史虚无主义的危害。2018 年 1 月 5 日，习近平总书记在新进中央委员会的委员、候补委员和省部级主要领导干部学习贯彻习近平新时代中国特色社会主义思想和党的十九大精神研讨班开班式上的讲话中指出："对马克思主义的信仰，对社会主义和共产主义的信念，是共产党人的政治灵魂，是共产党人经受任何考验的精神支柱。我们常说，基础不牢，地动山摇。信念不牢也是要地动山摇的。苏联解体、苏共垮台、东欧剧变不就是这个逻辑吗？苏共拥有 20 万党员时夺取了政权，拥有 200 万党员时打败了希特勒，而拥有近 2000 万党员时却失去了政权。我说过，在那场动荡中，竟无一人是男儿，没什么人出来抗争。什么原因？就是理想信

---

① 刘显忠：《民族问题与苏联解体》，《世界社会主义研究》2021 年第 10 期。
② 蓝汉林：《苏共政治建设失误的深层剖析》，《马克思主义研究》2021 年第 10 期。
③ 李慎明：《苏共的蜕化变质是苏联解体的根本原因》，《政治学研究》2021 年第 6 期。
④ 李瑞琴：《苏联共产党解散与脱离人民的教训》，《马克思主义与现实》2021 年第 3 期。

念已经荡然无存了。"苏共亡党、苏联解体已有三十余年之久，我们必须基于马克思主义立场、观点和方法，深入剖析苏联解体的根本原因，汲取历史教训，以史为鉴，开创未来。中国发展的实践证明，中国特色社会主义的发展实现了对苏联模式的全面突破，社会主义从一种模式发展为多种探索。苏联模式社会主义的失败，不等同于科学社会主义的失败。科学社会主义在 21世纪的中国焕发出强大生机活力，表明历史没有终结，也不可能被终结。

四、关于中国共产党的历史

科学社会主义在中国的成功，对马克思主义、科学社会主义的意义，对世界社会主义的意义，是十分重大的。[①] 自 1921 年成立以来，中国共产党始终将科学社会主义与中国实际相结合，针对不同历史阶段的时代课题坚持、运用和发展科学社会主义，开创了中国特色社会主义的伟大事业，形成了 21 世纪科学社会主义的最新成果。2021 年正值中国共产党成立 100 周年，理论界涌现出许多有关中国共产党历史的研究，或梳理百年历程，或紧扣某一主题，或提取历史经验，或探求现实启示，角度丰富、研究深入，极大丰富了党史研究的整体面貌，对理解科学社会主义在中国的发展情况具有重要价值。

（一）新民主主义革命

1919 年爆发的五四运动是中国旧民主主义革命走向新民主主义革命的转折，1949 年中华人民共和国的成立标志着中国新民主主义革命的基本胜利。新民主主义革命时期，党面临的主要任务是，反对帝国主义、封建主义、官僚资本主义，争取民族独立、人民解放，为实现中华民族伟大复兴创造根本社会条件。[②] 这一时期可大致细分为五四运动与中国共产党创建初期、

---

① 《习近平谈治国理政》第三卷，外文出版社 2020 年版，第 70 页。
② 《中共中央关于党的百年奋斗重大成就和历史经验的决议》，《人民日报》2021 年 11 月 17 日。

土地革命时期、抗日战争时期、解放战争时期四个阶段。

全年理论界的相关研究大多基于历史事件探究中国共产党不同时期的经验启示，展现了中国共产党在新民主主义革命时期的发展脉络与奋斗历程。其中，五四运动和中国共产党创建初期得到较多关注。以下为理论界围绕新民主主义革命时期四个历史阶段的研究情况。

在有关五四运动与中国共产党创建初期的研究中，"建党"相关内容是论述核心。围绕"建党"，学者们对五四运动、中共一大、中共创建史等方面展开研究，其中伟大建党精神为全年的研究热点。

五四运动作为新民主主义革命的开端，为中国共产党的成立提供思想准备。理论界 2021 年有关五四运动的研究内容涵盖：五四精神、五四运动的意义、五四运动与建党的关系、中国共产党领导的五四纪念、五四运动与青年运动等内容。就五四精神而言，吴朝邦聚焦百年来中国共产党对五四进步精神的归结，指出"根据不同历史时期的形势和任务，进步在中国共产党的五四话语叙事中不断凸显"[1]。张金福、石书臣从特征、内容、路径、载体等方面总结中国共产党百年历程中推进五四精神时代化的历史经验，强调发挥五四精神的时代价值。[2]

习近平总书记在庆祝中国共产党成立 100 周年大会上提出了"伟大建党精神"这一重要表述，引发理论界的广泛研究。理论界相关研究涉及内涵解读、形成背景、内在特质、历史地位、时代价值、弘扬路径等。围绕伟大建党精神与中国共产党人精神谱系的逻辑关系问题，刘建军指出伟大建党精神是中国共产党人精神谱系的"活水源头、一根红线、鲜亮底色"[3]；王炳林、张雨认为伟大建党精神是中国共产党的精神之源，中国共产党精神谱系丰富

---

① 吴朝邦：《百年来中国共产党对五四进步精神的归结》，《学校党建与思想教育》2021 年第 13 期。

② 金福、石书臣：《中国共产党百年历程中推进五四精神时代化的历史经验》，《郑州大学学报（哲学社会科学版）》2021 年第 1 期。

③ 刘建军：《伟大建党精神的理论解读》，《思想理论教育》2021 年第 8 期。

和发展了伟大建党精神，二者是一个同根同源的整体，蕴含着实践性、人民性、创新性、科学性等共同特征。① 高凡夫对于伟大建党精神进行回顾性研究，指出"建党精神研究经历了红船精神研究、创党精神研究和建党精神研究等几个阶段"，并对目前学界有关伟大建党精神的研究进行分类概述。②

中共一大是中国共产党成立的标志性事件，理论界从不同视角出发明确其历史贡献。杨泰龙聚焦中共一大革命主张视角，认为其"既是近代中国历史发展的自然结果，也是对世界和中国经济政治情况加以分析后的理性选择"③。谢迪斌从中共一大对于党的独立自主形象设计视角出发，提炼出"奠定了中国共产党革命斗争性的基因、保证了中国共产党无产阶级性的本质、蕴涵了中国共产党先进纯洁性的要求"④ 的历史意义。黄伟力采用党的政治建设的视角，指出中共一大"以实现共产主义为目标，为党确立了明确的政治方向；坚持实行党的集中统一领导，初建党的组织领导体系；以政治纪律为核心，提出对党员和党的工作的纪律要求，由此中共一大培植了党百年发展的政治根基"⑤ 的历史贡献。

中共创建史研究是中共历史研究的重要组成部分，是对中国共产党创立时期的整体性历史研究。以有关中共创建史与马克思主义关系的研究为例，学者们将这一问题从历史分期、理论区分等方面加以细化理解，推进研究深入。比如程万里、周蔚华系统梳理中国共产党成立前马克思主义在中国的传播情况，认为："马克思在中国最早是作为西方思潮的一种与其他思潮一起介绍到中国的"，"但十月革命后，一批先进的中国人开始把它与中国的前途

---

① 王炳林、张雨：《伟大建党精神是中国共产党的精神之源》，《中国高等教育》2021 年第 Z3 期。

② 高凡夫：《伟大建党精神的研究回顾与前瞻》，《探索》2021 年第 6 期。

③ 杨泰龙：《中共一大社会革命主张的形成轨迹与理论逻辑》，《华南师范大学学报（社会科学版）》2021 年第 3 期。

④ 谢迪斌：《中共一大对于党的独立自主形象的设计及其历史意义——以中共一大文献为中心的讨论》，《广东社会科学》2021 年第 4 期。

⑤ 黄伟力：《中共一大对党的政治建设的历史贡献》，《河北学刊》2021 年第 5 期。

和命运结合起来"①。杨奎松主张应当将当时早期共产党人所了解的马克思主义和列宁主义加以区别，提出应重视列宁主义在中国的影响②；在另一篇文章中，他以毛泽东在中共建党过程中思想的渐变为例，分析中共建党前后的列宁主义接受史③。

土地革命时期党的工作重点由城市转入农村，在农村建立根据地，开展土地革命，建立革命武装和工农政权，是新民主主义革命时期中的第二个历史阶段。全年理论界对于土地革命时期的研究大多有关党的社会主义实践，依托具体问题展现中国共产党的治理智慧。

土地革命是土地革命时期党的工作重心之一，理论界从央地关系、生产关系、生态治理等视角对其展开研究。比如江明明从央地关系视角出发梳理中央苏区土地分配标准的演变历史，指出"土地革命中应以人口还是以劳动力作为土地分配标准，作为中央的中共中央和作为地方的中央苏区观点不一"④。周展安以1930年前后的中国社会性质问题论战为研究对象，认为中共不仅牢牢把握住了农民问题，而且从生产关系的视角出发，拓展出了解决农民问题的道路。⑤ 林娜娜、车辚从生态治理视角关注土地革命，指出中国共产党的生态治理模式在土地革命和武装斗争的大背景下体现出治理和善治的部分特征：群众性、有效性、透明性、科学性等。⑥

党的政权建设是这一时期党在政治领域的关键探索，学者们对此的研究

---

① 程万里、周蔚华：《中国共产党成立前马克思主义在中国的传播》，《出版广角》2021年第11期。

② 杨奎松：《关于早期共产党人"马克思主义中国化"问题——兼谈中共"一大"纲领为何没能联系中国实际》，《史林》2021年第1期。

③ 杨奎松：《浅谈中共建党前后的列宁主义接受史——以1920年前后毛泽东的思想转变及列宁主义化的经过为例》，《史学月刊》2021年第7期。

④ 江明明：《央地关系视角下中央苏区土地分配标准演变新探》，《苏区研究》2021年第5期。

⑤ 周展安：《农民问题、生产关系论与中国革命的政治经济学脉络——中国社会性质问题论战的思想和政治动能》，《中共党史研究》2021年第1期。

⑥ 林娜娜、车辚：《土地革命时期中国共产党的生态治理（1927—1934）》，《学术探索》2021年第10期。

紧密结合历史实践。刁含勇探索土地革命战争前期的中国共产党民主集中制问题，梳理了民主集中制的演进历程及特点。① 邹运、单志浩围绕三大起义、三湾改编、党内争论、古田会议四个方面梳理土地革命战争时期中国共产党在政治建军原则上所进行的探索与实践，展现"党指挥枪"建军原则的确立定型过程。② 李曙新从酝酿、确立、嬗变、终结四个阶段对土地革命战争初期的工农武装暴动思想展开述评，并且结合工农武装割据分析了工农武装暴动思想的历史作用。③

这一时期党的宣传工作配合整体发展方向，目标明确。刘亚琼从宣传深入工农、加紧国际问题宣传、党内深刻反思等方面结合实践方式和刊物介绍这一时期党的宣传工作。④ 丁骋、郑保卫进一步指出这一时期党中央对于新闻宣传工作提出了新的要求，"即旗帜鲜明地宣传马克思主义；做党和根据地政府以及各类革命团体联系群众的得力工具；在新闻工作中要大力发扬群众路线。"⑤

抗日战争时期，面对民族危机，中国共产党以国家和民族利益为重，致力于建立抗日民族统一战线，是新民主主义革命时期中的第三个历史阶段。理论界有关抗日战争时期的研究依旧以"中华民族共同体"为研究热点，同时涵括一定有关中国共产党政治领域建设的内容。

自"铸牢中华民族共同体意识"在党的十九大报告中被提出以来，"中华民族共同体"成为关照抗日战争时期党史研究的热点之一。陈筠淘、孟凡东对抗战时期中国共产党为建构中华民族共同体作出的一系列重大抉择进行

---

① 刁含勇：《土地革命战争前期的中国共产党民主集中制新探（1927—1933)》，《中共党史研究》2021 年第 1 期。

② 邹运、单志浩：《土地革命战争时期建军原则的探索与实践》，《人民论坛》2021 年第 31 期。

③ 李曙新：《土地革命战争初期的工农武装暴动思想述评》，《苏区研究》2021 年第 4 期。

④ 刘亚琼：《新民主主义革命时期党的宣传思想工作的经验与启示》，《思想政治教育研究》2021 年第 2 期。

⑤ 丁骋、郑保卫：《论新民主主义革命时期中国共产党新闻政策的变迁发展及其价值意义》，《中国出版》2021 年第 15 期。

总结，认为这些重大抉择"实现了纲领政策'民族自决'向'建构中华民族共同体'的伟大转向"。① 崔榕、赵智娜认为："这一时期，中国共产党通过建立抗日民族统一战线，建设中华民族命运共同体；通过维护各民族政治权利，建设中华民族政治共同体；通过发展经济，改善民生，建设中华民族利益共同体；通过发展文化教育事业，建设中华民族文化共同体。"②

政治动员是党在抗日战争背景下，号召全国人民团结一致、共同抗日的实践。学者们结合历史情况提炼这一时期中国共产党的政治动员策略。孙景珊认为，这一时期中国共产党在以政治动员为中心的乡村社会改造和政权建设中唤醒民众、凝聚力量，典型事件包含互助合作运动、塑造英模运动、大生产运动和新秧歌运动四个方面。③ 宋利、李玉伟指出，中国共产党在抗战实践中，"逐渐形成了倡导全民抗战、推进民主建设、建立多层次全方位的动员体系的抗战动员策略"④。

党在这一时期注重政党形象的塑造工作，形成了相应的历史经验，理论界对此展开研究。刘克利、冯誉萱关注党的国际形象塑造，认为中国共产党人因受到斯诺《红星照耀中国》的启发，加强对外宣传规模和力度，撕掉污名化的"土匪"标签。⑤ 张俊国探究延安时期党凝聚党心民心的主要经验，指出理论与实践的紧密相连、党与群众的鱼水关系和党员干部之间同志式关系的良好作风既是党的自身形象的一种生动写照，也是广大人民群众拥护和爱戴党的原因所在。⑥

---

① 陈筠淘、孟凡东：《建构中华民族共同体：抗战时期中国共产党的历史抉择》，《黑龙江民族丛刊》2021年第2期。

② 崔榕、赵智娜：《抗战时期中国共产党建设中华民族共同体的经验与启示》，《中南民族大学学报（人文社会科学版）》2021年第10期。

③ 孙景珊：《抗战时期中国共产党政治动员与民众政治认同》，《学海》2021年第6期。

④ 宋利、李玉伟：《抗战时期中国共产党社会动员策略及现实启示》，《广西社会科学》2021年第10期。

⑤ 刘克利、冯誉萱：《抗战时期中国共产党国际形象塑造的历史考察》，《湖南大学学报（社会科学版）》2021年第2期。

⑥ 张俊国：《延安时期党凝聚党心民心的主要经验》，《毛泽东研究》2021年第2期。

解放战争时期，中国共产党的实践重心在于推翻国民党统治、解放全中国。全年理论界有关解放战争时期的研究较少，主要刻画党在解放战争中各个方面的优势。以政治方面为例，高金华、郭圣福阐释解放战争时期实行"三三制"政策的发展态势与特点，认为其对巩固和发展人民民主统一战线、夺取中国革命胜利具有重要意义。① 于慧铎聚焦解放战争时期中国共产党对国民党军队的政治攻势，提取党开展政治攻势的方式与策略，肯定其对军事攻势的配合作用。②

（二）社会主义革命和建设

新中国成立后，中国由此迈入社会主义革命和建设时期，全国各族人民在中国共产党的团结带领下，艰苦奋斗，奋发图强，取得了社会主义革命和建设的一系列伟大成就。社会主义革命和建设时期，党面临的主要任务是，实现从新民主主义到社会主义的转变，进行社会主义革命，推进社会主义建设，为实现中华民族伟大复兴奠定根本政治前提和制度基础。③

全年理论界有关这一时期的研究，主要集中于新民主主义向社会主义过渡时期，也有小部分研究全面建设社会主义时期。在研究内容上，除了农村建设、社会经济、中共八大等传统研究热点外，党的自我革命、爱国卫生运动等主题也获得了广泛探讨。

新民主主义社会向社会主义社会过渡的时期是指从 1949 年新中国成立到 1956 年基本完成了对农业，手工业和资本主义工商业的社会主义改造。这一时期党制定了第一个五年计划，逐步推进社会主义工业化。针对这一历史情况，理论界侧重研究农村社会、经济等领域的改造情况。受新冠疫情影响，理论界有关爱国卫生运动的研究在 2020 年数量激增，2021 年虽有所回

---

① 高金华、郭圣福：《中共在解放战争时期实行"三三制"政策略述》，《江西师范大学学报（哲学社会科学版）》2021 年第 2 期。
② 于慧铎：《解放战争时期中国共产党对国民党军队的政治攻势》，《党的文献》2021 年第 2 期。
③ 《中共中央关于党的百年奋斗重大成就和历史经验的决议》，《人民日报》2021 年 11 月 17 日。

落但相较之前仍数量庞大。

有关农村社会的研究，数量较多，内容涵括经济、政治、文化宣传多个方面，研究对象选取趋于微观具体。在经济方面，常明明关注 1954—1956 年的农村小商小贩社会主义改造，围绕"先安排，后改造""主要改造，继续安排"及"整顿调整，巩固成果"三个阶段，介绍农村小贩被组织成为合作商店、合作小组等集体组织形式。① 徐鹏对新中国成立初期的"人民币下乡"活动展开研究，指出"随着'人民币下乡'工作的进行，新政权逐渐建立起了统一的财政经济体系，城乡间的沟通也日益紧密"。② 在政治方面，易新涛聚焦新中国成立初期农村基层党建，梳理了从着力整顿、谨慎发展，到普遍建立、缓慢发展，再到加强建设、积极发展的开展过程。③ 张建梅关注 1949—1956 年中国共产新农民培育工作，总结了文化教育、思想改造、基层党组织发展、典型示范、政治运动等主要路径。④ 在文化宣传方面，付玉阐释了党媒如何在实践中具体贯彻"全党办报，群众办报"的方针，得出新中国成立初期广播"双办"实践发挥了农村治理的有效工具性作用的研究结论。⑤

有关经济领域的研究中，学者们围绕这一时期中国经济的具体方面进行针对性分析。姜长青将研究视野放置于 1949—1978 年中国区域经济的发展演变情况，围绕"东北优先发展、正确处理沿海与内地关系、建立经济协作区、实行特区体制和三线建设以及民族区域自治等区域发展战略"展开具

---

① 常明明：《进退的张力：农村小商小贩社会主义改造研究（1954—1956）》，《史林》2021 年第 1 期。

② 徐鹏：《沟通城乡与统一财经——新中国成立初期的"人民币下乡"》，《兰州学刊》2021 年第 4 期。

③ 易新涛：《新中国成立初期农村基层党建及其基本经验》，《中南民族大学学报（人文社会科学版）》2021 年第 5 期。

④ 张建梅：《新中国成立初期培育新农民研究（1949—1956）》，《毛泽东邓小平理论研究》2021 年第 11 期。

⑤ 付玉：《新中国成立初期全党办"广播"、群众办"广播"的基层实践》，《传媒》2021 年第 8 期。

体论述。① 曲韵分析 1949—1956 年新中国对进出口领域外资在华企业的利用与清理情况，得出"1949 年以后对外贸易领域外资企业走向衰微势在必然，朝鲜战争的爆发是加速这一进程的重要外部催化力量"的研究结论。②

有关对外关系的研究中，这一时期我国的外交政策以及对外经验学习的情况是理论界的主要研究内容。唐仕春以 1950 年中共代表团的访苏体验为例介绍中国在这一时期对外国的学习历程，探究其对中国学习苏联社会主义建设经验的影响。③ 孔庚在论述新中国成立初期党学习活动的经验时，认为"中国采取了'一边倒'的外交政策，在当时环境下向苏联学习是必然的"④。孙泽学、常清煜分析新中国初期和平共处外交政策对国家形象的"自塑"与"他塑"两方面影响，以此呈现此时期我国的对外关系情况。⑤

有关党的自我革命的研究中，理论界普遍倾向于提炼党在这一时期自我革命的有益经验，阐释其历史意义。段妍对新中国成立初期基层党组织的建设实践进行梳理总结，详细论述了建立健全基层党组织、严格入党标准与党员教育、持续开展整风整党运动等一系列重要举措。⑥ 杨松菊、杜晨营指出新中国成立初期党的自我革命"把思想淬炼作为强身之举，以坚守初心使命为根本遵循，以'以上率下'为示范之要，以完善党内法规为重要保障"，对当下又借鉴意义。⑦ 倪德刚、江溪泽聚焦在"三反""五反"运动期

---

① 姜长青：《1949 年至 1978 年中国区域经济发展演变研究》，《毛泽东邓小平理论研究》2021 年第 1 期。

② 曲韵：《新中国对进出口领域外资在华企业的利用与清理（1949—1956）》，《中国经济史研究》2021 年第 6 期。

③ 唐仕春：《怎样学习社会主义建设经验——新中国成立初中共代表团的访苏体验》，《湖北大学学报（哲学社会科学版）》2021 年第 6 期。

④ 孔庚：《新中国成立初期我们党学习活动的经验与启示》，《山东社会科学》2021 年第 2 期。

⑤ 孙泽学、常清煜：《新中国成立初期和平共处外交与国家形象的塑造》，《当代中国史研究》2021 年第 6 期。

⑥ 段妍：《新中国成立初期加强基层党组织建设的实践探索及当代启示》，《思想政治教育研究》2021 年第 1 期。

⑦ 杨松菊、杜晨营：《新中国成立初期中国共产党自我革命的探索及历史经验》，《湖南科技大学学报（社会科学版）》2021 年第 5 期。

间毛泽东开展的以"打老虎"为主要目标的反腐败斗争，从缘起、决心和方法三方面展开论述。[1]

有关爱国卫生运动的研究中，学者们阐释这一时期我国卫生事业与基层建设的发展情况，总结相应启示。高中伟、曾菊认为新中国建立初期中国共产党领导全国人民开展的爱国卫生运动"增强了群众对党和新政府的信任和政治认同，为新中国各项建设奠定了坚实基础"。[2] 张亮、马晓艳以《人民日报》为中心考察了"爱国卫生运动"概念的形成过程，并围绕运动本身指出三点启示："卫生工作需要充分发挥群众的积极性""加强党对爱国卫生运动的领导是运动成功的根本保证""形成了一套有效的群众卫生运动的工作方法"。[3]

1956 年底到 1966 年，我国进入全面建设社会主义时期。中共八大是理论界有关这一时期研究的经典内容。全年学者们对这一时期的研究整体较少，对中共八大的阐释集中在历史影响探讨。比如岳奎肯定中共八大的历史作用，认为"党的八大对中国道路的探索具有开创性，是党从中国具体国情出发，进行改革，走中国式社会主义建设道路的先声，党的八大路线的中断也意味着中共八大探索中国道路的'蓝图'遇到挫折"[4]。

（三）改革开放和社会主义现代化建设

改革开放和社会主义现代化建设新时期，是党在改革开放中创立、发展和不断完善中国特色社会主义的新时期。在这一时期，党面临的主要任务

---

[1] 倪德刚、江溪泽：《坚决清除党自身的病毒——毛泽东在新中国成立初期"打老虎"的决心与启示》，《毛泽东邓小平理论研究》2021 年第 8 期。

[2] 高中伟、曾菊：《新中国初期爱国卫生运动中的群众动员》，《湖北大学学报（哲学社会科学版）》2021 年第 6 期。

[3] 张亮、马晓艳：《新中国成立初期"爱国卫生运动"概念的形成及启示——以〈人民日报〉为中心的考察》，《安徽史学》2021 年第 5 期。

[4] 岳奎：《党的八大对中国道路的探索及对改革开放的重要影响》，《南昌大学学报（人文社会科学版）》2021 年第 2 期。

是，继续探索中国建设社会主义的正确道路，解放和发展社会生产力，使人民摆脱贫困、尽快富裕起来，为实现中华民族伟大复兴提供充满新的活力的体制保证和快速发展的物质条件。[①]

全年理论界延续并推升纪念改革开放 40 周年引发的改革开放史研究热潮，加之适逢中国共产党成立 100 周年，学者们更多倾向于将百年党史与改革开放史结合探讨。同时，随着相关研究的增多与深入，全年有关这一时期的学术研究呈现出对经济、政治、文化、科技、生态等多领域的全面关照，在具有宏观历史视野的基础上，更加注重从微观视角切入分析。

改革开放史研究为全年理论界有关这一时期的研究热点，产生了丰富的研究成果。党的十八大以来，习近平总书记就学习党史、新中国史、改革开放史、社会主义发展史作出一系列重要论述，全面阐述了学习"四史"的重大现实意义。由此，理论界对改革开放史的研究广泛展开，涉及对这段历史本身的整体性研究，包含对"四史"关系的结合性探讨，也存在对某些重要历史事件的针对性刻画。

就研究改革开放史本身而言，学者们采用了综述、选取某一视角、提炼研究思路等诠释改革开放史，对改革开放的历史成就和重大意义予以充分肯定。比如李娟围绕国外学者对中国改革开放的发展道路、成功经验、世界影响等方面的认识和见解进行综述。[②]杨英杰选取经济制度演化这一视角对改革开放史进行论述，主张改革开放以来的中国制度演进是"合力性制度变迁"[③]。陈金龙认为："学习改革开放史，应明确改革开放发生的原因、理清改革开放演进的过程、总结改革开放取得的成就、揭示改革开放蕴含的经验"[④]。

---

① 《中共中央关于党的百年奋斗重大成就和历史经验的决议》，《人民日报》2021 年 11 月 17 日。

② 李娟：《国外关于中国改革开放史若干问题的研究述评》，《国外社会科学》2021 年第 4 期。

③ 杨英杰：《经济制度演化视域下的中国改革开放史》，《经济社会体制比较》2021 年第 1 期。

④ 陈金龙：《阐释改革开放史的思路与视域》，《思想理论教育导刊》2021 年第 5 期。

基于"四史"关系探讨改革开放史的研究中，学者们强调四者之间的交融联系，对改革开放史的历史性质予以阐释。吴恩远明确"改革开放史也是世界社会主义发展史、国际共产主义运动史的组成部分"，论述"中国认真吸取'苏东剧变'的深刻教训，坚持中国特色社会主义道路，为世界社会主义运动发展作出历史性贡献"①。王强也认为四史在内容和学理上都是一个体系，"既凸显了中国特色社会主义道路的特殊性，又兼顾了世界社会主义运动的一般性"②。

针对某些重要历史事件的研究中，真理标准大讨论得到了较多的关注，南方谈话也有一定涉及。黄力之指出，1978年发生的真理标准大讨论应从学术和政治两个层面去考察，并且将真理标准大讨论的本质归结为：怎样做才是真正的马克思主义。③ 姜淑萍总结真理标准大讨论的启示，认为其是一场深刻的思想解放运动，为这一时期的发展作出了思想先导和理论准备。④ 唐旺虎对南方谈话这一历史事件进行一定研究，肯定南方谈话在"四史"中的重要地位，指出其中和平与发展是时代主题、改革开放、先富共富、人才强国和反腐败等重要论述的当代价值。⑤

在经济领域，改革开放和社会主义现代化建设新时期党和国家工作中心转移到经济建设上来，经济领域出现了多方面改革，经济水平取得了飞跃式发展。理论界对这一时期的经济改革进行回顾梳理，并总结历史经验。周绍东、陈艺丹、赵付科以改革开放新时期中国共产党经济改革和经济发展思想

---

① 吴恩远：《论世界社会主义发展史与党史、新中国史、改革开放史理论和实践的相互联系》，《毛泽东邓小平理论研究》2021年第9期。

② 王强：《多维视域下"四史"的理论向度及其辩证统一》，《暨南学报（哲学社会科学版）》2021年第7期。

③ 黄力之：《改革开放的思想先声——1978年真理标准问题讨论回眸》，《探索与争鸣》2021年第6期。

④ 姜淑萍：《1978年真理标准问题大讨论的深刻启示》，《党的文献》2021年第6期。

⑤ 唐旺虎：《邓小平"南方谈话"的当代价值——基于百年未有之大变局的思考》，《重庆社会科学》2021年第1期。

的研究对象，从体制、机制和道路三个层面提取创新经验。① 朱格锋、罗雄飞以马克思的社会发展理论为分析框架，从英国工业革命的发生机理中提取国家赶超式发展的要件，如大众消费需求拉动的生产力发展等，以此总结改革开放时期中国工业发展的历史经验。②

一些学者关注这一时期我国经济体制的历史变革。于鸿君以习近平总书记"两个时期互不否定"的科学论断为研究基调，提出了"两个历史时期的开放是一以贯之的"观点，并且对选择"市场导向的经济体制改革"进行原因解析。③ 许经勇则从改革开放以来中国经济制度变迁视角展开论述，主张"中国的经济制度变迁是解放和发展生产力的要求，具有明确的市场化方向，并采取了渐进式、系统化推进策略以缓解改革阻力"④。

一些学者们关注金融、税收等研究主题，论述相应的转型发展。李礼、刘佳宁指出，"改革开放以来，立足于'新兴＋转轨'的基本经济特征，中国的金融风险既表现出转轨经济条件下特有的风险特征，又表现出新兴市场经济的典型风险特征"⑤，并对中国共产党领导下的防控金融风险进行启示总结。王晓阳、Wojcik Dariusz 同样关注金融问题，围绕不同历史阶段"探讨中国资本市场中介机构的演变及其对金融中心发展的影响"⑥。赵书博研究改革开放以来的税收改革，得出结论："我国税制改革的成功在于坚持党的

---

① 周绍东、陈艺丹、赵付科：《改革开放新时期中国共产党经济改革和经济发展思想研究》，《经济纵横》2021 年第 6 期。

② 朱格锋、罗雄飞：《从马克思的社会发展理论看英国工业革命的发生机理——兼谈改革开放时期中国工业发展的历史经验》，《河北经贸大学学报》2021 年第 6 期。

③ 于鸿君：《两种体制、两个奇迹与"两个时期互不否定"》，《北京大学学报（哲学社会科学版）》2021 年第 1 期。

④ 许经勇：《改革开放以来中国经济制度变迁回顾与思考》，《西部论坛》2021 年第 1 期。

⑤ 李礼、刘佳宁：《改革开放以来金融风险的本质特征及防控启示——兼论中国共产党领导下的防控金融风险探索与实践》，《南方经济》2021 年第 7 期。

⑥ 王晓阳、Wojcik Dariusz：《中国金融中心的等级制网络分析——以改革开放以来资本市场中介的成长为例》，《经济地理》2021 年第 1 期。

领导，正确处理了我国国情与国际镜鉴的关系，采取了'先试点后推广'的方式。"①

在政治领域，全年理论界有关这一时期的政治领域研究数目较多，主要集中于对现代化发展的探讨，论述现代化演进的历程、原因、特点、启示等。于安龙介绍了我国现代化战略安排"两步走"、"三步走"、"新三步走"、"两个一百年"奋斗目标、"两个十五年"战略安排等演进历程，提炼出"战略目标具有相对稳定性、战略规划具有前后相继性、战略布局具有持续拓展性、价值导向具有一脉相承性"的演进特点。② 胡敏认为"政府主导型现代化模式可以成为理解中国现代化模式的一个重要而鲜明的特色"③。就改革开放的现代化启示而言，黄相怀指出"中国改革开放重新激活社会主义，彰显社会主义对于现代化的独特价值；重新界定市场经济，彰显其推动生产力发展的工具属性；确证社会制度的重要性，彰显其对国家发展的根本保障作用"④。曹普概括五点启示：党是改革开放和社会主义现代化建设的最高政治领导力量；发展是解决中国一切问题的关键；改革开放是决定当代中国命运的关键抉择；中国特色社会主义道路是引领当代中国大踏步赶上时代、实现中华民族伟大复兴的唯一正确的道路；与时俱进是马克思主义的理论品质。⑤ 安然综述改革开放以来中国现代化研究情况，得出了"近十年左右，中国的现代化研究出现微观化、技术化、去历史化趋势"的研究结论。⑥ 杨英杰从国家治理体系和治理能力现代化视域关照改革开放

---

① 王晓阳、Wojcik Dariusz：《中国金融中心的等级制网络分析——以改革开放以来资本市场中介的成长为例》，《经济地理》2021 年第 1 期。

② 于安龙：《改革开放以来我国现代化战略安排的演进历程、特点与启示》，《当代中国史研究》2021 年第 3 期。

③ 胡敏：《改革开放以来中国现代化发展模式的鲜明特点》，《人民论坛》2021 年第 24 期。

④ 黄相怀：《现代化视阈下中国改革开放的深层启示》，《天津社会科学》2021 年第 3 期。

⑤ 曹普：《中国共产党在改革开放和社会主义现代化建设新时期的奋斗历程及启示》，《理论视野》2021 年第 7 期。

⑥ 安然：《改革开放以来中国现代化研究的演进及原因》，《学习与探索》2021 年第 10 期。

时空格局，论述经济发展格局、主要矛盾、经济制度、总体目标等方面的转变。①

此外，纪律检查、民主、群团组织等政治学科基本主题也得到了一定研究。张甲哲、肖贵清围绕改革开放初期中国共产党纪律检查机构的恢复重建工作，论述了恢复需要和主要举措，指出积极作用。② 王江波、王会民对改革开放以来中国民主的逻辑进程、基本特征和经验启示进行多角度分析，主张"这些转变构成了一套具有继承性、包容性、内生性、共享性等特点的中国特色社会主义民主的典型特征"③。褚松燕对改革开放以来的群团组织研究状况进行回顾和反思，涉及国内外研究内容，体现了这一时期群团组织的发展道路。④

在文化领域，全年理论界有关文化领域的研究涉及宣传思想工作、改革开放精神、文化强国治理等多方面，体现了这一时期党在推进文化现代化建设的基本思路。

有关宣传思想工作的研究中，学者们总结党在这一时期的工作实践与政策情况，展现出党在宣传思想工作中发挥的积极作用。郑保卫、叶俊梳理这一时期党的新闻政策的改革与发展，指出其"坚持解放思想、坚持遵循新闻传播规律、坚持党管媒体原则、坚持顺应全球化趋势和坚持推进市场化改革等基本经验"⑤。刘兰炜、陈明凡认为党在开展意识形态工作、反对历史虚无主义的实践中，凝练了多方面的基本经验，取得了重大

---

① 杨英杰：《改革开放的时空格局——国家治理体系和治理能力现代化视域下的分析》，《北京行政学院学报》2021 年第 2 期。

② 张甲哲、肖贵清：《改革开放初期中国共产党纪律检查机构的恢复重建》，《党的文献》2021年第 4 期。

③ 王江波、王会民：《改革开放以来中国民主的逻辑进程、基本特征和经验启示》，《领导科学》2021 年第 6 期。

④ 褚松燕：《改革开放以来的群团组织研究：回顾与展望》，《上海行政学院学报》2021 年第5 期。

⑤ 郑保卫、叶俊：《论改革开放时期中国共产党新闻政策的改革与发展》，《传媒》2021 年第16 期。

成效。① 邓卓明、周琴聚焦改革开放以来党在坚持意识形态工作领导权方面的基本经验，总结为四点：坚持马克思主义在意识形态工作中的指导地位、坚持落实意识形态工作责任制、坚持壮大主流思想舆论、坚持构建意识形态工作合力。② 左鹏、范丽丽提炼改革开放初期中国共产党引领社会思潮的辩证逻辑：破与立相统一、放与收相统一、攻与守相统一、疏与堵相统一、刚与柔相统一，展现党意识形态工作的历史经验。③

有关改革开放精神的研究中，学者们依托中国共产党革命精神谱系，对改革开放精神展开论述。张文娟、冯颜利围绕改革开放精神的发生逻辑与时代特质展开论述，"它是民族精神的时代熔铸，是马克思主义理论的经验凝练，是改革开放伟大实践的精神升华"④。洪晓楠、张志臣探析改革开放以来中国共产党革命精神谱系，指出"这一谱系的发展呈现了客观规律性与主观能动性的统一，体现了时代性、创新性、开放性的特征"⑤。

在科技领域，这一时期邓小平强调"四个现代化，关键是科学技术的现代化"，科技领域得到了迅速发展。党对科技发展的战略决策是理论界对于这一时期科技研究的主要方面。张井飞、张九辰论述"邓小平从战略高度对国际科技合作的方针政策所进行的积极探索"，指出"在国际合作中，科学与技术具有不同的合作模式"⑥。朱晓艳、杜磊关注改革开放早期中共对高新科技产业发展的战略选择，认为这反映了"中国改革开放所具有的'自下而

---

① 刘兰炜、陈明凡：《改革开放以来中国共产党反对历史虚无主义的基本经验》，《社会主义核心价值观研究》2021 年第 5 期。

② 邓卓明、周琴：《改革开放以来中国共产党坚持意识形态工作领导权的基本经验》，《思想理论教育导刊》2021 年第 7 期。

③ 左鹏、范丽丽：《改革开放初期中国共产党引领社会思潮的辩证逻辑》，《思想教育研究》2021 年第 10 期。

④ 张文娟、冯颜利：《改革开放精神的发生逻辑与时代特质》，《人民论坛》2021 年第 12 期。

⑤ 洪晓楠、张志臣：《改革开放以来中国共产党革命精神谱系探析》，《当代世界社会主义问题》2021 年第 4 期。

⑥ 张井飞、张九辰：《"科""技"兼顾：邓小平与第一生产力的引进》，《科技导报》2021 年第 12 期。

上'与'自上而下'互动的变革特征"①。

在生态领域，理论界从多视角出发论述这一时期党的生态文明建设情况。比如柳兰芳、阿古达木阐释改革开放以来科技与生态的历史嬗变历程，将其划分为三个阶段：科技是第一生产力，实施科教兴国战略；自主创新科技体系构建下的生态文明建设；全球科技布局下的生态文明建设。②韩若楠、王凯平、张云路、李雄认为改革开放后我国经济社会发展与生态建设关系经历了从属、融入、协同、引领四个阶段，并对我国改革开放后城市绿色发展模式轨迹进行梳理。③

（四）中国特色社会主义新时代

党的十八大以来，中国特色社会主义进入新时代。党面临的主要任务是，实现第一个百年奋斗目标，开启实现第二个百年奋斗目标新征程，朝着实现中华民族伟大复兴的宏伟目标继续前进。党领导人民自信自强、守正创新，创造了新时代中国特色社会主义的伟大成就。④

全年理论界有关"中国特色社会主义新时代"时期的研究数量颇多，基于历史视野关注这一时期的研究也在"百年党史"研究热潮的影响下有所增长，主要分为历史方位与历史成就两方面研究内容。

习近平总书记在党的十九大报告中指出："经过长期努力，中国特色社会主义进入了新时代，这是我国发展新的历史方位。"⑤准确把握新时代中国特色社会主义所置身的历史方位，是理论界近年来的研究热点。学者们主要

---

① 朱晓艳、杜磊：《改革开放初期中共对高新科技产业发展的战略选择》，《党史研究与教学》2021 年第 5 期。

② 柳兰芳、阿古达木：《改革开放以来科技与生态的嬗变研究》，《科学管理研究》2021 年第 4 期。

③ 韩若楠、王凯平、张云路、李雄：《改革开放以来城市绿色高质量发展之路——新时代公园城市理念的历史逻辑与发展路径》，《城市发展研究》2021 年第 5 期。

④ 《中共中央关于党的百年奋斗重大成就和历史经验的决议》，《人民日报》2021 年 11 月 17 日。

⑤ 《习近平谈治国理政》第三卷，外文出版社 2020 年版，第 8 页。

结合中共党史、世界社会主义发展史等历史视域以及唯物史观理论，从整体上把握新时代的历史方位。陈金龙、章静将新时代置于中国共产党百年历史中进行理解，认为"新时代是使中国共产党成为百年大党的时代、新时代是全面建成小康社会的时代、新时代是开启全面建设社会主义现代化国家新征程的时代、新时代是中华民族走向强起来的时代、新时代是马克思主义中国化实现新发展的时代、新时代是中国为人类做出更大贡献的时代"[1]。蔡丽丽从历史性、理论性和发展性三重维度理解"中国特色社会主义进入新时代"，并且指出从世界社会主义五百年的历史发展来看，中国特色社会主义进入新时代这一新的历史方位判断使得社会主义实现了四次历史性飞跃和历史性转换。[2] 黄力之主张以唯物史观定位时代特征，在新时代与新阶段的关系中理解新时代，指出"新时代是站在社会主义发展史的大历史角度作出的宏观性'时代'判断，新发展阶段则是在中国特色社会主义新时代中的一个阶段性变化的历史定位"[3]。

党的十九届六中全会对党的十八大以来以习近平同志为核心的党中央治国理政采取的重大方略、重大工作、重大举措进行了系统阐述，分领域总结了新时代党和国家事业取得的历史性成就、发生的历史性变革。深入学习、认识、把握新时代历史性成就和历史性变革为在新征程坚持和发展中国特色社会主义提供理论支持和精神力量。

学者们主要从内涵、路径、背景、内容、启示等方面对新时代历史性成就进行阐释呈现，肯定其历史意义。韩喜平梳理新时代的历史性成就，认为党的十八大以来，我们党通过"通过强力反腐倡廉、严防数字造假、规范无序发展、建设良好生态、补齐民生短板，保障各领域取得显著的治理成效，

---

① 陈金龙、章静：《中国共产党百年历史视域下的新时代》，《华南师范大学学报（社会科学版）》2021 年第 3 期。

② 蔡丽丽：《深刻认识中国特色社会主义进入新时代的三重维度》，《中南民族大学学报（人文社会科学版）》2021 年第 10 期。

③ 黄力之：《新时代与新阶段：唯物史观对历史方位的判断》，《思想理论教育》2021 年第 10 期。

当前决胜全面建成小康社会取得决定性成就，更为推进社会主义现代化建设，实现中华民族伟大复兴提供了坚实保证"①。沈传亮从丰富内涵、时代背景、主要内容和珍贵启示四个方面阐释党的十八大以来的历史性成就和历史性变革，提炼出五点启示：坚持和加强党的全面领导，维护党中央和全党的核心，坚持用党的理论创新成果武装全党、指导实践，坚持加强制度建设，坚持人民中心、人民至上。②

（执笔人：徐浩然　张冠玉　胡建涛）

---

① 韩喜平：《事不避难者进：新时代的历史性成就》，《人民论坛》2021 年第 12 期。
② 沈传亮：《党的十八大以来的历史性成就和历史性变革研究》，《理论视野》2021 年第 7 期。

分报告十六：关于社会主义经典文献的研究

一、《共产党宣言》研究

1. 文本研究

学界研究深入考察《共产党宣言》的理论基础、文本源流、写作过程，深刻揭示科学社会主义理论体系创立的理论必然性。王代月从 MEGA2 第一部分第 5 卷《德意志意识形态》的文本解读，考察《共产党宣言》的理论基础和思想源流。《共产党宣言》"第一部分"源于《德意志意识形态》中唯物史观的方法论和一些非常具体的表述。"第二部分"与恩格斯《共产主义信条草案》《共产主义原理》有关，马克思接受建议参考了恩格斯上述著作。"第三部分"参考了共产主义者同盟提供的材料。因此，马克思恩格斯围绕唯物史观和共产主义所进行的理论探索以及共产主义者同盟提供的文献资料，共同构成了《共产党宣言》的理论资源。同时，在唯物史观指导下，马克思有选择地利用这些资源，马克思的思想是《共产党宣言》的主导。[①] 王梅清、左亚文考察从《共产主义信条草案》《共产主义原理》到《共产党宣言》的创作史发现，马克思恩格斯潜心开展经济学、哲学等领域理论研究，与同盟内部形形色色错误思潮展开斗争，以及马克思主义与工人运动的有机结合，共同促使了《共产党宣言》这份珍贵文献的形成。《共产主义信条草案》是恩格斯为共产主义者同盟一大起草的第一个纲领性草案。《共产主义信条草

---

① 王代月：《究竟谁是〈共产党宣言〉的"第一小提琴手"》，《马克思主义理论学科研究》2021 年第 9 期。

案》共 22 条，以"教义问答"的形式，集中反映了科学共产主义的基本思想，主要包括：提出"废除私有财产"的思想、建构"共享"社会的图景、确立"人的发展"的目标等等。①

学者们还以文本解读的方法，考察了《共产党宣言》经典著作翻译中蕴含的理论问题，包括"共产主义的幽灵""消灭私有制""全世界无产阶级联合起来"等等。牛先锋认为，《共产党宣言》将共产主义比喻为幽灵，具有四重涵义：首先，对照马克思恩格斯德文原版和其他文字的版本可以看出，用"幽灵"一词来翻译，完全没有错误。而且"幽灵"与"游荡"两词搭配，显得很有场景感，达到了活灵活现的效果。其次，"幽灵"是旧欧洲反动势力对共产主义的污蔑和攻击。共产主义一出场，就公开宣布用暴力摧毁资产阶级的统治，这必然会引起反动力量的恐惧和仇视。包括资产阶级在内的"旧欧洲的一切势力"，都攻击共产主义是个"幽灵"。再次，共产主义确实像是以"幽灵"般的方式出场的。事实上共产主义这种势力，无论是流亡者同盟、正义者同盟，还是共产主义者同盟，它们都是密谋组织，不被当局所承认，处于地下活动状态；都主张暴力，并有反对当局的暴力行动；都为流亡人员组成，组织比较松散，活动出没不定。反动当局既要对它进行围剿，又很难掌握其行踪，所以恼怒地称其为"幽灵"。最后，马克思、恩格斯使用"幽灵"一词运用的是反讽的手法。借用"幽灵"一词，是对旧欧洲的一切势力的反讽和驳斥。共产主义并不是什么看不见、摸不着的"幽灵"，而是现存社会经济关系和阶级斗争状况的真实反映，是资本主义生产方式内在矛盾演变的必然趋势，是人类社会发展的客观规律，是无产阶级和全人类解放的崇高理想。② 金建聚焦《共产党宣言》"共产主义的幽灵""消灭私有制"和"全世界无产者，联合起来"三处翻译问题，结合《共产党宣言》三个英译本，研究认为中译本建立在对原文的准确理解之上，切实把握了文献背后

① 王梅清、左亚文：《恩格斯〈共产主义信条草案〉的形成与当代解读》，《学习与实践》2021 年第 1 期。

② 牛先锋：《如何理解〈共产党宣言〉把共产主义比喻为幽灵》，《学习时报》2021 年 10 月 4 日。

的理论内涵。同时认为翻译还要明确把握马克思主义中国化的历史进程，将马克思主义基本原理与中国实际有机结合起来。① 陈红考察了"消灭私有制"在《共产党宣言》中译本中的演化趋势，认为在《共产党宣言》汉译本中，"消灭"作为一个动词所连接的语词包括"阶级""私有制""财产"等重要概念，其使用频次、用法、用意、情感性修饰、语义功能等反映了特定历史语境中不同译者对世界的既定认知、政治诉求、意义与价值取向等，同时映射着不同时代对《共产党宣言》的不同理解，尤其是中国共产党人对资产阶级、私有制、私有财产等的不同态度。新中国成立前，"废除私有财产"是中共革命话语体系的重要术语，与"阶级""共产主义"等紧密关联，共同凸显了阶级革命的必要性，发挥着唤醒革命意识、推动社会革命的功能。新中国成立以来，《共产党宣言》汉译本总体呈现出"去尖锐化"的新趋势，由于"消灭私有制"自身的绝对性与革命性日渐弱化，对它的诠释重点实现了从革命行动绝对化向行动条件性前提的转移。②

在《共产党宣言》的思想传播和历史发展中，"序言"已然成为研究的重要内容，具有独特的研究价值和研究意义。郑召利、王瀚浥认为，"序言"详细阐明了《共产党宣言》文本的思想归属和写作主体问题，丰富拓展了《共产党宣言》的基本内容，凝练表达出《共产党宣言》的基本原理和核心思想，澄清和捍卫了历史唯物主义的基本立场，为正确把握马克思主义奠定了重要根基。更为重要的是，"序言"随历史变迁不断敞开自身，深入反思了欧洲革命，并将其视域扩展到东方世界，从原则上指出不同国家依据自身现状选择革命道路的可能性，决定性地阐明了作为历史唯物主义基本特征的具体化原则。③顾海良着重研究了恩格斯晚年对再版和新版马克思主要著作撰写的"序言"或

① 金建：《从〈共产党宣言〉英译文看中译文的准确性》，《浙江外国语学院学报》2021 年第 3 期。
② 陈红娟：《〈共产党宣言〉中"消灭私有制"的译法演化与诠释转移》，《中共党史研究》2021 年第 2 期。
③ 郑召利、王瀚浥：《〈共产党宣言〉序言的理论价值及其方法论启示》，《武汉大学学报（哲学社会科学版）》2021 年第 2 期。

"导言"，鲜明提出了恩格斯晚年的"序言"标格及其思想智慧问题。恩格斯晚年坚守对再版和新版马克思主要著作撰写"序言"或"导言"的权力，并将其视为神圣的事业。这些"序言"或"导言"实际地形成了恩格斯对马克思学说研究和理解的一种特定的理论风范和学术品格，最突出地表现为对马克思思想精粹中"两个伟大发现"的坚持和把握；最显著地开启了马克思思想历史的真实视界，形成了马克思学说历史过程研究的学术规范和学理依循；着力于把握和阐发马克思的思想方法，弘扬马克思主义的科学精神和理论品质。"序言"标格凝练的恩格斯研究和理解马克思学说的理论风范和学术品格，渗透于无产阶级革命及其策略思想之中，尽显恩格斯晚年的思想智慧和理论魅力。①

此外，孟祥娟主要研究《共产党宣言》的文本话语对构建当代马克思主义话语体系的重要启示。《共产党宣言》旗帜鲜明地站在无产阶级的立场上，公开表明共产党的性质、目的，是充满激情的政治宣言和战斗檄文。它在逻辑严密的理论分析的基础之上具有很强的学术性，同时表达方式又是大众化的，将政治话语和学术话语融入大众话语之中，体现了政治性、学术性、大众性的有机统一，对构建马克思主义话语体系具有重要启示：一是增强学术对政治的支撑力，增强"学术讲政治"的能力，为党的重大理论创新提供学理支撑；二是对反马克思主义社会思潮增强政治敏锐性，巩固马克思主义指导地位；三是坚持以人民群众作为话语体系的中心，坚持大众化的表达方式，构建马克思主义话语体系。②

2. 资本批判及其时代意义

刘秀萍认为，马克思毕生致力于对资本的批判和人的解放道路的探索，早在"《莱茵报》—《德法年鉴》"时期，他就将资本确立为其理论研究的真正本题。在《共产党宣言》中，马克思恩格斯厘清了资本社会的形成及其效应、揭示了资本的展开逻辑和功能，在此基础上对超越资本的主体力量和具

---

① 顾海良：《恩格斯晚年的"序言"标格及其思想智慧》，《马克思主义与现实》2021 年第 1 期。
② 孟祥娟：《论〈共产党宣言〉的文本话语对构建马克思主义话语体系的启示》，《求是》2021年第 1 期。

体途径进行了探究，为以后《资本论》更为细致而深入的分析奠定了基础，使其成为马克思资本批判的"前奏曲"。① 张晓明、王豪认为，《共产党宣言》揭示了资本主义的本质特征，即资本主义生产关系的商品化，生产力发展的合理化和资本的全球化，对资本主义进行了政治性批判。《共产党宣言》对于今天我们准确把握当前的历史发展阶段仍然具有指导意义，具体表现在三个方面：一是主动规避资本主义商品化的发展陷阱；二是有效借鉴资本主义合理化的肯定性成就；三是积极应对资本全球化的风险和挑战。② 陈红伍、罗剑考察《共产党宣言》的时代意义，认为《共产党宣言》中的基本范畴及其关系，包括资产者与无产者的阶级对立关系、共产党对无产阶级的领导关系、阶级斗争与资产阶级所有制的革命关系、资本对雇佣劳动的剥削关系、社会主义与共产主义的阶段关系，是马克思主义基本原理和基础所在。③ 吴焰辉、邹晓芰认为，《共产党宣言》170 多年的继承创新和演化发展中，鲜明体现出愈发坚守革命意识、不断强调政党信念、始终彰显人民立场、努力实现奋斗目标的演化逻辑。一是坚持以革命理想为理论主线，贯穿不断推进理论创新的实践原则；二是坚持以人民为根本立场，突出为人的自由全面发展而奋斗的逻辑目标；三是坚持以共产党为坚强领导，强调共产党是实现共产主义的重要保障。④

3."现实的人"思想及其新时代涵义

"现实的人"是马克思主义考察人类历史发展的逻辑起点，蕴含着科学社会主义关于人的自由而全面发展理想目标的价值旨归。习近平总书记指出："人民对美好生活的向往，就是我们的奋斗目标。"关于人、人民、人民

---

① 刘秀萍：《全面理解〈共产党宣言〉对资本主义社会的分析和批判》，《山东社会科学》2021年第 7 期。

② 张晓明、王豪：《〈共产党宣言〉对资本主义的政治性批判及其当代启示》，《创新》2021 年第 6 期。

③ 陈红伍、罗剑：《〈共产党宣言〉的时代意义》，《贵州社会主义学院学报》2021 年第 2 期。

④ 吴焰辉、邹晓芰：《〈共产党宣言〉与时俱进的演化逻辑及其当代启示》，《武汉理工大学学报（社会科学版）》2021 年第 2 期。

性、人民对美好生活的向往等研究，也从《共产党宣言》经典论述中汲取思想智慧。

栾淳钰、白洁认为，《共产党宣言》从根本目标、基本前提、重要内容、方法手段等方面阐释了人的现代化的重要意涵，其中，"人自由而全面的发展""无产阶级的国际联合""共产主义必然胜利""斗争中改造客观世界"等阐明了"人的现代化"思想，还从科学性、全面性、渐进性、实践性维度概括了"人的现代化"的显著特征。① 杨建义认为，《共产党宣言》既具有鲜明的党性和立场，也体现了党性与人民性统一的思想。《共产党宣言》在揭示无产阶级的形成过程及时代地位中，在揭示共产党的性质和使命中，在对资产阶级的彻底批判以及追求未来社会的价值目标中，都体现了人民性。在新时代，必须坚持以人民为中心，把人民对美好生活的向往作为奋斗目标，依靠人民创造历史伟业。②

范鹏、甄晓英考察人民美好生活观的思想源头，认为《共产党宣言》是马克思主义美好生活思想形成的标志性著作。在《共产党宣言》中，马克思恩格斯阐述了未来社会美好生活的核心内涵，主要体现在物质生产的高度发展、人民主体地位的确立、生产资料的社会占有和人的自由全面发展。马克思恩格斯还分析了美好生活实现的制约因素，提出了美好生活的实现路径和根本保证，即大力发展生产力，保证物质资料的极大丰富是实现美好生活的物质基础；发挥共产党的领导作用，确保人民主体地位是实现美好生活的根本保证；无产阶级联合起来进行革命，生产资料归全体人民所有是实现美好生活的制度基础；建立真正的共同体，确保人的自由全面发展是实现美好生活的理想目标。③

---

① 栾淳钰、白洁：《〈共产党宣言〉中的"人的现代化"意蕴、特征及启示》，《湖南社会科学》2021 年第 5 期。
② 杨建义：《〈共产党宣言〉的人民性探析》，《理论与评论》2021 年第 1 期。
③ 范鹏、甄晓英：《〈共产党宣言〉：人民美好生活观的思想源头》，《甘肃社会科学》2021 年第6 期。

此外，学界研究还从民族、民族复兴的角度，考察《共产党宣言》的思想智慧。陈玉瑶考察了《共产党宣言》中马克思恩格斯关于阶级与民族之间关系的思想，认为马克思恩格斯生活在民族国家已成为主导国家形态的西欧，"强调和坚持整个无产阶级共同的不分民族的利益"是《共产党宣言》的明确宣示，也是马克思恩格斯指导各国无产阶级革命时的实践主张，他们提出无产阶级首先取得国内的民族领导权，从而更好地实现国际联合这一行动纲领。20世纪初，中东欧地区无产阶级革命面临的却是资产阶级民族国家尚未建立的新情境，庞大的封建帝国仍统治着众多族体。波兰社会党提出的"无条件的民族独立"以及奥地利社会民主党人提出的"民族文化自治"方案，由于没能把"各族无产阶级的自决和紧密联合"放在首位，因而遭到了列宁的批评。中国共产党忠实贯彻了《共产党宣言》的相关原则，正确协调了中国无产阶级革命与民族问题的关系，最终取得了新民主主义革命的胜利，建立了社会主义的统一多民族国家，彰显了《共产党宣言》的真理性和实践价值。[①] 张帆、张雨寒考察了《共产党宣言》的民族复兴思想，认为《共产党宣言》主要强调了四方面内涵：民族独立是民族复兴的前提；现代大工业是民族复兴的基础；现实的人的需要的满足是民族复兴的目标指向；只有无产阶级才能肩负起民族复兴的使命。同时，《共产党宣言》还指明了民族复兴的前提条件、领导力量、实现路径和价值旨归，对实现中华民族伟大复兴和推进中国特色社会主义伟大实践具有重要意义。[②]

4.政党建设思想

《共产党宣言》是世界上第一个无产阶级政党的理论和实践的纲领，对于推进新时代党的建设新的伟大工程、加强党的政治建设、深刻领会马克思主义政党精神具有重要启示。

---

① 陈玉瑶：《试论〈共产党宣言〉中关于阶级与民族的原则性表述》，《青海民族研究》2021年第1期。

② 张帆、张雨寒：《试论〈共产党宣言〉中的民族复兴思想及其现实意义》，《大连干部学刊》2021年第7期。

吴学琴认为，《共产党宣言》标志着马克思主义党建理论的形成。《共产党宣言》确定了马克思主义是共产主义政党建设的指导思想；明确了共产主义政党的本质属性和先进性特征；指明了共产主义政党的"最近目的"和共产主义的最高理想；阐明了共产主义政党在政治建设、思想建设和教育工作上的策略原则。重读《共产党宣言》推进新时代党的建设，必须坚持马克思主义的指导思想，用科学理论武装全党；坚持共产主义理想信念，不断提升共产党人的使命担当；坚持以人民为中心，不断加强党的先进性建设；持之以恒推进政治建设，不断提升党的政治领导力。① 路媛认为，《共产党宣言》是马克思主义政党理论的纲领性文献，阐明了马克思主义政党理论的开放性、批判性和阶级性三重向度。②

金英存、王越芬认为，《共产党宣言》包含了丰富的党的政治建设思想，全方位展示了共产党人关于政治立场、政治目标、政治要求、政治品格和政治斗争等多方面的内容。新时代全面推进党的政治建设，必须以坚定的政治立场为根本出发点，以笃定的政治信仰为根本要求，以严肃的政治纪律为重要保障，以打造先进的政治品格为追求目标，以提高共产党人的政治能力为重要抓手，持续推进党的政治建设，不断提高党的建设质量。③ 牟娟认为，《共产党宣言》是马克思主义政党政治建设的根本遵循，在马克思主义政党的世界观方法论基础、政治立场、政治理想和实践使命等方面有着深刻的思想内涵。④

王培洲、叶平原认为，《共产党宣言》凸显着共产党人的政治价值观。《共产党宣言》以历史唯物主义为基础，阐明了共产党人的政治信仰、政治追求、

---

① 吴学琴：《〈共产党宣言〉的马克思主义党建思想探赜》，《马克思主义理论学科研究》2021年第9期。

② 路媛：《马克思主义政党理论的三重向度——研读〈共产党宣言〉》，《思想政治教育研究》2021年第3期。

③ 金英存、王越芬：《〈共产党宣言〉中的党的政治建设思想及其当代价值》，《石河子大学学报（哲学社会科学版）》2021年第5期。

④ 牟娟：《〈共产党宣言〉对党的政治建设的四重意蕴》，《未来与发展》2021年第8期。

政治目标的价值逻辑和解释机制，从政治意识、政治立场以及政治使命三个方面为共产党人的实践确立了价值定向；又在"价值—话语"维度通过阶级性、批判性、科学性的话语对政治价值观进行了科学阐释。在《共产党宣言》的启示下，建构新时代中国共产党人的政治价值观要从坚定政治信仰、恪守人民立场、坚持政治遵循以及探究内在机理等方面着力。① 张蕊认为，在继承发扬与创新发展《共产党宣言》的批判精神、人民精神以及时代精神等核心精神基础上，中国共产党形成了内蕴自我革命的批判精神、立足人民的宗旨精神以及问题导向的求实精神。② 何晓岳、王红英认为，《共产党宣言》是共产党建党思想的生动阐释。《共产党宣言》中揭示的共产党建党思想，是中国共产党的立党之基，作为马克思主义政党，必须坚持以共产党建立的初心和基本特征为基点，不断加强自身建设。中国共产党必须按照马克思主义政党的奋斗目标和本质特征，加强政治建设，增强党的全面领导；密切党群关系，坚持群众路线；推进理论创新，促进马克思主义中国化；牢记崇高使命，处理好共同理想和最高理想的关系，从而不断加强中国共产党的战斗力和凝聚力，带领全国各族人民为中华民族伟大复兴的中国梦而奋斗。③

赵福浩认为，《共产党宣言》依据科学社会主义基本原理，第一次全面阐述了无产阶级社会革命和马克思主义政党自我革命以及两者相互关系的思想。《共产党宣言》中无产阶级社会革命思想包括阶级斗争理论、社会基本矛盾理论、所有制理论、主体理论、道路理论；马克思主义政党自我革命思想包括历史使命理论、斗争性理论、先进性纯洁性理论、人民立场理论。④

① 王培洲、叶平原：《〈共产党宣言〉与共产党人的政治价值观建设》，《甘肃理论学刊》2021年第2期。
② 张蕊：《中国共产党政党精神的内涵解读与提升进路——以〈共产党宣言〉为主要文本依托》，《理论导刊》2021年第2期。
③ 何晓岳、王红英：《〈共产党宣言〉中的建党思想及现实意义》，《中共石家庄市委党校学报》2021年第4期。
④ 赵福浩：《〈共产党宣言〉中"两个革命"思想及其当代价值》，《集美大学学报（哲学社会科学版）》2021年第4期。

无产阶级社会革命引领马克思主义政党的自我革命，马克思主义政党的自我革命保证无产阶级社会革命，两者相互依存、协调发展，共同统一于党领导无产阶级和广大劳动人民实现共产主义远大理想的伟大实践中。《共产党宣言》的"两个革命"思想是新时代中国共产党继续推进自我革命的根本遵循，《共产党宣言》的马克思主义政党先进性纯洁性理论时新时代中国共产党始终走在时代前列的指引，《共产党宣言》阐释的马克思主义政党自我革命的人民立场是我们党在新时代加强党的建设的重要原则。

5.治理思想

丁春华解读《共产党宣言》的社会治理思想，认为马克思恩格斯站在劳动人民立场上，在批判资本主义社会和构建未来理想社会中，阐明了社会稳定思想、社会基本制度建设思想和社会公平正义等思想。[①] 邢晶晶解读《共产党宣言》的法治思想，主要体现在：法治要义在于它是体现阶级意志性的良法，适应社会和时代的变化是法治的生命力，法治以促进人的全面自由发展为目的，法治全球化助力国际社会生产力的发展。其当代价值在于：恪守以人为本，体现人民意志；坚持与时俱进、紧跟时代步伐；构建共同体，实现人的自由全面发展；培养全球格局，营造法治地球。意识形态思想。[②] 訾阳、曾峻研究马克思恩格斯的意识形态批判思想，认为《共产党宣言》从资本主义社会的主要矛盾出发考察意识形态的主题，从阶级的社会历史状况出发分析意识形态背后的利益诉求，从唯物史观出发批判意识形态的形而上学特征，从而回答了不同阶级为何以及如何将各自利益反映为各色社会主义和共产主义的问题。《共产党宣言》提示我们要积极应对社会主要矛盾变化的意识形态影响，善于洞察意识形态背后的复杂利益格局，注重批判脱离中国现实的形式主义方法。[③] 杨鹏认为马克思恩格斯通过对反动的社会主义、资

[①] 丁春华：《〈共产党宣言〉的社会治理思想解读》，《南京航空航天大学学报（社会科学版）》2021 年第 3 期。

[②] 邢晶晶：《〈共产党宣言〉的法治思想及其当代价值》，《社科纵横》2021 年第 1 期。

[③] 訾阳、曾峻：《〈共产党宣言〉的意识形态批判及其现实意义》，《理论视野》2021 年第 2 期。

产阶级社会主义、空想社会主义等种种非科学社会主义的批判和清算，确立起回到历史本身的独特思维方式。在更深刻的意义上，这种思维方式植根于历史条件本身的成熟，以及革命形势发展的客观要求。在实际参与并指导工人运动的过程中，马克思逐步确立并巩固了自己独有的思维方式，阐明了共产主义理论呼唤全面彻底的革命、共产主义是无产阶级的解放事业、共产主义社会决不是超历史的存在。① 王孟秋认为，《共产党宣言》揭示了做好意识形态工作的科学方法，包括创造彻底的理论和彻底阐释理论；大力运用比较分析法增强论证、阐释及宣传理论的效果；始终重视发挥好教育的作用，特别是高校思想政治课的作用；科学使用"批判的武器"，从意识形态产生的物质生活根源去彻底批判各种反马克思主义、反社会主义思潮。②

6. 全球化思想、世界历史理论与人类命运共同体

刘怀光解读《共产党宣言》的全球化逻辑，认为《共产党宣言》在全球化的初级阶段就给出了一个关于全球化发展的"世界性"的理论与逻辑。资本主义的诞生提供了真正的全球性共同生存生活的全球化机制。全球化与资本主义、工业社会的发展之间具有复杂的互动、共生关系。资产阶级与无产阶级的两极分化趋势及其背后的资本—劳动—市场力量构成了全球化的一般性逻辑。在世界市场中，各个民族、国家也开始进入一体化进程。全球化发展在物质生产和精神生产两个方面都表现为世界性生产的一体化发展，表现为民族、国家间相互依赖的共同的生存、生活。马克思、恩格斯在《共产党宣言》中关于世界性理论中涉及的技术、经济一体化，利益关系与民族国家等问题依然是今天我们探讨全球化的核心问题。运输、通信技术，尤其是建立在更广泛的生产力发展基础上的经济体系的发展是划分全球化发展阶段的根据。全球化中的各种矛盾与冲突本质上是利益格局的冲突，它表现为全球化中民族国家间利益收益不均衡、发展中国家发展成败与矛盾、发达资本主

---

① 杨鹏：《马克思共产主义学说的独特思维方式》，《中国地质大学学报（社会科学版）》2021年第5期。

② 王孟秋：《〈共产党宣言〉对做好当前意识形态工作的启示》，《人民论坛》2021年第Z1期。

义国家的内在矛盾等三种利益不均衡。民族主义、民粹主义是这种不均衡的结果，是资本与劳动对立的全球性扩张的症状。①

刘昭良、刘宝杰解读《共产党宣言》的世界交往理论，认为其中阐发了世界交往的前提基础、内在动力、基本特征、价值旨归等问题，为当今中国的经济社会发展和对外交往联系提供了现实借鉴，既科学统筹"两个大局"，对内要超越资本逻辑，践行以人民为中心的发展思想，对外要理性分析全球化思潮，积极倡导人类命运共同体。② 黄炼、赵长太从考察《共产党宣言》的社会结构范畴及其思想出发，认为马克思通过考察社会经济活动阐述了社会结构的演变逻辑，即从民族性到世界性、从传统性到现代性、从资本主义到社会主义的内在逻辑。积极推动构建人类命运共同体，是对马克思共同体思想的继承和发展，为人类社会结构的未来发展指明了方向。③

刘勇、王怀信考察《共产党宣言》对世界格局的判断，认为在《共产党宣言》发表的 19 世纪中叶，以资本主义国家为新兴主导力量，封建君主制国家和广大殖民地为传统守旧力量的世界格局正在逐渐形成。马克思恩格斯从唯物史观视角阐明这一世界格局是资本主义进行全球剥削和压迫的工具本质。他们认为，要构建"自由人联合体"必须变革这一世界格局，变革主体是以无产阶级及其政党为代表的革命阶级，变革方式是世界范围内的无产阶级革命。面对"世界怎么了、我们怎么办"的时代之问，必须深入理解和重新思考《共产党宣言》对世界格局的科学论断和变革主张，在新的时代境遇下考量变革全球治理体系的主体力量、理论依据和变革方式。④ 王淑娟、

---

① 刘怀光：《〈共产党宣言〉的全球化逻辑及其当代境遇》，《河南师范大学学报（哲学社会科学版）》2021 年第 6 期。

② 刘昭良、刘宝杰：《〈共产党宣言〉中的世界交往理论及其现实启示》，《新东方》2021 年第 1 期。

③ 黄炼、赵长太：《马克思社会结构思想探析——基于〈共产党宣言〉的文本考察》，《郑州轻工业大学学报（社会科学版）》2021 年第 2 期。

④ 刘勇、王怀信：《〈共产党宣言〉对世界格局的判断与全球治理体系变革》，《理论探讨》2021 年第 3 期。

王力认为,《共产党宣言》揭示了两种不同的世界秩序图景:一种是近代以来由资本主义推动形成的全球化世界秩序图景;一种是作为"世界历史性存在"的共产主义的秩序图景。这两种图景虽然都是全球性的,但性质根本不同。前者遵循资本利润最大化的逻辑,后者追求实现每一个人自由而全面的发展的"自由人联合体"。"全世界无产者,联合起来"的任务就是要改变资本主义的世界秩序而实现共产主义的世界秩序。人类命运共同体是对马克思主义"自由人联合体"在新时代的继承和发展,是摒弃资本主义世界秩序走向共产主义世界秩序的桥梁。① 高帅认为,从马克思的共同体到人类命运共同体的时代逻辑,历经立论逻辑的沿承、出场逻辑的转换、实践逻辑的变革过程。人类命运共同体沿承了马克思共同体的立论逻辑,都基于对各自时代社会结构的综合研判,都沿承致力于"为绝大多数人服务"价值导向,都坚持"联合起来"的发展手段,论述了承担起阶段性历史使命的基点、价值与手段。② 马克思的共同体的空间逻辑是基于自由资本主义阶段而展开论述的,是一种尚未完全展开的空间逻辑,这也为构建人类命运共同体,提供了进一步扩展的空间,彰显出不同的出场逻辑。马克思的共同体是要开辟新的社会形态的实践逻辑,而人类命运共同体是汇聚各方、推进共赢的实践逻辑,彰显了实践逻辑的新变革。

7.《共产党宣言》与中国共产党的初心使命

王渊认为,《共产党宣言》是百年中国共产党坚定为人民谋幸福的初心的思想来源,指引中国共产党党章党纲的确立和完善。为人民谋幸福的初心源自《共产党宣言》中关于共产党人的目标、唯物史观和人民立场的规定。《共产党宣言》是百年大党肩负为民族谋复兴的使命的精神动力,实现"四个伟大"系统工程需要《共产党宣言》的价值引领,协调推进"四个全面"

---

① 王淑娟、王力:《〈共产党宣言〉中的两种世界秩序图景与人类命运共同体》,《中共福建省委党校(福建行政学院)学报》2021年第1期。

② 高帅:《从马克思的共同体到人类命运共同体的时代逻辑》,《青海民族大学学报》2021年第2期。

战略布局需要用《共产党宣言》凝魂聚力。① 吴宁、石丹阳认为，《共产党宣言》是中国共产党人信仰的起点，规定了中国共产党人的人民立场，决定了中国共产党是马克思主义使命型政党的本质属性。《共产党宣言》明确"每个人的自由发展"是共产主义社会的基本特征，是人类社会追求的共同价值目标。中国共产党为了中国绝大多数人的美好生活和中华民族的伟大复兴不断探索，是传承和发扬《共产党宣言》精神的典范。中国共产党百年来始终以实现"每个人的自由发展"为最高价值追求，以实现"自由人联合体"为最高理想。中国共产党百年践行救国救民、实现民族复兴和构建人类命运共同体三大历史使命，这三大历史使命引领中国人民向实现"每个人的自由发展"迈进，与《共产党宣言》宣布的共产党人的三重历史使命紧密契合。② 吴育林认为，中国共产党在百年的历史发展中，始终将《共产党宣言》中关于马克思主义政党的先进性品质践行于革命、建设和改革的实践中。在革命时期，以思想建设引领组织建设，保证以农民为主体的党的无产阶级先进性；在革命和建设时期，以共产主义远大理想引领基本纲领和行动目标，保证党的实践目标先进性；在任何时候，都始终坚持马克思主义基本理论，强调用马克思主义中国化最新成果武装全党，保证党的指导思想先进性。从而把中国共产党建设成具有强大凝聚力和战斗力的领导中国社会主义事业的核心力量。③

8.《共产党宣言》与中国共产党百年征程

张放认为，在《共产党宣言》与中国革命进程长期互动中，促成中国共产党人革命信仰的产生和持续性凝聚，赋予中国革命以理想主义气质，培育出中国人民浓郁的国际主义情怀。《共产党宣言》有效改变了革命者对于中

---

① 王渊：《中国共产党百年来坚守初心使命的思想来源——再读〈共产党宣言〉》，《中共成都市委党校学报》2021 年第 4 期。
② 吴宁、石丹阳：《〈共产党宣言〉与中国共产党历史使命的百年践行》，《深圳社会科学》2021 年第 2 期。
③ 吴育林：《中国共产党对党的先进性思想的百年发展创新》，《马克思主义理论学科研究》2021 年第 4 期。

国革命性质的理解以及对革命目标的期盼，积极参与塑造了中国革命进程。《共产党宣言》深刻塑造了中国共产党人的理论认知，构成中国革命者信仰和理想愿景的基石，为团结民众、发动更深入的社会革命提供了理论武器，还为革命者理解中国革命注入了国际视野。① 李霁帆、刘明华认为，中国共产党百年征程是赓续和创新《共产党宣言》精神的壮丽史诗。中国共产党坚持把《共产党宣言》精神与中国国情和时代要求相结合，成功开创了中国特色革命道路和中国特色发展道路，成功实现了从计划经济到市场经济等一系列理论重构。始终坚持先进性与群众性相统一、主旋律与多样性相统一、理论逻辑与实践逻辑相统一，既是《共产党宣言》精神百年赓续与创新的宝贵经验，也是新时代发展中国特色社会主义的重要方法论基础。② 陈玉斌认为，《共产党宣言》在中国的传播孕育了中国共产党，为中国共产党百年奋斗历程提供了理论指导、精神引领和实践指南。在《共产党宣言》的引领下，中国的道路模式实现了从学习苏联到探索自己道路的转变；发展图景实现了从局部性建设到总体性布局的拓展；奋斗目标实现了从求独立到谋复兴的演进。③ 中国共产党百年奋斗实践实现了对《共产党宣言》基本思想的赓续创新，新时代要继续结合时代条件和中国实际创造性运用《共产党宣言》的基本思想，在中国共产党新的奋斗征程中继续发挥指引作用。

刘洋认为，新时达中国特色社会主义发展亟须理论指引，要创造性地实现《共产党宣言》的现代性思想的当代转化，将《共产党宣言》中关于资本现代性批判与"新现代性"建构的思想转化为新时代中国道路发展中的实践原则，主要包括：将《共产党宣言》中肯定资本在现代性生成发展中"伟大历史作用"的思想，转化为新时代中国道路发展中进一步承认与利用资本改

---

① 张放：《论〈共产党宣言〉对中国革命进程的影响》，《上海党史与党建》2021 年第 1 期。
② 李霁帆、刘明华：《百年大党对〈共产党宣言〉精神的赓续与创新》，《理论视野》2021 年第 10 期。
③ 陈玉斌：《〈共产党宣言〉与中国共产党百年奋斗历程》，《中共四川省委党校学报》2021 年第 3 期。

善发展不充分问题的实践策略；将《共产党宣言》中因资本"消极片面性"造成现代性分裂及其弥合的思想，转化为新时代中国发展道路中驾驭与规约资本调节发展不平衡问题的实践策略；将《共产党宣言》中对资本主义现代性批判不同立场的分析，转化为中国道路发展中立场选择的原则依据，指明新时代中国特色社会主义以人民为中心的价值立场；将《共产党宣言》中构建"自由人联合体"的思想，转变为中国发展道路的远大理想，并在远大理想引领下不断开辟现代性的壮丽前景，标识中国道路对人类文明进步的历史担当与重大贡献。①

二、《法兰西内战》研究

在社会主义发展史的历史纪年中，2021 年是世界上第一次无产阶级夺取政权的伟大尝试——巴黎公社革命 150 周年，也是马克思发表《法兰西内战》150 周年。在《法兰西内战》中，马克思精辟地分析了巴黎公社的发展过程和历史意义，概括了巴黎公社的历史经验和教训，发展了马克思主义关于无产阶级革命和无产阶级专政的学说，特别是用巴黎公社的新经验进一步论证和丰富了无产阶级革命必须首先打碎资产阶级国家机器的思想。巴黎公社革命和马克思《法兰西内战》在世界社会主义运动和理论方面具有重要的历史意义。

1. 历史地位和理论贡献

借由纪念巴黎公社革命和《法兰西内战》150 周年之际，学者们继续从科学社会主义理论和无产阶级革命实践的维度加以分析。陈之骅认为，马克思的《法兰西内战》揭露了以特罗胥为首的所谓"国防政府"和它垮台后的梯也尔政府的反动本质，记述了 3 月 18 日巴黎公社的伟大壮举和梯也尔政府对公社战士的血腥镇压和屠杀，总结了巴黎公社的经验和教训，尤其强调了马克思对巴黎公社原则的历史概括："工人阶级不能简单地掌握现成的国

---

① 刘洋：《〈共产党宣言〉的现代性维度与中国道路》，《教学与研究》2021 年第 1 期。

家机器，并运用它来达到自己的目的。①奴役他们的政治工具不能当成解放他们的政治工具来使用"②，"公社的真正秘密就在于：它实质上是工人阶级的政府，是生产者阶级同占有者阶级斗争的产物，是终于发现的可以使劳动在经济上获得解放的政治形式"③。叶书宗、叶天楠从 20 世纪世界发展史和社会主义史的角度概括巴黎公社的历史意义，认为巴黎公社是阶级意识尚不成熟的巴黎工人阶级在危急时刻寻求保卫祖国的本能归宿，是资本主义向垄断过渡阶段西欧城市自治传统的悲情谢幕。④马克思《法兰西内战》关于巴黎公社实质的理解，应当从打碎旧国家机器、废除议会制、实现立法权与行政权的统一等革命创造方面作历史的、辩证的理解。就 20 世纪世界政治和国际格局来看，1871 年是 20 世纪世界东西方板块分轨的岔道口。统一后的德国，由于闯出一条具有德意志民族特色的资本主义发展道路，形成新的社会治理理念，世界以美、德、英、法四国为中心，结成主导历史走向的西方资本主义先进板块。而俄国的资本主义异化发展，造成以俄国为中心的、相对落后的东方板块。与世界分裂为东西方两大板块相应，世界社会主义运动也公开分裂为两派：主张"和平长入社会主义"、崇尚"民主社会主义"的西方社会主义，坚持马克思主义暴力革命和无产阶级专政原则的东方社会主义。世界社会主义的重心转移到俄国。在世界社会主义运动中，以列宁为首的俄国布尔什维克，坚持马克思主义暴力革命和无产阶级专政原则，夯实了东方社会主义的根基。由此，才有马克思主义发展到毛泽东思想，才有新时代中国特色社会主义思想。马克思发表《法兰西内战》已 150 年了。回首 150 年，不管世界发生了怎样的当年难以想象的变化，中国共产党领导中国人民取得革命的胜利，社会主义中国走向改革开放、建设中国特色社会主义，为实现

---

① 陈之骅：《巴黎公社与马克思的〈法兰西内战〉——纪念巴黎公社 150 周年》，《世界社会主义研究》2021 年第 10 期。

② 《马克思恩格斯选集》第 3 卷，人民出版社 2012 年版，第 163 页。

③ 《马克思恩格斯选集》第 3 卷，人民出版社 2012 年版，第 102 页。

④ 叶书宗、叶天楠：《巴黎公社：20 世纪世界政治板块的历史坐标》，《中国浦东干部学院学报》2020 年第 9 期。

中华民族伟大复兴接续奋斗而被世界惊叹，都是《法兰西内战》所提炼的巴黎公社原则，在东方大地的开花、结果。

2. 国家治理思想研究

党的十八届三中全会首次提出了国家治理体系和治理能力现代化的命题，党的十九届四中全会进一步明确了推进国家治理体系和治理能力现代化的总体要求、目标及重点任务。习近平总书记关于国家治理体系和治理能力现代化的重要论述是对马克思主义国家学说的继承和发展。在《法兰西内战》中，马克思在批判资本主义政治现实和总结巴黎公社革命短暂经验的基础上，对社会主义国家制度和治理体系做出了原则性的设想，被列宁称为"马克思主义在国家问题上的最高成就"。因此，学者们从追溯理论渊源、深耕经典文本出发，解读其中的国家治理思想智慧，对实现当代中国国家治理体系和治理能力现代化具有重要启示。

郭强根据《法兰西内战》的文本梳理，将巴黎公社革命创造的社会主义国家制度和治理体系概括为：（1）社会主义共和国制度和实现无产阶级专政的治理体系。（2）自由的劳动联合制度和实现人的彻底解放的治理体系。（3）真正的民主制度与人民群众把国家政权重新收回的治理体系。（4）议行合一制度与民选机关支配行政机关的治理体系。（5）共产党领导制度与维护统一权威的治理体系。①

吴照玉认为，马克思在重置黑格尔理性主义国家观关于国家与市民社会的颠倒关系，从分工和所有制的视角深刻分析国家的本质，尤其在总结巴黎公社的革命经验基础上，完成了从国家统治到社会自治的治理理念的转变。在马克思看来，巴黎公社正是替代现代国家的理想政权组织形式，公社的本质是实现社会自治。但实现社会自治是一个循序渐进的过程，在这一历史过程中，国家的政治统治职能逐渐缩小，社会管理职能逐渐扩大。直到共产主义社会的高级阶段，国家才最终消失，这时候存在的只有以人民自治为核心

---

① 郭强：《论马克思的社会主义国家制度和国家治理体系思想》，《观察与思考》2020 年第 6 期。

的社会管理机构，从而实现完全的共产主义。马克思进一步分析了共产主义社会的所有制基础，提出了"重建个人所有制"的重要构想，奠定了未来社会国家治理的所有制基石。马克思《法兰西内战》蕴含的思想政治资源，为处理好国家、社会和公民之间的关系提供了重要启示：（1）国家的权力属于人民，国家治理必须以人民的利益为根本。（2）国家公职人员是人民的公仆，其宗旨是为人民服务。（3）在公共事务的处理中形成国家、社会和公民多元共治的局面。①

杜玉华认为，巴黎公社是人类历史上无产阶级政权进行国家治理的第一次伟大尝试，马克思《法兰西内战》从主体、制度、效果三个方面设想了无产阶级夺取政权之后如何进行国家治理。（1）无产阶级政权下的国家治理应以人民为主体。以人民为主体是无产阶级新型国家治理的本质特征、必然要求和价值旨归，巴黎公社的治理主体主要包括工人阶级为领导力量、中等阶级是拥护者和追随者、农民是重要同盟者。（2）无产阶级掌握政权后必须依靠长期、稳定的制度形式来保障国家治理的顺利进行，主要包括：建立议行合一的公社委员会、实行普选制、代表制等真正的民主制；实行劳动者合作所有制，实现劳动在经济上的解放，为劳动者参与国家治理提供物质基础；建立人民武装制度，维护国家秩序的稳定；实行全民非宗教义务教育，提高人民参与国家治理的能力；建立以国际主义为原则的外交制度，形成良好的国家治理环境。（3）马克思通过对资产阶级旧政权治理的批判和对巴黎公社治理的赞扬，为评价国家治理初步确立了标准：公民参与、人权和公民权、合法性、社会公正、社会稳定、政务公开、廉洁等等，体现了马克思对国家治理制度的关切从理论建构向治理效能的转化。②戴毓诚、李根寿也从主体、制度和治理评价标准三个方面总结了《法兰西内战》的思想内容，同时强调新时代推进国家治理现代化必须坚持以人民为中心、积极探索制度建设、坚

---

① 吴照玉：《国家治理现代化的马克思主义理论溯源》，《教学与研究》2020 年第 4 期。
② 杜玉华：《从〈法兰西内战〉看马克思的国家治理思想及其当代价值》，《马克思主义研究》2020 年第 5 期。

持以满足人民对美好生活的需要为评价标准。①

邓楠楠、罗小青将《法兰西内战》中无产阶级国家政权的国家治理思想概括为三个方面：（1）通过精简国家机构、建设廉价政府、实行民主选举，实现政治治理民主化。（2）在生产资料公有制和相互协作基础上，实行生活资料人人都有的所有制，实现经济治理公有化。（3）公社消除了国家的阶级属性，接管了国家的社会管理职能，实现社会治理自治化。② 万方将《法兰西内战》的国家治理思想概括为五个方面：（1）无产阶级掌握政权的国家治理本质。（2）公共管理职能为主的国家治理职能。（3）治理权限下移的国家治理方式。（4）以社会文化重塑为国家治理保障。（5）以权威的政党领导为国家治理核心。③

李东坡、陈静集中分析了《法兰西内战》的人民主体思想的政治、经济和文化维度，认为巴黎公社开创了新型社会主义国家治理。作为政治主体，人民要求实行无产阶级专政，通过实行议行合一、推进廉价政府、主张人民公仆等确保人民的政治主体地位。作为经济主体，人民始终要求"劳动在经济上获得解放"，通过主张劳动解放、实现个人所有权、建立工人协作社保障人民的经济主体地位。作为文化主体，人民要求"摧毁作为压迫工具的精神力量"，通过主张精神解放、推进教育改革保障人民的文化主体地位。同时，马克思在《法兰西内战》中，以揭露和批判资本主义国家的社会治理为起点、以记录和总结巴黎公社的社会治理为重点，设想和规划了未来社会治理的终点、追求是人民自治的社会治理、自由人的联合体的社会治理、人自由而全面发展的社会治理。④

徐斌、李霁帆进一步分析了恩格斯1891年《〈法兰西内战〉导言》对《法

---

① 戴毓诚、李根寿：《〈法兰西内战〉国家治理思想及其时代价值》，《长江论坛》2021年第4期。
② 邓楠楠、罗小星：《〈法兰西内战〉的国家治理意蕴及当代价值》，《实事求是》2021年第2期。
③ 万方：《马克思〈法兰西内战〉中的国家治理思想及其当代价值》，《枣庄学院学报》2022年第1期。
④ 李东坡、陈静：《人民主题思想的社会治理价值研究——基于〈法兰西内战〉的文本分析》，《社会主义研究》2021年第5期。

兰西内战》新型国家治理思想的坚持和发展。在《〈法兰西内战〉导言》中，恩格斯重申巴黎公社新型治理的实质是无产阶级专政，强调巴黎公社新型治理的"社会主义倾向"，总结巴黎公社的历史教训主要是多数公社领导者不清楚科学社会主义基本原理、公社缺乏权威统一的领导核心。《〈法兰西内战〉导言》是恩格斯对新型国家治理成败得失的最后总结性文献，以《〈法兰西内战〉导言》所阐明的新型国家治理的性质和实质、方向和目的、原则和方法为指引，深度对接国家治理现代化的总体要求，新型国家治理必须坚持以人民为中心、必须以科学社会主义为行动指南、必须维护中央核心的权威，增强思想认识和行动遵循的自觉性。①

三、《哥达纲领批判》研究

1. 分配平等、分配正义思想

张潇尘认为，《哥达纲领批判》是马克思平等思想的集中表达。马克思在《哥达纲领批判》中讨论了两种前后相继的平等形态，即"共产主义社会第一阶段"按劳分配的平等和"共产主义社会高级阶段"按需分配的平等，宣示了平等具有高低不同的位阶，即平等不是共时态静止不变的，而是历时态不断演进的。通过批评按劳分配平等所体现的"资产阶级权利"，马克思阐明了他对平等的根本信念，认为平等必须以生产资料公有制为基础，并最终消灭阶级；平等必须超越自我所有原则并反对天赋的应得；等等。马克思相信，随着生产力的不断进步，人们所能拥有的平等将变得越来越多和越来越好，最终达到人类平等的理想范型和完满状态，即共产主义按需分配的结果平等。这种平等思想和历史唯物主义的基本主张是一致的。②

文长春结合当代东欧新马克思主义者阿格妮丝·赫勒的"超越正义"理

---

① 徐斌、李霁帆:《〈法兰西内战〉导言新型国家治理思想及启示》，《山东师范大学学报（社会科学版）》2021 年第 4 期。

② 张潇尘:《〈哥达纲领批判〉中的两种平等思想》，《中共宁波市委党校学报》2021 年第 6 期。

论，重释《哥达纲领批判》中马克思的正义思想：马克思的正义思想是一个历史的范畴，是一个具体的概念，不是建立在纯粹概念基础上的抽象概念，更不能是来自于某种外在的虚幻的道德概念。在马克思看来，使分配正义这一抽象规范得以具体实现的基础，是这一规范所适用的社会的特定结构。这种具体的结构是由社会的生产、分配和消费过程的结构和运作来确定的。资本主义的分配正义与法权相关，向共产主义过渡的阶段的分配正义与平等相关，共产主义社会的高级阶段的正义与自我实现（即自由）有关。①

陈培永认为，《哥达纲领批判》是一部以劳动问题为主线、聚焦劳动解放的政治哲学著作。人的劳动力本身也是一种自然力，不能把劳动说成"超自然的创造力"，人为夸大劳动的作用，也不能离开现实社会空谈劳动创造财富，应从生产关系、社会关系上思考劳动解放的问题。劳动所得按照平等权利进行公平分配，这种主张的问题在于它否定了阶级存在的客观现实，否定了人的个性和能力的差别，没有深入到生产关系、经济关系中，因而没有看到现代社会的真正问题，没有找到现代平等、公平问题的根本，没有找到应该追求的目标。在资本主义生产方式下，我们所能达到、所能认同的观念是按劳分配就是公平的分配，就是符合公平正义的。在马克思看来，按劳分配在一个漫长的历史阶段都将存在，只有到了共产主义高级阶段，按劳分配才会在原则上和实践上都不再存在。按需分配不是可以马上采取的行动，而是自然生成的历史结果，是在生产条件、生产劳动方式本身发生变化的情况下出现的结果，不能忽略作为其前提的"各尽所能"的深意。要达到按需分配，马克思谈到了三个基本前提：劳动创造财富的极大丰富；劳动活动本身成为自由的、充满情感的、使人的价值得以实现的活动；人本身成为自由全面发展的高素质的人。因此，必须用法律保障公民的权利，逐渐消除建立在阶级基础上的政治上和社会上的不平等，让每

---

① 文长春：《马克思的"超越正义观"——兼论赫勒对〈哥达纲领批判〉的误读》，《山东社会科学》2020 年第 2 期。

个人的自由和个性、天赋和能力都能够得到充分发挥，才是值得追求的公平正义社会目标。①

夏莹认为，在《哥达纲领批判》中，马克思清楚地表明了对于劳动观念的基本态度：劳动价值论从根本上是一个只有在资本逻辑框架下才有意义的观念。劳动价值论作为国民经济学家展开其政治经济学研究的一个理论基石，却是作为革命家的马克思根本反对的价值形式。因为在这一价值形式当中，包含着全部资本逻辑运行的秘密：即以所有权为前提的生产方式，以增值强制为内在驱动力，资本逻辑才将自然界与人都仅仅作为生产资料来加以对待。马克思在《资本论》及其手稿当中对于政治经济学的相关研究，虽然建基于劳动价值论，但其目的却截然不同：马克思试图以劳动价值论为基石去解构整个资本主义社会发展的基本逻辑，而古典政治经济学家们则以劳动价值论为基石去搭建和加固资本主义经济架构。20世纪以来，英美政治哲学逐渐占据了当代西方哲学主流的话语体系。以分配正义为基本原则的理论建构甚至已经渗透到学者对于马克思思想的研究当中，从而开启了将英美政治哲学的基本逻辑与马克思的政治哲学进行嫁接的工作。相关研究工作固然拓展了马克思哲学与当代西方思潮进行对话的可能性空间，但却缺乏经典的马克思主义文献的直接支持。马克思哲学与英美政治哲学有关分配正义的问题本来并不在同一问题域，两者甚至对于何为政治哲学的本质规定都有根本的差异：英美政治哲学是建基于资本逻辑的拓展与加固的基础之上，是一种建构性的政治哲学，而马克思的政治哲学，却是建基于颠覆资本逻辑的基础之上，因此两者存在着研究方向上的根本差异。②

2.时代价值和思想启示

肖泽龙、曾红宇探讨了《哥达纲领批判》中的分配理论及其新时代价值：确保公有制主体地位，夯实社会主义国家的分配基础；深化分配体制改革，

---

① 陈培永：《关于劳动问题的政治哲学透视——重读马克思〈哥达纲领批判〉》，《马克思主义理论学科研究》2020年第2期。
② 夏莹：《〈哥达纲领批判〉的理论主旨和当代价值》，《北京航空航天大学学报》2022年第1期。

着力提升劳动主体的获得感；建立健全社会保障机制，着力提升现有劳动者权益的发展空间，高度重视劳动者"代际发展权益"的公平性，逐步破除"事实上的不平等"，促进发展的成果全民共享。①周江霞也强调《哥达纲领批判》中的分配思想对当代分配方式变革的启示意义：分配制度改革要充分考虑到生产力发展水平并与基本经济制度相吻合，同时要处理好效率公平的关系，在经济发展的不同阶段有所侧重，最大限度地满足人民生活需要。②

荣兆梓认为，在《哥达纲领批判》中，马克思只对分配制度的过渡性特征作了较为展开的讨论，而没有讨论所有制、劳动组织形式和资源配置方式等环节同样可能出现的过渡性特征。社会主义一百年的实践，中国改革开放40多年的实践，填补了《哥达纲领批判》中马克思留下的逻辑空缺。体现在：在按劳分配中的平等劳动关系事实上覆盖社会主义经济制度的包括生产、交换、分配和消费在内的所有领域；在生产条件、分配方式、社会劳动组织方式等方面同样表现出鲜明的过渡性特征。也就是说，社会主义经济制度在所有制关系、劳动组织方式，以及消费品分配形式等方面都遵循同一法权原则，都基于同一生产力根源。公有制为主体、多种所有制经济共同发展，按劳分配为主体、多种分配方式并存，社会主义市场经济体制等社会主义基本经济制度是相互包容、相互嵌入的，它们的历史演变过程也是同步的。③

万资姿、冯浩从《哥达纲领批判》中，归纳了科学社会主义理论的三个原则：政治原则上的无产阶级革命专政、经济原则上的按劳分配、社会原则上的公平正义，并认为这三方面原则不仅是解读《哥达纲领批判》的重要路径，也是准确认识中国特色社会主义制度科学性的重要依据。④

---

① 肖泽龙、曾红宇：《〈哥达纲领批判〉中的分配理论及其新时代价值》，《湖北文理学院学报》2021年第4期。

② 周江霞：《〈哥达纲领批判〉中的分配思想研究》，《长春理工大学学报》2020年第3期。

③ 荣兆梓：《从〈哥达纲领批判〉到社会主义基本经济制度三位一体的新概括》，《政治经济学评论》2020年第1期。

④ 万资姿、冯浩：《〈哥达纲领批判〉与中国特色社会主义制度》，《中共中央党校（国家行政学院）学报》2020年第1期。

黄丁认为，马克思批判和超越了《哥达纲领》的"现代国家观"：揭露了现代国家的阶级压迫本质、批判了庸俗民主政治、强调国家是建立在现存社会的基础上，是经济基础在上层建筑中的反映。关于未来国家制度的建构，马克思勾勒了四方面内容：一是在国家与教育的关系上，马克思主张在保障受教育者真正享受到科学教育的前提下，政府不干涉教育；二是在国家与宗教的关系上，马克思主张在"宗教解放"的历史使命下保障"信仰自由"；三是在国家与经济组织的关系上，马克思主张在保障生产合作社不沦为旧的国家机器之工具的前提下，经济组织与国家互不统属；四是创造性地提出从资本主义向共产主义过渡的无产阶级的革命专政时期，并指出无产阶级的革命专政具有管理性、民主性和暂时性特点。①

四、《社会主义从空想到科学的发展》研究

1.科学社会主义的科学性

学者们从方法论的角度聚焦科学社会主义的"科学性"。谢浩认为，马克思恩格斯科学社会主义理论的诞生，使社会主义不仅表现为一种成熟的思想和价值的形态，而且也表现为一种具有很强现实指导性的行动纲领。社会主义这一人类理想社会形态因此被置于现实的物质基础之上，并随历史的发展日俱科学性和现实性。社会主义只有充分立足于具体的社会现实，持续回应人民的美好生活期待和需求，才能在实践中焕发持久的生机活力。② 付清松认为，要真正把握科学社会主义的科学性，就须在普遍联系的整体视野中坚持历史主客体/观的辩证统一，既坚守客观向度在科学社会主义中的首位性，同时又积极在整个世界范围内寻找和利用一切直接和间接的物质条件并伺机发挥主体创造性。但是，在理论中呈现的科学性毕竟还是抽象的可

---

① 黄丁：《论马克思对"现代国家观"的批判》，《当代世界与社会主义》2021 年第 3 期。

② 谢浩：《基于"现实的基础"不断发展和完善社会主义——纪念〈社会主义从空想到科学的发展〉发表 140 周年》《郑州轻工业学院学报》（社会科学版）2020 年第 6 期。

能性，因为历史主客体的统一只有在现实的物质实践中才是可能的。故而，科学社会主义的科学性其实并非是一个单纯的理论命题，更是一个实践命题。① 杨哲从现实与未来、批判与建构相统一的意义上理解社会主义的"科学性"：在研究"科学性"的显性话语中，恩格斯将社会主义"科学"的理论特质表现为现实性、革命性、批判性基础上的发展性，从而提示出一种在实践中发展科学社会主义的方法论：从事实批判与价值规范相统一的双重向度看待社会主义的理论发展；从克服资本主义秩序危机和意义危机的基本逻辑看待人的自由全面发展；从主体启蒙和制度构想的策略转向看待社会主义社会如何在新形势下合理、人道地发展。②

2. 科学社会主义的现实性及其现实启示

罗建文认为，《社会主义从空想到科学的发展》是中国特色社会主义道路发展的基本遵循和理论逻辑，对于探寻和坚持中国道路成功的理论逻辑具有重要启示：（1）必须坚持历史唯物主义的基本立场和基本方法论，马克思主义历史观是中国特色社会主义事业从胜利走向胜利的思想指针。（2）必须到现实的生产力和现"时代的经济中去寻找"，改革开放和发展社会生产力是社会主义事业制胜的根本出路。（3）必须坚信无产阶级是消灭资本主义和建设社会主义的主力军，无产阶级政党的领导是社会主义胜利的政治定力。（4）必须驾驭和超越资本逻辑的现代本性，充分利用资本力量来发展中国特色社会主义的经济才能为中国道路奠定坚实的物质基础。（5）必须完善人民民主专政的政治体制和国家治理体系，国家制度才能走向"国家的消亡"的最终目标。（6）必须始终尊重和维护劳动者的利益才能获得永恒的历史动力，这是实现人的解放和自由的必然选择。③

① 付清松：《历史辩证法视域下科学社会主义"科学性"的再定位——由〈社会主义从空想到科学的发展〉谈起》，《东南学术》2021 年第 5 期。
② 杨哲：《如何实现和坚持社会主义的"科学性"——恩格斯〈社会主义从空想到科学的发展〉的方法论启示》，《马克思主义理论学科研究》2020 年第 4 期。
③ 罗建文：《中国特色社会主义道路的理论逻辑——基于〈社会主义从空想到科学的发展〉的思考》，《湖湘论坛》2021 年第 1 期。

牛先锋、张逊认为，恩格斯《社会主义从空想到科学的发展》对于坚持和发展新时代中国特色社会主义提供了富有价值的启示：（1）社会主义的科学性不是与生俱来的，每前进一步都要付出艰辛的斗争。坚持和发展新时代中国特色社会主义，必须始终保持高度的理论清醒，自觉同各种背离科学社会主义基本原则的思想作斗争，保证中国道路沿着社会主义的正确方向前进。（2）科学社会主义"根子深深扎在物质的经济的事实中"，社会主义的根本任务是解放和发展生产力，必须紧紧扭住经济建设这个中心，只有把经济生产搞上去了，科学社会主义才有坚实的物质基础。（3）不断推进马克思主义大众化进程，用科学社会主义理论武装广大人民，激发人民群众坚持和发展新时代中国特色社会主义的自觉性。[①]

蓝蔚青认为，《社会主义从空想到科学的发展》是科学社会主义的标志性著作。在百年未有之大变局中，这篇著作对于我们认识当前国际国内重大问题仍具有现实意义：这要求我们准确透彻地理解并自觉坚持辩证唯物主义历史观，始终把社会主义置于客观现实而不是主观愿望和抽象概念的基础之上；坚持用实践检验任何认识的真理性，在非理性思潮冲击下坚持按客观规律办事，依靠最广大人民群众的主动性、积极性、创造性建设社会主义；创造性地应用剩余价值学说剖析当代资本主义的矛盾及其最新表现，用建立在马克思主义劳动价值理论基础上的对社会主义的生产、交换、分配和消费的科学分析，指导社会主义生产关系的改革和发展完善；只有立足国情和世情的真实现状来确定具体目标和方针政策，才能在21世纪真正坚持和发展科学社会主义，不断把建设中国特色社会主义的伟大事业和世界社会主义运动胜利推向前进。[②]

刘思妗认为，《社会主义从空想到科学的发展》对19世纪80年代之后

---

① 牛先锋、张逊：《把社会主义置于现实基础之上——读恩格斯〈社会主义从空想到科学的发展〉》，《中共中央党校（国家行政学院）学报》2020年第2期。

② 蓝蔚青：《穿透五百年的科学社会主义标志性著作——纪念〈社会主义从空想到科学的发展〉首发140周年》，《中共杭州市委党校学报》2021年第2期。

德国社会民主党、法国工人党以及各国社会主义工人政党识别真假马克思主义、在科学社会主义理论基础上实现思想统一发挥了重要作用。恩格斯关于思想建党的积极探索，为新时代中国共产党的思想建设提供了重要启示，新的时代条件下，要继续加强党的思想建设，将开展思想斗争作为加强党的思想建设的重要途径，并注意结合时代特征调整、充实、发展思想建设的具体内容和方式。①

3.作为思想底本的《反杜林论》研究

作为《社会主义从空想到科学的发展》的底本，《反杜林论》也得到进一步研究。李鹏认为，《反杜林论》则是对社会主义生产关系的产生、运动和发展规律的最系统阐述和论证，是恩格斯对马克思主义最杰出的历史贡献之一，正是有了《反杜林论》及《社会主义从空想到科学的发展》等著作，才使19世纪马克思主义政治经济学成为包含哲学基础、历史考察、时代发展和未来趋势的一个完整的理论体系，第一次从理论和实践的关系上深刻阐明了资本主义、社会主义和共产主义的内在演变和理论逻辑，为社会主义运动从20世纪开始的理论向实践的历史跨越提供了行动指南，直至21世纪仍然是指导世界社会主义运动的理论基础。②潘西华、李权认为，在《反杜林论》中，恩格斯进一步明晰了"国家的消亡""武器"等马克思主义基本概念的内涵，增补性阐释了"两个必然"的科学论断、补充说明了"自由人联合体"的组织状况及实现途径，深入阐发了经济基础与上层建筑关系的基本原理，对《共产党宣言》的科学思想进行了补充和发展，同时还第一次系统而全面地阐述了马克思主义理论的科学体系。③王巍认为，在《反杜林论》的基础上，《社会主义从空想到科学的发展》是一部马克思主义整体性的典

---

① 刘思妗：《从〈社会主义从空想到科学的发展〉看恩格斯对思想建党的积极探索及其启示》，《世界社会主义研究》2020年第11期。

② 李鹏：《恩格斯与社会主义政治经济学理论的形成和发展》，《理论视野》2020年第12期。

③ 潘西华、李权：《恩格斯在〈反杜林论〉中对〈共产党宣言〉的补充和发展》，《中国井冈山干部学院学报》2021年第1期。

范著作，也是一部通俗版、大众化的马克思主义百科全书，恩格斯对于马克思主义整体性的构建和传播做出了独特而重要的贡献。①

五、《帝国主义论》研究

1. 理论渊源和理论创新

王东全面考察了列宁"帝国主义论"的科学方法、理论来源和理论创新：从哲学基础来看，《资本论》逻辑及其蕴涵的辩证法，既是列宁帝国主义研究的理论典范，又是其方法论源头。列宁在《哲学笔记》中对于黑格尔逻辑学和马克思《资本论》逻辑进行了深入开掘。在一定意义上可以说，列宁《哲学笔记》是其《帝国主义论》研究的哲学导言、哲学奠基。从理论来源来看，列宁帝国主义论的研究并没有脱离那个时代国际社会思想发展主潮，他把奥地利学者希法亭"金融资本论"、英国学者霍布森"帝国主义论"作为自己的两个主要理论来源。与20世纪初现代资本主义研究的六大学派作比较，列宁"帝国主义论"的精髓和要点：首先在于列宁系统运用唯物辩证法，完全从实际出发、实事求是地具体分析世纪之交现代资本主义发展新阶段、新特点、新实质，并且把对帝国主义经济实质的分析，与对政治国家和国家体系的分析，有机地结合起来，加以创新。列宁继续发展了马克思《资本论》逻辑，把"资本论——国家论——全球化矛盾论""金融资本垄断论——帝国主义国家论——资本主义危机论（社会主义革命前夜论）"，全都有机地熔为一炉。②

寇清杰、杭州认为，列宁在对古典帝国主义理论批判与超越的基础上创立了马克思主义帝国主义理论。首先，在对霍布森古典帝国主义理论的批判中，批判"消费不足论"和"帝国主义政策论"，阐发了必须首先改变资本

---

① 王巍：《恩格斯与马克思主义整体性——以〈社会主义从空想到科学的发展〉为例》，《党政研究》2020年第3期。

② 王东：《列宁解剖帝国主义的独特理论创新》，《贵州省委党校学报》2020年第3期。

主义生产关系的观点，阐发了帝国主义阶段论的观点。其次，在对希法亭古典帝国主义理论的批判中，批判货币理论的错误、金融资本定义的不足、忽视世界瓜分的事实，阐发了马克思主义的商品货币理论，阐发了现代帝国主义争夺殖民地新特点，还阐发了关于帝国主义寄生性与机会主义联系的观点。再次，在对考茨基古典帝国主义理论的批判中，批判其帝国主义定义及其错误根源，批判其超帝国主义及其斗争策略，阐发了资本主义经济政治发展不平衡规律以及反对帝国主义必须同时反对改良主义、机会主义、社会沙文主义的观点。列宁帝国主义论对古典帝国主义理论的超越体现在：一是观点的超越，形成科学帝国主义论的观点体系；二是方法的超越，正确运用唯物史观和辩证法；三是立场的超越，坚持无产阶级国际主义立场，超越了霍布森的资产阶级国际主义立场、希法亭和考茨基的社会沙文主义立场。[①]

朱亚坤具体比较了列宁和布哈林的帝国主义理论，认为列宁和布哈林在对帝国主义的分析上既有共同点也存在差异性。共同点体现在对帝国主义的分析切入点、历史由来的探究、垄断和金融资本的核心特征把握、世界体系的总体分析和无产阶级社会革命的趋向判断等方面，差异性体现在对帝国主义的概念界定、国家形态、垄断与竞争关系、帝国主义与民族和殖民地问题关系的认识上。从文本先后、思想借鉴、方法批判、理论超越等关系看，列宁比布哈林更早、更全面深刻、更系统科学地回答了帝国主义时代诸问题，有力地推进了马克思主义帝国主义理论进入到成熟阶段并确立经典解释范式。列宁毫无疑义是马克思主义帝国主义理论的重要创始人。[②]

2. 时代价值和现实意义

孙来斌梳理了近年来列宁"帝国主义论"研究中关于是否具有理论贡献、历史上发挥怎样的作用、是否可以解释当代资本主义等争论焦点，积极回

---

① 寇清杰、杭州：《列宁帝国主义论对古典帝国主义理论的批判与超越》，《中国地质大学学报（社会科学版）》2020 年第 2 期。

② 朱亚坤：《列宁和布哈林关于帝国主义理论之比较——重申列宁帝国主义论的独特贡献和多维旨趣》，《当代世界与社会主义》2021 年第 6 期。

应并从理论、历史和现实三个维度澄明列宁"帝国主义论"的重大价值：它在科学回答时代问题的过程中开拓了马克思主义政治经济学发展的"列宁路径"；它在批判地考察霍布森、希法亭、考茨基等人帝国主义理论中实现了理论超越，彰显了重大的理论原创性；它在整体推进马克思主义发展的列宁主义阶段、指导十月革命夺取胜利的过程中发挥了理论基础作用，是中国共产党在长期的革命、建设和改革过程中高度重视的干部必读经典，发挥了重大的历史影响力；它的理论内核在深刻揭示当代资本主义的垄断本质、基本矛盾、历史趋势等方面依然有效，具有强大的现实解释力。[①]

陈冬阳从理论原创性和实践解释力的角度梳理了百年来列宁"帝国主义论"研究中的争论，认为列宁帝国主义理论是在对第二国际理论家的继承和批判基础上，准确把握资本主义生产规律得出的科学理论。列宁的创新之处在于他从生产集中入手，系统阐述了帝国主义从生产集中到垄断再到金融资本的演化过程，揭示了帝国主义阶段的五大经济特征，是系统认识和解决帝国主义问题的科学理论体系。随着世界多极化、经济全球化、社会信息化的深入推进，当代资本主义和传统资本主义相比发生了很大的变化，在一定程度上缓和了阶级对立和矛盾，但资本主义私有制的社会基础、维护资本家利益的国家职能、对外掠夺的基本政策仍然没有改变甚至愈演愈烈。列宁"帝国主义论"对于当代资本主义出现的新变化仍然具有很强的解释力。[②]

朱亚坤着重阐发了列宁帝国主义论的实践要义，认为列宁创设"帝国主义论"的直接和根本的诉求是批判、反对和超越帝国主义。在实践原则、策略及其运用上，列宁帝国主义论坚持原则性和策略性的辩证统一，坚决反对帝国主义，主张革命与建设并举、反对资本与利用资本相结合；在实践精神上，列宁帝国主义论坚持批判性和革命性相统一的原则，主张坚决反对任何形式的机会主义，大力倡导国际主义精神；在实践影响上，列宁帝国主义论

---

① 孙来斌：《列宁帝国主义论之价值澄明的三重维度》，《马克思主义理论学科研究》2020 年第 3 期。

② 陈冬阳：《列宁"帝国主义论"的争论及当代启示》，《攀登》2021 年第 5 期。

坚持特殊性和普遍性相统一的原则，积极倡导推动俄国革命从一国到世界范围的空间跃迁。中国共产党百余年来始终坚持继承、运用和发展列宁帝国主义论，深度阐释了反帝反封建、和平共处五项原则、"三个世界划分"、人类命运共同体等思想学说，极大地推进了马克思主义中国化历程。①

3.帝国主义理论的新发展

安启念认为，推动构建人类命运共同体在实践中开创了列宁"帝国主义论"的新篇。党的十八大指出，构建人类命运共同体，"在追求本国利益时兼顾他国合理关切"。为了推动构建人类命运共同体，我们党提出要实现政治多极、经济均衡、文化多样、安全互信、环境可续。构建人类命运共同体，与美国追求的"美国第一""美国优先"的要求针锋相对，是在实践上与当今时代帝国主义的作斗争。研究当今时代的帝国主义，书写新帝国主义理论，必须依据中国共产党推动构建人类命运共同体理念与实践来进行，否则就会沦为空想。还应该看到，推动构建人类命运共同体就是在当今时代为实现共产主义理想而进行的斗争。构建人类命运共同体这一构想所追求的正是马克思恩格斯设想"每个人的自由发展是一切人的自由发展的条件"的共产主义社会的基本原则。②

邱卫东认为，列宁帝国主义论在充分运用《资本论》的逻辑分析20世纪初资本主义世界体系的基础上，重点就资本主义特征趋势和社会主义的开启方式进行了深入研究。这一直面第二国际内部矛盾分歧并结合俄国现实对"两个必然"理论的具体阐发，使得帝国主义论成为科学社会主义发展史上的里程碑。列宁帝国主义论有助于我们认清当代资本主义文明景观的幻象本质，把握当代社会主义在世界体系中成长壮大的关键，在把握资本全球化的内在限度中推动构建人类命运共同体。人类命运共同体构想是列宁帝国主义论的方法旨趣在国际垄断资本主义阶段上的最新表达，也是科学社会主义内

---

① 朱亚坤：《列宁帝国主义论的实践要义及其中国回响》，《现代哲学》2022年第1期。

② 安启念：《从〈帝国主义论〉到构建人类命运共同体》，《马克思主义与现实》2020年第5期。

在要求在当下最为鲜活的展现。①

张超颖集中研究列宁对金融资本垄断的批判，认为当代金融资本垄断的弊端是对列宁批判金融垄断的最好证明。从国际上看，金融资本垄断促进食利国的形成，金融国际化使食利国受益。迄今最大的食利国无疑是美国。美国完全是将本国的消费建立在对其他国家所创造财富的霸占之上，由美国主导的全球化进程也在某种程度上成为其转嫁危机的重要途径。在资本主义国家内部，金融资本垄断导致国内金融寡头与中底层民众之间严重的收入分化与阶层结构对立。资本主义国家内部的经济分化与社会阶层对立，正是其社会民粹化的经济和社会根源。金融资本垄断导致英美国家内部长期的阶层分化与不平等，是其"逆全球化"的导火索，也是引发其社会危机的关键方面。如今，新冠肺炎疫情的蔓延更加重了金融资本垄断所导致的资本主义国家的全面危机，西方"自由""民主"社会的建构理念面临巨大的挑战。②

赵敏、邱海平、王金秋梳理了当代帝国主义理论发展的两条脉络：第一条脉络是紧扣列宁关于帝国主义本质特征的论述，基于当代资本主义世界新发展，从不同角度对帝国主义的新特征和新运行机制进一步深入研究，剖析当代帝国主义的内在矛盾。比较具有代表性的是基于垄断资本理论的（帝国主义）垄断租金理论、以跨国企业为研究对象的全球劳工套利理论，以及关于当代金融食利者理论。第二条脉络是在否定当代资本主义具有列宁所描述帝国主义特征的基础上，试图以当代资本主义世界的新特点构建新的帝国主义理论或者否定帝国主义的当代现实性。从相关理论的构建基础来看，沿袭这一脉络的理论往往指责列宁帝国主义论只强调了资本逻辑，忽视了国家权力逻辑或者领土逻辑，从而在资本—权力的双重逻辑基础上，构建新的分析框架。比较具有代表性的是大卫·哈维、帕尼齐等人的"新帝国主义论"。③

---

① 邱卫东：《列宁帝国主义论及其当代价值研究》，《思想理论教育》2020 年第 6 期。

② 张超颖：《列宁帝国主义论对金融资本垄断的批判及其当代价值》，《世界社会主义研究》2021 年第 4 期。

③ 赵敏、邱海平、王金秋：《列宁的帝国主义论及其当代价值》，《经济学家》2020 年第 12 期。

六、《共产主义运动中的"左派"幼稚病》研究

1. 加强党的集中统一领导

张志芳、郝玉宾认为，列宁《共产主义运动中的"左派"幼稚病》对实现党的集中统一领导进行了深入的阐述，把加强党的集中统一领导放到关系党的事业发展成败得失的战略高度来认识，强调加强党的集中统一领导是保证党的事业不断发展的根本经验与要求，严格的纪律是保证党的集中统一领导和党的事业发展的"基本条件之一"，保证党的集中统一领导必须在民主集中制的基础上维护党的权威，实现党的集中统一领导必须有适合实践发展要求的领导组织、策略、方式、方法相匹配。新时代加强党的集中统一领导，要对变换了形式的"左派"幼稚病有足够的警觉，着力消除三种错误认识倾向：一是混淆政党与群众、党的领导与依法治国，以及领导与管理关系的本质属性的错误认识倾向；二是曲解马克思主义政党严格组织纪律和维护党的权威，以及坚持党的集中统一领导的内在必然性的错误认识倾向；三是否认社会发展中的特殊性、曲折性与复杂性，以罔顾国情、否认条件差异等教条化模式诠释党的集中统一领导的错误认识倾向。在新时代的条件下，面对新的发展目标与任务，深刻认识和理解列宁对加强党的集中统一领导历史经验的总结，必须站在更高的战略层面，深刻体察新时代全面加强党的集中统一领导的意义：第一，要着眼于新的实践与新的发展，把坚定思想统一的政治自觉作为坚持党的集中统一领导、维护党中央权威的前置性要求。第二，要着眼于新的斗争与新的挑战，以积极主动的斗争精神应对新形势下否定党的集中统一领导的新表现新方式。第三，要着眼于新的目标与新的任务，科学认识、把握严肃党内政治生活问题上的一系列重大关系。①

---

① 张志芳、郝玉宾：《加强党的集中统一领导的历史经验与时代呼唤——纪念〈共产主义运动中的"左派"幼稚病〉发表 100 周年》，《中国延安干部学院学报》2020 年第 4 期。

王进芬、杨秀芹认为，列宁在《共产主义运动中的"左派"幼稚病》中深刻批判了共产主义运动中的"左派"在党的领导问题上的错误，围绕党的领导作用以及如何实现党的领导提出了一系列重要观点。主要包括：批驳"左派"否定政党和党的纪律的错误思想，强调坚持党的领导是无产阶级革命事业取得成功的根本保证；批驳"左派"将政党和阶级、群众和领袖对立起来的错误倾向，强调无产阶级政党必须造就出有权威的领导核心；批驳"左派"主张退出工会和抵制议会的错误观点，强调无产阶级政党必须发挥先锋队对最广大群众的领导作用；批驳"左派"否定任何妥协的错误主张，强调共产党人必须增强领导策略的灵活性和善于实现自己的领导。列宁的思想主张对新时代正确加强党的领导和党的政治建设具有重要指导意义：加强党的领导是实现中华民族伟大复兴的根本保证；继续坚决维护党的集中统一领导和党中央权威；坚持党的领导要与坚持密切联系群众相统一，凝聚起党领导人民实现中华民族伟大复兴的磅礴力量。①

2. 加强马克思主义政党建设

陈明凡、张学森认为，《共产主义运动中的"左派"幼稚病》是列宁论述无产阶级政党纪律建设和革命策略的重要著作。该著作对以毛泽东为主要代表的中国共产党人开展反对教条主义斗争，推进马克思主义中国化产生了十分重要的影响。中国共产党运用列宁这部著作的重要思想，致力于将马克思主义基本原理同中国革命实际相结合；加强党的纪律建设，增强党的团结统一；坚持原则坚定性和策略灵活性的辩证统一，引领中国革命进程转危为安，走向胜利。当前，面临新时代伟大而艰巨的历史使命，我们重读列宁这部著作仍具有现实指导意义：必须坚持马克思主义基本原理同当代中国实际相结合，进一步推进马克思主义中国化。必须加强党的政治建设，以严格纪律保证党的团结统一。必须运用马克思主义战略和策略思想，保持战略定

---

① 王进芬、杨秀芹：《列宁在党的领导问题上对共产主义运动中"左派"观点的批判及其当代价值——基于〈共产主义运动中的"左派"幼稚病〉的文本考察》，《思想理论教育导刊》2021 年第 11 期。

力，应对各种严峻考验。①

郝栋从列宁关于无产阶级政党战略和策略思想的角度，梳理了《共产主义运动中的"左派"幼稚病》中关于斗争形态、斗争策略、斗争本领和斗争启示的认识。列宁领导的十月革命是将马克思主义国家学说应用在俄国大地的生动写照，是无产阶级反对资产阶级斗争的成果。从准备革命到苏维埃政权的建立，布尔什维克经历了合法的斗争和不合法的斗争、议会的斗争和非议会的斗争，最终十月革命成功标志着第一个社会主义国家的诞生，这就是共产党人的斗争的胜利。列宁既指明了对资产阶级、工人运动内部的机会主义和左倾学理主义的斗争方向，也指明了结合不同民族特点、通过具体途径进行斗争的原则，以及建立无产阶级专政的斗争立场。列宁认为，一切从实际出发是制定斗争策略的前提，根据不同的斗争形式采取不同的斗争方式。列宁强调，无产阶级政党在斗争过程中，要不断学习运用马克思主义，不断增强战略思维能力、不断实现自我革命，不断提高斗争能力，增强斗争本领。在新时代，从列宁斗争精神中汲取思想启示，必须深刻认识两个大局中蕴含的斗争局面，善于把握斗争，更要善于在变局中开新局，必须明确坚持党的领导是赢得伟大斗争的关键，在斗争中不断增强党的能力建设。②

杜富娜重读《共产主义运动中的"左派"幼稚病》，认为列宁在指导俄国革命和第三国际的实践中，从马克思主义基本原理与俄国革命实践相结合、党的领袖同人民群众、阶级、政党的关系、无产阶级政党战略策略思想等方面发展了马克思主义政党学说，对我们在新的历史条件下加强党的建设具有指导意义：加强政治建设，推动党员干部对政治担当；持之以恒正风肃纪，推动党员干部作风担当；加强纪律建设，保证党员干部的工作担当。③

---

① 陈明凡、张学森：《列宁批判"左派"幼稚病对中国共产党的深刻启迪》，《思想理论教育导刊》2021 年第 9 期。

② 郝栋：《从〈共产主义运动中的"左派"幼稚病〉看列宁的斗争思想》，《科学社会主义》2020 年第 6 期。

③ 杜富娜：《永葆马克思主义执政党本色——重读列宁〈共产主义运动中的"左派"幼稚病〉》，《求知》2021 年第 10 期。

李玉洁认为，《共产主义运动中的"左派"幼稚病》的主旨是无产阶级政党始终在与错误的革命斗争中不断前进，在新时代推进革命和自我革命，必须坚定人民立场、坚持铁的纪律、坚守根据本国国情制定方针政策的根本原则。①

七、列宁晚年著作研究

1.《论粮食税》与新经济政策

白晓红认为，作为阐述新经济政策必要性的纲领性文件，列宁在《论粮食税》一文中提出了小农经济占优势的国家应该如何向社会主义过渡的俄国方案，极大地丰富和发展了科学社会主义理论。列宁在坚持科学社会主义方向的同时探索实现道路的多样性，将基本原则的坚定性与政策措施的灵活性有机结合，形成了在实践中不断深化认识和正确把握社会主义的基本方法，具体体现为：一切从实际出发，直面现实，勇于承认和纠正错误；注重实践，积极探索向社会主义过渡的"中间环节"；着眼发展，创造性地提出社会主义发展的"阶段论"。列宁坚持历史唯物主义和辩证唯物主义方法为中国的社会主义建设提供了重要的方法论启示：新时代我们推进社会主义现代化建设，需要继续在马克思主义理论指导之下，一切从实际出发，善于总结经验教训，勇于"壮士断腕"和"刮骨疗毒"；需要在对立统一中把握"对立面"，正确处理经济全球化进程中社会主义和资本主义国家的关系，更好地利用两个市场和两种资源；需要注重实践，积极探索有效建设社会主义的具体方式、方法和道路、环节；需要清醒地认识社会主义建设的不同阶段和不同历史方位，以便适时适地地推出与实际相符合的大政方针和政策举措。只有这样，才能成就中国特色社会主义的宏伟事业，才能为世界社会主义振

---

① 李玉洁：《勇于革命和自我革命的经典之作——读列宁〈共产主义运动中的"左派"幼稚病〉》，《求知》2020 年第 8 期。

兴贡献中国方案和中国智慧。①

王晓南总结新经济政策终结的三重原因：一是改革步伐缺少同步协调性。新经济政策主要是经济领域的重大革新，但政治和文化体制未随之相应调整。二是布尔什维克党内对于新经济政策的理解存在认识分歧，对其稳定性造成了影响。三是社会主义观层面的思想冲突：既积极发展小农经济，又强调防止资本主义滋长；既重视采取商业原则，又设法限制商品发展；既积极实行"退却"，又同时准备"进攻"。②

余斌总结新经济政策的实施和成效给我们留下了诸多启示：制定和实施政策必须"中群众的意"；必须学会实际建设社会主义；不能只凭热情作经济工作；经济工作是我们"大家的事情"，要坚持以经济建设为中心；必须坚持以公有制为主体；要善于学习和推广先进经验；要维护好工人利益，积极发挥工会的作用；必须注重改善民生；必须掌握经济命脉；发展人民军队，对外维护人民的经济利益；必须坚持走社会主义道路。③

王进芬、杨秀芹概括列宁新经济政策的理论精髓，包括：列宁把满足人民的意愿和维护人民的利益作为共产党人最高的价值依归，把人民是否满意作为党制定政策的依据和判断党的工作得失成败的标准；列宁在苏俄社会主义建设的具体实践基础上实现社会主义认识的新突破和马克思主义理论的创新，又进一步推动了实践的深入发展，从实践出发而不是书本出发，不断开辟社会主义的新境界；列宁具有善于从政治看问题的鲜明品格，高度的政治敏锐性、极强的政治判断力和把握政治大局的能力，在新经济政策实施过程中明确指出"必须不发生政治上的危险和政治上的错误"；利用资本主义建设社会主义以使新经济政策的俄国成为社会主义的俄

① 白晓红：《〈论粮食税〉的方法论意义及其当代启示》，《世界社会主义研究》2021年第10期。
② 王晓南：《新经济政策终结的多重原因及其当代启示》，《马克思主义理论学科研究》2021年第7期。
③ 余斌：《新经济政策提出的背景、意义、成效及其启示》，《郑州轻工业大学学报（社会科学版）》2021年第2期。

国；等等。①

李爱华认为，新经济政策是世界社会主义发展史上一次守正与创新的改革壮举：它坚守了巩固无产阶级专政、维护人民和国家利益、实现社会主义目标之正。这种坚定的守正，是新经济政策得以推行并取得较好成效的前提和保障，是新经济政策本质意蕴的体现。同时，它开创了经济文化落后国家实现向社会主义过渡的适当途径之新、根据苏俄国情正确开展经济建设的方略之新、妥善处理社会主义与资本主义的关系之新。这种务实的创新，给苏俄的经济发展注入了活力，是新经济政策的鲜明特性。同时也为后续社会主义社会的改革留下宝贵启示：守正是社会主义改革发展的前提，创新是社会主义改革发展的灵魂。侯文文②概括了新经济政策实施过程中列宁对于"什么是社会主义、怎样建设社会主义"这个根本问题的初步反思，在对于社会主义商品经济的认识、对于社会主义发展阶段的辩证思考、对于"纯社会主义"概念的反思等方面实现了观念变革和理论创新。③

俞良早从《政治家札记》等著作解析列宁看待新经济政策的政治视野：列宁从国际政治和国内政治的背景审示新经济政策，强调俄共（布）以及无产阶级的事业已经"登上了最高的同时又是最困难的阶段"。列宁以政治行动为手段解决经济困难问题，要求发扬无产阶级的革命精神，正确地认识实施新经济政策以来国内的形势，增强克服危险的勇气和发展事业的力量；正确地、切实地确定自己的任务，特别是把握好"战略退却"的尺度和"停止退却"的时机；要求做好经济工作，建设和建成社会主义的经济奠定"基础"；要求正确调配工人阶级的力量，恢复工人阶级的力量，并有力地巩固工农联盟。列宁还对孟什维克、社会革命党、第二国际和第二半国际等错误思潮进

---

① 王进芬、杨秀芹：《列宁新经济政策的理论精髓及其当代价值》，《当代世界与社会主义》2021 年第 4 期。

② 侯文文：《列宁新经济政策的改革实践与理论创新》，《学习与实践》2021 年第 5 期。

③ 李爱华：《新经济政策对世界社会主义发展的守正与创新》，《当代世界与社会主义》2021 年第 4 期。

行批判，体现了敏锐的政治鉴别力和犀利的政治判断力。①

陆晓娇、张恒赫认为，列宁作为马克思主义发展新阶段的开创者，早年继承了马克思恩格斯关于社会主义条件下商品货币消亡的观点，十月革命后初期社会主义实践中仍未突破"纯社会主义"的理论视域。当列宁运用无产阶级政权将商品、货币和市场取消的时候，其弊端同时涌现。面对不断涌现的新情况和新问题，列宁敢于正视现实，突破陈规，在实践上实行允许多种经济成分发展的新经济政策，在理论上基于历史唯物主义关于生产力与生产关系相适应的客观尺度正确认识社会主义商品经济，同时强调把历史唯物主义辩证法作为观察、审视和把握一切现存事物和客观进程的方法论，树立了社会主义商品经济的光辉典范。②

2.列宁晚年著作与社会主义改革思想

张喜德系统研究了列宁晚年社会主义建设思想的客观依据、形成过程和主要内容。列宁晚年社会主义建设思想提出的客观依据是俄国是一个落后农业国的基本国情和当时国内的严重困难局面，其理论前提是马克思主义关于资本主义与社会主义关系的科学理论，其形成过程大体经历了思想准备或酝酿（1920年9月至1921年3月俄共（布）十大前）、确立（1921年3月至10月）、发展（1921年10月至1922年12月列宁病重前）和完善（1922年12月底列宁病重至逝世）四个阶段。其主要内容有：关于对社会主义看法根本改变的思想，关于经济落后国家社会主义建设道路的思想，关于经济落后国家社会主义建设的动力思想，关于经济落后国家建设社会主义的政治保证和经济前提思想，关于经济落后国家建设社会主义争取和平的国际环境思想。③

王东、房静雅从国家观创新的角度梳理列宁晚年著作及其思想。列宁晚年国家观的创新发展经历了国家政策改革创新、国家职能改革创新、到国家

---

① 俞良早：《列宁政治视野下的新经济政策》，《当代世界与社会主义》2021年第4期。

② 陆晓娇、张恒赫：《历史的突破与社会主义经济新视野的科学发现》，《河北学科》2021年第4期。

③ 张喜德：《试论列宁晚年的社会主义建设思想》，《中国延安干部学院学报》2021年第1期。

制度改革创新的三步曲：一是 1921 年春，提出转向新经济政策，同时阐明了进行国家政策改革的必要性；二是 1921 年底，提出继续坚持新经济政策，同时深化国家职能的改革创新；三是从 1922 年起，提出把新经济政策作为长期坚持的道路，同时必须坚持国家战略和国家制度的创新发展，以保障新经济政策顺利推进，防止官僚腐败症的蔓延危险。① 房静雅还从社会主义改革的角度研究列宁晚年的思想转变，同时认为列宁晚年探索对于新时代坚持和完善中国特色社会主义制度、推进国家治理体系和治理能力现代化具有重要启发意义：牢牢把握国家制度改革创新的系统性和协同性；必须坚持制度改革的前瞻性和长远性；牢牢把握国家制度改革中的主要矛盾和关键问题。②

张乾元、尹惠娟从列宁领导苏维埃俄国由"战时共产主义"向"新经济政策"的转变中概括列宁晚年的改革思想，包括改革实践观、改革过程论、社会变革的辩证法、改革过程的辩证法构成的主体框架。列宁的改革思想是对马克思恩格斯社会变革理论的丰富和深化，也是其他社会主义国家特别是中国改革开放的"源头活水"，具有承上启下的重要地位。在我国全面深化改革的关键时期，必须坚持"走自己的路"，坚持社会主义的改革方向，坚持循序渐进推进改革，树立系统改革思维。③

王东也将列宁晚年的最后构想称之为"全面深化改革的重要源头活水"。1922 年 12 月到 1923 年 3 月，列宁最后的三封书信和五篇文章，是一个特殊的文本群，蕴含着列宁关于落后俄国走向社会主义、建设社会主义特殊道路的最后构想，中心是提出了经济、政治、文化三位一体的系统改革思想。其中，《日记摘录》提出了根本改变俄国文化落后状况的"文化革命"纲领；《论合作社》则在经济上提出走向"以市场为基础"的新经济政策道路后，要通过合作制这座桥梁把千百万小农引上社会主义建设大道上来，可以说提出了

---

① 王东、房静雅：《列宁晚年国家观创新及其当代意义》，《南京师大学报（社会科学版）》2020 年第 5 期。

② 房静雅：《历史视域下列宁晚年社会主义改革的思想精髓》，《学习论坛》2021 年第 4 期。

③ 张乾元、尹惠娟：《列宁的改革思想及其中国意义》，《科学社会主义》2021 年第 4 期。

不同于后来苏联模式的合作社会主义的"列宁模式"；最后构想的重心，是三封书信加上两篇文章《我们怎样改组工农检查院》《宁肯少些，但要好些》，提出了与新经济政策道路成龙配套的政治制度、党和国家制度的改革构想，中心是把加强党的领导与人民监督制度相结合，为反对官僚腐败筑起新的长城。正是在这里，我们可以找到改革开放、中国特色社会主义尤其是全面深化改革，在马克思列宁主义思想史上的重要源头活水。①

王东还从国家制度创新的角度研究了列宁晚年的三封书信和五篇文章，将这一文本群分成三组：第一组是 1922 年 12 月中下旬三封书信，中心是党和国家的政治制度改革创新问题；第二组是 1923 年 1 月中上旬头三篇文章——《日记摘录》《论合作社》《论我国革命》，分别讲的是文化观念、经济制度、总体战略上的改革创新问题；第三组是最后两篇文章——《我们怎样改组工农检查院》《宁肯少些，但要好些》，重新又回到党和国家政治制度创新问题上来。由此可见，社会制度创新论，尤其是国家制度创新论乃是列宁"政治遗嘱"的核心思想。②

3. 历史发展特殊性与一般性

主要集中在对于列宁晚年《论我国革命》的解读和研究。

王东认为，《论我国革命》是列宁晚年最后论著"政治遗嘱"中的重要一篇，蕴涵着他一生关于唯物辩证法的哲学总结和思想精髓，包括三个层次的内容：社会主义道路的一般本质与民族特色的对立统一；带有小农国家特点的俄国社会主义的特殊道路；东方社会主义的新道路、新特点。在这里，我们可以看到中国特色社会主义的理论来源与哲学基础，为学习贯彻习近平新时代中国特色社会主义思想提供理论的源头活水。③

俞敏同样就列宁《论我国革命》解读列宁关于苏俄社会主义发展途径特

---

① 王东：《晚年列宁的最后构想——全面深化改革的重要源头活水》，《北京大学学报（哲学社会科学版）》2020 年第 2 期。

② 王东：《列宁晚年的"政治遗嘱"——国家制度创新论》，《马克思主义与现实》2020 年第 2 期。

③ 王东：《列宁晚年创新的哲学精髓》，《哲学研究》2020 年第 3 期。

殊性的思想。列宁认为，苏俄社会发展途径的特殊性根源于俄国 1917 年十月革命的特殊性。这场革命的特殊性在于它是同第一次世界大战相联系的革命，具体来说是在俄国形成农民战争与工人运动相结合的态势时发生了这场革命，马克思主义的"革命辩证法"指引和催生了这场革命。同俄国革命的特殊性相关联的是苏俄社会发展途径的特殊性：无产阶级及其政党在条件尚不充足的时候先夺取政权和建立工农政权，然后以工农政权力量的发展来发展生产力和创造实现社会主义所需要的各种条件，进而建立社会主义社会；苏俄以特殊的措施发展生产力和创造建立社会主义社会的条件。新经济政策后，苏俄迈向了以特殊途径实现社会发展的道路，这条道路的发展目标是建立社会主义社会：巩固工农联盟和无产阶级专政并争取社会主义完全胜利，从经济上建设社会主义制度的基础等。[1] 列宁关于苏俄社会发展特殊性的思想在科学社会主义史上第一次系统地、科学地揭示了经济文化比较落后的苏俄采取什么样的途径建设社会主义的问题，揭示了俄国走向社会主义社会的可能性和必然性。这些思想对于中国共产党革命和建设事业具有高度的契合性和适用性，中国共产党的理论和实践也大大丰富和发展的列宁相关思想。

（执笔人：武晓超）

---

[1] 俞敏：《列宁晚年关于苏俄社会发展途径特殊性的思想》，《马克思主义研究》2021 年第 9 期。

后 记

本书是在中国科学社会主义学会会长黄浩涛的指导下，由中国科学社会主义学会常务副会长、中央党校（国家行政学院）科学社会主义教研部主任曹普拟定框架提纲并组织编写完成的。

承担全书写作任务的，主要是中央党校（国家行政学院）科学社会主义教研部的现职教师，具体分工如下：主报告（何海根）；分报告一（孟鑫）、分报告二（林梅、赵宏）、分报告三（刘晨光）、分报告四（李志勇）、分报告五（郇雷）、分报告六（李拓、谢天）、分报告七（郭强、张伯瀚）、分报告八（张源）、分报告九（康晓强）、分报告十（向春玲）、分报告十一（冉昊）、分报告十二（梁波、汪赛）、分报告十三（朱可辛）、分报告十四（李笑宇）、分报告十五（徐浩然、张冠玉、胡建涛）、分报告十六（武晓超）。

因本书有多人参与，写作体例不尽一致，加之时间仓促等，错讹疏漏之处难免，敬请专家学者批评指正。

中国科学社会主义学会

中共中央党校（国家行政学院）科学社会主义教研部

2022 年 7 月

责任编辑：曹　春

封面设计：汪　莹

图书在版编目（CIP）数据

中国科学社会主义研究报告 . 2022：蓝皮书／中共中央党校（国家行政学院）
　科学社会主义教研部 编写；曹普 主编 . — 北京：人民出版社，2022.11
ISBN 978 - 7 - 01 - 025211 - 7

I. ①中… 　II. ①中… ②曹… 　III. ①中国特色社会主义 - 研究报告 -2022
　IV. ① D61

中国版本图书馆 CIP 数据核字（2022）第 202549 号

中国科学社会主义研究报告（2022）

ZHONGGUO KEXUESHEHUIZHUYI YANJIU BAOGAO 2022

（蓝皮书）

中共中央党校（国家行政学院）科学社会主义教研部　编写

曹　普　主编

人民出版社 出版发行

（100706　北京市东城区隆福寺街 99 号）

北京盛通印刷股份有限公司印刷　新华书店经销

2022 年 11 月第 1 版　2022 年 11 月北京第 1 次印刷
开本：710 毫米 ×1000 毫米 1/16　印张：35.25
字数：497 千字

ISBN 978 - 7 - 01 - 025211 - 7　定价：158.00 元

邮购地址 100706　北京市东城区隆福寺街 99 号
人民东方图书销售中心　电话（010）65250042　65289539